Völkerschlachtdenkmal

VÖLKERSCHLACHTDENKMAL

Stadtgeschichtliches Museum Leipzig

VERLAG DZA

Druckerei zu Altenburg GmbH

Impressum

2. Auflage 2004
Herausgeber: Volker Rodekamp
Lektorat: Ursula Oehme
Gestaltung: Oberberg · Seyde und Partner, Leipzig
Lithoherstellung: DZA Satz und Bild GmbH
Druck und Bindung: DZA Druckerei zu Altenburg GmbH
Printed in Germany
ISBN 3-936300-05-4

Frontispiz: Lichtshow im Völkerschlachtdenkmal
zum 60. Geburtstag des Denkmalchores,
17. Juni 2000

Inhalt

Zum Geleit

Seit dem frühen 19. Jahrhundert spielt das historische Ereignis Völkerschlacht in der Erinnerungskultur des deutschen Bürgertums eine wichtige Rolle. Davon zeugen noch heute eine Vielzahl unterschiedlicher Erinnerungsorte und – in herausragender Weise – das Leipziger Völkerschlachtdenkmal.

Das 1913 mit großem Pomp eingeweihte Völkerschlachtnationaldenkmal, einst als symbolisches Bauwerk gedacht, in dem sich die deutsche Nation selbst definieren sollte, ist in die Jahre gekommen; die Aura dieses Ortes freilich berührt die Menschen bis in unsere Zeit hinein. Die Geschichte des 20. Jahrhunderts hat allerdings auch vor dem Völkerschlachtdenkmal nicht Halt gemacht, und in der Rückschau erscheint das Memorial vielen Besuchern auch als ein Ort des Befremdens. Dennoch zieht das monumentale Bauwerk im Südosten Leipzigs seit nunmehr neun Jahrzehnten jährlich Hunderttausende Besucher in seinen Bann.

Seit Jahren wird eine detaillierte, auf aktuellen Forschungsergebnissen basierende Publikation über das Völkerschlachtdenkmal vermisst. Die Lücke soll der vorliegende Band schließen.
Aus historischer, kunsthistorischer, volkskundlicher und naturkundlicher Perspektive wird die Geschichte des Denkmals akribisch nachgezeichnet. In ihrem Zentrum steht die spannende Ideen- und Baugeschichte des Monuments, die durch zahlreiche bisher unveröffentlichte Bilddokumente eindrucksvoll illustriert wird. Ich danke allen Autoren und Mitarbeitern, die am Zustandekommen dieser Publikation mitgewirkt haben, besonders aber Steffen Poser, dem Leiter des Denkmals, auf dessen Schultern die Hauptlast der Arbeit ruhte.

Den Lesern wünsche ich eine spannende Zeitreise in die Geschichte des Memorialkomplexes. Vieles wird nunmehr verständlicher, doch Staunen und Faszination bleiben; über einen Ort, der einst aus einer romantischen Idee entstand, über eine Bürgerinitiative zum pathetischen Völkerschlachtnationaldenkmal erwuchs und heute als Wahrzeichen ein unverwechselbares Stück Leipzig ist.

Gleichzeitig leitet das Stadtgeschichtliche Museum Leipzig mit diesem Band eine Publikationsreihe ein, die weitere tiefschürfende Einblicke in die Geschichte seiner Häuser und Sammlungen erwarten lässt.

Dr. Volker Rodekamp
Direktor des Stadtgeschichtlichen Museums Leipzig

Erhaben, von jeglicher persönlicher Beziehung und von jedem kleinen Zweck entbunden, steht das Werk in ruhiger Schönheit da

Das Leipziger Völkerschlachtdenkmal als Gesamtkunstwerk

Thomas Topfstedt

Die Freiraumanlage und der gigantische Bau des Völkerschlachtdenkmals bilden den abschließenden Höhepunkt einer großen, sich über das Leipziger Stadtgebiet verteilenden Denkmallandschaft, deren Monumente von unterschiedlichsten Stiftern zur Erinnerung an die Orte und Akteure der Völkerschlacht gesetzt worden sind.[1] In seiner langen und wechselvollen Ideengeschichte bis in die Zeit unmittelbar nach den Befreiungskriegen zurückreichend, ist mit dem Bau des Völkerschlachtdenkmals erst gegen Ende des 19. Jahrhunderts begonnen worden, und dies in Dimensionen, die der Initiator des Denkmalprojekts, der 1894 gegründete Deutsche Patriotenbund zur Errichtung eines Völkerschlacht-National-Denkmals bei Leipzig, anfänglich überhaupt nicht ins Auge gefasst hatte. Mit 91 Metern Gesamthöhe galt das Völkerschlachtdenkmal bei seiner Einweihung 1913 als das größte Denkmal Europas. Sehr wahrscheinlich ist es noch immer das größte architektonische Denkmal der Welt.

Der Faszination, die allein von der schieren Größe und Massigkeit des Monuments und seines Skulpturenprogramms ausgeht, kann sich kein Betrachter entziehen, ganz gleich, ob er den Denkmalsbau als Gesamtkunstwerk und bautechnische Bravourleistung anerkennt oder ob er dem primär vom völkischen Gedankengut am Vorabend des Ersten Weltkriegs getragenen inhaltlichen Konzept des Denkmals eher distanziert gegenübersteht. Einen adäquaten Zugang zum Verständnis der Architektur und der skulpturalen Ausstattung des Völkerschlachtdenkmals gewinnt man jedoch nur über die genauere Kenntnis seiner wechselvollen Planungs- und Baugeschichte. Im Leipziger Völkerschlachtdenkmal sind sowohl lang wirkende Denkmalsideen der Zeit nach den Befreiungskriegen wie auch prototypische Gestaltvorstellungen der Wilhelminischen Nationaldenkmäler und unverkennbar auch moderne künstlerische Tendenzen der Architektur und der Monumentalplastik nach 1900 zum Tragen gekommen. Diese Vielschichtigkeit der verarbeiteten Gestaltungsideen sowie die Entwicklung des Denkmalsprogramms sollen im Folgenden aufgezeigt werden.[2]

1 *Zum Gesamtbestand der Leipziger Denkmale, die an die Völkerschlacht erinnern, siehe: Kulturbund Leipzig (Hrsg.): Denkmale der Völkerschlacht , Leipzig 1988; Poser, Steffen: Hiob 38,11, Bis hierher sollst du kommen und nicht weiter; hier sollen sich legen deine stolzen Wellen. Denkmäler erzählen über die Leipziger Völkerschlacht (Leipziger Hefte 13), Beucha 1998.*

2 *Weiterführende Literatur zur Planungs- und Baugeschichte des Leipziger Völkerschlachtdenkmals (Auswahl): Lurz, Meinhold: Lieblich ertönt der Gesang des Sieges. In: kritische berichte, Heft 3/1988, S.17 ff., Heft*

Friedrich Weinbrenner, Entwurf zu einem teutschen National-Denkmal, Vorderansicht, 1814

Friedrich Weinbrenner, Entwurf zu einem teutschen National-Denkmal, Schnitt, 1814

Kaiser-Wilhelm-Denkmal auf dem Kyffhäuser, Bildpostkarte, um 1900

Als der eigentliche, weil langfristig wirkungsmächtige Auftakt zur Entwurfs- und Ideengeschichte des Leipziger Völkerschlachtdenkmals sind zwei Projekte aus dem Jahr 1814 hervorzuheben: der Denkmalsentwurf von Friedrich Weinbrenner und die Flugschrift »Ein Wort über die Feier der Leipziger Schlacht« von Ernst Moritz Arndt. Wie andere Architekten hatte sich auch Weinbrenner schon bald mit der Frage eines großen Denkmalbaus, der zum immerwährenden Gedenken an die siegreiche Schlacht am historischen Ort errichtet werden sollte, auseinandergesetzt und diesen Vorschlag publiziert.[3] Er hielt seinen Entwurf in pathetischen und strengen, dem Repertoire der französischen Revolutionsarchitektur entlehnten Formen und entwickelte Gestaltungsideen, die wie ein Vorgriff auf das viel später ausgeführte Völkerschlachtmonument anmuten. Verwiesen sei auf die monumentale, sich in drei Stufen aufbauende pyramidale Gesamtform des Denkmals, den sockelartigen quadratischen Unterbau, den als Sieges- und Ruhmestempel gedachten und durch massige Eckpfeiler straff eingefassten Mittelbau und die sich darüber erhebende kuppelbekrönte Ruhmeshalle. Auch der große Relieffries am Sockel mit der Schilderung der Schlacht findet sich bereits in Weinbrenners Entwurf. Den triumphalen Abschluss des Bauwerks sollte eine Stufenpyramide mit einer Quadriga bilden. Der Entwurf bezog seine Hauptwirkung nicht aus dem beziehungsreichen Programm seiner Inschriften und Bildwerke, sondern aus der suggestiven Wucht gestufter Baumassen. Als »vaterländisches« Baumaterial bestimmte der Architekt deutschen Granit. Dass Weinbrenner für sein Aufsehen erregendes Projekt eines Leipziger Völkerschlachtdenkmals nichts wirklich Neues schuf, sondern einen nicht ausgeführten Entwurf umarbeitete, den er bereits einige Jahre zuvor für ein riesiges, ebenfalls mit einer Quadriga zu bekrönendes Mausoleum zu Ehren Napoleons I. in Paris entwickelt hatte[4], entbehrt nicht einer gewissen Pikanterie.

Ebenso wirkungsmächtig wie Weinbrenners architektonischer Entwurf und sogar noch erhabener in der Idee war Ernst Moritz Arndts Vision eines Leipziger Völkerschlachtdenkmals, zu deren Verwirklichung er die deutsche Nation aufrief, unverzüglich alle Kräfte anzuspannen: »Daß auf den Feldern bei Leipzig ein Ehrendenkmal errichtet werden muß, das dem spätesten Enkel noch sagt, was daselbst im Oktober des Jahres 1813 geschehen, darüber ist in ganz Teutschland, ja wohl fast in der ganzen Welt nur Eine Stimme. Aber wie und in welcher Art dieses Denkmal errichtet werden soll, darüber werden die Stimmen gewiß ebenso verschieden lauten, als sie über das Erste einig sind. Ein kleines unscheinbares Denk-

1/1989, S. 22 ff.; Topfstedt, Thomas: Das Völkerschlachtdenkmal. Konzeption – Baugeschichte – Baugestalt. In: »... die ganze Welt im kleinen ...«. Kunst und Kunstgeschichte in Leipzig, hrsg. von Ernst Ullmann, Leipzig 1989, S. 248 ff.; Hutter, Peter: Die feinste Barbarei. Das Völkerschlachtdenkmal bei Leipzig, Mainz 1990; Keller, Katrin und Hans-Dieter Schmidt (Hrsg.): Vom Kult zur Kulisse. Das Völkerschlachtdenkmal als Gegenstand der Geschichtskultur, Leipzig 1995.

3 *Weinbrenner, Friedrich: Ideen zu einem teutschen National-Denkmal des entscheidenden Sieges bey Leipzig, Karlsruhe 1814.*

4 *Scharf, Helmut: Kleine Kunstgeschichte des deutschen Denkmals, Darmstadt 1984, S.151.*

mal, das sich gegen die Natur umher in nichts gleichen kann, thut es nicht; ein zierliches und blankes, etwa in Leipzig selbst auf irgend einem Platz hingestellt, würde in seiner Armseligkeit von der großen That, wodurch die Welt von dem abscheulichsten aller Tyrannen und dem tückischesten aller Tyrannenvölker befreit ward, zu sehr beschämt werden. Das Denkmal muß draußen stehen, wo soviel Blut floß; es muß so stehen, daß es ringsum von allen Straßen gesehen werden kann, auf welchen die verbündeten Heere zur blutigen Schlacht der Entscheidung heranzogen. Soll es gesehen werden, so muß es groß und herrlich seyn, wie ein Koloß, eine Pyramide, ein Dom in Köln. Aber solches in großer Kraft und in großem Sinne zu bauen, fehlt uns das Geld und das Geschick, und ich fürchte, wenn man bei kleinen Mitteln etwas Ähnliches machen will, kömmt etwas Erbärmliches heraus. Ich schlage deshalb etwas ganz Einfaches und Ausführliches vor, ein Denkmal, wobei die Kunst keine Äffereien anbringen und wogegen unser nordischer, allen Denkmälern so feindseliger Himmel nichts ausrichten kann. Ich befehlige einige tausend Soldaten oder Bauern in die Ebene von Leipzig hin und lasse auf der Mitte des meilenlangen Schlachtfeldes einen Erdhügel von 2000 Fuß Höhe aufthürmen. Auf den Erdhügel werden Feldsteine gewälzt, und über diesen wird ein kolossales, aus Eisen gegossenes und mit mancherlei Anspielungen und Zeichen geziertes Kreuz errichtet, ein Zeichen des Heils und der Herrscher des neuen Erdballes. Das Kreuz trägt eine große vergoldete Kugel, die weit in die Ferne leuchtet. Das Land rings um den Hügel, etwa 10 bis 15 Morgen weit, wird für heiliges Land erklärt, mit Wall und Graben eingefasst und mit Eichen bepflanzt. Dieser Hügel, dieses Kreuz, und diese Bäume wären zugleich ein ächt germanisches und ein ächt christliches Denkmal, wohin unsere Urenkel noch wallfahrten gehen würden.«[5]

Weinbrenners Entwurf und Arndts flammende Worte wurden gegen Ende des 19. Jahrhunderts wieder lebhaft erinnert. Sie gaben in ideeller und zweifellos auch in gestalterischer Hinsicht den Maßstab vor, an dem sich die Erbauer des Leipziger Völkerschlachtdenkmals schließlich orientiert

[5] *Arndt, Moritz: Ein Wort über die Feier der Leipziger Schlacht. Zit. nach Spitzner, Alfred (Hrsg.): Deutschlands Denkmal der Völkerschlacht, das Ehrenmal seiner Befreiung und nationalen Wiedergeburt. Weiheschrift des Deutschen Patriotenbundes, Leipzig 1913, S. 43 f.*

Kaiser-Wilhelm-Denkmal am Deutschen Eck in Koblenz, Bildpostkarte

Kaiser-Wilhelm-Denkmal an der Porta Westfalica

haben. Es sollten jedoch noch viele Jahrzehnte vergehen, bevor die politischen und kulturellen Voraussetzungen für die Realisierung eines solchen Denkmalvorhabens gegeben waren. Zwar wurde 1863 zur Fünfzigjahrfeier der Völkerschlacht der Grundstein für ein Denkmal durch den Leipziger Oberbürgermeister Dr. Karl Wilhelm Otto Koch gelegt, doch blieb dies ein symbolischer Akt, dem keine weiteren Taten folgten. Erst nachdem 1871 mit der Gründung des Wilhelminischen Kaiserreichs die Einigung Deutschlands »von oben« herbeigeführt worden war, hatte ein als Sinnbild der nationalen Integration angedachtes Projekt eines Leipziger Völkerschlachtdenkmals eine reale Aussicht, erbaut zu werden.

Die politische Funktion von Nationaldenkmälern erfüllten jedoch zunächst die in rascher Folge nach 1889 nach Plänen von Bruno Schmitz errichteten Kaiser-Wilhelm-Denkmäler auf dem Kyffhäuser, an der Porta Westfalica bei Minden und am Deutschen Eck bei Koblenz sowie das in repräsentativen Neubarockformen gehaltene Kaiser-Wilhelm-Denkmal von Reinhold Begas (von 1893 bis 1897 auf der ehemaligen Berliner Schlossfreiheit errichtet). Im Gegensatz zu diesen Monumenten wurde der Bau des Leipziger Völkerschlachtdenkmals staatlicherseits weder angeregt noch finanziell gefördert, wohl weil in seinem Darstellungsprogramm das monarchische Element völlig ausgespart blieb. Statt des Hohenzollernschen Herrscherhauses sollte die mythisch beschworene deutsche Volksgemeinschaft als das handelnde Subjekt der Geschichte und als der eigentliche Held der Befreiungskriege von 1813 geehrt werden. Das Denkmal verkörperte damit das auf Befreiung von der Napoleonischen Fremdherrschaft gerichtete Ideengut der Zeit um und nach 1813, allerdings überlagert von Intentionen, die zum Teil im Wilhelminischen Denkmalskult wurzelten, zunehmend aber von den deutsch-völkischen Bestrebungen der Jahrhundertwende getragen wurden.

Die Initiative zum Denkmalsbau ging von dem Leipziger Architekten Clemens Thieme (1861 bis 1945) aus. Er war Mitglied der Deutschnationalen Partei, die er als Abgeordneter im Leipziger Stadtparlament vertrat. Am 26. April 1894 wurde auf sein Betreiben hin der Deutsche Patriotenbund zur Errichtung eines Völkerschlacht-National-

Clemens Thieme, Ölgemälde von Emil Fröhlich, um 1913

Gedenktafel für Clemens Thieme von seinem Wohnhaus in Zwenkau, Leipziger Straße 189

Oben:
Bernhard Schaede, Entwurf »Sempre Avanti«, 2. Preis der Vorkonkurrenz zum Völkerschlachtdenkmal, 1895

Unten:
Karl Doflein, Entwurf »Irminsul«, 1. Preis der Vorkonkurrenz zum Völkerschlachtdenkmal, 1895

Denkmals gegründet. Thieme übernahm von Anbeginn das Amt des Vereinsvorsitzenden. Er war nicht nur ein geschickter Politiker und glänzender Organisator, sondern nahm auch einen entscheidenden Einfluss auf die Klärung wesentlicher baukünstlerischer Fragen des Denkmalentwurfs. Dass sich das Völkerschlachtdenkmal in seiner ausgeführten Gestalt so ostentativ von den anderen Nationaldenkmälern der Wilhelminischen Ära abhebt, ist nachweislich nicht in erster Linie das Verdienst von Bruno Schmitz (1858–1916). Zwar wurde Schmitz vom Patriotenbund in der Öffentlichkeit immer als Autor des Ausführungsentwurfs präsentiert, doch hatte er sich während aller Phasen des langwierigen, weit in die Bauausführung hineinreichenden Entwurfsprozesses den Vorstellungen und Anweisungen Thiemes bedingungslos zu fügen.

Wie konfliktreich und mühselig der Weg von den ersten Entwürfen bis zum Ausführungsprojekt war, zeigt die Abfolge der verschiedenen Denkmalskonzeptionen. Eingeleitet wurde dieser Prozess der Ideenfindung mit der vom Patriotenbund im August 1895 ausgeschriebenen Vorkonkurrenz, zu der nur deutsche Architekten zugelassen waren. Der Auslober forderte, dass das Denkmal eine landschaftsbeherrschende Stellung einnehmen und »mehr architektonischen als bildkünstlerischen Schmuck enthalten«[6] solle. Die Reaktion auf die Ausschreibung war recht mäßig. Es gingen nur 32 Entwürfe ein, die am 15. November 1895 juriert wurden.

Paul Pfann, Entwurf »Eine feste Burg«, Hauptkonkurrenz zum Völkerschlachtdenkmal, 1896

Oben:
Bruno Schmitz, Entwurf »St. Michael«, 4. Preis der Hauptkonkurrenz zum Völkerschlachtdenkmal, 1896

Unten:
Wilhelm Kreis, Entwurf »Walküre«, 1. Preis der Hauptkonkurrenz zum Völkerschlachtdenkmal, 1896

Den ersten Preis erhielt Karl Doflein (Berlin); der zweite Preis ging an Bernhard Schaede (Charlottenburg), der dritte Preis an die Architekten Engel und Wenk (Berlin). Bezeichnend für die anfangs noch sehr unentschlossene Haltung des Patriotenbundes ist die Tatsache, dass der zweite Preis – Schaedes nicht gerade originelle Paraphrase des Kyffhäuserdenkmals – vom Vorstand als die »bemerkenswerteste Arbeit«[7] favorisiert wurde. Um das Denkmalsprojekt über Leipzigs Grenzen hinaus bekannt zu machen, ließ der Patriotenbund eine farbige Abbildung dieses Entwurfs in einer Auflage von 20000 Exemplaren drucken. Nach dieser ersten groß angelegten Werbekampagne hat Thieme den Vorstand recht bald davon überzeugen können, dass keiner der preisgekrönten Entwürfe dem Charakter der gestellten Aufgabe, nämlich ein in seiner Gestalt und in seinem monumentalen Anspruch singuläres Monument zu schaffen, auch nur annähernd gerecht wurde. Weitaus größere Resonanz hatte die im August 1896 ausgeschriebene Hauptkonkurrenz, so dass die Wettbewerbsjury am 21. und 22. Dezember 1896 über insgesamt 71 Entwürfe befinden konnte. Wiederum waren die Preisträger Wilhelm Kreis, Otto Rieth, Spaeth und Usbeck und Bruno Schmitz keine Leipziger, sondern Architekten aus Berlin und Charlottenburg, und wieder orientierten sich die meisten Teilnehmer am Prototyp des Kyffhäuserdenkmals. Unübersehbar ist dies auch beim Entwurf des ersten Preisträgers, des damals

6 *Deutsche Konkurrenzen, 1897, VII. Band, Heft 1, Nr. 73, S. 1.*

7 *Spitzner, Alfred: Das Völkerschlacht-Nationaldenkmal, das Denkmal der Befreiung und der nationalen Wiedergeburt Deutschlands. Denkschrift des Deutschen Patriotenbundes, Leipzig 1897, S. 39.*

Links:
Franz Metzner

Rechts:
Bruno Schmitz

Linke Seite:
Völkerschlacht-denkmal, Modell des Bauwerks im Längsschnitt

noch unbekannten jungen Architekten Wilhelm Kreis, der Fall gewesen, dessen turmartiges Denkmalsprojekt sich allerdings durch seine schlanken Konturen von den massiger erscheinenden Entwürfen der meisten Bewerber unterschied. Keinen Preis erhielt der bemerkenswerte, geometrisch strenge Entwurf von Paul Pfann aus München, obwohl dieser in seiner neuartigen monumentalen Formensprache dem Charakter des schließlich ausgeführten Völkerschlachtdenkmals am nächsten kam. Bruno Schmitz hatte unter dem Kennwort »St. Michael« den Entwurf eines wehrhaft anmutenden Rundturms eingereicht, der sich auf einem hohen Erdkegel erheben und in einem an das Theoderich-Grabmal in Ravenna erinnernden Kuppelaufsatz ausklingen sollte. Eine kreisförmige Vorhalle umgab den Turmfuß. An der Vorderseite des Baus sollte eine als Hochrelief auszuführende Kolossalfigur des Erzengels Michael angebracht werden. Dieses nur mit dem vierten Preis bedachte Projekt bezeichnete der Patriotenbund damals als »zu wuchtig«.[8] Vermutlich bestand auch zu diesem Zeitpunkt noch keine klare Vorstellung über die endgültige Größe und Gestalt des Denkmals, wie man überhaupt mit dem Gesamtergebnis auch dieses Wettbewerbs nicht zufrieden war. Der Patriotenbund erwog daraufhin, die Preisträger und einige weitere Architekten nochmals zu einem begrenzten Wettbewerb aufzufordern. Um aber nicht noch mehr Zeit zu verlieren und das Interesse der Öffentlichkeit am Denkmalsvorhaben nicht durch allzu langes Zögern zu ermüden, wurde im Februar 1897 die definitive Entscheidung getroffen, auf eine dritte Konkurrenz zu verzichten und stattdessen den Auftrag zur Erarbeitung des Ausführungsprojekts an Bruno Schmitz, den seinerzeit berühmtesten deutschen Denkmalsarchitekten, zu vergeben.

Ohne zu ahnen, welchen Verdruss er sich für die kommenden Jahre mit diesem so lukrativ erscheinenden Auftrag einhandeln sollte, machte sich Schmitz unverzüglich an die Arbeit. Er präsentierte bereits im Juni 1897 auf der Sächsisch-Thüringischen Gewerbeausstellung in Leipzig einen völlig neuen Entwurf, in dem erstmals die Grundkonturen des Völkerschlachtdenkmals in seiner später realisierten Gestalt deutlich fassbar wurden. Das Gebäude ruht nun auf einem breiten Postament mit seitlich hinaufführenden Treppenanlagen. An der Stirnseite des monumentalen abgeschrägten Sockels findet sich ein großes Schlachtrelief mit der zentral platzierten Michaelfigur. Darüber erhebt sich der stark geböschte, von vier gewaltigen Bogenöffnungen durchbrochene Mittelbau des Denkmals, welcher die Ruhmeshalle enthält. Bekrönt wird das Gebäude von einem säulenumkränzten Rundbau, dessen mehrfach gestufter Kuppelaufsatz ein großes Eisernes Kreuz trägt. Dieser obere Bauteil ist durch reichen bauplastischen Schmuck besonders hervorgehoben und birgt in seinem Inneren die Kuppel der Ruhmeshalle. Aus der Rundbogenöffnung der Hauptfront tritt ein halbkreisförmiger Einbau hervor. Er korrespondiert mit der schweren Pfeilerpergola, die

[8] *Lange, Reinhard: Die preisgekrönten Entwürfe für das Völkerschlacht-National-Denkmal bei Leipzig. In: Mitteilungen des Deutschen Patriotenbundes 3 (1897), Nr. 3, S. 3.*

Bruno Schmitz, Entwurfsskizzen für das Völkerschlachtdenkmal, um 1898

den breiten Umgang auf dem Denkmalssockel allseitig umfassen sollte. Im Wesentlichen war mit diesem Entwurf die Grundgestalt des Denkmals fixiert als eine gewaltige, sich nach oben stetig verjüngende Baumasse aus drei klar voneinander abgesetzten Teilen, die allerdings in der Fassung von 1897 noch ein relativ selbstständiges Dasein führen.

Am 18. Oktober 1897 bestätigte der Deutsche Patriotenbund auf seiner Jahreshauptversammlung den Schmitzschen Entwurf. Dieser wurde nach einer nochmaligen Überarbeitung Kaiser Wilhelm II. zur Begutachtung vorgelegt und im August 1898 auf der Internationalen Kunstausstellung in Berlin mit der Großen Goldenen Medaille prämiert. Als zeitgenössische Stimme, die das qualitativ Neue des Entwurfs damals sehr zutreffend beschrieben hat, sei Cornelius Gurlitt zitiert: »Es herrscht hier vor allem ein bildnerisches Planen, ein großer Zug im Verteilen der Massen, ein Hinwirken auf einfachen Umriß, auf klare, einfache Linienführung. Die stilistischen Beengungen sind völlig überwunden. Wenn auch Anklänge an alte Formen nicht vermieden sind, so ist doch der Entwurf immer völlig frei von der Oberherrschaft geschichtlicher Grundgedanken. Es liegt das Schwergewicht auf der Erzielung eines starken einheitlichen Eindrucks, auf einer entschiedenen Betonung der Größe gegenüber dem bisher namentlich in der Nachahmung des Barock vorherrschenden Reichtum.«[9] Dank Thiemes Einflussnahme besaß das Denkmal jetzt tatsächlich eine sehr eindrucksvolle Silhouette durch die Verschleifung von Sockel, Mittelteil und Kuppel zu einer monumentalen Großform.[10] Allerdings erweckte die Kuppel – trotz spürbarer Vereinfachung gegenüber dem Entwurf von 1897 – in ihrer Außenbaugestaltung noch immer Assoziationen an einen kronenartigen Aufsatz, wie er als vergrößertes und stilisiertes Abbild der deutschen Kaiserkrone die Nationaldenkmäler auf dem Kyffhäuser und an der Porta Westfalica abschloss. In der nach

[9] *Gurlitt, Cornelius: Die deutsche Kunst des 19. Jahrhunderts. Ihre Ziele und Thaten, Berlin 1900, S. 667.*

[10] *»Die betonte Abstufung der einzelnen Denkmalzonen wurde zugunsten kaum wahrnehmbarer Übergänge zurückgenommen und das ganze Denkmal zu einer kompakten Masse zusammengefaßt, wodurch der Umriß dem einer Pyramide angenähert wurde. Die Anlehnung an den Entwurf Weinbrenners ist deshalb nur noch typologisch und an wenigen dekorativen Einzelheiten des Inneren erkennbar.*

Oben:
Bruno Schmitz,
Entwurf für das Völkerschlachtdenkmal, 1897

Unten:
Bruno Schmitz,
Entwurf für das Völkerschlachtdenkmal, 1898

Hingegen ist eine Annäherung an den Entwurf Pfanns festzustellen. Alle klassischen Struktur- und Dekorationselemente sind eliminiert. Der neue Entwurf weist deshalb am Außenbau keine einzige Säule und keine Pilaster mehr auf und gibt so der völkischen Vorstellung des Germanischen als des von der antiken Kultur noch Unberührten in aller Konsequenz Ausdruck.« (Hutter, Peter: Die feinste Barbarei. Das Völkerschlachtdenkmal bei Leipzig, Mainz 1990, S. 109 f.)

1900 sich herauskristallisierenden endgültigen Gestalt des Völkerschlachtdenkmals trat an die Stelle dieses kronenartigen Gebildes die formal und ikonografisch angemessenere Lösung der Kuppel mit Freiheitswächtern und Gipfelstein.

Der Entwurf von 1898 ist nicht allein in architektonischer, sondern ebenso in bildkünstlerischer Hinsicht wegweisend geworden, da in ihm das Skulpturenprogramm des Denkmals schon zu einem großen Teil festgelegt worden war. Verbindlich blieb fortan die Gestaltung der Stirnwand des Denkmalssockels mit der Figur des heiligen Michael, dem Schlachtrelief und der Inschrift GOTT MIT UNS, ebenso die vier kolossalen Sitzfiguren in den Ecken der Ruhmeshalle. Es wird auch schon das Bestreben deutlich, die Ruhmeshalle mit der Kuppel zu einem einheitlich durchformten Zentralraum von steilem Zuschnitt zu verklammern.

Eine Krypta war allerdings noch nicht geplant; sie wurde erst 1903 auf Anregung von Clemens Thieme in das Bauprogramm aufgenommen. Ursprünglich war vorgesehen, im Unterbau des Denkmals ein Museum zur Erinnerung an die Geschichte der Befreiungskriege zu installieren.[11] Dieses Vorhaben wurde zugunsten einer Krypta zur Ehrung der gefallenen Helden der Völkerschlacht aufgegeben, wobei das ehrende Heldengedächtnis nicht ausgewählten Persönlichkeiten, sondern dem deutschen Volk als kollektivem Subjekt und »Schicksalsgemeinschaft« galt. Die Kryptenanlage, die in den Einzelformen auf alle klassischen Elemente verzichtet und in ihrer kruden Massigkeit den Geist einer angeblich vorantiken germanischen Monumentalarchitektur beschwören will, ist jedoch keine originäre Bauschöpfung gewesen. Bei wesentlichen Elementen – so z. B. der kreisrunden Grundform, dem konzentrischen Umgang hinter einer Pfeilerstellung und der Öffnung des Kryptabereichs nach oben zu dem höher gelegenen Raum der Ruhmeshalle – sind die typologischen Parallelen zu der nach 1840 im Pariser Invalidendom eingerichteten Kaisergruft mit dem Grab Napoleons I. unübersehbar. Es war gewissermaßen eine »heimliche« Ideenanleihe, die öffentlich nicht thematisiert wurde, weil sie den vom Patriotenbund propagierten Leitgedanken eines nur aus germanischen und deutschen Quellen schöpfenden Denkmalskonzepts zuwiderlief.

Mit einem symbolischen Spatenstich wurde das gewaltige Werk am 18. Oktober 1898 begonnen. Zwei Jahre nahmen die aufwändigen Gründungsarbeiten in Anspruch; der Grundstein konnte am 18. Oktober 1900 gelegt werden. In den folgenden Jahren wuchsen die massigen Fundamentpfeiler aus Beton, auf denen das Denkmal ruht, in die Höhe. Parallel dazu begannen die Vorbereitungen für den Entwurf und die Ausführung der Bildwerke.

Der Auftrag für das gesamte Skulpturenprogramm wurde vom Patriotenbund an den Breslauer Bildhauer Christian Behrens (1852–1905) vergeben. Seine Zusammenarbeit mit Bruno Schmitz war bereits erprobt durch einen gemeinsamen Ent-

[11] *Das Museum zur Geschichte der Völkerschlacht wurde als FORUM 1813 im Mai 1999 nach mehrjähriger Bauzeit in der ehemaligen Bauhütte des Völkerschlachtdenkmals eröffnet.*

Völkerschlachtdenkmal, Krypta

Paris, Invalidendom, Kaisergruft mit Sarkophag Napoleons I.

wurf anlässlich des deutschlandweit Aufsehen erregenden, 1901 veranstalteten Wettbewerbs für das Hamburger Bismarck-Denkmal.[12] Bemerkenswert ist, dass die von Behrens entworfene, von einem Harnisch umhüllte und sich auf einen großen Schild stützende Bismarckfigur in mancher Hinsicht die später von ihm entworfene Michaelfigur des Völkerschlachtdenkmals geradezu vorwegzunehmen scheint. Überdies hatte Behrens im Auftrag der Stadt Leipzig bereits einige nicht unbedeutende Arbeiten ausgeführt (u. a. die sechs Reliefs am Haupteingang des Neuen Rathauses und etliche Plastiken für die im Zweiten Weltkrieg zerstörte Zentralmarkthalle). Er war in Leipzig schon ein geschätzter Künstler, bevor er für den Patriotenbund tätig wurde. Wann genau seine Mitwirkung am Völkerschlachtdenkmal begann, lässt sich nicht mehr exakt belegen. Offenbar hat Christian Behrens nur die Modelle der Michaelfigur, des Schlachtreliefs und der so genannten Barbarossaköpfe an den Treppenaufgängen fertig stellen können. Diese Modelle wurden am 18. Oktober 1904 am Völkerschlachtdenkmal ausgestellt. Noch im gleichen Jahr sind die Stützmauern mit den im Gesamteindruck wie in ihrer scharfgratigen Binnenzeichnung noch recht jugendstilig anmutenden Barbarossaköpfen vollendet worden. Des Weiteren begannen die Steinmetzarbeiten am Schlachtrelief.

Christian Behrens starb am 14. September 1905. Vom Patriotenbund aufgefordert, einen Nachfolger zu benennen, entschied sich Bruno Schmitz für den deutsch-österreichischen Bildhauer Franz Metzner (1870–1919). Die Deutsche Bauzeitung gab dazu im Januar 1906 folgenden Kommentar ab: »Wir halten diese Wahl für eine außerordentlich glückliche; durch sie ist der rechte Mann an die rechte Aufgabe gestellt. Das Völkerschlachtdenkmal ist keine monumentale Aufgabe im landläufigen Sinne des Wortes, es stellt an seine Künst-

[12] *Das Hamburger Bismarck-Denkmal wurde nach dem gemeinsamen Entwurf von Emil Schaudt und Hugo Lederer von 1903 bis 1906 ausgeführt. Der Unterbau des Denkmals und die 14,8 Meter hohe Kolossalfigur folgen dem gleichen künstlerischen Konzept einer umfassenden architektonischen Stilisierung wie das Leipziger Völkerschlachtdenkmal. Obwohl auf diese verwandtschaftlichen Züge zwischen beiden Denkmälern kein Bezug in der zeitgenössischen Literatur genommen wurde,*

Völkerschlacht-
denkmal, Fundament-
pfeiler, Blick in den
Umgang

Völkerschlachtdenkmal, Fundamentpfeiler im Bau, um 1905

sind die Parallelen nicht nur formal, sondern auch inhaltlich klar fassbar, vor allem im typologischen Vorbild der mittelalterlichen Rolandstatue, das sowohl in der Bismarckfigur des Hamburger Denkmals wie auch bei den Freiheitswächtern des Leipziger Völkerschlachtdenkmals rezipiert wurde.

13 *Die bildnerischen Arbeiten des Völkerschlachtdenkmals. In: Deutsche Bauzeitung 40 (1906), Nr. 3, S. 18.*

14 *Pötzl-Malikova, Maria: Franz Metzner und die Wiener Secession. In: Alte und moderne Kunst 21 (1976), Heft 148/49, S. 30ff.; Dieselbe: Franz Metzner, Leben und Werk. In: Franz Metzner – Ein Bildhauer der Jahrhundertwende in Berlin – Wien – Prag. Ausstellungskatalog München 1977, S.12 ff.; Topfstedt, Thomas: Anmerkungen zur Monumentalskulptur des Leipziger Völkerschlachtdenkmals. In: Protokollband des XXXV. Internationalen Kunsthistorikerkongresses CIHA 1983 Wien, Sektion 8: Wien und die Architektur des 20. Jahrhunderts, Wien/Köln/Graz 1986, S. 65 ff.*

15 *Stadtarchiv Leipzig: Protokollbuch der Vorstandssitzungen des Deutschen Patriotenbundes, Kap. 35, Nr. 1175, S. 207 f.*

ler Anforderungen ganz besonderer Art. Für den bildnerischen Teil vermöchte ihnen Metzner voraussichtlich in vollem Maße gerecht zu werden, denn seine bisherigen Arbeiten vereinigen in gleicher Weise unabhängig persönliche Empfindung, monumentale Gesinnung und architektonische Strenge der Komposition und Formgebung. Seine Kunst ist groß und neu.«[13]

Metzners Ruf als wegweisender Formneuerer war bereits gefestigt. Als er die Arbeit an den Figurenmodellen für das Völkerschlachtdenkmal aufnahm, konnte er auf Gestaltungsideen zurückgreifen, die er schon aus anderen Anlässen und für andere Aufgaben während seiner Wiener Schaffensperiode ausgiebig erprobt hatte.[14] Der Künstler war 1903 auf Betreiben der Wiener Sezessionisten als Professor für figurales Gestalten an die Wiener Kunstgewerbeschule berufen worden. Enge persönliche Kontakte verbanden ihn insbesondere mit Josef Hoffmann, für dessen berühmtes Palais Stoclet in Brüssel er das Modell der Turmfiguren schuf. Trotz des sehr beachtlichen Erfolgs seiner Arbeiten auf den Wiener Sezessionsausstellungen blieb der praktische Wirkungsradius des Bildhauers recht begrenzt. An bauplastischen Arbeiten konnte er in Wien nur die Steingut-Atlanten des Zacherl-Hauses (erbaut 1903 bis 1905 nach Plänen von Josef Plečnik) realisieren; Aufträge von öffentlicher Hand blieben völlig aus. Um so willkommener muss ihm daher das Angebot aus Leipzig, fast alle Modelle für die Figuren des Völkerschlachtdenkmals auszuführen, gewesen sein. Es sollte die dem Umfang nach größte Aufgabe werden, die Metzner je gestellt wurde.

Im Protokollbuch der Vorstandssitzungen des Deutschen Patriotenbundes findet sich mit Datum vom 8. September 1907 eine von Schmitz und Metzner unterzeichnete Eintragung[15], die in Vorbereitung des endgültigen Arbeitskontrakts folgende Vereinbarung enthält: Metzner verpflichtet sich, für das Resthonorar des verstorbenen Christian Behrens das Schlachtrelief zu über-

Völkerschlacht-
denkmal, Barbarossa-
kopf, lavierte Kreide-
zeichnung von Ernst
Kiesling, nach 1913

Völkerschlachtdenkmal, Treppenaufgang mit Barbarossakopf und Teil des Schlachtreliefs

arbeiten. Für 100 000 Mark soll er sämtliche Modelle und Hilfsmodelle der Bildwerke im und am Denkmal schaffen (im Einzelnen aufgeführt: die Figuren an der Außenkuppel, die vier Figuren in der Halle, die Modelle der Krypta). Zur inhaltlichen Konzeption des Denkmals konnte er kaum mehr eigene Ideen beisteuern, sondern hatte sich strikt an das vom Bauherrn vorgegebene Programm zu halten. Es ist auch nicht zu klären, in welchem Umfang sich Metzner bereits während seiner letzten Wiener Jahre mit Vorstudien für die Modelle befasste. Außer Zweifel steht nur, dass er 1906 mit der Überarbeitung des »Totenfeldes« der 60 Meter breiten und 19 Meter hohen Reliefwand begonnen hat, doch sind die Ausführungsmodelle laut Protokollbuch erst 1909 in Leipzig eingetroffen. Endgültig fertig gestellt war das Schlachtrelief im Juli des Jahres 1910. In Erfüllung dieser Aufgabe ließ Franz Metzner auch den Kopf des heiligen Michael nach eigenen Entwürfen nochmals überarbeiten und gab ihm eine merklich strengere, um nicht zu sagen aggressivere Physiognomie.

Die folgenden Monumentalskulpturen – beginnend mit dem Figurenzyklus in der Denkmalskrypta – haben wichtige Arbeiten der Wiener Schaffenszeit zur künstlerischen Voraussetzung. So scheint in dem auf der Frühjahrsausstellung der Wiener Sezession 1904 von Metzner präsentierten »Tempel der Erde«[16] die räumliche und bauplastische Konzeption der etwa zur gleichen Zeit in das Programm des Leipziger Völkerschlachtdenkmals aufgenommenen Krypta geradezu vorweggenommen zu sein. Die obere Wandzone des rotundenartigen Tempelraums wurde durch acht überlebensgroße, von breiten Lisenen hinterfangenen Atlanten in gemessenem Rhythmus gegliedert (vergleichbar der Achtzahl der Kryptapfeiler des Völkerschlachtdenkmals). Mit ungeheurer Kraft-

[16] *Hackelsberger, Berthold: Die Bildnerei des Jugendstils. Diss. Freiburg/Br. 1952 (Masch.-Schr.), S. 52 ff.*

Völkerschlacht-
denkmal, Kryptapfeiler
mit Schicksalsmaske

»Haus Rheingold« in Berlin, Maske im Steinsaal

anspannung gaben diese Atlanten vor, das Gebälk des Tempels zu stützen, ohne dass sie tatsächlich eine tragende Funktion zu erfüllen hatten. Erstmals nahm Metzner hier die Gelegenheit wahr, seine ureigene Vorstellung von monumentaler, symbolistisch aufgeladener Bauplastik in einem größeren Ensemble zu realisieren. Insbesondere die Reihung gleich gebildeter, streng symmetrisch angelegter Figuren sowie die gewaltsame Architektonisierung der menschlichen Anatomie mittels blockhaft »versteinerter« Körperformen waren Charakterzüge, die wenige Jahre später in Metzners Skulpturen für das Leipziger Völkerschlachtdenkmal eine Weiterentwicklung erfahren sollten. Dabei war aber Metzner nie daran gelegen, die jugendstilig dekorative Grundkomponente seiner künstlerischen Handschrift völlig zu eliminieren.

Im Jahr 1906 schuf Franz Metzner die Plastiken für das von Bruno Schmitz entworfene, 1906/07 als exklusives Konzert- und Gesellschaftshaus erbaute »Haus Rheingold« in Berlin. Unter anderem gestaltete er dort die Gewölbepfeiler des so genannten Steinsaals und gab ihnen die ungewöhnliche Form großer Masken, die, vom Fußboden bis zum Gewölbeansatz aufragend, von schlanken Figuren flankiert wurden. Unverkennbar ist der Versuch, sezessionistische Elemente zurückzudrängen, ohne jedoch auf dekorative Effekte zu verzichten, so dass sich in Metzners Gestaltung Ornamentales auf seltsame Weise mit einer dumpf archaischen Note mischt. Zwei Jahre später hat er diese zwitterhaften Gebilde in einer strengeren Fassung als »Schicksalsmasken« an den Kryptapfeilern des Leipziger Völkerschlachtdenkmals wiederholt.

Völkerschlachtdenkmal, Michaelfigur während der Ausführung

Völkerschlachtdenkmal, Mittelteil des Schlachtreliefs mit Michaelfigur

Völkerschlachtdenkmal, Freiheitswächter im Aufbau, 1911

Völkerschlachtdenkmal, Freiheitswächter nach Fertigstellung

Völkerschlachtdenkmal, Kuppel mit Freiheitswächtern

Rechte Seite: Blick in die Kuppel

Obwohl diese »Schicksalsmasken« im Vergleich mit ihren Vorläufern im Steinsaal des »Rheingold« wesentlich zusammengenommener im Umriss, sparsamer in der Binnengliederung und mächtiger im Volumen sind, erweist sich das Maskenmotiv bei näherer Betrachtung als austauschbare Formel: Metzner hatte bei der Ausstattung der Berliner »Weihestätte höherer Geselligkeit«[17] ein so hoch gestimmtes Pathos entfaltet, dass ihm bei der Gestaltung der Kryptafiguren in der nationalen Weihestätte des Leipziger Völkerschlachtdenkmals nur noch geringer Spielraum blieb, den Ausdruck seiner Bildwerke zu vertiefen.

Mit der Ausarbeitung der Kryptafiguren wurde im Winter 1908 begonnen. Sie ragen weit in den kreisrunden, wie ein skulptiertes Stonehenge anmutenden Raum hinein, der sich nach oben zur Ruhmeshalle und zur Kuppel hin weit öffnet. Zugleich erwecken die Plastiken den Eindruck, als wüchsen sie unmittelbar aus den Pfeilerblöcken heraus. Vor jeder Maske stehen zwei massige, auf ihre Schilde sich stützende Ritterfiguren, die zu einem schwermütigen Reigen von 16 Totenwächtern formiert sind. Einen Eindruck der allgemeinen Begeisterung, die diese Bildwerke damals hervorriefen, vermitteln noch heute die euphorischen Sätze des Kunstkritikers Franz Servaes: »Wir sind in einem Reiche der Unwirklichkeiten, in einem von religiösen Schauern durchwehten Phantasieraum, in dem alles, was menschliches Maß heißt, fremdartig überragt wird. Die Figuren, die hier vor den Innenmauern sich aufbauen, die gleichsam aus den Mauern hervorgequollen sind und an ihnen festkleben wie korallenartige Gewächse, haben zwar menschliche Formen und sind doch keine Menschen. Sie sind Schicksalsträger, dämonische Halbgottheiten, symbolhaft tiefsinnige Traumerscheinungen, (...) doch stets auch gerüstet zu grimmiger Abwehr.«[18]

Solch mythischer Ausstrahlung wegen wurde ein in seiner Monumentalität vergleichbarer Figurenzyklus auch bei der Gestaltung des Denkmalaußenbaus ausgeführt. Es sind die zwölf gepanzerten Kriegergestalten, welche die Kuppel umkränzen. Wiederum knüpfte Metzner beim Entwurf dieser Skulpturen unmittelbar an ein

[17] *Schliepmann, Hans: Haus »Rheingold« in Berlin – Eine Meisterschöpfung von Bruno Schmitz. In: Deutsche Kunst und Dekoration, XX (1907), S. 2.*

[18] *Servaes, Franz: Franz Metzner in seinen neueren Werken. In: Die bildenden Künste 1 (1916–1918), Heft 10/11, S. 94 f.*

Völkerschlachtdenkmal, Reiterfries an der Kuppelinnenwand, Ausschnitt

Hauptwerk der Wiener Zeit an, indem er die 1904 in erster Fassung vollendete Rüdigerfigur für einen Nibelungenbrunnen[19] in Wien zum kolossalen Stereotyp der Freiheitswächter des Völkerschlachtdenkmals umprägte. Das Ausführungsmodell für die Freiheitswächter war 1909 vollendet. Bereits am 18. Oktober 1910 waren die seriell gefertigten Skulpturen am Denkmal bis auf Armhöhe versetzt. Während das Michaelrelief sowie die Figuren in der Krypta und in der Ruhmeshalle an Ort und Stelle aus den zuvor aufgemauerten Steinquadern herausgemeißelt wurden, musste man sich bei den Freiheitswächtern einer anderen Technologie bedienen. Im Steinbruch wurde eine Figur vollständig ausgearbeitet und danach in große Blöcke zerlegt. Von jedem Block wurden elf weitere Exemplare angefertigt. Dies geschah mit einer solchen Präzision, dass sich beim Versatz der Figurenteile am Kuppelaußenbau kaum mehr eine steinmetzmäßige Überarbeitung notwendig machte.

Das gleiche Prinzip der Serie kennzeichnet die in elf Reihen übereinander angeordneten Reiterfriese an der Innenwand der Hauptkuppel. Ihre 324 Einzelfiguren bilden eine scheinbar endlose, hoch über der Ruhmeshalle schwebende und sich im Dämmerlicht des gewaltigen Raumtrichters verlierende Prozession. Ursprünglich war beabsichtigt, die Kuppelinnenwand mit Glasmosaiken, später mit Steinmosaiken auszugestalten. Davon wurde aus Kostengründen Abstand genommen. Im Jahre 1909 schuf Metzner die Modelle der

[19] *Pötzl-Malikova, Maria: Die Plastik der Ringstraße, künstlerische Entwicklung 1890 bis 1918. In: Wagner-Rieger, Renate (Hrsg.): Die Wiener Ringstraße. Bild einer Epoche, Band IX, Teil 2, Wiesbaden 1976, S. 87 ff. und 91 f.*

Völkerschlachtdenk-
mal, Reiterfries,
Negativform

Reiterfiguren. Sie sind also erst während seiner Mitarbeit am Denkmal in das Bildprogramm aufgenommen worden, vielleicht sogar auf seinen Vorschlag hin. Gleichzeitig mit dem Bau der Kuppel von 1909 bis 1911 entstanden in einem einheitlichen Arbeitsgang die Reiterfriese. Das technisch bemerkenswerte Verfahren ihrer Ausführung hat der Bauführer des Völkerschlachtdenkmals, Otto Rudolph, sehr anschaulich beschrieben: »Hierzu hatte Prof. Metzner zwei Modelle, allerdings auf ebenem Grunde, anstatt auf Kuppelfläche geliefert. Jetzt galt es diese Reiter in die kreisrunden sich auch nach oben verjüngenden Ringteile einzufügen. Hierzu wurde erst ein entsprechend großes Stück der Gewölbefläche in Gips hergestellt, dann von dem Reitermodell ein Leimabguß hergestellt, der dann in die Gipsform des Gewölbeteils hineingebogen werden konnte. Hiernach konnten erst die richtigen Gipsfiguren hergestellt werden. Dieses umständliche Verfahren wiederholte sich in jeder einzelnen Schicht. Nachdem die Formen für eine Schicht ringsum nach vorher berechneten Maßen sorgfältig aufgestellt und stark versteift waren, konnte mit der Hinterbetonierung begonnen werden.«[20] Metzner schuf demnach nur die Gipsmodelle der Figuren und kümmerte sich offenbar nicht um die technischen Details der Ausführung. Wie sie in Originalgröße dem Bau eingefügt und in mühsamer, jahrelanger Arbeit in Stein umgesetzt wurden, oblag ganz allein den Leipziger Bauführern und Steinmetzen.

Eingerüstete Kolossalfigur der Volkskraft

Eine ebenso beeindruckende bautechnische und logistische Leistung war die Verkleidung des Denkmalaußenbaus mit gewaltigen, die »vaterländische« Anmutung des Bauwerks ganz im Sinne von Weinbrenners Forderung verstärkenden Quadern aus Granitporphyr (Diorit). Dieses Gestein, das im Lauf der Zeit leider sehr nachdunkelte, stammt aus einem Steinbruch des nahe bei Leipzig gelegenen Dorfes Beucha. In der 1913 erschienenen Weiheschrift des Patriotenbundes finden sich die folgenden Angaben: »Die Aufschichtung der riesigen Quadermassen geschah in der Weise, daß jedes Mal nach der Versetzung einer waagerecht laufenden Stufe der dahinterliegende Teil mit Beton ausgestampft wurde. Dieses Verfahren ersparte die Schalung und bewirkte die innigste Verbindung der beiden Baustoffe. Eine besondere Verankerung der Steine mit dem Beton war darum nicht nötig. Im ganzen wurden 26 500 Granitwerkstücke mit zusammen 12 500 cbm Rauminhalt versetzt und 120 000 cbm Zementstampfbeton hergestellt, wozu gegen 20 Millionen kg Zement notwendig waren. Dies bedeutet einen Erddruck von 300 Millionen kg oder reichlich 6 kg auf 1 qcm der 4 900 qm großen Grundfläche der Pyramide. Die ungeheuren Lasten – die Granitquader wogen bis zu 10 000 kg – wurden von elektrisch betriebenen Maschinen gehoben und an Ort und Stelle geleitet. Es waren darum verhältnismäßig nur wenig Arbeiter nötig – durchschnittlich 40 Mann –, um den Bau flott zu fördern.«[21]

Ab Winter 1910 erfolgten die Steinmetzarbeiten an den vier zyklopischen Sitzfiguren der Ruhmeshalle. Skizzenhaft sind sie bereits im Denkmalsentwurf von 1898 angelegt. In ihnen, insbesondere in der götzenhaft thronenden Volkskraft (Grundsteinlegung am 18. Oktober 1911) erreichte Metzners nun regelrecht ins Amorphe auswuchernde Formensprache ihren Gipfel. Noch deutlicher als in den Skulpturenzyklen in der Krypta und am Kuppelaußenbau wird hier die Intention der Denkmalstifter und des Bildhauers fassbar, mit Rückgriff auf archaische bzw. vorklassische Vorbilder eine neuartige völkisch-nordische Monumental-

[20] *Stadtgeschichtliches Museum Leipzig, Bibliothek: Rudolph, Otto: Plaudereien vom Bau des Völkerschlachtdenkmals, Masch.-Schr., 1937, S. 9.*

[21] *Spitzner, Alfred (Hrsg.): Deutschlands Denkmal der Völkerschlacht, das Ehrenmal seiner Befreiung und nationalen Wiedergeburt. Weiheschrift des Deutschen Patriotenbundes, Leipzig 1913, S. 100.*

Völkerschlachtdenk-
mal, Kolossalfigur der
Opferfreudigkeit

Linke Seite:
Völkerschlachtdenkmal, Kolossalfigur der Glaubensstärke

Rechts:
Völkerschlachtdenkmal, Kolossalfigur der Tapferkeit

kunst zu schaffen, die sich nachdrücklich von der humanistisch fundierten Bau- und Bildkunst des 19. Jahrhunderts abhob. Da es keine monumentale germanische Plastik gab und im Übrigen auch die Geschichte der nachantiken europäischen Plastik keine geeigneten Vorgaben bereit hielt, bot sich als Rezeptionsfeld nur die altorientalische und insbesondere die altägyptische Bildhauerkunst an. Die Sitzfiguren in der Ruhmeshalle des Völkerschlachtdenkmals lassen sich mit den ästhetischen Maßstäben des akademischen Historismus nicht beschreiben. Typologisch und formal korrespondieren sie mit kolossalen Sitzfiguren altägyptischer Pharaonen wie den um 1400 v. Chr. geschaffenen Memnonsäulen in Theben und den 22 Meter hohen Bildwerken am großen Felsentempel von Abu Simbel (um 1250 v. Chr.). Es ist dies ein Zusammenhang, auf den der Patriotenbund in seinen Schriften wiederholt hingewiesen hat.[22]

Die im Frühjahr 1913 endgültig fertig gestellten Bildwerke bilden ikonografisch in ihrer Verkörperung der »Volkstugenden« Glaubensstärke, Heldenmut, Volkskraft und Opferwilligkeit den eigentlichen Angelpunkt des Denkmalprogramms. Künstlerisch aber sind sie die mit Abstand schwächsten Leistungen und fielen auch bald nach ihrer Fertigstellung der Kritik anheim.[23] Sie sind höchst lehrreiche Beispiele dafür, dass allein durch megalomane Material- und Formhäufung wahre Monumentalität nicht erreicht werden kann. Dies gilt nicht nur für die spannungs- und kraftlose Durchbildung der Skulpturen selbst, sondern ebenso im Hinblick auf ihr Verhältnis zum Raum. Gerade hier fällt die viel gepriesene Einheit von Plastik und Raum auseinander, denn trotz einer Größe von etwa 9,50 Metern können sich die Figuren nicht als dominierende Elemente behaupten. In der Nahsicht kaum für den Betrachter ganzheitlich erfassbar, verlieren sie sich andererseits in der Weite des nach unten zur Krypta und nach oben zur Kuppel geöffneten Zentralraums.

Am 13. Mai 1912 wurde die feierliche Schlusssteinlegung des Völkerschlachtdenkmals von Clemens Thieme vollzogen, doch war damit der Bau noch nicht vollendet. So fiel im September 1912 die Entscheidung, die vier großen, fast 14 Meter hohen Rundbogenöffnungen der Ruhmeshalle zu verglasen, um das Innere des Denkmals vor Witterungsunbilden zu schützen und den starken Gegenlichteinfall zu dämpfen, der auch heute noch die Sitzfiguren in ihrer plastischen Wirkung erheblich beeinträchtigt. Für Metzner ergab sich damit die Gelegenheit, an den Hauptstreben der Bogenfenster noch einen weiteren, umfangreichen Zyklus aus insgesamt 96 Einzelfiguren bzw. Figurenpaaren anzubringen. Im Mai 1913 vollendet, sind diese Bildwerke dem Gedenken an die Leiden der vom Krieg betroffenen Bevölkerung gewidmet.

Den Dimensionen und der Formensprache des Denkmals entspricht die Gestaltung des weiträumigen Vorgeländes. Es ist ein durch hohe terrassierte Wälle vom flachen Umland abgehobener Bezirk, dessen eigentliche Funktion darin besteht, den Besucher auf einem langen vorgeschriebenen Weg zum Denkmal hinzuführen. Bunkerartig anmutende, in ihrer Gestalt altägyptischen Mastabagräbern nachgebildete Bauten flankieren den Zugang in den Freiraum. Ein leicht trapezoider Grundriss verstärkt den optischen Tiefenzug der Anlage, an deren Ende der massige Denkmalsbau aufragt. Diese Inszenierung erfährt eine letztmögliche Steigerung durch das 162 Meter lange Wasserbecken, in dem sich das Bauwerk in voller Größe spiegelt. Nicht ausgeführt wurde der schon seit 1896 vom Patriotenbund erwogene Plan, die Achse des Denkmalvorgeländes durch die Anlage der Deutschen Kampfbahn zu verlängern.

Nach einer Bauzeit von insgesamt 15 Jahren erfolgte die Einweihung des Denkmals am 18. Oktober 1913 mit großem vaterländischen Pomp.[24] Realisiert worden war ein Monument, in dem sich Architektur und Plastik zu einem beeindruckenden Gesamtkunstwerk vereinigen. Auch in bautechnischer Hinsicht ist das Völkerschlachtdenkmal ein kühnes Unternehmen gewesen, denn es gehört, wie die zur Säkularfeier der Befreiungskriege 1913 eingeweihte Jahrhunderthalle in Breslau (Architekt: Max Berg) und die Betonhalle von Wilhelm Kreis auf der Leipziger Internationalen Baufach-Ausstellung 1913, zu den Inkunabeln des monumentalen Betonbaus in Deutschland. Mit der Konzeption dreier architektonisch und bauplastisch differenzierter, doch inhaltlich und baulich-räumlich untrennbar zusammengehöriger Denkmalsbereiche gelang es Bruno Schmitz und Clemens Thieme, die vom Patriotenbund angestrebte komplexe Aussage des Monuments überzeugend zu artikulieren. Es ist als Ehrenmal für die Gefallenen der Völkerschlacht (Krypta), als Ruhmesmal für das deutsche Volk (Ruhmeshalle und Innenkuppel) und als Mahnmal für kommende Geschlechter (Freiheitswächter) konzipiert worden. Diese Botschaft ist auch heute noch in Kenntnis des Darstellungsprogramms ohne Schwierigkeiten nachvollziehbar. An eine Würdigung der Völkerschlacht in ihrer europäischen Bedeutung war freilich nie gedacht worden, wie überhaupt im und am Denkmal jeder Hinweis auf den Beitrag der anderen an der Völkerschlacht beteiligten Nationen, ohne die der

22 *»Die Steinriesen des Denkmals werden an Größe nur von den bekannten Kolossalfiguren des ägyptischen Königs Amenophis III und seiner Gemahlin bei Theben, den sogenannten Memnonsäulen, übertroffen. Im übrigen wetteifern ihre Maße aber durchaus mit denen aller anderen Bildwerke in ägyptischen Tempeln und Palästen.« (Mitteilungen des Deutschen Patriotenbundes, Nr. 9, Juli 1913, S. 4)*

23 *»Man machte Athleten und meinte, Athleten seien formal etwas Kolossales, zweimal, wenn man ihre Muskulatur und ihre Haltung ,stilisiert' – das heißt kunstgewerblich abplattet. (...) Der Kultus der Muskulatur, die plastische Verherrlichung maßloser Kräfte, (...) die Begeisterung für die äußerst materiellen Dimensionen, die sich an assyrischen und ägyptischen Vorbildern erregte und sie auf die Epoche nach 1900 zu übertragen versuchte: dies alles ist Ausdruck eines üblen neudeutschen Imperialismus in Politik und Wirtschaft. Die österreichische Herkunft Metzners gab den Tendenzen seiner Plastik nur eine Spannung mehr. Das persönliche Talent Metzners stand außer Frage. Es war sein Unglück, in eine grobe, stofflich expansive Zeit hineingeboren zu werden. Seiner Begabung würden unter anderen Verhältnissen edlere Dinge entsprungen sein. Er war ein Opfer der Epoche. Notwendiger Wunsch: daß diese Situation begriffen werde und daß die Einsicht andere abhalte, auf dieser Bahn weiterzugehen. Die Gefahr ist*

Links:
Modell der Tapferkeit

Rechts:
Steinmetzen

Sieg über Napoleon nicht möglich gewesen wäre, vermieden wurde. So kam als Adressat des als Nationaldenkmal konzipierten Monuments allein das deutsche Volk in Betracht, wobei die Begriffe »Volk« und »Nation« eine für die Situation am Vorabend des Ersten Weltkriegs bezeichnende ideologische Modellierung erfuhren.

Der Historiker Thomas Nipperdey hat diesen Kontext in einer wegweisenden, schon 1968 erschienenen Studie über Nationalidee und Nationaldenkmal in Deutschland im 19. Jahrhundert untersucht. Sein zusammenfassendes Urteil über das Leipziger Völkerschlachtdenkmal ist noch immer grundlegend: »Die Größe und Gewalt der Nation soll in der Bauform anschaulich werden. Damit bleibt das Denkmal architektonisch dem Wilhelminismus, dem Gestus des Imponierenwollens verhaftet; das Denkmal der deutschen Erhebung ist eben auch Denkmal der deutschen Macht. Aber die Bauform ist mehr als Darstellung von Macht und Geschlossenheit, auch sie ist vom schweren und lastenden Ernst der Plastik erfüllt, auch sie bezieht sich auf ein Unendliches, dem sie in festem Trotz entgegentritt. (...) Die das Denkmal leitende Idee der nationalen Sammlung zeigt sich endlich darin, wie mit der Bauform das Verhältnis von Individuum und Nation neu bestimmt wird. Das architektonische Denkmal ohne individuelles Standbild will die Beschauer als nationale Gemeinschaft zusammenbinden. (...) Die Nation, die sich im Denkmal mit sich selbst identifizieren soll, ist nicht mehr Kultur- und Glaubensgemeinschaft, sondern Kampf-, Schicksals- und Opfergemeinschaft; sie ist nicht mehr in einem konkreten Sinn politisch, nämlich monarchisch und demokratisch verfaßte Gemeinschaft, sondern sie ist im Mythos der Innerlichkeit und der – antisozialistisch gerichteten – Solidarität zusammengefaßte Nation. Der demokratische Begriff der Nation, der am Anfang der Idee eines Leipziger Denkmals gestanden hatte, ist zum integralen Begriff der Nation geworden, das Denkmal zum Denkmal der nationalen Konzentration, das zwar 1913 durchaus noch den herrschenden politischen Zuständen entsprach, aber davon auch ablösbar war.«[25]

– leider – noch groß.« (Hausenstein, Wilhelm: Die bildende Kunst der Gegenwart, 2. Auflage Berlin/Leipzig 1923, S. 234 f.)

24 *Deutschlands Freiheitsdom. Gedenkblatt zur Weihe des Völkerschlachtdenkmals. In: Leipziger Neueste Nachrichten vom 18. Oktober 1913.*

25 *Nipperdey, Thomas: Nationalidee und Nationaldenkmal in Deutschland im 19. Jahrhundert. In: Historische Zeitschrift, Band 206 (1968), Heft 3, S. 576 f.*

Kopf der Kolossalfigur der Tapferkeit mit Steinmetz

Soll es gesehen werden, so muß es groß und herrlich seyn ...

Völkerschlacht-Erinnerung und Ideen für ein Völkerschlachtdenkmal

Steffen Poser

Vom 14. bis 19. Oktober 1813 wurde bei Leipzig Weltgeschichte geschrieben. Die verbündeten Armeen Russlands, Preußens, Österreichs und Schwedens standen Napoleons Streitmacht gegenüber.

Eine halbe Million Soldaten rangen um das künftige politische Schicksal Europas. Tagelang tobten erbitterte Schlachten und Gefechte um die Dörfer vor den Mauern der Stadt. Schließlich musste Napoleon der Übermacht seiner Gegner weichen.

Fürst Schwarzenberg konnte den verbündeten Monarchen am 19. Oktober den Sieg in einer Schlacht verkünden, die rund 110 000 Menschen mit ihrem Leben bezahlten. Auch hernach starben noch Zehntausende elendiglich in den Lazaretten in und um Leipzig.

Für die Zeitgenossen war das, was sich in den Oktobertagen 1813 bei Leipzig abspielte, ein im Wortsinn unerhörtes Ereignis. Nie zuvor hatte sich ein solcher Kampf ereignet, hatten so viele Soldaten tagelang gekämpft, waren so viele Menschen umgebracht worden. Dieses Geschehen musste verarbeitet werden. Nicht weniger bedeutsam waren die politischen Folgen des Sieges über den Kaiser der Franzosen. Das Grand Empire brach zusammen. Binnen kurzem zogen sich die ehemaligen Beherrscher halb Europas über den Rhein zurück. Auch die Auswirkungen auf das gesamte Gefüge der politischen und sozialen Beziehungen in den deutschen Staaten waren beträchtlich. In den wenigen Jahren der Napoleonischen Epoche hatte die bürgerliche Emanzipationsbewegung enorme Fortschritte gemacht. Ein bürgerliches Selbstbewusstsein war entstanden, das nach dem erstrittenen Sieg den verheißenen Lohn, einen deutschen Nationalstaat, einforderte, über dessen Gestalt es allerdings nur sehr vage Vorstellungen gab.

Doch die Fürsten verfolgten andere Ziele. Der Leipziger Schlacht folgte der Versuch, die Entwicklung zweier Jahrzehnte vergessen zu machen. Vollständig gelang dies nicht. Die bürgerliche unitarische Bewegung existierte weiter und arti-

Die Feierlichkeiten zum ersten Jahrestag der Völkerschlacht bei Leipzig, kolorierte Radierung, um 1814

kulierte sich ungeachtet der einsetzenden Repressionen unüberhörbar. Immer wieder gedachte man der großen Chance der staatlichen Einigung, die nach dem Sieg bei Leipzig vertan wurde. Die Erinnerung an die Leipziger Völkerschlacht war so auch ein Lebendighalten der Idee bürgerlicher Gleichheit.

Schon am 19. Oktober 1814 versammelten sich Leipziger Bürger nach einem Gedenkgottesdienst für die Gefallenen der Völkerschlacht zu einer Erinnerungsfeier, die nicht als Siegesfest, sondern als Dankfest für die Errettung Leipzigs aus der schweren Kriegsgefahr gedacht war. Mehrere hundert Teilnehmer, unter ihnen Fürst Repnin, Generalgouverneur von Sachsen, und der Leipziger Stadtkommandant Oberst Prendel nahmen an der Feier im Alten Gewandhaus teil. Die Sitzordnung wurde ausgelost, »damit kein Rang oder Stand sichtbar«[1] werden sollte. Nicht alle Einwohner akzeptierten die Veranstaltung. Der Leipziger Schriftsteller und Redakteur August Mahlmann hielt eine Festrede, die auch im Druck erschien. In einem fast einhundert Jahre später aufgefundenen Exemplar hatte dessen früherer Besitzer seinem Ärger über die Worte Mahlmanns mit an den Rand geschriebenen Bleistiftnotizen Luft gemacht. So kommentierte der Unbekannte Mahlmanns rhetorische Frage, was aus der Welt geworden wäre, wenn die Entscheidung in der Völkerschlacht anders ausgegangen sei, mit den Worten: »Besser wär's geworden, du Kindskopf.«[2] Der Sieg über Napoleon fand offensichtlich keine ungeteilte Zustimmung in der Leipziger Bevölkerung. So nimmt es nicht wunder, dass der anonyme Kritiker prognostizierte, »Leipzigs ehrliche Männer«[3] würden wohl nie den Tag der Schlacht feiern. Diejenigen aber, die ihn 1814 begingen, hatten sich wenige Stunden zuvor auf dem Anger in Probstheida, einem der am schwersten durch die Schlacht zerstörten Dörfer um Leipzig, versammelt und gewissermaßen das erste Völkerschlachtdenkmal errichtet.

Vor der Ruine der abgebrannten Dorfkirche stellten sie ein 30 Ellen hohes Holzkreuz mit einer

1 *Naumann, Robert: Die Völkerschlacht bei Leipzig. Nebst Nachrichten von Zeitgenossen und Augenzeugen über dieselbe, Leipzig 1863, S. IV.*
2 *Wiegendt, Ernst (Hrsg.): Die erste Jahrfeier der Leipziger Völkerschlacht in zeitgenössischer Beleuchtung, Leipzig 1910, S. 7.*
3 *Ebenda.*

Auf einen Sockel montierte Kartätschenkugel aus der Schlacht bei Wachau vom 16. Oktober 1813

Sammelbüchse für ein neues Gotteshaus auf. Eine Inschrift an dem von vier Eichen umgebenen Kreuz mahnte die Vorübergehenden:

»Unter Schutt und Asche liegt die Stätte,
Wanderer, die beim gläubigen Gebete
Sonst des Herrn Gemeinde sah.
Jene Trümmer, die hervor dort ragen,
Ach, sie sagen dir, was in den Tagen
Banger Schrecken hier geschah.

Freudig denkst du bei des Kreuzes Zeichen
Deiner Rettung, doch an diesen Eichen
Mahnt auch seltner Taten Beispiel dich:
Blut floß hier für deine höchsten Güter,
Weih auch du dich gern dem Wohl der Brüder,
Und der Nachwelt Dank freut deiner sich.«

Das weitere Schicksal jenes ersten Völkerschlacht-Memorials macht beispielhaft deutlich, wie heterogen die öffentliche Meinung zur Frage von Sieg und Niederlage, von rechter und falscher Allianz gewesen sein mag. Eines Nachts war das Kreuz spurlos verschwunden. An seiner Stelle verkündete ein Zettel:

»Hat uns der Preuße das Land gestohlen,
kann auch das Kreuz der Teufel holen.«

Nicht nur in Leipzig wurde 1814 der Ereignisse der Leipziger Schlacht gedacht. Ein Buch von 1815[4] beschreibt auf über 1 000 Seiten Oktoberfeierlichkeiten in einer Vielzahl deutscher Städte und Gemeinden. Die meisten liefen nach einem ähnlichen Schema ab: Dankgottesdienst, Festrede und des Abends, möglichst auf einer nahe gelegenen Höhe, das Entzünden eines Freudenfeuers nach Arndtschem Konzept. In der Regel wollte man mit dieser Art Feier vor allem eines deutlich machen: »Zuvörderst die Hoffnung, daß auf dem Bundestag, dessen Eröffnung nahe bevorsteht, unsere eigenen innern Verhältnisse auf eine feste, den gerechten Erwartungen des Volks entsprechende Weise geordnet werden, die nicht länger unbefriedigt bleiben können, ohne daß das edle und starke Vertrauen des Volkes auf das grausamste getäuscht würde.«[5] Einige national-begeisterte Hitzköpfe suchten sogar den weiblichen Teil der Bevölkerung in besonderer Weise an der Völkerschlacht-Erinnerung zu beteiligen. Während die Männer das Andenken des historischen Geschehens durch »Waffengetöse und … zum Himmel aufsteigende Freudenflammen« begingen, sollten »Frauen und Töchter … den Tag … durch gesellige Freudenfeste« in eigens kreierten »deutschen Feyerkleidern«, sozusagen einer nationaldeutschen Jubiläumsrobe, zieren. Die neue Volkstracht blieb jedoch trotz des nachdrücklichen Hinweises auf den »verderblichen Wechsel und die sclavische Nachahmung ausländischer Moden«[6] eine Marginalie.

Eine der ersten prominenten Persönlichkeiten, die öffentlich schon früh die Errichtung eines monumentalen Memorials forderte, war der Dichter Ernst Moritz Arndt. Bereits 1814 regte er an: »… es muß so stehen, daß es ringsum von allen Straßen gesehen werden kann, auf welchen die verbündeten Heere zur blutigen Schlacht der Entscheidung heranzogen. Soll es gesehen werden, so muß es groß und herrlich seyn, wie ein Koloß, eine Pyramide, ein Dom in Köln.«[7] Der Dichter und nationale Eiferer stellte sich dieses Denkzeichen als einen 200 Fuß hohen, mit Feldsteinen verkleideten Erdhügel vor, der sich, gekrönt von einem kolossalen Kreuz aus Eisen, aus einem anzupflanzenden Eichenwald erheben sollte. Im gleichen Jahr empfahl der Weimarer

[4] *Des Teutschen Volkes feuriger Dank- und Ehrentempel, Offenbach 1815.*
[5] *Rede zur Jahresfeyer der großen Rettungsschlacht bei Leipzig, Lahr 1815, S. 26.*
[6] *Becker, R. Z.: Das deutsche Feyerkleid zur Erinnerung des Einzuges in Paris am 31sten März 1814 eingeführt, Gotha 1814.*
[7] *Arndt, Ernst Moritz: Ein Wort über die Feier der Leipziger Schlacht, Frankfurt/Main 1814, S. 21f.*
[8] *Bertuch, Carl: Die Kapelle der Eintracht auf dem Schlachtfelde von Leipzig, Wien/Weimar 1814, S. 5ff.*

Bundes- und Dankaltar zur Erinnerung an die Völkerschlacht in Form einer »gothisch-deutschen« Kapelle, Entwurf von Carl Bertuch, Kupferstich, 1814

Oben:
Entwurf eines deutschen Feierkleids zur Erinnerung an den Einzug der Verbündeten in Paris am 31. März 1814, kolorierter Kupferstich, 1814

Unten:
Antike Säule im Odenwald, Lithographie, um 1814

Unternehmer Carl Bertuch die Errichtung eines »Bundes- und Dankaltars« in Form einer »gothisch-deutschen Kapelle, der Eintracht gewidmet«[8] an Stelle der früheren Quandtschen Tabaksmühle. Bereits dieser frühe Denkmalsentwurf sah zwei Galerien vor, die dem Besucher einen Überblick über das ehemalige Schlachtfeld ermöglichen sollten.

Der Lustspieldichter August von Kotzebue unterbreitete den Vorschlag, eine im Odenwald liegende antike Granitsäule vermutlich römischen Ursprungs nach Leipzig zu schaffen und dort aufzustellen, »wo der große Welteroberer den 19. Oktober 1813 morgens halb 11 Uhr mit seinen Schaaren die Flucht ergriff.«[9] Der aufwändige Transport der etwa 9,5 Meter hohen Säule sollte durch Geldsammlungen nicht nur in Deutschland, sondern in einer Vielzahl europäischer Staaten finanziert werden. Interessanterweise ging es hier noch um ein Erinnerungszeichen zur Befreiung Europas von einem Despoten. Der Transport des rund 25 Tonnen schweren Ungetüms scheiterte jedoch an den hohen Kosten.

[9] *Kappler, M. F.: Beschreibung und Geschichte der sogenannten Riesensäule im Odenwalde, als einer der ersten Seltenheiten römischer Alterthümer, mit ihrer und des Riesenaltars Abbildung im Steindruck, Karlsruhe 1814.*

Entwurf für ein Völkerschlachtdenkmal von Georg Emanuel Opiz, kolorierte Radierung, um 1830

Entwurf für ein Völkerschlachtdenkmal, um 1814

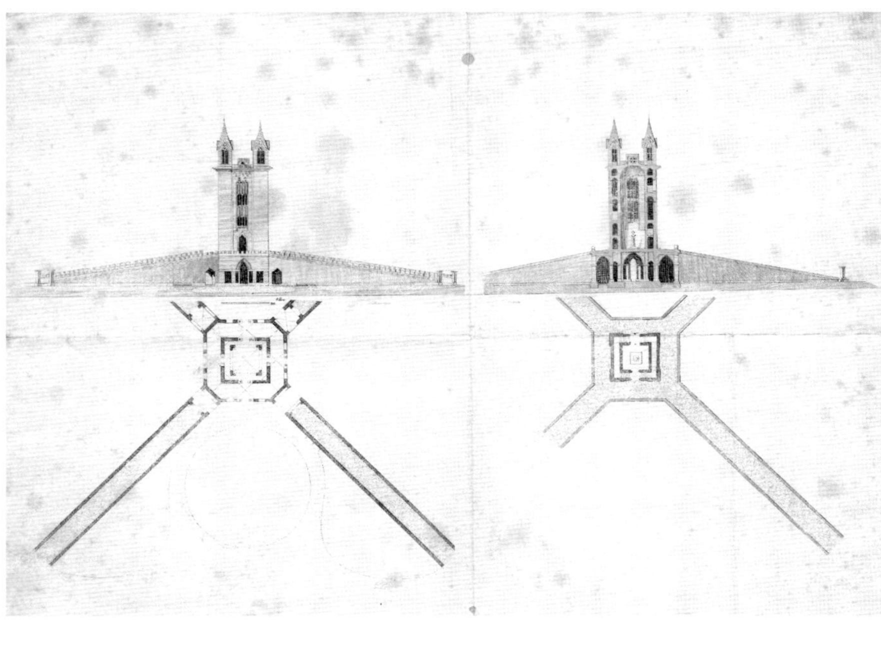

Links:
Entwurf für ein Völkerschlachtdenkmal, Kupferstich, 1814

Rechts:
Entwurf für ein Völkerschlachtdenkmal, um 1815

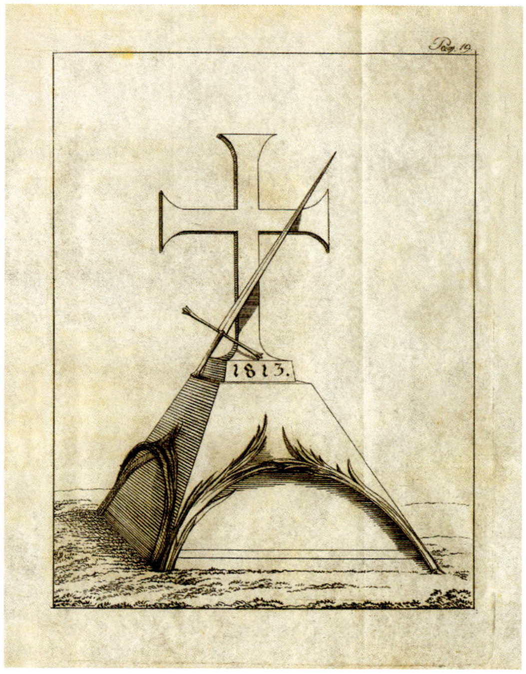

Der berühmte Münchner Hofbaumeister und spätere Architekt der Regensburger Walhalla Leo von Klenze schlug die Errichtung eines etwa 30 Meter hohen, aus kolossalen Palm- und Ölzweigen gebildeten und mit typisch klassizistischem Zierrat dekorierten Kandelabers vor.[10] Auch andere namhafte Künstler wie Friedrich Weinbrenner, Johann Heinrich von Dannecker oder Karl Friedrich Schinkel beteiligten sich mit Entwürfen.

Eine Fülle von Denkmalsideen folgte dem Aufruf des kauzigen Sonderlings Adolph Freiherr von Seckendorff auf Zingst bei Querfurt, der 1814 in der Presse auf eigene Faust zum Ideenwettbewerb einlud. Unter den Vorschlägen fanden sich auch einige, die kein Bauwerk vorsahen. So riet ein Unbekannter, eine Erinnerungsmedaille zu fertigen, die zum doppelten Herstellungswert verkauft werden sollte. Ergänzt durch eine allgemeine Pfennigsteuer und zusätzliche Kollekten, sollte das Geld u. a. zur Unterstützung von Waisen und Bedürftigen sowie zur Beschaffung von Saatkartoffeln für Notleidende verwendet werden.[11] Ein anderer vertrat die Ansicht, »das beste Denkmal auf jene Schlacht wird eine dadurch erst möglich gewordene tüchtige, gegen innere Anarchie und fremden Despotismus sichernde, bürgerliche Freyheit fest begründete Ordnung der Dinge im gemeinsamen Vaterlande seyn«[12]. Der engen gedanklichen Verbindung von Nation und Bürgerfreiheit als politischer Impuls für die Völkerschlacht-Erinnerung kam im Laufe des 19. Jahrhunderts allerdings immer weniger Bedeutung zu.

Die zahlreich eingegangenen Denkmalskonzepte veröffentlichte Seckendorff in zwei Publikationen. In der Regel wurden Säulen- oder Quadergrundformen gewählt. Oft fand sich auch die Idee eines von einem Monument gekrönten künstlichen Hügels. Gemeinsam ist den klassizistischen Entwürfen, dass sie vor allem die Heilige Allianz und deren Protagonisten in den Vordergrund stellten. Nationale deutsche Bezüge spielten, wenn überhaupt, nur eine untergeordnete Rolle. Auf Seckendorffs Spendenaufruf in zwei Zeitungen gingen ganze zehn Taler ein, die zudem noch ein Freund des Freiherrn gespendet hatte. So scheiterte das Denkmalsprojekt nicht am Ideenmangel, sondern an den notwendigen finanziellen Mitteln.

Einer der ausgefallensten frühen Vorschläge für ein Erinnerungszeichen zielte darauf ab, auf dem Schlachtfeld ein großzügiges Gartenareal zu schaffen, das Raum für eine Tempelanlage, als dem eigentlichen Monument, ein Schloss, rund 80 Wohnhäuser, Gasthöfe, mehrere Alleen und gemeinnützige Militärschulen, eine Zeichenakademie, eine Reitschule, Fabrikanstalten usw. bot und als so genannter Bundes-Garten gegen die Entrichtung eines Eintrittsgeldes besichtigt werden konnte.[13] Sollte sich das von vielen nach der Völkerschlacht erhoffte deutsche Arkadien vorerst nur in der Version einer eingezäunten Menagerie verwirklichen lassen?

In den Staaten des Deutschen Bundes verband man mit dem Sieg über Napoleon zunächst durch-

10 *Seckendorff, Adolph Freiherr von: Die Resultate meines Planes der Völkerschlacht bey Leipzig ein Denkmal zu setzen, Zweyte Lieferung, Leipzig 1815, S. 118f.*
11 *Ebenda, S.10f.*
12 *Ebenda, S. 51.*
13 *Ebenda, S. 84ff.*

Poniatowski-Denkmal in Gerhardts Garten, kolorierte Radierung von F. Harnisch und J. C. A. Richter, um 1840

Murat-Linde im
Wachauer Gut,
Radierung,
Ende 19. Jh.

Völkerschlacht-
Erinnerungslinde im
Leipziger Johannistal,
Radierung, um 1833

W. Nowacowitz,
früherer Besitzer des
Grundstücks zum
Monarchenhügel, am
gleichnamigen
Denkmal, 1890

Poniatowski-Denkmal in Gerhardts Garten, kolorierte Lithographie von F. A. Fricke, um 1850

aus divergierende Erinnerungen. Die meisten Mitgliedsstaaten gehörten genau genommen zu den Verlierern der Leipziger Schlacht. Fast allen aber wurde die Mesalliance mit Napoleon milde nachgesehen. Einige wenige, insbesondere Sachsen, hatten dagegen zur Strafe für ihre Bündnistreue harte Repressalien hinnehmen müssen. Groß war die Erbitterung vieler Sachsen über die Ergebnisse des Wiener Kongresses, der etwa die Hälfte des sächsischen Territoriums dem Königreich Preußen zuschlug. Erst 1815 kehrte der sächsische König aus preußischer Gefangenschaft zurück. Öffentliche Feiern des Sieges über Napoleon wurden untersagt. Im Gegensatz dazu stand das Streben von Teilen des Bürgertums, das Ereignis und damit das noch zu erreichende Ziel eines Nationalstaats im öffentlichen Bewusstsein lebendig zu halten.

Zunächst war es, neben einzelnen Bürgern, der Verein zur Feier des 19. Oktober, der die Erinnerung an das Geschehen bewahren wollte. Anlässlich der eingangs erwähnten ersten Leipziger Jahrestagsfeier entschlossen sich mehrere Bürger, künftig diesen Tag in würdiger Weise zu begehen, und gründeten besagten Verein. Dessen Name bezieht sich auf den Tag des Sturms auf Leipzig und nicht auf den vorangegangenen Entscheidungstag der Schlacht. Die Gründungsmitglieder bestimmten damit zum feierlichen Anlass nicht den Sieg über Napoleon, der ja gleichzeitig ein Sieg über seine sächsischen Bündnispartner war, sondern »Leipzigs Errettung aus großer Gefahr in den ewig denkwürdigen Tagen der Völkerschlacht« am Tag der Einnahme der weitgehend unbeschädigten Stadt durch die Verbündeten.

Bis die Vereinsaktivitäten gänzlich zum Erliegen kamen, fanden die Feiern vor allem in Privathäusern statt. Doch nicht nur in Leipzig schien das Interesse an der Völkerschlacht-Erinnerung spürbar nachzulassen. Mit einigen Kommilitonen am 18. Oktober 1820 auf dem ehemaligen Leipziger Schlachtfeld stehend, konstatierte der Sprecher der Deutschen Burschenschaft, Karl von Hase: »Öd und finster ist's auf Deutschlands Bergen, ist's im ganzen weiland deutschen Reiche, und Sünde heißt's der Vergangenheit zu denken[14] … wenn es die Gewaltigen verbieten das Fest des befreiten Deutschlands zu begehn, damit wir nicht denken des dort Verheißenen, Erkämpften und Verlornen, … so stimmt das Volk wunderbar mit ihnen überein.«[15] Nicht zuletzt durch die repressiven Maßnahmen infolge der Karlsbader Beschlüsse war aus den Volksfesten der Jahre 1814 und 1815 inzwischen eine private, fast konspirative Zusammenkunft politisch engagierter Bürger geworden. Jene Studenten, die sich 1820 auf dem Leipziger Schlachtfeld trotz der zwangsweisen Auflösung der Burschenschaften trafen, brachten zum Ausdruck, dass Völkerschlachtfeiern offiziell zur rechtswidrigen Angelegenheit geworden waren. Den 20. Gedenktag der Völkerschlacht begingen einige wenige Teilnehmer in Leipzig auf dem

Einladung
zur
Weihe des ersten Denkmales
der
Völkerschlacht bei Leipzig 1813
auf dem Monarchenhügel
vor Liebertwolkwitz.
Dienstag, den 19. October Morgens 9½ Uhr
Versammlung in Meusdorf.
Es wird gebeten, diese Karte mitzubringen.

Einladungskarte zur Einweihung des Denkmals am Monarchenhügel am 19. Oktober 1847

14 *Hase, Karl: Am Jahrestage von Leipzig, Rede, sieben Jahre nach der Völkerschlacht, Leipzig 1913, S. 10f.*
15 *Ebenda, S. 15.*

Links:
Denkmal auf dem Wachtberg bei Göhren, Radierung, um 1850

Rechts:
Das Kugeldenkmal auf der Milchinsel, Lithographie von A. Werl, Leipzig, um 1850

Grundstück des Kaufmanns Mittler im Johannistal. Sie pflanzten unter Musikbegleitung eine Linde, die als »äußeres Zeichen das Gedächtnis dieses welthistorischen Ereignisses den Nachkommen überliefern« sollte. Unter ihren Wurzeln deponierte man symbolbeladene Objekte, wie eine Kanonenkugel, ein Porträt König Antons von Sachsen, eine Münze, Gedichte, eine Bleitafel mit Text zum Sturm auf Leipzig 1813 sowie ein Stück Kohle als »Zeichen der Unverweslichkeit dieses Denkmals«. Leider steht der Baum nicht mehr, in dessen »friedlichem Schatten noch die spätesten Nachkommen mit den Gefühlen dankbarer Erinnerung weilen sollten«.

Fast schien jener anonyme Kommentator der Mahlmannschen Festrede von 1814 Recht zu behalten, der den Verein zur Feier des 19. Oktober eine »gebrechliche Geburt, die ihren zweyten Geburtstag schwerlich erleben wird«[16], nannte. Nur als 1834 polnische Patrioten dem in Leipzig gefallenen Fürsten Poniatowski ein repräsentatives Denkmal setzten und vier Jahre später Angehörige des inzwischen verstorbenen Fürsten Schwarzenberg an den ehemaligen Oberbefehlshaber der verbündeten Truppen mit einem Denkstein erinnerten, fanden wieder Erinnerungsfeiern statt. Eine Massenbewegung war das Völkerschlacht-Gedenken in diesen ersten Jahrzehnten nicht, doch versuchten Teile des Bürgertums damit gezielt eine kollektive Identität zu stiften.

So ging ab 1843 auch der Verein zur Feier des 19. Oktober wieder vernehmlicher an die Öffentlichkeit. Man nahm sich vor, alljährlich Gedächtnisfeiern durchzuführen, Überlieferungen bei noch lebenden Augenzeugen zu sammeln und die wichtigsten Stellen des Schlachtfelds durch Denksteine zu kennzeichnen. Bis 1863 entstanden insgesamt sieben solcher Erinnerungszeichen, die noch heute erhalten sind. Aktivitäten wie diese sollten nun keine Einzelerscheinung mehr bleiben. 1845 stiftete der Gutsbesitzer Carl Lampe eines der ersten allgemeinen Erinnerungsmale an den Oktober 1813 auf der so genannten Leipziger Milchinsel. In den Jahren unmittelbar vor der Revolution von 1848/49 erhielten die Oktoberfeiern wohl nicht zuletzt wegen ihrer politischen Brisanz neuen Zulauf. Auch für den preußischen Staat schien die Erinnerung an den Sieg bei Leipzig jetzt wieder Sinn zu machen, bot sie doch Möglichkeiten, die Verbundenheit der Bürger mit ihrem Vaterland zu stärken und dem Geist politischen Aufbegehrens entgegenzuwirken. So wurden in einer 1842 vor den Zöglingen der Königlichen Landesschule Pforte anlässlich der Völkerschlacht gehaltenen Rede die Zeitläufte beklagt, »wo die vaterländische Jugend durch allerhand künstliche Mittel aus ihren eigenthümlichen Bahnen auf das Feld der Politik, für die sie durchaus nicht berufen ist, gelockt und durch die politischen Lieder eines Herwegh … fanatisiert werden soll.«[17] Stattdessen wurde der Jugend nahe gelegt, sich der Taten ihrer Väter zu erinnern und ihnen in ihrer Hingabe für den preußischen Staat nachzueifern.

Ab der zweiten Hälfte des 19. Jahrhunderts wurde die Völkerschlacht-Erinnerung wieder in stärkerem Maße gepflegt. Seit 1861 ließ der Leipziger Theodor Apel aus eigenen Mitteln 44 Marksteine errichten, auf dass, wie er kundtat, »auch unsere späteren Enkel die Marksteine als die

16 *Wiegendt, Ernst (Hrsg.): Die erste Jahrfeier der Leipziger Völkerschlacht in zeitgenössischer Beleuchtung, S. 7.*

17 *Jacob, Karl Georg: Erinnerungsblätter an die Schlacht bei Leipzig, Halle 1845, S. 3.*

Napoleonstein, um 1870

Napoleonstein und Quandtsche Tabaksmühle, Standort Napoleons in der Völkerschlacht, Aquarell über Bleistift, um 1860

letzten besuchen mögen, die auf den schlachtberühmten Feldern Leipzigs die Kunde geben vom Kampf und Krieg, das heißt vom entsetzlichsten Unheil, zu welchem die Menschheit die ihnen von Gott gegebenen Kräfte mißbraucht«. Durch diese Markierungen machte Apel das Schlachtfeld selbst zum Denkmal.

Bürgerliche Vereine verfochten nun zunehmend die Denkmalsidee und verbanden diese mit dem Streben nach einem einigen deutschen Reich. Verstärkt aber sollte die Einigung Deutschlands nicht nur für das deutsche Volk eine segensreiche Wirkung entfalten, sondern sich gleichzeitig auch gegen eine äußere Bedrohung richten. So hieß es beispielweise anlässlich der Gedächtnisfeier 1861: »Uns gegen außen zu einigen, dieser Gesichtspunkt wird uns durch die Erinnerung an den 18. Oct. am nächsten gerückt. Wir würden es nicht für gut halten, wenn die Erfüllung dieser Pflicht bis zum Augenblick der Gefahr selbst verschoben würde.«[18] Diese Auffassung verdeutlichte beispielsweise eine Feier zum 47. Jahrestag der Völkerschlacht im Münchner Knorr-Keller, die einen derart großen Zuspruch fand, dass man sie am nächsten Tag »zugunsten Schleswig-Holsteins« kurzerhand wiederholte.[19]

Im Jahre 1862 wurde in Leipzig unter dem Vorsitz von Bürgermeister Dr. Karl Wilhelm Otto Koch ein »Ausschuß zur Vorbereitung der Feier der Leipziger Schlacht« im darauf folgenden Jubiläumsjahr gegründet.[20] »Das Vaterland ward bei Leipzig gewonnen, das Reich ist noch zu erstreiten«[21], war der Grundtenor des Vorbereitungskomitees. Angestrengt suchte man gegen die Behauptung, da die Völkerschlacht keine wirkliche Freiheit gebracht habe, gebe es folglich auch nichts zu feiern, zu argumentieren. Intellektuelle und Honoratioren, die sich hier zusammengefunden hatten, waren sich im Gegenteil sicher, »dass eine Umwälzung größten Maßstabes im langsamen Vorbereiten ist.«[22] Sächsischer Staatspolitik folgend, betonte man jedoch, »daß die Preußen allein unvermögend waren, Deutschland zu retten«, und würdigte die Rolle der Österreicher in besonderer Weise.[23] Doch schien es dem anwesenden Kreisdirektor gleichwohl angeraten, auf eine Mitgliedschaft im Komitee zu verzichten, da er es als Staatsbeamter für wenig glücklich hielt, die Feier eines Ereignisses vorzubereiten, das »für Sachsen so schmerzlicher Natur« gewesen sei und die Geschichte der Dynastie »in so tief beklagenswerter Weise« berührt habe.[24] In Sachsen war noch fünfzig Jahre nach der Völkerschlacht eine Erinnerungsfeier kein Anliegen des Staates. Der nicht genannte Autor einer anlässlich der 50-Jahr-Feier erschienenen Schrift meinte sogar feststellen zu müssen, dass das ganze deutsche Volk zu seiner Schande das Walten des Allmächtigen in der Völkerschlacht, der den Kampf gegen Napoleon gleichsam zu einer Art neuzeitlichem Kreuzzug erhöht hätte, vergessen habe. Für ihn musste das Jubiläum ein »Fest der Geburt einer deutschen Nation«[25] sein. Im Vordergrund stand der Anspruch, endlich die, 1813 noch diffusen, Vorstellungen der Erneuerung des Deutschen Reichs in einen deutschen Nationalstaat münden zu lassen. »Ein Prüfungstag werde die Feier für die Nation … Seid ihr wirklich, auch nur in der Idee, schon ein Volk? Sollten wirklich Royalisten und Constitutionelle, Aristokraten und Demokraten,

Links:
Einweihung des Apelsteins Nummer 5, im Vordergrund Theodor Apel. Bleistiftzeichnung von Max Berthold, um 1861

Unten:
Ewiger Kalender auf Ereignisse der Befreiungskriege zum 50. Jubiläum der Völkerschlacht, Leipzig 1863

Rechte Seite:
Erinnerungsblatt auf den 50. Jahrestag der Völkerschlacht 1863, Lithographie von A. Teller

[18] *Illustrirte Zeitung Leipzig, Nr. 955, 19. Oktober 1861, S. 266.*

[19] *Ebenda, Nr. 907, 17. November 1860, S. 335.*

[20] *Rede zur Feier der Leipziger Schlacht in Leipzig am 16. October 1862 gehalten von Heinrich Wuttke, Leipzig 1863, S. 29.*

[21] *Ebenda, S. 17.*

[22] *Ebenda, S. 21.*

[23] *Ebenda, S. 11.*

[24] *Ebenda, S. 29 f.*

[25] *Die Todtenfeier auf der Wahlstatt von Leipzig 18. October 1863, Hamburg 1863, S. 22.*

Drei Denkmäler zur Erinnerung an die Völkerschlacht von 1813,
enthüllt bei der 50 jährigen Jubelfeier in Leipzig, am 19. Octbr. 1863.

Entw. u. gez. v. A. Kretschmer.

Druck d. lith. Inst. v. A. Liebmann in Berlin.

Gedenkblatt zur 50 jährigen Feier der Völkerschlacht bei Leipzig.

Zum Besten hülfbedürftiger Veteranen.

Gesetzlich deponirt

Herausgegeben von A. Liebmann.

Linke Seite:
Erinnerungsblatt auf den 50. Jahrestag der Völkerschlacht 1863, Lithographie von A. Kretschmer

Entwurf für ein Völkerschlachtdenkmal zum 75. Jahrestag der Völkerschlacht 1888, Architekten Ludwig und Hülssner

Etikett des Festweins zum 50. Jahrestag der Völkerschlacht 1863

Rechts:
Öffentliche Bekanntmachung zu den Feierlichkeiten des 50. Jahrestages der Völkerschlacht 1863

Protestanten und Katholiken in einem Gedanken, in einem Gefühl sich einig wissen, unter das eine schwarz-roth-goldne Banner sich schaaren?«.[26] Dezidiert wandte sich der Autor an die deutschen Fürsten, in denen er wohl das größte Hindernis eines Nationalstaates sah, und forderte von ihnen mit deutlich drohendem Unterton:
»So wie aber wir vergessen, was Verblendung (der Rheinbundfürsten, d. V.) gesündigt hat, so werdet auch ihr jetzt, Fürsten Deutschlands vergessen, was nur die Billigkeit entschuldigt hat, vergessen euer Volk für euer Eigenthum, euer Heer für euer Zugvieh, Gut und Blut eurer Unterthanen für eure Waare zu halten, … Ihr werdet mit feiern, das große Fest eures, ja auch eures Vaterlandes.«[27]

Überhaupt wurde das Jahr 1863 in Leipzig von öffentlichen Erinnerungsfeiern an das ein halbes Jahrhundert zurückliegende Ereignis geprägt. Vom 1. bis 5. August veranstalteten die Turner anlässlich des Völkerschlachtjubiläums ihr 3. allgemeines deutsches Turnfest unter dem Motto »Eine hohe nationale Feier soll begangen werden« in der Pleißestadt. Besonders augenfällig wurde diese Verbindung in der Rede Heinrich von Treitschkes zur Abschlussveranstaltung. Vom sportlichen Wettstreit sprach er nicht, auch nicht von athletischen Fertigkeiten oder sportlichen Idealen.
Als einer der renommiertesten deutschen Historiker seiner Zeit sprach Treitschke von einem

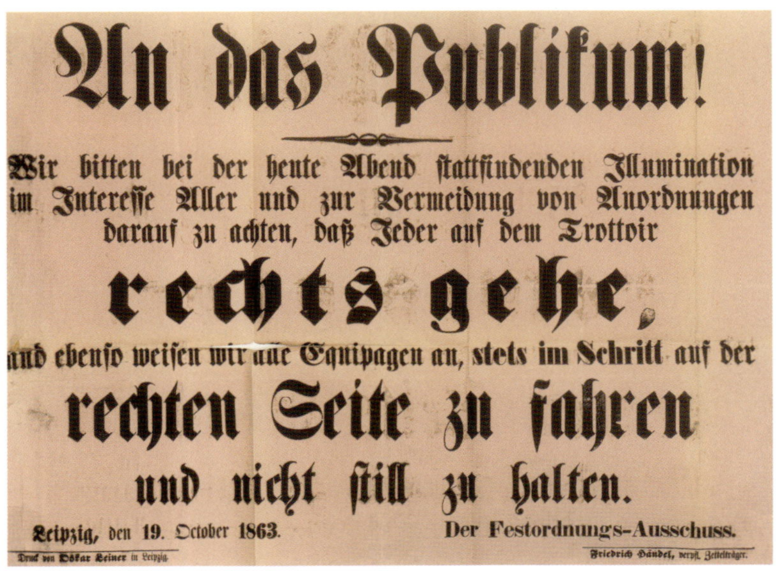

An das Publikum!

Wir bitten bei der heute Abend stattfindenden Illumination im Interesse Aller und zur Vermeidung von Unordnungen darauf zu achten, daß Jeder auf dem Trottoir

rechts gehe,

und ebenso weisen wir alle Equipagen an, stets im Schritt auf der

rechten Seite zu fahren

und nicht still zu halten.

Leipzig, den 19. October 1863. Der Festordnungs-Ausschuss.

Druck von Oskar Leiner in Leipzig. Friedrich Händel, verpfl. Zettelträger.

26 *Die Todtenfeier auf der Wahlstatt von Leipzig 18. October 1863, S. 32.*
27 *Ebenda, S. 24 f.*

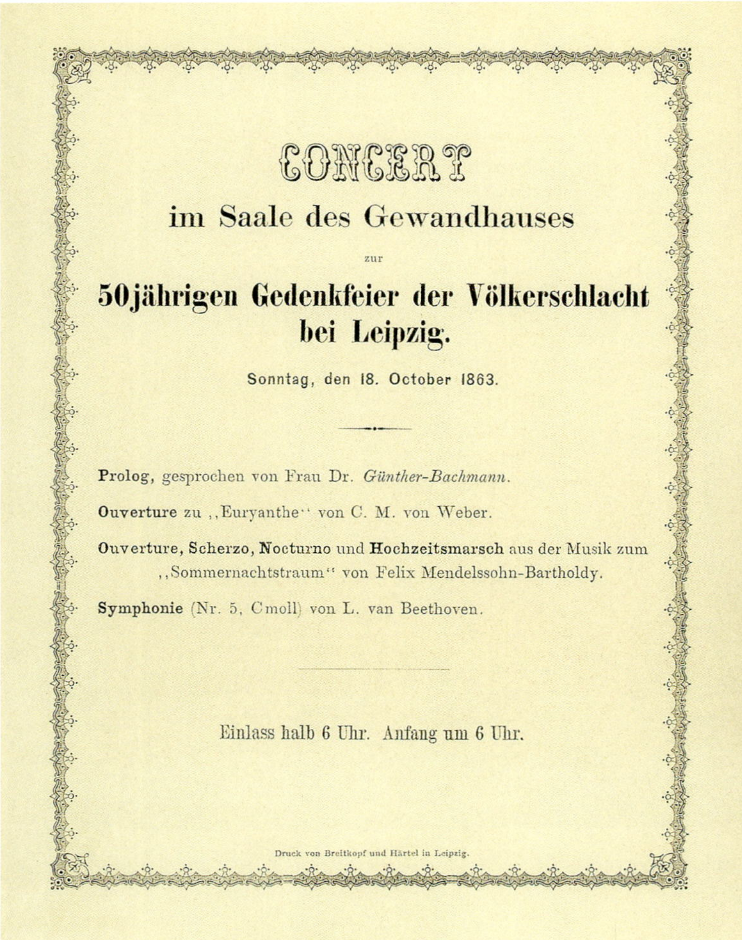

CONCERT

im Saale des Gewandhauses

zur

50jährigen Gedenkfeier der Völkerschlacht bei Leipzig.

Sonntag, den 18. October 1863.

Prolog, gesprochen von Frau Dr. *Günther-Bachmann*.

Ouverture zu „Euryanthe“ von C. M. von Weber.

Ouverture, Scherzo, Nocturno und **Hochzeitsmarsch** aus der Musik zum „Sommernachtstraum“ von Felix Mendelssohn-Bartholdy.

Symphonie (Nr. 5, Cmoll) von L. van Beethoven.

Einlass halb 6 Uhr. Anfang um 6 Uhr.

Druck von Breitkopf und Härtel in Leipzig.

Links:
Programm für das Konzert im Gewandhaus anlässlich des 50. Jubiläums der Völkerschlacht, 18. Oktober 1863

Rechts:
Grundsteinlegung für ein Völkerschlachtdenkmal, 1863 (?)

selbstbewussten deutschen Bürgertum, das in den fünfzig Jahren nach der Leipziger Schlacht in Deutschland entstanden sei und das sich nie wieder »geduldig füge unter die Vormundschaft einer allwissenden Staatsgewalt«.[28] Obwohl sich das deutsche Volk längst als solches fühle, fehle es noch immer an der entsprechenden nationalen Staatsform, die zu schaffen er energisch aufrief. Das »notwendige Übel« des überlebten Deutschen Bundes stellte Treitschke jener »trotz alledem, großen deutschen Bewegung« von 1848, »wo die Vertreter unseres Volkes im deutschen Parlamente tagten«[29], gegenüber. Für ihn stand die Übernahme der »Leitung seines Staates« durch ein »großes, reiches, klarblickendes Volk« wie dem deutschen nicht in Frage. Einzig noch ungewiss sei nur, »wann es sich vollenden wird«. Nach seinen Vorstellungen sollte die Erinnerung an die Leipziger Schlacht auch die Wege für die politische Arbeit bahnen[30], um volkserzieherisch die innere Einheit der Nation so weit zu vollenden, dass die spätere äußere nur noch als abgeleitete Konsequenz erscheinen würde.

Gemeinsam riefen am 14. September 1863 die Städte Leipzig und Berlin alle Metropolen des Deutschen Bundes auf, dem Festausschuss für den 50. Jahrestag beizutreten. Am Ende waren es 210 Kommunen, die gemeinsam mit Leipzig offiziell als Gastgeber und Ausrichter der Jubiläumsfeier in Leipzig fungierten, unter ihnen Wien, Graz und Brünn. Auch der Denkmalsgedanke sollte neu belebt werden. Der Berliner Bildhauer Hermann Schievelbein schlug dazu einen von einer Germania mit erhobenem Schwert gekrönten Rundbau vor, den zusätzliche Plastiken der verbündeten drei Monarchen, umgeben von diversen Feldherren, verzieren sollten. Unweit des heutigen Völkerschlachtdenkmals wurden feierlich zwei Grundsteine für ein Erinnerungsmal gelegt. Ohne die entsprechenden finanziellen Mittel war aber auch diese Initiative zum Scheitern verurteilt.

Eine einhellig auf gesamtnationale Zielsetzungen ausgerichtete Stimmung existierte in Leipzig auch zu Beginn der zweiten Hälfte des 19. Jahrhunderts bei weitem nicht. So erschien 1866 in Leipzig ein anonymes Plakat mit folgendem Vers:

[28] *Treitschke, Heinrich von: Rede zur Erinnerung an die Leipziger Völkerschlacht, gehalten am letzten Tage des dritten deutschen Turnfestes. In: Leipziger Kalender 1911, S. 36.*
[29] *Ebenda, S. 37.*
[30] *Ebenda, S. 38.*

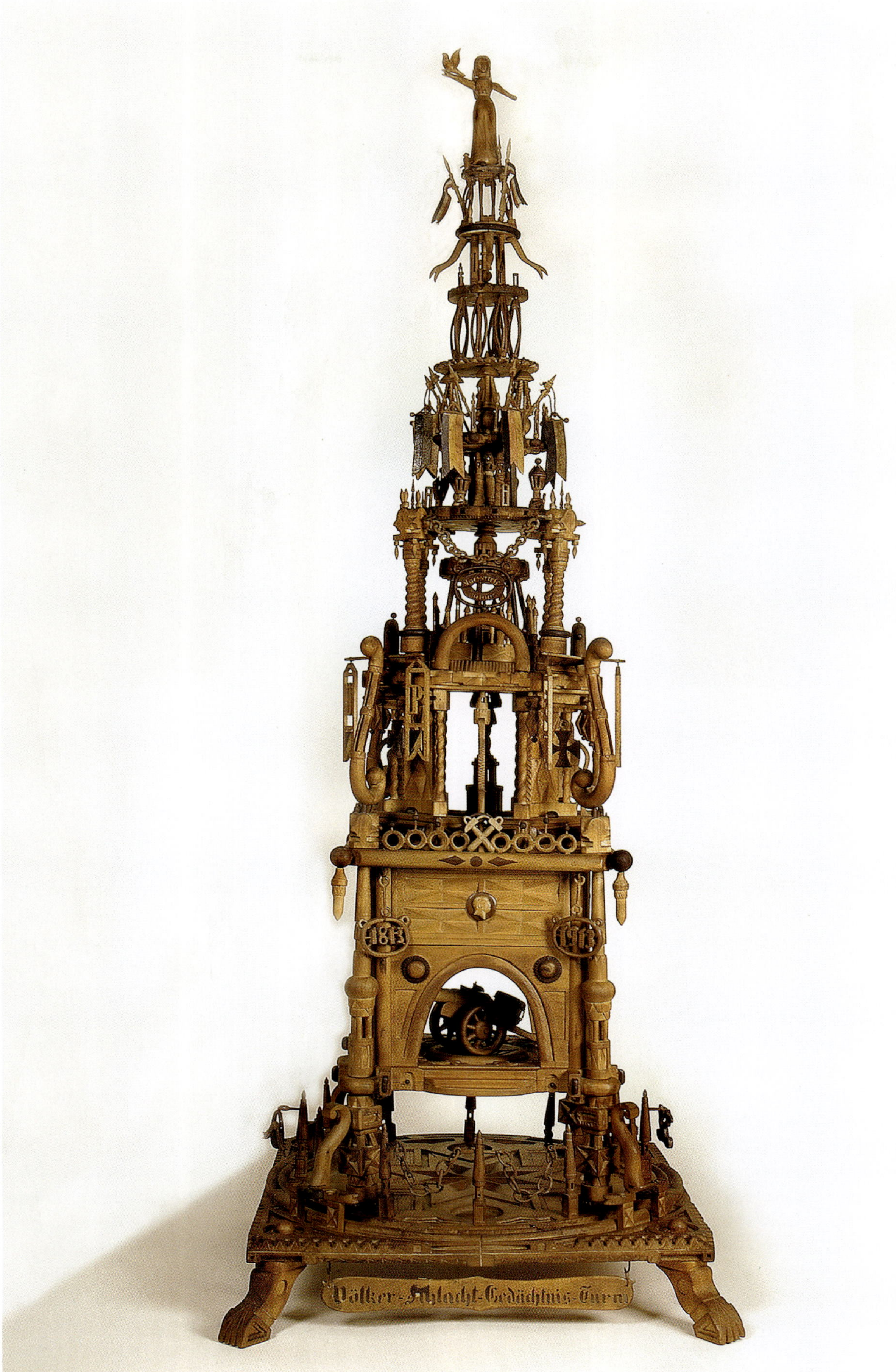

Völkerschlacht-Gedächtnisturm, G. Erdmeier, Holz, 1898–1912
Inspiriert von der Feier des ersten Spatenstichs für das Leipziger Völkerschlachtdenkmal am 18. Oktober 1898, begann der Hüttenaufseher G. Erdmeier aus Hettstedt am gleichen Tag mit der Fertigung dieses Turms. Im Verlauf von 14 Jahren schnitzte er in seinen Mußestunden die 1760 Teile des Erinnerungszeichens aus 21 verschiedenen Holzsorten und fügte sie ohne Metallverbindungen zu der 1,25 Meter hohen Konstruktion zusammen.

Links:
Übergabe des restaurierten Denkmals für den in der Völkerschlacht gefallenen Captain Richard Bogue auf dem Friedhof Taucha am 20. Oktober 1930 in Anwesenheit von Vertretern einer englischen Artillerieeinheit und der Reichswehr

Rechte Seite:
Österreicher-Denkmal, um 1913

»Kuckuck, Kuckuck[31] warte,
Napoleon Bonaparte,
Der wird uns schon das holen,
Was ihr uns habt gestohlen,
Ihr denkt schon wir sind Preußen
Der Hund wird Euch was ...«

Zumindest bei einigen Sachsen gab es offensichtlich eher die Bereitschaft, auf den Neffen des bei Leipzig besiegten Napoleon zu zählen, als mit den Preußen gemeinsam in einer Nation aufzugehen.[32] Auch späterhin spielte die Völkerschlacht-Erinnerung öffentlich eine immer geringere Rolle. Die Kriege von 1864, 1866 und 1870/71 schufen neue, aktuellere Anlässe des Gedächtnisses.

Wiederum anlässlich eines Völkerschlacht-Jubiläums, zum 75. Jahrestag 1888, legten die Leipziger Architekten Ludwig und Hülssner ein Denkmalsprojekt vor, für das sogar 19000 Mark an Spendengeldern eingingen, die allerdings zu einer Realisierung nicht ausreichten. Erneut versuchten mehrere deutsche und österreichische Städte gemeinsam das Denkmalsprojekt zu beleben und erzielten dabei das gleiche Ergebnis wie schon 1863.

Bis zur Jahrhundertfeier der Schlacht im Jahre 1913 entstanden dennoch zahlreiche weitere Denksteine, Erinnerungstafeln und zum Teil aufwändig gestaltete Grabdenkmale auf Leipzigs Fluren. Heute halten über 100 kleinere und größere Memoriale das Gedächtnis an jene Tage lebendig. Damit gibt es wohl kaum ein zweites Ereignis in der europäischen Geschichte, dem auf so engem Raum wie in Leipzig eine solche Vielzahl von Erinnerungsstätten gewidmet ist, wie der Völkerschlacht.

Schließlich griff 1894 der Leipziger Architekt Clemens Thieme den Denkmalsgedanken, an dessen Verwirklichung inzwischen niemand mehr so recht glauben wollte, wieder auf und gründete den Deutschen Patriotenbund zur Errichtung eines Völkerschlacht-Nationaldenkmals. Einhundert Jahre nach der Völkerschlacht, nach unzähligen vergeblichen Versuchen, sollte ihm tatsächlich die Verwirklichung jener Idee Arndts gelingen – die Errichtung des monumentalsten deutschen Erinnerungszeichens.

31 *Damals übliche umgangssprachliche Bezeichnung für den preußischen Wappenadler.*

32 *Vergl. Kutschbach, A.: Jugenderinnerungen eines alten Leipzigers, Leipzig 1926, S. 150.*

1813

Weisheit leit unsern Bau, Stärke führe ihn aus, Schönheit ziere ihn

Der Bau des Völkerschlachtdenkmals

Steffen Poser

Der 1894 gegründete Deutsche Patriotenbund zur Errichtung eines Völkerschlacht-National-Denkmals hatte sich »die Errichtung eines Denkmals auf historischer Stelle der Schlachtfelder ... und die Beschaffung der Mittel hierzu«[1] zur bestimmenden Aufgabe gemacht. Anfangs hoffte man noch, allein über Mitgliedsbeiträge eine Summe von 2,5 Millionen Mark aufbringen zu können. Die intensive Werbung zeigte bald Erfolg. Bis zum Jahre 1908 hatten sich 90000 Mitglieder beim Patriotenbund eingeschrieben. Rund 6000 Korporationen, vor allem Militär-, Schützen- und Gesangvereine, sammelten für das gigantische Denkmalsprojekt. Besonders die Leipziger Honoratioren, so die Oberbürgermeister Georgi, Tröndlin und Dittrich, förderten nachhaltig die Errichtung des Bauwerks. Die im Laufe der Zeit ständig steigenden Baukosten ließen sich allerdings bald durch Spenden und Beiträge nicht mehr decken. So begann man 1903 die erste von insgesamt 26 Lotterien für das Völkerschlachtdenkmal zu spielen. Die wenigsten deutschen Staaten gestatteten jedoch die Auslosungen in ihrem Hoheitsgebiet. Während in Sachsen beispielsweise eifrig für das neue Nationaldenkmal gespielt werden durfte, ließ dies die preußische Regierung nicht zu. Dennoch erzielte die Tombola am Ende einen Baukostenzuschuss von fast 3,5 Millionen Mark.

Zwei Preisausschreiben unter deutschen Architekten in den Jahren 1895 und 1896 erbrachten zwar eine große Anzahl von Entwürfen und die übliche Preisvergabe, zufrieden war der Patriotenbund jedoch mit dem Ergebnis nicht. Zu groß war die Nähe zu den inzwischen allerorten entstandenen Kaiser-Wilhelm-Monumenten. Für eine direkte Umsetzung befand man die entworfenen Erinnerungszeichen als zu wenig eigenständig und neuartig. Kurzerhand beauftragte man schließlich den vierten Preisträger, den Charlottenburger Architekten Bruno Schmitz, mit der Ausarbeitung eines neuen Entwurfs nach den präzisierten Vorstellungen des Bundes. Schmitz hatte bereits mit

[1] *Stadtarchiv Leipzig: Protokollbuch der Sitzungen des DPB, Kap. 35, Nr. 1175.*

Kristallgefäß mit Erde vom ersten Spatenstich zum Bau des Völkerschlachtdenkmals am 18. Oktober 1898

Links:
Feier der Grundsteinlegung für das Völkerschlachtdenkmal am 18. Oktober 1900: Clemens Thieme beim zeremoniellen ersten Hammerschlag

Rechts:
Denkmalsbaustelle, um 1900

dem Bau des Kyffhäuser-Denkmals sowie der Denkmale an der Porta Westfalica und dem Deutschen Eck bei Koblenz reiche Erfahrungen im Entwerfen von Monumentalbauten gesammelt. Nach etlichen Überarbeitungen legte er, stark beeinflusst von Clemens Thieme, 1898 den endgültigen Entwurf vor, der nun umgesetzt werden sollte.

Bereits 1895 hatte die Stadt Leipzig dem Patriotenbund als Baugrund das 42 500 Quadratmeter große Gelände einer aufgelassenen ehemaligen Sandgrube im Wert von einer halben Million Mark in unmittelbarer Nähe des Napoleonsteins zur Verfügung gestellt. Hier erfolgte am 18. Oktober 1898 der erste Spatenstich für das Monument.

Nahezu zwei Jahre lang wurden insgesamt 82 000 Kubikmeter Erdreich für das Fundament ausgehoben, ehe man auf den geeigneten Baugrund stieß: eine drei bis vier Meter dicke Kiesschicht, unter der sich eine sechs bis sieben Meter mächtige Lage festen, weißen Tons erstreckte. Probebohrungen hatten die exakten Schichtfolgen des Baugrundes geliefert. Doch würde er auch für das mehrere hunderttausend Tonnen schwere Bauwerk geeignet sein? Anstelle aufwendiger Berechnungen erprobte das Bauleiter Otto Rudolph in der Praxis. Bei Regenwetter belastete er vier Holzstempel mit einem Gewicht von sechs Kilogramm je Quadratzentimeter, die daraufhin bis zu zwei Millimeter in den Untergrund absanken. Bei einer Erhöhung der Last auf zehn Kilogramm verdoppelte sich die Einsenkung, setzte sich aber im vierzehntägigen Dauertest nicht weiter fort. »Belastungsprobe bestanden!«, konstatierte der Routinier und gab das Startzeichen. Ab Mitte September 1900 konnte endlich gebaut werden. Überhaupt schien beim Bau vieles von der Fertigkeit des Fachmanns Rudolph abzuhängen. Nachdem er beispielsweise beim Abstecken der Fundamente festgestellt hatte, dass unterschiedlich normierte Bandmaße Verwendung fanden und so das Werk schon von Anfang an Gefahr lief im Wortsinne schief zu gehen, schaffte er kurzerhand ein 20 Meter langes neues Stahlbandmaß an. Künftig war dieses gleichsam das einzige erlaubte Urmeter beim Denkmalsbau.

Die Grundsteinlegung für das Völkerschlachtdenkmal fand am 18. Oktober 1900 statt. Zum zweiten Mal fand jener Grundstein Verwendung, der bereits 1863 zum 50. Jahrestag der Völkerschlacht durch Vertreter von 214 Städten etwa einen Kilometer nördlich von dieser Stelle für ein Völkerschlachtdenkmal gelegt worden war und dann vier Jahrzehnte unbeachtet auf freiem Feld liegenblieb.

Scherben aus der Auffüllung des Geländes um das Völkerschlachtdenkmal

Völkerschlachtdenkmal im Bau, 1901

Neben Geldstücken, Tageszeitungen, dem Protokoll der ersten Sitzung des Patriotenbundes und Plänen für die eigens entworfene Festdekoration zum denkwürdigen Ereignis fand in der Zinkkapsel des Grundsteins auch eine Urkunde Platz, die über den Zweck des Unternehmens Aufschluss gab. Nach der Weiherede von Clemens Thieme bat Superintendent Pank bei strömendem Regen in seiner Predigt unter dem Motto »Welch eine Stätte! Welch eine Stunde! Welch ein Stein!«[2] um den Segen des Allmächtigen für das Bauvorhaben, ehe Otto Rudolph seine zeremoniellen Hammerschläge auf den ersten Baustein mit dem Wunsch »Weisheit leit unsern Bau, Stärke führe ihn aus, Schönheit ziere ihn«[3] begleitete.

Zuerst wurde die 70 mal 80 Meter große und zwei Meter starke Fundamentplatte aus Beton gefertigt. Auf ihr erhebt sich ein System von 65 Haupt- und Nebenpfeilern aus dem gleichen Material, die in Höhe von 26 Metern durch aufsteigende Gurtbögen untereinander verbunden sind. Entgegen dem äußeren Erscheinungsbild des Bauwerks besteht dieses hauptsächlich nicht aus Natursteinen, sondern zu etwa 90 Prozent aus Beton.

Nachdem der bei den Ausschachtungsarbeiten zutage geförderte Kies für die Betonproduktion aufgebraucht worden war, musste nach neuen Rohstoffen gesucht werden. Die Stadt stellte dem Patriotenbund ein bei Dösen gelegenes Areal zur Kiesgewinnung zur Verfügung. Um die täglich benötigte Menge an Beton herstellen zu können, verband man Kiesgrube und Baustelle kurz entschlossen mit einer Seilbahn, die über Felder und

[2] *Vgl. zur Feier der Grundsteinlegung Spitzner, Alfred: Deutschlands Denkmal der Völkerschlacht, das Ehrenmal seiner Befreiung und der nationalen Wiedergeburt Deutschlands. Weiheschrift des Deutschen Patriotenbundes, Leipzig 1913, S. 114 ff.*

[3] *Vgl. zu den Arbeiten am Denkmalsbau Rudolph, Otto: Plaudereien vom Bau des Völkerschlachtdenkmals, Leipzig 1937, Masch-Schr., Stadtgeschichtliches Museum Leipzig, Bibliothek.*

Fundamentpfeiler des Völkerschlachtdenkmals, um 1906. Im Vordergrund die Fuhrwerke der Leipziger Müllabfuhr beim Entladen

den benachbarten Südfriedhof hinweg über eine Entfernung von rund 1,5 Kilometern täglich bis zu 140 Kubikmeter Kies anlieferte.

Die Anwendung des uns heute so vertrauten Baustoffs Beton war am Anfang des 20. Jahrhunderts nicht selbstverständlich und ein Betonbau mit so gewaltigen Ausmaßen zuvor noch nicht ausgeführt worden. Durch die Fachpresse tobte ein erbitterter Streit zwischen Befürwortern und Gegnern. Vielfach wurde eine Eisenkonstruktion im Hinblick auf die statische Sicherheit als vorteilhafter angesehen. Gerade aber die geringeren Kosten und die Möglichkeiten größerer gestalterischer Freiheiten gaben letztlich den Ausschlag für den neuen Werkstoff. Der gesamte heute für den Betrachter nicht mehr sichtbare Fundamentbereich wurde aus reinem Stampfbeton, also ohne jegliche Armierungen, gefertigt. Erst die Abdeckung der gigantischen Pfeilerhalle erfolgte durch eine waagerechte Eisenbetonrippendecke mit einem Durchmesser von 23 Metern.

Die Pfeiler mit 19 mal 19 Metern größter Grundfläche wurden in Stärken von jeweils etwa einem Meter gefertigt. Abtreppungen von jeweils zehn Zentimetern ermöglichten es, bei dem 24 Meter hohen Fundamentgewölbe ohne Standgerüst zu arbeiten.

Fünf Jahre dauerten die Arbeiten am Fundament, bei dem täglich bis zu 100 Kubikmeter Stampfbeton verarbeitet wurden.

Das ausgehobene Material der Baugrube reichte bei weitem nicht aus, um das charakteristische System von Wällen, vier unterschiedlichen Geländeebenen und dem Hügel, auf dem sich das Monument erhebt, aufzuschütten. Immer auf möglichst kostengünstige Lösungen bedacht, ließ man die

Fundamentpfeiler des Völkerschlachtdenkmals, um 1904

Völkerschlacht-denkmal um 1905, Kreidezeichnung von Bruno Héroux

Leipziger Müllabfuhr zehn Jahre fast eine Million Kubikmeter Hausmüll, Schutt und Asche im Baugelände deponieren. Die despektierliche Füllung wurde abschließend mit Mutterboden abgedeckt und begrünt.

Insgesamt 26 500 Granitblöcke und 120 000 Kubikmeter Beton wurden für die baulichen Anlagen des Monuments verarbeitet. Sein Gewicht beträgt einschließlich der äußeren Aufbauten rund 300 000 Tonnen.

Trotz der Betonmassen ist die Granitverkleidung des monumentalen Werks nicht als magere Verblendung des eigentlichen Kerns zu verstehen. Riesige Steinkolosse wollten bewegt werden. Die beiden massigsten Steine bilden die Basis der frontalen Stützmauern unter den Barbarossaköpfen. Vom Steinbruch auf dem Bahnhof eingetroffen, sollten die je 360 Zentner schweren Giganten auf Fuhrwerke umgeladen werden. Gleich der erste brach dabei durch den Boden des festlich geschmückten Rollwagens. Doch nicht nur technische Schwierigkeiten bereiteten den Bauleuten Kopfzerbrechen. Auch die eigenwilligen Vorstellungen des Architekten sorgten für vielfache Kontroversen. Man müsse schließlich spüren, dass man zu etwas Großem emporsteige, argumentierte Bruno Schmitz und ließ die erste Treppe zum Denkmal so steil ansteigen, dass man schon aus der Zeichnung die zu erwartenden Schwierigkeiten absehen konnte. Nach deren Fertigstellung und atemlosem Probeaufstieg halfen Schmitz keinerlei drastischen Proteste. Für die anderen Treppen wurde ein sanfterer Anstieg festgelegt. Differenzen zwischen Schmitz und Thieme sorgten für steten Zündstoff. Auf die von Schmitz vorgesehenen Wasserspeier am Hauptgesims wurde mit Hinweis auf die Regendusche, die dann die darunter liegenden Treppen treffen würde, verzichtet. Als Thieme aber auch die lebensgroßen Reiterfiguren, Schmitz' Ersatzlösung zur Betonung der Ecken des oberen Rundgangs, kategorisch ablehnte, war der Architekt zutiefst verstimmt. »Da bin ich doch bloß noch Ihr Zeichner«, warf er dem Chef des Patriotenbundes an den Kopf. Immer wieder kam es zu ernsten Auseinandersetzungen. Die Wendeltreppen nach oben wurden zunächst in den Hauptpfeilern des Fundaments angelegt und bei den weiteren Betonarbeiten fortgeführt. Ab dem Hauptgesims schienen Schmitz die Wände dafür zu schmal zu sein. Er schlug stattdessen vor, die Denkmalsspitze über eine außen am Bauwerk entlang geführte eiserne Treppe zu erklimmen! Schließlich war es wieder Rudolph, der in die Bresche springen musste. Mit winzigen Gips-

modellstufen probierte er auf den Bauplänen so lange, bis er wusste, wie die Treppe innerhalb der Wände weitergeführt werden konnte. Auch für die Eingangsgestaltung wollte der Architekt eigenwillige Ideen umsetzen. Auf den vier entstehenden Bauwerken sollten riesige Löwenplastiken den Besucher begrüßen. Erst als man dort ein eigens gefertigtes Tonmodell installierte, pflichtete Schmitz denen bei, die schon vorher bemängelt hatten, dass diese Plastiken das Monument vom Standpunkt eines Betrachters im Eingangsareal aus überragen und verdecken würden. Trotz aller Widrigkeiten gelang es sicherlich nicht zuletzt dank des großen Enthusiasmus aller Beteiligten, das Werk termingerecht fertig zu stellen.
Nicht nur das Baumaterial, auch die eingesetzte Technik entsprach dem neuesten Stand. Zwei Lokomobilen von 75 bzw. 16 PS sowie insgesamt 16 Elektromotoren mit drei bis zwölf PS betrieben eine Anlage von vier Steinwinden, zwei Aufzüge, zwei Pumpen, eine Betonmischmaschine und eine eigens für den Kiestransport errichtete Drahtseilbahn. So war es möglich, auch für heutige Begriffe relativ wenige Arbeitskräfte einzusetzen. Durchschnittlich waren nur etwa 40 Arbeiter beim Bau beschäftigt, deren Lohn pro Woche neun Mark betrug. Ab 1912 erhielten sie während des Frühjahrs zusätzlich eine tägliche Gefahrenzulage von 50 Pfennig. Zu ernsten Unfällen ist es während der fünfzehnjährigen Bauzeit trotz der gefährlichen Arbeit in schwindelerregender Höhe zum Glück nicht gekommen.

Völkerschlachtdenkmal im Bau, um 1905

Schalgerüst für
den Kryptaboden,
um 1905

Völkerschlachtdenkmal im Bau, 1906

Völkerschlachtdenkmal im Bau, 1907

Völkerschlachtdenk-
mal im Bau, 1909

Völkerschlachtdenkmal im Bau, 1909

Rechte Seite: Blick auf die Baustelle, um 1909

Annonce des Zementbaugeschäfts Rudolf Wolle, 1913

Blick auf die Baustelle,
um 1909

Baustelle in Höhe des oberen Rundgangs, um 1909; an der rechten Bildseite die Negativformen für die Reiterfiguren der Kuppel. Der Raum zwischen Formen und Natursteinmauer (Standort der beiden Arbeiter) wurde später mit Beton verfüllt

Drahtseilbahn für
den Kiestransport
zwischen der Kiesgrube
bei Dösen und der
Denkmalsbaustelle

Blick auf die Baustelle,
um 1908

Fundamentpfeiler des Völkerschlachtdenkmals

Völkerschlachtdenkmal im Bau, um 1910

Völkerschlachtdenkmal im Bau, um 1910

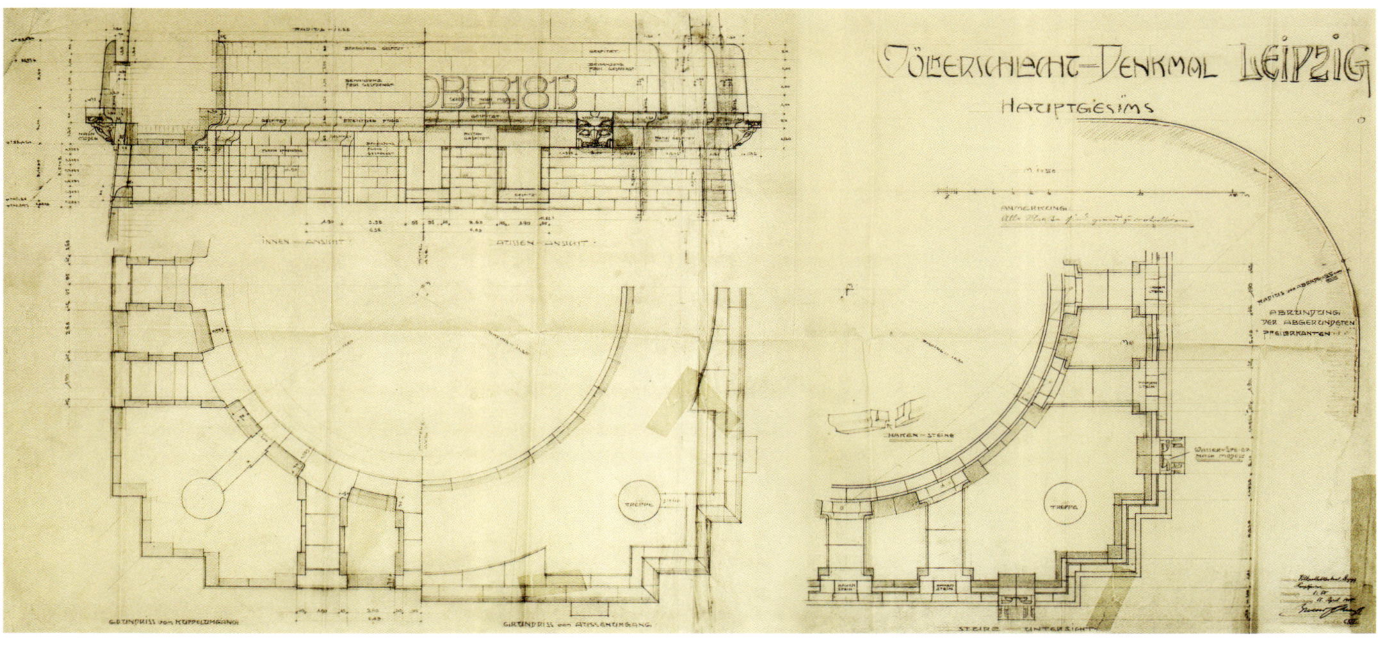

Entwurfszeichnung nicht realisierter Details am Hauptgesims des Völkerschlachtdenkmals von Bruno Schmitz

Entwurfsskizze für die beabsichtigte Ausstattung der Eingangspylonen mit Löwenfiguren

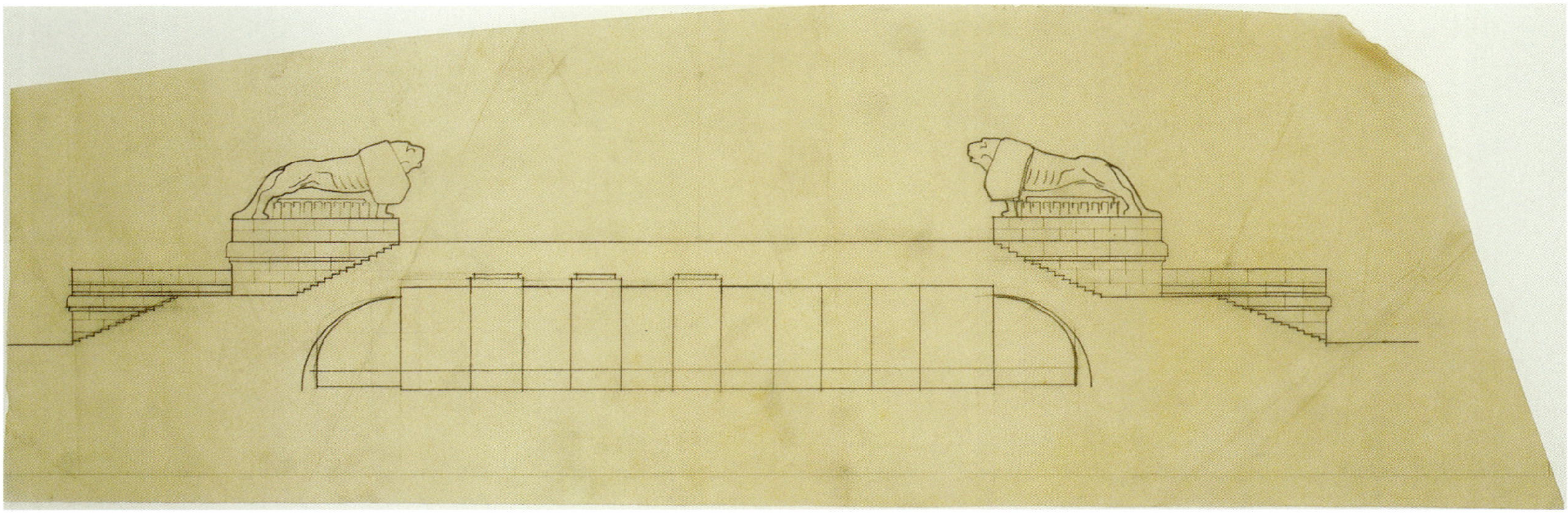

Völkerschlachtdenkmal mit eingezeichneten Umrissen der geplanten Löwenfiguren auf den Eingangspylonen, um 1910

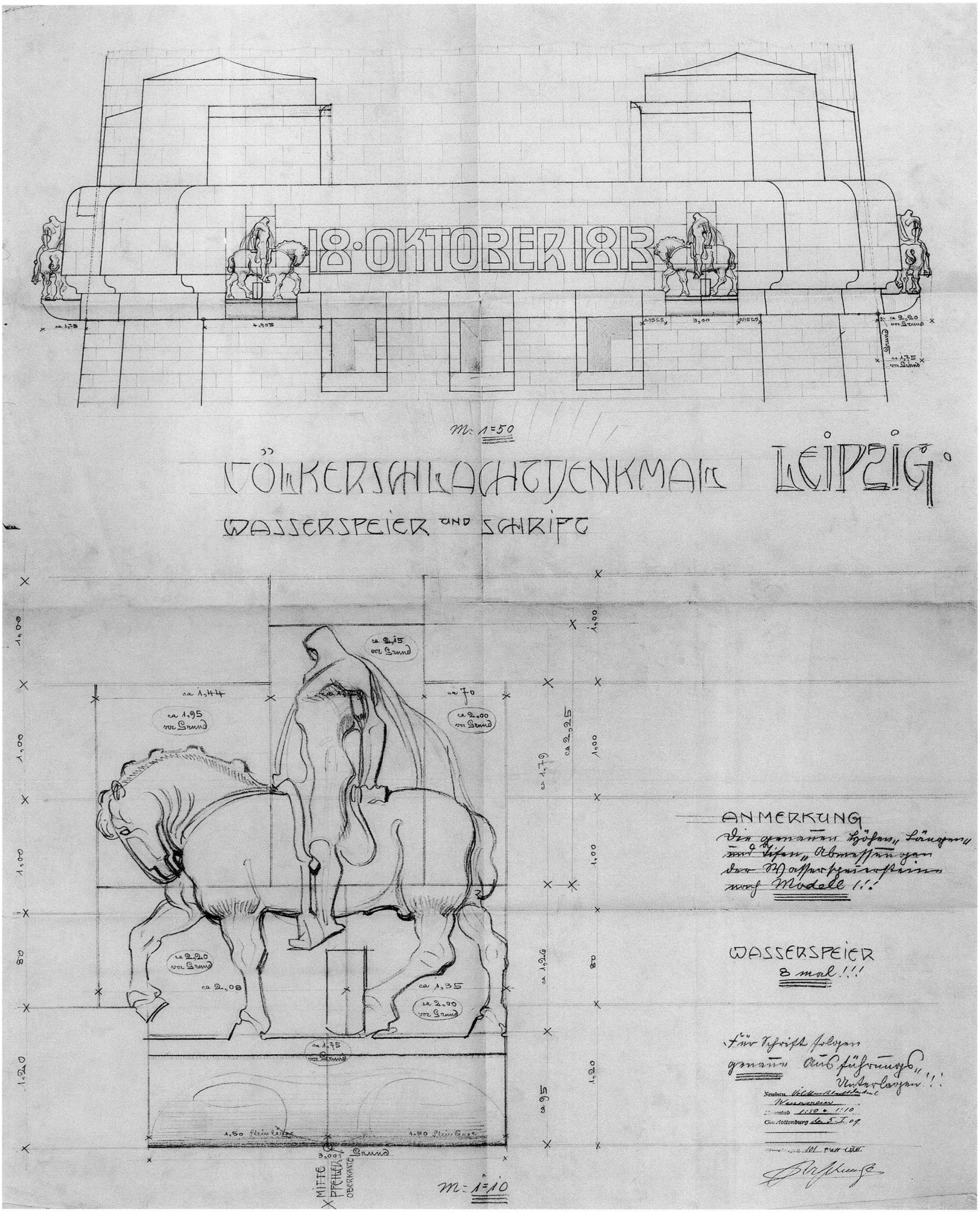
18·OKTOBER 1813
M: 1=50
VÖLKERSCHLACHTDENKMAL LEIPZIG
WASSERSPEIER UND SCHRIFT
ANMERKUNG
WASSERSPEIER
8 mal!!!
M: 1=10

Fragment eines Gipsmodells der Totenwächter in der Krypta

Rechts:
Wächterfigur für die Denkmalskrone

Linke Seite:
Entwurfszeichnung nicht realisierter Details am Hauptgesims des Völkerschlachtdenkmals von Bruno Schmitz

Links:
Denkmalskrone mit Freiheitswächtern im Bau, um 1910

Rechte Seite:
Denkmalskrone mit Freiheitswächtern, um 1911

Richtfest am Völker-
schlachtdenkmal, 1911

Aussichtsplattform,
um 1912

Letzte Arbeiten an der Aussichtsplattform im Mai 1912

Feier des letzten Hammerschlags auf der Aussichtsplattform des Völkerschlachtdenkmals am 13. Mai 1912

Rechts:
Reflexionen der Bauarbeiter Oscar Quarg, Rudolf Zimmermann, Albert Weihmann und Hans Baumann vom 23. Januar 1913 über den Bau des Völkerschlachtdenkmals und Ereignisse der Zeitgeschichte. Das in einer Weinflasche deponierte Dokument wurde im August 1996 bei Rüstarbeiten im Fundamentbereich auf einem der Vorsprünge der Gründungspfeiler aufgefunden.

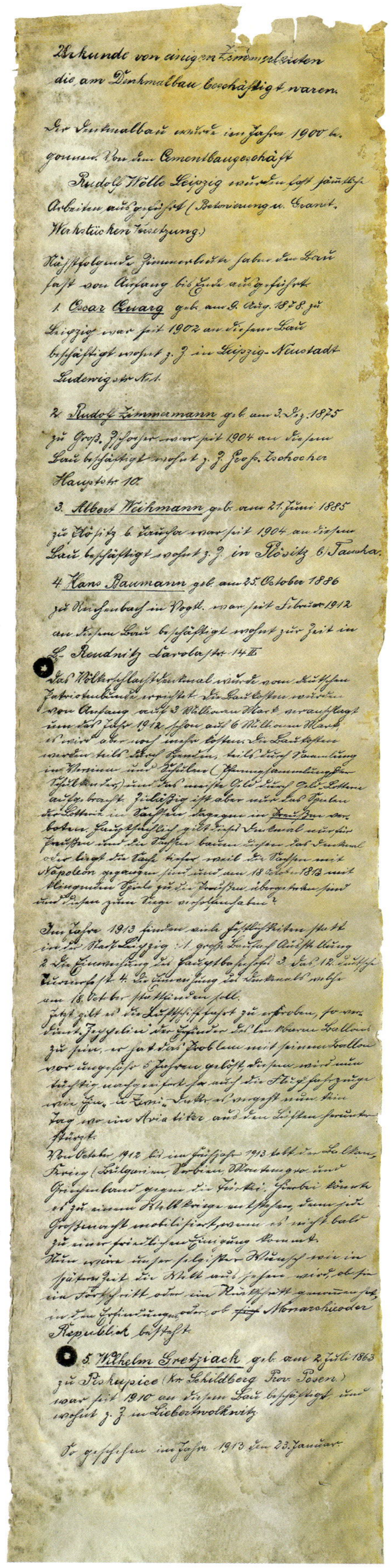

Urkunde von einigen Zimmerleuten
die am Denkmalbau beschäftigt waren.

Der Denkmalbau wurde im Jahre 1900 begonnen. Von dem Cementbaugeschäft Rudolf Wolle Leipzig wurden fast sämtliche Arbeiten ausgeführt (Betonierung u. Granit Werkstücken Versetzung.)

Nachstehende Zimmerleute haben den Bau fast von Anfang bis Ende ausgeführt

1. Oscar Quarg geb. am 9. Aug. 1878 zu Leipzig war seit 1902 an diesem Bau beschäftigt wohnt z. Z. in Leipzig-Neustadt Ludwigstr. Nr. 1.

2. Rudolf Zimmermann geb. am 3. Dez. 1875 zu Groß. Zschocher war seit 1904 an diesem Bau beschäftigt wohnt z. Z. Groß. Zschocher Hauptstr. 10.

3. Albert Weihmann geb. am 21. Juni 1885 zu Rösitz b. Taucha war seit 1904 an diesem Bau beschäftigt wohnt z. Z. in Rösitz b. Taucha.

4. Hans Baumann geb. am 25. October 1886 zu Reichenbach im Vogtl. war seit Februar 1912 an diesem Bau beschäftigt wohnt zur Zeit in L. Reudnitz Carolastr. 14 II

Das Völkerschlachtdenkmal wurde vom Deutschen Patriotenbunde errichtet. Die Baukosten wurden von Anfang auf 3 Millionen Mark veranschlagt um das Jahr 1912 schon auf 6 Millionen Mark, es wird aber noch mehr kosten. [illegible]

[illegible]

zu einer friedlichen Einigung kommt.
Nun wäre unser sehnlichster Wunsch wie in späterer Zeit die Welt aussehen wird, ob sie ein Fortschritt oder ein Rückschritt genommen hat, in den Erfindungen oder ob ~~sich~~ Monarchie oder Republick besteht.

5. Wilhelm Gretziack geb. am 2. Juli 1863 zu Piskupice (Kr. Schildberg Prov. Posen) war seit 1910 an diesem Bau beschäftigt und wohnt z. Z. in Liebertwolkwitz

So geschehen im Jahre 1913 den 23. Januar.

Bauarbeiter zur Feier der Schlusssteinsetzung, 12. Mai 1912

Aus dem Inhalt der Schlusssteinkassette, geöffnet im Juli 2004 bei Sanierungsarbeiten

Mit allen zu Gebote stehenden Mitteln

Die Jahrhundertfeier der Völkerschlacht und die Einweihung des Völkerschlachtdenkmals

Steffen Poser

»Erinnerung, Feier, 17. Oktober, Aktus, Teilnahme, 18. Oktober Völkerschlachtdenkmal, geschmückte Gäste, Kaiser, König, Fürsten, Einzug, Spalier, Feier am Denkmal, Weiherede, Gesangverein, Illumination, Einladen, Eltern willkommen« – diese Stichworte an der Tafel einer Leipziger Hilfsschule sollten im Herbst des Jahres 1913 den Kern eines Schüleraufsatzes bilden. Unter dem Titel »Schwachbefähigte vor die Front« spottete die sozialdemokratische Leipziger Volkszeitung über derartige Vorbereitungen zu einer außerordentlichen Festveranstaltung – der Einweihung des Völkerschlachtdenkmals im Rahmen der Leipziger Jahrhundertfeier der Völkerschlacht.

Vordergründig erinnerte der Granitkoloss im Südosten der Stadt an den Sieg der europäischen Koalitionsarmee über Napoleon I. Zugleich war er als Nationaldenkmal konzipiert worden. Der Betrachter wurde hier angeregt, sich »der nationalen Identität in einem anschaulichen, bleibenden Symbol gewiß zu werden«[1].

Im Verlauf der wachsenden innenpolitischen Krise im Reich nach der Entlassung Bismarcks gestaltete sich die Suche nach einem Konsens innerhalb der Gesellschaft immer problematischer. Seit den 1890er Jahren gingen auch zahlreiche bis dato monarchistisch Gesinnte auf Distanz zur Politik Wilhelms II. Um den Reichsgründer Bismarck sammelte sich eine Opposition, die sich selbst als »national« gesinnt verstand.

Was die Männer um Clemens Thieme geschaffen hatten, ist ein »Ideendenkmal«. Nicht, wie so oft in der Vergangenheit, einem Monarchen oder einer Persönlichkeit des religiösen Lebens gewidmet, verband es mit der Erinnerung an einen Höhepunkt nationaler Bewegung in Deutschland die Propagierung klar umrissener Vorstellungen über eine ideale, streng national organisierte Gemeinschaft.

»Sollen die geschichtlichen Erinnerungen ... wahrhaft nationale Festfreude spenden, dann müssen sie so beschaffen sein, daß das ganze Volk

[1] *Nipperdey, Thomas: Nationalidee und Nationaldenkmal in Deutschland im 19. Jahrhundert. In: Historische Zeitschrift Nr. 206, 1968, S. 533.*

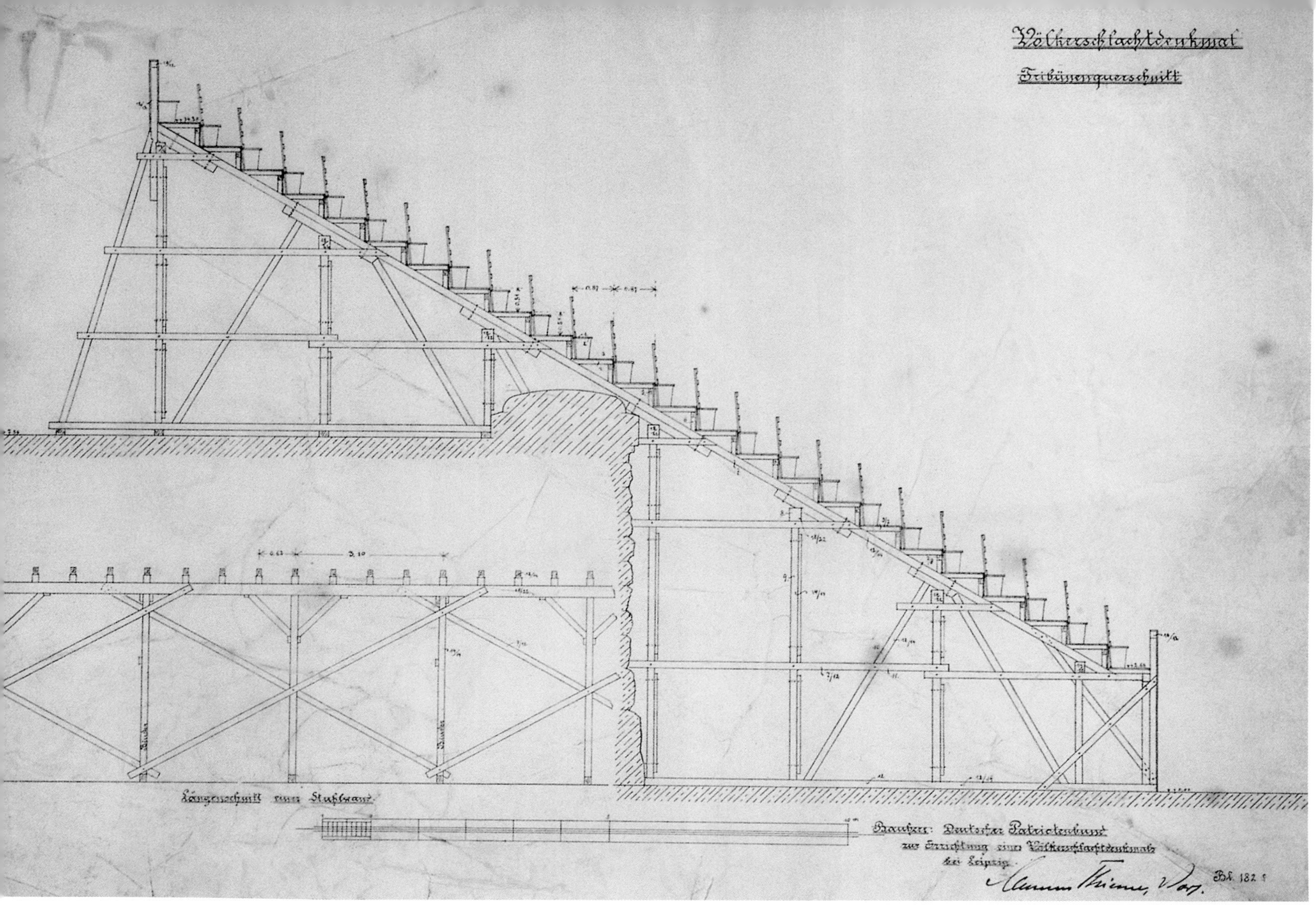

Schnitt der Tribünenkonstruktion zur Einweihung des Völkerschlachtdenkmals

Erinnerungsblatt an die Jahrhundertfeier der Völkerschlacht, 1913

Oben:
Augustusplatz im Festschmuck zur Einweihung des Völkerschlachtdenkmals

Unten:
Petersstraße im Festschmuck zur Einweihung des Völkerschlachtdenkmals, Bildpostkarte, um 1913

Oben:
Teilnehmer am Festzug zur Denkmalsweihe

Unten:
Goethestraße im Festschmuck zur Einweihung des Völkerschlachtdenkmals

… sie miterleben kann. Keine Epoche unserer Geschichte entspricht vielleicht so sehr dieser Forderung wie die Befreiungskriege«[2], heißt es in den Richtlinien des Dürer-Bundes für vaterländische Feiern zum Völkerschlacht-Jubiläum, die sich im Wesentlichen mit der Leipziger Inszenierung deckten. Wichtig schien den Veranstaltern, möglichst alle Bevölkerungsschichten in die Festlichkeit einzubeziehen.

Durch enthusiastische Berichte über die Festvorbereitungen und romantisch verklärte Darstellungen des militärischen Geschehens von 1813 stimmte die Presse schon Wochen vor den Oktobertagen die Bevölkerung auf die Jahrhundertfeier ein. Die Einweihung des Völkerschlachtdenkmals war der aufwändigste Programmpunkt einer ganzen Fülle von Festlichkeiten und Einzelveranstaltungen, Erinnerungsfeiern und »Heldenehrungen«, die 1913 in ganz Deutschland begangen wurden. Der zuweilen fehlende lokale Bezug sollte dabei kein Hindernis sein, war es doch »das große nationale Erlebnis, das gefeiert werden soll und das für jede Landschaft und für jeden Deutschen überhaupt vorhanden ist«[3].

In Erwartung der kommenden Ereignisse war die gesamte Leipziger Innenstadt geschmückt worden. Finanziert aus städtischen Mitteln, versah man öffentliche Gebäude und jene Straßen, die die Festgäste passieren würden, mit Tannengirlanden. Wie ein Zeitungsredakteur bedauerte,

[2] *Flugschrift des Dürer-Bundes, Nr. 106, München 1913, S. 1.*
[3] *Ebenda., S. 11.*

Augustusplatz im Festschmuck zur Einweihung des Völkerschlachtdenkmals

Unten:
Frühstück im Neuen Ratshaus anlässlich der Einweihung des Völkerschlachtdenkmals

Die Weihe des Völkerschlachtdenkmals

zu Leipzig / am 18. Oktober 1913

Frühstück im Neuen Rathaus

gegeben von der Stadt Leipzig / ausgeführt vom Ratskellerwirt K. Blechschmidt, Hofl. Sr. Maj. des Königs von Sachsen / Eine große Fürstentafel zu 44 und weitere Tafeln zu 12 Gedecken, insgesamt 334 Teilnehmer

Der Festsaal am 18. Oktober 1913

Am Frühstück nahmen teil der Deutsche Kaiser, sämtl. deutsche Bundesfürsten, Vertreter der Hansastädte, auswärt. Fürstlichkeiten, hohe Würdenträger, die Vertreter der Stadtverwaltung und städtischen Behörden, des Deutschen Patriotenbundes, der Kunst und Wissenschaft, der Industrie und des Handels, insgesamt 334 Personen. Das Frühstück wurde gegeben von der Stadt Leipzig, ausgeführt vom Ratskellerwirt Karl Blechschmidt, Hoflieferant Seiner Majestät des Königs von Sachsen. Weine lieferte die Ratskellerei.

Teilnehmer am Festzug zur Denkmalsweihe

habe man sich allerdings am Hauptbahnhof aufgrund des regen Verkehrs »auf eine Schmückung der mächtigen, in Beton eingekleideten Kandelaber, auf die Errichtung einer Anzahl von Flaggenmasten und einiger Pylonen beschränken«[4] müssen.

Für die Gestaltung scheute die Stadtverwaltung »gelegentlich dieses bedeutendsten Festes, das Deutschland in den letzten hundert Jahren feiern konnte«[5], keine Mühe. Zwölf eigens errichtete Obelisken führten zum Augustusplatz, in dessen Schmuck die sächsischen Farben dominierten. Auf blauen Sockeln erhoben sich mächtige kannelierte Säulen, die auf Kapitellen jeweils aus Blumenbuketts herauswachsende Feuerpfannen trugen.[6] Bis zum Völkerschlachtdenkmal war im Auftrag der Stadt ein wahrer Wald aus Kränzen, Fahnen, Teppichen, Rosetten und Tannengebinden entstanden. Auch das Leipziger Bürgertum hatte sich den Häuserschmuck einiges kosten lassen. Zahlreiche Reproduktionen von Gemälden patriotischen Inhalts umrahmten das zwei Etagen hohe Abbild des Völkerschlachtdenkmals am Kaufhaus Ury.

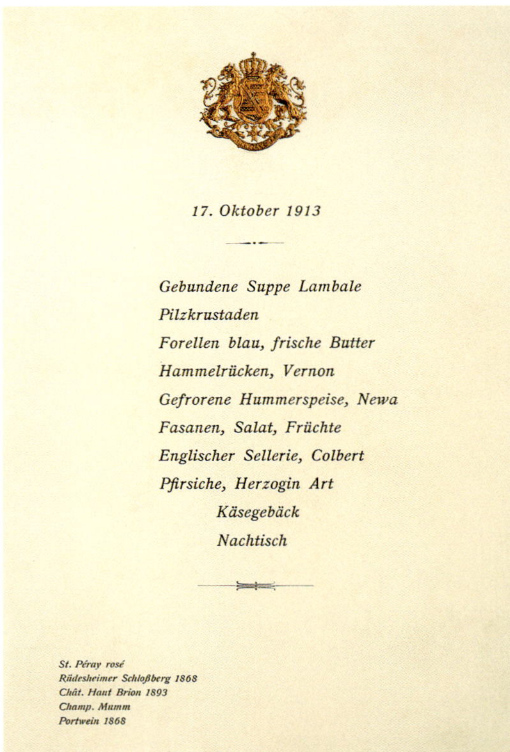

17. Oktober 1913

Gebundene Suppe Lambale
Pilzkrustaden
Forellen blau, frische Butter
Hammelrücken, Vernon
Gefrorene Hummerspeise, Newa
Fasanen, Salat, Früchte
Englischer Sellerie, Colbert
Pfirsiche, Herzogin Art
Käsegebäck
Nachtisch

St. Péray rosé
Rüdesheimer Schloßberg 1868
Chât. Haut Brion 1893
Champ. Mumm
Portwein 1868

Speisekarte zur Königlichen Hoftafel am 17. Oktober 1913 im Königlichen Palais in der Goethestraße

[4] *Leipziger Neueste Nachrichten, Sonderdruck 16.–19. Oktober 1913.*
[5] *Ebenda.*
[6] *Ebenda.*

Völkerschlachtdenkmal mit Tribünenbauten zur Einweihung

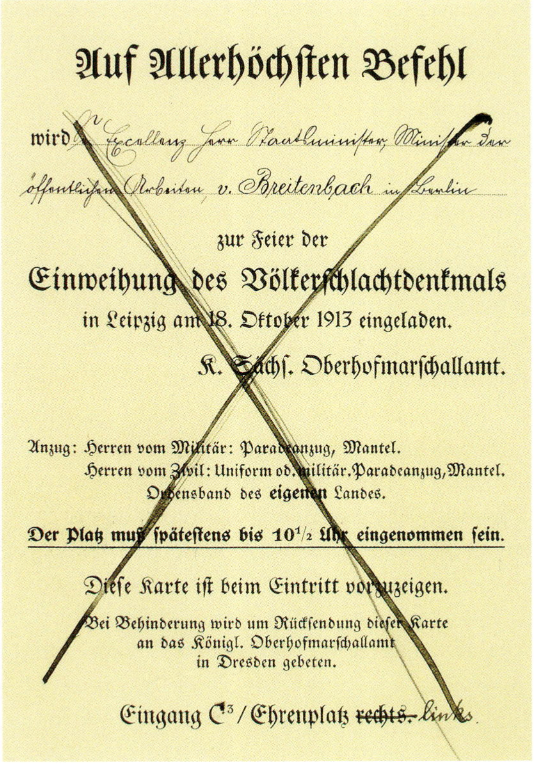

Auf Allerhöchsten Befehl

wird Sr. Excellenz Herrn Staatsminister, Minister der öffentlichen Arbeiten v. Breitenbach in Berlin

zur Feier der

Einweihung des Völkerschlachtdenkmals

in Leipzig am 18. Oktober 1913 eingeladen.

K. Sächs. Oberhofmarschallamt.

Anzug: Herren vom Militär: Paradeanzug, Mantel.
Herren vom Zivil: Uniform od. militär. Paradeanzug, Mantel.
Ordensband des **eigenen** Landes.

Der Platz muß spätestens bis 10½ Uhr eingenommen sein.

Diese Karte ist beim Eintritt vorzuzeigen.

Bei Behinderung wird um Rücksendung dieser Karte an das Königl. Oberhofmarschallamt in Dresden gebeten.

Eingang C³ / Ehrenplatz ~~rechts.~~ links.

Einladung für den Minister der öffentlichen Arbeiten, Staatsminister von Breitenbach, zur Einweihung des Völkerschlachtdenkmals am 18. Oktober 1913

Fahnen, Girlanden, Glühlampen, Eiserne Kreuze, Kaiserbüsten, Siegesgöttinnen und Reichsadler prangten neben der ausgestellten Ware in sämtlichen Geschäftshäusern und Läden der Innenstadt. Ein Leipziger Drogist dekorierte sein Geschäft mit Girlanden aus vielen Hunderten großer Badeschwämme.

Die offiziellen Feierlichkeiten begannen bereits am 16. Oktober mit dem so genannten großen Wecken durch das Musikkorps des 106. Regiments, dem sich eine vormittägliche Gedenkveranstaltung an die Schlacht bei Möckern anschloss.

Neben zahlreichen Zuschauern versammelten sich am Kugeldenkmal in Leipzig-Möckern Mitglieder verschiedener Turnvereine, des Schrebervereins, des Königlich Sächsischen Militärvereins und Abordnungen des Deutschnationalen Handlungsgehilfenverbandes zu einer »patriotischen Feier«. In seiner Ansprache forderte ein Vertreter des Sächsischen Militärvereins die Bereitschaft der Anwesenden ein, dem Beispiel der Gefallenen von 1813 zu folgen und ihr Leben hinzugeben, sollte die Nation in Gefahr geraten.

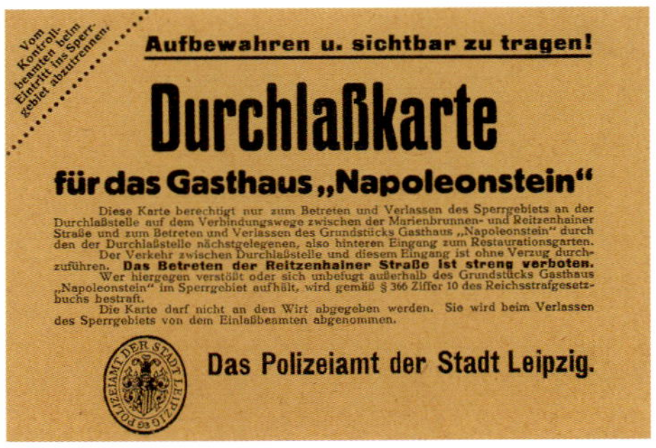

Einlass- und Durchlasskarten zu den Einweihungsfeierlichkeiten des Völkerschlachtdenkmals am 18. Oktober 1913

Unten rechts: Armbinde für Mitglieder des Ordnungsdienstes bei der Einweihung des Völkerschlachtdenkmals am 18. Oktober 1913

Neben dem offiziellen Festakt gab es ab dem 16. Oktober eine Vielzahl von Jahrhundertfeiern und Feierstunden unterschiedlicher Korporationen. Ob der Verein Deutscher Lokomotivführer, die Deutschvölkischen Turnvereine, die Leipziger Innungen, der Verein der Beamten der Königlich Sächsischen Staatseisenbahnen oder die Vereine ehemaliger Schüler der fünf städtischen Realschulen, sie alle hielten es für ihre »vaterländische« Pflicht, das Ereignis gebührend zu würdigen.

Analog zu den Tagen der Völkerschlacht, stellte auch im offiziellen Festprogramm der 17. Oktober 1913 einen Tag emsiger Vorbereitungen auf den Höhepunkt dar. Tausende umlagerten Bahnhof und Straßen, um einen Blick auf die eintreffenden mehr oder minder prominenten Gäste zu werfen. Neben Kaiser Wilhelm II., Reichskanzler Theobald von Bethmann-Hollweg, König Friedrich August von Sachsen, Großfürst Kyrill Wladimirowitsch von Russland, dem österreichischen Thronfolger Franz Ferdinand und dem Prinzen Wilhelm von Schweden nahmen alle regierenden Fürsten der deutschen Bundesstaaten sowie die Senatspräsidenten Lübecks, Bremens und Hamburgs teil. Zehntausende Neugierige strömten in die Stadt.

Zahllose Mitteilungen der Lokalpresse, des Polizeiamtes und des Patriotenbundes suchten den Ablauf der Feierlichkeiten in minutiös festgelegte Bahnen zu lenken. »Wo das Militär aufhört«, so die Leipziger Presse, »wird der Sicherheitsdienst in der Hauptsache von Schutzmannschaft, städtischen Beamten in Zivil und von Turnern geübt. Die Zahl der so für den Sicherheitsdienst tätigen nicht militärischen Personen übersteigt die Ziffer 2000.«[7] Für die Leipziger Sozialdemokraten, die heftigsten Kritiker der »hurrapatriotischen Unterhaltung am 18. Oktober«, kam dies einer »Art Belagerungszustand« gleich. »Kriminalbeamte statten gegenwärtig«, so schrieb bereits Anfang Oktober die Leipziger Volkszeitung, »den Bewohnern der an der Feststraße gelegenen Häuser Besuche ab und erteilen Verhaltungsmaßregeln. Wer Fenster … vermietet oder gute Bekannte … einladet …, der soll Namen, Stand und Herkommen … genau feststellen. (…) Und da schwatzen

[7] *Leipziger Neueste Nachrichten, Sonderdruck 16.–19. Oktober 1913.*

Einzug der studentischen Korporationen zur Einweihung des Völkerschlachtdenkmals

Links:
Einzug der studentischen Korporationen

Rechts:
Kaiser Wilhelm II. und König Friedrich August von Sachsen bei der Denkmalsweihe

Kaiser Wilhelm II. und König Friedrich August von Sachsen auf dem Weg zur Denkmalsweihe

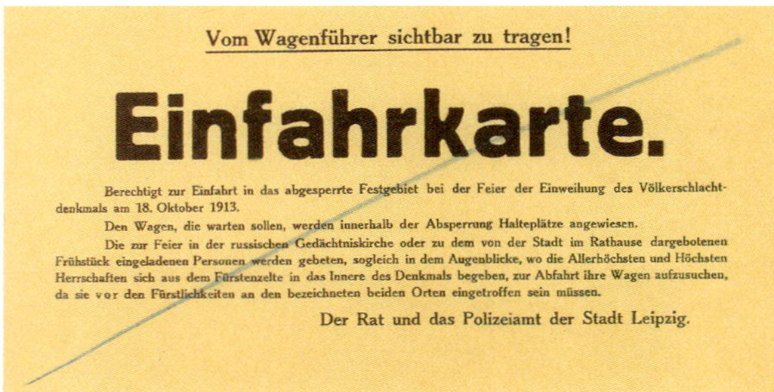

Vom Wagenführer sichtbar zu tragen!

Einfahrkarte.

Berechtigt zur Einfahrt in das abgesperrte Festgebiet bei der Feier der Einweihung des Völkerschlachtdenkmals am 18. Oktober 1913.

Den Wagen, die warten sollen, werden innerhalb der Absperrung Halteplätze angewiesen.

Die zur Feier in der russischen Gedächtniskirche oder zu dem von der Stadt im Rathause dargebotenen Frühstück eingeladenen Personen werden gebeten, sogleich in dem Augenblicke, wo die Allerhöchsten und Höchsten Herrschaften sich aus dem Fürstenzelte in das Innere des Denkmals begeben, zur Abfahrt ihre Wagen aufzusuchen, da sie vor den Fürstlichkeiten an den bezeichneten beiden Orten eingetroffen sein müssen.

Der Rat und das Polizeiamt der Stadt Leipzig.

Einfahrkarte zum Befahren des Sperrgebiets zur Einweihung des Völkerschlachtdenkmals

Fürstenzelt und Besuchertribünen zur Einweihung des Völkerschlachtdenkmals, Bildpostkarte, um 1913

bereits bürgerliche Redner … von einem Fest des Volkes und der Fürsten unterdessen die Polizei … die Bewohner unter Polizeiaufsicht stellt«[8]. Noch am 17. Oktober verlangte die für die Sicherheit des Kaisers zuständige Berliner Kriminalpolizei, das eigens für den Folgetag errichtete Festzelt teilweise wieder abzubauen, um eventuell vorhandene Gefahren eines Attentats auszuschließen.[9]

Die Aktivitäten am Tag der Einweihung des Völkerschlachtdenkmals begannen um 7 Uhr mit der Aufstellung des »Festzuges der deutschen Studentenschaft«. 5000 Vertreter studentischer Korporationen aus ganz Deutschland – so genannte »Nichtkorporierte« stellten nur 250 Teilnehmer – marschierten mit 500 Fahnen ihrer Verbände zum Denkmal. Zahllose Vereine und Schulen hatten von 9 Uhr an zur »Spalierbildung« entlang der »Feststraße« anzutreten. Gegen 11 Uhr begrüßte Friedrich August den auf dem Hauptbahnhof eintreffenden Kaiser mit »großem militärischen Empfang«, um anschließend mit Wilhelm II. zur Denkmalsweihe zu fahren.

Gegen Mittag trafen der Kaiser, der sächsische König und die übrigen Ehrengäste, unter ihnen auch Admiral Alfred von Tirpitz sowie die Generäle Colmar Freiherr von der Goltz und August von Mackensen, am Fuße des Denkmals ein, um sich unter den Klängen von Richard Wagners »Marsch der Gralsritter« ins Festzelt zu begeben.

Als Erster ergriff Clemens Thieme das Wort zu seiner Weiherede. Nach kurzen Dankesworten des sächsischen Königs überbrachten Läufer dem Kaiser ihre Grußbotschaften, denn die Deutsche Turnerschaft beteiligte sich in besonderer Weise mit einem »die Grenzen und die historischen Orte in Deutschland berührenden Eilbotenlauf«[10] an der Säkularfeier der Völkerschlacht. Insgesamt

8 *Leipziger Volkszeitung vom 7. Oktober 1913, Nr. 233.*

9 *Stadtgeschichtliches Museum Leipzig, Bibliothek: Rudolph, Otto: Plaudereien vom Bau des Völkerschlachtdenkmals, Leipzig 1937, Masch-Schr.*

10 *Festprogramm des Deutschen Patriotenbundes zur Einweihung des Völkerschlachtdenkmals, Leipzig 1913.*

Fürstenzelt zur Einweihung des Völkerschlachtdenkmals

Links:
Ankunft der Fürsten zur Denkmalsweihe, Bildpostkarte, um 1913

Rechts:
Senatoren der Leipziger Universität zur Einweihung des Völkerschlachtdenkmals

Staffelläufer der Deutschen Turnerschaft zur Einweihung des Völkerschlachtdenkmals

Links:
Ehrengäste zur Einweihung des Völkerschlachtdenkmals

Rechts:
Übergabe der Grußbotschaften durch die Staffelläufer der Deutschen Turnerschaft zur Denkmalsweihe

Links:
Illumination des Augustusplatzes zur Einweihung des Völkerschlachtdenkmals

Rechts:
Illumination des Neuen Rathauses zur Einweihung des Völkerschlachtdenkmals, Bildpostkarte, um 1913

43 000 aktive Turner nahmen an den neun Läufen teil, welche die Verbindung zwischen neun »historischen Stätten« und dem neuen Symbol der »nationalen Wiedergeburt« herstellen sollten. Als Start- und Streckenpunkte hatte man die Grabstätten Bismarcks in Friedrichsruh und Jahns in Freyburg/Unstrut, das Denkmal Arndts auf Rügen, die Befreiungshalle in Kelheim, die Schlachtfelder von Kulm, Waterloo und Gravelotte, das Hermannsdenkmal, das Niederwalddenkmal, das Kyffhäuserdenkmal und die Zeppelinwerke in Friedrichshafen gewählt.

Die anschließende Besichtigung des Monuments durch die Fürsten beendete den Einweihungsakt. Verbale Äußerungen Wilhelms II. über das Denkmal sind nicht überliefert. Zwar hatte er den Schmitzschen Entwurf wohlwollend zur Kenntnis genommen und auf der Berliner Kunstausstellung 1898 mit der Goldmedaille ausgezeichnet, ein ihm angetragenes Protektorat über den Denkmalsbau jedoch abgelehnt. Das Verhältnis der Denkmalspatrioten zu Deutschlands Fürsten war gespannt. Sie alle hatten die Einladung zur Grundsteinlegung im Jahre 1900 ignoriert. So begrüßte Thieme in seiner Weiherede einzig namentlich den sächsischen König und wandte sich dann allgemein an »deutsche Brüder, deutsche Schwestern«. Derart brüskiert, verließ der Kaiser die Feier fast eine Stunde früher als geplant. Im Rahmen der bei solchen Gelegenheiten üblichen Ordensverleihungen bedachte er den Schöpfer des Völkerschlachtdenkmals nur mit dem Roten Adlerorden vierter Klasse. Gekränkt sandte Thieme den Orden kurzerhand am folgenden Tag an den Leipziger Kreishauptmann zurück.[11]

Das neue Nationaldenkmal in Leipzig war nach dem Willen der Erbauer als »reindeutsches« Erinnerungszeichen errichtet worden.[12] Folglich sahen sich weder Österreich noch Russland in ihm repräsentiert. Auf eigene Kosten ließ der österreichische Staat bis zum Dezember 1913 fünf nach dem Entwurf der Wiener Steinmetzen König & Maier geschaffene Denkmale in und um Leipzig aufstellen. Nach der Einweihung des Völkerschlachtdenkmals begaben sich Kaiser Wilhelm II., die deutschen Fürsten und der österreichische Thronfolger Franz Ferdinand zu dem bereits am 18. Oktober 1838 in Meusdorf errichteten Gedenkstein für den ehemaligen Oberbefehlshaber der Verbündeten, den österreichischen Fürsten Karl Philipp von Schwarzenberg. Mit einer kurzen Ansprache eines Nachfahren des Fürsten und einer Kranzniederlegung im Auftrag Kaiser Franz Josephs war die österreichische Gedenkfeier nach wenigen Minuten beendet, und die Festversammlung brach zum feierlichen Tedeum in die neue Russische Gedächtniskirche auf. In unmittelbarer Nähe des Völkerschlachtdenkmals war auf Kosten Russlands innerhalb von vierzehn Monaten das Gotteshaus nach Entwürfen des renommierten

[11] *Clemens Thieme. Dichtung und Wahrheit, Leipzig 1930, S. 9ff.*

[12] *Stadtarchiv Leipzig, Kap. 35, Nr. 1175: Vgl. Protokollbuch der Sitzungen des Deutschen Patriotenbundes. 9. Vorstandssitzung vom 18. Dezember 1902.*

Auf Allerhöchsten Befehl
wird Herr Generalmajor v. Watzdorf
Kommandeur der II. Feldartillerie-Brigade Nr. 24
zur Königlichen Tafel im Gewandhause zu Leipzig
am 18. Oktober 1913 um 6 Uhr eingeladen.

K. Sächs. Oberhofmarschallamt.

Anzug: Herren v. Militär: Paradeanzug.
Herren v. Zivil: Uniform oder militärischer Paradeanzug.
Ordensband des eigenen Landes.

Um Antwort und bei Behinderung um umgehende Rücksendung dieser Karte an das Oberhofmarschallamt in Dresden wird gebeten.

Einladung für Generalmajor von Watzdorf zur Königlichen Tafel im Gewandhaus am 18. Oktober 1913

Medaille auf die Errichtung des Völkerschlachtdenkmals und die Jahrhundertfeier der Völkerschlacht von A. Krüger, 1913, Avers und Revers (rechts)

Sakralbaumeisters Wladimir Pokrowski, dessen Vorarbeiten die Leipziger Architekten Weidenbach und Tschammer weiterführten, errichtet worden.

In den Abendstunden des 18. Oktober lud König Friedrich August Kaiser und Fürsten noch zum Bankett ins Gewandhaus. Danach verließ der Kaiser im Sonderzug die Stadt der Jahrhundertfeier. Die übrigen Festgäste konnten zwischen dem Festkonzert – man gab Ernst H. Seyffahrts Kantate »Aus Deutschlands großer Zeit« – und einer Festvorstellung im Neuen Theater wählen, wo, umrahmt von Richard Wagners »Kaisermarsch« und Auszügen aus den »Meistersingern von Nürnberg«, Friedrich Schillers Drama »Wallensteins Lager« aufgeführt wurde. Den Abschluss der offiziellen Feierlichkeiten bildete die große Illumination der Stadt. Riesige gasbetriebene Feuerpfannen auf sämtlichen öffentlichen Bauten der Innenstadt, Tausende von Kerzen und Glühlampen tauchten die Stadt in mystisch flackernden Flammenschein. Wegen der außergewöhnlichen Wirkung wurde das Ganze am folgenden Abend wiederholt.

Mit den Veranstaltungen der Leipziger Jahrhundertfeier forderten die Männer um Clemens Thieme gemeinsam mit zahlreichen anderen Vereinen und politischen Parteien den Geist der Opferbereitschaft ein. Ein Resultat solchen Völkerschlachtgedenkens war die Annahme der Militärvorlage des Jahres 1913, deren außerordentlich hohe Kosten mit Verweisen auf Gedankengut und Ereignisse der Befreiungskriege begründet wurden.

Sorgsam in Familienbesitz gehütet, zeugen auch heute noch unzählige Erinnerungsmedaillen, handkolorierte Ansichtskarten mit Einweihungs-Sonderstempeln oder die in hoher Auflage verbreitete Weiheschrift des Deutschen Patriotenbundes von dem großen öffentlichen Interesse, das jene Oktobertage in Leipzig fanden. Das faszinierendste Erinnerungsstück der Einweihungsfeier aber entbehrt nicht einer gewissen Ironie. Die nationale Feier auf Zelluloid zu bannen, konnte die beauftragte Firma aus Düsseldorf nicht bewerkstelligen. Sie musste dazu die Dienste der Firma Pathé Frère & Co. aus Paris in Anspruch nehmen.

Links:
Jahrhundertfeier der Völkerschlacht 1913, Bildpostkarte, um 1913

Mitte:
Vivatband zur Jahrhundertfeier der Völkerschlacht 1913

Rechts:
Festkarte zur Einweihung des Völkerschlachtdenkmals am 18. Oktober 1913

Der Weg des freien Zusammenwirkens patriotisch tätiger Kräfte

Der Deutsche Patriotenbund

Steffen Poser

Im Jahre 1888 schlug in Leipzig, An der Pleiße 12, ein unscheinbares Baubüro sein Domizil auf. Eine Tafel am Eingang verkündete: »Clemens Thieme, Atelier für Architektur und Bauausführung«.
Von hier aus verschickte der Inhaber am 22. April 1894 an ausgewählte Bürger den Aufruf, sich an der Gründung eines Vereins zu beteiligen. Dessen Bestimmung sollte es sein, die Sieger der Schlacht von 1813 mit einem Denkmal zu ehren. Vier Tage später wurde der Deutsche Patriotenbund zur Errichtung eines Völkerschlacht-National-Denkmals bei Leipzig (DPB) aus der Taufe gehoben.

Die zahlreichen vergeblichen Versuche früherer Jahrzehnte hatten gezeigt, dass ohne Unterstützung durch eine breite Allgemeinheit das Denkmalsprojekt nicht zu verwirklichen war. So betrieb der DPB sofort eine ungewöhnlich aktive Öffentlichkeitsarbeit. Seit November 1894 erschien allmonatlich die Vereinszeitung »Der Patriot – Mitteilungen des Deutschen Patriotenbundes«, die kräftig die Werbetrommel rührte und über eine Vielzahl populär aufbereiteter historischer Beiträge, Anekdoten und Histörchen ein das Bauvorhaben unterstützendes Geschichtsverständnis verbreitete. Darüber hinaus organisierte der Bund alljährlich Erinnerungsfeiern zum 18. Oktober, um die Ereignisse von 1813 im öffentlichen Bewusstsein lebendig zu halten.

Da die Mitgliederverzeichnisse des DPB nicht mehr vorhanden sind, gibt es nur wenige Angaben zum Aufbau des Vereins. Der Gesamtausschuss konstatierte im Mai 1894 eine Mitgliederstärke von etwa 3500 Personen. Im Dezember des gleichen Jahres war die Zahl schon auf 32984 angestiegen.[1] Allein 6000 Vereine hatten sich bis zum Oktober 1900 zu ständigen Sammlungen zugunsten des Denkmals verpflichtet. Um das Jahr 1908 zählte der Bund rund 90000 Mitglieder.
Um dem Vorhaben den beabsichtigten Erfolg zu sichern, baute man auf die Unterstützung durch das weit verzweigte deutsche Vereinswesen. Besonders die mitgliederstarken Militär-, Turn-, Schützen- und Gesangvereine suchte man für eine

[1] *Mitteilungen des DPB, Jg. 1, 1895, Nr. 3.*

Der Patriot – Mitteilungen des Deutschen Patriotenbundes, Ausgabe Dezember 1904, Titel

Der Patriot.

XI. Jahrg. Nr. 2. — Dezember 1904.

Mitteilungen des Deutschen Patriotenbundes

zur Errichtung eines Völkerschlacht-Denkmals bei Leipzig.

Bezugspreis 2 Mk. der Jahrgang (12 Nrn.). — Juristische Person. — Anzeigen: 4gespaltene Zeile 30 Pf.

Postzeitungsliste Nr. 4485 A. — Verlag und Geschäftsstelle: Leipzig, Blücherstraße 11. — Expedition: Leipzig, Königsstraße 5.

Der Rückzug Napoleons aus Russland 1812.

Von Moskau bis zur Beresina.

Wenn man sich den russischen Feldzug von 1812 vergegenwärtigt, so drängt sich unwillkürlich der Vergleich desselben mit der Expedition des Perserkönigs Darius gegen die Skythen auf, nur daß Napoleon gut und gern zehn solcher Könige aufwog, und daß die Skythen damals entschlossenere und begabtere Führer hatten als die Russen. Ihre Namen hat die Geschichte nicht überliefert, die der russischen Feldherren werden aber noch heutzutage jedem Obertertianer eingepaukt, und vor den Augen der Schüler erhebt sich das Bild eines Kutusoff wie das eines Helden und erstklassigen Strategen. Man kann es getrost aussprechen, die russischen Heerführer haben nie einen Zug des Hervorragenden an sich gehabt, und Genies, wie Ferdinand v. Braunschweig, Laudon, Turenne, Marlborough, Eugen v. Savoyen — an Friedrich den Großen und Moltke gar nicht zu denken — haben sie nie besessen. Der gute Suwarow und der Städteeroberer Münnich waren tüchtige Haudegen, die mit einem Haufen Polen und einer „Armee" Türken hübsch und glatt fertig wurden. Und nicht nur die Generale, in denen germanisches Blut rollt, — die aus den Ostseeprovinzen — haben wenig getaugt, auch die Nachkommen der „goldenen Horde" waren nichts wert. So war es kein Wunder, daß es Napoleon gelang, aus der Höhle der Bären zu entkommen. Es wäre vielleicht keine Völkerschlacht von Leipzig nötig gewesen, wenn 1812 befähigte Generale nach dem Schlag eines York oder Bülow die Russen kommandiert hätten. Als der Perserkönig seinen Rückzug aus Skyhien antrat, da fingen die wilden Massagetenstämme erst an, Ernst zu machen, und hefteten sich mit solchem Nachdruck an die Fersen des Fliehenden, daß er nur mit wenigen Hundert Mann die Donau erreichte, wo sich leider ein Miltiades fand, der die Brücke zum Uebergang bewacht hatte. Solche Miltiades waren auch die Rheinbundfürsten, die den zerzausten französischen Adler ruhig über den Rhein ließen.

Napoleon saß nach dem Brande von Moskau im Zentrum Rußlands und wartete fünf lange Wochen — auf Friedensvorschläge des Zaren. Kutusoff, der schlaue Fuchs, hielt ihn hin mit Versprechungen und erweckte in Napoleon den festen Gedanken an einen Friedensschluß, der dem Korsen sehr erwünscht gekommen wäre, denn er sah die Bedenklichkeit seiner Lage wohl ein. Erst am 15. Oktober gab er den Befehl zum Aufbruch, nachdem er sich endlich überzeugt hatte, daß sein alter Freund vom Niemen und von Erfurt, der Zar Alexander, ihm ein X für ein U machen wollte. Doch ohne die übliche Sammlung von Trophäen ging es nicht ab. Alles, was nach Gold oder Edelstein aussah, wurde eingepackt und sollte nach Frankreich mitgenommen werden. Napoleon wollte, wie es schien, wenigstens einen finanziellen Vorteil aus dem ganzen Unglück ziehen. So wurde auch das sogenannte goldene Kreuz vom Turme des Kreml geholt. Als man es endlich mit Lebensgefahr zur Erde befördert hatte, zeigte sich, daß das Kreuz aus Holz, beschlagen mit vergoldetem Kupferblech, bestand. Man erlebte damals eben manche Enttäuschungen. Bevor der Korse am 19. Oktober aus Moskau ausrückte, ließ er veröffentlichen, daß das französische Heer nicht etwa für immer, sondern nur zur Eroberung von Koluga ausziehe. Mortier, der Herzog von Treviso, bekam den Befehl, in Moskau zu bleiben und sich einen Monat lang im Kreml, den man befestigt hatte, zu halten.

Mit 104000 Mann trat Napoleon den Rückzug an. Aus den Lazaretten schlossen sich die, die noch gehen konnten, dem Zuge an. 1200 schwer Erkrankte blieben indessen zurück. Dem Heere folgte eine lange Reihe von Ausländern, die mit Napoleon gemeinsame Sache gemacht hatten und die Rache der Russen fürchten mußten. Die alte Garde bildete den Hauptbestandteil der Armee. Von Generalen sah man den schmucken Murat, den Vizekönig Eugen, den energischen Davoust, ferner Ney, Mortier, Lauriston, Victor, Oudinot, Morand, den Polen Poniatowsky. Die beabsichtigte Täuschung mit dem Zuge auf Koluga gelang dem Kaiser über alles Erwarten gut. Sowohl Kutusoff als auch Miloradowitsch ahnten nicht, daß Napoleon gen Smolensk, also nach Hause, zog. In der Annahme, Napoleon wolle Kaluga erstürmen, griff ihn Kutusoff an, wurde aber bei Malo-Jaroslev, wenn auch unter großen Verlusten seitens der Franzosen, geschlagen. Höchst unangenehm war den Abrückenden die leichte russische Kavallerie. Der Kosakenhetman Platow, ein wirklich brauchbarer und schneidiger Reiter, wies hier Napoleon zum erstenmal die Zähne. Er ist der einzige, der von den Menschen dem Korsen gefährlich wurde. Denn unablässig umkreiste er das Heer und gönnte demselben keine ruhige Stunde. Der geschlagene Kutusoff zog sich hinter die Oka zurück, um hier Napoleon zu fassen. Ihm waren die Augen noch immer nicht aufgegangen. So hatte der Kaiser freie Bahn nach Westen. Wenn ihn auch die Kosaken umschwärmten, so hatte er den Angriff eines größeren Heeres doch vorläufig nicht zu befürchten. Doch bald zeigte sich der eigentliche Feind, nämlich die Kälte, und in ihrem Gefolge

Clemens Thieme

Medaille des Deutschen Patriotenbundes auf dessen Vorsitzenden Clemens Thieme, 1. Hälfte 20. Jh.

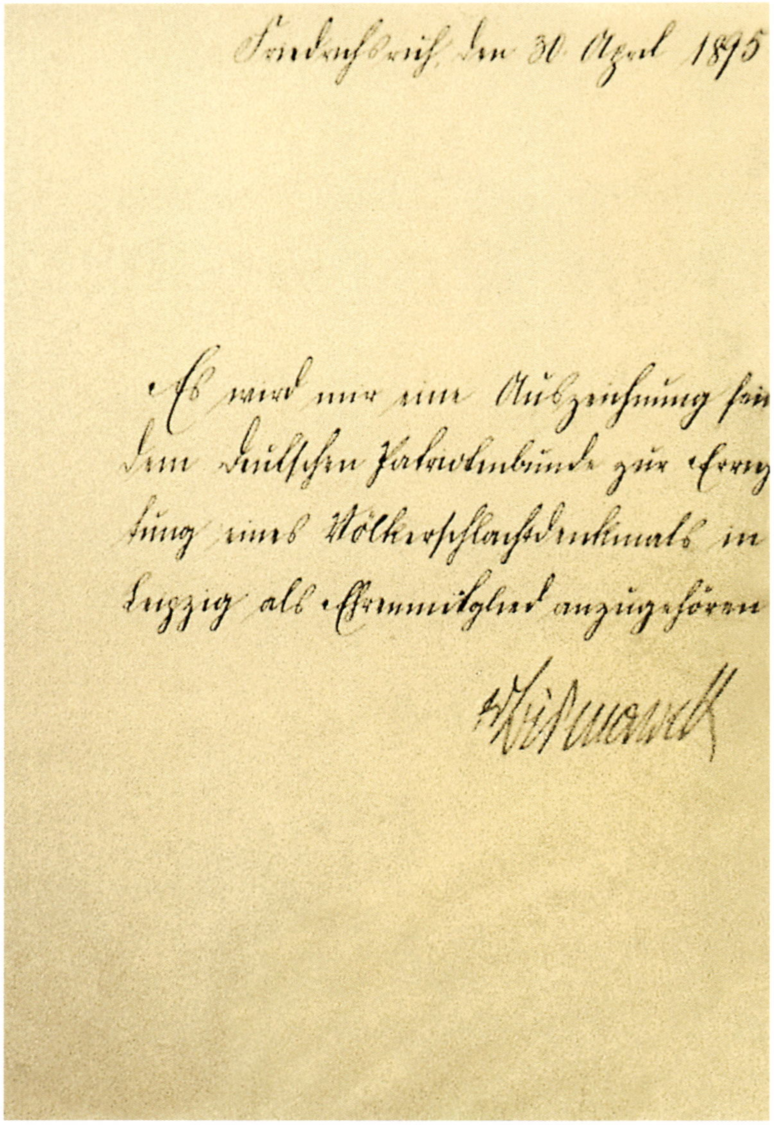
Friedrichsruh, den 30. April 1895

Es wird mir eine Auszeichnung sein, dem Deutschen Patriotenbunde zur Errichtung eines Völkerschlachtdenkmals in Leipzig als Ehrenmitglied anzugehören

v. Bismarck

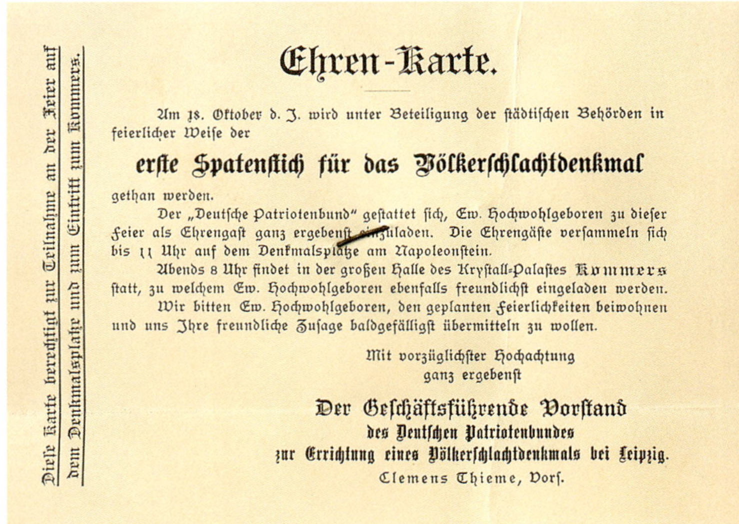
Diese Karte berechtigt zur Teilnahme an der Feier auf dem Denkmalsplatze und zum Eintritt zum Kommers.

Ehren-Karte.

Am 18. Oktober d. J. wird unter Beteiligung der städtischen Behörden in feierlicher Weise der

erste Spatenstich für das Völkerschlachtdenkmal

gethan werden.

Der „Deutsche Patriotenbund" gestattet sich, Ew. Hochwohlgeboren zu dieser Feier als Ehrengast ganz ergebenst einzuladen. Die Ehrengäste versammeln sich bis 11 Uhr auf dem Denkmalsplatze am Napoleonstein.

Abends 8 Uhr findet in der großen Halle des Krystall-Palastes Kommers statt, zu welchem Ew. Hochwohlgeboren ebenfalls freundlichst eingeladen werden.

Wir bitten Ew. Hochwohlgeboren, den geplanten Feierlichkeiten beiwohnen und uns Ihre freundliche Zusage baldgefälligst übermitteln zu wollen.

Mit vorzüglichster Hochachtung
ganz ergebenst

Der Geschäftsführende Vorstand
des Deutschen Patriotenbundes
zur Errichtung eines Völkerschlachtdenkmals bei Leipzig.
Clemens Thieme, Vors.

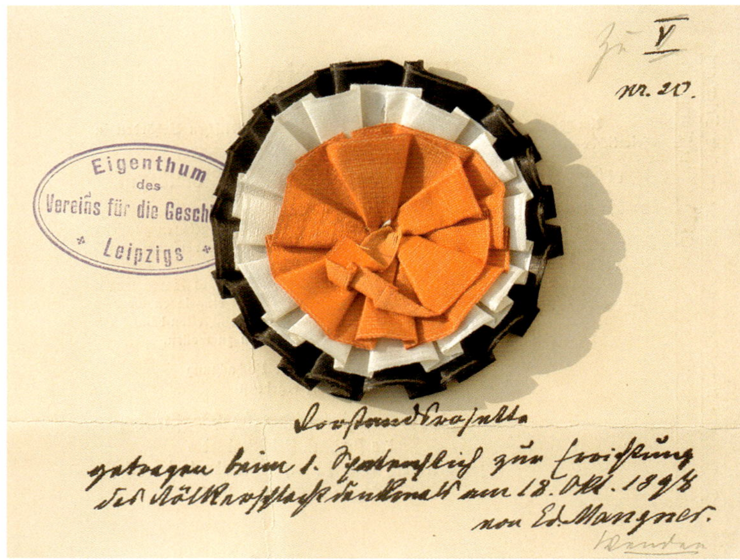

Links:
Schreiben von Otto Fürst von Bismarck vom 30. April 1895 zur Annahme der Ehrenmitgliedschaft im DPB

Rechts oben:
Ehrenkarte zur Teilnahme an den Feierlichkeiten des ersten Spatenstichs zur Errichtung des Völkerschlachtdenkmals am 18. Oktober 1898

Rechts unten:
Von Eduard Mangner anlässlich der Feier getragene Vorstandsrosette

aktive Mitarbeit zu gewinnen. Bereits 1895 wurde in den »Mitteilungen des DPB« diesbezüglich an die deutschen Turner, Schützen und Sänger appelliert. Der Parteigeist folge dem Vorbild Bismarcks, »unseres alten Recken im Sachsenwalde«, nicht nach. Das sei seiner Natur fremd.[2] Daher sei es nun besonders Sache der vaterländischen Vereine, die aufgelaufene Ehrenschuld abzutragen. Mit sicherem Gespür konzentrierte sich der DPB auf die am weitesten verbreiteten, volkstümlichsten und daher auch mitgliederstärksten bürgerlichen Vereinsgruppen in Deutschland. Über diese waren große Teile der Bevölkerung zu mobilisieren. So wurde den deutschen Turnern nahe gelegt, sich eines inneren Zusammenhangs zwischen der »Turnerei und der massenhaften Erhebung des deutschen Volkes im Jahre 1813« zu erinnern.[3]

Den Schützen wurde vor Augen gehalten, dass ihre jahrhundertealte Aufgabe die Pflicht der Verteidigung von Haus und Hof[4] sei. Jetzt aber gelte es, neuen Feinden in Gestalt von Irreligiosität und Vaterlandslosigkeit zu wehren, denn vaterlandslose Hetzer hätten Gift in die Seele des Volksgeistes geträufelt, den zu hüten Sache aller Schützenbrüder sei.

Zum Schutz der vaterländischen Sache vor »gutmütigen Optimisten, schlaftrunkenen Ignoranten und selbstsüchtigen Heuchlern«[5] stellte der DPB die Sangesbrüder in die vorderste Reihe. Bei ihnen sei die Wertschätzung vaterländischer Güter besonders ausgeprägt. Damit dies so bleibe, brauche es reale Ziele, und ein solches eben sei das Nationaldenkmal der deutschen Befreiung. Am Ende ging das Konzept des DPB auf. Nicht

2 *Mitteilungen des DPB, Jg. 1, 1895, Nr. 7.*

Spendenaktion vor dem Modell des Schlachtreliefs

zuletzt dank einer beeindruckend breiten Unterstützung durch die Bevölkerung konnte am 18. Oktober 1913 Europas größter Denkmalsbau eingeweiht werden.

Soviel bisher über das Völkerschlachtdenkmal geschrieben worden ist, über den Deutschen Patriotenbund ist nur wenig bekannt. Gern und immer wieder wird er bis heute als eine Organisation bezeichnet, deren beispielhaftes Handeln ein Vorbild bürgerschaftlichen Engagements darstellt. Was war dies für eine Organisation? Ging es den Mitgliedern um Clemens Thieme tatsächlich nur um die pietätvolle Erinnerung an ein fast einhundert Jahre zurückliegendes Ereignis? Lag ihnen wirklich vor allem die Ehrung aller Beteiligten der Völkerschlacht am Herzen? Sollte das Monument kein deutsches Siegesdenkmal werden?

Die personelle Zusammensetzung des Patriotenbundes

An der Spitze des DPB stand ein neunköpfiger Geschäftsführender Vorstand mit Clemens Thieme als erstem Vorsitzendem.

Thieme kam aus kleinbürgerlichen Verhältnissen und ließ sich nach Abschluss seiner Ausbildung zum Bautechniker als selbstständiger Architekt in Leipzig nieder. Als Mitglied des 1868 gegründeten Vereins für die Geschichte Leipzigs lernte er die zahlreichen vergeblichen Versuche kennen, einen Denkmalsbau zur Erinnerung an die Ereignisse von 1813 zu errichten.

Darüber hinaus war Thieme langjähriges Mitglied der Freimaurerloge Apollo zu Leipzig. Mit einiger Sicherheit ist anzunehmen, dass der Plan,

[3] *Vergl. dazu und zu den folgenden Angaben ebenda, Jg. 6, 1900, Nr. 13/14.*

[4] *Vergl. dazu und zu den folgenden Angaben ebenda, Nr. 11/12.*

[5] *Vergl. dazu und zu den folgenden Angaben ebenda, Jg. 2, 1896, Nr. 3.*

das Denkmalsprojekt neu zu beleben, im Kreise der Logenbrüder entstand. Mehrere von ihnen gehörten zu den ersten Vorstandsmitgliedern des Patriotenbundes.

Auch politisch betätigte sich Thieme in der Öffentlichkeit. Etliche Jahre vertrat er die Deutschnationale Volkspartei im Leipziger Stadtverordnetenkollegium.[6]

Als zweiter Vorsitzender vertrat Dr. jur. Gustav Adolph Barth die Leipziger Schützengesellschaft als deren Vorsitzender im DPB.

Als Vorsitzender des Vereins der Leipziger Presse war der Redakteur des national-liberalen Leipziger Tageblatts, O. Saski, Verbindungsmann des DPB zur Tagespresse.

Den wichtigsten Kontakt zur Deutschen Turnerschaft stellte Beisitzer Prof. Dr. Carl Justus Lion her. Nachdem er bedeutende Funktionen innerhalb der Deutschen Turnerschaft ausgeübt hatte, avancierte er 1881 zum königlich-sächsischen Seminar-Turninspektor und wurde damit für die Deutsche Turnerschaft in Sachsen zur obersten Instanz. Nach Lions Tod 1901 vertrat Studienrat Prof. Hermann Max Küchenmeister die Turnerschaft beim DPB.

Ebenfalls als Beisitzer fungierte Schuldirektor Bernhard Friedrich Richter, der seit 1896 den Leipziger Lehrergesangverein im DPB repräsentierte. Weiteres Vorstandsmitglied und Verbindungsmann zum Gausängerbund war der Beamte Fr. A. Trinkler, dessen Aufgabe ab 1897 für ein Jahr Prof. Bruno Fürchtegott Gellert und danach Reinhold Oswald Irrgang übernahm.

Mittelsmann zu den 220 446 Mitgliedern des Königlich-Sächsischen-Militär-Vereins-Bundes war der Architekt Theodor Hülssner, den 1897 der Bankbeamte Ludwig Sperl ablöste.

Dem Geschäftsführenden Vorstand stand eine Reihe von Ehrenförderern zur Seite, die mit ihrem bekannten Namen, ihrem Vermögen oder ihrem Einfluss an maßgeblichen Stellen den Bestrebungen des Bundes dienten.

[6] *Bachmann, Rudolph: Das Völkerschlachtdenkmal in Leipzig, der DPB, das Denkmal, seine Entstehung und seine Eigenart, Leipzig 1913.*

Clemens Thieme (vorn rechts) als Leipziger Stadtverordneter im Kreis von Mitgliedern des Stadtparlaments, 1933

Hofrat Alban von Hahn, Vorstandsmitglied des Patriotenbundes

Oberlehrer Reinhold Bachmann, Vorstandsmitglied des Patriotenbundes

Schuldirektor Eduard Bachmann, Vorstandsmitglied des Patriotenbundes

Turndirektor Fritz Groh, Vorstandsmitglied des Patriotenbundes

Rechtsanwalt Dr. Eugen Saupe, Vorstandsmitglied des Patriotenbundes

Kommerzienrat Wilhelm Frosch, Vorstandsmitglied des Patriotenbundes

Architekt Max Theuerkorn, ab 27. Juli 1945 Vorsitzender des Patriotenbundes

Dr. Walter Lange, Vorstandsmitglied des Patriotenbundes und Kustos am Stadtgeschichtlichen Museum Leipzig

Kaufmann G. Hermann Singer, Vorstandsmitglied des Patriotenbundes

Baumeister Otto Rudolph, zeitweise Vorsitzender des Patriotenbundes und Bauleiter bei der Errichtung des Völkerschlachtdenkmals

Als Ehrenförderer gehörten dem DPB u. a. an:

- der Schriftsteller Victor B. H. Blüthgen, zwischen 1878 und 1880 Redakteur bei der Zeitschrift »Die Gartenlaube«
- der Darmstädter Arzt Prof. Dr. Ludwig Büchner, ein profilierter Politiker der Demokratischen Volkspartei
- der Kieler Philologe und Gymnasialdirektor Prof. Dr. Paul Erhard Ludwig Cauer, der u. a. mit Werken wie »Altertum und Patriotismus«, »Was ist Patriotismus« und »Staat und Erziehung« an die Öffentlichkeit trat
- der populäre Schriftsteller und Gründungsmitglied des Alldeutschen Verbandes (ADV) Felix Dahn
- der Bautzener Landesgerichtspräsident Dr. Eberhardt
- der Jurist und königlich-sächsische Geheime Rat Dr. P. Mehnert, Präsident der 2. Kammer der Ständeversammlung und von 1890 bis 1893 Mitglied des Reichstags
- der Justizrat und Aufsichtsratsmitglied der Allgemeinen Deutschen Credit-Anstalt (ADCA), der AG Leipziger Elektrische Straßenbahn, der Gemeinnützigen Baugesellschaft, der Leipziger Baubank, der Leipziger Elektrizitätswerke und der Preußischen Bodencredit-Aktienbank Dr. Ludolf Colditz
- der Domherr und Leipziger Ehrenbürger Dr. Gustav Adolph Fricke, Professor der Theologie an der Leipziger Universität, Direktor des Neutestamentarisch-exegetischen Seminars und von 1874 bis 1899 Vorsitzender des Zentralvorstandes des Gustav-Adolf-Vereins (GAV)
- das Reichstagsmitglied Prof. Dr. Ernst Hasse, vom 5. Juli 1893 bis zum 12. Januar 1908 Vorsitzender des ADV[7]
- der Präsident des Deutschen Reichsgerichts Otto von Oehlschläger
- der herausragende Kirchenrechtslehrer Prof. Dr. Rudolph Sohm, Dozent an der Leipziger Univer-

[7] *Die Mitglieder des ADV verbanden die Bestrebungen nach der Stärkung des deutschen Nationalbewusstseins mit völkischen und imperialistischen Zielsetzungen. Der Erweiterung des deutschen Einflusses in der Welt sollten eine aggressive Kolonialpolitik und der verstärkte Flottenaufbau dienen. Mit rund 40000 Mitgliedern entfaltete der ADV eine extrem aggressive deutschvölkische, teilweise stark antisemitisch gefärbte Propaganda. Weitere prominente Vertreter des ADV im DPB waren neben Felix Dahn auch das Mitglied*

Medaille des Deutschen Patriotenbundes auf die Errichtung des Völkerschlachtdenkmals 1913, Revers (links) und Avers

sität und auf den Gebieten der deutschen Rechtsgeschichte und des Kirchenrechts prominentester deutscher Rechtsgelehrter seiner Zeit[8]. Darüber hinaus war Sohm Gründungsmitglied des Nationalsozialen Vereins Friedrich Naumanns, der 1896 gegründet wurde.

- der Jurist und Professor für Strafrecht Dr. Adolph Wach.

Die Zusammensetzung der Leitungsgremien des Bundes macht deutlich, dass man seitens des DPB bestrebt war, die »tatkräftigen Mitarbeiter … vor allem in den Vereins- oder Verbandsvorsitzenden … des bürgerlichen Gesellschaftslebens«[9] zu suchen. Fast ausnahmslos handelte es sich hierbei um Körperschaften, die mit ihrer Tätigkeit eine grundsätzlich positive Haltung zum Deutschen Reich verbanden.

In der einen oder anderen Art und Weise sorgten sie alle für die Propagierung eines übersteigerten Nationalgefühls und bemühten sich, die politische Einheit im Bewusstsein der deutschen Bevölkerung ideologisch zu begründen.

Das Geschichtsbild des Patriotenbundes

Sieht man von der personellen Zusammensetzung des Bundes ab, stellt sich die Frage, ob und wie jene Ideen, die die prominenten Vorstandsmitglieder vertraten, in die Öffentlichkeit getragen wurden. Auskunft darüber geben die Publikationen des Vereins, insbesondere die Mitgliederzeitung. Der DPB sah seine vornehmste Pflicht darin, »in weiten Kreisen des Volkes das rechte Verhältnis und die rechte Gesinnung für die Idee des Denkmals unserer Befreiung und nationalen Wiedergeburt zu wecken«.[10] Ausgerüstet mit diesem Vorsatz, nahm er die Aufgabe in Angriff, die Bemühungen um die Realisierung des Denkmalsplans zu einem »Kampf für die Einheit der Nation[11] (zu) steigern«. Eindeutig ging es dem DPB um das Zusammenfassen aller »vaterländisch« gesinnten Kräfte in einer Frontlinie gegen jene, die nach Alternativen zum Deutschen Kaiserreich von 1871 strebten. Dieser Sammlungsgedanke der guten, »vaterländisch gesinnten« Bürger gegen die schlechten, »vaterlandslosen« war eigentlicher Antrieb des Denkmalsbaus.

1922 schrieb der namhafte Historiker Erich Brandenburg über das zurückliegende halbe Jahrhundert, das Deutsche Reich habe nur deshalb bestehen können, weil es gelungen sei, seit 1871 ein »festes Gefühl der Zusammengehörigkeit«, »ein stolzes Bewußtsein der gemeinsamen Kraft in allen deutschen Stämmen«[12] zu erwecken. Dieses habe das jahrhundertealte Gefühl der Stammeszugehörigkeit des Einzelnen durch die Identifikation mit dem »Gesamtvolk«[13] abgelöst. Jenen Prozess voranzutreiben, war ein Ziel, das auch der DPB mit seinem Bauvorhaben verfolgte.

Sammelbüchse des Deutschen Patriotenbundes

der Hauptleitung des ADV, der Chemieprofessor Dr. Johannes Wislicenus und der Kulturhistoriker Prof. Dr. Karl Lamprecht, der ebenso wie Wislicenus zu den Gründungsmitgliedern der Leipziger Ortsgruppe des Deutschen Ostmarkenvereins gehörte, einer dem ADV angeschlossenen Organisation, die eine so genannte »slawische Gefahr für das deutsche Volkstum« bekämpfte und dem deutschen Expansionismus Vorschub leistete.

8 *R. Sohm, am 16. Mai 1917 gestorben. Gedenkworte von F. Rendtorff, R. Schmidt, U. Hauch und V. Ehrenberg, Leipzig 1917, S. 7.*

9 *DPB (Hrsg.): Clemens Thieme – zum siebzigsten Geburtstag am 13. Mai 1931, Leipzig 1931, S. 13.*

10 *Spitzner, Alfred: Das Völkerschlacht-National-Denkmal, das Denkmal der Befreiung und der nationalen Wiedergeburt Deutschlands. Denkschrift des DPB, Leipzig 1897, S. 38.*

11 *DPB (Hrsg.): Clemens Thieme, S. 15.*

12 *Brandenburg, Erich: Die Reichsgründung, Bd. 1, Leipzig 1916, S. X.*

13 *Ebenda, S. 4.*

Werbeplakat für
die Denkmalslotterie,
1912

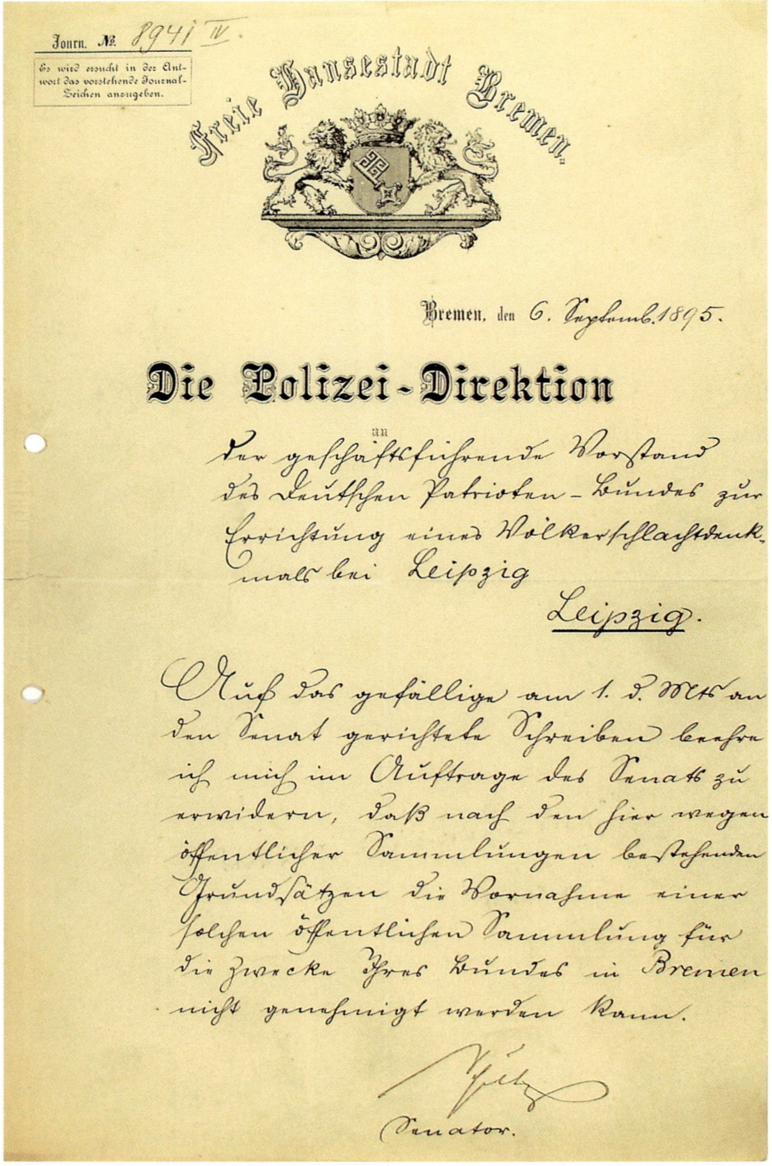
Journ. № 8941 IV.

Es wird ersucht in der Antwort das vorstehende Journal-Zeichen anzugeben.

Freie Hansestadt Bremen.

Bremen, den 6. September 1895.

Die Polizei-Direktion

an

den geschäftsführenden Vorstand des Deutschen Patrioten-Bundes zur Errichtung eines Völkerschlachtdenkmals bei Leipzig

Leipzig.

Auf das gefällige am 1. d. Mts. an den Senat gerichtete Schreiben beehre ich mich im Auftrage des Senats zu erwidern, daß nach den hier wegen öffentlicher Sammlungen bestehenden Grundsätzen die Vornahme einer solchen öffentlichen Sammlung für die Zwecke Ihres Bundes in Bremen nicht genehmigt werden kann.

Senator.

Ablehnungsschreiben der Freien Hansestadt Bremen auf das Gesuch des Patriotenbundes zu öffentlichen Sammlungen für das Denkmalsprojekt, 6. September 1895

Die ganze Weltgeschichte siegdeutsch angestrichen

Wie ein roter Faden zieht sich durch die veröffentlichten historischen Betrachtungen des DPB eine Überspitzung des Nationalstaatsdenkens, die für die offiziöse Historiographie des Wilhelminischen Kaiserreichs kennzeichnend war. So sollte das zu bauende Denkmal von Anfang an Zeichen der »nationalen Wiedergeburt«[14] sein. Nach eigenem Bekunden wollte der Bund auf die »geistige, sittliche Beschaffenheit des Volkes« wirken und darstellen, wie »turmhoch« die Zeit von 1813 der Gegenwart in dieser Hinsicht überlegen gewesen sei.[15] Die Begeisterung der Freiwilligen von 1813 für die Befreiung ihrer Heimat sollte auf das Deutsche Reich von 1871 übertragen werden. Durch vorgeblich deutschfeindliche Strömungen des In- und Auslands sah man die internationale Position des Reichs gefährdet. Über die trennenden Schranken der politischen Parteien, der sozialen und kirchlichen Unterschiede hinweg sollte der Gegenwart der »Geist eines charaktervollen, mannhaften Deutschtums aufgeprägt«[16] werden. Nur dadurch wäre dem deutschen Volk die ihm gebührende Machtstellung im Rate der Völker[17] zu sichern. Insbesondere den »geistigen Mord«, den hauptsächlich »gewisse Kreise der internationalen Sozialisten« dadurch begingen, dass sie versuchten, diesem übersteigerten Nationalismus entgegenzutreten, beklagte man nachdrücklich. Wie ein großer Teil der deutschen Historikerzunft bemühte sich auch der DPB, die gesamte deutsche Geschichte auf das Ereignis der Reichsgründung zuzuschneiden, oder, wie der Kulturhistoriker Burckhardt bemerkte, die ganze Weltgeschichte von Adam an siegdeutsch anzustreichen.[18]
Faktisch als Krönung der deutschen Geschichte überhaupt wurde die Reichsgründung empfunden. Die Befreiungskriege hingegen sah man im DPB als deren Ausgangspunkt, als Geburtsstunde des deutsch-nationalen Bewusstseins[19]. Die Reichsgründung von 1871 erschien so als Abschluss eines 1813 eingeleiteten Prozesses. Für die Denkmalspatrioten folgte auf Leipzig Sedan; auf den Geburtstag des deutschen Volkes der Geburtstag des Deutschen Reichs.[20] Die Einigung des Reichs fuße auf den Befreiungskriegen von 1813, hier wie dort habe es sich um den gleichen Feind, das gleiche Ziel gehandelt. Sedan habe das »Auferstehungsfest (…) der Napoleonischen Dynastie aus den Niederlagen der Befreiungskriege«[21] verhindert. Allerdings hätte das deutsche Volk »ohne die Hochflut der heiligsten Gefühle für Freiheit und Vaterland«, die der DPB für den preußisch-deutschen Einheitsstaat zu mobilisieren suchte, »niemals den Tag von Versailles erlebt.«[22]

Nur eine kraft- und heimatlose Armseligkeit

Nahezu Übereinstimmung bestand zwischen offiziöser Geschichtsschreibung und DPB in der Verurteilung des Gedankens vom Weltbürgertum. Ein besonderer Vorwurf galt dem deutschen Bildungsbürger, dem ein deutsches Nationalgefühl, in der Begriffsdefinition des ausgehenden 19. Jahrhunderts, einhundert Jahre zuvor natürlich unbekannt sein musste. Für die Patriotenbündler konnte dies nur eine halbe Sache sein, war für sie doch »Menschtum ohne Volkstum nur

14 *Brandenburg, Erich: Die Reichsgründung, S. 6.*
15 *Ebenda, S. 21.*
16 *Ebenda, S. 23.*
17 *Ebenda, S. 17.*
18 *Jacob Burckhardt. Briefe, hrsg. von Fritz Kaphan, Leipzig o. J., S. 374.*
19 *Spitzner, Alfred: Das Völkerschlacht-National-Denkmal, S. 12.*
20 *Ebenda, S. 34.*
21 *Mitteilungen des DPB, Jg. 2, 1896, Nr. 3.*
22 *Ebenda, Jg. 5, 1899, Nr. 18.*

Plakat zur Gedenkfeier der Völkerschlacht, 18. Oktober 1910

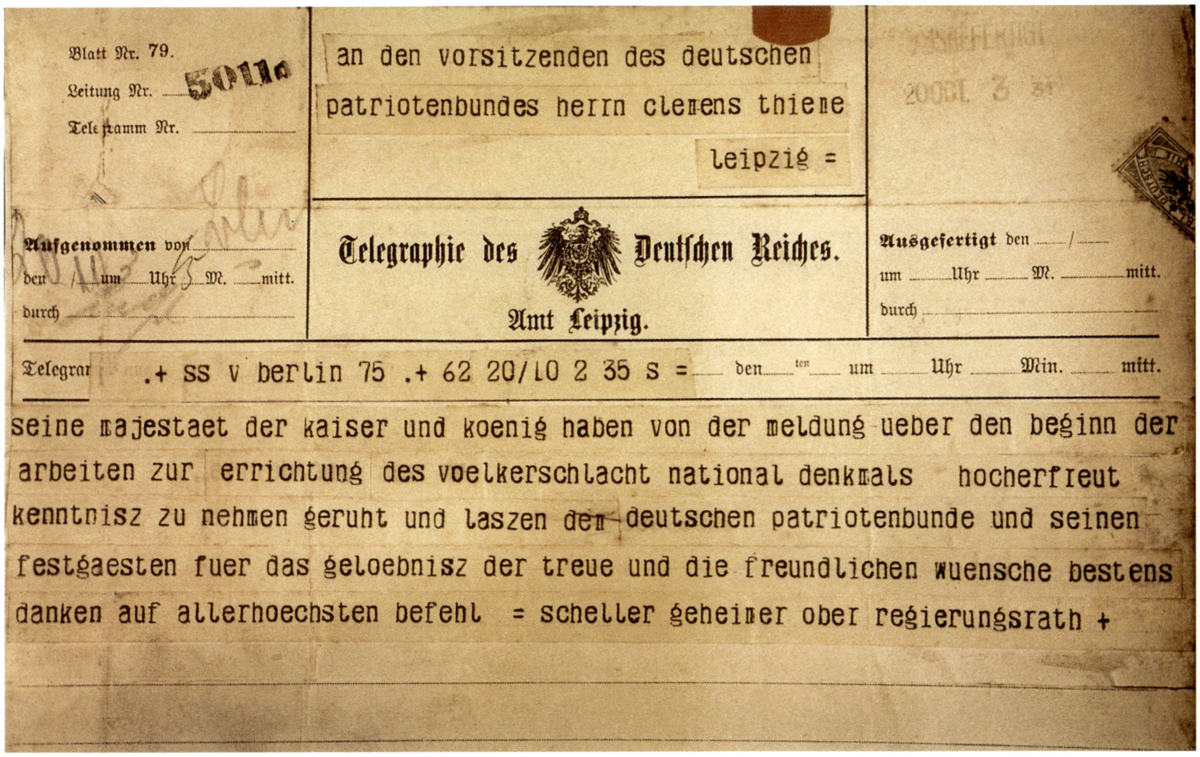

an den vorsitzenden des deutschen patriotenbundes herrn clemens thieme leipzig =

Telegraphie des Deutschen Reiches. Amt Leipzig.

Telegramm .+ ss v berlin 75 .+ 62 20/10 2 35 s =

seine majestaet der kaiser und koenig haben von der meldung ueber den beginn der arbeiten zur errichtung des voelkerschlacht national denkmals hocherfreut kenntnisz zu nehmen geruht und laszen den deutschen patriotenbunde und seinen festgaesten fuer das geloebnisz der treue und die freundlichen wuensche bestens danken auf allerhoechsten befehl = scheller geheimer ober regierungsrath +

Danktelegramm Kaiser Wilhelms II. für das Treuegelöbnis des Patriotenbundes und die Mitteilung vom Beginn der Bauarbeiten zur Errichtung des Völkerschlachtdenkmals, Oktober 1898

eine kraft- und heimatlose Armseligkeit«.[23] Hierin war man sich mit vielen Vertretern der deutschen Geschichtsschreibung einig. Aus den Ideen der Aufklärung des ausgehenden 18. Jahrhunderts konnte kein Reformeifer, kein Wille zur Begründung eines nationalen Gesamtstaates hervorgehen.[24] So kritisierte Bundesmitglied Prof. Sohm das Weltbürgertum jener Epoche als »matt wie Limonade«, »faul und leistungsunfähig«. Die deutsche Philosophie sei weltbeherrschend, aber »der Philosophenmantel ist dünn; er schützt nicht gegen des Krieges Ungewitter. (…) Drum auf … zieh aus du Deutscher den Philosophenmantel und zieh an den Soldatenrock«.[25] Für den DPB hatte sich seither nicht viel geändert. Kosmopolitismus und Klassenhass stellten für ihn eine Einheit dar. Jetzt aber, im geeinten Reich, könne es nur heißen, die »Idee des Vaterlandes in ihrer allumfassenden Bedeutung zur realen Macht zu gestalten«[26] und die »falschen Kosmopoliten, die den Franzosen lieben … und sozialen Eiferer« zu vernichten.

Die erste Edelrasse der Erde

Vom »völkischen Idealismus« der Alldeutschen war der Schritt zum Nationalegoismus, zur Germanomanie und zum Versuch, historische Ereignisse aus einem spezifischen Charakter der Nationen heraus zu deuten, auch beim Patriotenbund nicht weit. So sprach man von »bonapartistischer und fränkischer Herrschsucht und Eitelkeit"[27], von »gewaltigen Völkerwogen«, die den »mächtigen Germanenfelsen« zu zerwühlen trachteten. Der weitaus zäheste Feind war selbstverständlich der »welsche«. Als Erbfeind gebrandmarkt, »begann seine Abwehr mit der Hermannsschlacht«, erreichte in der Völkerschlacht den »Höhepunkt« und wurde bei Sedan zum »glücklichen Ende«[28] geführt. Hier findet sich der Versuch, den Deutsch-Französischen Krieg von 1870/71 als Teil eines Jahrhunderte währenden Abwehrkampfes des deutschen Volkes zur Rettung seiner eigenen nationalen Identität darzustellen. Da man diese noch immer in Gefahr sah, wurde gefordert, dass die »Unterwürfigkeit unserer Landsleute gegenüber fremden Völkern … ein übertriebenes Entgegenkommen gegen Angehörige fremder Völker« und die »Deutschtumsverleugnung … mit dem Erstarken unseres völkischen Selbstbewußtseins ein Ende finden«[29] müssen. Dieses Selbstbewusstsein, welches bei »minderwertigen, untüchtigen Völkern … anmaßender Dünkel« sei, wäre beim deutschen Volk »sittlich berechtigt«, da die Wissenschaft nachgewiesen habe, dass die »Arier-Germanen die erste Edelrasse der Erde sind.« Auch

[23] *Spitzner, Alfred: Deutschlands Denkmal der Völkerschlacht, das Ehrenmal seiner Befreiung und der nationalen Wiedergeburt Deutschlands. Weiheschrift des DPB, Leipzig 1913, S. 16.*
[24] *Ebenda, S. 61.*
[25] *Spitzner, Alfred: Das Völkerschlacht-National-Denkmal, S. 10f.*
[26] *Mitteilungen des DPB, Jg. 2, 1896, Nr. 7.*
[27] *Ebenda, Jg. 1, 1895, Nr. 11.*
[28] *Ebenda, Nr. 12.*
[29] *Ebenda, Jg. 6, 1900, Nr. 12.*

Fest-Zeitung

zur Weihe des Völkerschlachtdenkmals bei Leipzig am 18. Oktober 1913.

Herausgegeben vom Deutschen Patriotenbund in Leipzig

Fest-Ordnung.

8 1/2—10 1/2 Uhr: Aufstellung der Festteilnehmer.

10 1/2—11 1/2 Uhr: Anfahrt der geladenen Fürstlichkeiten.

11 1/2 Uhr: Ankunft Sr. Maj. des Kaisers Wilhelm II. und Sr. Maj. des Königs Friedrich August.

11 1/2—12 3/4 Uhr: Weihe des Denkmals.

Gemeinsamer Gesang (Weise wird nicht vorgespielt):
Wir treten mit Beten vor Gott den Gerechten

1. Wir treten mit Beten vor Gott den Gerechten :: Er waltet und haltet ein strenges Gericht :: Er läßt von den Schlechten nicht die Guten knechten :: Sein Name sei gelobt, er vergißt unser nicht.

2. Im Streite zur Seite ist Gott uns gestanden :: Er wollte, es sollte das Recht siegreich sein :: Da ward, kaum begonnen, die Schlacht schon gewonnen :: Du Gott warst ja mit uns, der Sieg, er ward dein.

3. Wir loben dich, oben, du Lenker der Schlachten :: Und flehen, mögst stehen uns fernerhin bei :: Daß deine Gemeinde nicht Opfer der Feinde :: Dein Name sei gelobt! O Herr, mach uns frei! Herr, mach uns frei!

Weihe-Reden.

Gemeinsamer Gesang (Weise wird nicht vorgespielt):
Nun danket alle Gott

Nun danket alle Gott :: Mit Herzen, Mund und Händen :: Der große Dinge tut :: An uns und allen Enden :: Der uns von Mutterleib und Kindesbeinen an :: Unzählig viel zu gut :: Und noch jetzund getan.

Ankunft der Eilboten.

Besichtigung des Denkmals im Inneren durch die Fürstlichkeiten.

12 3/4 Uhr: Abfahrt.

Platz-Ordnung.

1. Der Zutritt zum Festplatz ist nur gegen Vorzeigung der Festkarte gestattet.

2. Einlaß in das Sperrgebiet. Innerhalb des Sperrgebietes ist am 18. Oktober von 7 Uhr vormittags an der gewöhnliche Reit-, Fahr- und Fußverkehr einschließlich des Straßenbahnverkehrs untersagt. Zum Eintritt sind nur diejenigen Personen berechtigt, die im Besitze einer Eintrittskarte für die Denkmalsfeier sind. Diese Karten sind äußerlich sichtbar zu tragen. — Der Einlaß der mit Einlaßkarten versehenen Fußgänger erfolgt unter polizeilicher Kontrolle von 1/2 9 Uhr vormittags ab an folgenden 6 Stellen:

1. an der L.-Thonberger Eisenbahnbrücke nördlich.
2. am Fußgängersteg im Zuge der verlängerten Kaiserin-Augusta-Straße über die Verbindungsbahn.
3. auf der Meusdorfer Straße, wo diese von der Absperrlinie geschnitten wird.
4. an der Ecke der Preußen- und Gletschersteinstraße nördlich der letzteren, die frei bleibt.
5. in der Schönbachstraße auf der Absperrgrenze.
6. an der Ecke der Güntz- und Holzhäuser Straße.

Wagen werden an keiner Stelle in das Sperrgebiet eingelassen, auch wenn ihre Insassen als Ehrengäste geladen oder im Besitze von Tribünenkarten sind. — Nur die fürstlichen Wagen sowie diejenigen des Gefolges fahren in das Sperrgebiet, und zwar von der Feststraße her durch die Einlaßstelle an der L.-Thonberger Eisenbahnbrücke, von da durch die Friedhofsallee und die Straße des 18. Oktober bis zum Denkmalsvorplatz. — Außerdem sind zur Einfahrt über die L.-Thonberger Eisenbahnbrücke und an den anderen unter 3–6 bezeichneten Einlaßstellen diejenigen Festteilnehmer berechtigt, die zur Feier in der russischen Gedächtniskirche oder der Festlichkeit im Rathause Einladungen und deshalb auf ihr Ansuchen vom Rate „Einfahrkarten" erhalten haben.

3. Der Inhaber einer Festkarte darf nur den ihm zuerteilten Platz einnehmen und diesen Platz vor Abfahrt Sr. Majestät des Kaisers und der anderen Bundesfürsten nicht verlassen.

4. Den Anweisungen der Festordner muß unbedingt Folge geleistet werden.

5. Der Platz muß eine Stunde vor Beginn der Festfeier — 10 1/2 Uhr — eingenommen sein. Vereine treten geschlossen an.

6. Nachzüglern kann der spätere Eintritt versagt werden.

7. Fahnenträger und zwei Begleiter haben besondere Aufstellung zu nehmen, müssen sich also nach Eintritt in den Festplatz von ihren Vereinen trennen.

8. Der Zugang zum Festplatz geschieht nur von der Stadtseite. Jeder Festteilnehmer hat auf den richtigen Eingang zu achten; er ist auf der Festkarte angegeben.

9. Für Unfälle auf dem Festplatz und im Denkmal, gleichviel welcher Art, wird keine Haftpflicht übernommen.

Preis 20 Pfennig.

Festzeitung des Patriotenbundes zur Einweihung des Völkerschlachtdenkmals am 18. Oktober 1913, Titel die später häufig aufgestellte Behauptung, dass »alles, ... was an Hervorragendem auf den Gebieten ... der Wissenschaft und Kunst je geleistet worden ist«, das Verdienst eines Vertreters dieser »Edelrasse« sei, ist hier zu finden. Daran fügte sich der für solcherlei Rassentheorien übliche Schluss, dass dem deutschen Volke aufgrund dieser Tatsache der Platz an der »Spitze der gesitteten Völker« gebühre.

Eine deutsche Mission Preußens

Eines der wichtigsten Grundanliegen bestand in der Entwicklung eines vollkommen auf die preußisch-deutsche Vergangenheit ausgerichteten Geschichtsbildes. Dieses Bild war von der Darstellung der brandenburgisch-preußischen Geschichte als der eigentlich deutschen und damit als der Vorgeschichte des Kaiserreichs geprägt. Es ging mit einer allgemeinen Verpreußung der deutschen Geschichte unter ständiger Betonung einer »deutschen Mission Preußens« einher. Besonders die so genannte Kleindeutsche Schule war um dieses Geschichtsbild bemüht, aber auch in der Historiographie des ADV bildete die Lobpreisung des Preußentums ein Kernelement. Ganz in diesem Sinne argumentierte auch der DPB. Ein 1813 wiedergeborenes deutsches Volksbewusstsein sei zwar zunächst nur für und in Preußen wirksam gewesen, habe aber von Anfang an einen in die Zukunft Deutschlands hinüberleitenden Charakter[30] besessen. Überhaupt habe die Volkserhebung von 1813 in Preußen jede ähnliche Leistung der Geschichte, auch die Levée en masse der Französischen Revolution übertroffen.[31] Für den Sieg der Verbündeten in der Völkerschlacht hätte in militärischer Hinsicht Preußen »allein den Ausschlag gegeben«. Der Anteil der verbündeten Truppen Russlands, Österreichs und Schwedens spielte kaum eine Rolle. In einer Auseinandersetzung mit dem Verband der Ortsausschüsse für Nationalfeste am Kyffhäuser verteidigte der DPB seine Auffassungen vom »deutschen« Beruf Preußens gegen den Vorwurf, die Geschichte des Deutschen Reichs beginne erst 1870 und der Sieg von 1813 wecke mitnichten im ganzen deutschen Volke große nationale Erinnerungen.[32] Preußen, entgegnete der DPB, habe sich um die Rettung Deutschlands 1813 große Verdienste und daher ein Anrecht auf den Platz an der Spitze des Reichs erworben. Der Gedanke der Befreiung Deutschlands sei zwar im deutschen Volke geboren, aber eben unter preußischer Führung verwirklicht worden. Preußen gebühre gerade darum das Verdienst, die nationale Wiedergeburt des deutschen Volkes herbeigeführt zu haben. Es hätte mit seiner eigenen die Sache Deutschlands geführt. So sei der preußische Sieg gleichzeitig als deutscher zu begreifen.

Evangelische Bundesbrüder und Gustav-Adolf-Vereinler

Neben dem preußischen Königtum bildete ein dem autoritativen Staat entsprechendes Luthertum ein geistiges Fundament des Deutschen Kaiserreichs, das mit seiner Jahrhunderte zurückreichenden Geschichte auch dem Reich eine Vorgeschichte verschaffen sollte. Die Verbindung von Protestantismus und Nationalismus sollte die deutsche Einheit vollenden. Unterstützung erhielt dieses Bestreben beispielsweise durch den Gustav-Adolf-Verein (GAV), der ebenfalls eng mit dem DPB verbunden war. Der GAV war neben seinem Engagement für die Verbreitung nationalistischen Ideengutes auch insofern als Partner geeignet, als er entschlossen gegen den Katholizismus zu Felde zog. Hierin ergänzten sich GAV und DPB aufs einvernehmlichste, denn zu einem »sehr gefährlichen Feind« seiner Bestrebungen zählte der DPB neben der Sozialdemokratie den »aus religiösem Absolutismus entspringenden Geist kirchlicher Unduldsamkeit«[33]. Die Zurückweisung des Ultramontanismus kam in einer Denkschrift des Bundes so

Medaille des Deutschen Patriotenbundes auf die Einweihung des Völkerschlachtdenkmals

[30] *Spitzner, Alfred: Das Völkerschlacht-National-Denkmal, S. 11.*
[31] *Mitteilungen des DPB, Jg. 1, 1895, Nr. 9.*
[32] *Ebenda, Jg. 4, 1898, Nr. 2.*
[33] *Spitzner, Alfred: Das Völkerschlacht-National-Denkmal, S. 23.*

Enthüllung einer Gedenktafel am Bierhaus Baarmann, Schloßgasse 24, zur Erinnerung an die Gründung des Deutschen Patriotenbundes, links Clemens Thieme, 1930er Jahre

deutlich zum Ausdruck, dass sich z. B. die Kölner Volkszeitung über die »wüsten Hetzereien evangelischer Bundesbrüder und Gustav-Adolf-Vereinler« erregte und gegen eine »Duldsamkeit des Liberalismus und Protestantismus« polemisierte[34]. Doch unverdrossen richtete der DPB auch weiterhin seine verbalen Attacken gegen die »konfessionellen, partikularistischen … Eiferer und Friedensfeinde, die … jede echt nationale Konzentration der Kräfte verhindern«[35], gegen »Ultramontanismus und Jesuitismus«[36] und gegen »Streitereien und Zerklüftungen« in Deutschland, die »mehr romanisch-kirchlichen als deutsch-politischen« Ursprungs seien, da »Rom und seine Jesuiten« danach streben würden, »Deutschlands Einigung zu hintertreiben«[37].

Beteiligung an der Weltherrschaft

Letztlich waren die Glorifizierung des großpreußischen Nationalismus, der Rassentheorien, des »völkischen Idealismus«, die Gegenüberstellung von Nationalcharakteren und die Behauptung von der »Naturnotwendigkeit« des Krieges kein Selbstzweck. Nach einer Konsolidierung sollte der Staat die Möglichkeit haben, desto aggressiver nach außen auftreten zu können. Für den DPB galt es als »alte Erfahrung, daß in langen Friedenszeiten … sittliche Werte verkümmern und verloren gehen«[38]. Auch der eng mit dem DPB verbundene ADV vertrat kompromisslos expansive Ziele eines deutschen Imperialismus. Als »ausgesprochene Kriegsfreunde«[39] waren die Alldeutschen besonders eifrig um koloniale Eroberungen sowie um Flotten- und Heeresrüstung bemüht, die mit unverhüllter Kriegspropaganda einhergingen. Der Kampf ums Dasein in der Natur wurde schematisch auf die Gesellschaft übertragen und zur Rechtfertigung außenpolitischer Aggressivität benutzt. Die natürlichen Ausleseprinzipien der Darwinschen Abstammungslehre galten den Alldeutschen als Ideal gesellschaftlicher Entwicklungen. Als eine Organisation mit ähnlichen Ansichten erwies sich auch der DPB, der mit Devisen wie »Kaiser und Armee sind eines (…) Kaiser und Volk müssen eines sein und bleiben, soll Deutschland machtvoll nach innen und außen bestehen«[40] eine Bedingung verkündete, deren Realisierung das Deutsche Reich zur Durchsetzung seiner außenpolitischen Ziele bedurfte. Gymnasialdirektor Kaemmel, vom DPB für die Festrede zur Feier des 18. Oktober 1897 gewonnen, setzte klare Ziele: »Wir müssen mehr Raum haben für unsere rasch wachsende Volkskraft damit sie nicht in den engen Grenzen verkümmert. Wir müssen teilnehmen an der Weltherrschaft (…) das Vaterland erweitern, das ist die Aufgabe des jetzt lebenden Geschlechts.«[41] Mit dem Ausbruch des Ersten Weltkriegs war die Neuaufteilung der Welt ins Auge zu fassen oder, wie es der DPB ausdrückte, der »Versperrung des Weltmarktes für die deutsche Industrie und den deutschen Handel«[42] entgegenzuwirken. Da nach Ansicht des Patriotenbundes im »Konkurrenzkampf der Völker … naturgemäß Reibungen« entstünden, »die zu Konflikten führen«[43], vollzog sich für ihn hier nur ein unabänderliches Naturgesetz.

Der Kampf um das Denkmal – ein Kampf für die Einheit der Nation

Der DPB war bereit, mit seiner den Denkmalsbau begleitenden Öffentlichkeitsarbeit einen wesentlichen Beitrag zur inneren Ausgestaltung des deutschen Kaiserreichs zu leisten. Einen wichtigen Akzent legte der DPB dabei auf die Integration der bürgerlich-nationalen Einigungsbewegung in den Prozess der Reichsgründung. Im Kern ihrer Propaganda folgten die Denkmalspatrioten der alldeutschen Linie und vermittelten eine äußerst

[34] *Mitteilungen des DPB, Jg. 4, 1898, Nr. 5.*
[35] *Ebenda, Jg. 2, 1896, Nr. 11.*
[36] *Ebenda, Jg. 3, 1897, Nr. 2.*
[37] *Ebenda, Nr. 10.*
[38] *Ebenda, Jg. 20, 1914, Nr. 11.*
[39] *Kruck, Alfred: Geschichte des Alldeutschen Verbandes, Leipzig/Berlin 1920, S. 69.*
[40] *Mitteilungen des DPB, Jg. 2, 1896, Nr. 9.*
[41] *Ebenda, Jg. 3, 1897, Nr. 2.*
[42] *Ebenda, Jg. 19, 1913, Nr. 2.*
[43] *Ebenda, Jg. 10, 1904, Nr. 10.*

Erinnerungstafel zur Verleihung der Leipziger Ehrenbürgerwürde an Clemens Thieme, 18. Oktober 1813

Werbeplakat zum Besuch des Völkerschlachtdenkmals, Lithographie von Bruno Héroux, Leipzig, um 1914

Clemens Thieme, Porträtbüste von Carl Ludwig Seffner, um 1931

aggressive Ideologie. Die Propagierung der Flottenaufrüstung, die Glorifizierung des Krieges, die Forderung nach aktiver Kolonialpolitik, der Hass gegen den französischen »Erbfeind« und die Verbreitung sozialdarwinistischer Theorien entsprach völlig den außen- und innenpolitischen Zielsetzungen des ADV. Die enge Verbindung zwischen beiden Organisationen zeigte sich ebenfalls in der starken Repräsentanz prominenter Alldeutscher in den Führungsgremien des DPB. Ähnlich dem ADV fanden im DPB weniger Historiker als historisch interessierte Laien ein Podium. Die soziale Struktur des Bundes, die, soweit bekannt, einen großen Anteil von Mitgliedern aus den Kreisen des Bildungsbürgertums, bekannte Persönlichkeiten, prominente Beamte des Reichs und Medienvertreter ausweist, ist der des ADV sehr ähnlich. Die große Nähe zwischen beiden Bünden war auch den Zeitgenossen nicht unbekannt. An der Rolle des ADV als geistigem Paten des DPB ließ beispielsweise die Sozialdemokratie in den Kommentaren ihrer Presse keinen Zweifel.[44] Für den DPB »mußte sich am Ende der Kampf um das Denkmal zu einem Kampfe für die Einheit der Nation steigern. Der Reichsgedanke, getragen von einem unteilbaren Volke, mußte hier nach lebendigem Ausdruck ringen.«[45]

Die Auflösung des Patriotenbundes

Unmittelbar nach dem Ende des Zweiten Weltkriegs hatte die Leipziger Bevölkerung zweifelsohne andere Bürden zu tragen, als sich um das riesige Monument zu sorgen, das für eine Schlacht errichtet wurde, die über einhundertdreißig Jahre zurück lag. Die Folgen des Krieges wogen schwerer. Die Bevölkerung war mit der Lebensmittelbeschaffung und dem Bemühen, sich im zerstörten Nachkriegsdeutschland einzurichten, vollauf beschäftigt. Jeder suchte nachzuweisen, dass er sich im Dritten Reich so wenig wie möglich politisch betätigt habe. Die Alliierten verfolgten fanatische Nazis und Kriegsverbrecher. Auch innerhalb des auf wenige Mitglieder zusammengeschmolzenen DPB, der immer noch Eigentümer des Völkerschlachtdenkmals war, suchte man nach Personen, die sich durch eine zu große Nähe zum gestürzten Regime diskreditiert hatten. Offensichtlich war zumindest der Vorsitzende des DPB, Baumeister Otto Rudolph – Thieme war inzwischen wegen seines fortgeschrittenen Alters nur noch Ehrenvorsitzender – aktiver Nationalsozialist gewesen und hatte sogar für die »NSDAP zu den Reichstagswahlen kandidiert«.[46] Thieme teilte in einem Schreiben vom 29. Mai 1945 dem stellvertretenden Vorsitzenden des DPB, Fritz Groh, mit, es gäbe Zeugen dafür, dass aufgrund der Verbindungen Rudolphs zur Gestapo mehrere Personen in Konzentrationslager gekommen seien. Sehr bald zog Thieme die Schlussfolgerungen aus den Untersuchungen, übergab am 27. Juli 1945 dem Architekten und Bundesmitglied Max Theuerkorn das »Amt als Gefolgschaftsführer« und setzte ihn als seinen »persönlichen Nachfolger für die Lenkung und Leitung des Völkerschlachtdenkmals«[47] ein. Am 30. Juli 1945 verfügte Thieme »wegen Unregelmäßigkeiten beim Warenverkauf und Beziehungen zur Gestapo«[48] Rudolphs sofortige Entlassung. Doch auch dieser Schritt verhinderte den Untergang des Bundes nicht. Groh, enger Freund Thiemes, wies diesen darauf hin, dass der DPB mit einer baldigen Überprüfung zu rechnen habe, zumal dessen »letzte Satzungen ... in jeder Beziehung auf nationalsozialistischen Grundsätzen«[49] beruhten. Deshalb gab sich der Bund eine neue Satzung und beschloss, sich fortan Bund zur Erinnerung der Gefallenen von 1813 (j. P.) zu nennen.[50] In der provisorischen Leipziger Stadtverwaltung begann man sich Gedanken um das Bauwerk auf städtischem Gelände zu machen. In einem internen Schreiben der Stadtverwaltung vom 27. September 1945 hieß es dazu: »Der Patriotenbund besteht nur aus wenigen Mitgliedern. (...) Die

44 *Vgl. beispielsweise entsprechende Randglossen zur Planung der „Kampfbahn" am Völkerschlachtdenkmal in: Leipziger Volkszeitung vom 26. Juni 1914.*

45 *DPB (Hrsg.): Clemens Thieme, S. 6.*

46 *Stadtarchiv Leipzig, StVuR 8632: Besprechung von Mitgliedern des DPB mit dem Rat der Stadt Leipzig am 14. Juni 1945.*

47 *Ebenda, Schreiben Thiemes an Theuerkorn vom 27. Juli 1945.*

48 *Ebenda.*

49 *Ebenda, Brief Grohs an Thieme vom 8. August 1945.*

50 *Ebenda, Mitteilung an den Rat der Stadt Leipzig.*

Vorstandsmitglieder sind meist Freimaurer. (…) Um einen Einfluß auf das für den Leipziger Fremdenverkehr sehr wichtige Denkmal zu nehmen, hat der Herr Oberbürgermeister Freyberg auf Ansuchen des Patriotenbundes das Protektorat über das Völkerschlachtdenkmal angenommen und sich vorbehalten, beim Ableben von Geheimen Hofrat Clemens Thieme, die Entscheidung über das Völkerschlachtdenkmal in städtische Hand zu bekommen.«[51] Auch bei der sowjetischen Besatzungsmacht stieß das monumentale Bauwerk auf großes Interesse. Häufig kamen Soldaten zum Denkmal, um Leipzigs Wahrzeichen näher in Augenschein zu nehmen. Mag es bei vielen auch nur die Neugier gewesen sein, die sie zu einem

Denkmalsweihe, Bildpostkarte, 1913

Besuch veranlasste, so interessierte man sich seitens der Militärkommandantur auch wegen seines Symbolgehalts für den steinernen Koloss. Das Denkmal für den Sieg über Napoleon, der unter maßgeblicher Beteiligung der russischen Truppen erfochten wurde, das Denkmal für eine Schlacht im Verlauf des »Vaterländischen Krieges des russischen Volkes«, in dem der Volksheld Kutusow so glänzende Siege errang, war für die sowjetischen Besatzungstruppen wichtig. So beschloss die Sowjetische Militärkommandantur, am 18. Oktober 1945 im Völkerschlachtdenkmal eine Gedenkfeier stattfinden zu lassen. Der Bund zur Erinnerung der Gefallenen von 1813 (j. P.) begann inzwischen mit der provisorischen Wiederherstellung des durch den Beschuss stark beschädigten Gebäudes.[52] Der Vizepräsident der sächsischen Landesverwaltung wies den Leipziger Polizeipräsidenten Wagner am 8. Oktober 1945 darauf hin, dass der Patriotenbund als aufgelöst zu betrachten sei. Dies bestätigte dem Leipziger Oberbürgermeister auch der letzte Vorsitzende des DPB, Theuerkorn, der Freyberg gleichzeitig davon in Kenntnis setzte, dass der neue Verein zur Erinnerung der Gefallenen von 1813 (j. P.) vom Militärkommandanten Trufanow genehmigt worden sei. Die Besatzungsmacht hegte gegenüber dem Völkerschlachtdenkmal, obwohl während des Nationalsozialismus eine beliebte Propagandakulisse, offensichtlich Wohlwollen. Theuerkorn beeilte sich dies zugunsten der Zukunft des Bundes ins Feld zu führen: »Der Major (der Sowjetarmee, d. V.) führte aus, daß die russische Militärverwaltung ein großes Interesse an der Erhaltung der Kulturwerte des deutschen Volkes habe; dazu gehöre in erster Linie auch das Völkerschlachtdenkmal.«[53] Diese Haltung der Besatzungsmacht dürfte in den folgenden Monaten und Jahren, in einer Zeit, da man besonders auf dem Gebiet der Sowjetischen Besatzungszone durch z. T. sehr rigorose Maßnahmen versuchte, sich von der eigenen Vergangenheit zu distanzieren, eine in Erwägung gezogene Sprengung des Völkerschlachtdenkmals verhindert haben. Zur Verwunderung der Bevölkerung blieb das Denkmal stehen, während Bismarck-Türme und Kaiser-Wilhelm-Denkmale weichen mussten. Den frisch gewendeten Patriotenbund rettete dies allerdings nicht. Die Sowjetische Zentralkommandantur teilte ihm am 18. April 1946 die Anordnung über seine sofortige Auflösung mit. Mit dem 22. Juni 1946 unterstand das Völkerschlachtdenkmal dem Volksbildungsamt beim Rat der Stadt Leipzig.[54]

[51] *Ebenda, Aktennotiz des Verkehrsamtes Leipzig vom 27. September 1945.*

[52] *Ebenda, Aktennotiz des Verkehrsamtes Leipzig vom 11. Oktober 1945.*

[53] *Ebenda, Schreiben Theuerkorns an den Leipziger Oberbürgermeister vom 27. Februar 1946.*

[54] *Ebenda, Schreiben des Volksbildungsamtes Leipzig an Theuerkorn vom 22. Juni 1946.*

Von wild gewordenen Kämpfern, listigen Brüdern und Pyramidioten

Geheimnisse des Völkerschlachtdenkmals

Steffen Poser

Die Kampfbahn vor dem Völkerschlachtdenkmal

Das Völkerschlachtdenkmal macht nicht nur der markante riesige Turmbau allein aus. Erst die streng am Jugendstil orientierte weitläufige Parkanlage, die dem Denkmalskörper vorgelagerten Treppenanlagen, die Eingangsbauten und der Teich bilden zusammen das Memorial. Wer aber ist sich beim Besuch der Anlage schon im Klaren, dass er hier nur etwa fünfzig Prozent eines einstmals viel umfangreicheren und ehrgeizigeren Projekts vor Augen hat? Ist das Leipziger Wahrzeichen also gar eine Investruine?

Die Ankündigung, heute gehen wir zum Völkerschlachtdenkmal, bedeutet zunächst das schier endlos erscheinende Erklimmen unzähliger Stufen der inneren Wendeltreppe, um endlich schweißüberströmt die Aussicht zu genießen. Die Verbindung des Monuments mit dem Gedanken der Körperertüchtigung ist jedoch älter als die Treppenspindeln zur Aussichtsplattform. Der Altmeister des deutschen Turnens, Friedrich Ludwig Jahn, hatte bekanntlich während der Napoleonischen Epoche die kollektive öffentliche Leibesertüchtigung in Preußen ins Leben gerufen. Um Lektionen in Patriotismus angereicherte Turnübungen sollten die Jugend geistig und körperlich auf den militärischen Kampf gegen Napoleon vorbereiten. Auch nach dem Sieg in der Völkerschlacht wurde die rasch anwachsende Deutsche Turnerschaft nicht müde, sich für das Entstehen eines deutschen Nationalstaates einzusetzen und die Erinnerung an die Befreiungskriege wach zu halten. Aus dem reichen Spektrum des bürgerlichen deutschen Vereinswesens waren es daher vor allem die Turner, die sich in besonderer Weise für die Errichtung des Völkerschlachtdenkmals engagierten. Dies wurde besonders am Tag der Denkmalsweihe deutlich, als 43 000 Turner mit insgesamt neun Staffelläufen »die Grenzen und die historischen Orte in Deutschland«[1] und das neue Nationaldenkmal symbolisch verbanden.

Bereits in den Reaktionen auf Seckendorffs Denkmalsaufruf von 1814 findet sich die Idee

[1] *Festprogramm des Deutschen Patriotenbundes zur Einweihung des Völkerschlachtdenkmals, Leipzig 1913.*

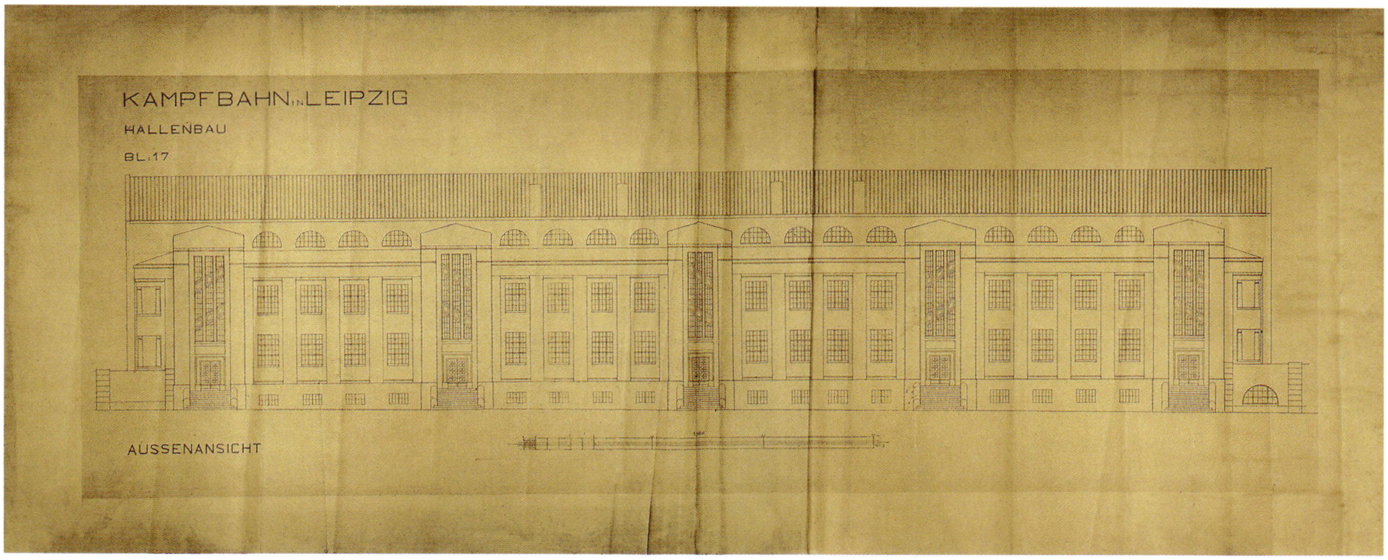

Hallenbau für die geplante Kampfbahn, Außenansicht, um 1913

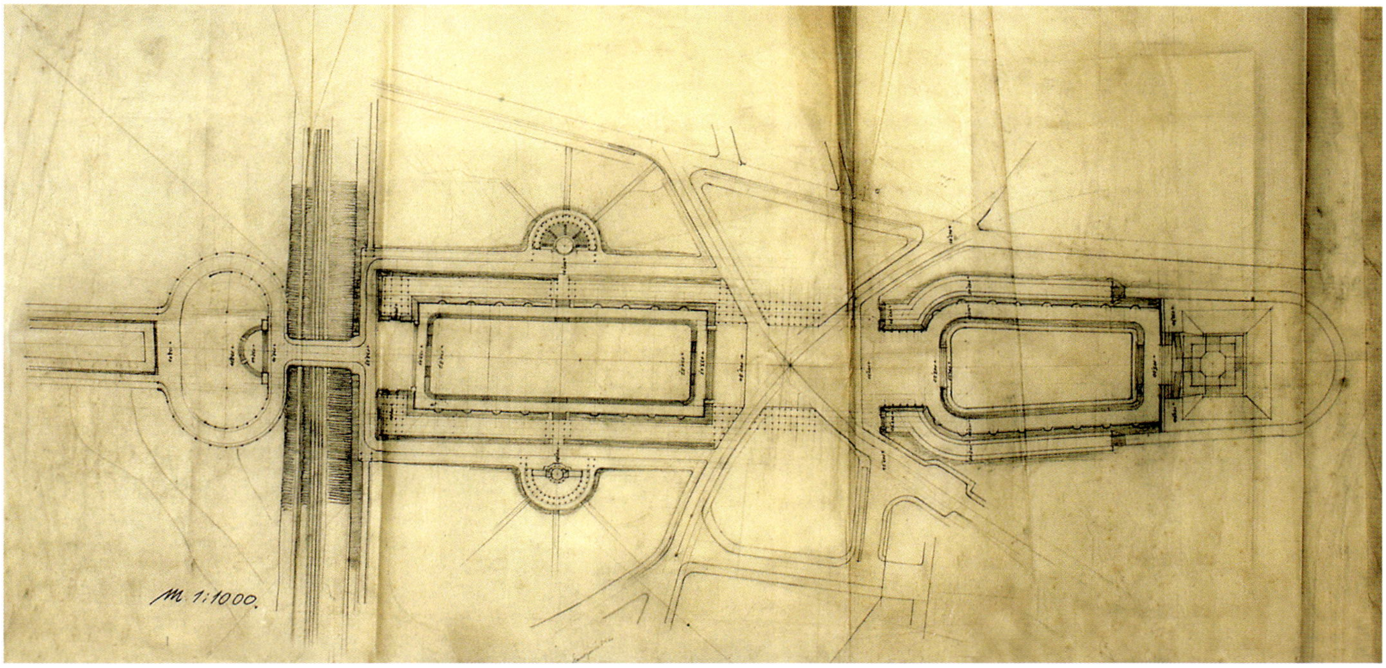

Grundriss der geplanten Gesamtanlage des Völkerschlachtdenkmals mit nicht realisierter Kampfbahn

einer Art nationaler Olympiade.[2] Auch Turnvater Jahn verfolgte schon den Plan, am 18. Oktober jeden Jahres sportliche Wettkämpfe abzuhalten. Noch vor der Gründung des Deutschen Patriotenbundes zur Errichtung eines Völkerschlacht-Nationaldenkmals bei Leipzig war 1892 ein Zentralausschuss für Volks- und Jugendspiele entstanden, der die 1814 von Arndt skizzierte Idee eines deutschen Nationalfestes aufgriff und mit dem Gedanken sportlicher Wettkämpfe verknüpfte. 1894, im Jahr der Gründung des Internationalen Olympischen Komitees durch Baron de Coubertin, veranstaltete der Zentralausschuss einen Ideenwettbewerb für ein »nationaldeutsches Olympia«. Als möglicher Austragungsort solcher »Kampfspiele« wurde Leipzig ins Auge gefasst. Auch im Patriotenbund hatte man sich bereits im Februar 1896 mit der Möglichkeit beschäftigt, das zu errichtende Völkerschlachtdenkmal mit einer Stätte für sportliche Wettkämpfe zu verbinden.[3] Als die Fertigstellung des Monuments absehbar wurde, nahmen die Denkmalspatrioten, unterstützt von einem inzwischen gegründeten Deutschen Kampfspielbund, den Stadiongedanken wieder auf.

Im Unterschied zu dem in Berlin geplanten internationalen Stadion sollte es bei dieser Sportstätte »nur auf streng nationale Gesichtspunkte und Betätigung ankommen«.[4] Tatsächlich wurden

[2] *Allgemeiner Anzeiger Nr. 236 vom 4. Oktober 1814. Zit. nach: Seckendorff, Adolph Freiherr von: Die Resultate meines Planes der Völkerschlacht bey Leipzig ein Denkmal zu setzen, Leipzig 1814, S.112.*

[3] *Leipziger Neueste Nachrichten, Nr. 309 vom 6. November 1912.*

[4] *Ebenda.*

diesbezügliche Forderungen wörtlich genommen und selbst die Bezeichnung Stadion für die zu errichtende Wettkampfstätte, weil aus dem Griechischen stammend, beanstandet. »Fühlt man gar nicht den Widersinn«, so ein erzürnter Leser in seiner Zuschrift an die Leipziger Neuesten Nachrichten, »auf der einen Seite das Deutschtum zu betonen und auf der anderen das Fremdwortunwesen zu fördern?«[5] Man einigte sich schließlich auf die Bezeichnung Kampfbahn für die 280 Meter lange und 80 Meter breite nationale Feststätte, die vor dem Völkerschlachtdenkmal entstehen sollte. Bruno Schmitz, Architekt des Denkmals, wurde mit dem Entwurf beauftragt. Rat der Stadt Leipzig und Stadtverordnete erteilten ihre grundsätzliche Zustimmung zu dem Projekt.[6] Im Juni 1912 hatte der Patriotenbund bereits 200000 Mark für die Kampfbahn zurückgelegt und stellte bis 1915 weitere 300000 Mark in Aussicht.[7] Ein städtischer Zuschuss von rund 400000 Mark sollte die Finanzierung vollständig abdecken. Das Stadionprojekt schien so greifbar nahe zu sein, dass der Deutsche Fußball-Bund darum bat, die Breite der Anlage auf 84 Meter zu erweitern, um sie allgemein üblichen Normen von Fussballarenen anzupassen.[8] Bis 1914 wurde die Errichtung einer »deutschen Kampfbahn« vor dem Völkerschlachtdenkmal zielstrebig weiter verfolgt und die Baupläne fertig gestellt. Doch der Ausbruch des Ersten Weltkriegs unterbrach abrupt alle Erweiterungspläne für das Denkmalsareal, die auch später nicht wieder aufgenommen werden sollten.

Schächte, Stollen, Katakomben

In seinem 1984 erschienenen Roman »Völkerschlachtdenkmal« lässt der Leipziger Schriftsteller Erich Loest seinen Protagonisten Alfred Linden über einen geheimen Einstieg ins Völkerschlachtdenkmal berichten, den die SS in den letzten Kriegstagen in den Fundamentbereich des Monuments hätte treiben lassen. Nach Kriegsende nutzte der Romanheld den einfallsreich in einem Familiengrab des benachbarten Südfriedhofs verborgenen Eingang, um sich mit dort gelagerten Wehrmachtsreserven für den Schwarzmarkt zu versorgen. Viele Jahre später meint Linden beim erneuten Aufsuchen des Geheimgangs sogar rätselhafte Apparaturen und Maschinen unter dem Völkerschlachtdenkmal entdeckt zu haben, die von ebenso geheimnisvoll ausstaffiertem Personal bedient werden. Realität und Imagination verschmelzen miteinander. Die bizarren Phantasiegebilde des Hauptthelden bilden schließlich sogar den Anlass für seine Einweisung in eine psychiatrische Anstalt. Nicht zuletzt auch mit Berufung auf den Roman hält sich bis in unsere Tage hartnäckig das Gerücht über diverse Geheimgänge unter dem Völkerschlachtdenkmal. Tatsächlich scheint es gar kein Gerede zu sein, weiß doch der eine oder andere Leipziger aus eigenem Erleben oder den Erzählungen der Großeltern, dass man während des Weltkriegs vor den Bombenangriffen in geheimnisvollen Tunneln unter dem Denkmal Schutz finden konnte. Manch bejahrter Anwohner sah sogar Fahrzeuge im Denkmalshügel verschwinden und erinnert sich an Bergleute, die 1944 begannen, von der Straße aus Stollen unter das Monument zu treiben. Der Abstand mehrerer Jahrzehnte tat ein Übriges, um aus dem einen oder anderen Gerücht nahezu Gewissheit werden zu lassen – unter dem Völkerschlachtdenkmal erstreckt sich ein weit verzweigtes System an Geheimgängen! Gibt es sie wirklich? Ja, es gibt bzw. gab ein System von Gängen im Hügel des Denkmals, aber geheim waren sie nicht. Nur vergessen hat man sie im Lauf der Zeit.
Der ehemalige Oberbaurat Arthur Kahnt, damals in unmittelbarer Denkmalsnähe in Stötteritz wohnend, hielt seine Beobachtungen tagebuchartig fest.[9]

[5] *Leipziger Neueste Nachrichten, Nr. 309 vom 6. November 1912.*

[6] *Stadtarchiv Leipzig: Acten, die Parkanlagen vor dem Südfriedhofe und dem Nationaldenkmal der Leipziger Völkerschlacht betr., Bd. 2, Kap. 26, Nr. 23, und Leipziger Neueste Nachrichten vom 6. November 1912.*

[7] *Stadtarchiv Leipzig: Kap. 26, Nr. 23, Bd. 2.*

[8] *Ebenda.*

[9] *Stadtgeschichtliches Museum Leipzig, Dokumente A/107/2003: Bericht von Oberbaurat a. D. Arthur Kahnt, Leipzig-Stötteritz über den Stollenbau am Völkerschlachtdenkmal, Masch-Schr.*

Aus dem Bericht von Oberbaurat a. D. Arthur Kahnt über den Stollenbau am Völkerschlachtdenkmal

An der Preußenstraße, dort wo der Denkmalsweg stadtauswärts neben dem Südfriedhof zum oberen Denkmalspark führt, errichteten Männer vom Bau im Mai des abgelaufenen Jahres 1944 im fünften Jahre des zweiten Weltkrieges Unterkunftsräume sowie Baustoffbuden. Nahe dabei auch einen Bauzaun unter Einbeziehung des Fußweges für eine kurze Baustelle in Straßenhöhe am Denkmalshügel. Baugleise, Baukipper ergänzten neben Hölzern und Pfosten sowie auffällig starken Rundhölzern das angefahrene Baugerät. Nach beendeter Vorbereitung griff man an einer Stelle mit Hacke und Schaufel den Denkmalshügel am Fuße an. Anscheinend wollte man nach dem Erdinnern vordringen? Welches Bauvorhaben unter dem Völkerschlachtdenkmal könnte wohl solche Maßnahmen rechtfertigen? Naturgemäß erregten die getroffenen Vorbereitungen, über die der Chronist in den beiden, arg beschnittenen Tageszeitungen schweigen mußte, das Interesse der einheimischen

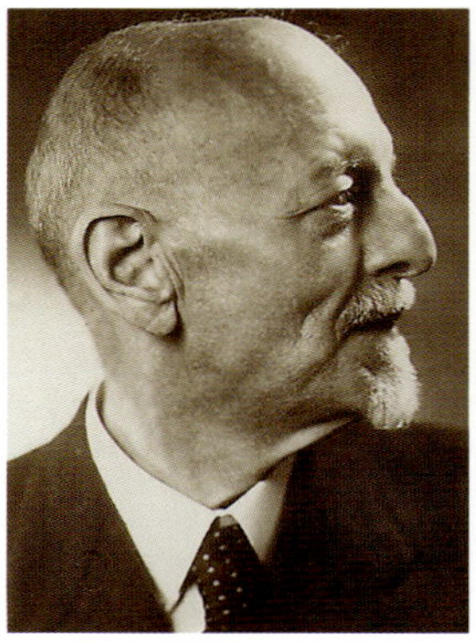

Arthur Kahnt

Eingelagerte Buchbestände der Leipziger Universitätsbibliothek im Fundamentkeller des Völkerschlachtdenkmals, 1944

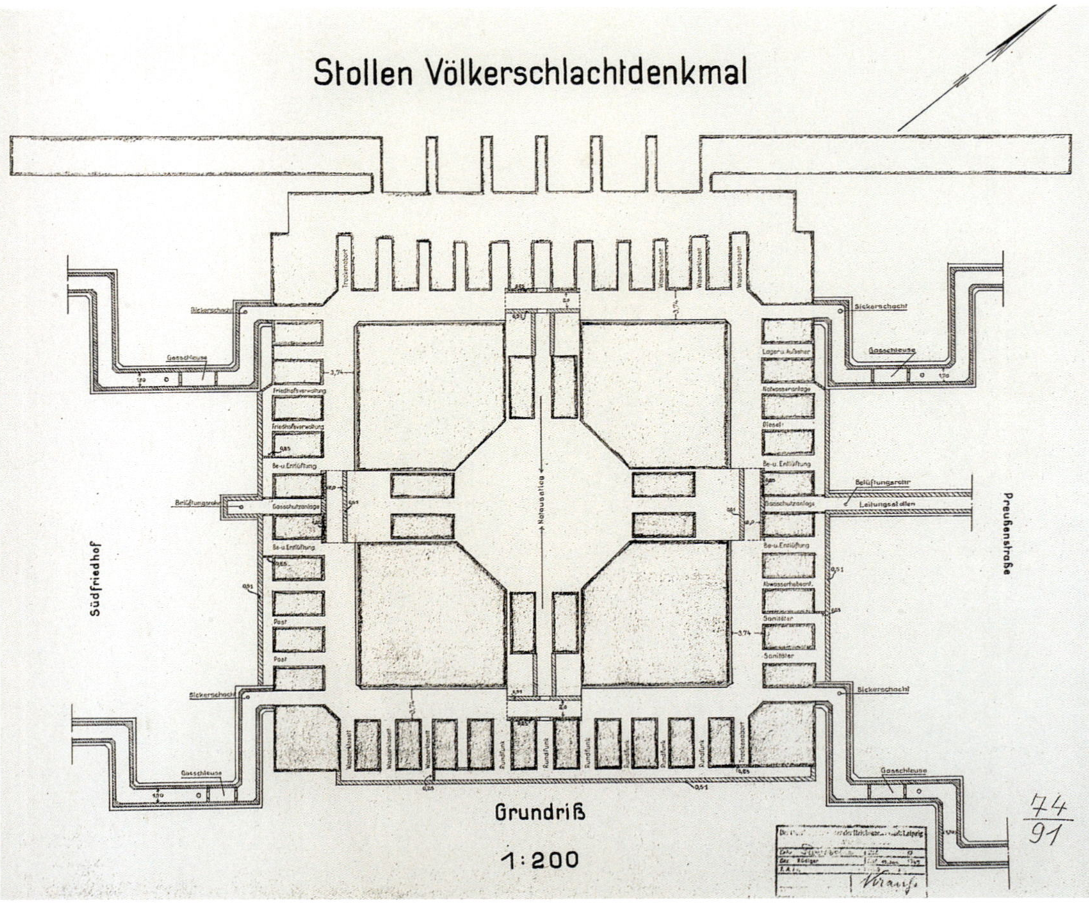

Luftschutzanlage im Bereich des Denkmalshügels, Planungsstand Januar 1945

Zugangsstollen zur Luftschutzanlage im Bereich des Denkmalshügels. Aufnahme einer Kamerabefahrung des Stollens vom 30. Mai 2001

Blick in den Fundamentbereich des Völkerschlachtdenkmals, 2000

Bevölkerung, aber auch auswärtiger Vorübergehender. Die Neugier ward gesteigert. (…)

Aufmerksamen Vorübergehenden war nicht entgangen, daß gar Bücherschätze in den Grundfesten des Denkmals eingelagert und von Studenten und Studentinnen in das Innere geschleppt wurden. Später im Sommer erfolgte wieder die Abbeförderung der vielen Bücher. Mutmaßlich wegen ungeeigneter Lagerung in feuchten Erdräumen ohne zweckmäßige Erwärmung und Belüftung. Zum Wegbringen der Bücher war der obere Denkmalshügel über dem südwestlichen Denkmalspark durch einen Erdstollen mit dem Bücherlager verbunden worden. Aus Stollen wurden in Körben die Bücherlasten über den oberen Hügel zu Lastkraftwagen geschleppt und abgefahren. Diesen oberen Stichstollen erforderte der Einbau einer maschinellen Belüftungsanlage. Angelieferte Maschinenaggregate wurden nachdem tatsächlich durch den Stollen nach vorgesehenen Zu- und Ablufträumen befördert. Jetzt in der Winterzeit ist die mechanische Lüftungsanlage voll im Betrieb, denn den Kanälen entweicht durch Wasserdampf gekennzeichnete Abluft.

Bei seither schwersten Luftangriffen auf Leipzig, insbesondere am 4. 12. 1943 und auch am 20. 2. 1944, trotzte das Völkerschlachtdenkmal allen Feindeinwirkungen. Die auf durchgehender Stampfbetonplatte sicher gegründeten mächtigen Betonbaumassen des Grund- und Aufbaues, letzterer mit wuchtigen Bausteinen, Architekturteilen und monumentalen Standbildern aus Beuchaer Granit haben den Bombeneinschlägen aus Flächenwürfen aller Art standgehalten. Ebenso erlitten die hohen Erdanfüllungen des Hügels keinen Schaden. Seit diesem Nachweis hoher Standfestigkeit und Sicherheit wird das Denkmal als Schutzraum bei Fliegerangriffen bevorzugt aufgesucht, obwohl es als öffentlicher Luftschutzraum nicht vorgesehen noch eingerichtet ist. Bei erhöhter Luftgefahr suchten zunächst die Arbeitsmaiden aus einem naheliegenden Lager der Leipziger Verkehrsbetriebe Schutz im Denkmalsinnern. Die Wendeltreppen zu den Galerien nahmen zunächst diese Schutzsuchenden auf. Das Beispiel fand lebhaft Nachahmung durch Anwohner sowie Gefolgschaften kriegswichtiger Betriebe.

Blick in den Fundamentbereich des Völkerschlachtdenkmals, 2000

Etwa 11 Meter unter dem nunmehr gut belüfteten Bücherlager gingen die rätselhaften Bauarbeiten in Höhe der Preußenstraße inzwischen weiter. Hier hatte man einen Stollen bergmännisch in den Hügel getrieben. Nacheinander waren noch drei weitere Stollen in gleicher Weise begonnen worden. Hiervon je zwei mit Tagesöffnungen an der Preußenstraße sowie denen genau gegenüberliegend auch am Südfriedhof, etwa den äußeren quadratischen Denkmalsgrundbau anschneidend. Mithin beginnt ein stollenartiger Grubenbau unter dem Völkerschlachtdenkmal. Vier Tagesöffnungen werden verbunden durch deren Stollen sowie ihre Richtung immer rechtwinklig wechselnde Strecken. Zur Beschleunigung des Bauschaffens sind tatsächlich die Arbeiten an vier Baustellen im Gange. Durch bergmännischen Stollenausbau sind die durchfahrenen Erdaufschüttungen abgehalten, den gebildeten Raum wieder zu verschütten. Bei Auffüllung des Denkmalshügels konnte man nicht ahnen, daß die angefahrenen Massen an Asche und Müll später einmal bergmännisch zu durchfahren wären. Nun bearbeitet der Bergmann die seltsamen Massen, baut dieselben ab und legt die festgelagerten Schichten des Stehenden und Liegenden vor Ort frei. Er erkennt an den durchfahrenen Bestandteilen der Anhäufungen die vielseitigen Abfälle und Abgänge beim Werden, Erhalten und Vergehen von Teilen der Großstadt während der Aufbauzeit des Denkmals. Neben fest gelagerten, abgebundenen Schichten finden sich Geröll aller Arten, alte Teerpappenschichten, sowie Koksasche gemischt mit sonstigen Konglomeraten, bei denen hydraulische Eigenschaften die Lösung sogar mit schwerem Häuergezähe erfordert.

(...) Betreten wir nun durch eine der Tagesöffnungen einen Stollen, so sehen wir auf der Sohle verlegte Baugleise für die Baukippe, mit denen das vor dem Ort gelöste Erdreich ausgefahren wird. Der hierzu erforderliche Raum wird gebildet durch ganze Türstockzimmerung in trapezförmigem Querschnitt, dessen Sohle 3,20 m, Firste 2,20 m und die Höhe 3,00 m mißt. Hierzu sind auch die auffällig starken Rundhölzer verarbeitet. Dem erforderlichen Stollenquerschnitt entspricht genau die Auszimmerung, bestehend aus je zwei Türstöcken an den seitlichen Stößen, verbunden mit

einer Kappe an der Firste. Dem Vortreiben des Stollens folgt aus Sicherheitsgründen das Einbauen weiterer Türstöcke, die in vertiefte Bühnlöcher der Sohle gestellt sind. Pfosten über den Kappen, ebenso hinter den Türstöcken der Stöße verhindern das Hereinbrechen der Erdmassen. Die Pfostenlängen reichen immer über mehrere Türstöcke. Deswegen werden die Pfosten entsprechend dem Arbeitsfortgang und dem nacheinander folgenden Einbau der Türstöcke nachgetrieben zur Sicherung des Hangenden und des beiderseits Stehenden. Zur Bildung unverschieblicher Verbandsdreiecke werden vor dem Ort in Richtung des Arbeitsganges große eiserne Sicherheitsklammern schräg in Türstöcke und Längsverband geschlagen. Die Beleuchtung erfolgt elektrisch, deren Kabelleitungen im Stollenraum an der Zimmerung montiert sind. Zur Belüftung dienen senkrechte Kanäle, die von den Hügelböschungen durch Erdbohrung und Eisenrohrfassungen das Stolleninnere mit der Außenluft mehrfach verbinden. Die seither erwähnten bergmännischen Arbeiten sind erforderlich als Vorbereitung für nachfolgende Ausmauerung, die im gegenseitigen Arbeitsstellenwechsel stückweise durchgeführt wird. Die Baukipper befördern nun nicht mehr gelöste Erdmassen hinaus, sondern bringen die notwendigen Baustoffe, Zementbeton, Tonklinker und Mörtel herein. Der Maurer löst nun den Bergmann ab, der ihm den sicheren Arbeitsraum unter der Erde geschaffen hat. Zunächst wird das Liegende mit einer Stampfbetonsohle versehen, die dem eiförmigen Querschnitt des Firstengewölbes als Aufstand und Widerlager dient. Der lichte Querschnitt des Gewölbes mißt an der Sohle 1,70 m, nach der Spitze der Wölbung 2,15 m. Über sinnreichen Lehrgerüsten wölben die Maurer eineinhalb Stein stark die massive Stollenausmauerung aus gelben Tonklinkern. Zwischen den Rundholzkappen stützt nunmehr eine gemauerte Gewölbekrone das Hangende der Firste. Je nach dem Fortschreiten der Mauerung wird die Zimmerung wieder bergmännisch entfernt. Dabei wird das Hangende und das Stehende stückweise auf der Gewölbemauerung durch Beton oder Erdreich unterstützt, ausgefüllt und gehörig festgestampft. Nunmehr liegen Baugleise auf der Betonsohle, elektrische Leuchten und Leitungen sind im überspannenden eiförmigen Tonnengewölbe angebracht. Die Bergbauarbeiten werden nun jenseits der fertigen Ausmauerung in vorbeschriebener gleicher Weise vorgetrieben. Der Förderbetrieb führt jetzt durch die sichere Wölbung vor den Ort und so immer weiter dem Vortrieb der ab und zu in rechtwinkliger Richtung verlegten Strecke folgend. Immer wechseln Bergmannsarbeit mit nachfolgender Arbeit des Maurers. Ist eine Strecke bergmännisch vorgetrieben, so folgt deren Ausmauerung. Die Bergleute wechseln wie die Maurer inzwischen nach einer anderen der verschiedenen Bergbaustellen. Dieser Wechselbetrieb wird solange fortgesetzt, bis das Labyrinth von Stollen, Strecken und Räumen mit Sicherheit zusammengeführt und ausgebaut ist. Zwischen den Grundpfeilern des Denkmals erhalten die Streckenräume 3,74 m Breite und 4,00 m Höhe. Nach vorangegangener Verzimmerung spannt man hier die Firstengewölbe zwischen vorhandene Stampfbetonpfeiler des Denkmals, in denen die Widerlager mit elektrischen Hämmern eingespitzt werden. Die Sohle wird mit Beton befestigt. An den Stößen sind vorwiegend die vorgenannten, die Strecke beiderseits abgrenzenden Betonpfeiler. Der Zweck großer Räume ist ihrer Sachbestimmung angepaßt. Für ein solches unterirdisches Labyrinth werden natürlich zahlreiche sanitäre, wie auch hygienische Einrichtungen und maschinelle Anlagen erforderlich.

Nach achtmonatiger Bauzeit hat sich der Schleier über ein eigentümliches Bauvorhaben, das im Mai 1944 im Innern des Denkmalshügels so geheimnisvoll anlief, völlig gelüftet. Bereits die vier Stollenbaustellen, an denen Bergleute, Maurer und Hilfsarbeiter emsig weiter schaffen, werden bei Luftalarm von Friedhofsbesuchern, Vorübergehenden und Anwohnern gern als Notbehelf-Schutzraum aufgesucht. Nach Fertigstellung des Stollenbaues unter dem Völkerschlachtdenkmal werden bei Luftgefahr mutmaßlich 3000 Personen Schutz finden. Auch den Besuchern des Denkmals wird durch sinnvollen Zugang zum Schutzstollen von der Hauptfront her rascher Unterschlupf geboten …

Leipzig-Stötteritz, am 6. Januar 1945.
Oberbaurat a. D. Arthur Kahnt
Leipzig O 27
Gletschersteinstr. 35 – Telefon 62843

Dem Bericht Arthur Kahnts ist kaum etwas hinzuzufügen. Mit fachmännischem Sachverstand schilderte er den gegen Ende des Zweiten Weltkriegs begonnenen Bau weitläufiger Luftschutzanlagen im Hügel des Völkerschlachtdenkmals, an dem u. a. auch Kriegsgefangene beteiligt waren.

Zunächst lagerte man in dem für die Öffentlichkeit nicht zugänglichen Fundamentgewölbe des Denkmals wertvolle Bestände verschiedener Leipziger Institutionen zum Schutz vor Bombenangriffen ein.[10] Das erwähnte Bücherlager beherbergte Tausende von Bänden aus den Beständen der Leipziger Universitätsbibliothek. Ab 1944 wurde mit dem Bau umfangreicher Luftschutzanlagen für mehrere tausend Menschen im Denkmalshügel begonnen. Im Zuge der für die Denkmalssanierung notwendigen Baugrunduntersuchungen wurde Anfang 2002 begonnen, Fakten über die inzwischen weitgehend in Vergessenheit geratene Anlage zusammenzutragen. Auch die Baupläne der außerordentlich umfangreichen Anlage wurden aufgefunden. Kamerabefahrungen noch vorhandener Lüftungsschächte und Sondierungen ergaben, dass zumindest ein großer Teil der Bunkeranlagen nach Kriegsende beseitigt worden sind.

Geheime Gänge unter dem Völkerschlachtdenkmal gibt es also nur in Loests Roman. Dort allerdings sind sie für die teilweise fiktive Denkmalsgeschichte auch unverzichtbar.

Rätselhafte Vorgänge zum Kriegsende

Im Juni 2000 traf am Völkerschlachtdenkmal ein außergewöhnlicher Brief aus Buffalo, USA, ein. Charles Martens hatte bei einer Leipzigvisite einige Wochen zuvor auch das Völkerschlachtdenkmal besucht und sich lange zurückliegender Ereignisse erinnert.

Im April 1945 war Martens mit einer Artillerie-Einheit der amerikanischen Armee an der Eroberung des umkämpften Völkerschlachtdenkmals beteiligt. Mit seinem 155-Millimeter-Mörser eröffnete er den Beschuss auf den Denkmalsriesen, dessen Spuren noch heute zu sehen sind.

Ein beigelegtes Foto zeigt Charles Martens vor dem zerstörten Rundbogenfenster auf der Rückseite des Denkmals. Dem Veteranen ging es nicht um das Auffrischen von Kriegserinnerungen. Die damaligen Erlebnisse an Leipzigs Wahrzeichen haben ihn stark bewegt, wie das zweite Bild eines erschossenen deutschen Soldaten auf dem Denkmalswall zeigt. Charles Martens und seine ehemaligen Kameraden boten ihre Unterstützung bei der Erhaltung des Völkerschlachtdenkmals an. Nur eine nachträgliche Haftung für den Schaden, den ihr Geschütz damals verursachte, könnten sie, wie er schrieb, nicht übernehmen.

Mittlerweile ist immer weniger Leipzigern noch aus eigenem Erleben bewusst, dass der Zweite Weltkrieg für die Messestädter nicht mit der Besetzung durch die amerikanische Armee am 18. April 1945, sondern erst mit der Übergabe des zuvor noch heftig umkämpften Völkerschlachtdenkmals am 20. April endete. Das Leipziger Wahrzeichen war wohl das letzte Gebäude, um das beim Einmarsch der Amerikaner gekämpft wurde.

Auch hier soll zunächst wieder unser Chronist jener Tage zu Wort kommen[11]:

Aus dem Bericht von Oberbaurat a. D. Arthur Kahnt über die letzten Kriegstage in Leipzig in unmittelbarer Umgebung des Völkerschlachtdenkmals

14., 15. und 16. April.
Gerüchte vom Einrücken amerikanischer Truppen in unsere Stadt sind die Folge verstärkter Geschützdonner aus unmittelbarer Nähe, die auch während der Nächte anhalten. (...) Kriegslärm in

[10] *Vgl. dazu Schreiben des Leipziger OBM an den Deutschen Patriotenbund vom 11. Mai 1945. Stadtarchiv Leipzig, Stadtverordnetensammlung und Rat der Stadt Leipzig, Nr. 8631.*

[11] *Stadtgeschichtliches Museum Leipzig, Dokumente A/108/2003: Bericht von Oberbaurat a. D. Arthur Kahnt, Leipzig-Stötteritz über das Kriegsende in Leipzig-Stötteritz, Masch-Schr.*

Granatsplitter vom Beschuss des Völkerschlachtdenkmals am 19. April 1945

Der amerikanische Soldat Charles Martens vor dem durch Granatenbeschuss stark beschädigten Völkerschlachtdenkmal, April 1945

Leipzigs unmittelbarer Nähe während die Natur herrlichsten Grün- und Blütenschmuck angelegt hat.

Dienstag, 17. April.
… Das Völkerschlachtdenkmal ist nach vier Seiten mit der Fahne vom Roten Kreuz gekennzeichnet. Militärärzte beleben hier mit das Kriegsstraßenbild, so daß man annehmen kann ein Hauptverbandsplatz ist im Denkmal vorgesehen. Auch die 30. Volksschule zeigt nach beiden Giebelseiten an Lausicker- und Liebertwolkwitzer Straße die weiße Fahne mit rotem Kreuz. Noch weitere Häuser an der äußeren Peripherie, in denen Laden und Wohnraum zu Verbandplätzen vorgesehen sind, tragen die gleichen Kennzeichen. Diese Maßnahmen ließen vermuten, daß hier auch mit größeren Kampfhandlungen zu rechnen war. Die Spannung und Erregung der Bewohner ist aufs höchste gesteigert, (…)

Mittwoch, 18. April.
Nach einem Nachtgewitter liegt unsere Marienhöhe in dichtem Nebel. (…) Beim späteren Aufklaren ist das Denkmal ohne die gestern sichtbaren Fahnen vom Roten Kreuz? Die Erregung über die irreführende Tarnung ist grenzenlos. Am Fernsprecher vom Völkerschlachtdenkmal meldet sich auf Anruf nicht wie üblich dessen Verwaltungsdirektor Rudolph, sondern Oberst von Poncet, Kampfkommandant von Leipzig. Ein fehlgeschlagener Versuch zur Klärung der neuen aber bösen Situation. Am Fernsprecher eine unwirsche, aufgeregte Stimme, zu der absolut kein Vertrauen zu gewinnen war. Der Aufenthalt in der Nähe der Schutzräume blieb dauernd geboten. (…) Zivile Radfahrer melden das Anrücken der Amerikaner von Liebertwolkwitz und Holzhausen her. Am Monarchenhügel sei eine Batterie Geschütze in Stellung, ebenso in Holzhausen. Der Kampf um Leipzig

begann, (...) Am Nachmittag nimmt der Beschuß an Heftigkeit zu. Artillerie schießt sich ein, (...) Am Fuße vom Völkerschlachtdenkmal sind Kraftwagenzüge in Brand geschossen, darunter Kampfwagen und auch Wagen mit Verpflegungskonserven. (...) Ein Gang nach der Roten Schule zeigt ein Flammenmeer in der Länge des großen Gebäudes von der Lausicker- zur Liebertwolkwitzer Straße und vom Kellergeschoß bis zum Dach. Explodierende Munition gestaltet den Brand schreckhaft und Panzerfäuste wirken durch erhöhte Detonationskraft und Hitze grauenhaft. Das Feuermeer erhellt den Himmel blutrot bis zum Morgen. (...) Bei der Rückkehr zur Gletschersteinstraße ziehen weitere Amerikaner beiderseits der Naunhofer Straße sichernd in Richtung stadteinwärts. (...)

Donnerstag, 19. April.
Die Explosionen in der weiter brennenden Schule dauern fort. Beim Tagesgrauen nimmt auch der Straßenkampf seinen weiteren Verlauf. Das zur Verteidigung hergerichtete Völkerschlachtdenkmal ist von amerikanischen Einheiten und Kampfmitteln allseits eingeschlossen. Die planmäßige Beschießung beginnt gegen 9 Uhr. Im Kampfablauf bringt Artillerie Maschinengewehr- und Granatwerferstellungen am Denkmal bald zum Schweigen. Es folgt gut gezieltes Geschützdauerfeuer auf die nach Probstheida gerichtete Denkmalsseite, später dann auch Beschießung der nach Stötteritz zugekehrten Ansicht. Das aus Diorit und Zementbeton festgefügte Denkmal trotzt weitgehend allen schweren Einschlägen. Jeder Schuß ist ein Volltreffer, immer an der Härte des Materials und der Widerstandskraft des Bauwerkes abprallend. Wohl fliegen surrende Granatsplitter und gelöste Dioritbrocken durch die Luft und landen in fernen Straßen sowie in weitab liegenden Wohnungen der oberen Geschosse. Denkmalsbauteile kommen nicht zum Einsturz. Gegen Mittag zeigt das Denkmal an den Beschußseiten deutliche Ehrenscharten vom Fuße bis zum bekrönenden oberen Abschluß. Das Maßwerk der stadtauswärts gerichteten großen Bogenöffnung ist von Granaten durchschlagen. Dauernder Beschuß legt das Denkmalsinnere hinter vorgenanntem Rundbogen allgemach frei. Am Nachmittag hat dieser nur noch einseitige Restteile vom kräftigen, stolzen Maßwerk, der Innenraum ist zu direktem Beschuß weit geöffnet. Die Gesamtform des Denkmals blieb auch nach dem sturmreifen Trommelfeuer am Nachmittag erhalten. Plötzlich reißt das Trommelfeuer ab, ein Sturmangriff der Amerikaner folgt. Das Denkmal wird mit einem Mal wieder lebendig, alle Oeffnungen und Scharten sind vom Fuß bis zur Bekrönung mit Gewehrschützen besetzt, es feuert und schießt aus allen Ecken und Kanten. Die Architekturformen des Denkmals sind lebendig geworden und lassen überall Abschüsse erkennen, die aber den Sturmangriff im Äußeren nicht zu stoppen vermögen. Beim Handgemenge der in das Denkmal eingedrungenen Amerikaner wird der Angriff von der Besatzung abgewiesen. Der Geschützdonner geht erneut weiter. Um 16 Uhr wird der Kampf abgebrochen. Die Amerikaner stehen dicht vor dem Denkmal, im Innern behauptet sich die deutsche Besatzung. Aus der Innenstadt kommt die Kunde von der Uebergabe des Rathauses nach hartem Kampf an die Amerikaner. Die plötzliche Waffenruhe auf der Marienhöhe lockt die Bewohner allgemach aus den Schutzräumen auf die Straße. Die Rote Schule brennt noch immer bis zu den Kellerräumen aus und weiter explodiert dort aufgespeicherte Munition. Funken- und Aschenflug erfordern Augenschutz. (...) Amerikanische Soldaten haben den Turn- und Sportplatz des Allgemeinen Turnvereins von 1845 besetzt. In der Güldengossaer Straße sind deren Erkundungs-, Nachrichtentrupps und Sperrposten tätig. Kein deutscher Soldat ist weitab zu sichten. Doch einer, entlang der Friedhofsmauer an der Preußenstraße, ein deutscher Offizier mit der weißen Parlamentärfahne in Begleitung eines amerikanischen Offiziers in Richtung Völkerschlachtdenkmal. (...) Die Bevölkerung ist wieder durch allerlei Gerüchte hochgeputscht und aufs höchste erregt. (...) Im Schutze der Häuser waren Einwohnergruppen in größter Erregung auf der Straße versammelt. Der Denkmalskommandant habe ein amerikanisches Ultimatum abgelehnt. Um 20 Uhr laufe es ab, die Beschießung mit noch schwereren Geschützen setze dann ein. Noch schärfere Gerüchte wußten gar von Sprengung des Denkmals mit Dynamit. Die Räumung aller Wohnhäuser im Umkreis von 1 000 Meter habe der amerikanische Kommandant angeordnet. Tatsächlich begann eine Flucht aus den Wohnungen der Aengstlichen. Da bildeten sich Gruppen von Männern mit weißen Flaggen, um nach dem Denkmal zum dortigen Kommandant ziehen und ihn zur Kapitulation aufzufordern. Da verbreitete nach 19 Uhr ein neues Gerücht, die Denkmalsbesatzung habe kapituliert, an der Hauptfront stadteinwärts würde die weiße Flagge gezeigt. Die Nachprüfung ergab, daß an der Hauptfront tatsächlich zwei weiße Fahnen geschwenkt wurden. Auf Anfrage die Antwort, es sei Waffenruhe zum Abtransport einer großen Verwundetenzahl vereinbart, dann würden die Kampfhandlungen fortgesetzt.

Links:
Amerikanische Soldaten in der Krypta nach der Eroberung des Völkerschlachtdenkmals, April 1945

Rechts:
Amerikanische Soldaten auf der großen Freitreppe des Völkerschlachtdenkmals, April 1945

Freitag, 20. April.
Die Vorgänge um und im Denkmal während der Nacht bleiben unklar. Die Kampfhandlungen werden nicht wieder aufgenommen. Es heißt, der Kommandant im Völkerschlachtdenkmal sei von seinen Männern erschossen worden. Wegen Wassermangel, dessen Zulauf von unten abgestellt worden sei, habe die Besatzung morgens 7 Uhr kapituliert. Um 10 Uhr endlich ging ein Alpdruck von der gesamten Anwohnerschaft, die weiße Flagge erschien über und am Völkerschlachtdenkmal. Inzwischen hatten tolle Plünderungen hemmungslosen Lauf. (…) Gestohlen wurde alles, auch erhebliche Werte, die im Denkmal sicher gestellt waren. Erst nachträglich erfolgte vorübergehende amerikanische Bewachung des Denkmals, damit auch Verbot des Betretens, für Deutsche. (…)

Gleiche Plünderungspsychose ergriff alle charakterschwachen Einwohner im Laufe des Tages. Die große Not an allen Brennstoffen verwischte die Eigentumsbegriffe restlos, (…) Die am Stollenbau des Denkmals lagernden Grubenhölzer, aber auch Pfosten, Rüsthölzer, Baubudenteile und Einrichtungen verfielen der Habgier plündernder Männer und Frauen. (…)

Leipzig-Stötteritz, am 6. Mai 1945.
Oberbaurat a. D. Arthur Kahnt
Leipzig O 27
Gletschersteinstr. 35 – Telefon 62843

Kurz vor dem Einmarsch der US-Army in Leipzig hatte sich der Kampfkommandant der Messestadt, Oberst Hans von Poncet, mit etwa 300 Soldaten

Festung Völkerschlachtdenkmal?

des 107. Infanterie-Regiments, Volkssturmmännern, Hitlerjungen und SS-Angehörigen im Völkerschlachtdenkmal verschanzt. Am Abend des 18. April 1945 passierte die amerikanische Panzerkampfgruppe von Oberstleutnant David T. Zwiebol auf dem Weg zum Neuen Rathaus die Preußenstraße und wurde vom Völkerschlachtdenkmal aus beschossen. Ein Panzer und ein Jeep wurden getroffen.

Einen daraufhin unternommenen ersten Angriff bezahlten die Amerikaner mit einigen Toten, 17 Angreifer wurden von der Denkmalsbesatzung sogar gefangen genommen.

Nun entschloss sich die US-Army, das ihr völlig unbekannte festungsartige Gebäude sturmreif zu schießen. In der Höhe von Liebertwolkwitz wurden zunächst 75-Millimeter-Granaten, später, da diese wenig bis nichts bewirkten, sogar 155-Millimeter-Granaten abgefeuert. Anfangs rissen die Geschosse nur riesige Brocken aus der Natursteinverkleidung; dann zerstörte eine Granate das große Fenster auf der Denkmalsrückseite, eine weitere fand den Weg ins Innere des Monuments und explodierte an der gegenüber liegenden Wand der glockenförmigen Kuppelhalle. Unterdessen war Leipzig von Polizeichef Wilhelm von Grolmann, der mit rund 3400 Polizisten noch die meisten Leipziger Bewaffneten kommandierte, an die Amerikaner übergeben worden. Letzte Kämpfe am Neuen Rathaus waren vorüber. Nur im Völkerschlachtdenkmal schienen Wehrmachtssoldaten weiterhin dem Irrsinn zum Opfer fallen zu müssen.

Am Nachmittag wurde Poncet durch einen Parlamentär zur Übergabe aufgefordert, stimmte aber nur einem kurzen Waffenstillstand zu, um

Kopf einer deutschen Panzerfaust aus dem Zweiten Weltkrieg, gefunden bei Schachtarbeiten im Gelände des Völkerschlachtdenkmals am 12. Mai 2003

Medaille der Leipziger Freimaurerloge Balduin zur Linde auf prominente deutsche Freimaurer der Befreiungskriege zur Jahrhundertfeier 1913, Revers und Avers (rechts)

Verwundete bergen zu können. Trotzdem wurden die Kämpfe nicht wieder aufgenommen. Am späten Nachmittag kam es zu erneuten Verhandlungen, die auf Seiten der Amerikaner Hans Trefousse, ein 1936 in die USA emigrierter Deutscher, führte.

Am 20. April 1945 ergab sich die Besatzung des Völkerschlachtdenkmals.

Der wahnwitzige Versuch, durch die Verteidigung des Völkerschlachtdenkmals dem längst verlorenen Krieg eine andere Wendung geben zu wollen, kostete mehrere amerikanische Soldaten das Leben und verursachte an Deutschlands größtem Denkmalsbau Schäden in Höhe von etwa 1,5 Millionen Reichsmark.

Die Wunden an der Rückseite des Monuments zeugen für immer von den Kampfhandlungen am Ende des Zweiten Weltkriegs in Leipzig.

Das Völkerschlachtdenkmal – eine sächsische Gralsburg?

Im Oktober 1993 berichtete die Leipziger Volkszeitung unter dem Titel »Am Koloß hinterließen die Freimaurer ihre Spuren«[12] über die Recherche zweier der Freimaurerei verbundener Autoren. Das Leipziger Völkerschlachtdenkmal, so die These von Rolf Affeldt und Frank Heinrich in ihrem 1993 publizierten Büchlein[13], sei achtzig Jahre lang völlig missverstanden worden. Vertreter aller politischen Systeme hätten es instrumentalisiert und benutzt, ohne zu ahnen, womit sie es hier eigentlich zu tun hatten – dem größten Freimaurertempel Europas.

Ehe Denkmalsarchitekt Clemens Thieme mit seiner Idee an die Öffentlichkeit trat, auf dem ehemaligen Schlachtfeld ein riesiges Erinnerungszeichen für den denkwürdigen Sieg der verbündeten europäischen Mächte über Napoleon I. im Oktober 1813 zu setzen, hatte er die Hilfe Gleichgesinnter gesucht. Selbst hammerführender Meister der Leipziger Loge Apollo zu den drei Palmen, versicherte er sich zunächst der Unterstützung der Brüder dieser und einer zweiten Leipziger Loge, Balduin zur Linde. Der Kern der Gründungsmitglieder des Deutschen Patriotenbundes und des späteren geschäftsführenden Vorstand bestand größtenteils aus aktiven Freimaurern.

Kein Sitzungsprotokoll des Vorstands, kein zeitgenössischer Presseartikel berichtet darüber, dass im Südosten Leipzigs das Sinnzeichen eines freimaurerischen Weltbildes entstehen sollte, und doch meint man heute Hinweise dafür entdeckt zu haben. Bereits im Jahre 1913 interpretierten deutsche Freimaurer das Völkerschlachtdenkmal völlig gegensätzlich. Während ein Logenbruder nach der Einweihungsfeier forderte, das Bauwerk müsse vor allem den Geist der Vaterlandsliebe lebendig erhalten, um ihn »in entscheidender Stunde (…) hinauszutragen in die Kreise der Lauen und einen Brand zu entfesseln, der die Welt blenden macht«[14], war es für einen anderen keine Frage, dass das Bauwerk »im Dienste des Völkerfriedens« stehe.[15] Öffentlich hatte der Patriotenbund immer bekundet, ein Nationaldenkmal errichten zu wollen. Als solches sollte es vor allem erzieherisch auf die deutsche Nation wirken, deren Spaltung in divergierende politische Gruppierungen man bedauerte und in eine homogene Gemeinschaft umwandeln wollte, um dem Deutschen Reiche Weltgeltung zu verschaffen. Nationale Wertvorstellungen, die es innerhalb der deutschen Logen durchaus gab, konnten über den Patriotenbund, der, im Gegensatz zur im Geheimen wirkenden Gemeinschaft der Brüder, öffentlich arbeitete, nach außen getragen werden. So formulierte auch der Schriftführer des Bundes, Alfred Spitzner, ebenfalls ein Logenbruder, in der Weiheschrift für das Völkerschlachtdenkmal, dieses solle »der Aufrechterhaltung und Belebung

[12] Leipziger Volkszeitung vom 16./17. Oktober 1993.
[13] Affeldt, Rolf und Frank Heinrich: Das Völkerschlachtdenkmal gibt sein Geheimnis preis, Leipzig 1993.
[14] Trescher, Alfred: »Sanctus amor patriae dat animum.« Allen Brr. Freimaurn, die an der Weihe des Völkerschlachtdenkmals teilgenommen haben, zur Erinnerung und Mahnung. In: Latomia 36 (1913), S. 370 ff.
[15] Müller, Alfred: Das Völkerschlachtdenkmal im Lichte der Friedensidee. In: Freimaurer-Zeitung 67 (1913), S. 355.

Das Völkerschlacht-denkmal – eine sächsische Gralsburg?

Detail aus dem
Schlachtrelief

Detail der frontalen
Stützmauer

Detail aus dem Schlachtrelief

einer wahrhaft würdigen Auffassung des neuen Reiches (...) vor allem auch im Hinblick auf das noch höhere Gebiet der geistigen, sittlichen Beschaffenheit des deutschen Volkes«[16] dienen. Eigentliche Sinnstiftung des Völkerschlachtdenkmals und Freimaurerei waren aus der Sicht deutscher Brüder durchaus zu vereinbaren. Wenn zur Feier der Monumentenweihe im Arbeitssaal der Logen Apollo und Balduin davon gesprochen wurde, dass deutsche Freimaurer unabhängig von Religion und Parteizugehörigkeit, im Gegensatz zu »Sozialdemokratie und universaler Kirche«, Stützen des Reichs seien, jene aber »international und darum gefährlich« wären,[17] so wurden hier dieselben Feindbilder beschworen, gegen die auch das Völkerschlachtdenkmal mobilisieren sollte.

Im Verlauf ihrer Entwicklung aus den mittelalterlichen Dombauhütten hatte eine intensive Beschäftigung mit vorderasiatischen Kulturen, insbesondere den Mysterien des ptolemäischen Ägyptens, Eingang in die Logen gefunden. Der Umgang mit bildender Kunst und Architektur dieser frühen Zivilisationen war für viele Brüder eine Selbstverständlichkeit und erschien ihnen bei weitem nicht so exotisch wie nicht eingeweihten Zeitgenossen. Andererseits beabsichtigte man, mit dem Völkerschlachtdenkmal ein Kunstwerk zu schaffen, das einen originären eigenen Stil

16 Spitzner, Alfred: Deutschlands Denkmal der Völkerschlacht, das Ehrenmal seiner Befreiung und nationalen Wiedergeburt. Weiheschrift des Deutschen Patriotenbundes (DPB), Leipzig 1913, S. 35.

17 Zwanglose Mitteilungen aus dem Verein deutscher Freimaurer, Nr. 23, Dezember 1913, S. 171.

repräsentierte. Vor allem vom Erbe der klassischen Antike wollte man sich distanzieren und zurück zu archaischen, einfachen Formen, die miteinander kombiniert etwas grundsätzlich Neues bilden sollten, das vor allem das Gemüt der Menschen anzurühren gedacht war. So kann man schon an der Anlage des Denkmalskomplexes das Bemühen erkennen, einen regelrechten Tempelbezirk zu schaffen. Durch hohe Wälle von der »profanen« Außenwelt isoliert und abgeschirmt, wird der Eingang in den Denkmalsbereich durch vier bunkerartige Gebäude markiert, die schon die Bauherren unmissverständlich als »altägyptische Grabpylonen«[18] bezeichneten. Ihnen schließt sich das fast 12 000 Quadratmeter messende Wasserbecken an, dessen Oberfläche den gewaltigen Bau spiegelt und ihm »die Weihe eines überirdischen Gebildes«[19] verleihen sollte. Der in klassische Tempelanlagen häufig integrierte »heilige See«, der der Reinigung des Besuchers dient und die Verbindung zwischen profaner und sakraler Welt herstellt, kann hier wiederentdeckt werden. Oder soll das Gewässer doch einfach nur als »Meer der Tränen« (eine Sinndeutung um effektvolle Interpretationen bemühter Fremdenführer) die Dimensionen des Kriegsleids versinnbildlichen?

Am Fuße des 91 Meter hohen Denkmalsbaus gibt es erneut Gelegenheit zu unterschiedlichsten Auslegungen. Das 19 Meter hohe und 60 Meter breite Relief stellt den auf einem Wagen über das Schlachtfeld rasenden Erzengel Michael dar. Warum erscheint hier die Gestalt des Alten Testaments in eine mittelalterliche Rüstung gehüllt? Symbolisiert sie den heute fast völlig vergessenen Nationalheiligen des deutschen Mittelalters oder sieht der Logenbruder in ihm den Wächter an der Schwelle zum sakralen Inneren, der auch beim Jüngsten Gericht seine Heerscharen gegen das Böse zum letzten Kampf führen wird? Ihm zur Seite finden wir an den Treppenaufgängen zwei so genannte Barbarossaköpfe, die noch während der Bauphase eindeutig als »Sphinxe, wache haltend vor dem Ehrenmal«[20] bezeichnet wurden. Was diese beiden Gesichter mit dem kreuzfahrenden Kaiser Friedrich I. des 12. Jahrhunderts gemein haben sollen, bleibt für den Betrachter rätselhaft. Tragen sie mit dem von einer Kobra umwundenen, gefältelten Kopftuch nicht den typischen Schmuck der Könige vom Nil?

In der Krypta, dem symbolischen Grabmal für die Toten der Völkerschlacht, halten auf ihr Schwert gestützte, mittelalterlich gerüstete Ritter Wache. Auch die Denkmalskrone unterhalb der Aussichtsplattform ist mit einem Ring solcher Gewappneter versehen. Hat man dieses Sujet gewählt, um in romantischer Verklärung des Mittelalters das Bild abwartender bewaffneter Macht zu vermitteln? Symbolisieren sie im geschlossenen Rund, sinnfällig gebunden an die Schicksalsmasken hinter sich, einen ewigen Kreislauf, dem der Mensch, gefangen durch vorherbestimmtes Los, nicht entfliehen kann? Oder erkennt hier der Initiierte die Verbindung zu den Idealen der abendländischen Ritterorden der Templer, Johanniter und Deutschritter? Wählte man nur aus Gründen der Symmetrie gerade zwölf dieser Riesen als Wächterfiguren an der Denkmalskrone oder findet sich hier tatsächlich eine Analogie zu den zwölf Stämmen Israels, die zu einigen König Salomon einst den Tempel durch Hiram, gleichsam Stammvater aller Freimaurer, errichten ließ? Repräsentieren die vier riesenhaften Figuren der Ruhmeshalle tatsächlich nur Tugenden, die man um 1900 als besonders beispielhaft für das deutsche Volk apostrophierte, oder bildet die eigentümliche Haltung der Figuren bestimmte der unzähligen Erkennungszeichen der Logenbrüder ab?

324 nahezu lebensgroße Reiterreliefs in der gigantischen Denkmalskuppel verkörpern die nach der Schlacht heimziehenden Sieger. In der Definition der Freimaurerforscher Affeldt und Heinrich ist das zu kurz gedacht. Für den kundigen Bruder seien in ihnen unzweifelhaft die Seelen der Toten zu erkennen, die nun Vollkommenheit erreicht hätten, ihre sterbliche Hülle auf dem Schlachtfeld des großen Reliefs zurückließen und in die Ewigkeit eingingen. Die Ewigkeit darf auch der Besucher nach dem Erklimmen der Wendeltreppen zur Aussichtsplattform schauen. Nicht um einen neugierigen Blick auf die Stadt zu seinen Füßen oder einen historisch-reflektierenden auf das ehemalige Schlachtfeld von 1813 zu werfen, bilde die Plattform den Abschluss, sondern als Bühne für den ungehinderten Kontakt mit dem reinen Licht der Sonne, als Sinnbild für Christus, zu dem letztlich alles Handeln strebe.

Die wenigsten können sich heute noch in die uns fremde Welt freimaurerischer Weltanschauung und Metaphorik einfühlen. Auch innerhalb der Logen existieren so unterschiedliche Strömungen, dass mancher Logenbruder die Interpretation des Denkmals als Tempel nicht nachvollziehen kann. Vielen heutigen Freimaurern ist der komplizierte Mystizismus der jahrhundertealten Bruderschaft völlig fremd. Wer will endgültig klären, ob die Brüder um Logenmeister Thieme tatsächlich so listig waren, einer nationalistisch euphorisierten Nation ein solch doppeldeutiges Nationaldenkmal einzureden, dessen zweites Gesicht nur der erkennt, der von seinem Vorhandensein weiß?

[18] Alfred Spitzner, Weiheschrift, S. 14.
[19] Mitteilungen des DPB, 3. Jg., 1897, Nr. 16.
[20] Ebenda, 15. Jg., 1909, Nr. 5.

Reizvoll wäre es gewiss. Vieles spricht dafür, dass sich bei der Errichtung des größten deutschen Denkmalsbaus ganz unterschiedliche Faktoren miteinander zu etwas völlig Neuartigem verbunden haben. Eines scheint unbestritten: Ein Monument, das über Bilder und Gleichnisse und vor allem über sinnliches Erleben auf die Imaginationskraft des Betrachters wirkt, öffnet einen großen Spielraum für Interpretationen.

Länge mal Breite oder Das Ende der Welt

Zu der Zeit wird für den HERRN ein Altar mitten in Ägyptenland sein und ein Steinmal für den HERRN an seiner Grenze; das wird ein Zeichen und Zeugnis sein für den HERRN Zebaoth in Ägyptenland. Wenn sie zum HERRN schreien vor den Bedrängern, so wird er ihnen einen Retter senden; der wird ihre Sache führen und sie erretten.
Jesaja 19. 19, 20

In der zweiten Hälfte des 19. Jahrhunderts entstand auf der Grundlage einschlägiger Publikationen der selbst ernannten Pyramidenforscher Peter Tompkins und C. Piazzi Smyth ein absonderliches Gedankengebäude, das als Pyramidenlehre von zahlreichen Christen in Europa und den USA angenommen wurde. Die von ihren Gegnern als Pyramidiotie abgelehnte Theorie basiert auf der Annahme, tatsächliche Architekten der Cheopspyramide in Gizeh seien die biblischen Gestalten Noah oder Melchisedek, ein vorisraelitischer König und Priester des 15. vorchristlichen Jahrhundert, gewesen. Folgenreicher noch als diese Frage war die von Smyth betriebene Zahlenrabulistik um die Masse des Pharaonengrabs. Mit mehr oder weniger komplexen mathematischen Operationen schien sich beweisen zu lassen, dass wichtige astronomische, physikalische und mathematische Konstanten wie die Entfernung der Erde von der Sonne oder der Erdradius in der Konstruktion des Bauwerks angelegt seien. Die Anhänger jener Lehre gingen davon aus, dass die Cheopspyramide Stein gewordene göttliche Botschaften für die Menschheit enthielte. Besonders unter den Gemeinschaften der Adventisten fanden Hypothesen über die prophetische Bedeutung der Cheopspyramide weite Verbreitung. Prominentester Anhänger der Pyramidenlehre sollte Charles Taze Russell, erster Präsident und Gründer der Ernsten Bibelforscher sowie der 1931 daraus hervorgegangenen Gemeinschaft der Zeugen Jehovas, werden.[21]

1883 postulierte Russell im »Wacht-Turm«, dem Organ der Ernsten Bibelforscher, die Cheopspyramide sei ein Zeichen Gottes. Wenige Jahre später sah er in dem Bauwerk den »göttlichen Plan der Zeitalter in Stein«.

Aus den Pyramidenmassen begannen Russells Anhänger exakte Daten für den Eintritt der in den »Offenbarungen« prophezeiten Ereignisse zu berechnen. So meinten sie, die Pyramide gebe das Datum des Auszuges des Volkes Israel aus Ägypten und das Geburtsdatum Christi ebenso an, wie den Ausbruch der Französischen Revolution 1789. Russell selbst berechnete den Beginn des in den Offenbarungen des Johannes angekündigten irdischen Friedensreichs auf das Jahr 1914, das er später auf 1918 korrigierte.

Was hat nun das Ganze mit dem Völkerschlachtdenkmal zu tun?

In einer Wacht-Turm-Ausgabe des Jahres 1919 wird von einer Hauptversammlung der Gemeinschaft berichtet,die kurz zuvor in Leipzig stattgefunden hatte. »Am Sonnabend vormittag, dem 2. Tage, versammelten sich ein großer Teil der lieben Geschwister zu einer Betrachtung des Völkerschlacht-Denkmals als der in Jesaja 19,19 erwähnten Denksäule Jehovas. Orgelspiel, Geigenspiel und Sologesang, vor allem aber die wunderbaren Erläuterungen der Symbolik dieser Denksäule, sowohl vor als auch in derselben durch Bruder A. Decker erfreuten alle Herzen. Der Erbauer des Denkmals, Geheimrat Thieme, war mit seinen beratenden Architekten selbst zugegen um freundlichst die Führung zu übernehmen und seinerseits Erläuterungen zu geben. Auch diese Herren der Erbauer (…) lauschten interessiert unseren Erklärungen.«[22] In Anlehnung an Russels Pyramidenlehre waren deutsche Mitglieder der Ernsten Bibelforscher offenbar bemüht, Jesajas Weissagung kurzerhand nach Deutschland zu verlegen und im Völkerschlachtdenkmal ein Zeichen Gottes und Abbild eines göttlichen Plans zu sehen. Die pyramidenartige Grundgestalt des Monuments und die zahlreichen Stilzitate aus der Kultur des alten Pharaonenreichs unterstützten vermutlich diese Theorie.

Zumindest drei Jahre lang schien die absonderliche Hypothese in den Kreisen der deutschen Bibelforscher akzeptiert zu werden. Dann jedoch machte dem der neue Präsident der Wachtturm Bibel- und Traktat-Gesellschaft, Joseph F. Rutherford, ein Ende. Während der Generalversammlung in Leipzig zu Pfingsten 1922 beantwortete Rutherford die Frage: »Wird in Jesaja 19,19 und in Offenbarung 22,1.2 auf dies Denkmal hingewiesen« abschlägig. »Das Leipziger Denkmal verdankt seine Entstehung einzig und allein dem brennenden Ehr-

[21] Vgl. zur Problematik der Pyramidenlehre in der Gemeinschaft der Zeugen Jehovas: Penton, David J. und James Penton: Wissenschaft, Pseudowissenschaft und religiöse Pyramidenlehre in der Adventisten- und Bibelforschertradition, www.infolink-net.de.

[22] Der Wacht-Turm und Verkünder der Gegenwart Christi, 24. Jg., Nr. 12, Dezember 1919, S. 195.

Detail aus dem Schlachtrelief

geiz eines Mannes, der hierbei unter dem Einfluß des großen Widersachers stand. (...) es wäre seitens des Menschen eine Anmaßung, ein Denkmal zu errichten und zu erklären, daß der Herr dies als ein Zeugnis für seine Sache getan habe. Außer diesem Punkt bringt es jeder Teil des bei Leipzig errichteten Riesendenkmals zum Ausdruck, daß seine Urheberschaft auf den Teufel hinweist und daß es ein Werk des Widersachers ist. Die Architektur des Denkmals, sowohl innerlich wie äußerlich, bringt einen durchaus ägyptischen Geist zum Ausdruck, der, wie die Bibelforscher sehr wohl wissen, satanischen Ursprungs ist. Satan hat einen jeden Teil des göttlichen Planes nachgeäfft, und mit den in das Denkmal eingemeißelten Gestalten und kleinen Statuen hat er es ganz besonders darauf abgesehen, eine Nachäffung der vier Charaktereigenschaften, der Weisheit, Gerechtigkeit, Liebe und Macht zum Ausdruck zu bringen. (...) Statt, daß dies Denkmal unter göttlicher Leitung errichtet wurde, um einen Teil des göttlichen Planes vorzuschatten, ist es offenbar ein Denkzeichen der Torheit des Menschen, angestiftet und ins Werk gesetzt durch den Teufel und seine Verbündeten und Helfershelfer, die Dämonen. (...) Christen sollten sich durch solche Trügereien, wie sie vom Widersacher ins Feld gerückt werden, nicht von dem rechten Weg abbringen lassen.«[23]

Dieses Machtwort, das im Wacht-Turm unter den Mitgliedern verbreitet wurde, beendete die kurze Karriere des Völkerschlachtdenkmals als prophetisches Orakel und mystischen Ort verborgenen Wissens und definierte es fortan als dämonisches Machwerk.

[23] Ebenda, 27. Jg., Nr. 12, Dezember 1922, S. 141.

Kolossalfigur der
Opferfreudigkeit

Kopf der Kolossalfigur der Opferfreudigkeit

Fuß der Kolossalfigur der Opferfreudigkeit

Detail aus der Figurengruppe Trauernde Hinterbliebene

Detail aus dem Schlachtrelief

Lindenallee im Denkmalspark

Bedarf nach einer Feierstätte für den Preis eigener Größe

Zur Instrumentalisierung des Völkerschlachtdenkmals zwischen Erstem Weltkrieg und Mauerfall

Steffen Poser

Jede nationalstaatlich organisierte Gesellschaft benutzt zur Identifikation Zeichen und Symbole, unter denen sie sich als Gemeinschaft zusammenfinden kann. Diese müssen durchaus nicht immer gegenständlicher Art sein, man denke etwa an Nationalhymnen. Eine Gruppe politischer Symbole, die in Europa und besonders in Deutschland mit dem Beginn des 19. Jahrhunderts zunehmend an Bedeutung gewann, sind die so genannten Nationaldenkmale. Nation ist freilich ein immer wieder neu interpretierbarer Begriff und kann in einem Sinnzeichen nicht unveränderlich und allgemein gültig differenziert wiedergegeben werden. Um eine möglichst allgemeine Akzeptanz zu erreichen, müssen sich breite Teile der Nation in diesem Bauwerk wiedererkennen können. Deshalb fungieren Nationaldenkmale in der Regel durch Simplifizierungen und Verkürzungen als Transportmittel von Werten.

Als Nationaldenkmale auf dem Gebiet des Deutschen Reichs galten vor 1900:

- das Luther-Denkmal in Wittenberg (1821)
- das Reiterstandbild Friedrichs II. in Berlin (1851)
- die Befreiungshalle in Kelheim (1863)
- das Hermanns-Denkmal im Teutoburger Wald (1875)
- das Niederwald-Denkmal (1883)
- das Kyffhäuser-Denkmal (1897)
- eine Vielzahl von ab 1898 errichteten Bismarck-Türmen.

In zunehmendem Maße entdeckte der Staat im 19. Jahrhundert »seinen Bedarf nach einer Feierstätte für den Preis eigener Größe«.[1] Gerade Nationaldenkmale sollten solche Feierstätten sein. Ihr Symbolgehalt allerdings ist alles andere als beständig. In der Regel verlieren sie beim Wechsel von Staatsformen und Staatstypen ihre integrative Kraft und werden oftmals durch neue abgelöst. Je weniger ein Symbol auf bestimmte Definitionen festgelegt ist, desto einfacher kann es mit neuen Inhalten besetzt werden. Bei Nationaldenkmalen geschieht diese Neuverortung meist über die hier durchgeführten gesellschaftlichen Handlungen.

[1] *Hattenhauer, Hans: Deutsche Nationalsymbole – Zeichen und Bedeutung, München 1984, S. 139.*

Bittgottesdienst am Völkerschlachtdenkmal, 2. September 1914, Bildpostkarte

Die Schranken sind gefallen, (...) Es gibt nur noch Deutsche – das Völkerschlachtdenkmal zwischen 1914 und 1918

Während des Ersten Weltkriegs wurde das Völkerschlachtdenkmal im Sinne des Patriotenbundes (DPB) für Veranstaltungen mit »volkserzieherischem Charakter«[2] genutzt. Namentlich die Anschauung der deutschen Nation als eine Schicksals- und Opfergemeinschaft erfuhr in diesen Jahren beträchtlichen Bedeutungszuwachs.

Mit dem Ausbruch des Krieges und der einhelligen Bereitschaft aller maßgeblichen politischen Kräfte in Deutschland zu seiner Unterstützung schien auch für den DPB sein Ziel erreicht. Für ihn hatte der Weltkrieg »die Gedanken an Gott und das Vaterland von neuem in den Herzen wachgerufen ... alles Große, Schöne und Heilige in uns zu neuem Leben erweckt, er hat uns einig gemacht. (...) Die Schranken sind gefallen, die die Deutschen getrennt haben.«[3] Veranstaltungen am Völkerschlachtdenkmal zum »Opfertag der deutschen Flotte«, zugunsten der »U-Boot-Spende«, der »Kriegsnotspende« und Bittgottesdienste um den Sieg zum Geburtstag Hindenburgs waren sein Beitrag dazu, »dem deutschen Volke Stunden nationaler Erhebung und Kräftigung zu schaffen und dazu beizutragen, daß die deutsche Volksseele auch in schwerer Schicksalszeit sich ihres Wertes und ihrer Pflicht bewußt bleibt.«[4] »Religiöse Andacht und Erbauung und ... Hebung vaterländischer Gesinnung, völkischen Fühlens und Denkens«[5], so der DPB, waren für ihn jetzt zu einer Einheit verschmolzen. Mit der Verbindung von christlichem Gottesdienst und kultischer Feier der Nation im neuen Nationaldenkmal hatte dieses seinen Zweck erfüllt. Es war zur Weihestätte einer rational nicht mehr zu erklärenden, mythisch-überzeitlichen Größe der Nation geworden.

Gegen Ende des Krieges erfuhr es einen deutlichen Wandel seiner Symbolkraft. Ursprünglich errichtet für die Gefallenen einer Schlacht, um die niemand im deutschen Volk mehr wahre Trauer empfand, wurde das Monument jetzt zum symbo-

[2] *Stadtgeschichtliches Museum Leipzig/ Völkerschlachtdenkmal: Schreiben des Rates der Stadt Leipzig an den DPB vom 18. Mai 1917.*
[3] *Vergl. Rede des national-liberalen Reichstagsabgeordneten Felix Marquart zur Feier des 18. Oktober 1914 am Denkmal. In: Mitteilungen des DPB, Jg. 20, 1914, Nr. 12.*
[4] *Stadtarchiv Leipzig: Jahresbericht des DPB 1918. In: Protokollbuch der Sitzungen des DPB, Kap. 35, Nr. 1775.*
[5] *Stadtgeschichtliches Museum Leipzig/ Völkerschlachtdenkmal: Schreiben des DPB an den Rat der Stadt Leipzig vom 3. März 1917.*

Bildpostkarte, um 1917

lischen Grabmal für unzählige Gefallene. Zehntausende nahmen am Totengedächtnis zu den Johannisfeiern am 24. Juni am Denkmal teil, das sich jetzt zum »vaterländischen Opferdienst«[6] gestaltete.

Ein deutscher Ruf in die Welt – das Völkerschlachtdenkmal in der Weimarer Republik

Neben seiner Bestimmung als touristischer Anziehungspunkt war das Völkerschlachtdenkmal zwischen 1918 und 1933 ein beliebter Veranstaltungsort für Feiern und Kundgebungen spezifischer politischer Korporationen. Dabei handelte es sich vor allem um solche Vereinigungen, die dem untergegangenen Kaiserreich nachtrauerten und in der glanzlosen Republik keine gesellschaftliche Perspektive sahen. Gemeinsam war ihnen allen zumindest eine gewisse Distanz zur parlamentarischen Demokratie, der sie einen über die Parteigrenzen hinweg geeinten Willen der Nation entgegensetzen wollten. Eine große Rolle spielten auch die militärischen Traditionsverbände, die zum Teil offen den Untergang der Republik betrieben.

»Die Staatsgewalt geht vom Volke aus«, heißt es in der am 14. August 1919 in Kraft getretenen Weimarer Verfassung. Wie stand nun die Gesellschaft zu einem Nationaldenkmal, dessen Aufgabe ein Beitrag zur ideologischen Einheit von Volk und Kaiserreich war und das zur Entstehung einer Gesinnung beigetragen hatte, die davon ausging, dass am »deutschen Wesen die Welt genesen« müsse?

Der DPB passte sich rasch der neuen Zeit an. Kurzerhand stellte er fest, der Bau gehöre »in allen seinen Teilen in die neue Zeit, weil es ein Denkmal aus dem Volke für das Volk ist«.[7] Natürlich stand das Monument weiterhin den »vaterländisch Gesinnten« offen. Es blieb auch nach 1918 der »vaterländische Tempel, (...) an dem jeder, der sich als Deutscher fühlt, inneren Anteil« haben sollte. Schon im ersten Jahr nach der Revolution hielt der Deutschnationale Handlungsgehilfenverband (DHV) eine Gedenkfeier im Denkmal ab. Die Ergebnisse der Revolution zwar akzeptierend, stellte sich diese deutsch-völkische Angestelltengewerkschaft auf »den Boden des Volksstaates«, um freilich von dieser Position aus das »bolschewistische Chaos« bekämpfen[8] zu wollen. Nationalistische Auffassungen gehörten zu seiner charakteristischen Propaganda. Auf seinem Verbandstag in Leipzig im Oktober 1919 – aus diesem Anlass fand auch die Feier im Denkmal statt – rief er zur »Pflicht zur völkischen Solidarität« auf.[9]

6 *Stadtarchiv Leipzig: Jahresbericht des DPB 1917. In: Protokollbuch der Sitzungen des DPB, Kap. 35, Nr. 1775.*

7 *Ebenda, Jahresbericht des DPB 1919.*

8 *Habermann, Max: Die Revolution und der nationale Gedanke. In: Deutsche Handelswacht vom 10. Februar 1919.*

9 *Lambach, Walther: Kapitalismus – Sozialismus – Zwangswirtschaft – Freie Wirtschaft. Vortrag, gehalten am vierzehnten Deutschen Handlungsgehilfentag in Leipzig, vom 18. bis 20. Oktober 1919, Hamburg 1920, S. 27.*

Sowohl 1921 als auch im Oktober 1922 fanden Feierstunden für die »gefallenen China- und Afrikakrieger« und die in den »Kolonien gefallenen und gestorbenen Deutschen« statt.[10] Immer wieder wurden Ehrungen für im Krieg Gefallene durchgeführt. Meist traten die verschiedenen militärischen Kameradschaftsverbände des Weltkriegs als Veranstalter auf. So wurde das Denkmal der Einheit und der Größe der deutschen Nation nun zum Sinnbild eines verlorenen Ruhmes, zum Gleichnis für die riesigen Opfer, die man der Nation gebracht zu haben glaubte.

Im Mai 1924 beantragte der Bundes-Saar-Verein (BSV) anlässlich seiner Leipziger Tagung eine Kundgebung am Völkerschlachtdenkmal, die den »Charakter des Deutschtums in den beiden Ländern (gemeint sind die Saar und die Pfalz, d. V.)« trug. Man wollte »vor der ganzen Welt« bekunden, dass »die Bevölkerung dieser beiden Länder kerndeutsch ist und nicht von Deutschland getrennt sein will«. Letztlich ging es vor allem darum, das »Gefühl der Zusammengehörigkeit zwischen den Bewohnern des Saargebietes und des übrigen Deutschlands zu wecken und wachzuhalten«.[11] Im Juni war es der »Jungdeutsche Orden«, ein an der völkisch-nationalistischen Jugendbewegung orientierter Verband, der eine »Heldengedächtnisfeier, verbunden mit Bannerweihe« mit etwa »10 bis 15000 Ordensbrüdern« durchführte. Die Erziehung der »heranwachsenden Jugend im Geiste des Frontsoldatentums« und der Kampf für die »sittliche Wiedergeburt des deutschen Volkes«[12] waren Kern seiner Programmatik.

Eine der bedeutendsten politischen Veranstaltungen. die das Völkerschlachtdenkmal in der Weimarer Republik erlebte, fand im gleichen Jahr statt. Die beiden größten Militärvereine, der »Kyffhäuser-Bund der Deutschen Landeskriegerverbände« und der »Stahlhelm – Bund der Frontsoldaten« führten gemeinsam den Ersten Deutschen Reichskriegertag durch. Im Vorfeld erklärte der ehemalige Reichskriegsminister Generaloberst Josias von Heeringen, dies sei »ein Tag der Hoff-

[10] *Stadtgeschichtliches Museum Leipzig/Völkerschlachtdenkmal: Vgl. Schreiben des DPB an das Polizeipräsidium Leipzig vom 19. April 1924 und Programm der Veranstaltung am 27. April 1924.*

[11] *Sächsisches Staatsarchiv Leipzig: Deutscher Patriotenbund Nr. 6: Schreiben des Bundes-Saar-Vereins an den DPB vom Mai 1924.*

[12] *Hornung, Klaus: Der Jungdeutsche Orden. In: Beiträge zur Geschichte des Parlamentarismus und der politischen Parteien, Bd. 14, Düsseldorf 1958, S. 28.*

Luftschiff »Sachsen« über dem Völkerschlachtdenkmal anlässlich der Eröffnung des Luftschiffhafens Leipzig-Mockau, 22. Juni 1913

Einlaßkarte

zur Gesangs-Aufführung im Völkerschlacht-Denkmal
vom Domchor zu Leipzig

Einlaß 3 Uhr. Mittwoch, 18. November 1914. Anfang 1/4 4 Uhr.

Deutscher Patriotenbund.

Deutscher Patriotenbund, Blücherstraße 11.
Gesangs-Aufführungen: Alle Sonn- und Festtage.

Zuspätkommende haben keinen Anspruch auf Einlaß.
Diese Karte darf nicht verkauft werden.

Links:
Plakette zum Ersten Deutschen Reichskriegertag vom 17. bis 19. Oktober 1925

Rechts:
Eintrittskarte für ein Chorkonzert im Völkerschlachtdenkmal am 18. November 1914

Unten:
Weihespiel zum Ersten Deutschen Reichskriegertag, 18. Oktober 1925

Adolf Hitler bei seiner Rede am Völkerschlachtdenkmal zum Sachsentreffen der NSDAP, 16. Juli 1933

nung neuen Aufstiegs, der Festigung unseres Nationalbewußtseins ... ein Appell an die Einigkeit unseres Volkes ... und ein deutscher Ruf in die Welt«.[13] Neben einer gewaltigen Parade und einem Weihespiel zum Andenken an die Toten von Weltkrieg und Völkerschlacht gestaltete sich die Feier des 18. Oktober zum Höhepunkt dieser Tage. Kurzfristig verlegte man die Kundgebung auf das Gelände der Technischen Messe, da die weit über 100000 Teilnehmer auf dem Denkmalsgelände kaum unterzubringen gewesen wären. Dieses verspätete Requiem machte nochmals deutlich, dass das Völkerschlachtdenkmal nun auch besonders als Totenmal galt.

Die letzte Massenveranstaltung am Völkerschlachtdenkmal in der Weimarer Republik organisierte der Gustav-Adolf-Verein (GAV). Anlässlich seines einhundertjährigen Bestehens feierte er dieses Ereignis mit einer Veranstaltungsreihe vom 18. bis 20. September in Leipzig. Den Auftakt bildete eine »große evangelische Kundgebung« mit 300 Fahnenabordnungen, 6500 Sängern und dem feierlichen Aufzug der studentischen Verbindungen, der Schützen, der Sturm-Abteilung (SA), des Stahlhelms und des Wehrwolfs[14]. Im Zentrum der Ansprache des preußischen Wissenschaftsministers Otto Boelitz stand der Aufruf an alle »evangelischen Glaubensgenossen« zur »Sammlung, zur Erhebung und zum Bekenntnis« in diesen Tagen der »materiellen und seelischen Bedrängnis«. Heute gehe wieder eine elementare Bewegung durch das deutsche Volk und riefe nach Männern, die es führen sollen.[15] Nach der Novemberrevolution gehörte der GAV zu jenen Organisationen, die politisch der Deutschnationalen Volkspartei nahestanden. Im Nationalsozialismus sah er eine Kraft, die er zur Durchsetzung seiner eigenen politischen Ziele nutzen wollte und mit der sich zu arrangieren er durchaus bereit war.[16]

Nationalistisch machen mit der ganzen Vehemenz, die dem Extrem innewohnt – das Völkerschlachtdenkmal im Nationalsozialismus

Eine der wichtigsten Aufgaben, die sich die Nationalsozialistische Deutsche Arbeiterpartei (NSDAP) gestellt hatte, war die der völligen Identifikation des Einzelnen mit der Nation und dem deutschen Volkstum. Für Adolf Hitler konnte dies »niemals erfolgen durch Halbheiten, durch schwaches Betonen eines sogenannten Objektivitätsstandpunktes, sondern durch rücksichtslose und fanatisch einseitige Einstellung auf das einmal zu erstrebende Ziel«. Für ihn stand fest, »man kann ein Volk nicht ›national‹ machen ... sondern nur nationalistisch mit der ganzen Vehemenz, die dem Extrem innewohnt«.[17] Mit eben dieser Vehemenz suchten die Nationalsozialisten in der deutschen Vergangenheit Ereignisse, die einen Bezug zur Genese der

13 Der erste deutsche Reichskriegertag in Leipzig 1925, Leipzig 1925, S. 15 ff.

14 Bei dieser Vereinigung handelte es sich um eine Zweigorganisation des »Stahlhelm – Bund der Frontsoldaten«. Der »Wehrwolf, Bund deutscher Männer und Frontkrieger« wurde 1923 unter Mitwirkung Theodor Duesterbergs und anderer Führer des damals verbotenen »Stahlhelm« zunächst unter dem Namen »Mitteldeutscher Schutzverband« gegründet. 1929 besaß der »Wehrwolf«, hauptsächlich in Mittel- und Westdeutschland, zwischen 30000 und 40000 Mitglieder.

15 Leipziger Neueste Nachrichten, Nr. 263, 19. September 1932.

16 Vergl. Allgemeiner Gustav-Adolf-Bote, Jg. 9, Nr. 9, September 1933.

17 Hitler, Adolf: Mein Kampf, München 1941, S. 370 f.

Reichsbischof Ludwig Müller bei seiner Ansprache vor evangelischen Christen am Völkerschlachtdenkmal, 17. Juni 1934

Kundgebung der Hitlerjugend zum Abschluss der Gau-Kulturwoche, 17. Oktober 1937

Oben:
Eichenlaubkranz auf der großen Freitreppe des Völkerschlachtdenkmals zur Trauerfeier zum Tod Paul von Hindenburgs, August 1934

Unten links:
Abzeichen zur Leipziger Sportwoche und zum Kreisfest des Deutschen Reichsbundes für Leibesübungen (DRL) vom 19. bis 27. Juli 1937 in Leipzig

Unten Mitte:
Abzeichen der Leipziger Sportwoche vom 25. Juni bis 3. Juli 1938

Unten rechts:
Abzeichen zum Sachsentreffen der NSDAP 1933

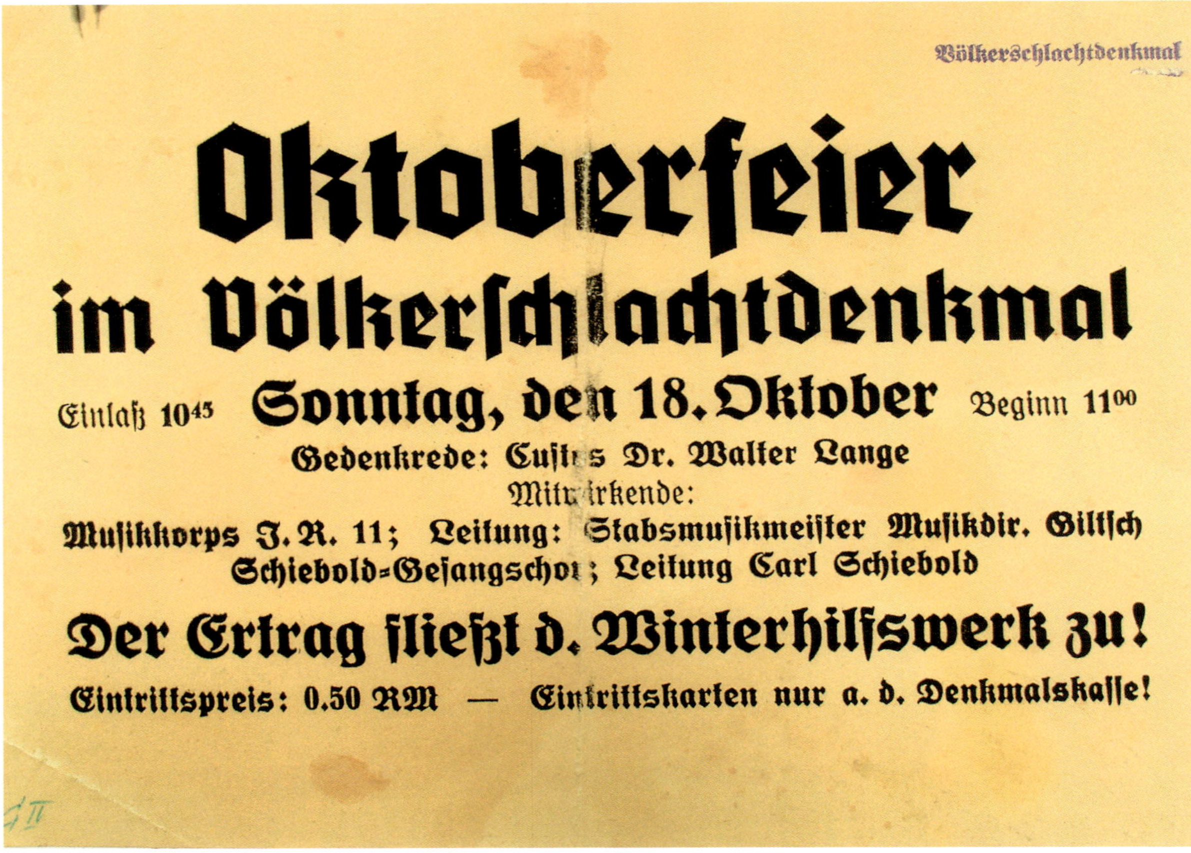

Plakat zur Feier des Jahrestages der Völkerschlacht, 1940er Jahre

Nation hatten, so darzustellen, dass das Dritte Reich schließlich als die Erfüllung aller nationalen Ziele gelten konnte. In ihrem Verhältnis zur deutschen Historie spielten für sie Bewegungen, die große Teile der Bevölkerung für das Ziel der Freiheit der Nation begeistert hatten, eine besondere Rolle. »Was das deutsche Volk wieder emporrichten wird«, so war man sich sicher, »ist die Überzeugung von der Möglichkeit der Wiedererringung der Freiheit. Diese Überzeugung aber kann nur das Schlußprodukt der gleichen Empfindungen von Millionen einzelner darstellen.«[18] Um diese Intention zu realisieren, gehörte auch die Geschichte der Befreiungskriege zu den Paradebeispielen eines »völkischen« Freiheitswillens im Dritten Reich.

Die nationalsozialistische Weltanschauung verlangte geradezu nach Stätten, wo sich der propagierte einende Wille zur eigenen Größe, zur Selbstaufgabe um den Preis eines »höheren« Ziels zelebrieren ließ. Gerade am Völkerschlachtdenkmal wurde gelobt, dass es das »Überindividuelle« ausdrücke und »den Prozess der Entindividualisierung und ... zugleich der volksheitlichen Bestimmung ...«[19] verfolge. Dies machte es einfach, sich mit dem Bauwerk zu arrangieren und es in die eigene Propaganda als Sinnbild der totalen Vermassung des deutschen Volkes einzubauen. »Der Aufbruch des Volkes in den Befreiungskriegen muß den Schleier der weltbürgerlichen Bildungswelt vollends zerreißen. (...) Und nun, da diese Auferstehung im Herzen des Volkes als das große seiner Volkheit von Gott widerfahrene Wunder für alle Zeiten durch Denkmäler lebendig erhalten werden soll, muß die Idee des Nationaldenkmals notwendig zur Idee des Völkerschlachtdenkmals werden.«[20] In diesem Sinne akzeptierten die Nationalsozialisten das Werk des DPB.

Bereits am 16. Juli 1933 führte die NSDAP zum Abschluss ihres sächsischen Gauparteitags am Denkmal eine Kundgebung durch. Höhepunkt war die Rede Adolf Hitlers, der am Fuße des Bauwerks erschienen war, um sich als Sachwalter des Vermächtnisses der Kämpfer von 1813 darzustellen. Das Völkerschlachtdenkmal war zum Sinnbild der nationalsozialistischen Volksgemeinschaft[21] geworden. Am 17. Juni 1934 versammelten sich hier 50 000 evangelische Christen, um gemeinsam mit Reichsbischof Ludwig Müller ein Treubekenntnis zum Nationalsozialismus abzulegen. Müller, der auf dieser Veranstaltung erklärte, die Kräfte, die dem Nationalsozialismus zum Sieg verholfen

[18] *Hitler, Adolf, Mein Kampf, S. 457.*
[19] *Schrade, Hubert: Das deutsche Nationaldenkmal. Idee/Geschichte/Aufgabe, München 1934, S. 64 ff.*
[20] *Ebenda., S. 103.*
[21] *Vergl. dazu Leipziger Neueste Nachrichten vom 17. Juli 1833.*

Militärische Ehrenposten vor dem St. Michael anlässlich eines Jahrestages der Völkerschlacht, 1930er Jahre

Der Leipziger Oberbürgermeister Dr. Carl Goerdeler während einer Rede vor dem Völkerschlachtdenkmal, zwischen 1933 und 1936

hätten, seien rein religiöser Art gewesen, und gegen eine »vertheologisierte Kirchenlehre« zu Felde zog, kam dem Begehren der Nationalsozialisten nach völkisch-mystifizierenden Kulten ihrer Weltanschauung entgegen.[22] Mit der Verbindung christlichen Glaubens und mystisch übersteigerter Verklärung der deutschen Nation wurde das Denkmal zum nationalsozialistischen Sakralbau, zum Tempel der Unbezwingbarkeit des Deutschen an sich deklariert.

Im Oktober 1934 führte die Hitlerjugend (HJ) eine Arbeitstagung ihrer Führer in Leipzig durch. Aus diesem Anlass bildete das Monument am Abend des 13. Oktober den Hintergrund für eine Kundgebung vor über 80 000 Mitgliedern der nationalsozialistischen Jugendorganisationen. Reichsjugendführer Baldur von Schirach führte in seiner Ansprache aus, die Kundgebung an dieser Stelle sei keineswegs »als Bekenntnis zu einer kriegerischen Gesinnung zu werten«, wohl »aber als ein Bekenntnis zum harten und geraden Soldatentum der Pflichterfüllung«. Nun waren es Attribute wie Soldatentum und Pflichterfüllung, Opfer und Zucht, für die das Monument zu stehen hatte. Die Oktoberfeier im gleichen Jahr fand unter Beteiligung von Abordnungen des Reichsheeres, der Polizei, der SA und des Deutschen Luftsportverbandes statt. Militärische Ehrenwachen vor der Figur des Erzengels Michael kündeten vom Anspruch der neuen Machthaber in Deutschland, das Erbe der Volksbewegung von 1813 anzutreten. Vielen Zeitgenossen schien dieser Anspruch nur folgerichtig zu sein: »Das Reich der Ehre und der Freiheit«, so heißt es in einem Bericht über diese Feier, »das zu schaffen die Gefallenen der Völkerschlacht ihren Söhnen und Brüdern als heiliges Vermächtnis übertragen, das wahrhaft einige Deutschland ... ist erst nach mehr als einem Jahrhundert aus Opfern und Not sieghaft erstanden. Wie die 2 Millionen des Weltkrieges, wie die Hunderte braunen Soldaten Adolf Hitlers, so sind auch die Kämpfer der Völkerschlacht für das große, einzige Ziel gestorben, für Deutschland.«[23]

Vergleicht man die Oktoberfeier 1937 mit denen der vorangegangenen Jahre, so wurden hier neue Akzente gesetzt. Nun gehörten Reden über »unendlichen Kampf« und »kämpferische Kultur«[24] mit zum Szenario der ideologischen Vorbereitung auf einen neuen Krieg, der längst in den Generalstäben geplant wurde. Höhepunkt aller Propagandaveranstaltungen am Völkerschlachtdenkmal in der Zeit des Nationalsozialismus aber waren die Ereignisse zum 125. Jahrestag der Leipziger Schlacht 1938. Am 18. Oktober leiteten 21 Salutschüsse aus Artilleriegeschützen am Eingang des Denkmals die Festveranstaltung ein. Vor dem Bau-

[22] *Vergl. dazu Leipziger Neueste Nachrichten vom 18. Juni 1934.*

[23] *Leipziger Neueste Nachrichten, Nr. 290, 17. Oktober 1934.*

[24] *Leipziger Tageszeitung, Nr. 289, 17. Oktober 1937.*

Besuch italienischer Jungfaschisten am Völkerschlachtdenkmal, 30. Juli 1933, 2. von rechts: Clemens Thieme

Krypta des Völkerschlachtdenkmals mit Ehrenposten und Blumenschmuck zu einem Jahrestag der Völkerschlacht, nach 1933

Leipziger Neueste Nachrichten

VERLAG, SCHRIFTLEITUNG, DRUCKEREI Leipzig C 1, Peterssteinweg 19. Postfach 117/118. Ruf 706 11, 726 11. Schriftleitung nach 21 Uhr 715 66. Postscheck-Konto 925. Drahtanschrift „Neueste Leipzig". BEZUG (sonntags mit „Welt im Bild"): durch Träger in Groß-Leipzig monatlich RM. 2.70, auswärts 2.95, halbmonatlich entsprechend; durch die Post monatlich 3.35 (einschl. 58 Rpf. Post-Ueberweisungs-Gebühr) plus 42 Rpf. Post-Zustellgeld. ANZEIGEN: Annahmeschluß 13 Uhr. Preisliste 81.
In Leipzig 15 Pf. / auswärts 20 Pf.

und Handels-Zeitung
vormals „Leipziger Nachrichten"
MONTAG, 27. DEZEMBER 1943

„LNN" ERSCHEINEN täglich außer an 2. Feiertagen. Für regelmäßiges u. pünktlich. Erscheinen wird nicht gehaftet, ebensowenig für Rückgabe unverlangter Schriftstücke. Nachdruck unserer Artikel und Eigenmeldungen nur bei deutlicher Quellenangabe „Leipz. Neueste Nachr." gestattet. Die „LNN" enthalten die Bekanntgaben des Oberbürgermeisters, Landrates und Polizeipräsidenten und solche des Amts- und Landgerichts, der Amts- und Staatsanwaltschaft und der Mitteldeutschen Börse zu Leipzig.
AUSGABE A Nr. 361

Das Opfer von Leipzigs Gefallenen ist unvergänglich

Gauleiter Reichsstatthalter Mutschmann auf der Ehrenfeier am Völkerschlachtdenkmal

Der Abschied von den Toten des 4. Dezember

Am Fuße des Völkerschlachtdenkmals, an jener historischen Stätte, an der in den Oktobertagen 1813 der Entscheidungskampf um Deutschlands Freiheit ausgefochten wurde, fand am Morgen des zweiten Weihnachtsfeiertages eine Trauerfeier für die Opfer des britischen Terrorangriffs am 4. Dezember ds. Js. statt, bei der Gauleiter Reichsstatthalter Martin Mutschmann die Gedenkrede hielt. — In den späten Morgenstunden des zweiten Weihnachtsfeiertages wallte Leipzigs Bevölkerung hinaus zu dem gewaltigen Denkmal der Völkerschlacht. Die unteren und oberen Dammwege vor dem Denkmal sind bald angefüllt von dunklen Menschenmauern. Oben an der Michaels-Terrasse sind zwei riesige, schwarz umkleidete, mit dem Eisernen Kreuz geschmückte Pylonen errichtet. Die Flammen in den Pfannen lodern hell gegen den düsteren Dezemberhimmel. Zu Füßen der Terrasse liegt der gewaltige, „den Gefallenen" gewidmete Kranz. Auf der Terrasse selbst nehmen rechts und links die Hinterbliebenen der Gefallenen Platz, die meisten mit Kranz- und Blumenspenden in den Händen; in der Mitte haben sich hervorragende Vertreter aller Gliederungen der Partei, des Staates, der Wehrmacht und der Stadt versammelt. — Tiefer Ernst liegt über den Gesichtern der Menschen. Aber es ist keine Trauer, die sich willenlos dem Schmerz über das Erlittene hingibt, aus den Mienen leuchtet vielmehr jene trotzige Entschlossenheit, die aus dem Leid neue Kraft schöpft, und auf den herb zusammengepreßten Lippen liegt ein unausgesprochenes „Nun erst recht!" Dieses „Nimmer sich beugen, kraftvoll sich zeigen" war denn auch der Grundakkord, der durch die Ehrenfeier sieghaft klang.

Während der Trauerfeier

Kurz nach 11 Uhr zogen ein Ehrenzug der Wehrmacht, zwei Ehrenstürme der SA. (106 und 107) sowie ein Ehrensturm der Polizei vor dem Standbild Sankt Michaels auf; die Fahnen nehmen rechts und links von den Pylonen Aufstellung.

Kurz danach trifft Gauleiter Reichsstatthalter Mutschmann ein. Begleitet von dem Kreisleiter B. i. A. Wiederroth, dem stellvertretenden Kommandierenden General von Schwedler und Oberbürgermeister SS-Gruppenführer Freyberg begibt sich der Gauleiter hinauf in die Krypta, um dort den Kranz des Führers für die Opfer des Luftterrors niederzulegen. Nach diesem feierlichen Akt klingen, von einem Wehrmachtmusikkorps unter Stabsmusikmeister Giltsch gespielt, die ernsten Rhythmen der Trauermusik von Brener auf. Mit tiefer innerer Anteilnahme sprach sodann Heinz Joachim Klein von den Bühnen der Reichsmessestadt feierliche Gedenkworte, die Dichtungen von Weinheber und Baldur von Schirach einfühlsam dem besonderen Anlaß dienstbar zu machen wußten. Sie klangen aus in dem Gelöbnis, der Opfer immer zu gedenken. Die Tausende ringsum aber wiederholten jeder für sich in stummem Schwur dieses heilige Gelöbnis. Der Pilgerchor aus Richard Wagners „Tannhäuser" bildete dann die geistige Brücke zu der von tiefstem Mitgefühl für Leipzigs Bevölkerung getragenen, zugleich aber auch den Dank und die Anerkennung für deren beispielhafte Haltung aussprechenden Gedenkrede des Gauleiters.

Die Gedächtnisrede des Gauleiters

Meine Volksgenossen! Die Brandfackel der britischen Luftbanditen hat nun nach so vielen anderen deutschen Städten auch unser altes liebes Leipzig, die Reichsmessestadt und das wirtschaftliche und kulturelle Zentrum ganz Mitteldeutschlands, nicht verschont. Hart trifft uns die Vernichtung zahlreicher Kultur- und Wohnstätten, noch härter der Mord an so vielen wehrlosen Kindern, Frauen und Männern; unsagbar ist das Leid, das die blinde Vernichtungswut unserer Feinde über manche Familien gebracht hat. In tiefer Ergriffenheit neigen wir uns vor dem vergossenen Blut Unschuldiger, die als stille Helden für ihre Heimat und für Deutschland fielen.

Wenn wir in dieser feierlichen Stunde Abschied nehmen von den Opfern jener entmenschten Feinde, die vor keiner Schandtat zurückschrecken, dann tun wir das mit dem Gefühl tiefer Dankbarkeit an die Volksgenossen, die ihr Leben für Deutschland ließen. Wir geloben aber auch zur gleichen Zeit, daß wir das Blut der heimtückisch Gemordeten vielfältig rächen werden. Was die Terrorflieger hier und an anderen Orten angerichtet haben, ist so abgrundtief in der Verkommenheit, daß es nur den Gehirnen der von Natur aus minderwertigsten aller Geschöpfe, nämlich der Juden, entsprungen sein kann. Wer sich — wie Churchill und seine Trabanten — diesen Ratgebern verschrieben und ihre Ratschläge ohne Skrupel in die Tat umgesetzt hat, der hat jedes Recht verloren, in der Zukunft noch einmal von Menschlichkeit, Zivilisation oder gar Kultur zu sprechen.

In dieser großen Auseinandersetzung auf Leben und Tod, die wir bestehen müssen und bestehen werden, glaubt der Feind, mit seinen Wahnsinnstaten gegen friedliche deutsche Städte und ihre Bewohner eine Entscheidung erzwingen zu können. Durch die planlose Zerstörung höchster Kulturwerte, die unserem Volke heilig sind, durch die niederträchtigste Vernichtung friedlicher Menschen will er unser Volk mürbe machen und mit dieser Sorte Nervenkrieg ein Volk wie das deutsche, das er mit Waffengewalt niemals besiegen kann, in die Knie zwingen. Wie schlecht kennt der Feind das deutsche Volk! Und wie wunderbar haben die Leipziger von sich aus die Antwort auf diese ebenso feige wie dumme und freche Spekulation gegeben.

Stark und gefaßt ging Leipzigs Bevölkerung ans Werk der Rettung

Ich habe mich noch am frühen Morgen des Terrorangriffes an Ort und Stelle überzeugen können, wie sie trotz ihrer inneren Erschütterung sofort in nicht verzagendem Mut darangingen, Tote und Verletzte zu bergen, Brände zu löschen und zu retten, was nur zu retten war. Ich habe dann später bei meinen fast täglichen Besuchen in Leipzig gesehen, wie stark und gefaßt die Haltung unserer Leipziger war, wie sie fast aus dem Nichts heraus Neues schufen und Hand anlegten, wie sie hart gegen sich selbst waren und Tage und Nächte hindurch arbeiteten, oder wie sie sich ohne Murren dem Zwang der Verhältnisse unterordneten, sich in den Kellern oder Ruinen provisorisch einrichteten und sich oft genug von weither ihre Verpflegung heranholten. Eines aber habe ich mit besonderer Genugtuung überall in gleichem Maße verspürt: das Vertrauen in die deutsche Kraft und Führung und den Haß gegen den unmenschlichen Feind! Diese hart betroffenen Menschen, die oft genug alles Hab und Gut verloren, manchmal sogar teure Anverwandte, sind durch die grausame Erfahrung in ihrem Willen zum Sieg, aber auch in ihrem Haß zur Vergeltung nur noch bestärkt worden.

Wir können erst nach solchen Erfahrungen wie in Leipzig richtig beurteilen, wie oberflächlich und falsch das Wort vom wurzellosen und heimatlosen Großstädter war. Der Beweis ist jetzt endgültig erbracht, daß der Großstädter genau so verbunden mit seiner Heimat ist wie der Landmensch. Mit welcher Liebe hängt er an seinem Haus, an der Wohnung und an den hundert kleinen Dingen seines täglichen Lebens. Wir haben weiterhin in den Tagen nach der Katastrophe erneut bestätigt bekommen, daß sich gerade der einfache Mensch am besten in das Unausweichbare, in die größeren und höheren Gesichtspunkte einfügt.

Leipzigs Bevölkerung ist der beweiskräftigste Zeuge dafür, daß unser Volk nicht nur mit allen Schwierigkeiten und Notständen fertig wird, sondern daß es kein größeres Verlangen hat, als diesen Kampf bis zur Vernichtung derjenigen fortzusetzen, die diese Verbrechen angezettelt haben. In diesen schweren Tagen hat sich in Leipzig die Volksgemeinschaft in hervorragender Weise erfüllt. Einer half dem anderen so gut er konnte. Alle zogen sie am gleichen Strang.

Wir kämpfen weiter, bis Deutschlands Zukunft gesichert ist

Ich will an dieser Stelle auch allen denen danken, die sich in aufopfernder Pflichterfüllung an dem gewaltigen Hilfswerk beteiligt haben. Männer und Frauen der Partei, Hitler-Jugend, Reichsarbeitsdienst, Feuerschutzpolizei, Polizei und Wehrmacht und all die anderen zahllosen und namenlosen Helfer haben in einer Weise ihre Pflicht getan, die höchste Anerkennung verdient. Wenn uns eines mit dem schaurigen Bild der Verheerung und mit den Erlebnissen der Schreckensnacht aussöhnen kann, so war das die wunderbare Kameradschaft und Hilfsbereitschaft, die schönen Beweise von Mut, Tapferkeit und Liebe, auf die Leipzigs Bevölkerung stolz sein kann. So schmerzlich uns der Tod jedes einzelnen Bürgers, so schwer uns der Verlust so vieler wertvoller Volksgenossen auch trifft, er wird gemeistert, um der Zukunft unseres ganzen Volkes willen. Die Toten an der Front und in der Heimat sind nicht gefallen, damit die Ueberlebenden die Waffen aus der Hand legen und sich ehrlos der Willkür der bolschewistisch-plutokratischen Mordgier ergeben; sie fielen, damit Deutschland lebe. Ihre Gräber sollen Wallfahrtsorte unserer Jugend werden, damit wir nie vergessen, was ihre Väter und Mütter für ihre künftige Freiheit taten. An den Särgen der Gefallenen geloben wir, weiter zu arbeiten und zu kämpfen und nicht zu rasten, bis Deutschlands Zukunft gesichert ist.

Rufer und Mahner sollen uns die Gefallenen sein

Was an materiellen Gütern hier vernichtet wurde, das ist in einer späteren Zeit ersetzbar. Es ist für das Reich wie für die Partei eine Ehrensache, daß das alte historische Leipzig mit seiner Bedeutung als Reichsmessestadt, als Buchstadt, als Universitätsstadt, als Musikstadt und als wirtschaftliches Zentrum in der Zukunft neu und möglichst noch schöner und stärker wieder erstehen wird. Es ist selbstverständlich, daß die Behörden und die Partei schon jetzt alles tun, um wieder aufzubauen, was aufzubauen möglich ist. Mag an diesem Ort auch mancher ehrwürdige Bau und manche weltbedeutende Kultureinrichtung vernichtet sein, die Würde dieser Stadt ist durch die Haltung ihrer Bevölkerung mit hinübergerettet worden in die künftigen Zeiten.

Der Führer und die gesamte deutsche Nation nehmen tiefsten Anteil an dem schweren Geschick der Stadt Leipzig. Die kommenden Geschlechter aber werden ehrfurchtsvoll der Menschen gedenken, die ihr Gut und Blut für das Vaterland gaben. Ihre Namen werden wie die der Gefallenen an der Front als unvergänglich in die Annalen der Geschichte eingetragen werden. Tief ist die Tragik ihres Sterbens und schwer das Opfer, das die nächsten Anverwandten tragen müssen. Namens der ganzen Bevölkerung des Gaues Sachsen spreche ich allen denen, die einen lieben Menschen verloren haben, mein aufrichtiges Mitgefühl aus. Ihnen allen, die jetzt für Deutschland fielen, blieb versagt, den deutschen Endsieg mitzuerleben. So sollen sie uns, die wir noch mitten drin stehen im Ringen um Deutschlands Zukunft, Rufer und Mahner sein. Wir wollen unsere ganze Kraft einsetzen, damit sie, die für unser Volk unsterblich geworden sind, nicht umsonst starben. Ihr Opfer ist für uns alle eine heilige Verpflichtung. Im Glauben an Deutschland sind sie gefallen. In demselben fanatischen Glauben ehren wir unsere teuren Toten. (Das Lied vom guten Kameraden erklingt.) Der Führer ist in dieser feierlichen Stunde im Geiste bei uns. Im vollen Vertrauen auf seine Größe stehen wir zu ihm und wissen: Mit ihm wird der Sieg unser sein! Wir grüßen den Führer: Sieg Heil!"

In der Führer-Ehrung und im Gesang der Lieder der Nation klang die Feierstunde machtvoll aus; sie wird allen Beteiligten als ein unvergängliches Erlebnis in der Erinnerung haften.

In einem langen Zug bewegen sich im Anschluß an die Feier am Völkerschlachtdenkmal die Trauernden zum Ehrenhain für die Gefallenen auf dem Südfriedhof. Kreuz an Kreuz auf den tannenbedeckten Gräbern zeugt von ehrendem Gedenken, und hinter jedem Namen birgt sich stilles Heldentum. Die Angehörigen der Gefallenen stehen erschüttert an den würdigen Ruhestätten der Ihren, die dem hinterhältigen Angriff zum Opfer gefallen sind, und legen Kränze und Blumen nieder. Stumm und aufrecht stehen die Kreuze, mahnend weisen sie die Namen der Toten auf, und über dem herben Schmerz der Stunde steht stumm und stark das Gelöbnis der Treue gegenüber denen, die ihr Leben hingaben für Führer und Vaterland.

Drei Hammerschläge

In den dreißig Jahren, die das Denkmal der Völkerschlacht auf dem allmählich ansteigenden Lande im Osten Leipzigs Wache hält über den zehntausenden Toten jenes gewaltigen Ringens, ist manche Stunde freudig aufjubelnder Kundgebung vorübergezogen, jedoch noch keine von so unermeßlich bitterem Ernste erfüllt gewesen wie diese in den Mittagsstunden des zweiten Weihnachtstages 1943. Wir alle, die wir sie miterlebt haben, werden noch in späten Jahren zurückdenken an diese tief an die Herzen greifende Gefallenenfeier, erfüllt von unablässigem Nachdenken über den grausamen Anlaß dieser aufwühlenden Kundgebung zu Ehren der Hinweggerissenen, bewegt bis ins Innerste von dem unfaßbaren Leid und der namenlosen Not, die aus Trümmern und Ruinen uns Ueberlebenden entgegenstarrt.

Die Stätte aber, an der sich Leipzigs Einwohnerschaft zu ihrer größten und zugleich erhebendsten Gedenkstunde versammelt hat, gibt selbst die Antwort auf manche zerquälende Frage. Das Denkmal erinnert uns an die Heldentaten unserer Vorfahren und an die über 46 000 Toten der Verbündeten in der Leipziger Schlacht, sein Mahnruf

Links:
Der Gauleiter begibt sich zur Niederlegung des Kranzes des Führers in die Krypta des Völkerschlachtdenkmals

Rechts:
Der Gauleiter während seiner Gedächtnisansprache

Phot. Stenzel (3)

Leipziger Neueste Nachrichten vom 27. Dezember 1943, Titel

Völkerschlachtdenkmal, erbaut von deutschen Kriegsgefangenen im Camp Gruber, Oklahoma/USA, 1943

werk erlebten Tausende die Kundgebung, an der neben der örtlichen Prominenz von Partei und Stadtverwaltung Sachsens Gauleiter Martin Mutschmann, Reichssportführer Hans von Tschammer und Osten sowie zahlreiche Generale teilnahmen. »Sie werden nun vielleicht sagen: es ist gar keine Gefahr! (...) Der Friede ist auf lange Zeit gesichert ...,« so der Reichssportführer in seiner Rede. »Ja, ... wer so spricht, oder auch nur so denkt, der gehört denn doch zu den immer noch nicht Belehrten. (...) Der völkische Staat wird für sein Dasein kämpfen müssen ...«[25] Damit war der Grundtenor der Kundgebung vorgegeben: der Kampf des »völkischen Staates« für sein Dasein. Am 30. Mai 1938 verkündete Hitler seinen Entschluss, die Tschechoslowakei in absehbarer Zeit durch eine militärische Aktion zu zerschlagen.[26] Bei der ideologischen Vorbereitung zum militärischen Einmarsch lief die gigantische Propagandamaschinerie der NSDAP auf Hochtouren. Das Ergebnis enttäuschte die Staatsführung maßlos. Der Sicherheitsdienst (SD) musste konstatieren, »in weiten Kreisen des Volkes« sei der »Wunsch nach Erhaltung des Friedens um jeden Preis«[27] zu Tage getreten. So scheint es nur folgerichtig, wenn in den Festreden immer wieder versucht wurde, Kampfgeist zu beschwören, und von Tschammer und Osten den »Volksgenossen« den Vorwurf machte, wer den Frieden für gesichert halte, irre. So war auch die Feier vor dem Denkmal im Jahre 1938 Teil der deutschen Kriegsvorbereitung.

Im Morgengrauen des 4. Dezember 1943 erlebte die »Reichsmessestadt« ihren ersten großen Bombenangriff im Zweiten Weltkrieg. 1717 Menschen verloren an diesem Tag ihr Leben in den Trümmern der Stadt.

Am 24. Dezember erschien in den Leipziger Zeitungen der Aufruf des sächsischen Gauleiters Mutschmann, sich am zweiten Weihnachtsfeiertag zum Gedächtnis der Toten am Völkerschlacht-

[25] *Leipziger Tageszeitung, Nr. 291, 19. Oktober 1938.*
[26] *Der Prozeß gegen die Hauptkriegsverbrecher vor dem Internationalen Militärgerichtshof, Nürnberg, 14. 11. 1945–01. 10. 1946, 1947–1949, Bd. 25, Dok. 388-PS, S. 433 ff.*
[27] *Boberach, Heinz (Hrsg.): Meldungen aus dem Reich. Die geheimen Lageberichte des Sicherheitsdienstes der SS 1938–1945., Bd. 2, Hersching 1984, S. 151.*

Ehrenposten der Kasernierten Volkspolizei, der Freien Deutschen Jugend und der Sowjetarmee (von links nach rechts) in der Krypta zum 140. Jahrestag der Völkerschlacht, 1953

denkmal zu versammeln. Dazu hieß es: »Kein Ort ist würdiger für diese große Ehrung, als jene Stätte. (...) Was sich damals zu entwickeln begann, und die zukunftsfrohe Sehnsucht vieler deutscher Herzen war, findet in dem gigantischen Ringen in dem wir jetzt stehen, seine Vollendung. Unsere Toten, sind wie die Toten jener Schlacht ... für Deutschlands Freiheit ... gefallen.«[28] Zum ersten Mal in seiner Geschichte wurde das Völkerschlachtdenkmal zum Totenmal für Zivilisten.

Im Jahre 1944 fanden keine Gedenkfeierlichkeiten aus Anlass des Jahrestages der Völkerschlacht statt. Der Krieg war inzwischen an seinen Ursprung zurückgekehrt. Trotzdem wurde der Tag des Sieges von Leipzig propagandistisch verwertet. Mit direktem Verweis auf die damaligen Ereignisse wurde der Erlass Hitlers zur Bildung des Volkssturms am 18. Oktober 1944 veröffentlicht. »Heute vor 131 Jahren ging ... die Völkerschlacht bei Leipzig zu Ende ... wurde Deutschlands Boden ... reingefegt. Nach militärischen Begriffen war der Krieg ... ein aussichtsloser«[29], bemühte Heinrich Himmler in Ostpreußen das Beispiel des Landsturms in den Befreiungskriegen, um dem schon verlorenen Krieg in letzter Sekunde eine andere Wendung zu geben.

[28] *Neue Leipziger Zeitung, Nr. 359, Weihnachtsausgabe 1943.*

[29] *Neue Leipziger Tageszeitung, Nr. 283, 19. Oktober 1944.*

In Stein geformtes Symbol deutsch-russischer Waffenbrüderschaft – das Völkerschlachtdenkmal in der DDR

Nach der Gründung der DDR stand wiederum die Frage, wie mit einem Denkmal umzugehen sei, das einst für die Einheit der Nation errichtet wurde.

Bereits 1950 begann man, das Monument den innen- und außenpolitischen Zielen des neuen deutschen Teilstaates dienstbar zu machen. So erklärte das Dezernat für Volksbildung, es würden »entsprechende Prüfungen ... vorgenommen und alle mit der Führung (im Denkmal, d. V.) beauftragten Personen ... auf eine Betonung der zeitbe-

Vereidigung von Rekruten der Nationalen Volksarmee vor dem Völkerschlachtdenkmal, 23. Mai 1975

Protestveranstaltung der FDJ gegen den NATO- Doppelbeschluss zur Erweiterung nuklearer Mittelstreckenwaffen in Westeuropa, 28. Mai 1982

dingten Losungen zur Sicherung des Weltfriedens und zur Stärkung der Nationalen Front hingewiesen.«[30] Auch der erste Jahrestag der Gründung der DDR wurde mit einer Feierstunde des Rates der Stadt in der Krypta des Völkerschlachtdenkmals begangen.[31]

Seit 1951 verpflichtete die Sozialistische Einheitspartei Deutschlands (SED) die Historiker der DDR verstärkt auf eine am Historischen Materialismus ausgerichtete Geschichtsschreibung. Der bürgerlichen Historiographie sollte ein marxistisches Geschichtsbild, das die »fortschrittlichen« Traditionen in der deutschen Geschichte akzentuierte, entgegengestellt werden. Angesichts der Realitäten des Kalten Krieges beschloss die SED, alle Möglichkeiten zu nutzen, um die deutsche Einheit in der von ihr angestrebten Form zu verwirklichen. Der damalige Stellvertreter des Ministerpräsidenten der DDR, Walter Ulbricht, forderte dazu auf, »solche geschichtlichen Persönlichkeiten, die große Verdienste im Kampf um die Einheit Deutschlands haben, wie Scharnhorst, Fichte, Gneisenau, Jahn«, in ihrer historischen Bedeutung darzustellen.[32] Damit war das Startsignal für Historiker, Agitatoren, Journalisten und Amateurhistoriker gegeben, sich einem Ereignis der deutschen Geschichte zu widmen, das bis zu diesem Zeitpunkt, nicht zuletzt angesichts seiner Rolle in der nationalsozialistischen Propaganda, kaum beachtet worden war.

Der 140. Jahrestag der Völkerschlacht wurde mit einer enormen Agitations- und Propagandatätigkeit vorbereitet. Allen Deutschen sollte klar werden, dass nur die DDR, und damit natürlich auch die SED, das Erbe der patriotischen deutschen Volksbewegung von 1813 antreten könne. Diese Botschaft richtete sich besonders auch an die Deutschen in der Bundesrepublik. »Tatsache ist«, hieß es in auf einer Konferenz zu Forschungsgegenständen der Befreiungskriege, »daß alle

[30] *Stadtarchiv Leipzig: StVuR 8635. Schreiben des Dezernates für Volksbildung, Amt für Kunst und Kunstpflege an die IG Verwaltung-Banken-Versicherungen vom 10. August 1950.*

[31] *Stadtarchiv Leipzig: StVuR 8635. Aktennotiz vom 25. September 1951.*

[32] *Protokoll der 2. Parteikonferenz der SED, Berlin 1952, S. 112.*

Patrioten der damaligen Zeit sich energisch bemühten, auch die Bevölkerung Westdeutschlands für den Kampf um die Unabhängigkeit zu gewinnen. (...) Manche Zweifler glauben, die DDR mit ihren 18 Millionen Einwohnern könne nichts gegen die Politik in Westdeutschland ausrichten, die angeblich von 48 Millionen Menschen, in Wahrheit aber nur von einer kleinen Oberschicht betrieben wird. Die Geschichte und die Gegenwart beweisen, daß eine erfolgreiche Einflußnahme nach Westdeutschland möglich ist.«[33]

Grundtenor der Erinnerung an die nationale Bewegung des frühen 19. Jahrhunderts war die Absicht der SED und der von ihr dominierten Organisationen, eine ähnliche gesamtnationale Volksbewegung auszulösen, um die Wiedervereinigung Deutschlands zu einem sozialistischen Nationalstaat zu erreichen. Die Außenpolitik Konrad Adenauers, strikt ausgerichtet auf die westeuropäische Integration, galt als nationaler Verrat und wurde mit dem Verhalten der Rheinbundstaaten unter Napoleons Protektorat gleichgesetzt. Ein anderer Beweggrund kam noch hinzu. Schon im Mai 1952 hatte Ulbricht erklärt, »ein friedliebendes Deutschland müsse sich auch schützen ..., (und) werde eher in Frieden leben können«, wenn es »durch nationale Streitkräfte geschützt«[34] sei. Der Aufbau der Nationalen Volksarmee (NVA) schritt fort. Die Beschäftigung mit den Befreiungskriegen sollte so auch die Wiederbewaffnung historisch legitimieren.[35]

Die Feier des 140. Gedenktages der Schlacht im Jahre 1953, die rund 680 000 Mark kostete, wurde mit über 1 000 kleineren Veranstaltungen vorbereitet. Am 17. Oktober zogen vor dem Stalin-Denkmal, der Russischen Kirche, an der Michaelsfigur des Völkerschlachtdenkmals und in der Krypta Ehrenwachen der Freien Deutschen Jugend (FDJ) und der Volkspolizei (VP) auf. Am 18. Oktober erfolgte um 7 Uhr das militärische Wecken in den Stadtbezirken mit Fanfarenzügen und Orchestern der VP. Demonstrationszüge formierten sich und marschierten zur Großkundgebung am Denkmal. Dort spielte vor allem die Darstellung des russischen Volkes als zweifacher Befreier des deutschen Volkes 1813 und 1945 und damit als natürlicher Freund und Bündnispartner die prägende Rolle. Die Partnerschaft mit der Sowjetunion sollte so auf eine fast eineinhalb Jahrhunderte währende Tradition zurückgreifen können.
Das Völkerschlachtdenkmal wurde zum Symbol deutsch-sowjetischer Freundschaft, die erst jetzt, im Sozialismus der DDR, ihr Ziel erreicht haben sollte.

Höhepunkt der Festtage zum 150. Jahrestag der Schlacht 1963 war wiederum eine Massenkundgebung im Denkmalsareal. Zuvor war eine in unmittelbarer Nähe des Völkerschlachtdenkmals gelegene neue Ausstellung des Museums für Geschichte der Stadt Leipzig (heute Stadtgeschichtliches Museum Leipzig) im eigens errichteten Ausstellungspavillon zur Geschichte der Völkerschlacht 1813 im Wilhelm-Külz-Park eröffnet worden. Das Museum, dem das Völkerschlachtdenkmal seit 1961 angegliedert war, zeigte zahlreiche Exponate aus seiner Sammlung zur Ära Napoleons. Die Gedenkfeier am Monument wurde unter Mitwirkung von »Ehreneinheiten« der Sowjetarmee und der NVA inszeniert und vom »Geiste der deutsch-russischen Waffenbrüderschaft« bestimmt. Im Mittelpunkt stand eine Ansprache von Politbüromitglied Albert Norden. Die gesamte Veranstaltung trug den Charakter einer Schuldzuweisung für die Teilung Deutschland an die Adresse der Bundesrepublik und diente dem Bemühen, den eingeschlagenen politischen Entwicklungsweg des deutschen Teilstaates DDR als historisch legitimiert und folgerichtig darzustellen. »Das, was die hervorragenden Reformer 1807–1813 begannen – wir deutschen Marxisten-Leninisten setzen es fort. (...) Wer Deutschland frei machen und frei halten will, darf niemals und unter keinen Umständen gegen die Russen kämpfen«.[36] Die Verbrüderung mit der Sowjetunion erschien gleichsam als lebensnotwendig für die deutsche Nation. So stand das Völkerschlachtdenkmal im Jahre 1963 als ein Zeichen für die deutsch-russische Waffenbrüderschaft, als Beweis für den, im Selbstverständnis der DDR-Kommunisten, einzig möglichen Weg zur wahrhaft nationalen Freiheit. Auch zwischen den Gedenkjubiläen an die Schlacht wurden Großveranstaltungen am Denkmal durchgeführt. Neben den Feiern im Rahmen der Turn- und Sportfeste der DDR in Leipzig findet sich beispielsweise die Abschlussveranstaltung zu den Feierlichkeiten des 50. Jahrestages der russischen Oktoberrevolution im Jahre 1967. Das »Fest der Freundschaft – Auf den Spuren des Roten Oktober« fand am 15. Oktober jenes Jahres mit einer Kundgebung seinen Abschluss. 60 000 meist jugendliche Teilnehmer versammelten sich am Fuß des »in Stein geformten Symbols deutsch-russischer Waffenbrüderschaft«, um in Anwesenheit von Walter Ulbricht einer Musikparade mit militärischem Zeremoniell beizuwohnen und die Verpflichtung abzugeben, »weiter im Geiste des Roten Oktober den Spuren der revolutionären Kämpfer zu folgen«.[37]

Was an diesem Sonntagabend am Denkmal stattfand, war kein frohes Fest der Jugend. Militärisches Zeremoniell, Marschmusik, Fackeln, die den

[33] *Dahlmann, Siegfried: Über die Aufgaben unserer theoretischen Konferenzen, die Notwendigkeit der Pflege nationaler Traditionen und einige Probleme der Geschichtsbetrachtung. In: Lehren des nationalen Befreiungskampfes 1806–1815, Berlin 1953, S. 80.*

[34] *Ulbricht, Walter: Zur Geschichte der deutschen Arbeiterbewegung, Berlin 1953, Bd. IV, S. 332.*

[35] *Michalewicz, Georg: Zur Methodik der patriotischen Erziehung, Berlin 1956, S. 114.*

[36] *Vergl. dazu: Leipziger Volkszeitung vom 20. Oktober 1963.*

[37] *Leipziger Volkszeitung vom 16. Oktober 1967.*

riesigen Vorplatz erhellten, die Anwesenheit führender Vertreter der SED, all dies wurde in Szene gesetzt vom staatlichen Jugendverband, um die Jugend im Sinne der Staatsdoktrin zu motivieren. Das Jahr 1973 brachte auch den 160. Gedenktag der Völkerschlacht und mit ihm die Neugestaltung der Museumsausstellung. Die Ausstellung, die dem Besucher gleichfalls vermitteln sollte, wofür denn das Denkmal stehen sollte, erhielt eine neue Abteilung. Ihr neuer »zweiter Teil, ... zeigt, wie die Waffenbrüderschaft von damals sich in der Klassen- und Waffenbrüderschaft von Nationaler Volksarmee und Sowjetarmee ... dialektisch ... aufhebt«, wusste die Leipziger Volkszeitung zu berichten. Die Neugestaltung erfolgte in Zusammenarbeit mit der Politischen Hauptverwaltung der NVA und dem Militärbezirk Leipzig. Ihr Ziel war, einen »wertvollen, spezifischen Beitrag zur Wehrerziehung und -propaganda zu leisten«.[38] Neben den historischen Exponaten waren nun Maschinenpistolen und Handgranaten sowjetischer Produktion, Modelle moderner Panzerfahrzeuge und Flugzeuge sowie ein vollständiges Flak-Geschütz der NVA zu sehen. Rund 50 Prozent der Ausstellungsfläche widmeten sich dem Thema der sozialistischen Waffenbrüderschaft.

Am Ende der 1970er Jahre war die Frage eines patriotischen Kampfes zur nationalen Wiedervereinigung tabu geworden. Seit Erich Honeckers Zwei-Nationen-Theorie gab es für die SED keine »offene deutsche Frage« mehr. Für die DDR war der Begriff »sozialistische deutsche Nation« eingeführt worden.

Verstärkt wurde jetzt zum Einen das Bemühen, der deutsch-sowjetischen Freundschaft ihren staatlich verordneten Charakter zu nehmen, zum Anderen die militärische Traditionspflege direkt mit der vormilitärischen Ausbildung der Jugend zu verbinden. Ein drittes wichtiges Element des veränderten Umgangs mit historischen Ereignissen der deutschen Geschichte kam zu Beginn der 80er Jahre hinzu – die Frage der Verbundenheit der DDR-Bevölkerung mit ihrem Staat, der als Heimat begriffen werden sollte. Um sich heimisch zu fühlen, verlangte es die Menschen nach Überlieferungen, auf die sich mit Selbstbewusstsein zurückblicken ließ. Eines der deutlichsten Zeichen dafür war eine mit der Aufstellung des Reiterstandbildes Friedrichs II. Unter den Linden in Berlin offiziell eingeleitete »Preußen-Renaissance«. Jetzt machte man es auch interessierten Laien leichter, Zugang zur Vergangenheit des eigenen Volkes zu finden. Durch private Initiative gründete sich beispielsweise 1980 eine Interessengemeinschaft »Völkerschlacht bei Leipzig 1813« bei der Gesellschaft für Heimatgeschichte im Kulturbund der DDR.

[38] *Leipziger Volkszeitung vom 20. Oktober 1973.*

Soldaten der Nationalen Volksarmee mit Jungen Pionieren vor dem Völkerschlachtdenkmal, um 1975

Großer Zapfenstreich der Nationalen Volksarmee zum VIII. Turn- und Sportfest in Leipzig, 31. Juli 1987

Die Mitglieder befassten sich vor allem mit Fragen der Regionalgeschichte.

Der Einsatz des Denkmals als Ort der Traditionspflege der NVA blieb weiterhin obligatorisch. Auch die Feierlichkeiten der Stadt zu den Jahrestagen der Schlacht im Oktober wurden in den 1980er Jahren immer mit aktiver Beteiligung der »Berufsoffiziersbewerberkollektive« und in Zusammenarbeit mit dem Wehrkreiskommando Leipzig durchgeführt. In dieser Zeit galt der Einsatz für die Erhaltung des Weltfriedens, soweit sich alle diesbezüglichen Aktionen im Rahmen der von den gesellschaftlichen Organisationen dominierten Aktivitäten hielten, als Staatsziel, und für die Jubiläen die »kontinuierliche Pflege ... revolutionär-demokratischer und humanistischer Traditionen ... (, die) in die breite Bewegung der Völker ... um die Erhaltung und Sicherung des Friedens« münden sollten, als Richtschnur. Darin bestand auch der Leitgedanke des Völkerschlacht-Jubiläums 1988.[39] Glanzpunkt der Festwoche war wie immer die Kundgebung vor dem Völkerschlachtdenkmal. Sie sollte »gleichzeitig ein Bekenntnis zum Frieden«[40] werden. Rund 100000 Menschen nahmen an dem Ereignis teil. Volkskammerpräsident Horst Sindermann erinnerte in seiner Rede an die Schrecken und Opfer der Völkerschlacht im Besonderen und des Krieges im Allgemeinen. »Wenn wir der Völkerschlacht gedenken«, erklärte er auf der großen Tribüne vor dem Denkmal, »gedenken wir vor allem der Toten, ... all der Opfer der Schlacht.« Gedacht wurde aber eben nicht nur der Gefallenen, sondern auch des Sieges, eines Sieges »des Rechts über das Unrecht. In diesem Sinne feiern wir die Völkerschlacht ... als Sieg des Volkes«.[41]

39 *Leipziger Volkszeitung vom 14. Oktober 1988.*

40 *Rat der Stadt Leipzig (Hrsg.): Leipzig zum 175. Jahrestag der Befreiungskriege 1813/14 mit dem Höhepunkt der Völkerschlacht bei Leipzig, Leipzig 1988, S. 2.*

41 *Vergl. dazu: Leipziger Volkszeitung vom 15./16. Oktober 1988.*

Ort lebendiger Erinnerung

Das Völkerschlachtdenkmal – Nationaldenkmal und Zeichen europäischer Geschichte

Volker Rodekamp

Eingebunden in den Organisationszusammenhang des Stadtgeschichtlichen Museums Leipzig, präsentiert sich das Völkerschlachtdenkmal als architektur- und kulturhistorisches Monument mit vielfältigen historischen Bezugslinien. Das Museum bemüht sich seit dem Jahr 2000 gezielt um die inhaltliche Entwicklung des Memorials, seine zeitgemäße Einordnung und öffentliche Wahrnehmung als Zeichen und Bedeutungsträger im historischen und gesellschaftlichen Kontext.

Das Völkerschlachtdenkmal erinnert vorrangig an die entscheidende Schlacht der Befreiungskriege zwischen den miteinander verbündeten europäischen Staaten und der sich auf dem Rückzug befindlichen Napoleonischen Armee im Jahre 1813. Im Vergleich zu thematisch ähnlich orientierten deutschen Denkmalen, wie der Befreiungshalle bei Kelheim, dem Blücher-Museum in Kaub oder der Walhalla bei Regensburg, ist das Leipziger Memorial die bekannteste und bedeutendste museale Einrichtung, die sich diesem wichtigen Abschnitt der jüngeren deutschen Geschichte widmet. Angesichts der an der Leipziger Schlacht beteiligten Vielzahl europäischer Nationen und Völkerschaften und der für die politische Entwicklung Europas im 19. Jahrhundert bestimmenden Auswirkungen ist es unserer Überzeugung nach angemessen, den europäischen Bezugsrahmen, in dem das Denkmal steht, deutlicher als bisher herauszustellen. In zahlreichen Staaten des modernen Europas existieren in vielfältiger Gestalt Memoriale nationalstaatlicher Entwicklungen, die nicht selten als Ausdruck einer nationalistisch-patriotischen Grundhaltung im ausgehenden 19. Jahrhundert entstanden sind. Eine stattliche Anzahl dieser Erinnerungsorte ist aus der Idee entstanden, das Gedächtnis an militärische Auseinandersetzungen als historisch bedeutsame Einschnitte bzw. Wendepunkte der Nationalgeschichte im Gedächtnis der Allgemeinheit lebendig zu halten.

Die Geschichte des 20. Jahrhunderts, das in der Rückschau auch als das »Jahrhundert der Katastrophen« bezeichnet werden kann, hat in den Gesellschaften Europas zu tiefgreifenden Veränderungen

Kolloquium »Nationale Gedenkstätten im 21. Jahrhundert«, Tagungsort Alte Börse, 23. Oktober 2000. Von links nach rechts: Dr. Volker Rodekamp, Direktor des Stadtgeschichtlichen Museums Leipzig; Steffen Poser, Leiter des Völkerschlachtdenkmals; Inge Adriansen, Museet på Sønderborg Slot; Dr. Peter van den Dungen, University of Bradford, Department of Peace Studies; James Taylor, Imperial War Museum; Dr. Guilio Massobrio, Commune di Alessandria; Dr. Monika Flacke und Dr. Dieter Vorsteher, Deutsches Historisches Museum Berlin

und Umbrüchen geführt. Zwei verheerende Weltkriege, totalitäre Regimes, aus denen die menschenverachtende Gewaltherrschaft des deutschen Nationalsozialismus in seiner Monstrosität herausragt, haben bis in unsere Zeit hinein tiefe Wunden und sichtbare Spuren der Zerstörung hinterlassen. Aus dieser historischen Erfahrung heraus haben sich die europäischen Staaten in der zweiten Hälfte des 20. Jahrhunderts auf den Weg gemacht, ein neues »Haus Europa« aufzubauen, das allen europäischen Staaten und Gesellschaften eine Zukunft und Heimat in Frieden und gegenseitigem Verständnis bieten soll.

Am Beginn des 21. Jahrhunderts hat die Idee einer auf Gleichberechtigung, Demokratie und Selbstbestimmung basierenden europäischen Staatengemeinschaft bereits klare Konturen gewonnen. Das Ziel einer dauerhaften europäischen Friedensgesellschaft ist durch die gesellschaftlichen Veränderungen der achtziger und neunziger Jahre des vergangenen Jahrhunderts in greifbare Nähe gerückt. In diesem Zusammenhang sind auch die nationalen Gedenkstätten gefordert, sich über ihre zukünftige Rolle und Funktion als herausragende Orte nationaler Erinnerungskultur zeitgemäß zu positionieren. Im Oktober 2000 trafen sich aus diesem Grund erstmals Vertreter europäischer Gedenkstätten und Museen in Leipzig, um über Formen der Vermittlung, über Aufgaben und Ziele sowie über Selbstverständnis und Perspektiven einer grenzüberschreitenden Zusammenarbeit zu diskutieren. Im Mittelpunkt des Kolloquiums stand die Frage nach dem künftigen Umgang mit nationalen Erinnerungsstätten in einem vereinten Europa. Vertreter des Museet på Sønderborg Slot – Düppel, des Imperial War Museums London, des Centre mondial de la paix – Verdun, des Department of Peace Studies – University of Bradford, der Commune di Alessandria – Marengo, des Deutschen Historischen Museums Berlin, des Deutsch-russischen Museums Berlin-Karlshorst und des Stadtgeschichtlichen Museums Leipzig haben sich darauf verständigt, die Thematisierung der europäischen Geschichte als eine

FORUM 1813. Museum zur Völkerschlacht bei Leipzig, eröffnet am 16. Mai 1999

Vitrineneinbauten im FORUM 1813, März 1999

Informationsstelen im Denkmalsgelände

Eröffnung der Ausstellung zur Geschichte des Völkerschlachtdenkmals in der Ruhmeshalle am 24. Juli 2001. Im Vordergrund: Dr. Volker Rodekamp, Direktor des Stadtgeschichtlichen Museums Leipzig (links) und Steffen Poser, Leiter des Völkerschlachtdenkmals

FORUM 1813. Schüler vor dem Diorama »Kampf um Probstheida am 18. Oktober 1813«, Mai 2002

Laserinstallation »KriegsZustand« der amerikanischen Künstlerin Jenny Holzer am Völkerschlachtdenkmal, 14. bis 16. Juni 1996

gemeinsame Aufgabe zu verstehen und in herausragender Weise Aspekte von Toleranz, Verständigung und Aussöhnung zu behandeln. Die Diskussion machte deutlich, dass ursprünglich intendierte Aussagen zahlreicher historischer Erinnerungsstätten, die oftmals von Distanz gegenüber anderen Nationen zeugen, allerdings nicht willkürlich durch andere Inhalte substituiert werden können. Der Symbolgehalt von Denkmalen wird sich freilich nur durch die bewusste Art der Erschließung geschichtlicher Hintergründe, ursprünglicher Intentionen und ihrer Einordnung in einen gesamteuropäischen Kontext schrittweise wandeln können. Umstrittene Memoriale können durch die Art der Fragestellungen, die an sie herangetragen werden, die wir an sie richten, durch unsere heutige Betrachtungsweise, durch den zeitgemäßen Umgang mit ihrer Geschichte und die Art und Weise, in der wir versuchen, europäische Zusammenhänge zu erkennen und sichtbar zu machen, gesellschaftlich neu wahrgenommen werden. Dieser Anspruch kann allerdings nur eingelöst werden, wenn die Kontextualisierung in einer für die breite Öffentlichkeit nachvollziehbaren Weise erfolgt. Es gilt, den ursprünglichen Geist der Memoriale, ihre Wirkungsmechanismen, ihre versteckten Botschaften zu hinterfragen und zu dechiffrieren. Bei einer lediglich historischen Betrachtung darf allerdings nicht Halt gemacht werden, es geht um eine eindeutige, nachvollziehbare und begründbare gegenwärtige Haltung zu Denkmalen der Nationalgeschichte. Wenn man davon ausgeht, dass durch die Auseinandersetzung mit Vergangenheit Geschichte und Geschichtsbewusstsein konstruiert wird, besteht die Aufgabe der Geschichtswissenschaft auch in der Dekonstruktion untauglicher Modelle. Eine angemessene Auseinandersetzung mit nationalen Symbolen kann zum Einen mit den Mitteln des Sichtbarmachens und der Irritation, zum Anderen im Diskurs und internationalen Vergleich erfolgen.

Gegenwärtig wird von einer Krise der Denkmalskultur in Europa gesprochen. Es wird die Frage aufgeworfen, wen will man wie, woran und warum erinnern. Das ist zugleich eine Frage nach der Kultur der politischen Erinnerungsarbeit, eine Frage nach gewollten und ungewollten Aussagen, die von Denk- und Mahnmalen ausgehen, eine Frage nach Semantik und Semiotik dieser Orte. Wir tun uns heute vielfach schwer mit der Ästhetik des Monumentalen. Kaum ein Nationaldenkmal, das heute nicht strittig wäre, dessen Sprache über Generationen hinweg getragen hätte. Diese Entwicklung offeriert allerdings auch Lösungswege, denn die Geschichte von Denkmalen ist stets auch eine Geschichte von Streit und unterschiedlichen Positionen gewesen. Leitidee der auf europäischer Ebene zusammenarbeitenden Vertreter von Nationaldenkmalen ist es, weiterführende Spuren einer gemeinsamen europäischen Vergangenheit jenseits der Nationalgeschichte deutlich zu machen. Erste konkrete Schritte sind bereits erfolgt; eine konstruktive Zusammenarbeit zwischen Monumenten und Museen ermöglicht dem Besucher, über das historische Ereignis hinweg, das am jeweiligen Ort thematisiert wird, durch eine erweiterte Perspektive auf eine gemeinsame Vergangenheit zu schauen, die im Europäischen liegt. Nationaldenkmale können in diesem Sinn als Marksteine auf dem Weg in eine europäische Friedensgesellschaft verstanden werden.

Leipzig, die Stadt der friedlichen Revolution von 1989, hat sich dezidiert für die Erhaltung des Völkerschlachtdenkmals als Symbol von Stadtidentität ausgesprochen. In der Erklärung des Stadtrates aus dem Jahr 1999 wurde auf die europäische Dimension des Monuments in hervorragender Weise Bezug genommen: In der Formulierung heißt es »Wir, die gewählten Vertreter der Stadt Leipzig, erklären hiermit unseren Willen, das Völkerschlachtdenkmal als ein Wahrzeichen unserer Stadt zu erhalten und weiterzuentwickeln. Die Stadt Leipzig bekennt sich zu ihrer Verpflichtung, das Völkerschlachtdenkmal als eine der herausragendsten Sehenswürdigkeiten der Stadt und als Kulturdenkmal ersten Ranges, als Ort lebendiger Erinnerung, Erlebnisraum und Stätte offener Kommunikation in einem europäische Identität stiftenden Sinne herauszubilden …«

Es kommt darauf an, diesen hohen Anspruch einzulösen, einerseits nationales Kulturerbe zu bewahren und andererseits Nationalgeschichte in einen erweiterten europäischen Zusammenhang zu stellen. Wir befinden uns dazu auf einem guten Weg.

Die Eröffnung des Museums FORUM 1813 im Mai 1999 in der zur Ausstellungshalle umgebauten ehemaligen Bauhütte des Denkmals war ein wichtiger Schritt zu einer informationsorientierten Präsentation des Memorials, die die Ereignisse von der Französischen Revolution 1789 bis zum Wiener Kongress 1815 mit den Befreiungskriegen und ihrem Höhepunkt Völkerschlacht im europäischen Kontext anhand von rund 350 Exponaten aus der bereits im 19. Jahrhundert entstandenen großen Sammlung zur Völkerschlacht in bewusst moderner und unprätentiöser Weise vermittelt. Sie löste die nach der Wende überarbeitete Exposition im inzwischen baufällig gewordenen, 1997 geschlossenen Ausstellungspavillon im Wilhelm-Külz-Park ab. Als ein Ergebnis des Meinungstauschs mit internationalen Fachkollegen wurde im August 2001 in der Ruhmeshalle des Monuments eine dreiteilige Ausstellung zur Ideen-, Bau- und Rezeptionsgeschichte des Völkerschlachtdenkmals mit der Perspektive eines europäischen Zeitzeichens eröffnet, die ein Videofilm mit zum Teil bisher unveröffentlichtem Filmmaterial begleitet. Zahlreiche Veranstaltungen mit großer öffentlicher Wahrnehmung, wie Konzerte mit dem Chor des Völkerschlachtdenkmals oder Gastchören, Jazzsessions, experimentelle Musik, Rockkonzerte, Kunstausstellungen, Führungen durch den Fundamentkeller, Open-Air-Events, Familienveranstaltungen, Sommerfeste oder die Museumsnacht, tragen dazu bei, das Denkmal zu einem Ort lebendigen kulturellen Lebens zu entwickeln, der für Touristen und die Leipziger Einwohner gleichermaßen attraktiv ist. Damit wird einem wichtigen Faktor im Konzept der Kienbaum Management Consultants GmbH zur wirtschaftlichen und touristischen Entwicklung des Völkerschlachtdenkmals Rechnung getragen. Der zweite Hauptpunkt umfasst die denkmalpflegerische Sanierung des Denkmals bis 2013.

Im Dialog. Holzskulpturen von Jürgen Raiber, Mölbis bei Leipzig, in der Krypta, Ausstellung vom 7. August bis 7. September 2001

Die Stadt Leipzig hat bereits seit den neunziger Jahren erhebliche Mittel in die Substanzerhaltung des Völkerschlachtdenkmals investiert. Als wichtigster Verbündeter engagiert sich dafür der 1998 gegründete Förderverein Völkerschlachtdenkmal e. V. in hervorragender Weise. Als Ehrenvorsitzende fungieren gemeinsam Wolfgang Tiefensee, Oberbürgermeister der Stadt Leipzig, und Prof. Kurt Biedenkopf, seinerzeit Ministerpräsident des Freistaates Sachsen, gleichsam die enge Zusammenarbeit zwischen Stadt und Land symbolisierend. Die Mitglieder des Fördervereins trugen mit zahlreichen Mitstreitern auf regionaler, überregionaler und nationaler Ebene bereits eine beträchtliche Summe an Spendenmitteln zusammen, gewannen Sponsoren und bauten eine effiziente politische Lobby auf. Dem Kuratorium gehören namhafte Persönlichkeiten aus Wirtschaft, Politik und Kultur an. Träger der Generalsanierung des Monuments ist der Vorstand der durch Stadtratsbeschluss vom 18. September 2002 gegründeten Stiftung Völkerschlachtdenkmal Leipzig, dem der Oberbürgermeister, der Kulturbeigeordnete Dr. Georg Girardet, Dr. Volker Rodekamp als Direktor des Stadtgeschichtlichen Museums Leipzig; für den Stadtrat Axel Dyk (SPD-Fraktion) und Gert Schlegel (PDS-Fraktion), für den Freistaat Sachsen Staatssekretär Dr. Albrecht Buttolo, für den Förderverein bzw. dessen Kuratorium die Vorsitzenden Klaus-Michael Rohrwacher und Wolfgang Kellert angehören. Mit den Veranstaltungen zu den Tagen der europäischen Begegnung Leipzig 2003 anlässlich des 190. Jahrestages der Völkerschlacht und des 90. Jahrestages des Völkerschlachtdenkmals erfolgte der Startschuss für die Sanierung, in die die Öffentlichkeit von Anfang an einbezogen wurde. Erster Schritt war der Einbau eines Aufzugs, für dessen Finanzierung Stadt und Förderverein gemeinsam aufkamen und den Oberbürgermeister Wolfgang Tiefensee am 2. April 2003 einweihen konnte. Spiegelbildlich zum FORUM 1813 ist im Oktober 2003 ein modernes Besucher- und Servicezentrum entstanden. Bis zum Frühjahr 2004 wurde der großflächige Kriegsschaden in der Ruhmeshalle beseitigt und im Herbst die Sanierung des großen Plateaus abgeschlossen. In Angriff genommen wurden weiterhin die Erschließungsarbeiten für einen zweiten Aufzug vom Plateau bis zur Kryptaebene, der auch behinderten Menschen im Rollstuhl den Zugang zum Denkmal ermöglicht. 2004 begannen auch die Arbeiten an der Bauhülle in Höhe des Gipfelsteins, die nun schrittweise nach unten fortgeführt werden. Um das »Erlebnis Sanierung« vielen Menschen nahezubringen, illustriert eine Informationsausstellung im Servicebereich den Sanierungsprozess.

Spätestens 2013 zum hundertjährigen Jubiläum der Denkmalseinweihung sollen die wichtigsten Sanierungsschritte abgeschlossen sein.

Festkonzert anlässlich des 60-jährigen Bestehens des Denkmalschores unter Leitung von Sven Kühnast, 17. Juni 2000

Links:
Drachenperformance in der Krypta am 18. August 2001

Rechts:
Ballett der Oper Leipzig in der Krypta am 21. Oktober 1998

Linke Seite:
1. Leipziger Feuerzauber vor und auf dem Völkerschlachtdenkmal, 20. bis 22. April 2001

Zum 189. Jahrestag der Völkerschlacht 2002: Szenenfoto aus dem Film »Das Monstrum« über das Völkerschlachtdenkmal

Links:
Etappenstop der Tour de Ostsee am Völkerschlachtdenkmal, 4. August 2001

Rechts:
Informationsstand des Fördervereins Völkerschlachtdenkmal e. V. zum Sommerfest am Denkmal, 19. August 2000, neben Mitarbeiterin Renate Schmidt Jürgen Standke als Napoleon

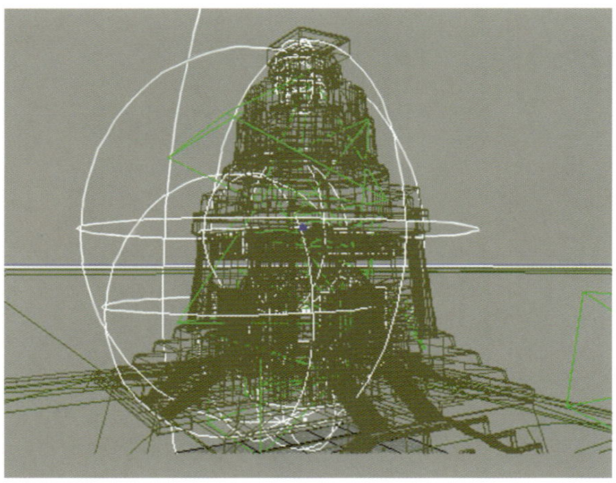

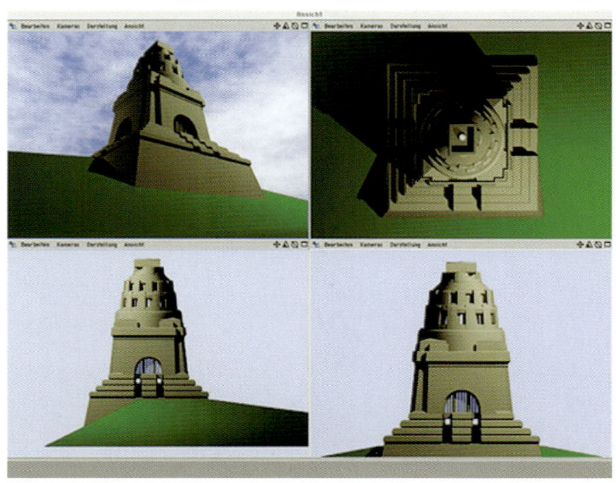

Virtuelles Modell des Völkerschlachtdenkmals zur Simulation einzelner Sanierungsmaßnahmen, 2003

Einweihung des Aufzugs von der Krypta zum oberen Außenrundgang, 2. April 2003. Von rechts nach links: Wolfgang Tiefensee, Oberbürgermeister der Stadt Leipzig, Andreas Ellerbrock, Distriktleiter Sachsen, Sachsen-Anhalt Süd, Thüringen der Fa. OTIS GmbH, und Gerhard Langner, stellvertretender Vorsitzender des Fördervereins Völkerschlachtdenkmal e. V.

Bauarbeiten am Besucher- und Servicezentrum: Einbau der stählernen Galerieebene, Mai 2003

Spuren in der Landschaft

Flora und Fauna am Völkerschlachtdenkmal

Frida Starke

Das sieben Hektar umfassende Parkareal am Völkerschlachtdenkmal ist Lebensraum einer Vielzahl von Pflanzen und Tieren. Stockente und Lachmöwe, Fuchs und Igel sind hier ebenso anzutreffen wie Schachbrettfalter und Königslibelle, Pechnelke und Ruprechtsfarn, Breitflügelfledermaus und Dohle, Stichling und Goldfisch, Krim-Linde und Löwenzahn.

Im Jahresablauf gehören Erdkröte und Dohle zu den Ersten, die am Völkerschlachtdenkmal Einzug halten. Laden frühlingshafte Temperaturen wieder zum abendlichen Spaziergang, klettert das Thermometer nachts endlich auf mehr als acht, neun Grad, dann sind die gedämpften Rufe der Kröten zu hören. Die Weibchen der Gemeinschaft, eine der seltenen innerhalb der Stadt Leipzig, sind unterwegs auf ihren Pfaden – von den Winterstätten am Südfriedhof hinüber ans Wasserbecken zum Laichen. Schwer genug fällt es ihnen, über den Damm hinunter zum flachen Einstieg zu gelangen. Haben sie den See schließlich erreicht, legen sie ihren Laich in Perlenschnüren ab. Unbehelligt reift die Brut zu Kaulquappen, die Fische im Bassin bevorzugen Plankton. Erst beim Wechsel in die »Muttererde« des Südfriedhofs müssen die jungen Kröten auf der Hut vor derben Schuhsohlen sein.

Dem Nachwuchs der Dohle hingegen droht eher Gefahr von gefiederten Nesträubern. Kehrt der kleine Krähenvogel mit dem blauschwarzgrau schimmernden Gefieder und den silbrigblau glänzenden Augen im März aus seinen Quartieren in Südfrankreich und anderen warmen Gefilden ins nördlichere Europa zurück, warten in 80 Meter Höhe 14 Nistkästen. Deren versteckte Lage zu Häupten der Freiheitswächter schützt sie und ihr Gelege vor neugierigen Blicken. Zugleich verhindert der eng gehaltene Einflug, dass verwilderte Haustauben die Kästen besetzen. Diesen Beistand braucht der kluge und gesellige Höhlenbrüter – hat er doch durch die Sanierung der Gesimskästen und der Dächer an den Gründerzeithäusern

Nach Informationen vom Anglerverband Sachsen e. V., Dr. Peter Gutte, Markkleeberg, Landschaftsarchitekturbüro Amin, Leipzig, Landschaftsarchitekturbüro Franz, Leipzig, Naturkundemuseum Leipzig, Grünflächen- und Umweltschutzamt der Stadt Leipzig

Blick vom Völkerschlachtdenkmal auf das Stadtzentrum

Stockente mit Kücken auf dem Denkmalsteich

Kiefern

Große Brennessel
(links) und Veilchen

Eichelhäher

Leipzigs viele seiner angestammten Brutstätten verloren. Mittlerweile steht die Dohle in Sachsen und Thüringen auf der Roten Liste.

Am Völkerschlachtdenkmal bevorzugt sie die Ost- oder Nordseite, die Nistkästen im Süden und Westen hingegen ignoriert sie – die einen sind der Sonne ausgesetzt, die anderen befinden sich auf der Wetterseite. Zum Nestbau verwendet die Dohle nicht allein Zweige, Gras und Laub. Rastabändchen vom letzten Sommerfest, verloren gegangene Handschuhe oder Taschentücher sind ihr ebenso willkommen. Hauptsache, das Nest wird wohlig weich – um die vier, fünf, selten sechs Eier zu wärmen, die das Weibchen im Mai ausbrütet. Höchstens drei Junge füttern die Altvögel nach dem Schlüpfen für drei Wochen.

Startet Dohle junior schließlich zum ersten Ausflug, gleitet sie über die Parks und Wiesen – um oft genug abzudrehen. Vielleicht hinüber zum Wasserturm von Paunsdorf, vielleicht hinaus auf die Felder vor der Stadt. Statt der endlos rauschenden Kette der Autos schwirren Heuschrecken, Libellen und Käfer vorüber; bereichern Früchte, Wurzeln und Körner den Speisezettel. Angesichts dieser Auswahl locken die Schnitte Brot oder der Zipfel Bratwurst, die ab und an von den Altvögeln aus Papierkörben gepickt werden, kaum an den Geburtsort zurück.

Wirklich ködern von den Speiseresten lässt sich hingegen der Rotfuchs. Er, und nicht die Dohle oder die Maus, ist der nächtliche Gast, der im Abfallkübel wühlt, »fein säuberlich« ungenieß-

Blick vom Südfriedhof zum Völkerschlacht-denkmal

Rotfuchs

bare Pappteller und Plastikbecher aussortiert und sich am wohlfeilen Menü aus der Tonne labt. Seit einigen Jahren fühlt sich der Rotrock in ganz Leipzig zu Hause – immerhin verschonen ihn in der Stadt Grünröcke, und als Nahrungsopportunist findet er an jeder Ecke sein Auskommen. Und so ist er auf seinen ausgedehnten Streifzügen auch bis in den lockeren Baumgürtel vorgedrungen, den Wilhelm-Külz-Park und Südfriedhof um das Völkerschlachtdenkmal legen.

Mit seiner feinen Nase spürt der Fuchs vor allem Mäuse auf, die sich im Gras verkriechen. Ob er letztlich an den Böschungen eine Feld- oder Brandmaus erwischt oder auf dem Friedhof eine Waldspitz- oder Gelbhalsmaus packt, ist ihm gleich; von allen Arten gibt es genug. Auch ein Maulwurf, den ein Hermelin wegen des strengen Geruchs links liegen ließe, kommt einem Fuchs gerade recht – sofern der sich beim Aufwerfen seiner Hügel tatsächlich fangen lässt. Kaninchen allerdings sind vom Speiseplan des Fuchses gestrichen. Zuerst zehrte die Myxomatose, eine Viruserkrankung, an den Beständen; dann litten sie unter den feuchten und kühlen Wintern; und als schließlich der Fuchs auf Jagd ging, hatten sie dem wendigen Räuber nur noch wenig Kraft entgegen zu setzen. So sind die Kaninchen mittlerweile sowohl von den Grünflächen zwischen den Neubauten von Grünau als auch aus der Parklandschaft um das Völkerschlachtdenkmal weitgehend verschwunden. Letztere bietet dem kleinen Raubtier allerdings einen anderen Vorzug: Abgeschiedene Stellen des Südfriedhofs sind ihm sicher genug, seinen Wurfbau zu graben. Hier erblicken im März vier bis fünf Welpen das Licht der Welt. Verlassen die Jungtiere den Bau und erkunden ein eigenes Revier, müssen sie vor allem einer Gefahr ausweichen: der Meute der Kraftwagen, die über Trassen wie die Prager Straße oder die Straße an der Tabaksmühle hetzt.

Ein anderer Fuchs, der Kleine Fuchs, lässt sich allerdings am Völkerschlachtdenkmal kaum blicken. Zwar zählt der Schmetterling – wie der Zitronenfalter – zu jenen Tagfaltern, die ab März bis in die Innenstadt fliegen. Aber ihr Appetit auf Weidenkätzchen, den sie beim Verlassen des Winterquartiers spüren, lässt sie den Auwald bevorzugen; und den Großen Fuchs zieht es gar in die sonnigen Wälder außerhalb der Stadt. Obwohl Park- und Grünanlagen generell wenig verlockend

Breitflügelfledermaus

Wald-Goldstern

Einjähriges Berufkraut

für Schmetterlinge sind – die Mahd schneidet ihre Nektarquellen ab –, wird doch der eine oder andere zum Landeanflug verführt.

Im Frühling rasten auf den Sträuchern und Hecken Schmetterlinge wie der Admiral, der aus Südeuropa zuwandert. Und wenn im Juni die Sonne ihrem höchsten Stand entgegen strebt, dann schlüpfen tagaktive Falter wie Tagpfauenauge, Landkärtchen und Kleiner Fuchs an den Brennnesseln des Wilhelm-Külz-Parks und des Südfriedhofs aus ihren Puppen. Hat sich das Landkärtchen in seiner schwarzen Sommervariante entpuppt, verweilt es über die warmen Wochen in der Nähe der Brennesseln; der Kleine Fuchs nimmt Kurs auf die trockenen Hänge entlang dem Wasserbecken; Schachbrettfalter und Großes Ochsenauge schweben über die bunten Wiesen, und das Gemeine Blutströpfchen folgt dem Duft des Horn-Klees. Die häufig vorkommenden Wiesenschmetterlinge schätzen die Vegetation auf den mageren Böden am Denkmal und an den feuchten Plätzen des Südfriedhofs. Doch ob und wann sie in dem einen Jahr fliegen und in dem anderen nicht, das bleibt ihr Geheimnis. Die meisten Arten sind einfach zu selten vor Ort zu sehen, als dass sich ihr Bestand genau erfassen ließe.

Auf der kargen Erde gedeihen inzwischen mehr als hundert Pflanzenarten. Gerade weil der Boden nicht allzu viel bietet, siedelten sich mit Ohrlöffel-Leimkraut, Kleiner Wiesenraute und Schwielen-Löwenzahn einige Raritäten an, die sonst in der Leipziger Tieflandsbucht kaum vorkommen. Zusammen mit bekannten Wiesenpflanzen wie Gänseblümchen, Wiesenschaumkraut, Scharfem Hahnenfuß, Goldstern und Wiesen-Salbei erfreuen sie im Frühjahr die Spaziergänger. Im Vollfrühling und Frühsommer laden die Blütenstände von Rundblättriger Glockenblume, Wiesen-Margerite und Pfeilkresse Bienen, Hummeln, Schmetterlinge und Käfer zum Pollen- und Nektarschmaus, eine Einladung, die an den Wegrändern auch Schafgarbe und Großes Wiesen-Labkraut aussprechen. Wiesengräser wie Glatthafer und Wiesen-Rispengras, aber auch die seltenen Fieder-Zwenke und Zwiebel-Rispengras mischen ihre verschiedenen Grüntöne in das muntere Farbspiel. Ab Mitte Juli blühen Gewöhnliche Grasnelke, Pechnelke, Skabiosen-Flocken- und Ackerwitwenblume, die am Völkerschlachtenkmal ebenso häufig wie in Leipzig selten ist, Wiesen-Glockenblume, Wilde Möhre, Acker-Hornkraut und Gewöhnliches Bitterkraut.

Buschwindröschen

Lindenallee

Völkerschlacht-
denkmal, Rückansicht

Eingriffliger Weißdorn

Im Wilhelm Külz-Park

Links:
Wiesenflockenblume (links) und Wiesenmargerite

Rechts:
Ackerwitwenblume

Halbtrockenrasen mit Wiesenflockenblumen und verschiedenen Gräsern

Aus Sicht des Sächsischen Naturschutzgesetzes gebührt dem farbenfrohen Arrangement, das die Böschungen prägt, der Status »Magere Frischwiese« oder »Halbtrockenrasen«. Nachdem das gesamte Areal einst mit Asche, Schutt und Müll aufgeschüttet worden war, zeichneten sich alsbald Erosion und Setzungen ab. Nunmehr musste die Vegetation auf einem steilen Boden Fuß fassen, auf dem sich kaum Nährstoffe sammeln können und Wasser nur ungeregelt zufließt. Pflanzlöcher für Büsche und Bäume werden immer wieder mit fruchtbarer Erde ausgefüllt. Selbst moderne hochgebirgstaugliche Mähmaschinen kommen auf diesen Schrägen ins Rutschen. Aber so wie feuchte Böden ihre Pflanzen kennen, so ziehen auch trockene Wiesen ihre Gewächse an. Es dauerte weit mehr als ein halbes Jahrhundert, bis sich die vor allem im Frühsommer reich blühende Pflanzenwelt auf dem kargen Grund angesiedelt hatte – sei es, dass die Samen durch Vögel und Tiere oder Wind und Wetter eingebracht wurden, oder sei es, dass späterhin auch der Mensch mit seinen Transportmitteln für ihre Verbreitung sorgte.

Der Deutsche Patriotenbund als Bauherr und die Städtische Gartendirektion stimmten überein, die strenge Architektur des Denkmals – die künstliche Wälle und Hügel unterstrichen – auch in der Gestalt des Umfelds aufzunehmen. In erster Linie hatten Bäume, Sträucher und Rasen die Funktion, die Wirkung des Bauwerks zu unterstreichen und es schattenlos und unverdeckt dem Auge des Betrachters darzubieten. Die großzügig angeleg-

Spiegelbild des Monuments im Denkmalsteich

ten Rasenflächen sollten regelmäßig gedüngt und nachgesät werden, die Flächen zudem zwischen 1. April und 15. Oktober von drei zu drei Wochen und somit insgesamt neunmal jährlich gemäht und über 95 Tage je fünf Arbeitskräfte zur Bewässerung abgestellt werden.

Dicht sollte der Rasen vor und hinter dem Denkmal stehen, kurz geschoren und in sattem Grün. Von der Teichfläche wurden Soden auf die Böschungen und Hänge verlegt, zudem ein Gemisch aus zehn gewöhnlichen robusten Gras- und Kleesorten gesät, darunter mit Rot-Schwingel und Glatthafer zwei, die sich noch heute finden. Am oberen Wall um Denkmal und Teich wurden Ulmen in Doppelreihe gesetzt, deren Astwerk jedoch – entgegen der ursprünglichen Absicht – nicht in die martialisch anmutende Kastenform gestutzt, sondern lediglich zurückgeschnitten. Die Ligusterhecken, die die oberen Wege säumten, wurden zu Gunsten der architektonischen Wirkung niedrig gehalten. Die Kornelkirschenhekke am Fuß der Böschung zur Reitzenhainer Straße (heute: Prager Straße) sollte verhindern, dass Trampelpfade angelegt würden. Durchgängig jedoch gelang es nicht, die Anlagen in ihrem originalen Bild zu schützen.

Zum einen wurde das Areal nach dem Ersten und Zweiten Weltkrieg landwirtschaftlich genutzt. Auch schädigten Unachtsamkeit und Ignoranz immer wieder die gärtnerischen Anlagen. Aufmärsche, zu denen die Nationalsozialisten bis zu 100 000 Zuschauer am Völkerschlachtdenkmal zusammentrommelten, endeten zumeist mit abgeknickten Ästen, entwurzelten Büschen und zertretenem Rasen. Ebensolche Spuren hinterließen die Turn- und Sportfeste der DDR, zu denen sich die Teilnehmer auf den Hängen und im zeitweise trocken gelegten Bassin aufstellten. Doch auch Roller und Bälle, Rodelschlitten und Skibretter der Kinder aus den angrenzenden Stadtgebieten Stünz, Stötteritz, Reudnitz und Connewitz hinterließen ihre Spuren.

Zum anderen erwies sich die Pflege, insbesondere der Böschungen und Hänge, schon Mitte der 1920er Jahre als ungebührlich aufwändig. Der Rasen wurde fortan dreimal jährlich gemäht, ab Ende der vierziger Jahre noch zweimal. Im Juni 1930 sah sich der Deutsche Patriotenbund veranlasst, den Rat der Stadt zu bitten, das auf 160 Zentimeter hoch geschossene Gras – in dem sich schon die Ackerwinde heimisch fühlte – endlich zu hauen. Als etwa zehn Jahre später der Splintkäfer

Links:
Blaugrüne Mosaik-
jungfer (Großlibelle)

Rechts:
Krauses Laichkraut

Links:
Kaulquappen

Rechts:
Goldfisch

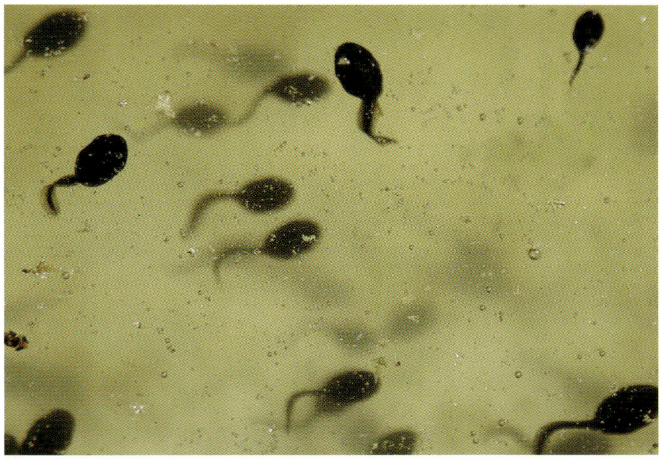

Links:
Männchen des
Aurorafalters

Rechts:
Große Binsenjungfer
(Kleinlibelle)

die Ulmen am Völkerschlachtdenkmal erreichte, wurden die abgestorbenen Bäume im Mangel des Nachkriegs durch 250 Krim-Linden ersetzt.
Im weiten Umfeld lösten die Planer der städtischen Gartenverwaltung die starren Formen auf, ohne die Würde und den Ernst der Denkmalsanlage zu schmälern. Auf dem Gelände des Südfriedhofs und am Napoleonstein (dem späteren Denkmals- und heutigen Wilhelm-Külz-Park) wurden heimische Hölzer wie Waldkiefer, Fichte und Tanne gepflanzt. Hinzu kamen Laubbäume wie Ahorn, Birke, Esche und Pappel. Die Methoden der Aufforstung, die zehn Jahre vor der Einweihung begann, stießen jedoch auf Kritik. Im November 1905 schrieb sich ein Leser der Leipziger Volkszeitung sein Erstaunen und seine Empörung von der Seele, ob des Vorgangs, den er im Stünzer Park beobachten konnte: »Diese schönen Bäume, die schon eine ganze Reihe von Jahren stehen müssen, um eine hübsche Krone und einen Stamm von zirka einem halben Meter Umfang zu erreichen, werden nach dem Völkerschlachtdenkmal geschafft.« Folglich sei der »Teil des Volkshaines bei Stünz, der so gern und zahlreich, besonders auch von Frauen, Kindern und Genesungsuchenden, besucht wurde, ... wieder kahl, wie etwa zu jener Zeit, als man die Anlage kaum fertiggestellt hatte«.[1] Die Stadtverordneten wusste die Gartendirektion bei diesem Vorgehen auf ihrer Seite. Nach ihren Vorstellungen vom März 1904 sollten die Anpflanzungen an der Reitzenhainer Straße nördlich des Napoleonsteins »bis zur Beendung des Denkmalsbaus ... in ihrem Wachstum soweit fortgeschritten (sein), dass sie dem mächtigen Bauwerk gegenüber nicht zu dürftig erscheinen«.[2] Immerhin bildeten sie den Vordergrund für das Monument.

Bis heute ist aus diesen ersten und den nachfolgenden Pflanzungen ein geschlossener Komplex aus Krim-Linden und Ligusterhecken am Völkerschlachtdenkmal erwachsen, der in die Laubbäume und Nadelhölzer der Umgebung übergeht. Gen Südfriedhof mischen sich dicht stehende Großsträucher wie Schwarzer Holunder und Zweigriffliger Weißdorn sowie Bäume wie Spitz- und Bergahorn, Gemeine Esche und Robinie hinein. Viele Samen, die einflogen, sind aufgegangen. Während die Ulmen seinerzeit einen unverstellten Blick auf das Denkmal erlaubten, gleicht heute ein sommerlicher Spaziergang unter den Krim-Linden einem

[1] *Leipziger Volkszeitung vom 27. November 1905, Nr. 274.*

[2] Öffentliche Sitzung der Stadtverordneten zu Leipzig am 9. März 1904. StadtAL Kap. 26, Nr. 23, Band 1, S. 148.

Flanieren unter Arkaden. Das übergreifende Geäst schützt den Besucher nicht nur vor der Sommerhitze, sondern verwehrt ihm auch die Sicht auf das Monument, den erst der Herbst wieder gestattet.

Nach dem letzten Grasschnitt – die Wiesenhänge und -böschungen werden mit Rücksicht auf den reichen Bestand, zu dem mit der Gewöhnlichen Grasnelke, dem Ohrlöffel-Leimkraut und dem Wiesen-Salbei teils geschützte, teils gefährdete Arten gehören, derzeit zweimal im Jahr gemäht – verlieren die Linden ihr Blätterdach. Mit der Oktoberkälte suchen die Fledermäuse eine Höhle. Breitflügel- und Zwergflügelfledermäuse lassen sich zum Winterschlaf in den Ritzen und Spalten des Völkerschlachtdenkmals nieder. Selbst ein winzig dünner Kabelkanal genügt ihnen, um in dem Gemäuer unterzuschlüpfen. Geringe Temperaturen und hohe Luftfeuchtigkeit, die den Granitstein zersetzen, kommen ihnen entgegen. Die Zeit bis zum März nutzen beide Arten zur Paarung. Und wenn die Mehrzahl der Fledermäuse nach dem Winterschlaf ausfliegt, bleiben zwischen den kühlen Mauern allenfalls ein paar männliche Tiere hängen.

Die Weibchen sind in den Wochenstuben unter den Dächern der umliegenden Häuser anzutreffen. Bis zur Geburt ihres einen Jungen im Juni – zwei bringen Fledermäuse nur selten zur Welt – schließen sich etwa 20 Tiere zusammen. Sieben bis acht Wochen dauert es, ehe sich der Nachwuchs allein durchschlagen kann. In dieser Zeit kümmern sich die Weibchen fürsorglich um ihr Junges, wärmen es in ihrem Fell, nähren es an ihrer Brust – und lassen es nur allein, um für sich selbst ein paar Insekten zu fangen. So hat die kleine Fledermaus – im Unterschied zu ihren vierfüßigen Namensvettern gute Chancen zu überleben und 17 bis 20 Lebensjahre zu erreichen. Eine Spitzmaus beispielsweise muss hingegen zehn Junge werfen, um wenigstens zwei oder drei durchzubringen.

Natürlich sind die Bauten des Südfriedhofs für Breitflügel- und Zwergflügelfledermäuse ebenso anziehend wie die Hohlräume des Denkmals. Zudem steuern zur kalten Jahreszeit der Große Abendsegler, die Rauhautfledermaus oder das Braune Langohr, typische Waldfledermäuse, Laubbäume wie die Eiche an. In Gruppen zu 50 Tieren hängt sich der Große Abendsegler in die Baum-

Saatkrähen

höhlen von Eichen und Buchen, um zu überwintern. Bei strengem Frost erfrieren die Tiere an der Außenhaut des schwarzen Ballons.

Zugleich schafft die Kälte genau jene Temperatur, die das Wasserbassin mit Eis bedeckt. 162 Meter Länge und 79 in der Breite umfasst das trapezförmige Becken – perfekt zum Schlittschuhlaufen, beklemmend für die Fische. Unter der harten kalten Decke sind sie dem Kratzen der Metallkufen ausgeliefert. Ausweglos gefangen, wie in einer Blechbüchse, auf die heftige Schläge prasseln. Das Getöse zerschneidet die Winterruhe der Kiemenatmer, ihr Bedarf an Sauerstoff steigt um das Drei- und Vierfache – doch ein Entrinnen an die klare, frische Luft, die Spaziergänger und Eisläufer gleichermaßen genießen, gibt es für sie nicht. Mit jedem Aufschrecken vergeuden sie ein Quäntchen jener Energie, die sie für den Frühling gespeichert haben. Tauchen sie dann auf, haben sie ihre Kraft zum Leben verloren. Ein unverfrorener Angler würde da weitaus weniger Schaden anrichten. Eine Plötze, Rotfeder oder Karausche, ein Moderlieschen oder einen Stichling mit der Stippe zu erwischen, dürfte ziemlich frustrierend sein. Und Karpfen oder Schleie gehen kaum an die wippenden Korken.

Es sind Wasservögel wie Lachmöwe und Stockente, die in ihrem Gefieder den Laich über zehn, 15 Kilometer aus anderen Gewässern ans Völkerschlachtdenkmal einschleppen. Offenbar mit Hintersinn nehmen die Möwen die Mühe auf sich: Meist um die Jahresmitte wird der Sauerstoff im aufgeheizten Wasser, dessen tiefste Stelle eben 160 Zentimeter misst, knapp. Die Fische schnappen an der Oberfläche nach Luft – und die Möwen nach der unvorsichtigen Brut. Das Angebot an natürlichem Plankton ist ausreichend. Es genügt auch, um Gelbrandkäfer und Libellenlarven durchzufüttern. Manchmal gewinnt es gar die Oberhand: Kommen die Fische mit dem Fressen nicht mehr nach, vermehren sich Wasserflöhe, Hüpferlinge und Kleinkrebse derart reichlich, dass sie wiederum ihre Nahrung – die Blaualgen – aufzehren. Für eine Weile funkelt der Teich glasklar. Das dauert bis zu jenem Moment, da die darbenden Kleinkrebse ihrerseits verhungern, sich neue Blaualgen von ihnen nähren, die das Wasser wieder mit bläulichen Schlieren bedecken. Und wie bei der Landung von Enten und Möwen zerrinnt das Spiegelbild des Monuments im Denkmalsteich.

Souvenirs, Souvenirs

Andenken an das Völkerschlachtdenkmal

Steffen Poser

Bereits im Mittelalter verbreitete sich in Europa die Sitte, heranwachsende männliche Sprösslinge wohlhabender, meist adliger Familien für einige Monate auf Reisen zu schicken, um ihre Bildung zu vervollständigen. Jene Kavalierstouren wurden ab dem 18. Jahrhundert zunehmend von Bürgerlichen kopiert. Frankreich, Deutschland, die Schweiz oder Sizilien als preiswerter Griechenland-Ersatz standen meist auf dem Programm. Anstelle des Reliquienerwerbs früherer Jahrhunderte wurde das Reiseprogramm verstärkt mit dem mehr oder minder planmäßigen Anlegen von Kunst- und Büchersammlungen kombiniert. Etwa ab der Mitte des 19. Jahrhunderts begannen Kunsthandwerker einen Markt für Erinnerungsstücke zu entdecken, den sie mit ihren Produkten bedienten. Wer eine Reise absolviert hatte, konnte so nicht nur etwas erzählen, er wusste es über die mitgebrachten Dinge auch den Daheimgeblieben anschaulich zu illustrieren.

Reiseandenken transportieren sozusagen ein Stück Ferne in die heimischen Gefilde und entfalten auch zu Hause die geheimnisvolle Anziehungskraft des Fremden. Je individueller und authentischer solche Dinge sind, umso größer ist ihre Magie, doch verflüchtigt sich die Originalität in den Dimensionen einer industriellen Fertigung. Die Sehnsucht aber, ein Stück der weiten Welt mit nach Hause zu nehmen, diese Sehnsucht bleibt die gleiche.

Es gibt wohl kein zweites Leipziger Bauwerk, das mit solcher Intensität auf Bedarfsgütern und Objekten ohne jeglichen rationalen Gebrauchswert gleichermaßen abgebildet, eingeprägt oder ausgestanzt, gestickt, eingeklebt oder aufgelötet worden ist, wie das Völkerschlachtdenkmal. Auch als Image- und Werbeträger fand das markante Leipziger Wahrzeichen vielfältige Verwendung. In zahlreichen Varianten war auf diese Weise das monumentale Bauwerk in Europas Wohnzimmern, Dielen und Gartenlauben präsent. Im deutschlandweiten Vergleich kann dagegen wohl nur das Brandenburger Tor bestehen. Wer bei solchem Wettbewerb die besseren Siegchancen hätte, ist hier nicht zu klären.

Reklamemarken der Firma Fritz Schulz jun. AG mit Szenen aus der Völkerschlacht, um 1913

Aus den ersten Jahrzehnten des Völkerschlachtdenkmals sollen einige der kuriosesten Souvenir- und Werbeartikel, Bildpostkarten und private Erinnerungsfotos vorgestellt werden. Aus heutiger Sicht erscheinen sie eher als rare Objekte der Alltagskultur. Überhaupt sollten wir uns mit Werturteilen wohl besser zurückhalten. Denn wie bemerkte doch schon unser berühmtester deutscher Italien-Tourist und Sammler Goethe? »Der Schönheit wie der Neigung Wert verliert sich bald, Allein der Wert des Goldes bleibt.«

Reklametafel der
Firma Kraft-Briket,
um 1913

Reklamemarken,
um 1913

Links:
Annonce für Zigarren mit Darstellung des Völkerschlachtdenkmals, 1913

Rechts:
Annonce der Schokoladenfabrik Knape & Würk für ihre Artikel mit Darstellungen des Völkerschlachtdenkmals, um 1913

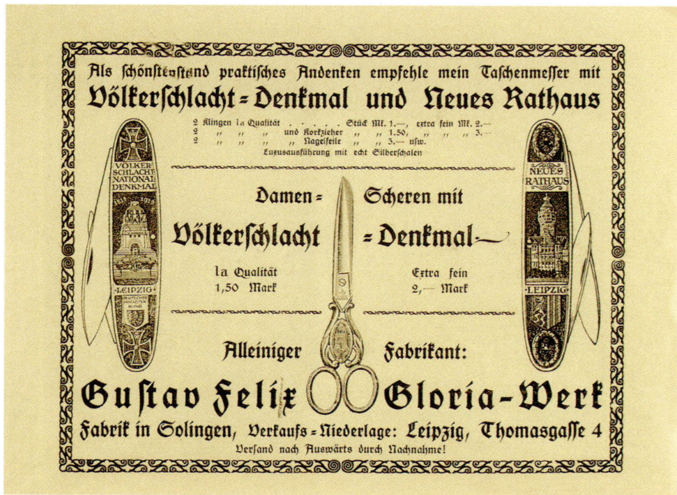

Links:
Annonce für Taschenmesser mit Darstellung des Völkerschlachtdenkmals (links), 1913

Rechts:
Annonce für Bierkrüge mit Darstellung des Völkerschlachtdenkmals, 1913

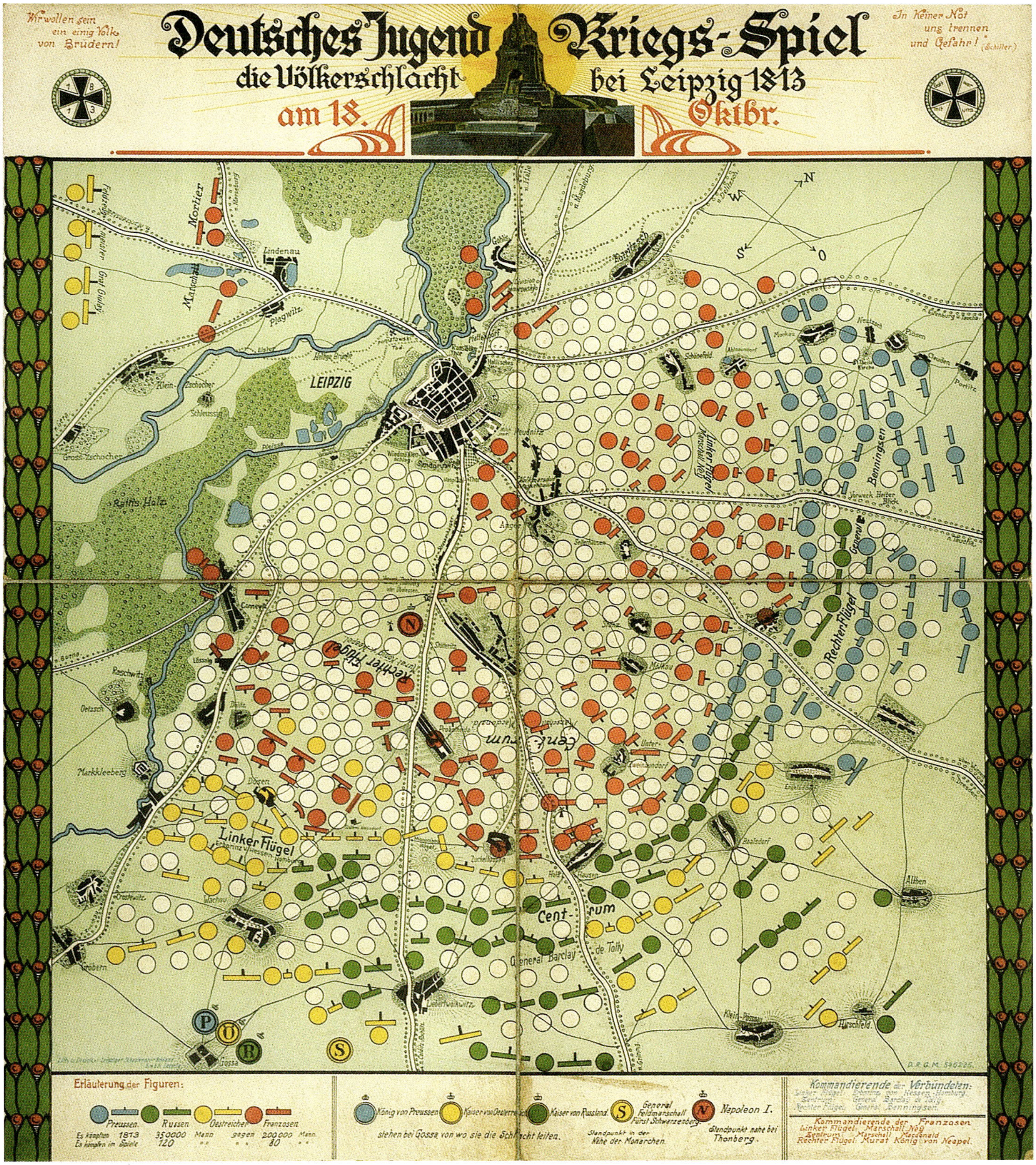

Spielplan für das
Jugend-Kriegs-Spiel
Die Völkerschlacht bei
Leipzig, um 1913

Oben:
Schale mit Darstellung des Völkerschlachtdenkmals, 1920er Jahre

Mitte:
Zierkörbchen mit Darstellung des Völkerschlachtdenkmals, 1920er Jahre

Unten:
Erinnerungsteller an die Jahrhundertfeier der Völkerschlacht mit Darstellung von Völkerschlacht-, Niederwald-, Kyffhäuser- und Hermanns-Denkmal, vor 1913

Oben:
Souvenirtasse mit Darstellung des Völkerschlachtdenkmals, 1. Hälfte 20. Jh

Mitte:
Aschenbecher mit Darstellung des Völkerschlachtdenkmals, 1920er Jahre

Unten:
Schale mit Darstellung des Völkerschlachtdenkmals, 1920er Jahre

Links:
Vase mit Darstellung des Völkerschlachtdenkmals

Rechts:
Stecknadeldose mit Darstellung des Völkerschlachtdenkmals

Löffel mit Darstellung des Völkerschlachtdenkmals und des Leipziger Stadtwappens

Dosen mit Darstellung
des Völkerschlacht-
denkmals

Becher mit Darstellung des Völkerschlacht-denkmals

Aschenbecher mit Darstellung des Völker-schlachtdenkmals

Taschenmesser mit Darstellung des Völkerschlachtdenkmals

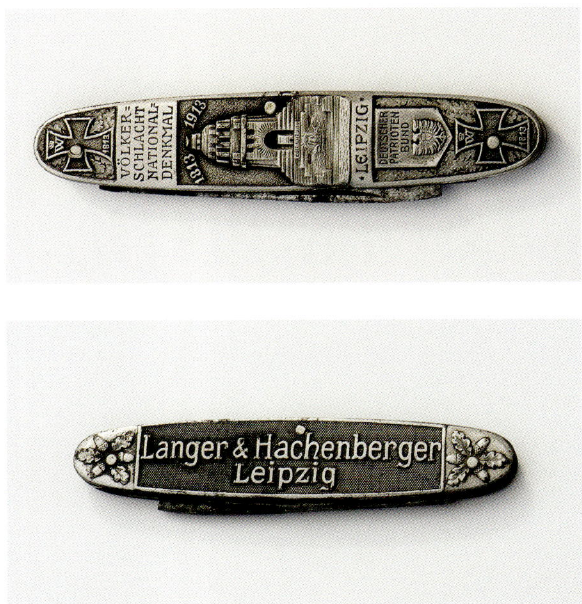

Wandbehang mit Darstellung des Völkerschlachtdenkmals, um 1913

Oben:
Gesticktes Erinnerungsbild mit Darstellung des Völkerschlachtdenkmals, 1. Hälfte 20. Jh.

Unten:
Überhandtuch mit Darstellung des Völkerschlachtdenkmals, um 1913, Ausschnitt

Rechts:
Tischläufer mit Darstellung des Völkerschlachtdenkmals, um 1913

Modelle des Völker-
schlachtdenkmals,
1. Hälfte 20. Jh.

Modell des Völker-
schlachtdenkmals,
1. Viertel 20. Jh.

Lautsprecher in Form des Völkerschlachtdenkmals von Tischlermeister Böhme, 1920er Jahre

18.Okt.1813.
18.Okt.1913.
18.OKTOBER 1813
GOTT MIT UNS
Piske

Souvenir-Bild Völkerschlachtdenkmal, 1920er Jahre

Linke Seite:
Plakette mit Darstellung des Völkerschlachtdenkmals, 1. Hälfte 20. Jh.

Unten links:
Abzeichen in Form des Völkerschlachtdenkmals, 1. Hälfte 20. Jh.

Unten Mitte:
Plakette mit Darstellung des Völkerschlachtdenkmals, 1920er Jahre

Unten rechts:
Plakette zur Erinnerung an das Sommerfest der Leipziger Hugo Schneider Aktiengesellschaft (HASAG), 1933

Bildpostkarten

Unten rechts: Sonderstempel zur Einweihung des Völkerschlachtdenkmals

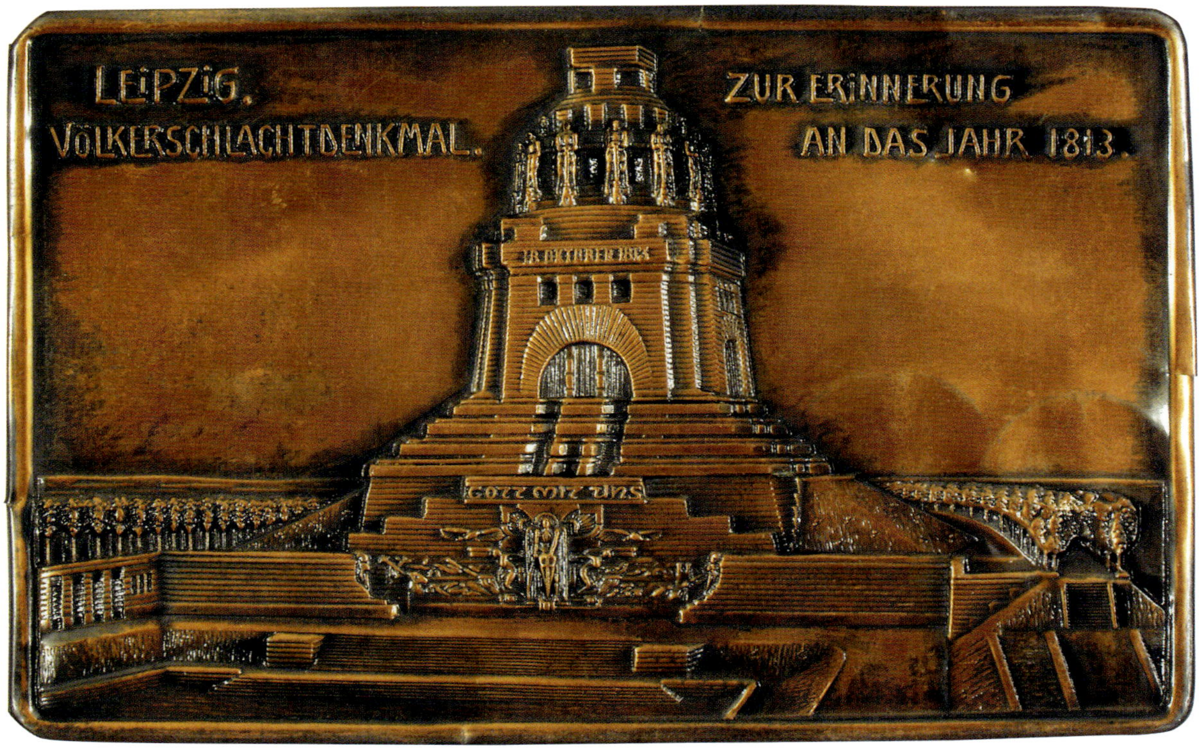

Postkarte aus Kupferblech mit Darstellung des Völkerschlachtdenkmals, 1. Viertel 20. Jh.

Briefbeschwerer mit Darstellung des Völkerschlachtdenkmals, 1. Hälfte 20. Jh

Cementbaugeschäft
Rud. Wolle, Leipzig
Steinmetzarbeiten

Das Original vom
Völkerschlacht-Denkmal
Das Kalfackter Facktotum

Linke Seite, diese Seite und folgende Seiten: Private Erinnerungsfotos aus den 1920er und 1930er Jahren

IY-74735

Anhang

Register

Literaturverzeichnis

Affeldt, Rolf und Frank Heinrich: Das Völkerschlachtdenkmal gibt sein Geheimnis preis, Leipzig 1993.

Allgemeiner Anzeiger Nr. 236 vom 4. Oktober 1814. Zit. nach: Seckendorff, Adolph Freiherr von: Die Resultate meines Planes der Völkerschlacht bey Leipzig ein Denkmal zu setzen, Leipzig 1814.

Allgemeiner Gustav-Adolf-Bote, Jg. 9, Nr. 9, September 1933.

Armanski, Gerhard: »...und wenn wir sterben müssen« – Die politische Ästhetik von Kriegerdenkmälern, Hamburg 1988.

Arndt, Ernst Moritz: Ein Wort über die Feier der Leipziger Schlacht, Frankfurt/Main 1814.

Arndt, Ernst Moritz, Entwurf einer Teutschen Gesellschaft, Frankfurt/Main 1814.

Bachmann, Rudolph: Das Völkerschlachtdenkmal in Leipzig, der Deutsche Patriotenbund, das Denkmal, seine Entstehung und seine Eigenart, Leipzig 1913.

Becker, R. Z.: Das deutsche Feyerkleid zur Erinnerung des Einzuges in Paris am 31sten März 1814 eingeführt, o. O., o. J.

Berth, Georg Karl: Der Lützower und Pestalozzianer W. H. Ackermann, Leipzig 1913.

Bertuch, Carl: Die Kapelle der Eintracht auf dem Schlachtfelde von Leipzig, Wien/Weimar 1814.

Bischoff, Ulrich: Denkmäler der Befreiungskriege in Deutschland 1813–1815, Berlin 1977.

Boberach, Heinz (Hrsg.): Meldungen aus dem Reich. Die geheimen Lageberichte des Sicherheitsdienstes der SS 1938–1945, Bd. 2, Hersching 1984.

Bramke, Werner: Der erste Reichskriegertag in Leipzig 1925. In: Keller, Katrin (Hrsg.): Feste und Feiern. Zum Wandel städtischer Festkultur in Leipzig, Leipzig 1994.

Brandenburg, Erich: Die Reichsgründung, Bd. 1, Leipzig 1916.

Clemens Thieme. Dichtung und Wahrheit, Leipzig 1930.

Dahlmann, Siegfried: Über die Aufgaben unserer theoretischen Konferenzen, die Notwendigkeit der Pflege nationaler Traditionen und einige Probleme der Geschichtsbetrachtung. In: Lehren des nationalen Befreiungskampfes 1806–1815, Berlin 1953.

Denkmale der Völkerschlacht, hrsg. vom Kulturbund Leipzig, Leipzig 1988.

Der erste deutsche Reichskriegertag in Leipzig 1925, Leipzig 1925.

Der Prozeß gegen die Hauptkriegsverbrecher vor dem Internationalen Militärgerichtshof, Nürnberg, 14.11. 1945 – 01.10. 1946., 1947–1949, Bd. 25.

Der Wacht-Turm und Verkünder der Gegenwart Christi, 24. Jg., Nr. 12, Dezember 1919.

Des Teutschen Volkes feuriger Dank- und Ehrentempel, Offenbach 1815.

Deutsche Bauzeitung, Nr. 102, Dezember 1895.

Deutsche Bauzeitung 40 (1906), Nr. 3, S. 18.

Deutsche Konkurrenzen, 1897, VII. Bd., Heft 1, Nr. 73.

Deutschland im 19. Jahrhundert. In: Historische Zeitschrift, Bd. 206, Nr. 3, 1968.

Die Todtenfeier auf der Wahlstatt von Leipzig 18. October 1863, Hamburg 1863.

Deutscher Patriotenbund (Hrsg.): Clemens Thieme – zum siebzigsten Geburtstag am 13. Mai 1931, Leipzig 1931.

Entschließung des 14. Handlungsgehilfentages. In: Deutsche Handelswacht, 4. November 1919.

Ernstberger, Anton: Eine deutsche Untergrundbewegung, München 1955.

Eschner, Max: Leipzigs Denkmäler, Denksteine und Gedenktafeln, Leipzig 1910.

Faulenbach, Bernd: Ideologie des deutschen Weges. Die deutsche Geschichte in der Historiographie zwischen Kaiserreich und Nationalsozialismus, München 1980.

Flugschrift des Dürer-Bundes, Nr.106, München 1913.

Festprogramm des Deutschen Patriotenbundes zur Einweihung des Völkerschlachtdenkmals, Leipzig 1913.

General-Anzeiger für Stettin vom 15. Oktober 1938.

Goldmann, Karl: Die preußisch-britischen Beziehungen in den Jahren 1812–1815, Würzburg 1934.

Gurlitt, Cornelius: Die deutsche Kunst des 19. Jahrhunderts. Ihre Ziele und Thaten, Berlin 1900.

Habermann, Max: Die Revolution und der nationale Gedanke. In: Deutsche Handelswacht vom 10. Februar 1919.

Hackelsberger, Berthold: Die Bildnerei des Jugendstils. Diss. Freiburg/Br. 1952, Masch.-Schr.

Hardtwig, Wolfgang: Geschichtsinteresse, Geschichtsbilder und politische Symbole in der Reichsgründungsära und im Kaiserreich. In: Mai, Ekkehard und Stephan Waetzold (Hrsg.): Kunst, Kultur und Politik im Deutschen Kaiserreich, Bd.1, Berlin 1981.

Hardtwig, Wolfgang: Geschichtskultur und Wissenschaft, München 1990.

Hardtwig, Wolfgang und Harm-Hinrich Brandt (Hrsg.): Deutschlands Weg in die Moderne. Politik, Gesellschaft und Kultur im 19. Jahrhundert, München 1993.

Hase, Karl: Am Jahrestage von Leipzig, Rede, sieben Jahre nach der Völkerschlacht, Leipzig 1913.

Hattenauer, Hans: Deutsche Nationalsymbole – Zeichen und Bedeutung, München 1984.

Hausenstein, Wilhelm: Die bildende Kunst der Gegenwart, 2. Auflage, Berlin/Leipzig 1923.

Historische Zeitschrift, Bd. 206, Nr. 3, 1968.

Hitler, Adolf: Mein Kampf, München 1941.

Hornung, Klaus: Der Jungdeutsche Orden. In: Beiträge zur Geschichte des Parlamentarismus und der politischen Parteien, Bd. 14, Düsseldorf 1958.

Hutter, Peter: Die feinste Barbarei – Das Völkerschlachtdenkmal in Leipzig, Mainz 1990.

Ibbeken, Rudolf: Preußen 1807–1813 – Staat und Volk als Idee und in Wirklichkeit (Veröffentlichungen aus den Archiven Preußischer Kulturbesitz, Bd. 5), Köln und Berlin 1970.

Illustrirte Zeitung Leipzig, Nr. 907, 17. November 1860.

Illustrirte Zeitung Leipzig, Nr. 955, 19. Oktober 1861.

Illustrirte Zeitung Leipzig, Nr. 955, 19. Oktober 1861.

Jacob, Karl Georg: Erinnerungsblätter an die Schlacht bei Leipzig, Halle 1845.

Kaphan, Fritz (Hrsg.): Jacob Burckhardt. Briefe, Leipzig o. J.

Kappler, M. F.: Beschreibung und Geschichte der sogenannten Riesensäule im Odenwalde, als einer der ersten Seltenheiten römischer Alterthümer, mit ihrer und des Riesenaltars Abbildung im Steindruck, Karlsruhe 1814.

Keller, Katrin und Hans-Dieter Schmid (Hrsg.): Vom Kult zur Kulisse – Das Völkerschlachtdenkmal als Gegenstand der Geschichtskultur, Leipzig 1995.

Klank, Gina und Gernot Griebsch: Lexikon Leipziger Straßennamen, Leipzig 1995.

Koselleck, Reinhart und Michael Jeismann (Hrsg.): Der politische Totenkult. Kriegerdenkmäler in der Moderne, München 1994.

Kruck, Alfred: Geschichte des Alldeutschen Verbandes, Leipzig/Berlin 1920.

Kutschbach, A.: Jugenderinnerungen eines alten Leipzigers, Leipzig 1926.

Lambach, Walther: Kapitalismus – Sozialismus – Zwangswirtschaft – Freiwirtschaft. Vortrag, gehalten am vierzehnten Deutschen Handlungsgehilfentag in Leipzig, vom 18. bis 20. Oktober 1919, Hamburg 1920.

Leipziger Kalender 1911. Illustriertes Jahrbuch und Chronik, hrsg. von Georg Merseburger, Jg. 8., Leipzig 1911.

Leipziger Neueste Nachrichten, Nr. 263, 19. September 1932.

Leipziger Neueste Nachrichten, Nr. 309, 6. November 1912.

Leipziger Neueste Nachrichten Nr. 263, 1932, Nr. 309, 1912, Nr. 287, 1934., Nr. 290, 1934.

Leipziger Neueste Nachrichten, Sonderdruck 16.–19. Oktober 1913.

Leipziger Tageszeitung, Nr. 289, 1937, Nr. 291, 1938.

Leipziger Volkszeitung vom 7. Oktober 1913.

Leipziger Volkszeitung vom 26. Juni 1914.

Leipziger Volkszeitung vom 16. Oktober 1967.

Leipziger Volkszeitung vom 14. Oktober 1988.

Leipziger Volkszeitung vom 15./16.Oktober 1988.

Leipziger Volkszeitung vom 16./17. Oktober 1993.

Loest, Erich: Völkerschlachtdenkmal, Leipzig 1990.

Lurz, Meinhold: Kriegerdenkmäler in Deutschland, 6 Bde., Heidelberg 1985–1987.

Lurz, Meinhold: »Lieblich ertönt der Gesang des Sieges«. In: kritische berichte, Heft 3/1988, S.17ff., Heft 1/1989, S. 22ff.

Menzhausen, Joachim: Die entwicklungsgeschichtliche Stellung der Standbilder Gottfried Schadows, Diss., Leipzig 1962.

Michalewicz, Georg: Zur Methodik der patriotischen Erziehung, Berlin 1956.

Mitteilungen des Deutschen Patriotenbundes, Jg.1, 1895, bis Jg. 21, 1915.

Mosse, Gorger L.: Die Nationalisierung der Massen: politische Symbolik und Massenbewegung von den Befreiungskriegen bis hin zum Dritten Reich, Frankfurt/Main/NewYork 1993.

Müller, Alfred: Das Völkerschlachtdenkmal im Lichte der Friedensidee. In: Freimaurer-Zeitung 67 (1913).

Müller, Ernst: Die Häusernamen von Alt-Leipzig, Leipzig 1931.

Naumann, Robert: Die Völkerschlacht bei Leipzig. Nebst Nachrichten von Zeitgenossen und Augenzeugen über dieselbe, Leipzig 1863.

Neue Leipziger Tageszeitung, Nr. 283, 1944.

Neue Leipziger Zeitung, Nr. 359, Weihnachtsausgabe 1943.

Nipperdey Thomas: Nationalidee und Nationaldenkmal in Deutschland im 19. Jahrhundert. In: Historische Zeitschrift, Bd. 206, Nr. 3, 1968.

Pötzl-Malikova, Maria: Franz Metzner und die Wiener Secession. In: Alte und moderne Kunst 21 (1976), Heft 148/49.

Pötzl-Malikova, Maria: Franz Metzner, Leben und Werk. In: Franz Metzner – Ein Bildhauer der Jahrhundertwende in Berlin – Wien – Prag. Ausstellungskatalog München 1977.

Pötzl-Malikova, Maria: Die Plastik der Ringstraße, künstlerische Entwicklung 1890–1918. In: Renate Wagner-Rieger (Hrsg.): Die Wiener Ringstraße. Bild einer Epoche, Band IX, Teil 2, Wiesbaden 1976.

Poser, Steffen: Hiob 38, 11, Bis hierher sollst du kommen und nicht weiter; hier sollen sich legen deine stolzen Wellen. Denkmäler erzählen über die Leipziger Völkerschlacht (Leipziger Hefte 13), Beucha 1998.

Poser, Steffen u. a.: FORUM 1813. Völkerschlacht. Ausstellungskatalog, hrsg. von Volker Rodekamp, Leipzig 1999.

Protokoll der 2. Parteikonferenz der SED, Berlin 1952.

Rat der Stadt Leipzig (Hrsg.): Leipzig zum 175. Jahrestag der Befreiungskriege 1813/14 mit dem Höhepunkt der Völkerschlacht bei Leipzig, Leipzig 1988.

Rede zur Feier der Leipziger Schlacht in Leipzig am 16. October 1862 gehalten von Heinrich Wuttke, Leipzig 1863.

Rede zur Jahresfeyer der großen Rettungsschlacht bei Leipzig, Lahr 1815.

R. Sohm, gestorben 16. Mai 1917. Gedenkworte von F. Rendtorff, R. Schmidt, U. Hauch und V. Ehrenberg, Leipzig 1917.

Sächsisches Staatsarchiv Leipzig: Deutscher Patriotenbund, Nr. 6.

Scharf, Helmut: Kleine Kunstgeschichte des deutschen Denkmals, Darmstadt 1984, S.151.

Schliepmann, Hans: Haus »Rheingold« in Berlin – Eine Meisterschöpfung von Bruno Schmitz. In: Deutsche Kunst und Dekoration, XX (1907).

Schmoll, Friedemann: Verewigte Nation. Studien zur Erinnerungskultur von Reich und Einzelstaat im württembergischen Denkmalkult des 19. Jahrhunderts, Tübingen/Stuttgart 1995.

Schrade, Hubert: Das deutsche Nationaldenkmal. Idee/Geschichte/Aufgabe, München 1934.

Schulze, Friedrich: Die Franzosenzeit in deutschen Landen 1806–1815, 2 Bde., Leipzig o. J.

Seckendorff, Adolph Freiherr von: Die Resultate meines Planes der Völkerschlacht bey Leipzig ein Denkmal zu setzen, Leipzig 1814.

Seckendorff, Adoph Freiherr von: Die Resultate meines Planes der Völkerschlacht bey Leipzig ein Denkmal zu setzen. Zweyte Lieferung, Leipzig 1815.

Sekretariat für kulturelle Zusammenarbeit nichttheatertragender Städte und Gemeinden in Nordrhein-Westfalen (Hrsg.): Deutsche Nationaldenkmale 1790–1990, Bielefeld 1993.

Servaes, Franz: Franz Metzner in seinen neueren Werken. In: Die bildenden Künste 1 (1916–1918), Heft 10/11.

Speitkamp, Winfried: Die Verwaltung der Geschichte. Denkmalpflege und Staat in Deutschland 1871–1933, Göttingen 1996.

Spitzner, Alfred: Das Völkerschlacht-National-Denkmal, das Denkmal der Befreiung und der nationalen Wiedergeburt Deutschlands. Denkschrift des Deutschen Patriotenbundes, Leipzig 1897.

Spitzner, Alfred: Deutschlands Denkmal der Völkerschlacht, das Ehrenmal seiner Befreiung und der nationalen Wiedergeburt Deutschlands, Weiheschrift des Deutschen Patriotenbundes, Leipzig 1913.

Stadtarchiv Leipzig: Protokollbuch der Vorstandssitzungen des Deutschen Patriotenbundes, Kap. 35, Nr. 1175.

Stadtarchiv Leipzig: Acten, die Parkanlagen vor dem Südfriedhofe und dem Nationaldenkmal der Leipziger Völkerschlacht betr., Bd. 2, Kap. 26, Nr. 23.

Stadtarchiv Leipzig: StVuR 8631.

Stadtarchiv Leipzig: StVuR 8632.

Stadtarchiv Leipzig: StVuR 8635.

Stadtgeschichtliches Museum Leipzig/Bibliothek: Rudolph, Otto: Plaudereien vom Bau des Völkerschlachtdenkmals, Masch.-Schr., 1937.

Stadtgeschichtliches Museum Leipzig/Völkerschlachtdenkmal: Vorschläge zur Realisierung des Ratsbeschlusses vom 23. Januar 1980.

Stadtgeschichtliches Museum Leipzig/Völkerschlachtdenkmal: Schreiben des Deutschen Patriotenbundes an den Rat der Stadt Leipzig vom 3. März 1917.

Stadtgeschichtliches Museum Leipzig/Völkerschlachtdenkmal: Schreiben des Rates der Stadt Leipzig an den Deutschen Patriotenbund vom 18. Mai 1917.

Thamer, Hans-Ulrich: Von der Monumentalisierung zur Verdrängung der Geschichte. Nationalistische Denkmalpolitik und die Entnazifizierung von Denkmälern nach 1945. In: Denkmalsturz. Zur Konfliktgeschichte politischer Symbolik, Göttingen 1997.

Topfstedt, Thomas: Das Völkerschlachtdenkmal. Konzeption – Baugeschichte – Baugestalt. In: »... die ganze Welt im kleinen ...«. Kunst und Kunstgeschichte in Leipzig, hrsg. von Ernst Ullmann, Leipzig 1989.

Topfstedt, Thomas: Anmerkungen zur Monumentalskulptur des Leipziger Völkerschlachtdenkmals. In: Protokollband des XXXV. Internationalen Kunsthistorikerkongresses CIHA 1983 Wien, Sektion 8: Wien und die Architektur des 20. Jahrhunderts, Wien/Köln/Graz 1986.

Treitschke, Heinrich von: Rede zur Erinnerung an die Leipziger Völkerschlacht, gehalten am letzten Tage des dritten deutschen Turnfestes. In: Leipziger Kalender 1911. Illustriertes Jahrbuch und Chronik, hrsg. von Georg Merseburger, Jg. 8, Leipzig 1911.

Trescher, Alfred: »Sanctus amor patriae dat animum.« Allen Brr. Freimaurn, die an der Weihe des Völkerschlachtdenkmals teilgenommen haben, zur Erinnerung und Mahnung. In: Latomia 36 (1913).

Tübinger Chronik vom 11. März 1913.

Ulbricht, Walter: Zur Geschichte der deutschen Arbeiterbewegung, Bd. IV, Berlin 1953.

Weinbrenner, Friedrich: Ideen zu einem teutschen Nationaldenkmal des entscheidenden Sieges bey Leipzig, Karlsruhe 1814.

Wiegendt, Ernst (Hrsg.): Die erste Jahrfeier der Leipziger Völkerschlacht in zeitgenössischer Beleuchtung, Leipzig 1910.

Winckelmann, Johann Joachim: Gedanken über die Nachahmung der griechischen Werke in der Malerey und Bildhauerkunst, Dresden 1808.

Zwanglose Mitteilungen aus dem Verein deutscher Freimaurer, Nr. 23, Dezember 1913.

Bildnachweis

Der überwiegende Teil der Fotografien sowie sämtliche Aufnahmen und Reproduktionen von Objekten des Stadtgeschichtlichen Museums Leipzig stammen von Helga Schulze-Brinkop.

Ihr verdanken wir auch die Kontaktabzüge von den im Besitz des Stadtgeschichtlichen Museums Leipzig befindlichen Glasnegativen des Ateliers Hermann Walter, die den Bau des Völkerschlachtdenkmals dokumentieren (Seiten 22, 23, 28, 30, 31, 34, 35, 37, 67, 69, 72–79, 82, 85, 92, 93, 96, 97, 99). Für die großzügige Schenkung der Originale danken wir Jürgen Scheller und Wolfgang Harasim.

Weitere Aufnahmen zum Bau des Völkerschlachtdenkmals aus dem Besitz des Stadtgeschichtlichen Museums Leipzig befinden sich auf den Seiten 36, 41, 42, 66 o. l., 68, 71, 80 o., 81, 83, 93, 98, 100 M.

Ronald Börner 146 u.
Gerhard Hopf 25, 26, 29, 38, 39
Christoph Kaufmann 179
Thomas Liebscher 178
Gerd Mothes Frontispiz
Naturkundemuseum Leipzig 195, 203 o. l., 230 u. l.
Steffen Poser 188 o. r.
Privatbesitz 27, 66 o. r., 80 u., 84 u., 95, 100 o., 100 u., 120, 126, 129, 143, 163, 164, 168, 171, 226–229
Uwe Pullwitt 173, 176, 177
Punctum/Bertram Kober 8
Punctum/Christian Schink 33
Tom Schulze 187
Stadtarchiv Leipzig 136, 174
Stadtarchiv Koblenz 11
Stadt Porta Westfalica 12
Roland Steube 138
Bodo Tiedemann 32, 172
Tourismusverband Kyffhäuser e. V. Bad Frankenhausen 10
Trion Film, Berlin 145
ullstein bild 21
Webster Design Atelier, Berlin 188 u.
Wesker/Rücker 180 o.

Autorenverzeichnis

Dipl.-Historiker Steffen Poser
Leiter des Völkerschlachtdenkmals

Dr. Volker Rodekamp
Direktor des Stadtgeschichtlichen Museums Leipzig

Dipl.-Kulturwissenschaftlerin Frida Starke, Leipzig

Prof. Dr. phil. habil. Thomas Topfstedt
Institut für Kunstgeschichte der Universität Leipzig

Opfer gabe

Der Autor

Graeme Hague lebt mit seiner Frau Lisa und drei Hunden im Südwesten Australiens. Wenn er nicht schreibt, komponiert er und produziert Aufnahmen seiner Musik. Er hat bereits sechs Romane veröffentlicht, die in mehrere Sprachen übersetzt wurden. Mehr über den Autor erfahren Sie auf seiner Website www.graemehague.com.au.

Graeme Hague

Opfergabe

Roman

Aus dem Englischen
von Ulrich Hoffmann

Weltbild

Besuchen Sie uns im Internet:
www.weltbild.de

Published by Arrangement with Graeme Hague
Dieses Werk wurde vermittelt durch die
Literarische Agentur Thomas Schlück GmbH, 30827 Garbsen.

Übersetzung: Ulrich Hoffmann
Projektleitung: Eliane Wurzer
Redaktion: Dr. Thomas Rosky
Umschlaggestaltung: zeichenpool, München
Umschlagmotiv: Shutterstock (© Luca Bertolli; © Eky Studio)
Satz: Lydia Maria Kühn
Druck und Bindung: CPI Moravia Books s.r.o., Pohorelice
Printed in the EU
ISBN 978-3-86800-298-0

2013 2012 2011 2010
Die letzte Jahreszahl gibt die aktuelle Ausgabe an.

1

Sein Überlebensinstinkt ließ ihn noch einmal zu sich kommen, riss ihn aus dem tiefen Tal des Schmerzes. Die Stimmen in seinem Kopf warnten ihn, dass Schlimmeres bevorstand, und versuchten, ihn zu erwecken. Das begriff er im Grunde, aber er konnte nichts tun. Sein Blick war vernebelt und grelle Blitze begleiteten die qualvollen Wellen in seinem Schädel.

Mehrere erschreckende Erkenntnisse trafen ihn zugleich. Er lag auf dem Rücken, die Kühle des polierten Holzbodens war unangenehm an seinem Unterkörper und den Schulterblättern. Warmes, klebriges Blut, das von seinem Kopf heruntergesickert war, gerann auf seinem Hals.

Jemand packte seinen linken Arm und zog ihn weg von seinem Körper, drückte seinen Handrücken auf das Holz. Einen Augenblick war er froh darüber, denn das bedeutete, dass jemand hier war, um ihm zu helfen. Dann aber knallte ein Gewicht grausam auf seinen Körper, nahm ihm den Atem und presste ihn zu Boden, um ihn unter Kontrolle zu bringen. Ein Stechen in seiner Handfläche ließ ihn den Kopf in die entsprechende Richtung drehen, und obwohl sein Blick immer noch verschwommen und unscharf war, erkannte er, was vor sich ging.

Plötzlich war der Grund für seine Position entsetzlich klar.

Eine Stimme sagte in einem heiseren, angestrengten Flüstern: »Was für eine Enttäuschung. Du hast alle im Stich gelassen. Wir glauben alle an dich, aber es ist eine Lüge, und du lässt alle im Stich.«

Der Nagel stieß mit nur zwei Hammerschlägen durch sein Fleisch in das Holz. Es war, als träfe der Stahl direkt seine

Knochen und zerschmetterte sie. Er wand sich und bäumte sich gegen seinen Angreifer auf, er wollte sich hochstemmen, war aber schon zu geschwächt. Ein zweiter Nagel wurde schnell und geschickt in dieselbe Hand eingeschlagen. Der Schmerz nahm nicht ab, doch das verzweifelte, tierische Kreischen, das er ausstoßen wollte, wurde zu einem gedämpften Krächzen, denn seinen leeren Lungen fehlte einfach die Kraft.

Er konnte sich auch nicht mehr dagegen wehren, dass sein rechter Arm wie der andere zur Seite gestreckt wurde. Das Trauma der dort eingeschlagenen Nägel schien seine verletzten Hände quer durch seine Brust wie mit einem Stromstoß zu verbinden. Er spürte, wie sein Herz aufgab, aber noch durfte er nicht entkommen.

Er musste noch aushalten, wie seine Füße angenagelt wurden, ebenfalls mit jeweils zwei Nägeln.

Schließlich stieß ein Messer ungeschickt unter seine Rippen.

Als der Tod kam, ergab das durchaus einen Sinn.

2

Der große Arbeitsraum in der Polizeizentrale war erfüllt vom morgendlichen Hin und Her eines Dutzends Detectives, die Schichtwechsel hatten. Leute blätterten durch die Papiere auf ihren Schreibtischen, die sie mit der Nachtschicht teilten, und versuchten zu erfassen, was vorgefallen war. Es roch nach billigem, löslichem Kaffee aus dem Automaten und Fast-Food-Frühstück. Handys klingelten mit blechernem, nervtötendem Ton. Gespräche wurden quer durch den Raum geblökt, was diejenigen störte, die am Telefon hingen.

»Ich dachte, Sie hätten etwas Besseres verdient.«

John Maiden schaute von seiner Zeitung auf. Eine attraktive Frau saß auf seiner Schreibtischkante. Er wusste ihren Namen, Peta Spencer. Sie war neu hier und bekleidete den Rang eines Detective Constables. In der letzten Woche hatte sie die Aufmerksamkeit erhalten, die eine hübsche Frau eben bekommt. Die taillierte Uniform versteckte nichts, und ihr kastanienbraunes, jungenhaft kurz geschnittenes Haar machte eher Mut. Die Alpha-Männchen der Abteilung hatten in dem Augenblick, in dem sie hereingekommen war, zu sabbern begonnen, sogar die verheirateten. Es hieß, dass es Wetten gäbe, wer zuerst mit ihr schliefe.

Maiden hatte mit Spencer noch kein Wort gewechselt, außer einem Gruß, wenn sie einander begegneten. Er tratschte nicht am Wasserspender und schloss normalerweise auch keine Wetten ab – aber jetzt, wo Spencer vor ihm saß, stand er kurz davor, doch noch einzusteigen. Maiden behandelte Frauen gut, bis sie sich von ihm scheiden ließen, was ihm schon zweimal passiert war.

Doch er ging davon aus, dass Spencer bereits genug

Avancen bekam und sie ohnehin oberhalb seiner Liga spielte, also wozu?

Er lehnte sich zurück und fragte vorsichtig: »Entschuldigung?«

Sie lächelte und musterte ihn. »Nun, Sie sind ein erfolgreicher Ermittler und schon ganz schön lange dabei. Sie haben einen Fall mit einem bösartigen Serienmörder praktisch vollkommen alleine gelöst. Müssten Sie nicht längst ein eigenes Büro haben?«

»Ich habe mit derselben bösartigen Serienmörderin auch *geschlafen.* Das hat dem Commissioner die Sache ein bisschen verdorben.« Maiden deutete auf seine Umgebung. »Keine Beförderung, also kein Büro.«

»Nicht mal ein Schreibtisch mit Ausblick?«

»Ich habe Ausblick und sogar einen eigenen Schreibtisch, den ich mir mit niemandem teilen muss. Ich könnte gar nicht zufriedener sein. Kann ich Ihnen irgendwie helfen?«

Sie schaute in Richtung des grauen Glasfensters neben ihm. »Ich meinte, auf der anderen Seite des Gebäudes, wo man den Hafen sehen kann.«

Maiden hatte sein ganzes Leben in Sydney verbracht und der Anblick der Hafenbrücke war ihm schon lange gleichgültig. »Wir sind nicht bei der Wasserschutzpolizei, *das* da ist unsere Kundschaft.« Er nickte in Richtung der Pendler, die draußen vorbeistapften. Die meisten von ihnen gingen vornübergebeugt und zogen ihre Jacken wegen des kalten Herbstwindes zu. Der Winter nahte.

»Warum lassen Sie es nicht reinigen?«

»Das Fenster? Es regnet doch manchmal.«

»Wissen Sie, man hat mich gewarnt, dass Sie nicht sonderlich gut drauf wären.«

Er sah sie einen Augenblick lang an, dann entschied er sich, zurückzubeißen. »Wussten Sie, dass praktisch jeder Mann hier im Raum mit Ihnen schlafen will?«

»Wer denn?«

»Das darf ich nicht sagen. Sie sollen selbst darauf kommen.«

Sie sagte: »Na ja, ich bezweifle, dass ich es zum Detective gebracht hätte, wenn ich nicht auch selbst auf so etwas Einfaches kommen könnte. Es werden diejenigen sein, die mich keine Sekunde allein lassen. Hey, wollen Sie das wirklich essen?« Spencer betrachtete mit gerunzelter Stirn ein Brötchen mit fettem Schinken und geschmolzenem Käse, der auf Maidens Plastikteller sickerte.

»Ich habe das selbst gemacht«, wehrte er ab. »Ich kann gut kochen.«

»Die Beweise, die mir vorliegen, sagen etwas anderes.«

»Meinen Sie wirklich?«

Maiden wollte herausfinden, ob sie wusste, wann sie aufhören musste. Die Wache war ein Bereich, in dem der Rang weitgehend ignoriert wurde und alle mit allen ihre Scherze trieben, trotzdem galten ungeschriebene Regeln, an die man sich besser hielt. Sie stand kurz davor, eine oder zwei davon zu brechen.

Spencer sagte: »Man hat mir erzählt, dass Sie all die durchgeknallten Fälle kriegen.«

»Fast jede Woche einen neuen.« Das stimmte nicht ganz, aber Maiden wusste, was sie meinte. »Reden wir deswegen miteinander?«

»Im Prinzip schon, denn man hat mich Ihnen zugewiesen, damit ich etwas anderes außer dem Alltagsdreck lernen kann.«

Er brauchte einen Augenblick für seine Antwort. »Okay, ich rufe Sie, wenn ich den nächsten Fall einfange.«

»Ich glaube, Sie haben mir nicht zugehört. Das ist nämlich jetzt – heute, genau genommen. Wir sind Partner, und wir haben einen Fall.«

»Ich glaube, Sie haben mir nicht zugehört, *Sir*«, sagte er zu ihr.

»Tut mir leid … Sir.«

Genervt schaute er durch den Raum in Richtung des

Glasbüros von Longman, seines Vorgesetzten, der die Abteilung leitete. Zwischen ihm und Longman gab es seit Jahren böses Blut, und Longman tat ihm niemals irgendeinen Gefallen. Nicht, dass Maiden das hier auch nur einen Augenblick als Gefallen gewertet hätte: Es fühlte sich mehr nach einem Problem an. Maiden war mindestens zehn Jahre älter als Spencer und nicht gut in Form. Sein großer, kräftiger Körper hatte früher die Frauen beeindruckt und den meisten Männern Angst eingejagt, doch mittlerweile machte er bloß noch seinem Hausarzt Sorgen und seine Knie taten weh, wenn er zu lange stand. Ein Rettungsring um die Hüfte weigerte sich zu verschwinden, egal wie böse er ihn im Spiegel anstarrte. Wie ein Preisboxer, der zu lange im Ring geblieben war, spürte auch Maiden seine ganzen einundvierzig Jahre, nachdem er seinen Körper über zwanzig davon im Namen des Polizeidienstes missbraucht hatte. Und er wusste auch, dass man es ihm ansah.

Mit jemandem wie Peta Spencer mithalten zu müssen, könnte ihn geradewegs umbringen. *Vielleicht ist das ja Longmans Ziel,* dachte er ärgerlich. *Oder dieser sadistische Sack will, dass ich mich komplett zum Narren mache, weil ich versuche, sie zu vögeln.* Wenigstens würde das nicht passieren. Maiden ging davon aus, dass sie mindestens eine Woche nicht mit dem Lachen aufhören würde, wenn er es auch nur versuchte.

Unglücklicherweise würde er in der Zwischenzeit der beste Kumpel aller anderen werden, während eine ganze Abteilung geiler Polizisten versuchte, seine attraktive Partnerin anzugraben. Maiden hasste diese Vorstellung. Er war nicht besonders sozial und hatte nur wenige Freunde. Vor allem wollte er keine neuen Freunde, deren einziges Interesse darin bestand, Spencer unter den Rock zu gucken.

»Ich fürchte, ich habe dabei nichts zu sagen?«, fragte er.

»Longman hat gesagt, ich soll von dem Besten lernen.«

»Natürlich. Was soll er auch sonst sagen?«

»Entschuldigung, habe ich etwas nicht mitbekommen?«

Frustriert faltete er seine Zeitung und seufzte kurz reuevoll über das halb gegessene Brötchen. »Warum berichten Sie mir nicht einfach von dem Fall, Detective Constable Spencer?«

Sie verstand den Hinweis und erhob sich. Das war nicht viel, und ihr Blick verriet ihm, dass sie genau wusste, wie es wirklich stand, aber immerhin. »Der Anführer einer religiösen ... Sekte, in Ermangelung eines besseren Ausdrucks ... wurde umgebracht. Ermordet, offensichtlich.«

»Offensichtlich«, sagte Maiden. »Macht die Tatsache, dass er der Anführer einer religiösen *Sekte* ist, es zu einem durchgeknallten Fall? Vielleicht hat ihn seine Frau umgelegt? Dann ist es eine stinknormale häusliche Gewalttat.«

»Er wurde gekreuzigt. Auf den Boden genagelt, nicht an ein Kreuz. Aber es sollte definitiv eine Kreuzigung sein.«

Maiden zuckte mit den Achseln und stellte zufrieden fest, dass er ihr damit auf die Nerven gehen konnte. »Und? Meine erste Frau war auch ziemlich geschickt mit einem Schraubendreher und sie konnte richtig sauer werden ...«

Spencer beugte sich vor, bis ihr Gesicht dicht vor seinem war, und senkte die Stimme. Ihre braunen Augen flackerten wütend. »Sir, sagen Sie – sollen wir die ganze Zeit supercool und ruhig bleiben? Reißt niemand hier je die Augen auf und sagt: ›Große Scheiße, das ist ja irre‹? Was genau *ist* die richtige Reaktion, wenn man gesagt bekommt, dass jemand auf den Fußboden genagelt wurde?«

Maiden fiel auf, dass sie sogar attraktiv blieb, wenn sie wütend wurde – oder nah genug kam, dass er ihren Atem auf seiner Wange spüren konnte. Er dachte: *Wie lächerlich, dass sie eine Polizistin ist. Und dann auch noch ein verdammter Detective. Wer soll die denn ernst nehmen?*

Er sagte ihr offen: »Sie sagen ›Große Scheiße, das ist ja irre‹ nur nach der Arbeit, wenn wir in einer Bar zusammen was trinken. Und auch dann ist es nur erlaubt in Bezug auf den Punktestand beim Football oder die Titten der Barkeeperin.

Bei allem anderen wird von uns erwartet, dass wir die ganze Zeit ruhig und gelassen bleiben.«

Spencer lehnte sich zurück und überraschte ihn mit einem Lachen. »Sehen Sie? Schon habe ich etwas gelernt. Ich wette, das hätte mir kein anderer gesagt.«

Maiden erhob sich langsam, seine Knochen knackten. Gewohnheitsmäßig klopfte er sich ab nach seiner Waffe, der Geldbörse, dem Handy. Er seufzte wieder. »Also gut, können wir? Ich gehe davon aus, Sie wissen, wo wir hinmüssen?«

»Sicher, ich hole bloß noch mein Jackett, John.« Spencer wandte sich ab, dann hielt sie inne und drehte sich noch einmal um. »Darf ich Sie John nennen?«

»So heiße ich«, sagte er muffig. »Und wie soll ich Sie nennen?«

»Wie nennen mich denn alle anderen?«, fragte sie gewollt unschuldig.

Maiden schaute sich im Wachraum um. *Sie ist nicht dumm. Das ist ja schon mal was.* Es war aufgefallen, dass Spencer dabei war, mit ihm zusammen zu gehen. Einige Kollegen warfen ihm neidische Blicke zu.

Er sagte: »Bleiben wir vorerst doch einfach mal bei Peta.«

3

Spencer war ziemlich überrascht, als Maiden sie anwies zu fahren.

»Sind Sie sicher?«, fragte sie und schaffte es gerade noch, die Schlüssel aufzufangen.

»Es ist keine Fahrprüfung. Fahren Sie bloß nirgends dagegen. Die Versicherungsformulare sind die Hölle.«

Maiden hatte meist keine Lust, sich ans Steuer zu setzen. Es gefiel ihm besser, sich herumfahren zu lassen, dann konnte er tun, was er wollte. Als sie die Wache verlassen hatten, kurbelte er sein Fenster herunter, ignorierte den kalten Luftstrahl und zündete sich eine Zigarette an.

»Äh …«, begann Spencer, überlegte es sich dann aber anders.

»Gute Entscheidung«, murmelte Maiden, doch das machte ihr bloß Mut.

»Genau genommen ist es verboten, in einem Polizeiwagen zu rauchen, Sir«, erinnerte sie ihn.

»Es ist ein Zivilwagen.«

»So was gibt es nicht. Er sieht absolut nach ›Polizei‹ aus, auch wenn er keine Aufschrift hat. Was ist, wenn Sie jemandem auffallen?«

»Sie können mich ja verhaften.«

Sie schnalzte mit der Zunge, um ihre Missbilligung auszudrücken, und konzentrierte sich auf die Straße. Maiden konnte sich nicht entscheiden, ob Spencer frech war, was schlecht wäre, oder sich einfach weigerte, sich von ihm einschüchtern zu lassen, was vielleicht von Vorteil sein könnte. Sie fuhr jedenfalls gut, sie fädelte sich in den Verkehr ein und kam zügig voran. Maiden zuckte nur einmal zusammen, als sie sich zwischen einem Laster und einem ihnen entgegenkommenden Bus hindurchquetschte.

Obwohl es ein kalter Tag war, wirkte die Stadt dreckig und trocken wie am Ende eines langen Sommers. Wie Maidens Bürofenster brauchte sie mal einen ordentlichen Regen, um den Staub und Dreck von Monaten wegzuwaschen.

Sie plauderten vorsichtig über Ereignisse auf der Wache, und als sie ihr Ziel fast erreicht hatten, sagte sie: »Wir sind deutlich außerhalb unseres Gebietes. Ihr Fachwissen wurde gezielt angefordert, hat Longman gesagt.«

»Na ja, wie *Sie* schon sagten, bin ich offensichtlich Spezialist für die durchgeknallten Fälle.«

»Ich hätte gedacht, alle wollen die verrückten Verbrechen haben? Warum holt man jemanden von außen, der einem den Ruhm wegschnappt?«

»Es hilft der eigenen Karriere nur, wenn man die Sache auch knackt.«

»Das stimmt allerdings.«

»Okay, hören Sie gut zu, Peta. Ich habe ein paar Regeln, und ich erwarte von Ihnen, dass Sie sich daran halten.«

»Klar.« Sie zuckte mit den Achseln.

Er zählte an den Fingern ab. »Erstens, unterbrechen Sie mich nie, es sei denn, es muss unbedingt sein, und korrigieren Sie mich niemals, während irgendjemand dabei ist. Zweitens, wenn wir zusammenarbeiten, dann stellen Sie bitte auch eigene Fragen. Bringen Sie unser Gegenüber aus dem Gleichgewicht, indem Sie ihn dazu zwingen, sich über uns alle beide den Kopf zu zerbrechen. Drittens, halten Sie die Augen offen nach allem Möglichen. Konzentrieren Sie sich nicht nur auf denjenigen, den wir gerade verhören. Und viertens, schreiben Sie mit.«

»Ich habe einen Digitalrecorder, Sir.«

»Digitalrecorder können keine *Rechtschreibung,* und außerdem macht es die meisten Leute ein wenig unruhig, wenn sie sehen, dass jemand etwas aufschreibt.«

»Ich sehe schon, das wird richtig klassische Dick-Tracy-Scheiße«, sagte sie.

»Allerdings.« Er schnipste seine zweite Kippe zum Fenster hinaus.

»Das ist Umweltverschmutzung – schon wieder.«

»Ich kann nichts dafür. Wir dürfen die Aschenbecher nicht benutzen.«

»Sagen Sie, Sir, wie lange bleiben Partner normalerweise zusammen?«

»Bis wir zurück auf der Wache sind und ich ein Gespräch mit meinem guten alten Freund Inspector Longman geführt habe.«

Sie schwieg einen Augenblick. »Es war nur Spaß. Sind Sie wirklich so unglücklich darüber, mit mir zu arbeiten?«

Im Stillen musste Maiden zugeben, dass von all den Gründen, aus denen er nicht mit Peta Spencer zusammenarbeiten wollte, keiner etwas mit ihrer Professionalität oder ihren Fähigkeiten als Detective zu tun hatte. »Sagen wir einfach einmal, dass ich nicht überzeugt bin, dass wir zwei zusammen so eine gute Kombination sind. Ich habe eine Menge schlechter Angewohnheiten. Sachen, die Sie gar nicht erst lernen wollen.«

»Im Gegenteil, das sind genau die Sachen, die ich lernen will. Wer sonst bringt mir so etwas bei?«

»Sehen Sie? Sie argumentieren und ignorieren dabei gänzlich die Tatsache, dass ich es besser weiß.«

»Ich versuche, darüber zu *diskutieren* – und habe Sie keineswegs ignoriert. Wenn Sie nicht versuchen, mich loszuwerden, wie lange bleiben Partner dann zusammen?«

»Bis einer von ihnen erschossen wird oder in Rente geht.«

»Wirklich? Was ist mit Ihrem letzten Partner passiert?«

»Oder sie befördert werden«, setzte Maiden verspätet hinzu.

»Ich verstehe, weil *er* nicht mit der Serienmörderin …«

»Sind wir bald da, Detective Constable Spencer?«

Sie lächelte vor sich hin. »Nur noch eine Kreuzung, Sir.«

»Gott sei Dank.«

Maiden fragte sich, ob er ihren Frechheiten gegenüber genauso tolerant gewesen wäre, wenn Spencer männlich und hässlich gewesen wäre.

Nein, und deswegen bin ich genauso übel wie der gottverdammte Longman und die ganzen anderen Säcke.

4

Ein uniformierter Constable stoppte ihren Wagen vor einem breiten schmiedeeisernen Tor. Eine hohe Steinmauer führte an der Straße entlang.

Maiden kurbelte sein Fenster herunter und fragte: »Was zum Teufel ist das denn? Ich dachte, es soll eine Kirche sein?«

Der Polizist beugte sich vor, um zu antworten. »Ich glaube, in den Fünfzigern war es mal eine Privatschule. Heutzutage nennen sie es einen Zufluchtsort – ›Eden‹. Schon drei oder vier Jahre lang.«

»Zuflucht? ›Eden‹? Es ist also gar keine Kirche?«

Der Constable schaute ungerührt. »Ich kann Ihnen versichern, dass es da drinnen einen Haufen Leute gibt, die Ihnen das alles nur zu gerne erklären, *und* sie geben ihnen auch noch gottverdammte Flugblätter.« Er deutete zwischen den Gitterstäben hindurch. »Soweit ich sehen kann, gibt es Wohnhäuser, einen Konferenzraum, einen Speisesaal und Unterrichtsräume – und eine Kirche. Zu der wollen Sie, Sir. Biegen Sie gleich hinter der Mauer links ab, Sie können sie gar nicht verfehlen.«

»Halten Sie alle anderen draußen? Hier ganz allein?«

»Das ist nicht schwierig, Sir. Das einzige andere Tor ist verschlossen. Der Laden ist wie Fort Knox.«

Der Constable beugte sich weiter vor, um an Maiden vorbeizuschauen, und bemerkte Spencer. Sein Ausdruck veränderte sich und er überlegte erkennbar, was er noch sagen könnte.

»Also, worauf warten wir? Machen Sie uns *dieses* Tor auf«, befahl Maiden kurz angebunden.

»Ja, tut mir leid, Sir.« Er trat zurück und winkte jemandem

zu, den sie nicht sehen konnten. Es klickte, dann begannen die Flügel sich zu bewegen.

Als sie hindurchfuhren, warf Maiden Spencer einen genervten Blick zu. Sie sagte: »Was habe ich denn getan?«

»Gar nichts, das ist ja das Problem. Sie *müssen* gar nichts tun.«

Sie fuhren auf etliche Polizeiwagen zu, einen weißen Lieferwagen und einen Krankenwagen. Maiden ließ sein Fenster offen und sah sich um. Er hatte das Gefühl, ein traditionelles englisches Dörfchen mitten in Sydney zu entdecken. Die Häuschen hatten steile Ziegeldächer und Holzfenster. Kleine Wege führten zwischen Rasenflächen und Blumenbeeten hindurch, die gut gepflegt waren. Große Bäume, die Schatten auf kleine Bänke warfen, schienen ihre Blätter ordentlich auf das Gras abzuwerfen. Es war, als hätte die Mauer um das Grundstück herum nicht nur ungebetene Gäste abgehalten, sondern auch Jahrzehnte des modernen Fortschritts und all der Unordnung, die damit einherging.

»Ich frage mich, wie leicht man wieder *raus* kommt«, murmelte Maiden.

»Wie bitte?«, fragte Spencer, die gerade damit beschäftigt war, den Wagen vor einem lose herunterhängenden Absperrband zu parken. Sie stellte den Motor ab.

»Nur so ein Gedanke. Wo zum Teufel sind die alle?«

»Drinnen, schätze ich. Am Tatort.«

»Nein, ich meine, die *anderen.* Es gibt keine Schaulustigen, die üblichen Idioten, die uns anstarren und versuchen, eine Leiche oder sonst was zu sehen zu bekommen.«

Sie drehte sich auf ihrem Sitz um und schaute hinaus. »Da haben Sie recht. Es sieht ganz verlassen aus. Aber der Constable am Tor hat gesagt, dass eine Menge Leute hier wären.«

Sie stiegen aus, und Maiden sah sich um. »Das fühlt sich alles höchst merkwürdig an. Gefällt mir gar nicht.«

Spencer sagte über das Wagendach hinweg: »Vielleicht,

weil jemand auf den Fußboden der Kirche genagelt wurde, Sir.«

Maiden machte sich nicht die Mühe, ihr zu antworten.

Von außen sah die Kirche aus wie die übrigen Gebäude in Eden, aber im Inneren wurden Maiden und Spencer überrascht. Sie hatten dicht hintereinander stehende Holzbänke mit einem schmalen Durchgang erwartet. Doch die Bestuhlung war modern: modulare Plastikreihen mit reichlich Beinfreiheit und ziemlich bequem. Vorn im Raum gab es eine große Bühne, eher wie in einer Stadthalle, komplett mit seitlichen Zugängen und Vorhängen, jedoch mit einer Kanzel in der Mitte. Im Augenblick war sie voller Polizisten, die sich um etwas auf dem Boden geschart hatten.

»Fällt Ihnen auf, was fehlt?«, flüsterte Spencer, während sie den Gang hinuntergingen.

»Was denn?«, fragte Maiden. Er versuchte, jemanden zu finden, den er kannte.

»Gott.«

»Was?«

»*Gott.* Sehen Sie sich doch um. Können Sie irgendwelche der üblichen Kirchenrequisiten sehen?«

Spencer hatte recht. Im Inneren fehlten all die üblichen christlichen Symbole. Es gab eine Menge Wandgemälde mit strahlendem Licht und wundervollen Szenen, doch als Maiden genauer hinsah, bemerkte er, dass sie nichts zu tun hatten mit Gott, Jesus oder sonst etwas Biblischem.

Maiden sagte: »Okay, Sie haben gewonnen. Das ist definitiv eine durchgedrehte Sekte.« Er hörte Spencer leise knurren.

Neugierige Gesichter wandten sich ihnen zu. Ein Detective in einem richtigen Anzug löste sich von der Gruppe und lächelte, als er Maiden eine Hand hinstreckte. »John, danke, dass du gekommen bist. Wir wissen das zu schätzen.«

Maiden sagte fröhlich: »Lass stecken, Paul. Jetzt bin ich noch misstrauischer. Wenn du den Fall hast, wozu braucht ihr dann mich?«

Paul LeBlanc war ein Polizist aus Maidens Ära. Und wie dieser stand er kurz davor, befördert zu werden oder, je nachdem, wie das Spiel ausging, zurückzubleiben und irgendwann in Frührente zu gehen. Sein Haar war bereits silbergrau und Krähenfüße hatten sich in den Augenwinkeln eingefressen.

»Wir warten auf deinen Rat und deinen scharfen, einfallsreichen Geist, John.«

Maiden warf ihm einen Blick zu. »Ja, klar.«

LeBlanc setzte gewitzt hinzu: »Außerdem fliege ich morgen früh nach New York, und das sage ich auf keinen Fall ab. Ich habe dich vorgeschlagen, bevor der Chef sich für irgendeinen dieser jungen Typen entscheidet, die es sowieso nur vermasseln. Uns fehlen hier ein paar erfahrene Leute.«

»Wie wär's, wenn ich nach New York fliege und du hierbleibst?«

LeBlanc lachte. »Keine Chance.«

»Das ist Detective Constable Peta Spencer. Wir werden zusammenarbeiten – oder vielleicht auch nicht. Heute jedenfalls tun wir es.«

»Was haben Sie denn angestellt, um den abzukriegen?«, fragte LeBlanc Spencer und schüttelte ihr die Hand.

Spencer sagte vorsichtig: »Ich freue mich darauf, jede Menge zu lernen, Sir. Es wird ein Privileg sein, mit John zu arbeiten, wenn er mich lässt.«

LeBlanc schnitt eine Grimasse und Maiden verdrehte die Augen. Dann sagte er: »Ja, dumm ist sie nicht.«

»Schön zu hören. Also, kommt und schaut euch das an; mal sehen, was ihr davon haltet.«

Als sie auf die Bühne kamen, wies LeBlanc alle anderen an, Platz zu machen und den Rest der Kapelle nach Beweisen zu durchsuchen. Die Leute traten beiseite und gaben den Blick auf eine Leiche frei.

Spencer sog zischend den Atem ein. Maiden entrutschte ein »Jesus«, obwohl er sich geschworen hatte, genau das nicht zu sagen.

LeBlanc flüsterte: »Vergiss es, es sei denn, dir fällt etwas wirklich Gutes ein. Wir haben schon alle offensichtlichen Witze durch.«

Er neigte den Kopf ein wenig. »Und einige der Mitglieder warten dort hinten darauf, vernommen zu werden. Sie können dich hören.«

Maiden hatte sich neben die Leiche gekniet. Er schaute hoch in die Schatten am hinteren Ende der Bühne, wo einige Leute vor einem Vorhang standen und besorgt dreinschauten. Einer der Männer fiel ihm auf. Er wirkte ruhiger und kontrollierter, sein Blick war stechend.

Spencer ging auf der anderen Seite des Opfers in die Knie. »Okay, vielleicht sollten wir nicht blasphemisch werden, aber das ist doch der Sinn der ganzen Sache, nicht wahr?«, fragte sie leise. »Die Kreuzigung Christi zu verhöhnen? Nachzuahmen?«

»Man kann kaum von etwas anderem ausgehen«, sagte LeBlanc. »Aber wir wissen nicht, ob es ein gezielter, geplanter Akt war oder nur eine spontane Eingebung, die dem Mörder bei der Arbeit kam. Angeregt durch seine Umgebung, wenn Sie verstehen, was ich meine.«

»Er wurde außerdem erstochen«, bemerkte Maiden und deutete mit einem Finger auf die Wunde. »Und was ist das? Ein Schlag auf den Kopf? Vielleicht erfolgte das Annageln nach Durchführung des tatsächlichen Mordes?«

Spencer sagte: »Das Erstechen gehört meiner Meinung nach auch zur Folklore.«

»Folklore?« Maiden sah sie an.

Sie zuckte mit den Achseln. »Mythen, Folklore, Tatsachen … wie Sie wollen. Ich meine die Geschichte von Christus' Kreuzigung. Ein römischer Soldat hat ihn angeblich mit seinem Speer unter die Rippen gestochen, um ihn entweder endgültig zu töten oder um sicherzugehen, dass er tot war.«

»Waren Sie in der Sonntagsschule?« Maiden begann wieder, die Leiche zu untersuchen.

»Nein, aber an Ostern gibt es nichts anderes im Fernsehen. Jedes verfluchte Jahr.«

»Wer ist der Typ?«, fragte Maiden LeBlanc.

LeBlanc sprach leise, damit die Zuschauer nichts hören konnten. »Sein Name ist Chris Vitale. Er ist Gründer dieser Gruppe und ihr Anführer, oder zumindest war er es. Ihr spiritueller Führer, wenn man so will. Das macht ihn zugleich zum Betreiber und Besitzer des gesamten Geländes, ein ziemlich beachtliches Stück Boden, das einen Haufen Geld wert ist, selbst wenn die Gegend nicht ganz fünf Sterne hat.«

»Wie buchstabiert man seinen Namen, Sir?«, fragte Spencer. Sie hatte Notizblock und Stift rausgezogen. Maiden wollte sie gerade erinnern, dass sie mit einem anderen Detective sprachen und keinen Verdächtigen verhörten, ließ es dann aber. Immerhin *hatte* er ihr gesagt, dass sie Notizen machen sollte.

LeBlanc buchstabierte für sie und fuhr dann fort: »Dieser Laden ist eine Mischung aus einer religiösen Sekte, einem spirituellen Was-weiß-ich und einer Möglichkeit, einfach mal auszusteigen. Aber zweifellos würden die Brüder, selbst wenn man nur ein bisschen Ruhe und Frieden sucht, einem die entsprechende Literatur unter der Tür durchschieben.«

»Sie lieben Flugblätter, hat man uns gesagt«, bemerkte Maiden.

»Christ Alive – der lebende Christus«, unterbrach Spencer. »Ziemlich offensichtlich.« Sie betrachtete ihre Notizen.

Sie starrten sie an »Was?«, fragte Maiden als erster.

»Christ Alive – Chris Vitale. Sein *Name* ist ein Anagramm von ›Christ Alive‹, insofern ist es wahrscheinlich nicht sein echter Name. Wie gesagt, es ist ziemlich offensichtlich, wenn man ›Chris‹ sieht und dann das ›t‹ aus Vitale nimmt und die anderen Buchstaben ein bisschen mischt …« Sie notierte etwas und runzelte die Stirn.

»Leuchtend rot wie ein Affenarsch!« sagte Maiden. »Warst du schon darauf gekommen, Paul?«

»Noch nicht, aber es hätte sicher nicht mehr lange gedauert«, murmelte LeBlanc.

»Jetzt bin ich mit clever sein dran. Seht euch mal die Nägel in seinen Händen an«, fuhr Maiden fort.

LeBlanc und Spencer beugten sich vor.

Maiden erklärte ihnen: »Seht ihr, wie sie eingeschlagen wurden? Der Winkel bildet ein V. Das ist kein Zufall, das hat der Mörder absichtlich gemacht. Wenn man die Nägel gerade einschlägt, wäre es nicht allzu schwierig, die Hand loszureißen und die Nägel einfach stecken zu lassen. Es wäre ganz schön schmerzhaft, aber ihr versteht schon, was ich meine. Aber wenn man sie so gegeneinander versetzt, dann ist das nicht möglich. Dasselbe bei den Füßen. Der Mörder wusste, was er tut, er hat diesen armen Hund nicht einfach bloß blindlings an den Boden genagelt.«

Sie starrten einen Augenblick schweigend vor sich hin. Maiden erhob sich und schnitt eine Grimasse, weil sein Knie schmerzte. »Also, wie viele Hauptverdächtige haben wir?«

»Es gibt eine Gemeinde von etwa zweihundert Leuten. Die meisten von ihnen leben hier in Eden«, erklärte ihnen LeBlanc.

»Ich sagte *Haupt*verdächtige.«

»Ich weiß.«

»Verdammt noch mal, können wir das nicht ein bisschen ausdünnen?«

»Bald, aber noch nicht. Alle, die Mitglieder der Sekte sind, können wann immer sie wollen nach Eden kommen, und es gibt keine Unterlagen und kein personalisiertes Geheimzahl-System am Tor. Also können wir nicht einmal die ausschließen, die noch nicht hier leben.«

»Toll, und wo sind die alle jetzt?«

»Die Anwohner haben wir zurück in ihre Quartiere geschickt – mit der Anweisung, dort zu bleiben. Die Übrigen haben wir in den Speisesaal gesteckt. Das sind noch einmal dreißig oder so.«

Spencer sagte überrascht: »Das ist ja sehr kooperativ. Haben die nicht angefangen, von ihren Rechten zu erzählen?«

»Es war nicht meine Idee, sondern seine.« LeBlanc neigte den Kopf in Richtung der Sektenmitglieder am hinteren Ende der Bühne und des Mannes, der Maiden zuvor bereits aufgefallen war.

Maiden fragte: »Und wer ist das?«

»Er heißt Brent Sirroch, und es scheint mir, dass er durchaus interessiert daran ist, auf den Thron zu steigen. Er war sowieso eine Art Stellvertreter. Auf jeden Fall tun sie, was er ihnen sagt. Er hat auch die Leiche gefunden.«

Spencer schaute hinunter auf den Toten und sagte: »Also, ich muss sagen, wenn *der* Jesus am Kreuz sein soll, dann muss man doch zugeben, dass Sirroch aussieht, wie man sich Judas vorstellt. Schauen Sie sich ihn an! Die langen schwarzen Haare, das Kinnbärtchen … es ist wirklich alles da. Vielleicht ist das Absicht. Er hat sich so zurechtgemacht.«

»Judas?«, fragte Maiden. »Sie finden, wir sollten ihn verhaften, weil er aussieht wie ein Bösewicht?«

»Judas war einer von Jesus' *engsten* Vertrauten, bevor er die Seite gewechselt hat.«

»Also, ich verstehe, was sie meint«, sagte LeBlanc und starrte Sirroch an.

Maiden trat dicht zu ihm und sagte laut genug, dass Spencer es hören konnte: »Hör mal, es gehen schon alle vor ihr in die Knie und stimmen allem zu, was sie sagt. Fang du jetzt nicht auch noch damit an.«

Spencer sagte eisig: »Sie haben Glück, dass ich Sinn für Humor habe, Sir.«

»Den werden Sie brauchen«, sagte LeBlanc zu ihr.

Sie sah wieder die Kirchgänger an. »Er ist gleichzeitig gut aussehend und widerwärtig.«

Maiden sagte: »Mal sehen, was er selbst zu sagen hat. Paul, ich habe genug gesehen. Ihr könnt das Opfer abtransportieren. Kannst du das bitte veranlassen?«

LeBlanc wandte sich ab und rief jemanden zu sich.

Etwa ein Dutzend Sektenmitglieder gehörten zu der Gruppe, die Maiden und Spencer misstrauisch beäugte, als sie näher kamen. Er wusste, dass sie bereits befragt worden waren, wahrscheinlich sogar mehrfach, doch Maiden war bedrohlicher und zeigte keine Spur von Mitgefühl. Er stellte sich und Spencer vor.

Bevor irgendjemand anders etwas sagen konnte, trat Sirroch einen Schritt vor und sagte: »Mein Name ist Brent Sirroch. Ich kann Ihnen viel Arbeit ersparen, indem ich für uns alle antworte.« Er sprach leise und deutlich.

Maiden schaute all die anderen Gesichter langsam nacheinander an und entdeckte stilles Einverständnis mit Sirrochs Kontrollübernahme, war aber nicht überzeugt, dass der Deal von Dauer wäre. Manche Gesichtsausdrücke wirkten eher stoisch, als wäre es ein Arrangement, das für den Augenblick ausreichte, weil jetzt und hier nicht der Moment war, sich darüber zu beschweren.

»So funktioniert das nicht, Mr Sirroch«, entgegnete Maiden offen. »Wenn wir jemandem eine Frage stellen, dann erwarten wir, dass derjenige auch antwortet, oder wir wollen wissen, warum nicht. Sie sind doch bereit zu voller Kooperation, nicht wahr?«

»Selbstverständlich.« Sirroch wirkte ungerührt. »Warum sollten wir das nicht sein? Wir möchten genauso gern Antworten haben wie Sie.«

»Sie haben die Leiche gefunden?«, fragte ihn Spencer.

Sirroch wandte ihr seine Aufmerksamkeit zu. Sein Verhalten änderte sich, eine leichte Verschiebung, die ein wenig Charme in seinem Blick aufscheinen ließ und den Hauch eines Lächelns. Er sagte: »Das stimmt, Peta. Es war nicht gerade der schönste Morgen meines Lebens.«

Spencer beschwerte sich nicht darüber, dass er ihren Vornamen verwandte, aber ihr Ton machte deutlich, dass es ihr nicht passte. Auch ihr Verhalten veränderte sich ein wenig.

Die Körpersprache beantwortete Sirrochs Charme mit der Botschaft: *Vergiss es.* Maiden beobachtete den stummen Austausch interessiert.

Er dachte: *Ein Kampf zwischen schönen Menschen.*

Spencer fragte: »Können Sie uns sagen, was vorgefallen ist? Mir ist klar, dass Sie das bereits anderen Kollegen berichtet haben …«

»Und ich bin sicher, dass ich es noch mehrmals werde wiederholen müssen«, Sirroch nickte freundlich. »Es ist ganz einfach. Ich kam heute Morgen um acht Uhr in die Kapelle, um nach Chris zu sehen, und … entdeckte ihn. Ich ging davon aus, dass er hier wäre. Wir beten jeden Morgen um neun und er hätte sich darauf vorbereiten sollen. Natürlich habe ich nicht erwartet, ihn so vorzufinden.« Er unterbrach sich und zwinkerte eine plötzliche Träne weg.

»Hätte sich vorbereiten sollen?«, fragte Maiden. »Gibt es irgendeinen Grund, anzunehmen, dass er es nicht getan hat?«

»Chris hat ein kleines Büro hinter den Vorhängen hier. Manchmal verliert er sich zu sehr in seiner Arbeit und muss an die Zeit erinnert werden. Das ist alles.«

Überrascht ging Spencer zu den Vorhängen hinter der Bühne und suchte nach einem Durchgang. Sie fand ihn, zog den Vorhang beiseite und stand vor einer geschlossenen Tür. Spencer rief: »Detective LeBlanc, wussten Sie davon?«

LeBlanc beaufsichtigte die Entfernung von Vitales Leiche vom Boden. Mehrere Polizisten debattierten darüber, wie sie die Nägel herausziehen konnten, ohne die Hände des Opfers noch weiter zu beschädigen. Jemand war eine Zange holen gegangen. LeBlanc betrachtete die Tür, starrte Sirroch dann einen Augenblick an und sagte schließlich: »Nein, niemand hat sich die Mühe gemacht, uns davon in Kenntnis zu setzen. Ein verstecktes Zimmer?«

»Es ist bloß ein Büroraum, und wir *verstecken* ihn nicht«, entgegnete Sirroch gelassen. »Der Vorhang hängt vor dem Eingang, das ist alles. Es tut mir leid, ich dachte, Sie wüssten davon. Wir haben es nicht absichtlich verschwiegen«, setzte er als Entschuldigung hinzu.

Spencer öffnete die Tür, ging aber nicht hinein. Stattdessen bedeutete sie einem Mitarbeiter der Spurensicherung, sich dort drinnen umzusehen. Sie konnte erkennen, dass es sich um einen kleinen Raum voller Bücherregale handelte, mit einem alten Schreibtisch, auf dem ein Computer stand. Sie kehrte zu der Gruppe zurück und schloss sich Maiden an, der Sirroch missbilligend anstarrte.

Spencer fragte Sirroch: »Dort ist nichts drin, das Sie gehofft hatten, für sich zu behalten?«

»Nein, wir haben von niemandem etwas zu befürchten. Wie ich bereits sagte, ich habe einfach nicht daran gedacht, dass Sie nichts von dem Büro wissen.« Sirroch zuckte mit den Achseln. »Da so viele gut ausgebildete Polizisten den Raum durchsucht haben, bin ich einfach davon ausgegangen, dass man ihn bereits gefunden hat.«

Spencer verabreichte Sirroch ein schmales Lächeln. »Wir werden es bald wissen.«

Maiden sagte: »Mr Sirroch, es würde mir helfen, zu wissen, was genau Ihre Aufgabe hier ist. Ich bin nicht ganz sicher, wo wir uns eigentlich befinden.«

Sirroch entgegnete gelassen: »Es ist eine Kapelle, ein Ort der Anbetung.«

Maiden hatte die gesamte Anlage gemeint, hielt aber auch dies für einen guten Anfang. »Okay, und was *genau* beten Sie an?«

»Ist das wichtig? Hat es mit den Ereignissen dieses Morgens zu tun?«

»Uns ist wichtig, ob wir es mit dem Dalai Lama oder dem Ku-Klux-Klan zu tun haben, ja. Ein paar Hintergrundinformationen über Ihre Überzeugungen wären hilfreich.«

Sirroch zögerte eine Sekunde, dann gestand er Maiden mit einem Fingerschnippen den Punkt zu. Er erklärte die Sache in einfachen Worten. Er zeigte keine Spur von Zurückhaltung oder Ehrfurcht, sondern sprach offen und schien sich seiner selbst und seiner Worte absolut sicher zu sein.

»Wir haben Chris Vitale angebetet.«

»*Er* war Ihr Gott?« Maiden schaffte es gerade noch, nicht die Augenbrauen hochzuziehen.

»Nein, wir glauben, dass Chris dem einen wahren Gott sehr nahe stand. Er hat mit ihm gesprochen und konnte seine Worte hören. Ich denke, ›anbeten‹ ist vielleicht das falsche Wort. Es wäre präziser, zu sagen, dass wir Chris' spirituelle Verbindung zu Gott anerkannt haben und ihm den Respekt entgegenbrachten, den er verdient hatte.«

»Chris Vitale war also Ihr Priester?«

»Nicht bloß ein Priester. Jemand, der mit Gott direkt kommunizieren kann, ist mehr als ein Priester.« Sirroch lächelte nachsichtig über Maidens Ignoranz.

»Okay, und mit welchem Gott hat Chris gesprochen? Dem christlichen, dem muslimischen – dem buddhistischen? Mit einem ganz anderen?«

»Gott ist nichts davon, John.« Maiden ärgerte sich darüber, dass Sirroch seinen Vornamen verwendete. Der fuhr ungerührt fort: »Viele Millionen Menschen auf der Welt entscheiden sich dafür, sich als das eine oder andere anzusehen, aber Gott behauptet nichts anderes zu sein als Gott. Spiritualität kann erdrückt werden durch das Bedürfnis, sich mit einer speziellen Religion zu identifizieren. Eine unserer Bemühungen hier besteht darin, eine Akzeptanz Gottes zu fördern, ohne sich dabei mit den Missverständnissen zu belasten, die über die Jahrhunderte weitergegeben wurden. Das ist ein fundamentaler Bestandteil von Chris' Lehren.«

Maiden sagte: »Bitte sagen Sie nicht ›fundamental‹. Dann werden wir Polizisten nervös und rufen die Bombensuchhunde.«

Spencer fragte Sirroch: »Halten Sie sich an die Bibel?«

»Teilweise, ebenso wie an den Koran und den Talmud. Sie haben alle etwas zu bieten.«

»Sie streuen also das Risiko?«, fragte Maiden.

»Auch Skeptiker sind uns willkommen, John.«

»Ich glaube, ich verstehe es jetzt«, sagte Spencer. »Im Grunde haben Sie Chris Vitale verehrt und waren ganz zufrieden damit, es ihm zu überlassen, sich um alles andere zu kümmern? Er klärte die möglichen Missverständnisse mit Gott?«

»Zumindest beginnen *Sie,* es zu verstehen, Peta, obwohl es komplexer als das ist. Die Beziehung jedes Einzelnen zu Chris ist ein Maß seiner oder ihrer Nähe zu Gott …«

»In Ordnung – alles bloß Liebe, Licht und John-Lennon-Lieder«, unterbrach ihn Maiden. »Und was passiert jetzt? Packen Sie ein und gehen Sie nach Hause? Wer profitiert davon?«

Sirroch schaute überrascht. »Ganz im Gegenteil, John. Chris' Tod ist eine entsetzliche Tragödie, aber es beruhigt uns und bereitet uns sogar ein wenig Freude, dass er sich jetzt an Gottes Seite befindet. Wenn überhaupt, dann verfügen wir somit über eine stärkere Verbindung zu ihm. Wir können nicht mehr direkt mit Chris sprechen, aber wir wissen, dass er unsere Gebete hören und sie vielleicht sogar in Gottes Ohr flüstern wird. Wir werden seine Arbeit hier unten mit neuer Energie fortsetzen.«

»Aber hat er sich nicht um alles gekümmert? Wer macht das jetzt, wo er nicht mehr da ist? Sie?«

Sirroch deutete mit einer kleinen Handbewegung auf den Rest der Gruppe hinter sich. »Diese Leute sind der Große Rat von Eden, der eine Reihe Entscheidungsträger einschließt. *Wir* haben uns bereits um alles gekümmert, wie Sie so schön sagen, damit Chris seinen wahren Aufgaben – ungestört durch die Alltäglichkeiten – nachgehen konnte. Und was Ihre Frage angeht, wer nun die Leitung übernimmt, wer also derjenige sein wird, der letztlich für alles verantwortlich ist, so bin ich willens, diese Rolle für den Augenblick zu übernehmen. Aber später … nun, wir werden lange Diskussionen führen und schwierige Entscheidungen treffen müssen. Es ist zu früh, sich darum Sorgen zu machen.«

Maiden betrachtete die übrigen Mitglieder der Gruppe in einem neuen Licht. Er war davon ausgegangen, dass es bloß ganz normale Mitglieder waren, die zufällig am Tatort aufgekreuzt waren; Leute, von denen LeBlanc nicht wollte, dass sie die Kapelle verließen, bis er mit ihren Aussagen zufrieden war. Jetzt erkannte Maiden, dass sie sich absichtlich hier aufhielten, weil sie nichts Wichtiges verpassen wollten. Es erklärte auch, warum er zuvor das Gefühl gehabt hatte, dass nicht alle damit einverstanden waren, dass Sirroch ihr Sprecher war. Chris Vitales Blut auf dem Boden war noch nicht getrocknet und schon entspann sich ein stummer Machtkampf zwischen seinen engsten Vertrauten.

Maiden sagte: »Da bin ich sicher. Übrigens, was kostet es eigentlich, bei Ihnen Mitglied zu werden?«

»Sie können sich uns kostenlos anschließen, John. Wir sind kein Verein. Wie ich schon sagte, Sie wären herzlich willkommen.«

»Besten Dank, aber ich glaube, ich passe. Also, wer bezahlt all das hier?«

»Die Mitglieder sind gehalten, so viel zu spenden, wie sie für angemessen halten. Wir hatten das große Glück, einige sehr großzügige Gönner zu haben.«

»Ich verstehe. Entschuldigen Sie mich bitte einen Augenblick?«

Maiden zog Spencer außer Hörweite. Er sagte zu ihr: »Ich glaube nicht, dass irgendeiner der anderen ein Wort sagen wird, solange dieser Clown hier rumsteht. Wir müssen sie irgendwie auseinanderbringen.«

Seine Kollegin erwiderte: »Ich habe eben genau das Gegenteil gedacht. Vielleicht kriegen wir die normalen Mitglieder nie dazu, den Mund aufzumachen, wenn nicht eines dieser Ratsmitglieder es ihnen erlaubt. Sie haben sich schließlich alle aus freien Stücken von der Welt da draußen verabschiedet.

Solange nicht einer dieser Groß-Rats-Typen dabei ist, wenn wir die anderen verhören …«

»Sind sie eine Herde hirnloser Schafe?«

»Sagen wir mal, sie sind spirituelle Schafe, die tun, was man ihnen sagt. Was sollen wir machen?«

Er zählte schnell durch. »Es sind zwölf, Sirroch mitgerechnet.«

Spencer gab einen Laut von sich.

»Was?«, fragte er.

»Jesus hatte zwölf Jünger. Die Parallelen werden immer deutlicher.«

»Und gleichzeitig bestreiten sie es. Hören Sie, lassen Sie uns herausfinden, wer zu diesen ›Entscheidungsträgern‹ gehört, und dann kann Paul …« Maiden unterbrach sich, denn ihm war aufgefallen, wie eines der Mitglieder der Spurensicherung auf LeBlanc zueilte. Es war etwas vorgefallen. »Augenblick.«

Der Mitarbeiter reichte LeBlanc ein Blatt Papier. Er hielt es vorsichtig mit den Fingerspitzen, als wäre es ein Beweisstück. LeBlanc überflog es und sah auf, er suchte nach Maiden und Spencer. Sie gingen zu ihm hinüber.

»Eine Nachricht des Mörders«, erklärte LeBlanc grimmig. »Steckte im Drucker fest.«

Der Mann von der Spurensicherung sagte: »Der Drucker hatte einen Papierstau und ich habe das blinkende Licht bemerkt. Als ich den Stau beseitigt hatte, kam das hier heraus. Es muss sich im Zwischenspeicher des Druckers befunden haben.«

Maiden verstand nicht allzu viel von Computern. »Wollen Sie damit sagen, dass es nicht mehr auf dem Bildschirm ist? Die Datei ist zu?«

»Genau, Sir. Ich habe noch nicht versucht, auf irgendwelche Programme zuzugreifen. Ich bin direkt zu Ihnen gekommen.«

»Gehen Sie zurück und überprüfen Sie die Software.«

Der Mann von der Spurensicherung ließ sie allein. Spencer las den Ausdruck über Maidens Schulter mit.

Das Wunder wird nie geschehen.
Es ist alles eine Lüge und ich werde sterben.
Morgen.

»Und ich werde morgen sterben?«, fragte sie. »Wer auch immer Vitale umgebracht hat, wird sich morgen selbst töten?«

»Sieht so aus«, sagte Maiden. »Was sonst noch?«

Spencer starrte das Blatt an. »Okay, es ist eine Standardschrift und normale Größe. Niemand hat sich die Mühe gemacht, das schön zu formatieren. Keine Großbuchstaben oder bunte Farben, damit wir aufmerksam werden. Der Täter hat das einfach getippt und auf ›Drucken‹ geklickt, als wäre es ihm völlig egal, ob wir die Nachricht bekommen.«

»Und es war ihm auch egal, dass der Drucker klemmte? Er hat sich nicht die Mühe gemacht, das Problem zu beseitigen, damit er funktionierte?«

»Vielleicht hat er es auch nicht mitbekommen? Eine Menge Leute drucken etwas aus – und gehen dann, ohne auf das Ergebnis zu warten. Außerdem, wenn seit einiger Zeit nichts gedruckt wurde, kann es eine Weile dauern, bis ein Drucker warmgelaufen ist. Vielleicht war der Täter zu ungeduldig?«

»Oder er wollte schnell weg, was deutlich wahrscheinlicher ist, weil das Opfer schon an den Boden genagelt war?«, bemerkte Maiden trocken.

»Vielleicht hat er die Nachricht vorher geschrieben? Vitale kam und hat ihn erwischt, also hat er es schnell ausgedruckt, bevor er die Gelegenheit hatte, kreativ zu werden. Und die nachfolgenden Ereignisse gipfelten in dem Mord.«

»Das sind eine Menge Vermutungen aufgrund von ein paar Worten auf einem ansonsten leeren Stück Papier«, sagte Maiden und setzte zögernd hinzu: »Aber nicht schlecht. Ich bin bloß nicht sicher, ob wir die Gelegenheit bekommen, Ihre

Theorien zu überprüfen, bevor unser Mörder sich umbringt und Chris Vitale an Gottes Seite Gesellschaft leistet – welcher Gott es auch immer sein mag.«

Maiden reichte LeBlanc das Blatt und ging zurück zu den Sektenmitgliedern. Sirroch sah ihn an, als erwarte er, Maiden würde ihm sagen, was auf dem Zettel gestanden hat. Aber Maiden fragte: »Ist das Vitales eigenes Büro? Niemand sonst benutzt es?«

Jemand antwortete: »Nein, alle benutzen es. Es ist für uns alle sehr praktisch.«

»Wer sind Sie?«

Als Maiden sich dem Mann zuwandte, wurde der plötzlich nervös. Er war klein, fast kahl und trug eine Brille und einen Anzug. *Ein Buchhalter,* dachte Maiden und musste beinahe über die Antwort des Mannes lachen.

»Ich bin Walter Harris. Ich kümmere mich um die Finanzen der Anlage und komme oft her, um zu arbeiten. Es ist ruhig und in einiger Entfernung zum Verwaltungsgebäude gelegen. Man muss sich nur ins Netzwerk einloggen.«

»Fantastisch«, sagte Maiden. Es nervte ihn, wenn Technik die Sachen verkomplizierte. »Benutzt es noch jemand?«

»Wir *alle* tun das«, sagte eine Frau von weiter hinten.

»Und Sie sind?«

»Leanne Dorsett. Ich betreue den Newsletter der Anlage und komme oft zum Arbeiten her. Es kann sehr friedvoll sein.«

»Das betonen Sie alle immer wieder. Aber es scheint nicht für jeden der Fall zu sein.«

Hinter Maiden hatten sie die Nägel aus Vitales Leiche gezogen und schlossen lautstark den Reißverschluss eines Leichensacks.

Leanne Dorsett erschien Maiden als zu jung und zu hübsch, um so tief in eine derartige Organisation verstrickt zu sein. Sie war in den Dreißigern, mit einer guten Figur und einem freundlichen Gesicht, und er ging davon aus, dass sie sicher etwas Besseres mit ihrer Zeit anfangen könnte. Vielleicht hatte Eden mehr zu bieten, als ihm bislang bekannt war.

Sirroch fragte mit einem winzigen Hauch von Ungeduld: »Darf ich fragen, was auf dem Blatt stand, das Sie gerade gelesen haben?«

»Es war etwas, das der Mörder im Büro hinterlassen hat«, entgegnete Maiden. Was sein Publikum gesammelt den Atem einziehen ließ.

»Was stand darauf?«

»Das werden wir vorerst für uns behalten. Warten Sie bitte einen Moment.«

Ein Schatten huschte über Sirrochs Gesicht.

Spencer und LeBlanc hatten zugehört, und als Maiden zu ihnen trat, fragte Spencer: »Das heißt, im Büro werden sich Spuren von praktisch allen Anwesenden finden?«

Maiden nickte. »Es ist wahrscheinlich eine riesige Zeitverschwendung, aber wir müssen den Raum natürlich trotzdem gründlich durchsuchen. Das kannst du übernehmen«, grinste er humorlos in LeBlancs Richtung. »Ich werde unseren Pseudo-Judas bitten, dich bei der Arbeit zu unterstützen, das wird ihn eine Weile aus dem Weg schaffen. Du kannst auch den Erbsenzähler haben. Einer von den beiden wird dir Zugriff auf das gesamte Computernetzwerk verschaffen können.«

»Wunderbar«, sagte LeBlanc. Sirroch nervte auch ihn schon.

Maiden kehrte zurück zu den Sektenmitgliedern und sagte laut: »Ich möchte Folgendes von Ihnen: Detective LeBlanc hier wird das Büro gründlich durchsuchen, und ich hätte gern, dass Mr Sirroch und Mr Harris ihn dabei unterstützen. Die Übrigen teilen wir in zwei Gruppen. Eine davon wird mit mir eine Inspektion der anderen Gebäude vornehmen, während die zweite Gruppe Detective Spencer dabei helfen wird, den Rest der …« Er suchte nach dem richtigen Wort.

»Gemeinde«, schlug Spencer vor.

»Genau, den Rest der Gemeinde zu befragen.«

»Alle?«, fragte Sirroch.

»Unsere dringendste Aufgabe besteht darin, so schnell wie möglich so viele Personen wie möglich als Täter auszuschließen«, sagte Maiden. »Aber wir beginnen mit allen. Ist das ein Problem?«

Sirroch sah aus, als wollte er höflich widersprechen, aber dann hob er nur resigniert die Hände. »Wir werden tun, was Sie unter den Umständen für das Beste halten, John. Hier, ich werde Ihnen helfen.« Er wandte sich seinen Ratsmitgliedern zu, um zu entscheiden, wie er sie aufteilen wollte.

Maiden trat vor ihn und teilte die Gruppe, indem er sich den Weg in der Mitte bahnte. »Das reicht«, sagte er.

Mit einem leichten Achselzucken erklärte sich Sirroch einverstanden.

Maiden dachte: *Er wollte die Kontrolle behalten, er wollte sicherstellen, dass Leute, denen er vertraut, auf die aufpassen, denen er nicht vertraut.*

Jemand wandte sich an Maiden. »Vielleicht sollte ich auch im Büro sein? Ich heiße Stirling Moss und kümmere mich um die juristischen Angelegenheiten hier in Eden.«

»Stirling Moss? Wie der Rennfahrer?«

Moss entgegnete mit zusammengepressten Lippen: »Ja, wie der Rennfahrer. Sie können sich bei meinen Eltern dafür bedanken.«

Moss war noch jemand, von dem Maiden sofort fand, dass er nicht hierher passte. Er konnte keine dreißig Jahre alt sein und war fit, braun gebrannt und hatte ein jungenhaftes, nettes Gesicht.

Maiden fragte: »Sind Sie besorgt, dass im Büro etwas ist, weswegen Sie dort sein müssten, Mr Moss?«

»Nun … nein, ich wollte bloß – es war nur ein Vorschlag, meine ich.«

»Nur ein Vorschlag weswegen?«

Moss spreizte hilflos die Hände. »Sie wissen schon.«

Maiden entschied, dass es selbst der schlechteste aller Anwälte fertigbringen würde, den Mund zu halten, und es deshalb sinnlos wäre, Moss auf die Tour mitzunehmen. Also sagte er: »Wie Sie wollen. Ich kann später mit Ihnen reden.

*

Spencer führte fünf der Mitglieder hinaus in den Schatten eines der Bäume. Die frische Luft war eine Erleichterung nach der steifen Atmosphäre in der Kapelle und dem Geruch von Vitales Blut.

»Bevor wir weitergehen, wer ist wer?«, fragte sie, zog ihren Notizblock heraus und drückte unbemerkt den Startknopf des Digitalrecorders in ihrer Tasche. Die Mitglieder stellten sich einer nach dem anderen vor. Ian Panner war der Chorleiter der Gemeinde. Er war klein, mittleren Alters, und Spencers Fragen waren ihm erkennbar unangenehm. Im deutlichen Gegensatz zu ihm stand der Leiter der Sicherheitsmaßnahmen der Anlage, ein groß gewachsener, barscher Kerl namens Andrew Mackay. Sein kahlrasierter Schädel und sein präzise gestutztes Kinnbärtchen passten zum Stereotyp. Mackay behandelte Spencer fast schon mit Abscheu. Eileen Bower, die Koordinatorin der Volontäre, war eine junge, übergewichtige Frau, die auf Spencer unsympathisch wirkte – ein Wesenszug, den Bower mit einer dünnen Schicht Höflichkeit zu verbergen versuchte. Und als Letztes war da noch das Hausmeisterehepaar, Evan und Muriel Grant. Die Grants waren in den Sechzigern und ganz offensichtlich beide durch die Ereignisse des Tages erschüttert und verängstigt. Sie flüsterten ihre Antworten auf Spencers Fragen und warfen einander immer wieder verunsicherte Blicke zu.

»Wir hätten ihn zuerst gefunden … wir hätten ihn finden *können*«, sagte Muriel mit leiser Stimme. Wie ihr Mann hatte sie noch einen leichten englischen Akzent. Yorkshire, vermutete Spencer. »Wir kommen immer früh, um dafür zu sorgen, dass die Kapelle sauber und ordentlich ist, wenn alle zusammentreffen. Wenn Brent nicht schon vorher gekommen wäre …«

Ihr Mann legte einen Arm um sie und sagte: »Seien wir dankbar für die kleinen Gnaden.«

Eileen sagte: »Jeder von uns hätte als erster heute Morgen zur Tür hereinkommen und diesen … entsetzlichen Anblick sehen können. Ihr seid nicht die Einzigen, die entsetzt sind, Evan und Muriel. Wir sind *alle* sehr verstört.« Sie hätte genauso gut hinzufügen können: *Es geht nicht um euch,* aber das war unnötig. Es lag in Eileens Tonfall.

Mackay knurrte: »Es hätte sowieso nicht passieren dürfen. Was glaubt ihr, wie ich mich fühle? Für die Sicherheit aller zu sorgen ist mein Job.«

Spencer fragte die Grants: »Warum waren Sie zu spät dran? Sie *waren* doch zu spät dran, oder?«

Muriel entgegnete: »Die Gasflasche in der Küche war leer. Evan hat einige Zeit gebraucht, den richtigen Schraubenschlüssel zu finden, und die Mutter klemmte.«

»Linksgewinde«, sagte Evan reuevoll. »Das vergesse ich jedes Mal.«

»Alles dauerte länger«, fuhr Muriel nahtlos fort. Das Paar teilte offensichtlich seine Gespräche. »Wir haben erst zu Ende gefrühstückt, bis äh …«

»Mindestens halb acht«, sagte Evan.

»Und dann mussten wir ja schließlich auch noch den Abwasch erledigen.« Muriel stieß den Atem langsam aus, als sie an das Drama zurückdachte. »*Nichts* lief heute richtig. Es war entsetzlich.«

»Wirklich, Muriel?«, fragte Eileen ätzend. Muriel zwinkerte in ihre Richtung.

Spencer unterbrach sie: »In Ordnung, fangen wir mit den Leuten im Speisesaal an.« In der Ferne sah sie, wie Maiden in Gegenrichtung über das Gelände geführt wurde.

Sie brachten sie zu einem großen quadratischen Gebäude, an dessen einem Ende sich eine Küche befand, was von außen erkennbar war an einer Reihe Schornsteine und den großen Müllcontainern vor der Tür. Drinnen standen eine ordentliche Reihe langer Tische und Stühle, die für den ganzen Raum reichten, allerdings waren sie in einem Bereich beiseitegeschoben worden, um Platz zu schaffen. An einer Wand stand ein altes Klavier, der Deckel offen, ein Holzstuhl für den Klavierspieler davor. Ein Notenblatt lag auf dem Notenständer.

Zuerst dachte Spencer, niemand wäre hier, und wollte gerade fragen, was geschehen war. Panner berührte ihren Arm, damit sie still blieb.

»Sie beten«, sagte er leise. »Sie sind sicher gleich fertig.«

Halb verdeckt durch die Möbel, sodass Spencer sie gar nicht gesehen hatte, saßen über dreißig Leute ganz still und dicht beieinander auf dem Boden. Sie hatten die Hände verschränkt und die Köpfe schweigend geneigt. Ihr fiel auf, dass keine Kinder zu sehen waren.

»Wo sind die Kinder?«, fragte sie.

Eileen sagte leise: »Wir lassen keine Mitglieder unter sechzehn nach Eden.«

»Warum nicht?«

Einige von ihnen sahen einander an, dann erklärte Eileen: »Uns ist bewusst, dass die Menschen dort draußen unser Leben nicht als normal ansehen. Das macht sie nervös, und manchmal verspüren sie das Bedürfnis, sich einzumischen, über uns zu richten. Chris war der Überzeugung, die Gemeinde auf volljährige Erwachsene zu beschränken, würde Probleme vermeiden. Auch die Autoritäten können überempfindlich sein, wenn Kinder betroffen sind.«

»Betroffen von was? Was tun Sie hier, worauf ich empfindlich reagieren müsste?«

Eileen vollführte eine hilflose Geste. »Nichts. Es liegt alles in der Wahrnehmung, nicht wahr?«

Spencer dachte sich, dass Eileen da durchaus recht hatte. Ihre Wahrnehmung von Eden hatte gerade ein paar zusätzliche Fragezeichen erhalten.

»Wie lange brauchen die noch?«, fragte sie Panner, wobei sie die Stimme hob. Als Antwort hob er einen Finger vor seine Lippen, sodass sie noch lauter zu ihm sagte: »Ich muss Sie darauf hinweisen, dass es sich um eine Mordermittlung handelt. Sie haben noch dreißig Sekunden, bevor ich die Geduld verliere.«

Einige der betenden Mitglieder schielten zu Spencer hinüber. Ein paar erwachten zum Leben, was die anderen dazu veranlasste, es ihnen gleichzutun.

»Na also, das ist doch die Art Kooperation, die wir uns wünschen«, sagte Spencer begeistert.

*

Neben Maiden ging eine Frau namens Faye Morcombe, sie berührte ihn beinahe. Wenn er versuchte, sich etwas Platz zu verschaffen, kam sie ihm nach. Sie schien es darauf angelegt zu haben, einen guten Eindruck zu hinterlassen, nicht nur von sich selbst, sondern gleich von der gesamten Anlage. Nachdem sie erklärt hatte, dass sie dafür verantwortlich war, im Auftrag Edens wohltätige Aktionen durchzuführen, plapperte sie darüber, wie viele der Mitglieder »gute Menschen« waren, die nichts anderes wollten, als die Welt zu einem besseren Ort zu machen. Maiden vermutete, dass sie die vierzig schon hinter sich hatte, wenn auch vielleicht noch nicht allzu lange, und dass es sie mittlerweile eine ganze Menge Zeit kostete, ihren Körper in Schuss zu halten und das Make-up gekonnt aufzutragen. In ihrer Jugend war sie sicher hübsch gewesen. Sie war es immer noch, aber ihr Alter zeigte sich auf eine Art, von der Maiden vermutete, dass sie Faye nicht unbedingt passte.

»Dies ist unsere neueste Errungenschaft«, sagte sie und

führte ihn auf ein niedriges, lang gezogenes Gebäude zu. Es war neu, aber von außen verkleidet worden, sodass es zu den älteren Gebäuden ringsherum passte.

»Was ist es?«

Als Antwort öffnete Faye eine Tür und winkte ihn hindurch. Ihn traf ein Schwall warmer, chlorgetränkter Luft. Die anderen kamen hinter ihm her und warteten darauf, dass er Begeisterung zeigte.

Es war ein beheiztes Schwimmbad in halber Olympia-Größe. Ein einsamer Schwimmer zog im Freistil geschmeidig die mittlere Bahn entlang. Maiden fragte sich, warum der- oder diejenige nicht gehorsam in den Wohnräumen oder der Messehalle war, wie alle anderen.

»Beeindruckend«, sagte er, obwohl er das nicht wirklich fand.

Richard Chore, der Arzt der Anlage, sagte über Maidens Schulter hinweg: »Hinter diesen Türen befindet sich ein komplett ausgestattetes Fitnessstudio. Ebenso wie meine Praxis und die Arzneiausgabe.« Der Arzt war ein beweglicher, gepflegter Mann Mitte fünfzig. Maiden hatte bisher darauf verzichtet, bestimmte Fragen zu stellen, als ihm klar geworden war, dass sich in der Gruppe ein Arzt befand.

Aber jetzt erkundigte er sich: »Ich gehe davon aus, dass Sie sofort herbeigerufen wurden, als Brent Sirroch die Leiche fand? Haben Sie Mr Vitale untersucht?«

»Natürlich, sie haben mich sofort geholt. Aber mir wurde auf den ersten Blick klar, dass ich es mit einem Tatort zu tun hatte, und daraufhin habe ich mich zurückgezogen. Chris war tot, daran konnte ich nichts ändern.«

Maiden sagte nichts. Der Schwimmer hatte sie bemerkt und zog hinüber zu einer Leiter an der gegenüberliegenden Seite. Als er sich aus dem Wasser erhob, erkannte Maiden, dass es eine Jugendliche von vielleicht achtzehn oder neunzehn Jahren war. Sie wandte ihnen den Rücken zu und machte keine Anstalten, ihre Anwesenheit zur Kenntnis zu nehmen. Der Bikini war knapp, aber sie hatte es nicht eilig, ein Handtuch umzulegen. Es war eine lässige Mir-doch-egal-ob-ihr-guckt-Haltung. Als sie ihre Badekappe abnahm, fiel ihr langes dunkles Haar bis zur Hüfte. Ohne auch nur einmal in ihre Richtung zu schauen, stolzierte sie in Richtung der Umkleideräume.

»Das ist Carol Geyer. Mit *der* wollen Sie sicher reden«, sagte Faye missbilligend.

»Was tut sie hier?«, fragte Maiden. *Abgesehen davon, attraktiv im Pool herumzuschwimmen und die ganzen anderen Frauen zu verärgern.*

»Sie tut überhaupt nichts. Carol hat hier Zuflucht gesucht. Ich weiß nicht, wovor.«

»Und warum sollte ich mit ihr reden wollen?«

»Sie hat in letzter Zeit viel Zeit mit Chris verbracht.«

»Was für Zeit?«

»Sagen wir mal, private Zeit.« Das war Ralph Shackleton, der erklärt hatte, dass er sich um das Marketing der Anlage sowie die Computertechnik kümmerte. Er klang eifersüchtig, zornig, oder wollte vielleicht auch einfach nur selbst Zeit mit Carol Geyer verbringen, Maiden war sich nicht sicher.

»Wie privat?«, fragte er

»Privat hinter verschlossenen Türen, wer kann es also wissen?«

Leanne Dorsett murmelte: »Du wurdest zweimal geschieden, und zwar jedes Mal, nachdem du bei einer Affäre erwischt worden bist, Ralph. Du wirst es dir wohl vorstellen können.«

Shackleton zischte: »Ist eine derartige Unhöflichkeit wirklich nötig, wenn man die Umstände des heutigen Tages bedenkt?«

Leanne sackte in sich zusammen, nahm eine von Shackletons Händen in ihre und sagte: »Du hast absolut recht, und ich hatte unrecht. Bitte vergib mir, Bruder.«

Sie umarmten sich hastig. Maiden schaute neugierig zu.

Leannes Worte und Handlungen erschienen wie ein Ritual, eine formell vorgeschriebene Entschuldigung.

Chore sagte locker, um der Situation die Spannung zu nehmen: »Detective Maiden, ich zeige Ihnen das Fitnessstudio.«

»Bitte, gehen Sie voran.« Maiden hatte das Gefühl, an einer Führung teilzunehmen, statt eine Ermittlung zu leiten. Aber wenn sie schon willens waren, die Türen zu öffnen, würde er sich nicht beschweren.

Die verlassene Sporthalle war ausgezeichnet ausgestattet mit glänzenden, modernen Geräten und ordentlichen Mattenstapeln an den Wänden. Es roch nach neuem Teppichboden.

Maiden konnte nicht anders: »Das muss eine ganz schöne Investition gewesen sein.«

Chore sagte erfreut: »Gesunde Körper bedeuten einen gesunden Geist, Detective.«

»Und gesunde Seelen«, setzte Eileen Bower spitz hinzu.

»Ja, natürlich«, bestätigte Chore irritiert.

»Ihre Praxis, Doktor?«, fragte Maiden.

»Hier entlang.«

Maiden bemerkte, dass die Praxis wie das Fitnessstudio eine moderne Ausstattung hatte, die weit über das Budget eines normalen Hausarztes hinausging.

»Was ist das?«, fragte Maiden, als er vor einer verschlossenen Tür stand.

Chore drückte Knöpfe auf einem Eingabefeld an der Wand, wobei er darauf achtete, die Geheimzahl mit seinem Körper vor allen anderen zu verbergen, und dann öffnete er eine Tür, die in einen kleinen Raum führte, eine Arzneimittelausgabe voller Medikamente.

»Rechnen Sie mit einer Epidemie?«, fragte Maiden und runzelte die Stirn. Er ging davon aus, dass die Hälfte der Junkies in Sydney noch heute Nacht über die Mauern Edens klettern würde, wenn sie von diesem Drogenberg wüssten.

»Wir versuchen, auf jede Entwicklung gut vorbereitet zu sein, und viele unserer Mitglieder bevorzugen es, ihre gesamte gesundheitliche Vorsorge hier abzuwickeln. Unsere Krankenstube ist genauso gut wie in jedem privaten Krankenhaus, und meine Assistentin Sharmayne Kinman ist eine ausgebildete und staatlich anerkannte Krankenschwester.«

»Das sind trotzdem immer noch eine Menge verschreibungspflichtiger Medikamente. Verdammt verlockend für manchen«, sagte Maiden.

»Wie Sie gesehen haben, ist unser Sicherheitssystem auf dem neusten Stand. Ich habe keine Sorge, dass jemand einbricht und Arzneimittel stiehlt.«

Das vielleicht nicht, aber was ist mit dieser Mitarbeiterin?, dachte Maiden.

»Was möchten Sie als Nächstes sehen?«, fragte Leanne ihn lächelnd.

»Leute«, sagte Maiden. »Fangen wir doch mal an, mit Leuten zu reden. Fragen wir, ob irgendwer vor Kurzem irgendwen umgebracht hat.«

Die Mitglieder des Großen Rates traten unruhig von einem Fuß auf den anderen. Maiden fragte sich, ob er sie bloß an die Unannehmlichkeiten des Tages erinnert hatte, oder ob sie nicht wollten, dass er mit jemand anderem redete.

»Wir werden Ihnen die Wohngebäude zeigen«, sagte Leanne schließlich.

*

Dann begann eine endlose, anstrengende Abfolge von Gesprächen mit allen Mitgliedern Edens. Maiden holte sich so viele Polizisten, wie er bekommen konnte, um die Aussagen aufzunehmen. Trotzdem war es später Nachmittag, bevor er das Gefühl hatte, dass ihnen nichts Konstruktives mehr zu tun blieb. Er war die niedergeschlagenen, traurigen Gesichter angesichts Vitales Tod so satt. Maiden war es durchaus gewohnt, mit den Angehörigen von Opfern zu tun zu haben, aber dies war wie eine riesenhafte Großfamilie, und sie alle hatten dieselben erschütterten, tränenschweren Dinge zu sagen. Es machte ihn fertig. Mehrfach traf er sich mit Spencer und sie verglichen ihre Notizen. Ihr ging es nicht besser.

Kurz nach fünf zeigte sie ihm eine Liste von fast fünfzig Mitgliedern, über die man noch nichts wusste. Er entdeckte Carol Geyers Name darauf.

»Sie war hier«, sagte er und deutete darauf.

»Dann musste sie offensichtlich irgendwohin«, befand Spencer unzufrieden. »Sie hat irgendwem gesagt, er sollte uns sagen, dass sie wiederkäme, aber sie ist nicht zurückgekehrt. Haben Sie sie getroffen?«

»Nein, aber ich habe sie gesehen. Sie ist ein Teenager. Dagegen sehen *Sie* aus wie Frankensteins Monster.«

»Ich bin geschmeichelt.«

»Geyer war ein Liebling von Vitale, mit Tür zu und Jalousie runter. Wir müssen definitiv mit ihr sprechen.«

»Soll ich noch einmal herumfragen? Vielleicht ist sie mittlerweile zurück?«

»Machen Sie sich nicht die Mühe. Entweder ist sie auf der Flucht, oder man wird uns schon darüber informieren, wenn sie zurückkehrt. Ein paar der anderen Frauen werden sicher dafür sorgen. Denen wäre nichts lieber, als dass ihre Konkurrenz verhaftet und ins Gefängnis geworfen würde«, sagte Maiden mit einem gehässigen Grinsen.

»Manche Dinge ändern sich nicht einmal bei durchgeknallten religiösen Sekten. Also, was jetzt?«

»Mir reicht's. Hier können wir nichts mehr tun, und ich habe einen Wahnsinnshunger.« Maiden sah auf die Uhr. »Ich denke, wir sollten damit anfangen, unter den Teppichen nachzusehen. Ein bisschen außerhalb der Mauern herumschnüffeln und mal rausfinden, wer diese Leute eigentlich sind.«

»Das werden sie uns ganz sicher nicht von allein erzählen«,

stimmte sie erschöpft zu. »Und es hat auch nicht geholfen, dass immer eines dieser verdammten Rats-Mitglieder in der Nähe herumlungerte und zuhörte. Wenn ich endlich mal jemanden allein zu fassen bekam, war es zu spät. Man hatte sie gewarnt. Es war klar, dass sie Ärger bekämen, wenn sie nicht aufpassten, was sie sagten.«

»Gehen wir zurück auf die Wache. Ich brauche einen Szenenwechsel.«

Maiden sorgte dafür, dass ein erfahrener Sergeant den Tatort absicherte, dann stiegen Spencer und er in den Wagen. Erst außerhalb des Tors wurde ihm klar, dass jetzt gerade Hauptverkehrszeit war, aber nun war es zu spät, und so standen sie binnen Kurzem in einer endlosen Reihe Fahrzeuge, die sich im Schritttempo fortbewegten. Eine Weile fuhren sie schweigend. Sie waren froh, dass sie nach einem ganzen Tag voller Verhöre mit niemandem sprechen mussten.

»Ich kann das überhaupt nicht glauben. Warum tun sich Leute so etwas an?«, sagte Maiden schließlich.

»Die Gemeinde?«

»Warum entscheiden sich ganz normale Leute dafür, sich vor der Welt zu verstecken und so einen Kasper anzubeten? Können die nicht begreifen, dass das alles nur Blödsinn ist? Haben die nicht von dem Jonestown-Massaker gehört, um Gottes willen?«

»Das war in dem Jahr, in dem ich geboren wurde, 1978«, sagte Spencer.

»Aber Sie wissen trotzdem davon?«, fragte Maiden, nachdem er schnell ihr Alter überschlagen hatte.

»Jeder hat davon gehört, aber ich habe vor Kurzem auch eine Dokumentation darüber gesehen. Deswegen erinnere ich mich an das Jahr. Wussten Sie, dass Jim Jones die Selbstmorde angeordnet hat, nachdem er befohlen hatte, einen US-Senator am Flughafen zu erschießen? Er wusste, dass er aufgeflogen war. Der Senator war gekommen, um zu überprüfen, ob amerikanische Bürger dort gegen ihren Willen festgehalten wurden. Den ganzen Tag sangen und tanzten die Sektenmitglieder, sie überzeugten ihn, dass alles in Ordnung wäre. Erst spät am Abend begannen einige von ihnen, ihm geheime Botschaften zuzustecken. Sie flehten ihn an, ihnen zu helfen auszusteigen. Nichts war, wie es zu sein schien. Aber Jones ließ ihn töten und begann dann mit dem Massenselbstmord. Selbst diejenigen, die abhauen *wollten,* brachten sich um. Die Macht, die Jones über sie hatte, ist schwer nachzuvollziehen, ebenso wie ihr Mangel an freiem Willen, ihr eigenes Leben zu retten.«

»Nichts war, wie es zu sein schien«, wiederholte Maiden leise. »Ich frage mich, ob Chris Vitale auch eine solche Macht hatte?«

»Irgendetwas muss er gehabt haben. Die Leute geben ihm ja auch Hunderttausende von Dollars. Mehr, genau genommen. Das Fitnesscenter allein muss eine Million wert sein.«

»Es ist also keine Überraschung, dass die verbliebenen Ratsmitglieder sich darüber streiten, wer denn seine Nachfolge antritt. Wer würde nicht zum Gott befördert werden wollen?«

»Vielleicht hat ihn jemand umgebracht, nur um einen unbesetzten Posten an der Spitze zu schaffen?«

»Und was ist mit der Nachricht?«

Spencer tippte nachdenklich auf das Steuerrad. »Die ändert alles, nicht wahr? Morgen ist der Fall vielleicht gelöst, wenn wir ein Mitglied Edens mit dem Gesicht nach unten und einem klatschnassen Abschiedsbrief in der Tasche im Hafenbecken finden.«

»Da ist noch etwas«, sagte Maiden, zündete sich eine Zigarette an und ignorierte wieder einmal ihren missbilligenden Blick. »Wenn jemand sich entschieden hat, Vitale zu töten, und sich selbst im Anschluss daran ebenfalls, warum ist es dann nicht ein ganz normaler Mord-Selbstmord? Er könnte sich direkt neben Vitale umlegen und seine Botschaft deutlich machen. Warum vierundzwanzig Stunden warten?«

»Der Mörder will wissen, was passiert. Er will mit Vitales Tod ein bestimmtes Ergebnis erzielen und überprüft zuerst, ob das auch eintritt.«

Maiden war widerwillig beeindruckt von ihrer Denkarbeit. »Und wenn nicht?«

»Dann schwimmt vielleicht keine Leiche im Hafenbecken? Weil der Job noch nicht erledigt ist? Weil er nicht bekommen hat, was er wollte?«

»Wenn Sie damit recht haben, dann ist alles denkbar, während diese Ratsmitglieder *immer* noch darüber streiten, wer auf den Thron darf.«

Spencer warf einen Blick auf die Uhr. »Sir, wird Inspector Longman noch im Büro sein, wenn wir zurückkommen?«

»Keine Ahnung, und es ist mir auch egal. Warum?«

»Wollten Sie nicht mit ihm darüber sprechen, mich jemand anders zuteilen zu lassen?«

Das hatte Maiden ganz vergessen. Nach einem Moment des Schweigens knurrte er: »Wir können ja auch erst mal abwarten, ob wir diesen Mist geregelt kriegen. Danach kümmern wir uns darum.«

»Wir sind also noch eine Weile Partner?«

»Vergessen Sie nicht Ihre Leiche im Hafenbecken. Wenn die morgen praktischerweise auftaucht, ist der Fall gelöst, nicht wahr? Vielleicht sind Sie morgen Mittag schon gefeuert.«

Spencer sagte beinahe fröhlich: »Oh, das bezweifle ich. In Sydney begehen jeden Tag mehrere Leute Selbstmord. Es wird Tage dauern, zu klären, wer wer ist, und ob irgendeiner von denen etwas mit der Sache zu tun hat. Ganz zu schweigen davon, dass bei Sekten wie diesen auch größere Mengen von Leuten durchaus in der Lage wären, wie Lemminge von der nächsten Klippe zu springen, jetzt, wo ihr spiritueller Führer verstorben ist.« Sie schüttelte zufrieden den Kopf. »Ich würde sagen, wir müssen auf jeden Fall damit rechnen, dass sich auch eine Menge unschuldiger Leute umbringen könnten.

Wir haben bestimmt noch eine *Menge* mit der Sache zu tun, ganz egal wie es läuft.«

Sie schaute hinüber zu Maiden, der sie eigenartig ansah.

Spencer setzte schnell hinzu: »Was natürlich tragisch wäre.«

*

Auf der Wache wartete auf Maiden eine dringende Nachricht von Martin Creane, seinem ehemaligen Partner. Longman war nach Hause gegangen und die Nachtschicht übernahm die Schreibtische. Maiden fühlte sich plötzlich verdammt müde.

»Gehen wir nach Hause, oder?«, sagte Maiden zu Spencer und sah sich um.

»Was?«

»Gehen Sie nach Hause und schlafen Sie gut.«

»Und was machen Sie?«

Maiden wedelte mit der Nachricht in ihre Richtung. »Ich rufe hier zurück und dann gehe ich auch nach Hause.«

Spencer war misstrauisch. »Das verstehe ich nicht. Sie haben gesagt, Sie wollten noch etwas herumschnüffeln und mehr über die Ratsmitglieder herausfinden.«

»Die Vernehmungen von heute müssen erst mal transkribiert und ins System eingespeist werden. Die Fotos müssen hochgeladen werden. Die *Spurensicherung* muss ihre Arbeit machen … ehrlich, Peta, während all dieser Scheiß läuft, haben Sie vielleicht die letzte Chance, sich noch einmal auszuschlafen. Wenn keiner morgen die Hand hebt und sagt: ›Ich war's‹, bevor er von der Brücke springt, dann haben Sie mehr lange Tage und kurze Nächte vor sich, als Ihnen lieb sein wird. Also nehmen wir uns noch einen Abend frei, solange es geht.«

»Okay, wenn Sie meinen.« Sie war nicht überzeugt.

»Ich meine. Wir sehen uns morgen früh.«

»Na gut. Schönen Abend, John.«

»Schönen Abend, Peta.«

Er wartete, während sie ihre Sachen einpackte und mit einem letzten Winken den Raum verließ. Mehrere Detectives sahen ihr hinterher. Einer von ihnen winkte hoffnungsvoll-halbherzig zurück.

Maiden murmelte: »Idiot.«

Dann griff er zum Telefon und wählte Creanes Handynummer. Der meldete sich sofort.

»Martin? John Maiden. Wie geht's?«

Creane freute sich, von ihm zu hören. »Prima, John – einfach prima. Ich habe gehört, du hat wieder einen tollen Fall?«

»Du meinst, mein Freund Mr Longman hat mir einen weiteren Haufen Scheiße auf den Schreibtisch gekackt. Du kannst ihn gern haben, wenn du willst.«

»Du machst wohl Witze. Hey, du könntest versuchen, dich *hierher* versetzen zu lassen. Ich kann ein gutes Wort für dich einlegen.«

»Ich hasse den Strand. Diese ganzen halbnackten Frauen machen mich fertig.«

Creane lachte. »Aber sicher. Egal, hast du schon das Neueste gehört?«

»Woher soll ich wissen, ob ich es gehört habe, bevor ich weiß, wovon zur Hölle du redest?«

»Ich sehe schon, deine Kommunikationsfähigkeit hat nicht zugenommen. Jeremy Brown ist heute verstorben. Er hatte irgendeinen Anfall im Krankenhaus und hat es nicht geschafft.«

»Verdammt, das ist keine gute Nachricht.«

»Das habe ich mir auch gedacht.«

Jeremy Brown war der Sohn von Janet Brown, der Serienmörderin, die Maiden gefasst hatte – und der Frau, in die er sich verliebt hatte. Sie hatte die Morde geplant, aber ihren geistig zurückgebliebenen Sohn als Waffe eingesetzt; sie hatte seine abartig brutale Kraft gegen ihre Opfer gewandt. Sie hatte Maiden angefleht, sie gehen zu lassen, weil sich niemand so gut wie sie um Jeremy würde kümmern können. Sein Tod jetzt bewies bloß, dass sie recht gehabt hatte. Maiden vermutete, dass Janet Brown stinksauer sein würde, und man wollte es sich mit ihr eigentlich nicht verderben, nicht mal im Knast. Das letzte Mal, als sie wütend geworden war, hatte Janet Brown sechs Leute umgelegt.

»John, bist du noch dran?«

»Ja, ich bin da. Was passiert jetzt, weißt du das?«

»Sie werden sie zu seiner Beerdigung kommen lassen. In einem Krematorium, hat man mir gesagt. Eine private Zeremonie mit höchster Sicherheitsstufe, aber keiner geht davon aus, dass sie Schwierigkeiten macht. Er war der Gefährlichere von beiden, vergiss das nicht.«

»Wie könnte ich?«

Creane fragte zögernd: »Wirst du hingehen? Ich habe gedacht, ich sollte vielleicht. Immerhin war Janet auch … du weißt ja. Wir waren befreundet, und sie war eine Kollegin, bevor das alles schiefgelaufen ist.«

»Ich weiß.« Maiden dachte darüber nach. »Ich schätze, wir sollten wohl, selbst wenn es nur deswegen ist, damit sie nicht alleine auf die Beerdigung ihres Sohnes geht. Das können wir schon für sie tun.«

»Ich rufe dich wieder an, wenn ich mehr weiß.«

»Das ist nett, Martin. Und halt dich von diesen Lebensretterinnen fern, in Ordnung?«

»Ach was, die sind mir viel zu durchtrainiert.«

Der Scherz verpuffte angesichts von Creanes Neuigkeiten. Er verabschiedete sich und legte auf. Maiden platzierte den Hörer mit einer langen, erschöpften Bewegung auf der Gabel.

»Verdammt«, sagte er und starrte das Telefon an. »*Verdammt.*«

5

In Eden gab es einen gemeinschaftlichen Arbeitsraum mit einigen Schreibtischen und Computern, die jedem zur Verfügung standen, der einen benötigte. Die Entscheidungsträger verfügten über abgetrennte Bereiche, die sie wie eigene Büros nutzen konnten. Leute wie Walter Harris brauchten einfach einen separaten Arbeitsplatz, an dem ihn andere in Frieden ließen.

Außerdem gab es eine Lounge mit bequemen Sofas, eine Fernsehanlage und einen Konferenzsaal mit einem beeindruckenden Tisch. Daneben befanden sich mehrere nett eingerichtete Besprechungszimmer. Interessenten, die noch nicht überzeugt waren, dass es eine gute Idee wäre, Mitglied in Eden zu werden, wurden wie hochrangige Prominente behandelt. Nach einer beeindruckenden Führung wurden sie anschließend einem intensiven Gespräch unter vier Augen in einem dieser Räume unterzogen – entweder mit Sirroch oder Vitale selbst. In jeder Hinsicht bot man ihnen nur das Allerbeste. Danach waren nur wenige gegangen und nicht wiedergekommen. Alle, die blieben, stellten hohe Schecks aus.

Spät an dem Abend nach dem Mord an Vitale schlich sich Harris still und leise in das Gebäude. Es hatte lange gedauert, bevor er das Gefühl hatte, dass es möglich wäre hierherzukommen, ohne gesehen zu werden. Mehrere Stunden waren draufgegangen für eine Kerzenschein-Andacht für Vitale. Weil Teile der Kapelle durch das Absperrband der Polizei noch immer unzugänglich waren, hatten sie die Versammlung auf dem großen Rasen abgehalten, den sie im Sommer oft für Veranstaltungen nutzten. Danach waren viele Mitglieder noch in der Kälte und Dunkelheit zurückgeblieben, sie teilten ihre Trauer miteinander, sprachen mit den anderen und umarmten sich gegenseitig. Sirroch hatte allen leise geraten, nach Hause oder in ihr Quartier zu gehen, aber es dauerte ewig, bis schließlich die zunehmende Kälte die Trauernden hinfort in ihre Betten trieb. Sie riefen mit tränenerstickten Stimmen Abschiedsworte in die Nacht. Paare gingen davon, die Arme umeinander geschlungen.

Harris hatte sich ganz vorn unter den Trauernden eingereiht, wie man es von einem Entscheidungsträger und Mitglied des Großen Rates erwartete; er war lange geblieben und hatte sich eingehend um diejenigen gekümmert, die persönlichen Trost suchten. Einige der jüngeren Frauen hatten erleichtert ihren Körper an seinen gepresst, und dies mit einer Intensität, die sonst eher selten war. Ein tragischer Todesfall hatte auch seine Vorteile. Als sich die Chance bot, zog er sich in den Hintergrund zurück, blieb unter einem Baum stehen und beobachtete die anderen. Es schien ewig zu dauern, bevor der Rasen frei von Menschen und er allein war.

Es war nicht ganz dunkel im Verwaltungszentrum. Mehrere dämmrige Leuchten blieben immer eingeschaltet, damit sich jeder, der spät ging oder früh kam, zurechtfinden konnte. Harris gelangte daher zügig in seinen Arbeitsbereich. Er schaltete seine eigene dämmrige Lampe über seiner Tastatur ein und startete den Computer. Er wartete ungeduldig, während das System hochfuhr und alle möglichen Begrüßungsbildschirme anzeigte.

Er gab sein Passwort ein und meldete sich im Netzwerk an.

Es war frustrierend gewesen, als er in dem kleinen Büro in der Kapelle gestanden hatte und zusehen musste, wie einer der Polizisten von der Spurensicherung von dort aus die Dateien im Netzwerk durchkämmte. Der Constable hatte nach nichts Bestimmtem gesucht. Er bohrte einfach blindlings, in der Hoffnung auf weitere verborgene Nachrichten des Mörders. Harris hatte mehrmals den Atem angehalten, wenn die Maus über bestimmten Bereichen schwebte, nur um dann mit beängstigender Zufälligkeit weiterzuhuschen. Harris hatte auch nicht die ganze Zeit zusehen können. Manchmal hatte LeBlanc nach ihm verlangt, vielleicht mit Absicht, und es war immer noch möglich, dass der Mann von der Spurensicherung etwas gesehen hatte, das nicht für seine Augen bestimmt war. Schwer zu sagen. Hätte er dann etwas gesagt? Die Polizei konnte in dieser Hinsicht hinterlistig sein, sie behielten Informationen für sich, um später eine Falle zu stellen.

Harris wollte herausfinden, ob sich jemand Zugriff auf bestimmte Bereiche des Netzwerks verschafft hatte – auf Ordner, die er mit gesonderten Passwörtern geschützt hatte. Es war unwahrscheinlich, denn dann hätten sie ihn nach dem Passwort *fragen* müssen. Trotzdem war er nervös. Harris wollte sich seiner Sache versichern.

Verloren vor dem Bildschirm, leise auf der Tastatur tippend, erschrak er, als er bemerkte, dass er nicht allein war.

Eine Bewegung im Schatten des Raums fiel ihm auf, schwer zu erkennen, weil die Helligkeit des Computerbildschirms seine Sehfähigkeit verminderte. Zuerst war Harris unsicher, *ob* er überhaupt etwas gesehen hatte. Dann fragte er sich ängstlich, ob er seinen Computer abschalten sollte, um zu verbergen, was er tat, oder ob er möglicherweise dadurch wertvolle Sekunden verlor, um sich zu schützen, um aufzuspringen und in eine Ecke zu laufen.

»Wer ist da?«, rief er, schaute um sich und hieb blindlings auf die Tastatur, um das auf dem Bildschirm Angezeigte zu löschen. »Wer ist da?«

Niemand antwortete. Er hörte ein Schlurfen, dann einen Atemzug.

»Wer zum Teufel ist da?«, fragte Harris, dessen Stimme zu zittern begann. Er tastete nach einer Waffe – irgendetwas. Er fand bloß einen Hefter, der nicht einmal schwer genug war, um ihn nach einem Angreifer zu werfen.

Brent Sirroch trat hinter einer Trennwand hervor. »Beruhige dich, Walter. Ich bin es nur. Du klingst, als befändest du dich in einem dunklen Gässchen in King's Cross und nicht in deinem Büro.« Sein Lächeln wirkte entspannt und überrascht.

»Brent, du verdammter Blödmann! Wieso zum Teufel schleichst du dich so an mich ran?« Harris' Blick huschte immer noch umher, er fürchtete Schlimmeres.

»Ich könnte dich dasselbe fragen. Wieso arbeitest du jetzt?«

»Ich – ich konnte nicht schlafen … also, ich habe es nicht einmal versucht. Da dachte ich, ich könnte genauso gut herkommen und ein paar Dinge erledigen. Mich von allem anderen ablenken.«

»Es muss doch bessere Möglichkeiten geben, um deinen Schmerz zu lindern, als zu arbeiten, Walter?«

»Es ist genau die richtige Ablenkung. Probleme zu lösen reizt mich.«

Sirroch kam näher und versuchte auf den Bildschirm zu schauen. »Probleme? Etwas, wovon ich wissen sollte? Kann ich helfen?«

Mit gerunzelter Stirn entgegnete Harris: »Brent, ich weiß nicht, ob es *überhaupt* etwas gibt, wovon du wissen solltest. Deine Annahme, dass du die Leitung Edens übernehmen wirst, ist genau das – eine Annahme. Soweit es mich betrifft, gehe ich davon aus, dass Chris sich nie auf eine derartige Situation eingestellt hat. Er hat sich keinen Tag vorstellen können, an dem *er* uns nicht anleitete. Er hat nie daran gedacht, dass er sterben und jemand an seinen Platz treten müsste.«

Sirroch ignorierte Harris' Gereiztheit und sagte milde: »Wir werden alle sterben, Walter. Manche von uns früher als wir glauben, und wie Chris werden wir es vielleicht nicht vorhersehen.«

»Ja, hinterher sind immer alle *viel* klüger«, sagte Harris. »Aber das ändert nichts. Deine Rolle in unserer Gemeinschaft war vielleicht, Chris beizustehen und sogar, ihn zu vertreten, wenn er nicht da war, aber das hat nie bedeutet, dass du automatisch sein Nachfolger wirst, wenn wir ihn verlieren.« Er wurde selbstsicherer, über diese Dinge hatte er viel nachgedacht. »Das ist eine Entscheidung, an der wir alle teilhaben müssen. Wir müssen uns neu strukturieren, vielleicht die organisatorische Seite komplett verändern. Es geht um Millionen von Dollars …«

»Genau«, unterbrach ihn Sirroch. »Man vertraut die Art Investitionen, die wir vorgenommen haben, doch nicht einer Versammlung von Neulingen an. Dafür braucht man Geschick und Erfahrung. Führungsstärke, die keine Angst hat vor großen Entscheidungen.«

»Wäre das nicht ein Grund mehr, dass ich vielleicht die Kontrolle übernehmen sollte? Ich bin derjenige mit diesen Fähigkeiten und Erfahrungen.«

»Walter, du erscheinst mir nun wirklich nicht wie jemand mit der spirituellen Tiefe, die man benötigt, um eine Gemeinschaft wie unsere in dieser schwierigen Zeit zu stützen. Und das ist doch das, was wir einander bieten wollen, hast du das vergessen? Wir sind eine Kirche und ein Zufluchtsort für die Bedürftigen, Walter, keine Investmentbank, die ihre Aktionäre zufriedenstellen muss.«

Harris hatte den plötzlichen Schwenk auf Vitales Doktrin durchaus bemerkt. Er sagte vorsichtig: »Du bist vielleicht der beste Kandidat, um die spirituelle Führung zu übernehmen, Brent. Du projizierst die Kraft des Glaubens, und die Mitglieder werden sich an deiner Stärke orientieren. Sie schauen auf zu dir, da stimme ich zu. Aber das heißt nicht, dass du die Kontrolle über alles andere haben solltest, vor allem nicht über die Konten.«

Eine Frauenstimme unterbrach sie, sie kam aus der Tür. »Worum geht es hier? Warum streitet ihr zwei euch? Habt ihr beide schon vergessen, welche Tragödie wir heute erlitten haben?«

Es war Faye Morcombe. Sie stand im Schatten und lauschte, sie zitterte und weinte vor Empörung.

Sirroch reagierte als Erster. Er sagte freundlich: »Faye, was um Himmels willen machst du hier? Du solltest im Bett liegen und schlafen.«

»Ich bin spazieren gegangen; ich habe versucht, mich zu beruhigen, als ich euch streiten gehört habe. Ich kann kaum glauben, was ich gehört habe.«

»Wir haben nicht *gestritten,* Faye. Ich gebe zu, die traurigen Ereignisse des Tages haben sich auf unser Benehmen niedergeschlagen und wir sind ein wenig angespannt, aber Walter und ich sind immer noch Brüder.«

Harris sagte: »Es tut mir leid, Faye. Wir wollten dich nicht beunruhigen. Brent hat recht, die Umstände sind uns unter die Haut gegangen, das ist alles.«

»Ihr solltet euch beieinander entschuldigen«, sagte sie streng.

»Ja, du hast recht – du hast absolut recht.« Harris wandte sich an Sirroch und sagte demütig: »Es tut mir wirklich leid. Bitte vergib mir, Bruder.«

Sirroch antwortete: »Es tut auch mir sehr leid. Bitte vergib mir, Bruder.«

Sie reichten einander die Hände und umarmten sich dann kurz, sahen sich aber danach nicht in die Augen.

Faye sagte: »Ich denke, wir sollten jetzt *alle* ins Bett gehen und uns erholen.«

Sirroch nickte: »Ich bin absolut deiner Meinung. Ich muss nur noch etwas aus dem Konferenzraum holen. Etwas zum Lesen, was mich müde machen wird«, setzte er mit einem ironischen Lächeln hinzu.

Harris deutete auf den Computer. »Ich brauche ein paar Minuten, um Daten zu sichern und mich abzumelden. Ich komme gleich nach.«

Faye kam zu ihm und hielt Harris eine Sekunde an sich gedrückt, dann folgte sie Sirroch zur Tür hinaus.

Im Flur wartete Sirroch auf sie. Wortlos nahm er Faye am Arm und führte sie zur Tür des Konferenzraums, die er aufschloss, dann huschte er hindurch und zog sie hinter sich her. Im Inneren machte er sich nicht die Mühe, das Licht anzuschalten, verschloss aber die Tür. Sie starrte ihn erwartungsvoll an.

»Zieh dich aus«, sagte er zu ihr.

»Aber Walter ist noch …«, sagte sie, während ihre Hände bereits zum obersten Knopf ihrer Bluse huschten.

»Er wird nicht hierherkommen. Außerdem habe ich abgeschlossen.«

»Er kann aufschließen.«

»Faye, er wird so schnell gehen, wie er kann, weil er sich sorgt, dass ich beobachte, *ob* und wann er geht. Er wird nicht hierherkommen.« Er legte beruhigend einen Finger auf ihren Mund.

Gemeinsam zogen sie ihr das Oberteil über den Kopf, dann trat Sirroch zurück und sah zu, wie Faye ihren BH ablegte. Verunsichert streichelte sie einen Augenblick ihre Brüste, weil sie sich sorgte, dass sie nicht mehr so attraktiv war. Sie zögerte erneut, bevor sie schnell ihre Jeans und ihr Höschen über die Schenkel herunterzog und zusammen mit den Schuhen auszog.

Sirroch kam auf sie zu und sie hob die Hände, um ihn zu umarmen, aber er nutzte diese Gelegenheit, um Faye auf den Konferenztisch zu heben und nach hinten zu drücken, während er sich zwischen ihre Beine schob.

Den Kopf zur Seite verdreht, starrte sie in die Schatten, während sie darauf wartete, ihn in sich zu spüren, und fragte mit leiser Stimme: »Warum muss es so sein? Warum können wir es niemandem sagen?«

Er murmelte: »Dein Mann, zum Beispiel, würde die Sache schwierig machen. Und die anderen wären empört und misstrauisch – vor allem jetzt. Niemand darf davon wissen, Faye.«

»Mein Mann? Dem ist das doch alles egal. Er versteht es nicht und er wird es nie verstehen. Ich könnte ihn morgen verlassen und hier bei dir leben, in Eden. Er würde nicht einmal durchs Tor kommen, um nach mir zu suchen.« Sie setzte leise, aber mit einem Hauch Bitterkeit hinzu: »Es sei denn, um mich von dem einen Ort wegzureißen, an dem ich mich gewollt fühle.«

Sirroch schien sie nicht zu hören. Er öffnete seine Hose und befreite sich. »Wir müssen diskret bleiben, Faye. Unser Geheimnis zu bewahren ist das Beste. Vertrau mir.«

Sie stöhnte, als er in sie hineinstieß, teilweise vor Vergnügen, aber auch ein bisschen vor Schmerz, weil sie noch nicht ganz bereit war, und dann vögelte Sirroch sie mechanisch mit beinharter Entschlossenheit. Faye versuchte, mit seinem Einsatz gleichzuziehen, sie zitterte und zuckte, sie ließ sich gehen, und bald schon wurde sie belohnt mit dem Anfang der Erregung, die sich in ihrem Körper bildete. Sie griff nach ihm, sie wünschte sich eine liebende Berührung, aber er stieß ihre Hand weg. Sirrochs Gesicht zeigte höchste Konzentration. Faye begann im Gleichtakt mit seinen Bewegungen zu wimmern, aber bevor sie auch nur einigermaßen erregt war, explodierte er in ihr, blieb einen Augenblick steif stehen und stieß dann den Atem in einem langen, erschöpften Seufzer aus.

Sirroch zog sich augenblicklich zurück. Stumm legte er seine Bekleidung wieder an. Faye rührte sich nicht, erstarrt in der Position, in der er sie zurückgelassen hatte. Sie wartete darauf, dass er etwas sagte. Es schien ihr, als wären bloß Sekunden vergangen, seit sie durch die Tür hereingekommen waren.

Er schaute von seiner Jeans auf. »Weißt du, Faye – du solltest dich ein bisschen besser um dich kümmern.«

Sie brauchte einen Augenblick, um verloren zu flüstern: »Was?«

»Vielleicht solltest du ein bisschen mehr Zeit im Fitnessstudio verbringen. Darauf achten, was du isst, so in der Richtung. Ich kann schon sehen, dass … nun ja, du kannst es dir nicht leisten, nicht darauf zu achten. Mehr will ich nicht sagen.«

Sie antwortete nicht und rührte sich noch immer nicht, abgesehen davon, dass sie langsam ihre Beine hochzog und aneinander legte, sie packte ihre Knie mit den Händen, bevor sie sie aus seinem Blick bog.

Sirroch ging bereits zur Tür. »Versteh mich nicht falsch. Wenn ich es dir nicht sagen kann, wer dann? Ich versuche nur, dir zu helfen.« Er öffnete die Tür ein wenig und hielt Ausschau nach Harris. Er sagte zu ihr: »Er ist weg, wie ich es gesagt habe. Trotzdem wäre es nicht dumm, wenn du noch ein paar Minuten wartest, bevor du mir folgst. Und achte darauf, dass du abschließt.«

»Natürlich«, sagte sie benommen.

»Alles in Ordnung?«

»Bestens, Brent.«

Er zögerte unsicher. »Faye, du bedeutest mir viel. Ich wünschte wirklich, dass es nicht so sein müsste.«

»Ich weiß. Du gehst jetzt besser.«

»Wir sehen uns morgen früh.«

Er wartete auf eine Antwort, aber als keine kam, verließ er den Raum.

Faye lag auf dem Tisch und schaute zur Decke. Die Knöchel ihrer Finger, die sich in ihr eigenes Fleisch gruben, waren weiß. Ein körperlicher Schmerz erfüllte ihre Brust. Sie überlegte, ob sie Sirroch erpressen sollte, indem sie ihren Mann verließ. Unausweichlich kam sie daraufhin – die Ereignisse des Tages im Kopf – zu der Überlegung, ihren Mann umzubringen, statt ihn zu verlassen. Sie überlegte, ob sie danach Sirroch töten sollte.

Faye Morcombe war dermaßen wütend und frustriert, dass ihr all das als vernünftige Lösung ihrer Probleme erschien.

6

Maiden umklammerte eine Plastiktüte mit Lebensmitteln, schloss die Tür zu seinem Haus auf, und mit seinem Absatz kickte er die Tür hinter sich zu.

Er war an die Stille gewöhnt, die ihn willkommen hieß. Er hatte allein gelebt, seit seine zweite Frau ihn verlassen hatte, und weder mit ihr noch mit Tracy, seiner ersten Frau, hatte er Kinder gehabt. Maiden hatte einmal versucht, Herr einer Katze zu sein, aber die ließ nach Kurzem von ihm ab und schloss sich jemandem an, der sie wenigstens mit einiger Regelmäßigkeit fütterte. Ein Hund war nie infrage gekommen, obwohl er oft dachte, dass es nett wäre, zu einem freundlichen Wollknäuel nach Hause zu kommen, das mit dem Schwanz wedelte und ihn von Herzen liebte, ganz egal, wie lange er gerade gearbeitet hatte.

Als erstes brauchte er ein kaltes Bier. Maiden öffnete es und nahm einen langen Schluck, er schloss die Augen und befahl seinem Körper – und vor allem seinem Hirn –, die Zeichen zu erkennen. Er war zu Hause. Es war Zeit, sich zu entspannen und das System runterzufahren. Im Inneren dieser Mauern gab es nichts, was er für irgendwelche ermordeten Sektenführer tun konnte, für tote Serienmörder und ihre wütenden Mütter, oder gegen hübsche Kolleginnen, die sich mit ihm anlegten und ihm Sorgen machten. Er wurde das instinktive Gefühl nicht los, dass Peta Spencers Partner zu sein eine üble Idee war. Sie passten einfach nicht zueinander, und das hieß, dass irgendwann in der Zukunft garantiert irgendetwas *richtig* schief gehen würde. Partner sollten sich praktisch wortlos verstehen, sie sollten zu einem Team werden, das wie *eine* Person agierte, weil sie genau wussten, wie sie tickten. Maiden konnte sich nicht vorstellen, dass er Spencer jemals begriff.

Als ihm klar wurde, dass er genau das tat, was er nicht tun wollte, nämlich den Tag immer und immer wieder im Kopf durchzuarbeiten, seufzte er. Dann nahm er noch einen Schluck Bier, stellte die Flasche weg und packte die Lebensmittel aus; er ließ ein Steak und die Zutaten für einen frischen Salat draußen, sein Abendessen. Mehr hatte er im Haushalt nicht zu erledigen. Maidens Putzfrau, Mrs Belgrave, hatte Mitleid mit Maiden wegen seiner langen, anstrengenden Arbeitstage und hatte ungefragt die Rolle einer Haushälterin übernommen. Manchmal, wenn viel zu tun war, konnte ihr Maiden sogar Geld und eine Einkaufsliste hinterlassen und Mrs Belgrave würde sich darum kümmern. Er fand, sie war jeden Cent ihres Gehalts wert.

Ein weiteres selbstsüchtiges Investment war ein großer Breitwand-Plasma-Fernseher mit Kabelanschluss. Maiden mochte Sport und fand auch Geschichte klasse. Er konnte gar nicht genug kriegen von den körnigen Schwarz-Weiß-Dokumentationen aus dem letzten Jahrhundert. Bilder von Kriegen, von berühmten Tyrannen, von unmöglichen und geradezu lächerlichen Versuchen, berühmt zu werden, die allesamt aufgrund der seither vergangenen Zeit ihren Schrecken verloren hatten, hinterließen bei Maiden ein vages Gefühl von Abenteuer und Romantik. Manchmal erschien es ihm sogar, als sei ein Weltkrieg mit zehn Millionen Toten immer noch einer dunklen Gasse in Sydney voller gebrauchter Spritzen, sinnloser Graffiti auf den Ziegeln und der Leiche eines Obdachlosen unter dem Müll vorzuziehen.

Er schaltete den Fernseher ein und fand eine Nachrichtensendung. Er hörte zu, schaute aber nur mit einem Auge auf den Bildschirm und behielt die Fernbedienung in der Nähe, um die Werbung stumm schalten zu können, während er am Frühstückstresen das Gemüse für den Salat klein schnitt.

Ein Bericht über Chris Vitales Mord kam und Maiden sah, dass die Absperrung Wirkung gezeigt hatte. Sie hatten bloß eine Aufnahme der Kapelle, umgeben von Fahrzeugen und Absperrband, aus der Ferne – vermutlich durch die Gitterstäbe des Eingangstores gefilmt. Als Nächstes kam noch ein zittriger Blick über die Mauer. Ein Mitglied des Kamerateams war dafür wahrscheinlich auf das Dach seines Übertragungswagens geklettert.

»Ich hoffe, du fällst runter, du nutzloser Blödmann«, sagte Maiden zum Bildschirm. Er ging davon aus, dass es nicht mehr lange dauern würde, bis die Fernsehjournalisten in die Anlage eindrangen und sich holten, was sie wollten. Sie würden etwas bieten – Geld, eine Spende für einen wohltätigen Zweck, einen positiven Dreh der Geschichte –, um ein exklusives Interview zu erhalten, eine Insider-Version. Maiden ging davon aus, dass Brent Sirroch seine fünfzehn Minuten Ruhm lieben würde.

Als ein Bericht über Jeremy Browns Tod folgte, wollte Maiden schon den Sender wechseln oder stumm schalten. Das alles musste er nicht noch einmal hören. Aber eine perverse Neugier überkam ihn, und er sah sich den Beitrag an; er hasste einige der Erinnerungen, die dadurch geweckt wurden, aber er konnte sie auch nicht unterdrücken. Jeremy Brown, erklärte die Stimme aus dem Off, war der Sohn Janet Browns, einer ehemaligen Mitarbeiterin der Spurensicherung an der Wache Surry Hills, die ein faszinierendes Doppelleben geführt hatte. Nachts war sie eine bösartige Mörderin, die gezielt Menschen verstümmelte und tötete, denen sie vorwarf, die Karriere ihres Mannes auf dem Gewissen zu haben, sodass er letztendlich Selbstmord beging. Tagsüber war sie eine Mitarbeiterin der Spurensicherung, die Beweise ihrer eigenen Verbrechen bearbeitete.

Ein altes Foto Browns tauchte auf dem Bildschirm auf, und Maiden erstarrte, als er es sah. Er hatte ganz vergessen, wie attraktiv sie war. Es gab kein gutes Foto von Jeremy. Da sie politisch korrekt sein mussten, achteten sie darauf, seine geistige Behinderung nicht zu enthüllen oder auf seine unfassbare körperliche Kraft hinzudeuten, die die Natur ihm vielleicht zum Ausgleich mit auf den Weg gegeben hatte. Die Tatsache, dass er in einer Hochsicherheitspsychiatrie verstorben war, war Hinweis genug für das Publikum. Schließlich folgte noch ein unscharfes Überwachungsvideo, das zeigte, wie ihn besorgte Polizisten in einen Gerichtssaal führten. Man hatte ihm eine Decke über den Kopf geworfen, um seine Anonymität zu bewahren. Doch statt Jeremy vor der Welt zu verbergen, hatte es genau den gegenteiligen Effekt. Es sah aus, als begleiteten die Polizisten ein riesenhaftes Monster, einen modernen Glöckner von Notre Dame.

Die Nachrichten widmeten sich etwas anderem und Maiden schaltete erfreut den Ton ab. Ihm reichte es. Sorgfältig mischte er seinen Salat, dann briet er sich sein Steak. Er deckte den kleinen Esstisch für sein Abendbrot, schenkte sich ein Glas Rotwein ein und setzte sich zum Essen. Der Akt, jeden Bissen zu genießen, sich ganz auf das Essen zu konzentrieren, half ihm, das anhaltende Gebrabbel in seinem Hirn zu stoppen.

Nachdem er aufgeräumt und abgewaschen hatte, wusste Maiden nicht, was er als Nächstes tun sollte. Er hatte Dutzende von Fernsehsendern zur Verfügung, konnte aber nichts finden, was er sehen wollte. Er las gleichzeitig drei verschiedene Bücher, doch auch von denen erschien ihm keins verlockend. Sein Sozialleben kreiste eng um die Polizeiwache The Rocks und seine Kollegen dort, sodass Maidens Möglichkeiten, etwas trinken zu gehen, begrenzt waren, es sei denn, er trank allein. Außerdem hatte er wahrscheinlich sowieso schon zu viel intus, um zu fahren.

Die Vorstellung, früh zu Bett zu gehen und ausreichend zu schlafen, würde Maiden nie in den Sinn kommen, obwohl er müde war und sich schlapp fühlte.

Am Ende saß er einfach nur vor dem Fernseher, trank noch

ein weiteres Glas Wein und zappte gereizt hin und her. Ein paar Sendungen fesselten seine Aufmerksamkeit eine Weile, bevor die Werbung oder ein Themenwechsel ihn verärgerten. Er machte immer weiter, in der Hoffnung, dass er irgendwann etwas fände, das ihn dann doch interessierte, oder, was immer öfter vorkam, er in seinem Sessel einschliefe.

*

Spencer bog in die Straße, in der sie sich eine Wohnung mit ihrem Freund Nathan teilte. Sie fluchte, als sie einen unbekannten Wagen auf ihrem Parkplatz stehen sah. Zu ihrer Wohnung gehörten zwei Parkplätze, und wenn nicht einer der Nachbarn einen gedankenlosen Gast hatte, dann hatte sie höchstwahrscheinlich selber einen Besucher, einen von Nathans Freunden. Spencer fluchte erneut und suchte sich dann einen Parkplatz draußen auf der Straße, immerhin regnete es nicht. Das Schlimmste daran war, dass Spencer überhaupt keine Lust darauf hatte, heute Gastgeberin zu sein. Nathans Kumpel waren normalerweise laut und wild, und nach ein paar Bier wurde Nathan genauso. Sie drehten die Musik auf, lachten über dieselben alten Witze und erzählten sich dieselben alten Kriegsgeschichten. Nathan war Rechtsanwalt und liebte es genau wie seine Kollegen, bei jedem Treffen seine größten juristischen Erfolge erneut zu durchleben.

Ich tu mir das eine Stunde an, dann schicke ich sie in den Pub, dachte sie. *Wer wird sich schon darüber beschweren, wenn die Freundin darauf besteht, dass sie noch einen trinken gehen sollen? Ich fahre sie sogar selber hin, wenn es sein muss, nur um meinen Frieden zu haben.*

Spencer öffnete die Eingangstür und war überrascht, wie leise es war. Ihr erster Gedanke, der sie die Stirn runzeln ließ, war, dass doch ein Nachbar auf ihrem Parkplatz stand.

»Idioten«, murmelte sie, hängte ihre Schlüssel an das

Schlüsselbrett und zog ihr Jackett aus. »Nathan? Wo bist du?« Sie beugte sich um eine Trennwand herum, um in den Wohnbereich zu schauen, aber der Fernseher war aus und Nathan nicht zu sehen. »Nathan? Bist du zu Hause? Hast du gesehen, dass irgendein Blödmann auf meinen Parkplatz steht?«

Genervt, dass sie keine Antwort erhielt, ging Spencer ins Schlafzimmer, um sich etwas Bequemeres anzuziehen. Sie war nur einen kurzen Moment überrascht, dass die Tür zu war, stieß sie aber ohne jedes Zögern weit auf.

Dann erstarrte sie, als sie eine nackte, blondierte Tusse am Ende des Bettes kauern sah. Sie hielt sich ihre Klamotten vor die Brust. Die Angst in ihrem Blick, als sie Spencer entgeistert anstarrte, war beinahe komisch. Nathan war nicht da, was Spencer einen Augenblick verwirrte, bis er aus dem angrenzenden Bad herausgeschossen kam. Er trug bloß Boxershorts.

Spencer sprach als Erste. Mit zorniger Stimme sagte sie: »Das soll wohl ein beschissener Witz sein.«

Es folgte ein langes, bedrückendes Schweigen, bis Nathan lahm entgegnete: »Du bist früh zurück. Ich dachte, du arbeitest heute lange.«

»*Das* ist deine Entschuldigung? Das ist deine Entschuldigung, *die* in unserem Bett zu ficken – in *meinem* Bett, genau genommen.« Spencer deutete mit der Hand auf das Mädchen, das zusammenzuckte.

Er fuhr sich mit einer Hand über das Gesicht, als könnte er den Augenblick wegwischen. »Bleib locker, Peta. Ich weiß, dass es blöd ist, aber es lohnt sich doch nicht, sauer zu werden.«

Mit eisiger Ruhe und blitzenden Augen sagte Spencer zu ihm: »Keine Sorge, ich werde meine Kraft nicht darauf verschwenden, sauer zu werden. Aber ich werde ganz sicher nicht *locker* bleiben.«

Das Mädchen stotterte: »Hey, tut mir leid – ich wusste nicht, dass noch jemand hier wohnt.«

Spencer unterbrach sie. »Das Parfüm und das Make-up im Badezimmer haben dich nicht darauf kommen lassen?« Sie wusste, dass sie zusammen geduscht hatten, weil Nathan ins Bad gegangen war, um seine Boxershorts zu holen.

»Ich … Es ist mir nicht aufgefallen.«

»Verschwinde einfach aus meiner Wohnung, du blöde Schlampe.«

»Hör mal, ich weiß, es ist schrecklich für dich, aber du musst mich doch nicht …«

»Ich sag' es dir nicht noch einmal«, blaffte Spencer und legte unbewusst ihre Hand auf den Griff der Pistole, die sie immer noch im Hüftholster trug. Es war eine reflexhafte Bewegung, eine instinktive Reaktion auf eine unangenehme Situation. Das Mädchen sah aus, als würde es gleich loskreischen, und Spencer begriff, was sie getan hatte. Sie sagte beiläufig: »Vielleicht erschieß ich dich auch einfach.«

»Lass stecken, Peta«, sagte Nathan müde.

»Dann schaff sie, verfickt noch mal, aus meinen Augen und aus meiner Wohnung.«

»Jill, geh einfach. Du kannst nichts machen.«

Mehr Ermunterung brauchte das Mädchen nicht. Es zog sich Jeans und Top an, ohne sich um die Unterwäsche zu scheren, die sie hastig in eine Tasche stopfte. Sie musste sich auf Hände und Knie herunterlassen, um einen Schuh unter dem Bett hervorzuholen. Spencer trat in der Tür nur ein wenig zur Seite, sodass das Mädchen sich dicht an ihr vorbeiquetschen musste. Der Blick, mit dem Spencer sie anstarrte, sorgte dafür, dass das Mädchen es nicht riskierte, noch irgendetwas zu sagen. Es verabschiedete sich nicht einmal von Nathan.

Spencer wandte ihren Blick Nathan erst wieder zu, als die Wohnungstür ins Schloss gefallen war.

Er sagte: »Tja, was hast du erwartet?«

Das entgeisterte Spencer einige Sekunden. »Was? Ist das etwa irgendwie meine Schuld?«

»Du hast eine gewisse Mitschuld, Peta. Es ist nicht leicht, mit dir zu leben. Ist es wirklich so eine Überraschung für dich, dass ich ein bisschen normale Gesellschaft haben möchte?« Während er sprach, griff Nathan nach einer Jeans und zog sie an. In einer Hose schien er sich mutiger zu fühlen.

»Du brauchtest jemand Normales? Ich bin nicht *normal* genug für dich?« Spencer war entsetzt. Sie wusste, dass sie kein Engel war, dass sie Fehler hatte wie alle anderen auch, aber die Vorstellung, nicht *normal* zu sein, schmerzte.

»Natürlich nicht. Wie zum Teufel könnte eine Beziehung zu einer Polizistin, und dann auch noch im verdammten Rang eines Detectives, jemals normal für irgendjemanden sein?« Nathan klang erstaunt darüber, dass er es überhaupt erklären musste.

»Was zum Teufel redest du denn da?«

Spencer war wütend darüber, was er sagen würde – und sie wusste genau, was jetzt kam. Sie hatte es schon bemerkt, sie hatte sogar das Flüstern ihrer Freunde gehört, wenn Nathan und sie mit anderen Pärchen ausgingen. Es gehörte alles zum Job. Es war ein Preis, den zu zahlen sie erwartet hatte. Aber das hieß nicht, dass es ihr gefiel. Sie musste es hören.

Nathan sagte beißend: »Du bist eine verdammte Polizistin, Peta – ein Detective. Was glaubst du wohl, wie mich das betrifft? Du denkst vielleicht, es ist egal, wenn du nicht bei der Arbeit bist, aber das ist Blödsinn. Die Hälfte der Zeit haben unsere Freunde Angst, sie selbst zu sein, wenn du dabei bist. In der echten Welt geben Leute Joints auf Partys rum, verstehst du. Manchmal trinken sie auch ein bisschen viel und fahren trotzdem nach Hause. Sie reden über allen möglichen Scheiß, und manche von ihnen haben vielleicht sogar ein paar Geheimnisse. Aber nichts davon geht, wenn *du* dabei bist. Manchmal ist es, als hätte man eine Affäre mit seiner eigenen Mutter. Es ist verdammt noch mal nicht einfach, das ist alles. Ich hab also jemanden kennengelernt, der nicht so viel Gepäck mit sich schleppt wie du, und wir sind ein bisschen zu weit gegangen – okay, ich gebe zu, ich habe das nicht gut im Griff gehabt.« Nathan suchte sich ein T-Shirt und zog es eilig über. Er sah ihr nicht mehr in die Augen, setzte aber leise hinzu: »Wie gesagt, was hast du erwartet?«

Unbeeindruckt von seiner Rede köchelte Spencer immer noch vor sich hin. »Wie wäre es mit ein bisschen Respekt? Ein wenig Ehrlichkeit? Und wo wir schon dabei sind, ein bisschen Anstand? Mein Gott, ich kann nicht *glauben,* dass du …«

»Ja, in Ordnung – der ganze Scheiß«, unterbrach Nathan sie. »Du musst nicht weiterreden.«

»Ich denke, ich habe das gottverdammte Recht weiterzureden!«

»Siehst du? Darum geht es dir immer! Rechte und Regeln und verdamme Vorschriften. Manchmal habe ich das Gefühl, du würdest sogar *mich* verhaften, wenn ich was Blödes anstelle.«

»Und deswegen ist es okay, eine Frau mit nach Hause zu bringen und mit in unser Bett zu nehmen?«

Nathan hob ergeben die Hände. Er bemerkte gar nicht, dass er sich verhielt wie die Leute, die Spencer verhaftete, Leute, die sie verachtete, und das machte sie noch wütender. Er sagte geduldig: »Ich habe Jill kennengelernt und wir verstehen uns ziemlich gut. Es tut mir leid, dass ich das nicht besser geregelt habe. Wirklich, ich habe mich ziemlich mies gefühlt und keinen Weg gefunden, es dir zu sagen.«

»Du hast dich so mies gefühlt, dass du weiter mit mir geschlafen hast? Du hast einfach so getan, als wäre gar nichts!«

Spencer begann Wut auf sich selbst zu empfinden, weil sie das alles nicht hatte kommen sehen. Er hatte sie vollkommen mühelos hinters Licht geführt.

»Ich wollte bald etwas sagen.«

»Ja, klar – offensichtlich.«

Wieder ein Schweigen, während Nathan versuchte, das unausweichliche Ende hinauszuzögern, und Peta sich weigerte, ihm die Sache leichter zu machen.

Dann fragte sie: »Und? Worauf zum Teufel wartest du noch?«

»Was meinst du?«

»Du kannst dich verpissen! Jetzt sofort!«

Seine Schultern sackten herunter, er hatte nichts mehr, wofür er kämpfen konnte, jetzt, wo das Ende feststand, obwohl es unvermeidlich gewesen war. »Ich suche mir ein paar Sachen zusammen und gehe. Wahrscheinlich in ein Hotel oder so.«

»Es ist mir scheißegal, wohin du gehst. Morgen kannst du deine Sachen holen, während ich bei der Arbeit bin. Und wag ja nicht, etwas mitzunehmen, was dir nicht gehört, sonst *werde* ich dich verhaften.«

»Ich habe morgen einen ziemlich wichtigen Tag.«

»Mach es *morgen,* Nathan. Mir ist ganz egal, was für einen Tag du hast. Sonst schmeiß ich deinen Scheiß zum Fenster raus, wenn ich nach Hause komme. Ganz ehrlich.«

Er wusste, dass sie das tun würde. Nathan wandte ihr den Rücken zu und nahm eine Tasche aus dem Schrank. Dann begann er Sachen hineinzustopfen. Spencer konnte es nicht mehr mit ansehen.

Sie sagte: »Ich geh spazieren. In zwanzig Minuten bist du weg.«

»Keine Sorge, das schaff ich«, sagte er tonlos.

Spencer fiel auf, dass sie ihr Jackett immer noch in der Hand hielt, wie in einer Schraubzwinge. Sie zwang ihre Muskeln, sich zu entspannen, und zog es an, sie überprüfte, ob sie ihre Geldbörse in der Tasche hatte, und dann nahm sie die Schlüssel vom Haken im Flur und ging nach draußen. Sie knallte die Tür hinter sich zu. Die ersten hundert Meter Fußweg marschierte sie blindlings, den Kopf gesenkt, während sie gegen die Tränen ankämpfte.

Die unerwartete, abrupte Trennung, der Verlust ihres Freundes verletzte sie zutiefst, und vor allem, wie sie ihn dabei erwischt hatte, dass er ihr untreu war. Obwohl ihre Beziehung nie in Stein gemeißelt gewesen war und beide es vermieden hatten, vom Heiraten zu sprechen, hatten sie einander doch versichert, dass sie sich liebten, und sie lebten zusammen, sie teilten sich Tisch und Bett. Das war doch eine Aussage für sich.

Aber mehr als die Dinge, die sie zum Weinen brachten, machte das, was Nathan gesagt hatte, nämlich kein normales Leben mit ihr zu haben, sie wütend. Sie marschierte drei Blocks weit, sie knallte ihre Absätze auf den Boden und war stinkwütend auf die Welt.

Schließlich verlieh ihr die langsam aufdämmernde Erkenntnis, dass sie nicht *verdient* hatte, was er ihr angetan hatte, etwas Kraft, und sie hob trotzig den Kopf. Spencer bemerkte außerdem, dass sie am Verhungern war, obwohl es in ihrem Inneren brodelte vor Wut. Fest entschlossen, die ganze Sache jetzt ein für allemal durchzustehen, aber auch, weil sie so die Zeit herumbekam, ging sie in eine nahe gelegene Pizzeria, die sie oft besuchten.

Sie war die einzige Kundin. Der Besitzer war ein kleiner Italiener, der immer gut gelaunt war, doch da er spürte, dass sie nicht gut drauf war, nahm er einfach still ihre Bestellung entgegen.

Spencer blieb stehen und starrte gedankenverloren durch die dreckigen Fenster hinaus. Nach ein paar Minuten fragte er, während er den Belag auf den Teig packte, vorsichtig: »Alles in Ordnung, Boss?«

Er nannte sie immer gutmütig »Boss«, weil sie bei der Polizei war.

»Nicht der beste aller Tage, Don«, sagte sie.

»Haben Sie irgendwelche Kriminellen erwischt?«

»Nur einen.«

»Nicht schlecht. Was hat er getan?«

»Seine neue Freundin in meinem Schlafzimmer gefickt.«

Schweigen von der anderen Seite des Tresens. Dann fragte er: »Wie viele Jahre gibt's dafür, Boss?«

»Oh, wir hängen die Schweine für so was auf, Don. An den Eiern. Also, mach so was besser nicht.«

»Ich behalt's im Kopf, Boss«, entgegnete er ernsthaft.

*

Als Spencer in ihre Wohnung zurückkehrte, war Nathan verschwunden. Er hatte keine Nachricht hinterlassen – keine Entschuldigung oder wenigstens den Versuch, die Dinge geradezurücken. Sie stand allein in der Küche und erfasste langsam, was geschehen war. Sie kam in Versuchung, die Pizza wegzuwerfen und vor Wut zu schreien, zwang sich jedoch, vernünftig zu sein, stellte die Schachtel auf den Tisch und goss sich mit kontrollierten Bewegungen ein großes Glas Scotch auf Eis ein. Dann setzte sie sich hin, um zu essen.

Nathans Vorwürfe hallten durch ihren Kopf. Spencer widersprach im Stillen, sie war überzeugt, dass er unrecht hatte. Sie hatte sich stets bewusst bemüht, ihre Arbeit nicht mit nach Hause zu bringen; sie wollte konsequent ihre Marke und Waffe auf der Wache zurücklassen, obwohl sie das in Wirklichkeit natürlich nicht schaffen konnte. Sie wollte ganz normal sein, wenn sie nicht als Detective unterwegs war.

Ein Gedanke kam ihr ungebeten. *Ich muss nicht wie John Maiden werden, um meinen Job gut zu machen. Ich muss nicht so sein. Ich kann ein Leben außerhalb der Polizei führen, jeden Tag, wenn ich mich dafür entscheide.*

In ihrem Kopf klang das vernünftig, wenn auch vielleicht ein bisschen verzweifelt. Denn Spencer war nicht so sicher, ob sie diese Wahl wirklich treffen konnte, und es gab Momente, in denen sie das Gefühl hatte, ihr Leben liefe genau in die entgegengesetzte Richtung. Der Weg zu einer erfolgreichen Polizeikarriere führte gleichzeitig zu einem zurückgezogenen, einsamen Privatleben.

7

Am nächsten Tag regnete es, der erste Guss seit dem vorigen Winter. Die Kollegen waren nicht darauf vorbereitet und kamen reichlich gereizt auf die Wache, wo sie ihre nassen Sachen ausschüttelten. Maiden saß an seinem Schreibtisch und schaute sich das Ganze amüsiert an. Er mochte Regen. Dann blieben die Kriminellen drinnen. Die dunkle Seite der Gesellschaft wollte ganz offensichtlich auch nicht nass werden. Es überraschte ihn nicht, als er Spencer mit grimmiger Miene hereinkommen sah. Sie zog einen freien Stuhl auf die andere Seite seines Schreibtisches und stellte einen Pappbecher ab. Ihr Lieblingskaffeeverkäufer betrieb einen kleinen Lieferwagen, unter dessen ausfahrbarer Markise sie sich bei dem schlechten Wetter zusammen mit einem Dutzend anderer triefend nasser Schirmträger hatte drängen müssen. Es war ein schlechter Start in den Tag gewesen.

Und das, nachdem sie allein und wieder als Single erwacht war.

Ohne Gruß sagte sie: »Ich musste zehn verdammte Minuten auf meinen Kaffee warten. Nur weil es regnet, wollen alle plötzliche eine heiße Schokolade mit Marshmallows, elf Kräutern und irgendwelchen Gewürzen oben drauf.«

»Das klingt mehr nach Hühnchen«, sagte Maiden milde.

»Sie wissen, was ich meine.«

»Auch Ihnen einen guten Morgen, Detective Constable Spencer.«

»Ja – guten Morgen, Sir.« Sie nippte an ihrem Kaffee und schnitt eine Grimasse.

»Ich habe das Gefühl, Sie sind keine Regen-Freundin?«, fragte er.

»Ich? Nein, das Wetter stört mich nicht. Wir brauchen Regen, nicht wahr? Aber wir brauchen auch *Zucker,* diesen blöden Krümelkram.«

Spencer schaute in Richtung der kleinen Küche, genervt, dass sie wieder aufstehen musste, aber Maiden zog ein paar Tütchen aus einer Schreibtischschublade und warf sie ihr rüber. Sie grunzte zum Dank und rührte den Zucker mit einem Kugelschreiber ein.

Maiden tippte auf einen Zettel auf seinem Schreibtisch. »Nur damit Sie Bescheid wissen, Sie hatten recht, Chris Vitale hieß mal Chris Taylor. Er hat seinen Namen ganz offiziell in Vitale geändert; alles total in Ordnung und koscher. Er hatte keine Vorstrafen, nicht mal einen Strafzettel fürs Falschparken. Nichts zu verbergen, letztlich.«

Spencer zuckte mit den Achseln. »Er war sowieso schon halb da – ich meine, bei *Christ Alive.* Keine Ahnung, warum er sich den Stress gemacht hat. Wenn man glaubt, man braucht einen neuen Namen, um sich einen Namen zu machen … eigentlich peinlich.«

»Vielleicht hat er sich besoffen und eines Tages einen Geistesblitz gehabt, so wie sich manche Leute aus einer Laune heraus tätowieren lassen? Haben Sie vielleicht irgendwelche interessanten Tattoos?«

Sie starrte ihn bissig an.

Er sagte: »Okay, wieso sind wir denn heute Morgen so blendend gelaunt?«

»Es ist schon in Ordnung. Ich brauche bloß ein bisschen Zeit.«

»Warum erzählen Sie es mir nicht stattdessen? Dann kann ich entweder so lange wie nötig mitfühlend sein oder schneller sauer werden.«

»Private Probleme, müssen Sie noch mehr wissen?«

»Ah.«

»Ah? Was soll das denn heißen?«

»Es heißt, dass Sie sich mit Ihrem Freund gestritten haben.

Das ist der Kram, von dem ich, ehrlich gesagt, erwarten würde, dass Sie ihn zu Hause lassen.«

»Wenn Sie es einen Streit nennen, ihn mit einer anderen Frau im Bett zu erwischen dann ja – wir haben uns gestritten, okay?«

»Ah«, sagte Maiden wieder.

»Was soll *das* nun heißen?«

»Das heißt, dass Sie *tatsächlich* mein Mitgefühl haben und ein bisschen schlecht drauf sein dürfen. Sagen wir bis zehn, in Ordnung?«

»Wie verständnisvoll, Sir. Basiert das auf persönlicher Erfahrung?«

»Nein. Meine Frauen haben sich einvernehmlich von mir scheiden lassen, und meine Freundinnen tendieren dazu, nach einer Reihe Morde lebenslänglich in den Knast zu wandern. Untreue war nie ein Problem.«

Spencer starrte ihren Kaffee an. Maiden zog langsam eines seiner Schinken-Käse-Brötchen hervor, wickelte es aus und biss zufrieden hinein. Spencer hatte zu viel Scotch getrunken und der Fettgeruch bereitete ihr leichte Übelkeit.

Er fragte sie neugierig: »Wer schmeißt wen raus? Sie *trennen* sich doch, oder? Kommen Sie mir jetzt nicht mit so 'nem neumodischen Vergebens-Mist. Und Sie leben weiter zusammen?«

»Im Leben nicht, es sind mein Bett und meine Wohnung. Er saß nach fünf Minuten mit seinem Arsch draußen, und heute kann er den Rest seiner Sachen holen.«

»Gute Idee, aber es regnet.«

»Immerhin.«

»Kaltherzig, gnadenlos *und* dem Job verschrieben. Alle Eigenschaften, die eine herausragende Polizistin braucht«, sagte Maiden, dem nicht bewusst war, dass er einen wunden Punkt traf. Während er sprach, schob er Spencer einen Ausdruck hinüber. »Es scheint noch etwas geklappt zu haben. Es ist nicht gerade die Herde Lemminge, auf die Sie gehofft hatten, aber immerhin wurden heute Morgen zwei Selbstmorde gemeldet, und *beide* sind Mitglieder in Eden. Der Fall ist also möglicherweise schon geklärt.«

»Zwei?« Spencer las den Bericht. »Zusammen?«

»Nein, meilenweit voneinander entfernt, aber das heißt nicht, dass sie nicht beide Anteil an Vitales Mord hatten. Also machen wir uns heute erst mal auf den Weg zu den Tatorten, wo wir sicherlich schon ungeduldig erwartet werden.«

»Bis Mittag könnte alles erledigt sein?«

»Sie klingen ja ganz enttäuscht. Aber ich jedenfalls habe schon vor langer Zeit gelernt, dass es sich nicht lohnt, groß zu hoffen, obwohl wir heute sogar eine doppelte Chance haben.«

*

Die Fahrt war frustrierend aufgrund der Verzögerung durch liegengebliebene Wagen und kleinere Unfälle wegen des Regens. Als sie vor einem bescheidenen zweistöckigen Haus in Abbotsford hielten, das einen schönen Blick auf die Canada Bay hatte, war Maidens Laune Spencers ebenbürtig.

»Lage, Lage, Lage«, murmelte Spencer, während sie durch die wasserbefleckte Windschutzscheibe starrte. Ein Krankenwagen stand mit Blinklicht am Bürgersteig, die grellen roten und blauen Blitze zuckten durch die Tropfen.

»Mit garantiert Möwenscheiße auf dem Dach«, sagte Maiden. »Haben Sie einen Schirm?«

»Nein, ich hasse die.«

»Hassen Sie die bloß heute, weil Sie Ihren Freund erwischt haben? Oder hassen Sie sie immer?«

»Immer. Mein Gott, ist es schon zehn?«

»Muss wohl. Mein Mitgefühl ist jedenfalls zu Ende. Also, werden wir nass.«

Im Inneren des Hauses führte sie ein Constable, der auf sie gewartet hatte, in einen abgetrennten Wohnbereich am hinteren Ende des Hauses. Es war eine Art Einliegerwohnung, in diesem Fall für einen jungen Mann, der mit seinen Eltern nichts mehr zu tun haben wollte, aber dennoch zu Hause lebte. In dem großen Wohnraum gab es eine einfache Kochnische, durch eine offene Tür konnte man ein kleines Bad sehen, und die Möblierung bestand aus einem Sofa, einer Musikanlage und einem großen Fernseher sowie einem Klappesstisch. Die Wände hingen voller Poster und Bilder, ähnlich denen in der Kapelle in Eden.

Ein Mann hing von den Deckenbalken. Er trug ein kariertes Hemd und eine ausgewaschene Designerjeans mit Rissen. Sein Gesicht war eine groteske Maske des Schmerzes, seine Lippen waren blau, seine Zunge hing heraus, seine Augen quollen hervor. Ein dünnes Seil hatte sich grausam in seinen Hals eingeschnitten.

Normalerweise hätte man die Leiche so schnell wie möglich abgenommen, aber Maiden hatte zuvor über die Zentrale Anweisung gegeben, das zu unterlassen. Jeder Selbstmord, hatte er betont, konnte mit seinem Mordfall zu tun haben, und sie mussten den Tatort unverändert begutachten. Maiden bemerkte, dass die Officer vor Ort, von denen er viele kannte und denen er zum Gruß zunickte, unglücklicher aussahen als sonst. Und höchstwahrscheinlich waren die übrigen Bewohner des Hauses – die Familie des Opfers – sogar noch bestürzter über die Verzögerung als die Kollegen. Dennoch untersuchte Maiden die hängende Leiche geflissentlich, indem er langsam um sie herum ging. Spencer blieb keine Wahl, als ihm zu folgen.

»Definitiv Selbstmord?«, fragte er den Leichenbeschauer vor Ort.

»Schwer, sich etwas anderes vorzustellen«, entgegnete der. »Erstens ist das Seil am Balken festgeknotet, nicht darüber geworfen. Es hat also keiner versucht, ihn hochzuziehen. Und auch alles andere spricht dafür, dass er selbst dafür verantwortlich ist. Außerdem gibt es einen Abschiedsbrief.«

»Wo?«, fragte Maiden. Ein weiterer Polizist deutete auf eine Sitzbank.

Maiden ging hinüber, um den Brief zu lesen. Spencer schaute ihm über die Schulter. In dem Brief stand, dass das Opfer, Edward Cooper, nicht mehr länger in einer Welt ohne Chris Vitale leben wollte. Er existierte nur aufgrund von Vitales Weisheit, Führungskraft, seinen Lehren und seiner »spirituellen Präsenz«. Nach Vitales Tod fühlte sich Cooper verloren, richtungslos. Es war besser, zu sterben und neben Vitale an Gottes Seite zu sein, als weiterzuleben. Der Brief wiederholte sich mehrmals in dieser Richtung, es wirkte fast weitschweifig.

Kein Geständnis, dass Cooper Vitale umgebracht hätte.

»Nicht sonderlich vielversprechend«, sagte Spencer.

»Nein«, gab Maiden zu. »Aber wir sollten nicht so schnell aufgeben.« Er sagte dem Leichenbeschauer, er könne den Mann jetzt abnehmen. Dann machten sie sich auf die Suche nach den Eltern.

Das Wohnzimmer vorn im Haus war düster, die Vorhänge waren zugezogen. Die Möbel waren aus dunklem, poliertem Holz mit prall gepolsterten Kissen. Es roch nach Staub, Bohnerwachs und Leid. Der Vater saß auf einem Zweisitzer neben seiner Frau. Cooper war ein kleiner, drahtiger Mann mit lederner Haut. Er sah aus, als hätte er sein Leben lang im Freien gearbeitet. Sie war zierlich und wirkte formlos in ihren Kleidern, die eigentlich nicht für die Augen von Besuchern gedacht waren; ihr nasses Gesicht und die rot umränderten Augen tauchten nur dann und wann hinter einem großen Taschentuch auf. Kaum waren Maiden und Spencer hereingekommen und hatten sich vorgestellt, schaute Cooper wütend auf.

»Haben Sie ihn jetzt abgenommen?«, zischte er. »Meine Güte, haben Sie ihn endlich abgenommen?«

»Meine Männer erledigen das gerade«, entgegnete Maiden ruhig.

»Warum zum Teufel haben Sie so lange gewartet? Was soll das, den armen Jungen da hängen zu lassen?«

Maiden fragte nicht, ob er sich setzen dürfte. »Der Tod Ihres Sohnes steht möglicherweise im Zusammenhang mit einer anderen Ermittlung. Es tut mir leid, dass die Sache nicht ganz eindeutig war.«

»Sie meinen den Mord an Vitale? Wer *den* auf dem Gewissen hat, sollte einen Orden bekommen, kein Gerichtsverfahren, finde ich.« Cooper klang bitter und starrte auf seine Hände.

Spencer fragte vorsichtig: »Sie wissen von Mr Vitales Tod?«

»Wissen? Natürlich *weiß* ich davon. Wieso zum Teufel sollte ich nicht?«

»Ihr Sohn war ein Mitglied der Gemeinde und ein treuer Anhänger Chris Vitales. Ich habe das Gefühl, Sie sind nicht unbedingt seiner Meinung?«

Cooper gab ein abschätziges Geräusch von sich. »Wieso sollte irgendjemand etwas für diesen Blutsauger empfinden? Leuten ihr Geld wegzunehmen und sie dazu zu bringen, ihn zu verehren, als wäre er eine Art Gott. Es ist unglaublich, und er hat sich meinen Jungen geschnappt! Wissen Sie, Eddy hat diesem Schwein jede Woche die Hälfte seines Gehalts gegeben – *die Hälfte seines Gehalts.*«

»Woher wissen Sie das? Hat Edward es Ihnen erzählt?«

»Ich bin derjenige, der ihn bezahlt hat. Daher weiß ich das. Ich weiß genau, wo sein Geld hingewandert ist. Wenn Sie mich fragen, ist das Betrug. Wenn dieses Schwein Vitale nicht tot wäre, dann würde ich sagen, steckt ihn ins Kittchen und schmeißt den verdammten Schlüssel weg.«

»Und was tun Sie beruflich, Mr Cooper?«, fragte Maiden.

Cooper ließ seinen Kopf sinken und brauchte einen Augenblick für die Antwort. »Bauunternehmen, Cooper und Sohn heißen wir. Vor allem kleine Sachen, Renovierungen und Carports. Nichts Großes. Nichts Großes *mehr*, jetzt, wo ich allein bin.«

Ein Gedanke drängte sich auf, und Maiden und Spencer hatten sich einen kurzen Blick zugeworfen.

Beide männliche Mitglieder der Familie Cooper, Vater wie Sohn, hätten ohne Zweifel gewusst, wie man Nägel in Holzdielen schlug.

Maiden fragte: »Waren Sie je bei Chris Vitale? Haben Sie ihm gesagt, dass Sie nicht einverstanden sind mit dem Engagement Ihres Sohnes?«

»Nein, ich habe diesen Ort nie betreten und ich will es auch nicht. Und jetzt muss ich auch nicht mehr, nicht wahr?«

»Mrs Cooper? Haben Sie sich jemals wegen Ihres Sohnes an Chris Vitale gewandt? Vielleicht telefonisch?«

Sie flüsterte: »Nein.«

Maiden war noch nicht zufrieden. »Keiner von Ihnen beiden war je in Eden? Ich bin sicher, Sie werden verstehen, dass ich trotzdem nachfragen muss, Mr Cooper. Können Sie mir sagen, wo Sie sich vor zwei Nächten befunden haben, die ganze Nacht über?«

Cooper grunzte. »Ich war zu Hause und habe Fernsehen geguckt. Ich bin vor der verdammten Kiste eingeschlafen.«

Spencer sagte: »Können Sie das bestätigen, Mrs Cooper?«

»Ja … ja, wohl schon.«

»Ja, wohl schon?«

Ihre dünne Stimme drang hinter dem Taschentuch hervor. »Ich gehe immer früh zu Bett und nehme ein Schlafmittel, um zur Ruhe zu kommen. Wenn ich erst mal eingeschlafen bin … nun ja, der Dritte Weltkrieg würde mich nicht wachbekommen.«

Cooper starrte seine Frau an, sagte aber nichts. Ihr schien gar nicht klar zu sein, was sie getan hatte.

Spencer fragte: »Was ist mit Edward? Wissen Sie, ob er die Nacht über hier war?«

Cooper entgegnete: »Wir haben ihn beim Abendessen gesehen, danach habe ich seine Musik gehört. Also denke ich, er war hier. Er blieb in letzter Zeit meistens für sich.« Er sackte in sich zusammen. »Deswegen habe ich ihn erst heute Morgen gefunden.«

Maiden bedankte sich bei ihnen, erklärte sein Beileid und bedeutete Spencer, ihm nach draußen zu folgen. Er trat mit ihr auf die vordere Veranda, wo sie vor dem Regen geschützt waren, und zündete sich eine Zigarette an. Als sie die Stirn runzelte, deutete er ungeduldig auf ein nahes Blumenbeet voller Zigarettenkippen.

»Was halten Sie davon?«, fragte er.

»Der Vater hat schon ein Motiv, wenn sein Hass auf Vitale groß genug war, weil der das Leben seines Sohnes kontrollierte. Und er hat ganz sicher die Fähigkeiten und Werkzeuge«, setzte sie trocken hinzu. »Außerdem denke ich, das Haus wäre schon was wert, und vielleicht hat Cooper senior auch noch ein bisschen Spielgeld auf dem Konto. Edward Cooper ist kein so uninteressantes finanzielles Ziel, wie man denken könnte. Sein Vater hat sich vielleicht gesorgt, dass die Leute in Eden später sein hart verdientes Geld in die Klauen bekommen, nicht nur Eddys wöchentlichen Lohn.«

Maiden nickte. »Falls er Vitale wirklich mitten in der Nacht deswegen aufgesucht hat und es ihm nicht passte, wie das Treffen verlief, was hat er dann getan? Ist er zurück zu seinem Laster gegangen, hat sich einen Hammer und eine Handvoll Nägel geschnappt und ist zurückgekehrt?«

»Vielleicht, oder vielleicht wollte er es von vornherein so machen und war vorbereitet.«

Maiden nahm gedankenverloren einen Zug an seiner Zigarette. »Wir können auch den Sohn nicht ganz ausschließen. Der konnte durchaus einen Hammer schwingen, und manchmal werden die treusten Jünger zu den ärgsten Feinden.«

»Aber dann hätte er das doch sicher in seinem Abschiedsbrief geschrieben?«

»Selbstmörderische religiöse Fanatiker sind nicht unbedingt dafür bekannt, sich sonderlich um die Leute zu sorgen, die hinter ihnen den Mist wegmachen müssen.« Maiden warf seine Zigarette auf den Rasen, komplett vorbei am Blumenbeet. Sie erlosch zischend zwischen den feuchten Halmen. »Ich frage mich, warum er nicht in Eden gelebt hat, wenn seine Eltern ihn so genervt haben?«

»Wussten Sie das nicht? Es gibt eine Warteliste.«

»Eine was?«

»Eine Warteliste. Die meisten derjenigen, die nicht dort leben, tun das, weil sie müssen. In Eden gibt es ein paar leere Zimmer für Notfälle, Krisenunterkünfte, aber davon abgesehen sind sie voll, und es gibt eine Warteliste für alle Anhänger, die sich außerhalb der Mauern befinden.«

»Die Leute stehen Schlange, um in dieses Irrenhaus zu ziehen?« Maiden schüttelte den Kopf. »Wenn man denkt, man hätte schon alles gehört ...«

»Soll ich noch mal reingehen und die Eltern fragen, ob Edward auf der Liste stand?«

»Nein, das kann man wohl voraussetzen, wenn Eddy bereit war, sich aus Trauer über Vitales Tod zu erhängen. Fahren wir weiter und überprüfen den nächsten.«

»Und der wäre?«

»Eine absichtliche Überdosis, hat man mir gesagt. Wenigstens ist unser Job abwechslungsreich.«

*

»Die Typen mit der Bahre werden das lieben«, sagte Maiden nachdenklich.

Sie standen am Anfang eines schmalen Holzsteges, der hinausführte in ein Hafenbecken voll teurer Boote und Yachten. Es war einer von vielen Stegen, die sich in weniger als einem Meter Höhe über dem kalten Wasser befanden. Wenigstens hatte es für den Moment aufgehört zu regnen, aber es war immer noch kein einladender Anblick. Im Sommer, bei warmem Sonnenschein und vor dem Hintergrund eines strahlend blauen Wasserspiegels mochte es okay sein. Heute aber waren die Planken nass und glitschig, der Himmel war von einem unzufriedenen Grau, und der Wind wehte manchmal heftig genug, um jemanden, der nicht gut aufpasste, zu einem ungeplanten Bad zu verhelfen. In der Luft hing das Klappern und Rattern von den zahllosen Segelschnüren, und der Wald aus weißen Masten schwankte schwindelerregend hin und her.

»Welches Boot suchen wir?«, fragte Spencer.

»Es ist dieser Steg, mehr weiß ich auch nicht. Gehen wir nachsehen. Können Sie schwimmen?«

»Wie ein Fisch. Und Sie?«

»Warum überrascht mich das nicht? Ich *konnte* vor einer Million Jahren schwimmen.«

»Manchmal hören Sie sich an, als wären sie hundert.«

»Manchmal fühle ich mich, als wäre ich hundert.«

Maiden fiel auf, dass es erst der zweite Tag ihrer Zusammenarbeit war, und die »Sirs« wurden immer seltener, eine alarmierende Lässigkeit trat an ihren Platz. Er überlegte, ob er das zur Sprache bringen sollte, hatte aber keine Lust, so kleinlich zu sein. Es war schon in Ordnung, solange Spencer ihm gegenüber respektvoll auftrat, wenn andere dabei waren.

Sie fanden das richtige Boot. Es war ein großer Luxuskreuzer, bei Weitem nicht der größte, aber deutlich jenseits des gebündelten Vermögens aller am Tatort versammelten Polizisten. Maiden schaffte es über eine zweifelhafte Laufplanke und drehte sich dann um, um Spencer die Hand zu reichen, hielt aber gerade noch inne. Sie hüpfte mühelos an Bord.

»Das passt ja wieder bestens«, sagte sie.

»Was?«

»Schon wieder Geld. Sie und ich könnten uns nicht mal leisten, diese Schüssel zu betanken. Ich wette, der Besitzer dieses schwimmenden Schmuckstücks wurde mit offenen

Armen in Eden willkommen geheißen. Es *war* doch der Besitzer, der sich von der nächsten Volkszählung ausgeschlossen hat?«

Maiden wusste es nicht, also zuckte er mit den Achseln.

In einem angemessen ausgestatteten Wohnzimmer unter Deck erklärte ihnen ein Detective namens Downer: »Das dort ist Geoff Carter. Er gehört zu diesen Typen, die verdammt viel Geld gemacht haben, aber niemand weiß genau, wie, weil es vergraben ist in Aktien, Anteilen, Internetfirmen und was weiß ich noch allem. Einer der neuen Dot-com-Reichen, oder wie auch immer man die heutzutage nennt.«

»Hilft ihm jetzt auch nichts mehr«, sagte Maiden.

Carter lag mit dem Gesicht nach unten auf einer breiten Sitzbank, ein See Kotze breitete sich vor seinem Mund aus und sickerte über die Kissen auf den Boden. Eine leere Flasche Bourbon stand auf dem Nachttisch, ein offenes Fläschchen Pillen lag umgekippt daneben, die letzten Tabletten waren herausgefallen.

»Seekrank, oder was meinen Sie?«, fragte Maiden Downer.

Downer sagte: »Wenn man den Tauen und dem Dreck am Rumpf unterhalb der Wasserlinie dieses Dings glaubt, dann hat das Boot seit Jahren nicht den Hafen verlassen und ist erst recht nicht auf hoher See gefahren.«

»Bitte sagen Sie, dass er einen Abschiedsbrief hinterlassen hat, in dem er alles erklärt.«

»Alte Schule, handgeschrieben und sehr ordentlich bis fast zum Schluss. Wahrscheinlich wirkte der Bourbon schneller, als er erwartet hatte.«

Downer zeigte ihnen den Brief. Er erinnerte an den Brief Edward Coopers. Es stand darin, dass Carter nicht weiter in einer Welt ohne Chris Vitale leben wollte, und dass es besser wäre, zu sterben und in der nächsten Welt an Vitales Seite zu sein.

»In der nächsten Welt? Was zum Teufel stimmte nicht mit dieser?«, fragte Maiden und deutete auf ihre Umgebung. Er sagte zu Spencer: »Glauben Sie, *der* stand auf der verdammten Warteliste?«

»Ich vermute, das muss man tun, um zu zeigen, wie ernst man es meint«, sagte sie.

»Wie werden so dämliche Leute bloß so reich?«, murmelte Maiden.

»Wer hat ihn gefunden?«, fragte Spencer Downer.

»Einem Hafenmitarbeiter war aufgefallen, dass das Boot nicht gegen das schlechte Wetter gesichert war. Er kam an Bord, um nachzusehen, ob alles in Ordnung war, und heute war sein großer Tag. Er sitzt oben am Bug, wenn Sie ihn sehen wollen. Aber es ist ziemlich klar.«

»Haben wir Verwandte?«

»Es gibt ein paar Ex-Frauen und einen Sohn, der irgendwo im Ausland herumgeistert. Wir versuchen, zu ihnen Kontakt aufzunehmen.«

»Ich frage mich, wer sein Vermögen erbt«, sagte Spencer.

Maiden entgegnete: »Dafür gibt's keinen Preis. Ich wette, Brent Sirroch und seine Kumpel planen schon ihren ersten Angelausflug. In dem Abschiedsbrief gibt es keinen Hauch eines Hinweises darauf, dass Carter gestehen wollte, Vitale umgebracht zu haben. Ich fürchte, das waren einfach zwei Verrückte, die wirklich glaubten, dass sie ohne Vitale nicht leben könnten. Unser Mörder ist möglicherweise noch bei bester Gesundheit.«

»Oder wir haben *die* Leiche einfach noch nicht gefunden«, sagte Spencer.

Maiden beugte sich vor und betrachtete das Pillenfläschchen. »Das hier ist ganz interessant.«

»Irgendetwas Besonderes?«

»Sedativa, verschrieben von niemand anderem als unserem guten Doktor Chore in Eden. Das ist keine große Überraschung, aber trotzdem klingelt's bei mir leise. Ich frage mich, ob es sich lohnt, sie analysieren zu lassen? Nur um sicherzugehen, dass sie nicht stärker sind, als sie sein sollten?«

»Ist das wirklich relevant? Immerhin hat er eine ganze Handvoll genommen.«

»Hmm, wahrscheinlich nicht.« Maiden starrte in Richtung Kabinendecke und dachte nach. »Coopers Frau hat gesagt, dass sie ebenfalls Beruhigungsmittel genommen hat. Ich wüsste nur zu gern, woher sie ihre Arzneimittel bekommt. Nur zur Sicherheit. Vielleicht holte Edward sie bei Chore, damit Mami die ganze Nacht schläft. Und vielleicht rührte er seinem Vater auch noch ein paar in den Tee, damit *der* vor der Glotze einschläft?«

Spencer dachte darüber nach. »Aber warum? Und was hätte das damit zu tun, dass Carter hier seinen Anker gelichtet hat? Nur weil sie vielleicht dieselben Pillen schlucken?«

Maiden seufzte und richtete sich auf. »Eigentlich nichts, ich habe nur darüber nachgedacht. Solche Zufälle lassen mich immer aufhorchen. Wir müssen sowieso zurück in die Anlage und weiter Fragen stellen. Mal sehen, ob jemand sich über Nacht irgendetwas anders überlegt hat. Behalten Sie's im Kopf, das ist alles.«

»Wollen Sie jetzt dort hin?«

Maiden sah auf die Uhr. Es war fast Mittag. »Rufen Sie in Surry Hills an und fragen Sie, ob Vitale schon obduziert wurde. Wenn ja, sollten wir dort zuerst hin. Vielleicht haben die etwas Neues für uns.«

Spencer telefonierte, während Maiden ein kurzes Gespräch mit dem Hafenangestellten führte. Downer hatte recht. Der Mann hatte nichts anderes zu bieten, als die Leiche gefunden zu haben.

Maiden fragte, ob ihm in letzter Zeit irgendetwas aufgefallen wäre, und er antwortete: »Der Mann hat sich verändert – deutlich verändert. Das hier war eins von den Partybooten. Sie wissen schon. Die A-Yuppies trinken Champagner und tun so, als wären sie in Südfrankreich. Und dann hörte das alles plötzlich auf und Mr Carter lebte wie eine Nonne. Vielleicht ist er krank geworden oder seine Aktien sind gekippt oder ihm ist einfach das Geld ausgegangen. Hat er sich deswegen umgebracht?«

»So in der Art«, sagte Maiden vage. Er hatte das Gefühl, es ging eher darum, dass Carter sein Vermögen nicht mehr *unter Kontrolle* hatte.

Spencer winkte ihm vom Steg aus zu und Maiden kam zu ihr herüber. Sie sagte: »Sie haben mit der Leiche angefangen und es gibt einen Bericht über den Computerausdruck, den der Mörder hinterlassen hat. Mal sehen, was da drin steht. Wir können in Surry Hills vorbeischauen und uns die Infos holen, wenn Sie wollen.«

»Prima. Machen wir«, sagte Maiden ohne jede Begeisterung.

*

Spencer kam darauf, als sie das Sydney Police Centre in Surry Hills betraten. »Hier hat Janet Brown gearbeitet, hier haben Sie sie kennengelernt … Sie kommen wahrscheinlich nicht gerne her?«

»Nein, das Gebäude ist voller nicht allzu angenehmer Erinnerungen für mich«, gab Maiden zu.

»Aber Sie müssen doch sicher oft hierher?«

»Ja, aber ich gehe nur, wenn ich wirklich muss.«

Sie runzelte die Stirn. »Klingt so, als sollten Sie die ganze Sache einfach vergessen. Ich bin sicher, alle anderen haben das schon längst – Sir«, setzte sie hastig hinzu, als sie bemerkte, dass Maiden sie ärgerlich anstarrte.

»Ja, da haben Sie wahrscheinlich recht, Detective Constable Spencer.«

Spencer verdrehte die Augen und ahmte ihn leise nach: »Ja, Detective Constable Spencer.« Sie achtete darauf, dass Maiden sie nicht hören konnte.

Der Leichenbeschauer war ein Arzt namens Farrer. Er war ein dienstbeflissen aussehender Mann in den Vierzigern und trug sein dichtes, silbergraues Haar zurückgekämmt. Sein weißer Laborkittel war fleckig.

»John, welch hoher Besuch«, sagte er lässig, lehnte sich an einen Obduktionstisch und zog eilig einen Latexhandschuh aus, um die Hand zur Begrüßung auszustrecken.

»Hallo, Robert; ja, ich habe mich der frischen Luft wegen mal aus dem Büro bequemt.«

»Da bist du hier genau richtig«, sagte Farrer. Es roch intensiv nach Chemikalien und Desinfektionsmitteln. Mit einem Funkeln im Blick stellte er sich Spencer vor. Maiden beobachtete es seufzend.

Dann unterbrach er die beiden: »Robert, hast du etwas Interessantes gefunden? Wir wollen weiter nach Eden. Ein neuer Ansatz, die Zeugen unter Druck zu setzen, würde uns helfen.«

»Vielleicht.« Farrer riss sich von Spencer los. »Du kannst es dir selbst ansehen.«

Er führte sie hinüber zu dem Tisch, auf dem Chris Vitale mit dem Gesicht nach oben lag. Ein Laken bedeckte den Großteil seines Körpers, und sie konnten von der Form des Stoffes und einigen feuchten Flecken darauf schließen, dass man den Brustkorb geöffnet hatte. Farrer deutete auf den Oberkörper.

»Da drinnen war nichts Wichtiges. Kein Anzeichen, dass er etwas gegessen hätte, was er nicht wollte, und er war ein recht gesunder Mann. Eine seiner Rippen war angebrochen … ich vermute, jemand hat sich auf ihn gesetzt, um ihn festzuhalten, während sie ihn angenagelt haben.«

Spencer fragte: »Und die Verletzung an seinem Hinterkopf?«

»Er wurde mit etwas Schwerem, Hartem geschlagen, womit ich sagen will, dass er nicht gestürzt ist und sich den Kopf auf dem Boden angeschlagen hat. Das war kein Unfall, aus dem dann Schlimmeres wurde. Er wurde angegriffen.«

»Aber man hat noch keine Waffe gefunden?«

»Nicht laut Bericht. Noch nicht. Vielleicht war es ein Hammer, aber dann ungeschickt eingesetzt. Vielleicht hat man ihn mit der *Seite* eines Hammerkopfes geschlagen.«

Maiden sagte: »Vielleicht dies, vielleicht das – was also macht dich so aufgeregt?«

Farrer wies ihn mit einem Blick zurecht. »Ich habe gesagt, du könntest es selbst sehen. *Ich* bin nicht sonderlich aufgeregt.« Bevor Maiden etwas erwidern konnte, fuhr er fort: »Es gibt Beweise, dass das Opfer vor seinem Tod Geschlechtsverkehr hatte. Reste von Samen und Vaginalsekret befanden sich an seinen Genitalien.«

»Er hat abgespritzt und dann hat seine Freundin ihm einen übergezogen und ihn umgebracht?«

»Nicht unbedingt. Vielleicht war es Stunden zuvor, letztlich irgendwann, nachdem er das letzte Mal gebadet hat, oder, ja, vielleicht auch direkt vor dem Angriff. Außerdem ...«, Farrer hob einen Finger, um die Aufmerksamkeit auf sich zu ziehen, und deutete dann langsam auf Vitales Stirn, »... findet sich hier eine Spur von Lippenstift. Jemand hat ihn dorthin geküsst. Und ich glaube, ungefähr so.«

Farrer stand am oberen Ende des Tisches und beugte sich vor, um es zu demonstrieren. Einen Augenblick glaubte Maiden, dass der Arzt tatsächlich die Leiche küssen würde, aber Farrer hielt wenige Zentimeter davor inne.

»Ich glaube, der Lippenabdruck ist verkehrt herum«, erklärte Farrer. »Aber ich bin nicht sicher.«

»Sie wollen sagen, jemand hätte ihn auf die Stirn geküsst, nachdem er an den Boden genagelt wurde?«, fragte Maiden.

»Sieht so aus, aber es ist nicht sicher. Vielleicht war es auch früher, als er auf einem Bett oder einem Sofa lag.«

»Kannst du rausfinden, welche Marke der Lippenstift hatte?«

Farrer blähte die Wangen. »Ich bezweifle es. Ich kann mich mal umhören, aber auch nur, wenn wir genug für eine Probe haben.«

Maiden sagte: »Trotzdem, das ergibt einen möglichen Ablauf: Er schläft mit einer Frau, wird einige Zeit später umgebracht, und vielleicht hat sie sich mit einem Kuss von ihm verabschiedet, nachdem er endgültig am Boden lag.«

Farrer nicke und zuckte gleichzeitig mit den Achseln, aber Spencer schüttelte den Kopf.

Sie sagte: »Das glaube ich nicht. Ich glaube nicht, dass eine Liebhaberin ihn auf die Stirn küssen würde, selbst wenn er tot ist. Es ist eine symbolische Geste, fast eine Hollywoodgeschichte, wenn man es sich vorstellt. Ein letzter Abschiedskuss würde immer auf den Lippen landen.«

Die beiden Männer sahen sie an. Farrer sagte: »Wollen Sie damit sagen, dass eine andere Frau ihn auf die Stirn geküsst hat? Nicht die, mit der er geschlafen hat?«

»Schon möglich, und vielleicht noch nicht mal nach seinem Tod. Vergessen Sie nicht, dass diese Leute sich dauernd in die Arme fallen. Ich habe gesehen, wie sie sich umarmen und küssen, um sich dafür zu entschuldigen, einen Furz gelassen zu haben.«

Farrer lächelte ein wenig.

»Ich auch«, sagte Maiden, der sich daran erinnerte, wie Leanne Dorsett und Ralph Shackleton sich beieinander entschuldigt hatten.

Spencer sagte: »Es besteht also durchaus die Möglichkeit, dass ihn jemand *vor* dem Mord geküsst hat. Vielleicht hat derjenige gar nichts mit seinem Tod zu tun. Andererseits hat vielleicht jemand die Leiche vor Sirroch gefunden? Ach, wir wissen nicht mal, ob sie nicht alle für ein letztes Küsschen Schlange gestanden haben, bevor die Polizei den Tatort abgesperrt hat.«

»Wir müssen versuchen, das herauszufinden, wir müssen klären, ob der Kuss von dem Mörder stammt, oder von jemandem, der dabei war – oder ob er überhaupt keine Bedeutung hat«, sagte Maiden. »Das wird nicht einfach sein, wenn sich alle Sorgen machen, sich selbst zu belasten.« Er wandte sich an Farrer. »Robert, was ist mit der Nachricht des Mörders?«

»Die liegt dort drüben auf meinem Schreibtisch, in der Plastikhülle. Es gibt nichts Neues, die IT-Leute sagen, auf dem Computer wären keine Angaben, die uns verraten, wer das geschrieben hat. Keine gespeicherten Dateien oder Login-Informationen. Der Mörder wusste, wie er es vermeidet, Spuren zu hinterlassen.«

Spencer ging hinüber und griff nach dem Blatt. Sie brachte es zurück und las es neben der Leiche stehend noch einmal durch.

Maiden sagte zu dem Leichenbeschauer: »Falls du es noch nicht weißt, heute hat sich leider niemand umgebracht *und* zugegeben, Vitale getötet zu haben. Aber zwei haben sich dafür entschieden, ihrem verehrten Anführer in das weiße Licht zu folgen.«

»Was?«

Maiden berichtete von den beiden Selbstmorden. Farrer betrachtete die Leiche. »Er ist also mehr als ein religiöser Spinner? Die Leute haben ihn ernst genommen?«

»Fast zweihundert Leute haben ihn ernst genommen, während er ihr Geld kassierte.«

»Die alte Geschichte«, sagte Farrer.

Spencer sagte: »Ich habe das Gefühl, als wäre das ein Liedtext oder zumindest ein Gedicht.« Sie hob den Zettel.

Die beiden Männer sahen einander an. Maiden murmelte: »Sie schon wieder. Glauben Sie, das ist auch ein Anagramm?«, setzte er lauter hinzu.

»Ich meine es ernst, *Sir.* Sehen Sie es sich an, wie die Sätze da stehen, das letzte Wort ›Morgen‹ allein für sich in einer Zeile. Wie die Worte eines Liedtextes oder eines Gedichtes.«

Maiden überflog die Nachricht und musste ihr recht geben. »Ist es etwas Bekanntes?«

»Vielleicht ja, vielleicht hält der Mörder sich auch bloß für kreativ und konnte der Gelegenheit nicht widerstehen.«

»Okay, fahren wir nach Eden und verhaften wir einfach alle, die Klavier spielen und singen.«

Spencer ignorierte ihn. »Wenn ich recht habe, ändert das vielleicht noch etwas. Unsere Wahrnehmung von ›morgen‹. Es ist vielleicht nur ein Sprachbild und meint nicht präzise *heute.* ›Morgen‹ könnte jederzeit in naher Zukunft sein. Wie ›Der Morgen stirbt nie‹ oder ›Morgen gibt es kein Erwachen‹. Es ist ein *poetisches* Morgen.«

»Der Mörder wollte also gar nicht heute Selbstmord begehen?«

»Es könnte sein, dass wir das Morgen zu wörtlich verstanden haben.«

»Ich Dummie«, sagte Maiden. »Es mag ja altmodisch sein, aber ich dachte immer, morgen bezeichnet den nächsten Tag.«

»Nicht immer – vielleicht diesmal nicht.«

Farrer schaute hoch zur Uhr an der Wand. »Aber wir haben ja auch noch reichlich Zeit für eine weitere Leiche«, sagte er.

Spencer sagte plötzlich grimmig: »Wir haben vermutet, wenn Vitales Tod nicht zu einem bestimmten Ergebnis führt, würde sich der Mörder möglicherweise doch noch nicht umbringen. Deswegen ist er heute noch nicht aufgetaucht. Wenn er mit seinem Selbstmord eine weitere Aussage treffen will, dann hätten wir die Leiche inzwischen schon gefunden, nicht wahr? Aber wenn er sich *nicht* umbringt, dann müssen wir uns doch fragen: warum? Und wenn ›morgen‹ gar nicht heute sein sollte, ist dann noch irgendeine Rechnung offen? Müssen noch mehr Menschen auf den Boden genagelt werden?«

»Erhalten noch mehr Personen einen Abschiedskuss?«, setzte Farrer hinzu.

Maiden sagte langsam: »Wenn Sie recht haben, dann ist ›morgen‹ vielleicht noch Wochen hin. Wie viel Zeit braucht derjenige?«

»Wie viele Leute haben es noch verdient zu sterben?«, fragte Spencer.

*

»Sehen Sie?«, sagte Maiden zu Spencer, als sie vor dem Tor Edens vorfuhren. »Es gibt doch nichts Besseres als einen Bootsausflug und eine kleine Leichenbeschauung, um sich von seinen Problemen abzulenken. Haben Sie auch nur einmal an Ihren Ex-Freund gedacht?« Er hatte den Mund voll Hamburger und bemühte sich, keine Mayonnaise zu verkleckern. Spencer hatte sich für einen gesünderen Fisch-Salat-Wrap entschieden, ein kleiner Hinweis für Maiden, den der nicht mitbekam. Sie aß einhändig beim Fahren.

»Besten Dank. Jetzt haben Sie mich wieder an das Schwein erinnert.«

»Ich will bloß helfen. Wenn Sie wieder so richtig sauer auf die Männer sind, wird Brent Sirroch nicht versuchen, Ihnen ans Höschen zu gehen.«

»Aber vielleicht würden wir dadurch zu Antworten kommen?«

»Ich muss zugeben, ich bewundere Ihre Zielstrebigkeit, Detective Constable Spencer. Aber ich bin nicht bereit, Sie dieses Opfer bringen zu lassen. Noch nicht jedenfalls.«

»Danke, Sir. Das freut mich zu hören«, sagte Spencer. »Ich gehe davon aus, dass die sich alle vor Trauer über Carter und Cooper die Augen ausheulen.«

»Wir können ja Taschentücher mitbringen.«

Sie hatten vor dem Tor gehalten, das jetzt nicht mehr von einem Polizisten bewacht wurde. Spencer und Maiden sahen einander erstaunt an. Spencer stieg aus und suchte nach dem Schalter zum Öffnen, doch die Abdeckung darüber war abgeschlossen. Sie bemerkte eine Gegensprechanlage daneben und sprach hinein, während sie sich vor dem Nieselregen duckte. Einen Augenblick später schwang das Tor langsam auf. Spencer war schon zurück auf dem Fahrersitz, bevor die Öffnung groß genug war, um hindurchzufahren.

»Alles wieder wie immer, scheint's«, sagte sie genervt. »Einen Moment lang sah es so aus, als würden sie uns nicht reinlassen.«

»Mit wem haben Sie gesprochen?«

»Mit so einem Typen. Klang wie dieser Security-Kerl – wie hieß der noch?«

»Mackay. Andrew Mackay. Machtgeil, schätze ich. Verflucht, ich habe gerade eine Überwachungskamera entdeckt. Er konnte *sehen,* wer wir sind. Wieso hat das bislang keiner bemerkt?«

Spencer war durch das Tor gefahren und hielt nun abrupt. Sie schaute zu der Stelle, auf die Maiden zeigte. Es war eine kleine blaue Halbkugel, die bewusst einer dekorativen Lampe ähnelte, sodass man sie leicht übersah. »Gut versteckt, ganz abgesehen vom Look. Ich frage mich, wie viele davon es hier gibt. Er hat auf jeden Fall nicht erwähnt, dass wir vielleicht Überwachungsvideos haben, die wir überprüfen könnten.« Sie wurde immer wütender.

»Wahrscheinlich, damit er sich alles erst mal selbst ansehen und als Held auftreten kann, wenn er etwas findet«, sagte Maiden. »Wissen Sie, auch auf meinem Rundgang hat sich niemand die Mühe gemacht, die Kameras zu erwähnen. Diese Leute sind doch nicht ganz so kooperativ, wie wir es gerne hätten.«

Sie fuhren auf das Verwaltungsgebäude zu. Im Regen waren alle Wege und Straßen leer, aber Maiden hatte das Gefühl, als würden sie hinter den geschlossenen Vorhängen und heruntergelassenen Jalousien hervor beobachtet. Spencer parkte dicht vor der Tür und sie hasteten durch die Pfützen nach drinnen. Eine Frau hinter einem Empfangstresen lächelte tapfer.

»Hallo, da sind Sie ja wieder«, sagte sie. »Ich vermute, Sie möchten mit Brent sprechen?«

»Der reicht für den Anfang«, sagte Maiden barsch.

»Nun, es tut mir leid, aber die Entscheidungsträger haben *gerade* mit einem Meeting begonnen. Können Sie später wiederkommen? Es wird eine Weile dauern.«

Spencer fragte: »Meinen Sie das ernst?«

Die Frau stammelte: »Wir ... wir unterbrechen niemals Meetings der Entscheidungsträger. Selbst Chris hat nicht zugelassen ...« Sie verstummte.

Spencer zeigte ihr ein humorloses Lächeln. »Es gibt immer ein erstes Mal. Die meisten der Leute, mit denen wir reden wollen, werden da sein, das macht die Sache sogar noch einfacher. Führen Sie uns bitte zum Konferenzraum.«

Eine Hand der Frau bewegte sich unsicher in Richtung einer Gegensprechanlage, und Spencer beugte sich eilig vor und hielt sie mit einer Geste auf. »Nein, führen Sie uns einfach hin.«

Entgeistert begleitete die Frau sie durch einen Flur zum Konferenzraum. Die Entscheidungsträger – Walter Harris, Faye Morcombe, Stirling Moss und Ralph Shackleton – führten eine ernste Diskussion mit Sirroch, der am Kopf des Tisches saß. Sie schauten verärgert über die Störung auf. Sirroch öffnete schon den Mund, um sich zu beschweren, machte dann aber doch ein duldsames Lächeln daraus.

»Detectives, was für eine Überraschung.« Sein Blick huschte hinüber zur Empfangsdame.

»Sie haben darauf bestanden, direkt herzukommen«, sagte sie eilig.

»Ich verstehe. Danke Diane, ich bin sicher, du hast dein Bestes getan.«

»Es tut mir leid, dass wir Sie stören, aber wir dürfen keine Zeit mit Warten verschwenden«, entschuldigte Maiden sich scheinheilig.

»Natürlich nicht, ich habe auch nicht ...« Sirroch wurde erneut unterbrochen, diesmal durch Andrew Mackay, der in den Saal eilte. Der Ausdruck auf Mackays Gesicht war eindeutig. Er kam, um sie zu warnen, dass Maiden und Spencer hier waren.

»Ein bisschen langsam«, sagte Maiden zu ihm. »Wieso haben Sie so lange gebraucht?«

»Ich weiß nicht, was Sie meinen«, sagte Mackay. »Ich war auf der Toilette.«

»Seltsam, dass Sie auch da an die Gegensprechanlage gehen können«, sagte Spencer.

»Wie bitte?«

»Vergessen Sie's. Wir wollen auf jeden Fall mit *Ihnen* über das Überwachungssystem sprechen. Das hätten Sie ruhig gestern schon erwähnen können.«

»Das ist kein richtiges System«, sagte Mackay wegwerfend. »Das meiste ist noch nicht angeschlossen. Und ich habe keine Aufnahmen aus dem Bereich der Kapelle, falls Sie darauf hoffen.«

Spencer sagte genervt: »Wir haben *gehofft,* dass die schiere Existenz einer solchen Anlage, egal wie geringfügig, zu den Informationen gehört, die Sie sofort freiwillig zu Protokoll geben.«

»Ich war nicht sicher, ob sie funktioniert. Ich wollte es überprüfen, bevor ich Sie davon in Kenntnis setze.«

Maiden fragte: »Und was hat Ihre Prüfung ergeben, Mr Mackay?«

»Nichts, überhaupt nichts.«

»Haben Sie die Bänder noch?«

»Die Dateien, ja. Es sind komprimierte Videodateien.«

»Was immer es ist, wir wollen es haben. Jetzt sofort.«

Mackay sah Sirroch hilfesuchend an.

Sirroch sagte: »Detective Maiden, der Zweck unserer Zusammenkunft besteht darin, die Details von Chris' Beerdigung festzulegen. Das ist für uns sehr wichtig und bedeutsam. Mir ist klar, dass Sie eine Ermittlung führen müssen und auf unsere Kooperation angewiesen sind, aber im Augenblick müssen wir uns um diese Angelegenheit kümmern.«

Spencer sagte: »Und wo Sie schon dabei sind, was ist mit den Beerdigungen für Edward Cooper und Geoff Carter? Zwei Ihrer treusten Gemeindemitglieder haben heute Nacht Selbstmord verübt. Offenbar waren sie so verstört über Vitales Tod, dass sie nicht allein weiterleben konnten.«

Maiden und Spencer warteten auf eine Reaktion. Aber sie wurden enttäuscht. Es gab ein paar scharfe Atemzüge und aufgerissene Augen, aber alle blieben bemerkenswert ruhig.

Sirroch sagte vorsichtig: »Dann ist Geoffreys und Edwards Hinscheiden eine weitere Tragödie, die wir durchstehen müssen, und auch damit werden wir uns beschäftigen. Wir respektieren ihre Entscheidung und beneiden sie um den Ort, an den sie sie geführt hat.«

Spencer war nicht sicher, richtig gehört zu haben. »Sie beneiden sie? Mehr haben Sie nicht zu sagen?«

Sirrochs Ausdruck veränderte sich nicht. »Wir alle wollen eines Tages dorthin gehen, wo Edward und Geoff nun bereits sind. Sie sind jetzt bei Chris. Sie hatten den Mut, diese Reise zu einem selbstgewählten Zeitpunkt anzutreten. Ebenso wie wir Chris' Leben feiern werden, werden wir auch Edwards und Geoffs Reise in den Himmel feiern.«

Wie zuvor wirkte Sirrochs Tonfall gänzlich ungerührt, als wären seine Erklärungen vollkommen normal.

Maiden fragte: »Werden Sie auch feiern, dass Geoff Carters Vermögen jetzt an Sie fällt?« Es war bloß eine Vermutung, aber Maiden fand, sie war das Risiko wert.

Sirroch wandte sich an Harris, der ein klein wenig mit den Achseln zuckte. »Geoffs Großzügigkeit in der Vergangenheit wurde sehr geschätzt, aber ich weiß nichts über die Einzelheiten seines Testaments. Und ehrlich gesagt ist das nach Ihrer traurigen Nachricht auch das Letzte, woran ich denke.«

Was für ein Blödsinn, dachte Maiden.

Sirroch hob die Hand. »Da Geoffrey und Edward sich entschieden haben, bei sich zu Hause die Reise anzutreten, können wir nur wenig tun, um in dieser Angelegenheit zu helfen. Also bitte, Detective. Wie *können* wir Ihnen helfen? Dann können wir mit *unseren* Angelegenheiten fortfahren.«

Spencer übernahm nach einem leichten Nicken Maidens. »Wir müssen wissen, ob sich jemand an Chris Vitales Leiche zu schaffen gemacht hat.«

»Zu schaffen gemacht?« Sirroch runzelte die Stirn.

»Okay, das ist vielleicht nicht der richtige Ausdruck. Sagen wir mal, sie berührt hat. Hat jemand nach Lebenszeichen gesucht? Und später, als Sie und alle anderen wussten, dass er tot war, hat jemand … irgendetwas getan? Manchmal, wenn Menschen jemanden, den sie lieben, tot auffinden, sind sie getrieben, eine gewisse Würde des Dahingeschiedenen wiederherzustellen. Vielleicht etwas zu verändern oder sich symbolisch zu verabschieden.«

»Er war an den Boden genagelt, Detective Spencer«, sagte Sirroch kühl. »Ich kann Ihnen versichern, niemand hat sich ihm genähert, so sehr manche sich das vielleicht auch wünschten. Ich habe es eindeutig als Tatort erkannt.«

»Das hat Doktor Chore auch gesagt«, sagte Maiden.

»Ja, Richard hat die Tatsache, dass wir uns vom Tatort fernhalten mussten, noch betont.«

Maiden sagte: »Wenigstens eines, wofür man Fernsehkrimis dankbar sein kann.«

»Wir sind dankbar für viele Dinge, Detective. Trotz der Umstände, in denen wir uns wiederfinden. Noch etwas?«

»Wir wollen diese Dateien«, sagte Maiden und deutete auf Mackay. »Und wir wollen mit Carol Geyer sprechen. Sie ist gestern abgehauen.«

Zum ersten Mal bemerkte Maiden einen Hauch Unsicherheit in Sirrochs Blick. Er sagte: »Ich glaube, Carol ist zurück in Eden. Diane? Könntest du den Detectives helfen, Carol ausfindig zu machen, damit sie mit ihr reden können? In der Zeit kann Andrew die Überwachungsvideo-Dateien holen.«

Diane wartete immer noch in der Tür. Sie nickte eilig. Mackay war nicht so begeistert.

»Das wird eine Weile dauern«, sagte er. »Es sind eine Menge Daten …«

»Kopier sie doch einfach auf eine externe Festplatte und gib ihnen die mit«, unterbrach Shackleton. »Die können sie haben.«

Spencer unterbrach schnell. »Nein, wir nehmen das Original. Sie behalten die Kopie.«

Keiner kommentierte den Augenblick der Spannung zwischen Mackay und Shackleton. Es war offensichtlich, dass Mackay nicht gerne gesagt bekam, was er zu tun hatte, vor allem nicht von Shackleton. Sirroch bemühte sich, die Wogen zu glätten.

»Wenn sich das schnell erledigen lässt, tu das bitte, Andrew.«

»Werde ich nicht hier gebraucht?«, fragte Mackay. Er war auch nicht glücklich darüber, bei einem Meeting der Entscheidungsträger für entbehrlich gehalten zu werden.

»Wir werden über Dinge sprechen, die dich nicht betreffen, bis du zurückkehrst.«

Mackay blieb ein paar Sekunden unentschlossen stehen, dann eilte er davon und drängelte sich an Diane vorbei.

»Detectives?«, fragte sie schüchtern. »Wenn Sie mir bitte folgen möchten?«

Draußen hatte es aufgehört zu regnen. Die Empfangsdame führte sie auf eine Reihe Gebäude zu, die Maiden vom Tag vorher als Unterkünfte der Anwohner erkannte. Maiden ließ Diane vorgehen, denn er hatte bemerkt, dass Spencer mit ihm reden wollte. Maiden wusste allerdings bereits, was Spencer sagen würde. Sie wollte bemerken, dass die Entscheidungsträger Edens ganz sicher kein gut eingespieltes Team waren, das eng zusammenarbeitete, um Probleme zu lösen. Die Rivalitäten wuchsen eher, als dass die Dinge sich nach dem ersten Schrecken über den Mord an Vitale beruhigten. Selbst, von einem Doppel-Selbstmord zu hören, hatte sie nicht von ihren eigenen Streitereien abbringen können.

Er bedeutete ihr mit einer Handbewegung, vorerst zu schweigen. An Dianes Haltung konnte er erkennen, dass sie angestrengt versuchte, alles mitzuhören, was sie besprachen.

Diane klopfte an eine Tür und Carol Geyer öffnete sofort. Sie trug einen weiten Trainingsanzug, war ungeschminkt und hatte ihr Haar zu einem unordentlichen Pferdeschwanz zurückgebunden. Selbst jetzt war sie immer noch atemberaubend schön.

»Carol, die Detectives möchten mit dir sprechen«, sagte Diane leise.

»Ich weiß«, sagte Carol. »Kommen Sie herein – nein, Diane, danke. Aber du musst nicht bleiben. Ich komme schon klar.« Sie öffnete die Tür weiter, um sie eintreten zu lassen.

Diane zögerte und Maiden fragte sich, ob sie eine Anweisung erhalten hatte, Carol nicht allein zu lassen. Wenn ja, dann würde es nicht lange dauern, bis jemand anders angelaufen kam, um ihren Platz einzunehmen. Vielleicht sogar Sirroch selbst.

Er schloss die Tür vor Dianes entgeistertem Gesicht.

Das Zimmer war klein, an einer Wand stand bloß ein Einzelbett, an der anderen ein kleiner Schreibtisch mit einem Holzstuhl, eine schmale Garderobe befand sich daneben, eine Gitarre lehnte in der Ecke. Ein iPod-Dock stand auf dem Schreibtisch und spielte kratzig durch die kleinen Lautsprecher. Ein kleiner Heizlüfter surrte am Boden vor sich hin. Carol schaltete den iPod aus.

»Wollen Sie auf dem Bett sitzen? Ich nehme den Stuhl«, sagte sie. Carol klang missmutig und sie schien keineswegs wild auf das Gespräch.

»Danke«, sagte Spencer und setzte sich. Maiden lehnte lässig an der Tür. Er wollte nicht, dass jemand hereinmarschiert kam.

»Rückenschmerzen«, sagte er, als Carol ihn anschaute. »Alte Kriegsverletzung. Es hilft, das dann und wann zu tun.«

»Wie Sie meinen«, sagte Carol und legte die Füße auf den Tisch.

»Carol, was machen Sie hier?« fragte Spencer.

»Hier machen?«

»Es ist ein Rückzugsort, es *heißt* Eden. Wovor haben Sie sich zurückgezogen?«

Damit hatte Carol nicht gerechnet. »Allem Möglichen, alles.«

»Zum Beispiel?«

»Hat das irgendetwas damit zu tun, warum Sie hier sind?«

Spencer versuchte es anders. »Sind Ihre Eltern noch am Leben?

»Irgendwo schon.«

»Wollen Sie, dass wir versuchen, sie zu finden?«

»Nein. Ich könnte sie selbst finden, wenn ich wollte. Geht Sie das irgendetwas an?«

Maiden fragte: »Wie alt sind Sie?«

»Ich bin neunzehn.«

»Können Sie das beweisen?«

Carol seufzte und griff nach einer Tasche, die auf dem Boden stand. Maiden hob die Hand.

»Okay, ich glaube Ihnen. Das heißt, Sie sind alt genug, dass ich mich nicht sonderlich für Ihre Familie oder Freunde interessiere, auch wenn das offenbar nicht für Detective Spencer gilt. Was mich interessiert, ist, warum Sie gestern abgehauen sind, obwohl Sie wussten, dass wir mit allen Bewohnern Edens sprechen wollten.«

»Ich musste weg.«

»Wo waren Sie?«

»In der Stadt. Ich bin bloß … rumgelaufen, habe mir die Schaufenster angeschaut.«

Spencer fragte: »Kann das jemand bestätigen?«

»Na ja, ungefähr eine Million andere Leute, die auch in Sydney leben, aber niemand, den ich kenne. Und ich habe auch nichts gekauft.«

»Das ist ja prima. Wann sind Sie zurückgekommen?«

»Spät, nach elf.«

»Sie haben einen Schaufensterbummel gemacht von zehn Uhr morgens bis elf Uhr nachts? Und niemand kann das bestätigen? Sie haben überhaupt nichts gekauft und mit niemandem gesprochen?« Spencer zog die Augenbrauen hoch.

»Es ging mir nicht ums Einkaufen. Ich habe Ihnen doch schon gesagt, ich konnte nicht damit umgehen, was hier los war.«

Maiden sagte: »Keinem gefällt, was los war, Carol. Doch was glauben Sie, was wir davon halten, wenn wir hören, dass jemand, der Chris Vitale nahestand, vom Tatort geflohen ist?«

Sie brauchte einen Augenblick für ihre Antwort. »Wer hat Ihnen das gesagt? Dass wir einander nahestanden?«

»Das ist doch egal.«

»Hat sie sich für mich gefreut? Die Frau, die Ihnen das erzählt hat, war sie wütend darüber? Oder bloß eifersüchtig?«

Spencer warf Maiden einen Blick zu: *Ein kluges Mädchen. Die wird sich nicht verplappern.*

»Ich würde sagen: wütend und eifersüchtig«, sagte Maiden. »Ich möchte wetten, dass Chris Vitale deutlich lieber Sie neben sich hatte, als irgendeine der anderen Frauen hier. Das heißt, Sie müssen ernsthafte Wettbewerberinnen um seine Zuneigung gehabt haben. Hatten Sie eine sexuelle Beziehung zu Vitale?«

Wieder ließ sie sich lange mit der Antwort Zeit, sie überdachte die Konsequenzen, und als sie gerade ansetzte zu sprechen, klopfte es laut an der Tür.

»Tolles Timing«, murmelte Maiden. Er war in der Versuchung, gar nicht erst zu öffnen, und freute sich dann insgeheim, statt Sirroch oder sonst einen der Entscheidungsträger vor einem besorgten jungen Mann in angesagten Street-Klamotten zu stehen. Er war dünn und hatte blasse Haut.

»Ja?«, fragte Maiden barsch.

»Ist Carol hier? Ist alles in Ordnung?«

»Wer sind Sie?« Maiden konnte sich nicht erinnern, mit diesem Mann gestern gesprochen oder ihn auch nur gesehen zu haben. Spencer schon, aber ihr fiel sein Name nicht ein. Es waren zu viele Leute gewesen.

Carol rief über Maiden hinweg: »Alles okay, Xavier. Es geht mir gut. Sie fragen bloß den üblichen Kram.«

»Soll ich zu dir reinkommen, Carol?«

Maiden sagte streng: »Versuchen wir es noch einmal. Wer zum Teufel sind Sie?«

»Xavier Tarrant. Ich bin Carols Freund.«

»Wirklich? Ein Freund wie Chris Vitale oder nur ein Freund-Freund?«

Carol überraschte Maiden, indem sie hinter seinem Rücken zu lachen anfing. Das machte ihn nur noch misstrauischer und er trat zur Seite. »Warum kommen Sie nicht herein und erklären uns, was Sie wollen?«

Es wurde eng im Zimmer. Nachdem Tarrant kurz Carols Hand gedrückt hatte, kauerte er sich neben ihr hin, den Rücken an der Wand. Maiden schaute sich kurz vor der Tür um, sah niemand sonst kommen und schloss die Tür.

Er sagte: »Also, sehr enge Freunde?«

»Sehr«, sagte Carol und legte eine Hand auf Tarrants Schulter.

»Chris Vitale hatte nichts gegen's Teilen?«

Carol schaute genervt und Tarrant sah aus, als wollte er wütend aufspringen. Sie bremste ihn. »Niemand hat irgendetwas geteilt, und ganz sicher nicht mich! Zu Ihrer *Information,* Xavier findet wahrscheinlich *Sie* attraktiver als mich. Sind Sie noch frei? Xavier wäre ein echter Fang und er kann sehr diskret sein, sogar bei Polizisten.«

»Okay, verstanden«, sagte Maiden. Tarrants Homosexualität machte für ihn keinen Unterschied. Jeder konnte eifersüchtig werden, und es musste nicht immer um Sex gehen. »Wohnen Sie auf dem Gelände, Xavier?«

»Ja«, bestätigte Tarrant immer noch wütend.

»Dann müssen Sie doch mitbekommen haben, wie Carol ihre Nummer abzog. Hat Sie das nicht geärgert?«

»Ihre Nummer abzog? Was zum Teufel reden Sie …«

Carol sagte streng: »Lassen Sie ihn in Ruhe. Sie werden nicht weiterkommen, indem Sie ihn wütend machen. Eher machen Sie alles noch schlimmer. Xavier, du musst dich *beruhigen.* Sofort.«

Tarrant schwieg gehorsam.

Etwas daran, wie sie Xavier zum Schweigen brachte, ließ Spencer fragen: »Und warum muss er sich beruhigen? Was wollte er denn sagen, Carol?«

»Nichts.« Nach einem warnenden Blick in Tarrants Richtung fuhr sie fort: »Xavier kann wirklich schlimme Anfälle haben, wie ein Epileptiker, wenn er sich zu sehr aufregt. Und das wollen Sie doch nicht, oder?«

»Wirklich? Wie lange dauern die?«

Tarrant zuckte schmollend mit den Achseln, aber Carol sagte: »Zehn oder fünfzehn Minuten vielleicht. Er kann sich nicht erinnern. Für ihn ist es verlorene Zeit.«

»Und was macht er dann?«

»Manchmal bricht er zusammen, manchmal … dreht er ein bisschen durch.«

»Und er kann sich an nichts erinnern?«

»Nein, an gar nichts.«

Maiden und Spencer betrachteten Tarrant, der sie beide ignorierte. Schließlich sagte Spencer bloß: »Hmm, interessant«, und beließ es dabei.

»Also, warum wohnen Sie hier, Xavier? Wovor suchen *Sie* Zuflucht?« Maiden versuchte mitfühlend zu klingen – vergeblich.

»Meine Eltern haben mich rausgeschmissen.«

»Arbeiten Sie?«

»Teilzeit in einem Musikladen in Ryde. Ich habe Carol einen guten Preis für die Gitarre gemacht.«

Spencer fragte: »Sie sind auch Musiker?«

Er zuckte schüchtern mit den Achseln. »Ich schreibe ein paar Sachen, mache dies und das. Ich habe einen Laptop in meinem Zimmer.« Tarrant warf Maiden einen Blick zu. »Nichts, was Ihnen gefallen würde.«

»Und Sie, Carol?«

»Ich bin im Moment arbeitslos, ich habe nichts zu tun«, sagte sie und starrte Spencer herausfordernd an. »Das ist doch nicht verboten, oder?«

»Das ist mir ziemlich egal«, sagte Spencer lässig. »Wir haben uns um Wichtigeres zu kümmern.«

Spencer befragte im Folgenden beide darüber, was sie in der Nacht von Vitales Tod unternommen hatten. Sie behaupteten, den Großteil des Abends in Tarrants Zimmer verbracht zu haben, wo sie auf seinem Computer Songs schrieben und aufnahmen. Keiner von beiden hatte Vitale gesehen oder irgendetwas gehört, bevor sie am nächsten Morgen von seinem Tod erfuhren. Maiden sah Spencer an, als wollte er sagen: *Sie geben einander ein Alibi.* Sie schnitt eine Grimasse, mit der sie ihm zustimmte.

»Sie möchten Carol gern beschützen, nicht wahr?«, fragte sie Tarrant.

»Natürlich. Ich bin ihr Freund. Das machen Freunde eben.«

»Wie weit würden Sie gehen?«

»Was immer nötig ist, um sie zu schützen. Sie braucht mich mehr als je zuvor.«

Carol stöhnte leise und zischte: »Xavier, ich dachte, wir wollten nichts sagen?«

Spencer unterbrach sie noch vor Maiden und versuchte Carol sanft zu verleiten, mehr zu sagen. »Was meinen Sie damit? Carol? Fühlen Sie sich nicht sicher?«

»Nein – sie glaubt, sie wäre in echter Gefahr«, sagte Tarrant und ignorierte Carols Blick, der ihn zum Schweigen bringen sollte.

»Was für eine Gefahr?«

Tarrant antwortete nicht. Schließlich stieß Carol den Atem aus und sagte: »Ich werde vielleicht als Nächstes umgebracht. Ich glaube, jemand will mich töten.«

*

»Ich halte das alles nur für Teenagerhysterie und Blödsinn«, erklärte Maiden, nachdem Spencer und er dankbar in den Wagen gestiegen waren, denn es regnete mittlerweile wieder. »Es wäre nett, glauben zu können, dass wir jetzt weitergekommen sind. Aber irgendwie erscheint es mir nicht so.« Er war genervt.

»Und warum nicht, Sir?«, fragte Spencer mit überdeutlicher Geduld. Sie ließ den Motor an und drehte die Heizung auf.

»Die ganzen letzten zwanzig Minuten waren Zeitverschwendung, weil sie *glaubt,* dass sie ermordet werden soll«, knurrte Maiden. »Sie hat keine Ahnung, warum der Mörder noch einmal zuschlagen sollte oder warum er es beim ersten Mal getan hat. *Keine* Ahnung, warum sie die Nächste auf seiner Liste sein sollte, außer einem *Gefühl.* Und sie weigert sich, unser Angebot anzunehmen, in Schutzhaft zu gehen. Wir haben ihr die richtigen Fragen gestellt und sie hatte keine Antworten. Das sieht für mich alles aus nach jemandem, der Aufmerksamkeit will, vor allem, wo ihr Lover und letztlich ihre Versicherungspolice in unserem Leichenschauhaus liegt. Ohne Chris Vitale ist das Mädchen hier nicht mehr willkommen. Sie hat ihren Sonderstatus verloren.«

»Also sollten wir ihre Behauptung, dass sie in Gefahr ist, verwerfen?«

»Nein, wir können gar nichts verwerfen. Aber wir sollten auch nicht allzu begeistert sein. Mich interessieren eher Tarrants sogenannte gewalttätige Blackouts.«

»Er müsste mehr als zehn Minuten Schaum vor dem Mund gehabt haben, um so etwas mit Vitale anzustellen.«

»Vielleicht geht es allen nur um Aufmerksamkeit, wie Carol?«

Spencer war genauso gereizt, allerdings wegen Maiden. »Carol Geyer ist clever – sie ist ein kluges Mädchen, und kluge Mädchen haben durchaus Intuition. Haben Sie noch nie eine Vorahnung gehabt, Sir? Sie wissen einfach, dass etwas stimmt, ohne es erklären zu können? Vielleicht muss man ihr zugestehen, dass sie ein bisschen genauer wahrnimmt, was um sie herum geschieht? Sie könnte uns *helfen,* wenn wir sie gut behandeln. Und was die Schutzhaft angeht, so ergibt es durchaus Sinn, was sie sagt. Carol bewohnt ein Einzelzimmer mit einer soliden, abschließbaren Tür. Zu jeder Tageszeit ist sie umgeben von einer Gemeinschaft friedliebender Fanatiker, die *alle* im Augenblick ein bisschen nervös sind und einander wie Bussarde im Auge haben. Und außerdem ist da noch Xavier Tarrant, der bereit ist, sich zu ihren Füßen wie ein Hund zusammenzurollen und jeden zu beißen, der ihr nahekommt. Ich kann ihr keinen Vorwurf daraus machen, dass sie bleiben will, statt sich von uns entwurzeln und irgendwo in der Fremde unterbringen zu lassen. Hier ist sie im Vorteil.«

Maiden verkroch sich in seinen Mantel und grunzte.

Sie fuhr fort: »Wir haben nichts zu verlieren. Wenn Carol uns zum Narren hält, dann bieten uns ihre Behauptungen zumindest die Gelegenheit, auf die anderen mehr Druck auszuüben, ohne dabei sagen zu müssen, warum. Wir können einfach erklären, dass wir jemand schützen müssen. Und wenn sie recht hat, dann haben wir einen Vorteil, von dem der Mörder nichts weiß – wir wissen, wer das nächste Opfer sein könnte. Wir beobachten *sie* genau und vielleicht marschiert der Mörder ganz von allein in unsere Falle.«

Wieder sagte Maiden nichts. Er saß bloß da und starrte durch die Windschutzscheibe. Spencer hatte das Gefühl, als hätte sie eine Grenze überschritten, und wartete nun auf die Schelte. Sie war jedoch entschlossen, sich zu verteidigen.

Daher sagte sie: »Trotz allem glaube ich, dass Carol etwas weiß, was sie uns nicht sagt, und *deswegen* glaubt sie, in Gefahr zu sein. Das ist ein ernst zu nehmendes Risiko. Wir müssen dafür sorgen, dass ihr nichts zustößt.«

Maiden schwieg, weil er sich fragte, wieso er das alles nicht genauso gründlich durchdacht hatte wie Spencer. Warum er nicht eindeutig beide Seiten der Situation wahrgenommen hatte. Es war, als könnte er sich nicht ganz auf den Fall konzentrieren. Irgendetwas lenkte seine Aufmerksamkeit ab.

Es war nicht schwer, darauf zu kommen. Am nächsten Tag musste er auf eine Beerdigung, auf die er nicht wollte. Und es war nicht irgendeine Beerdigung. Janet Brown würde dort sein.

»Vielleicht haben Sie recht«, sagte er muffig, lehnte sich zurück und schloss einen Moment die Augen. Als er sie wieder öffnete, hatte Maiden den Eindruck, dass Spencer höhnisch grinste.

Er holte eine Zigarette heraus, zündete sie an und stieß eine große Rauchwolke aus. Genau im letzten Moment, bevor Spencer protestieren wollte, drückte Maiden den Knopf, um sein Fenster herunterzulassen. Dennoch hustete sie einmal und wedelte mit der Hand vor ihrem Gesicht hin und her.

Er sagte: »Wenn Sie tatsächlich fahren würden, statt hier herumzusitzen und mich zu belehren, wäre der Rauch auch kein Problem.«

»Ich wollte Sie nicht belehren.« Spencer legte den Gang ein.

»Klang für mich aber so.«

Sie entschied sich, ihm das letzte Wort zu lassen.

8

Am Morgen hatte Maiden Zeit, auf der Wache vorbeizuschauen und die Meldungen nach Neuigkeiten durchzusehen. Doch seine Hoffnung, dass jemand aus Eden nun alles gestanden hatte und von der Hafenbrücke gesprungen war, zerschlug sich schnell. Es war eine ruhige Nacht für die Notfalldienste gewesen.

»Aber es ist ja noch früh«, sagte er zu sich selbst und dachte an Farrer.

Dann entdeckte er Spencer in Longmans Büro. Sie sprach aufgeregt mit ihm und Longmans Ausdruck war eine Mischung geduldiger Hinnahme und dem Bestreben zu gefallen – ein Mann, der wusste, dass seine Autorität immer für einen Sieg reichen würde, der aber eine attraktive Frau nicht verärgern wollte.

Maiden sagte frustriert: »Wie lächerlich. Wenn sie ein hässlicher Kerl wäre, würde dieser Wichser sie schon lange anbrüllen, er würde spucken wie ein Lama. Es gibt wirklich keine Gerechtigkeit auf der Welt.«

Er fragte sich, worüber sie sprachen, und sein Misstrauen wuchs. Wahrscheinlich wollte sie, dass *er* von dem Fall entbunden wurde. Eine eigenartige Rollenumkehr, aber Maiden musste zugeben, dass Spencer bislang die besseren Ideen gehabt hatte. Es half nicht, dass sie über ihre Schulter zu ihm hinüberschaute und plötzlich verstummte, obwohl Maiden das Gespräch gar nicht gehört haben konnte.

Er dachte: *Longman, du bist wirklich ein verlogener Scheißkerl. Was hast du jetzt vor? Oder war das alles ihre Idee?*

Plötzlich, und obwohl er nun wirklich keine Lust hatte hinzugehen, erschien ihm Jeremy Browns Beerdigung als gar nicht so unangenehme Ausflucht. Weit weg vom Büro, selbst wenn er sich dort wieder Janet Brown stellen musste. Maiden sammelte seine Sachen ein und ging zügig, ohne auch nur einmal zurückzuschauen.

*

Es war das reinste Aprilwetter, mittlerweile war es sonnig und beinahe heiß. Der Halbschatten und die ruhigen Gärten des Krematoriums hätten einladend gewirkt, wenn da nicht das anhaltende Gefühl von Trauer und Verlust gewesen wäre, das zwischen den Bäumen zu hängen schien. Martin Creane traf sich auf dem Parkplatz mit ihm. Sie schüttelten einander freundschaftlich die Hände und Creane sagte: »Schön, dich wiederzusehen, John.«

»Geht mir genauso«, sagte Maiden. »Ich schätze aber, du willst deinen alten Job nicht zurück?«

»Ich habe *dir* eine Alternative angeboten, erinnerst du dich noch? Was ist denn das Problem?«

»Mein neuer Partner.«

»Was stimmt nicht mit ihm?«

»Ihr.«

»Ihr? Sie haben dir eine Frau gegeben?«

»Nicht wirklich. Sie ist ein Monster in Frauenklamotten. Sie ist klug und zeigt Initiative und denkt selbst, außerdem sieht sie gut aus und hat keine Angst vor mir. Lauter Sachen, die mich wahnsinnig nerven.«

Creane führte Maiden in langsamen Schritten in Richtung Eingang. »Das klingt ja furchtbar. Wer ist es?«

»Sie heißt Peta Spencer, hast du sie je getroffen? Oh … offensichtlich hast du.«

Creane war stehengeblieben. »Dein neuer Partner ist Peta Spencer? Du machst Witze!«

Maiden nutzte die Gelegenheit, um eine zu rauchen. »Es ist kein Witz, Martin.«

»Ich will meinen Job nicht zurück, aber deinen nehme ich.«

»Hast du nicht genug zu tun mit den ganzen Strandnixen am Bondi Beach?«

Die Wahl zwischen Peta Spencer angezogen oder schwedischen Rucksacktouristinnen in Bikinis? Creane schaute zum Himmel, als suchte er Rat. »Schwierige Sache, das stimmt schon. Ich hoffe, du benimmst dich, so gut du kannst.«

»Warum sollte ich?« Einen Augenblick lang dachte Maiden, Creane würde einen Witz machen.

Creane war überrascht, dass Maiden es nicht wusste, aber dann fiel ihm ein, wieso. »Sie hatte mal mit einer ziemlich unschönen Sache zu tun. Es war nicht lange nach … du weißt schon.« Er nickte mit dem Kopf in Richtung Krematorium. »Du warst wahrscheinlich zu beschäftigt damit, deinen eigenen Arsch zu retten. Einem der Typen, mit denen sie zusammenarbeitete, ein altgedienter Bulle namens Reg Smith, wurde Korruption vorgeworfen, wenn auch im kleinen Stil. Sie behaupteten, dass er nebenbei Geld von Nachtclubbesitzern kassierte, damit er nicht zur falschen Zeit am richtigen Ort auftauchte, wenn du verstehst, was ich meine. Einfach nur wegsehen. Smith bestand darauf, dass er immer aus ganz normalen Gründen anderswo gebraucht worden war. Als man Peta Spencer bat, seine Geschichte zu bestätigen, weigerte sie sich. Sie hat nicht gesagt, dass er *log*, aber sie wollte auch nicht bestätigen, dass er wirklich etwas Besseres zu tun hatte.«

»Teufel, und so haben sie ihn drangekriegt?«

»Nein, es ist nicht weiterverfolgt worden, es war einfach zu kompliziert, und er hat schließlich gekündigt. Keine Vorstrafen oder so, er hat einfach den Polizeidienst verlassen. Am Ende der ganzen Sache hatte sie den Ruf weg, zu moralisch und zu regelhörig zu sein. *Wir* wissen, dass nicht alles schwarz-weiß ist, oder? Wenn es irgendeinen Zweifel gab, hätte sie ihn unterstützen sollen. Das sagen jedenfalls die meisten von uns.«

»Hat er denn Geld genommen?«

»Werden wir nie erfahren. Warum fragst du sie nicht selbst?«

»Weil mich dieser ganze Scheiß einfach nicht interessiert. Wenn sie *mich* nicht unterstützt, wenn es darauf ankommt, dann werde ich dazu etwas zu sagen haben. Warum fragst *du* sie nicht?«

Trotzdem war Maiden beunruhigt. Die Story war ein weiterer Grund, warum Spencer und er nicht gut zusammenpassten, sie waren ganz einfach eine schlechte Paarung, die ihm irgendwann in der nächsten Zeit um die Ohren fliegen würde.

Grinsend entgegnete Creane: »Gute Idee. Das nächste Mal, wenn ihr was trinken geht, kannst du mich ja einladen. Dann kannst du mich ihr ordentlich vorstellen.«

»Vorstellen? Du hast noch gar nicht mit ihr gesprochen?«

»Na ja … sprechen war damals nicht das, was ich im Kopf hatte.«

»Das ist eines meiner Probleme, aber in Bezug auf alle anderen, nicht auf mich. Warum kann sie nicht einfach Nacktfotos von sich auf Facebook oder wie immer das heißt hochladen und dann sind alle zufrieden?« Maiden machte einen tiefen Zug an seiner Zigarette und starrte unglücklich in Richtung des Eingangs. »Was läuft drinnen?«

Creane war amüsiert, dass Maiden überhaupt von Facebook wusste. »Drinnen? Das Übliche. Ein Sarg und ein Vorhang, durch den er dann in den Ofen fährt, und irgendeine arme Sau steht am Pult und muss versuchen, Jeremys Trauerrede gut klingen zu lassen, und wir sind vielleicht ein halbes Dutzend Polizisten, damit überhaupt jemand da ist. Und natürlich Janet. Der Laden ist zu. Deswegen sind die ganzen Wachmänner draußen. Ein paar Wächter aus dem Gefängnis stehen vor den einzigen Türen … nicht sonderlich schwierig.« Creane schnitt eine Grimasse. »Selbst Krematorien haben heutzutage ziemlich gute Sicherheitsmaßnahmen. Sie mussten nicht mehr viel machen. Der Wagen vom Gefängnis steht hinten.« Er schaute auf die Uhr. »Sie legen um zehn Uhr los. Pünktlich. Wir gehen besser rein.«

»Ich kann es gar nicht erwarten«, sagte Maiden und trat seine Zigarette aus. Er schaute eine kleine Gruppe an, die sich hinter ihnen sammelte. »Und diese Leute … ich dachte, du hättest gesagt, es würden bloß ein paar Bullen kommen?« Er hoffte, dass er doch nicht gehen musste, weil sein Fehlen gar nicht bemerkt würde.

»Beerdigungen boomen, John. Das ist der Hauptgrund, warum wir nicht zu spät kommen dürfen. Diese Leute sind schon für den *nächsten* Termin hier.«

Maiden fand es ganz schön grotesk, dass man sich für Beerdigungen anstellen musste.

Das Krematorium war klein, aber es gab reichlich Bänke, die erschreckend leer waren. Nicht, dass irgendjemand etwas anderes erwartet hatte, aber trotzdem fand Maiden es traurig. Panflötenmusik hing in der Luft. Ein paar Leute saßen herum. So wie sie miteinander flüsterten und wachsam auf ihre Uhren und Handys schauten, konnte man sehen, dass sie keinerlei Trauer um Jeremy Brown empfanden. Sie waren hier, weil sie hier sein mussten.

Janet Brown war ein einsamer Umriss in Schwarz. Sie hatte den Kopf gesenkt und saß ganz allein in der vordersten Reihe. Sie trug einen dunklen Hut, aber keinen Schleier, und sie sah sich nicht um, als Maiden und Creane hereinkamen.

Maiden zögerte und überlegte, wo sie sitzen sollten, dann stieß ihn Creane an und bedeutete ihm, nach vorne zu gehen und ihr sein Beileid auszusprechen. Maiden fluchte leise, obwohl er wusste, dass Creane recht hatte.

»Hallo, Janet«, sagte er leise, als er neben ihr stand.

Sie hob das Gesicht, brauchte einen Augenblick, um ihn und Creane zu erkennen, dann begann sie scheu und dankbar zu lächeln. »Hallo, John … Martin. Ihr hättet nicht kommen müssen, aber vielen Dank.«

Janet war dünner, als Maiden sie in Erinnerung hatte, es

war deutlich zu sehen an ihren Wangen und ihrem Hals. Ihr dunkles Haar war lang, im Gefängnis gab es keine Friseursalons. Sie war immer noch eine schöne Frau, und sein Herz tat einen verräterischen Sprung, als die verbotenen Erinnerungen hochkamen. Er fragte unglücklich: »Wie geht es dir?«

»Wie man erwarten kann.« In ihrer Stimme lag kein Vorwurf und sie musste nicht hinzufügen: *... bei jemandem, der im Knast ist.* »Und dir?«

»Alles in Ordnung, es hat sich nicht viel verändert – eigentlich gar nichts.«

»Du hast zugenommen.«

Maiden klopfte sich ein wenig beschämt auf den Bauch. »Ich koche immer noch für mich selbst.«

Es war ein eigenartiges Gespräch, das überhaupt nicht an die angespannte, vielleicht sogar gewalttätige Konfrontation erinnerte, vor der Maiden sich gefürchtet hatte, seit er von Jeremys Tod gehört hatte. Janet tauschte leise Höflichkeiten mit Creane aus, der ebenfalls über ihre Ruhe erstaunt zu sein schien. Maiden wartete auf eine Gelegenheit, offiziell sein Beileid auszusprechen und sich zurückzuziehen, nachdem er seine Pflicht getan hatte, doch Janet überraschte ihn.

»Würdet ihr euch zu mir setzen?«, fragte sie. »Damit ich nicht allein bin?« Maiden entdeckte einen Tränenschimmer in ihren Augen.

»Wenn du möchtest«, hörte er sich sagen. Creane stieß einen leisen Seufzer aus.

Maiden setzte sich rechts von Janet auf die Bank, Creane neben ihm. Er bemerkte, dass er alles in Millimetern maß, er versuchte herauszufinden, wie groß der richtige Abstand zwischen ihm und Janet wäre. Dann fiel ihm auf, dass die Gespräche hinter ihnen aufgehört hatten und er spürte die Blicke in seinem Rücken. Er hatte Janet nichts mehr zu sagen und dies war nicht der richtige Zeitpunkt für belangloses Geplauder, aber das Schweigen war unangenehm.

Schließlich sagte Maiden aus lauter Verzweiflung: »Ich wünschte, es hätte etwas gegeben, das ich hätte tun können.«

Sie entgegnete leise: »Es lag niemals in deiner Verantwortung, etwas zu tun, sondern in meiner.«

»Trotzdem, ich habe das Gefühl …« Maiden konnte den Satz nicht beenden. Er wusste gar nicht, was er sagen sollte. Er hatte sowieso schon zu viel gesagt, und zudem noch Dinge, die er gar nicht so meinte. Zumindest glaubte er das.

»Bitte, John, mach dir keine Sorgen. Es ist auch zu spät dafür. Niemand kann noch etwas für mich tun.«

Maiden rutschte unruhig hin und her, er schaute hilfesuchend zu Creane hinüber und sah, dass Creane offenbar etwas wahnsinnig Interessantes an einer der Wände entdeckt hatte.

Janet sagte zu ihm: »Sie haben nicht zugelassen, dass ich Jeremy sehe. Ich durfte nicht mit ihm allein sein.«

»Wie bitte?«

Plötzlich klang sie beinahe bemitleidenswert. »Man hat mir keinen Augenblick allein mit seiner Leiche gegeben. Sie lassen mich nicht von meinem einzigen Sohn Abschied nehmen. Es ist das … erste Mal, dass ich ihn sehen kann.«

Wieder wusste Maiden nicht, was er sagen sollte. Es erschien ihm hart für Janet, doch sie war Insassin eines Hochsicherheitsgefängnisses. *Was erwartete sie?* »Es war vermutlich schwierig zu arrangieren«, sagte er lahm.

»Selbst heute? Selbst jetzt? Wo alles, was sie brauchen, hier ist?«

»Hast du jemanden gefragt?« *Misch dich nicht ein. Es ist nicht dein Problem.*

»Ich habe bloß mit den Wachmännern zu tun gehabt und die dürfen das nicht entscheiden. Außerdem kann sie nichts davon abbringen, von ihrer Routine abzuweichen.« Sie klang jetzt verbittert.

»Wer ist denn der Chef?«

Janet warf einen Blick über die Schulter. »Der große Glatzkopf mit der Hakennase. Das ist Scott Ackersly aus dem Gefängnis, der hier den Aufseher vertritt.«

Maiden musste sich nicht umsehen. Er saß unentschieden da und fragte sich, ob er tätig werden sollte. Es ging ihn nichts an und in weniger als einer halben Stunde wäre alles vorbei. Janet wäre wieder in Haft und Maiden würde sie wahrscheinlich nie wiedersehen.

Vor ihm begab sich eine Pastorin in Richtung der kleinen Kanzel und wollte mit der Gedenkfeier beginnen. Maiden musste sofort etwas unternehmen, sonst wäre es zu spät. Er musste beinahe stöhnen über seine eigene Dämlichkeit, als er sich erhob und der Pastorin bedeutete, einen Augenblick zu warten. Maiden ging schnell hinüber zu den Kollegen. Er kauerte sich vor ihrer Bank hin. Sie starrten ihn überrascht an.

Maiden fragte eilig: »Wer ist zuständig für die Sicherheitsmaßnahmen?«

Ackersly runzelte die Stirn. »Ich, und wer sind Sie?«

Maiden zog bereits seinen Polizeiausweis heraus und zeigte ihn vor. »Ist alles in Ordnung? Bestehen irgendwelche Risiken, dass die Gefangene Kontakt zur Öffentlichkeit erhält?«

»Nein, natürlich nicht. Wir haben alle notwendigen Vorsichtsmaßnahmen ergriffen.« Ackersly war genervt.

»Sind Sie sicher?«

»Ja, ich bin *sicher.* Worauf wollen Sie hinaus?«

»Gibt es dann irgendeinen Grund, warum Mrs Brown nicht nach dem Gottesdienst ein paar Minuten allein mit den sterblichen Überresten ihres Sohnes verbringen kann, bevor der Sarg in den Ofen wandert?«

Ackersly war klar, dass er ausgetrickst worden war und wenig Grund hatte, den Wunsch zu verweigern. Er blaffte: »Das Ganze hat uns schon eine Menge Geld und Arbeitsstunden gekostet. Ich möchte nicht, dass es eine Minute länger dauert, als unbedingt sein muss.«

»*Fünf* Minuten machen auch keinen großen Unterschied.

Guter Gott, wir haben schon schlimmeren Menschen mehr Mitgefühl entgegengebracht.«

Ackersly spürte den Druck seiner Begleiter, die teilnahmsvoll schauten. Es war kein unangemessener Wunsch. Janet Brown war durchaus eine tragische Figur. Zögernd sagte er: »Wenn Sie es mit der Pastorin klären, dann kann sie meinetwegen fünf Minuten haben. Keine Sekunde länger.«

Maiden bedankte sich nicht einmal bei ihm, sondern ging eilig nach vorn zur Pastorin und erklärte ihr, was er wollte. Dann kehrte er zu seinem Platz zurück, setzte sich wieder und flüsterte Janet zu, was er vereinbart hatte. Sie sah aus, als würde sie vor Dankbarkeit weinen.

Die Musik erstarb, die Pastorin räusperte sich und begann mit der Gedenkfeier. Sie sprach über die Liebe Gottes, die Lehren der Bibel und über den Schrecken, dass ein junges Leben zu früh geendet hatte. Als sie begann, von Jeremy zu erzählen, sagte sie, er sei ein vorbildlicher Patient gewesen, ein höflicher Mann, der beliebt gewesen sei bei allen Mitarbeitern in der Klinik, und der sich, was vielleicht eine Gnade war, an wenig von dem erinnerte, was er in der Vergangenheit getan hatte. Die Pastorin sprach langsam und versuchte ihre Ansprache auf eine einigermaßen anständige Länge auszudehnen. Niemand sonst würde etwas sagen.

Maiden hörte ein Geräusch neben sich und bemerkte, dass Janet still weinte, ihre Schultern zuckten. Maidens Hände kribbelten und er kämpfte gegen den instinktiven Wunsch, sie in die Arme zu nehmen oder wenigstens mitfühlend zu berühren.

Sie ist eine Serienmörderin, um Gottes willen. Hat sie auch um ihre Opfer derart getrauert?

Der Gedanke ließ ihn beinahe bereuen, dass er ihr Zeit allein mit dem Sarg verschafft hatte. Janet Brown hatte so viel Mitleid nicht verdient. Gleichzeitig hatte er das Gefühl, es wäre ein letzter Gefallen, den er ihr erweisen würde, und eine Art Abschluss für ihn.

Sie spielten ein Lied, offenbar eines von Jeremys Lieblingsliedern. Es war lauter Rock'n'Roll, und der Song hallte unpassend durch den kleinen, nüchternen Saal. Als die letzten Gitarren verhallt waren, trat die Pastorin erneut ans Mikrofon.

Sie sagte ehrfürchtig: »Jeremys Mutter, Mrs Janet Brown, hat darum gebeten, ihre letzten Abschiedsworte allein und ungestört sprechen zu können. Wenn jemand ein Geschenk oder einen Brief in den Sarg legen möchte, treten Sie bitte vor und tun Sie es jetzt. Wenn nicht, können Sie sich erheben und den Saal verlassen.«

Niemand wollte Blumen oder Briefe hinterlassen, und sie brauchten auch keine weitere Aufforderung, um zu gehen. Es dauerte nur eine Minute, bis die kleine Gruppe komplett draußen stand. Maiden bat Creane, rauszugehen und dafür zu sorgen, dass die Wachleute es nicht allzu eilig hatten, Janet zu holen. Maiden blieb allein mit ihr zurück.

»Du hast wirklich nur fünf Minuten, wenn überhaupt«, sagte er. »Dieser Wichser Ackersly ist gar nicht glücklich damit.«

Janet berührte seinen Arm. »Danke, John. Du weißt gar nicht, wie sehr ich das zu schätzen weiß.« In ihren Augen schimmerten immer noch Tränen. »Bleibst du bei mir?«

»Möchtest du das?«

»Du bist willkommen, wenn du willst.«

Maiden hatte Jeremy nur einmal getroffen, und bei der Gelegenheit hatte er dem Jungen ein Elektroheizgerät ins Gesicht drücken müssen, damit er Maiden nicht umbrachte.

Er sagte: »Nein, du wolltest Zeit mit ihm allein. Ich hoffe, es hilft dir. Hör mal, Ackersly hat wahrscheinlich schon mit dem Countdown angefangen, ich gehe jetzt. Pass auf dich auf.«

»Ja, das mache ich. Ich muss mich jetzt nur noch um mich selbst kümmern und … nun ja, das Leben ist ziemlich einfach im Moment.«

Im Knast, bis du stirbst, setzte Maiden für sie hinzu.

Es gab einen Moment, in dem er glaubte, er sollte ihr die Hand schütteln oder sie umarmen. Wieder musste Maiden Erinnerungen an bessere Zeiten unterdrücken und sich klarmachen, dass diese Frau sechs Menschen brutal ermordet hatte. Mit einem letzten Nicken wandte er sich ab und ging hinter Creane her durch die Türen hinaus.

Er genoss die Sonne und die frische Luft. Creane wartete unter einem Baum.

Creane sagte: »Du mischst dich ja wirklich gerne ein, John. Warum hast du das denn nun wieder angezettelt?«

»*Ich* fühle mich jetzt besser«, sagte Maiden ärgerlich. »Aber ich habe keine Ahnung, warum.«

Mit einem Achselzucken deutete Creane an, dass er es nachvollziehen konnte. Er sagte: »Ackersly ist schon zu seinem Wagen, er hat seinen Jungs Anweisungen gegeben. Sie werden ihr wahrscheinlich nicht mal die ganzen fünf Minuten lassen.«

»Es war das Beste, was ich tun konnte.«

»Es war nett von dir, John.«

»Ich bin bloß froh, dass alles vorbei ist. Weißt du, ich habe befürchtet, Janet würde sich schreiend auf mich stürzen und mir vorwerfen, dass ich Jeremy auf dem Gewissen hätte.« Maiden seufzte erleichtert.

»Ich auch«, sagte Creane mit einem leisen Lachen. »Ist dir nicht aufgefallen, dass ich mich die ganze Zeit hinter dir versteckt habe?«

»Ja, du verdammter Feigling.«

Maiden konnte jetzt wieder Witze machen. Es war vorbei und eine schwere Last war von seinen Schultern genommen.

*

Im Inneren des Krematoriums trat Janet Brown vor den Sarg und legte ihre Hand auf den Deckel. Das polierte Holz war kühl unter ihren Fingern. Es brachte sie auch nicht näher an ihren toten Sohn heran.

Sie flüsterte heiser: »Auf Wiedersehen, Jeremy.«

Dann ging Janet neben dem Sarg auf Hände und Knie und krabbelte eilig durch den Vorhang. Sie wusste genau, dass sich auf der anderen Seite kein brennendes Ofenfeuer befand. Es war bloß ein Förderband. Hinter dem Vorhang landete sie in einem fabrikartigen Gebäude aus Beton und Stahlträgern, an dessen einer Wand sich die echten Öfen befanden. Ein junger Mann in einem Overall saß auf einem Hocker vor einer Arbeitsbank und las Zeitung. Er sah entgeistert auf. Sie konnte erkennen, dass er nicht ganz sicher war, woher sie überhaupt kam.

Sie zupfte ihre Kleidung zurecht und sagte verlegen: »Der Chef wollte wissen, ob eine Frau das schafft. Aus Sicherheitsgründen.«

»Aha«, sagte er und starrte sie an.

Janet ging hinüber zu einer Tür. »Kann man diese Tür von innen abschließen?«

»Ja, klar – nachts haben wir auch eine Alarmanlage …«, setzte er hilfreich hinzu, obwohl er immer noch völlig verwirrt war.

»Können Sie bitte hinter mir abschließen?« Sie lächelte ihn freundlich an, während sie die Tür aufzog. »Sonst bekomme ich richtig Ärger.«

»Klar, wie Sie wollen«, sagte er und hob die Hand ein wenig, um ihr im Gehen nachzuwinken.

Draußen löste Janet schnell den Schleier von der Krempe ihres Hutes. Sie hatte ihn bisher nicht getragen, also hatte sie noch niemand damit gesehen. Er fiel locker herunter. Am hinteren Ende des Gebäudes befand sich ein Parkplatz voller Autos, auf dem auch der Van des Gefängnisses stand. Sie verdeckten die Ausgangstür. Unbemerkt gelangte sie daher in den nebenan gelegenen Garten. Dort mischte sie sich sofort unter die Leute, die auf die nächste Gedenkfeier warteten. Sie war nur eine weitere gramgebeugte Trauernde in Schwarz.

Nach drei Minuten hatte sie eine Straße vor dem Gelände erreicht. Janet wusste, dass ihr nicht mehr viel Zeit blieb. Hinter ihr würde gleich die Hölle losgehen. Nur der Überraschungseffekt, das Chaos, das sie verursacht hatte, würde ihr noch etwas Spielraum geben. Sie warf den Hut samt Schleier hinter einen Zaun, denn hier draußen würde sie so zu sehr auffallen. Dann wandte sie sich dem entgegenkommenden Verkehr zu, presste ein paar Tränen in ihre Augen, und setzte ihr ängstlichstes, verzweifeltstes Gesicht auf, während sie versuchte, einen Autofahrer anzuhalten. Jetzt konnte alles schiefgehen. Sie verließ sich auf ihr gutes Aussehen und ihre tragische Erscheinung, damit sie schnell jemand fand, der sie mitnahm.

Janet hätte sich keine Sorgen machen müssen. Sekunden später hielt ein Mann und kurbelte das Fenster herunter.

»Alles in Ordnung, meine Liebe? Haben Sie Probleme?« Er war übergewichtig, mittleren Alters und sah freundlich aus. Seine Augen huschten immer wieder zum Rückspiegel. Es war nicht ungefährlich, hier anzuhalten, und wie Janet erwartet hatte, wollte er nicht lange rumstehen.

»Bitte – ich muss in ein … in eine Apotheke oder ein Einkaufszentrum«, bat Janet und beugte sich vor, um in den Wagen zu schauen. »Es tut mir leid, bei der Beerdigung meines Freundes ist gerade alles schiefgegangen. Es ist mir *so* peinlich!«

Es war eine einfache Entscheidung. Sie hatte keinen defekten Wagen oder irgendeinen Notfall, der ihn aufhalten würde. Sie wollte bloß mitgenommen werden.

»Steigen Sie ein«, sagte er in gewollter Das-wird-schon-wieder-Fröhlichkeit. »Die Straße runter ist ein Einkaufszentrum.«

*

Janet Brown hatte in der Vergangenheit einige schreckliche Dinge getan, unter anderem hatte sie unschuldige Menschen aus fehlgeleiteten Rachegelüsten getötet. Es waren eiskalt kalkulierte Morde gewesen, die mit einer derartigen Präzision ausgeführt worden waren, dass wenig dem Schicksal überlassen blieb und sie immer eine Fluchtmöglichkeit hatte, falls etwas schiefginge.

Doch keines dieser Verbrechen war so nervenzerfetzend gewesen, wie einfach eine Handtasche aus einem Einkaufswagen zu stehlen.

Es war dieser Bagatelldiebstahl, der Janets bisherige Glückssträhne abrupt beenden könnte. Alle möglichen unbeeinflussbaren Faktoren könnten dazu führen, dass man sie erwischte. Ein wohlmeinender Samariter, der sich in der Nähe aufhielt, könnte sie beobachten. Oder es würde von Überwachungskameras aufgezeichnet und die Wachmänner kämen angerannt. Oder sie wählte das falsche Opfer, jemanden, der unerwartet Widerstand leistete.

Letztere Möglichkeit wurde zum geringsten ihrer Probleme, als Janet bemerkte, wie viele Leute es geradezu darauf anlegten, beraubt zu werden, vor allem Frauen, die sich zwischen lange Reihen Klamotten stürzten und ihre Einkaufswagen einfach irgendwo herumstehen ließen. Trotzdem nahm sie sich Zeit und suchte sich eine Position, wo die Überwachungskameras von Werbeaufstellern verborgen zu sein schienen. Sie wollte jemand Älteren, der möglicherweise nicht bloß Plastikgeld bei sich hatte, sondern Bares. Außerdem wäre eine ältere Frau überraschter über einen Diebstahl, würde langsamer reagieren und nicht so schnell um Hilfe rufen. Und möglicherweise nützliche Kreditkarten würden dann auch nicht so schnell gesperrt werden.

Es dauerte nicht lange, bis sich eine Chance bot. Janets Herzschlag setzte die zehn Sekunden lang aus, die sie brauchte, um eine dunkle Handtasche aus dem Einkaufswagen zu angeln und ohne zu zögern weiterzumarschieren. Niemand schrie ihr hinterher.

Nichts geschah.

In einer öffentlichen Toilette inspizierte sie den Inhalt. Janets Glück hielt an. In der Handtasche befanden sich über dreihundert Dollar in bar, mehrere Kreditkarten mit einer simplen Unterschrift hintendrauf und ein Handy. Sie steckte all das in eine Plastiktüte und stopfte den Rest in eine Mülltonne.

Zügig ging Janet zum anderen Ende des Einkaufszentrums, wo sie in einer Modeboutique verschwand. Mit einem schmerzlichen Lächeln erklärte sie der Verkäuferin, dass sie heute in die Stadt geflogen war, um an einer Beerdigung teilzunehmen, und die Fluglinie ihr Gepäck verloren hatte. Jetzt, nach der Beerdigung, brauchte sie unbedingt ein paar normale Klamotten.

Janet wusste, dass sie es sich nicht leisten konnte, Zeit zu verschwenden, aber dem Vergnügen, nach so langer Zeit im Gefängnis Kleidung zu kaufen, konnte sie nur schwer widerstehen. Während sie die Sachen anprobierte und sich im Spiegel musterte, stöhnte eine Stimme in ihrem Kopf, dass sie sich beeilen sollte, dass es wichtigere Dinge zu erledigen gab. Aber es tat so gut.

In einer hellen, ausgewaschenen Jeans, einem weißen Top und mit neuen Schuhen stellte Janet das Gegenteil der Frau in Schwarz dar, die in den Laden gekommen war. Weitere Kleidungsstücke hatte sie in zwei Einkaufstüten gepackt, außerdem trug sie eine neue Schultertasche. Somit war schon mal die Hälfte ihres Problems gelöst. Sie wollte das Einkaufszentrum vollkommen verändert verlassen. Ihre nächste große Entscheidung wägte sie vor dem Schaufenster eines Friseurs ab. Sie könnte alles kaufen, was sie brauchte, um ihr Aussehen zu verändern, und sich dann einen Ort suchen, wo sie ihr Haar schneiden und färben konnte. Oder ein Profi könnte ihr Haar ordentlich stylen und die Augenbrauen passend färben. Beunruhigend war nur, wie lange das dauern könnte.

Am Ende vermutete Janet, dass sie in der gigantischen Anonymität dieses Einkaufszentrums sicher genug wäre, zumal verborgen in einem Friseursalon. Genau genommen konnte es sogar einen Vorteil für sie darstellen, noch in der Nähe des Krematoriums zu bleiben. Die Polizei würde vielleicht schon weiter weg nach ihr suchen und das Netz würde immer durchlässiger werden, je weiter es sich spannte. Sie wählte einen Friseursalon, dessen Mitarbeiterinnen jung und modisch gekleidet waren. Hier lief MTV statt Nachrichtensendungen auf den Plasmabildschirmen und die Gespräche waren ebenso fröhlich wie gegenstandslos.

Zwei Stunden später kam Janet mit einem kurzen, blonden Haarschopf wieder heraus, der sie selbst erschreckte, obwohl es genau das war, was sie gewollt hatte: die totale Veränderung. Einen Augenblick lang fürchtete sie, dass die Kreditkarte aufgrund des Betrags abgelehnt würde – bislang hatte sie das Bargeld behalten können –, aber der Vorgang wurde genehmigt und die Mitarbeiterin, voller Stolz auf ihr Werk, überprüfte nicht einmal die Unterschrift.

Sie kaufte sich noch eine große Sonnenbrille und einige Kleinigkeiten in einer Drogerie. Dann war es höchste Zeit, diesen Teil der Stadt zu verlassen. Janet nutzte öffentliche Verkehrsmittel, erst einen Bus zur nächsten Bahnstation, dann eine Expressbahn zum Ziel. Sie wollte nicht, dass sich ein Taxifahrer an sie erinnerte.

Es gab ein Dutzend preiswerter Hotels in dieser Gegend, nicht unbedingt heruntergekommen, aber auch nicht teuer. Hier stiegen preisbewusste Vertreter ab. Janet buchte ein Zimmer und bot an, bei Abreise bar zu zahlen, wenn sie ihre Kreditkartenangaben nur zur Sicherheit ins System aufnahmen. Der Mann hinter dem Tresen fand sie nett und erklärte sich einverstanden. Janet schloss die Zimmertür auf und empfand zum ersten Mal an diesem Tag eine Flut an Gefühlen, abgesehen von der tatsächlichen Trauer über Jeremys Tod. Erleichtert ließ sie sich aufs Bett fallen und weinte abwechselnd vor Angst oder lachte wie verrückt über ihre Dreistigkeit.

Sie war mit wenig mehr als einem halbherzigen Plan und einem verdammten Haufen Riesenglück entkommen. Und mit ein bisschen Hilfe von John Maiden.

*

Später am Abend fuhr Janet mit einem Taxi in eine ruhige Kneipe und gönnte sich ein friedliches Abendessen mit einem Glas Weißwein. Sie wusste, dass sie vorsichtig sein musste, nachdem sie so lange keinen Alkohol mehr getrunken hatte. Doch mittlerweile hatte sie schon mehrere Nachrichtenmeldungen über ihre Flucht gesehen, und das einzige Foto, das sie hatten, war das offizielle Polizeibild einer verstörten, erschöpften Janet Brown kurz nach ihrer Verhaftung. Es gab praktisch keine Ähnlichkeit mit ihrem derzeitigen Aussehen. Außerdem würde Janet nicht weiterkommen, wenn sie sich auf ihrem Zimmer versteckte. Sie musste Risiken eingehen.

»Einen Penny für Ihre Gedanken. Und darf ich fragen, ob Sie allein hier sind?«

Janet schaute auf und sah, wie ein braungebrannter, selbstsicherer Mann sie anlächelte.

»Das bin ich allerdings«, sagte sie vorsichtig. Es war ein Spiel, das sie sehr lange nicht mehr gespielt hatte.

»Darf ich Ihnen Gesellschaft leisten?«

Sie zögerte und lächelte schüchtern. »Nur wenn ich Sie wegschicken kann, falls ich Sie nicht mag.«

Er schob seine Manschette zurück und schaute theatralisch auf die Uhr. »Wie wäre es mit fünfzehn Minuten? Wenn ich Ihnen nicht gefalle, dann können Sie mich wegschicken.«

»Okay, aber Sie müssen es versprechen.«

»Ich bin voller Versprechungen«, sagte er mit einem Grinsen.

Er hieß Mark, und anfangs hatte Janet nicht vorgehabt, mit jemandem zu schlafen. Es wäre zu viel, zu früh. Aber dann wurde ihr klar, dass die Gelegenheit, die sie brauchte, sich nicht bieten würde, wenn sie nicht mit jemandem Sex hätte. Also ließ sie sich von seinen sanften Zügen verführen, und er nahm sie schließlich mit in sein plüschiges Hotelzimmer ganz in der Nähe. Mark, so schien es, reiste stilvoll. Und er wusste, wie man den Ruf einer Dame schützte, denn er führte Janet unbemerkt an der Rezeption vorbei in den Fahrstuhl.

Sie war überrascht, dass es ihr gefiel, mit ihm zu schlafen, obwohl es nur Teil des Plans gewesen war. Janet entdeckte Intimität und Zärtlichkeit wieder, ebenso wie Erregung. Mark war ein guter Liebhaber und brachte seine Freude an ihrem nackten Körper zum Ausdruck, er berührte sie gekonnt an den richtigen Stellen mit dem ehrfürchtigen Respekt eines Mannes, der eine schöne Frau zu schätzen weiß. Er flüsterte ihr immer wieder wunderbare Dinge ins Ohr. Janet verspürte sehnsuchtsvollen Schmerz unter seinen lockenden Fingern. Sie hieß das Gewicht willkommen, mit dem er sie in die Laken drückte und sich zwischen ihren Beinen bewegte, dann täuschte sie einen Orgasmus vor, obwohl ein echter schon beinahe in Reichweite war, damit er auch zum Höhepunkt kam. Sie deutete an, dass noch mehr möglich wäre, und schickte ihn ins Badezimmer, um den Whirlpool anzuwerfen, den sie strahlend entdeckt hatte. Heute Nacht wollte sie alles.

Sie leistete ihm mit zwei Gläsern Champagner aus der Minibar Gesellschaft. Im warmen Wasser schlangen sie ihre Glieder umeinander und seiften einander die Rücken ein. Als der Whirlpool langweilig wurde, trockneten sie einander ab, wurden erneut erregt und kehrten ins Bett zurück.

Schließlich waren beide nach der zweiten Runde Sex verausgabt und befriedigt, sanken in die Kissen und schliefen ein. Janet beobachtete Mark durch die Wimpern hindurch, sein Atem wurde langsamer und tiefer. Sie fragte sich, ob er verheiratet war oder eine Freundin hatte. Er war ein netter Kerl.

Nach weiteren zehn Minuten holte Janet ein Fläschchen

mit Tabletten aus ihrer Schultertasche, zerdrückte eine Handvoll davon in einem Glas warmem Wasser und hielt es ihm vorsichtig vor die Lippen. Er würgte leicht, bevor er reflexhaft schluckte. Sie gab beruhigende Geräusche von sich und streichelte mit der freien Hand seine Stirn. Die Pillen, die sie in den Champagner getan hatte, hatten ihm bereits den Widerstand genommen, und der Sex hatte die Ausbreitung der Drogen in seinem Blut noch beschleunigt. Dies war bloß eine letzte Vorsichtsmaßnahme. Als das Glas leer war, wartete sie noch ein Weilchen geduldig.

Immer noch nackt, schlug sie die Laken zurück, setzte sich auf seinen Körper und schlang den Gürtel eines Bademantels um Marks Hals. Sie zog ihn eng zu, die Muskeln in ihren Armen zitterten vor Anstrengung, bis das leichte Zucken, das sie unter sich spürte, aufhörte, und Marks Lippen ein blasses Blau annahmen.

Als Nächstes holte sie ein Skalpell aus ihrer Tasche, das sie ebenfalls in der Drogerie erworben hatte. Sie spreizte Marks Hand flach auf dem Bett und amputierte gekonnt seinen Zeigefinger, wobei ihr egal war, dass Blut über die weißen Laken schoss. Janet achtete darauf, dass ihre energischen Schnitte deutlich zu sehen waren. Früher hatte sie als Leichenbeschauerin ihre chirurgischen Kenntnisse ironischerweise vor sich selbst verbergen müssen. Diesmal wollte sie keinen Zweifel daran lassen, wer das Messer geführt hatte.

Den abgeschnittenen Finger wickelte sie in Papier und steckte ihn in ihre Tasche. Dann zog sie sich an und überprüfte im Spiegel, dass sie gut aussah. Ihr Körper kribbelte immer noch ein wenig vom Sex und sie lächelte sich an. Alles war gut gelaufen, jetzt war es Zeit zu gehen. Marks Geldbörse verschaffte ihr noch einen Bonus von weiteren fünfhundert Dollar – sie hatte nur Karten erwartet, die ihr mit einem Männernamen darauf nichts brachten. Sie steckte auch sein Handy ein und fand sogar das Ladegerät in seinem Gepäck. Als Letztes trank Janet noch ein paar Schluck Champagner direkt aus der Flasche und hängte dann, es konnte ja nicht schaden, im Gehen das »Nicht stören«-Schild an die Tür. Als sie hergekommen waren, hatte sie bemerkt, dass man mit dem Fahrstuhl direkt bis hinunter zu einem Nachtclub im Keller fahren konnte. Das tat sie jetzt.

Als sie aus der Kabine stieg, ignorierte Janet den Eingang zur Bar, aus dem Musik hämmerte, und ging die Treppe ins Foyer hoch.

Der Herr an der Rezeption lächelte sie wissend an, als sie ein wenig unsicher die Treppe hochkam. »Wollen Sie nach Hause, Miss?«

Janet flirtete mit ihm. »Da *unten* gibt's jedenfalls keine guten Männer. Wann haben Sie denn Schluss?« Sie beugte sich nah genug zu ihm, dass er ihren süßen Champagneratem riechen konnte.

»Erst morgen früh«, sagte er gutgelaunt mit der Nachsicht eines nüchternen Mannes, der es mit einer attraktiven alkoholisierten Frau zu tun hat. Sie bemerkte, dass einer der Kollegen zusah und leise lachte. Er lächelte ebenfalls und sagte nur halb im Spaß: »Aber freitags habe ich früher Schluss.«

Janet trat einen Schritt zurück und sah ihn an. Dann sagte sie spitzbübisch: »Dann komme ich vielleicht am Freitag wieder, mal sehen, ob Sie Lügen erzählen.«

»Nein, großes Pfadfinder-Ehrenwort.« Er salutierte linkisch. »Soll ich Ihnen ein Taxi rufen?«

»Ja, bitte. Ein Taxi wäre *toll.*«

Er zwinkerte ihr zu und nahm ein Telefon vom Gürtel. »Mal sehen, ob Sie die Schlange überspringen können.«

»Dann zahle ich auch bar«, sagte sie und zwinkerte zurück.

*

Zurück in ihrem eigenen Hotelzimmer legte Janet den amputierten Finger in das kleine Tiefkühlfach. Dann belohnte sie sich für die gute Arbeit mit einem Zitronentee, den sie in kleinen Schlucken trank. Ein weiteres Geschmackserlebnis, das man ihr im Gefängnis verweigert hatte und das sie jetzt genoss. Sie saß auf dem Bett, das Zimmer vollkommen dunkel, damit sie die Vorhänge öffnen und auf die Straße hinausschauen konnte.

Die Gegend war ihr bekannt. Janet war schon mal in diesem Teil Sydneys gewesen.

John Maiden lebte ganz in der Nähe.

9

Carol Geyer war immer gern geschwommen. Es entspannte sie, einen gleichmäßigen Rhythmus zu halten und korrekt zu atmen, während sie durch das Wasser zog, und alle anderen Gedanken waren in diesem Moment unwichtig. Sie konnte nicht *denken,* solange sie schwamm, und die ständigen Stimmen in ihrem Kopf wurden zum Schweigen gebracht. Die Wärme des beheizten Pools in Eden half und vermittelte ihr das tröstliche Gefühl, das sie in ihren poetischeren Augenblicken manchmal damit verglich, in die Gebärmutter zurückzukehren.

Obwohl sie Maiden und Spencer von ihren Ängsten berichtet hatte, machte Carol sich nicht wirklich Sorgen. Ja, sie glaubte, dass sie in Gefahr war, war aber zuversichtlich, auf sich selbst aufpassen zu können, und dazu musste sie sich nicht auf ihrem Zimmer verstecken oder sich die ganze Zeit an ihre Freunde klammern. Sie musste nur gesunden Menschenverstand und Wachsamkeit an den Tag legen. An jenem Abend verspürte sie folglich nur einen Hauch von Angst, als sie in Richtung des Schwimmbades ging. Die Wohnhäuser waren still, die Wege leer, nur ein paar Lichter glommen. Die Information über zwei weitere Todesfälle hatte die Anlage noch stiller werden lassen. Es war nach zehn, aber genau das gefiel Carol: die Aussicht, das Wasser für sich allein zu haben. Sie lächelte sogar bei dem Gedanken, dass jemand, der ihr etwas tun wollte, besser ein guter Schwimmer wäre.

Die Tür zum Fitnesscenter war nicht abgeschlossen. In Eden verließ man sich auf die Sicherheit gebenden Mauern und Tore. Innerhalb der Mauern standen die meisten Türen offen. Carol ging hinein und genoss die warme Luft und den leichten Duft nach Chlor als etwas Vertrautes. Ihr erster Gedanke war, dass sie sich freute, dass niemand sonst hier war, genau wie sie es sich gewünscht hatte. Niemand platschte im Pool herum oder rief ihr eine Begrüßung zu, weil er sie kommen hörte. Das Licht war gedämpft, nur einige Nachtleuchten waren zur Sicherheit in Betrieb. Auch das mochte Carol. Sie zog ihre Bahnen immer im Halbdunkel.

Der einzige Unterschied zu sonst bestand darin, dass die Unterwasserbeleuchtung ausgeschaltet war. Das war eigenartig, denn dabei handelte es sich um eine weitere Vorsichtsmaßnahme, um zu verhindern, dass jemand hineinfiel. Carol betrachtete die dunkle Oberfläche nachdenklich. Es gefiel ihr. Wenn jemand käme, hätte er Schwierigkeiten, zu erkennen, wer im Pool war. Sie überlegte, ob sie nackt schwimmen sollte. Auch das hatte Carol schon getan, aber viel später in der Nacht.

Sie runzelte die Stirn, als ihr eine Wasserlache auf dem Betonrand auffiel, und davon ausgehend Fußspuren, die in Richtung des Fitnesscenters führten. *Vielleicht war sie doch nicht allein.* Carol schaute in Richtung der Umkleiden. Noch mehr gedämpfte Leuchten, aber das war normal.

»Hallo?«, rief sie in der Befürchtung, dass noch jemand hier wäre und sie ihr Alleinsein nicht genießen könnte. Aber niemand antwortete und sie vermutete, dass derjenige unter der Dusche stand. Zögernd ging sie zur Tür. »Ist jemand da?«

Im Dämmerlicht wirkte das glänzende Chrom der Fitnessgeräte im Studio mit ihren dann und wann aufblinkenden LEDs wie Aladins Schatzkammer. Carol öffnete die Tür zu den Duschen, konnte aber kein Wasser rauschen hören. »Ist jemand hier?«, fragte sie, blieb aber draußen. Nichts geschah. Carol zuckte mit den Achseln, schaute auf den Teppichboden, sah aber keine Fußspuren. Sie stupste gegen die Tür zu Doktor Chores Klinik, doch sie war abgeschlossen.

Sie vermutete, dass wer immer hier gewesen war, vor ein paar Minuten gegangen sein musste. Die Tropfspuren waren eben noch nicht getrocknet. Das musste die Antwort sein. Carol war fasziniert, weil sie geglaubt hatte, die Einzige zu sein, die gern abends schwamm.

Dann hörte sie die Eingangstür zuklappen.

»Verdammt«, sagte sie und eilte zurück, um zu sehen, wer das war. Vermutlich war Xavier ihr gefolgt, weil er sich als Beschützer aufspielen wollte.

Immer noch niemand am Pool. Die Stille schien Carol zu verhöhnen und jagte ihr einen Schauer über den Rücken. Sie war hin- und hergerissen zwischen ihrer Angst und dem Bemühen, nicht überzureagieren. Vielleicht war noch jemand anders nackt geschwommen? Vielleicht traf sich ein Paar, das sich nicht treffen sollte? Carol war sicher, dass sich nicht alle Mitglieder Edens so gut benahmen, wie sie vorgaben.

»Sei nicht albern, Carol!«, sagte sie zu sich selbst. Sie wappnete sich gegen weitere beunruhigende Gedanken und entschloss sich, zu tun, was sie vorgehabt hatte, nämlich endlich zu schwimmen.

Carol schlüpfte aus ihrem Trainingsanzug und legte das Handtuch beiseite, das sie über die Schultern gelegt gehabt hatte. Dann wählte sie eine mittlere Bahn und stieg auf einen der Startblöcke. Sie ging in die Knie, gab dann aber doch dem Drang nach, etwas zu riskieren, und zog hastig ihren Bikini aus; sie warf ihn hinter sich zu ihren Sachen. Es fühlte sich aufregend unanständig an, hier nackt zu stehen, bevor sie sich abstieß und praktisch ohne Spritzer eintauchte.

Carol hatte vielleicht fünf Meter hinter sich gebracht, als ihr klar wurde, dass sie einen Fehler gemacht hatte. Ohne die Unterwasserbeleuchtung hatte sie Schwierigkeiten, bis zum Boden des Pools zu sehen, wo ein schwarzer Streifen die Bahn markierte. Es war schwierig, geradeaus zu schwimmen. Sie hielt beharrlich bis zum Ende durch, wendete gekonnt und schwamm zurück zu den Startblöcken. Carol stemmte sich mühelos aus dem Pool. An der nächstgelegenen Wand befand sich die Schalterleiste. Sie ging hinüber und schaute nach, welchen Schalter sie brauchte. Nackt und tropfnass, außerhalb des Wassers, fühlte sie sich unsicher und wollte wieder zurück in den Pool. Die Luft war kalt auf ihrer Haut, sie bekam eine Gänsehaut und schlang ihre Arme um den Oberkörper.

»Aha«, sagte sie laut, als sie einen entsprechend beschrifteten Knopf fand, dann drückte sie ihn. Hinter ihr im Wasser flackerte es, dann leuchtete es wundervoll blau. Carol stapfte zurück an den Rand, wobei sie darauf achtete, mit ihren nassen Füßen nicht auszurutschen, und sprang, ohne sich die Mühe zu machen, auf einen Startblock zu steigen, direkt hinein.

In dem Augenblick, in dem Carol durch die Luft segelte, begriff sie, dass sie doch nicht allein war. Es war noch jemand im Pool. Unter der Oberfläche. Sie gab einen kleinen Schrei von sich, sowohl aus Angst wie auch aus Empörung, traf auf die Oberfläche und ging unter, wobei sie augenblicklich ihre Augen öffnete. Obwohl ihre Sicht verschwommen war, identifizierte Carol die Person sofort. Ralph Shackletons Gesichtszüge waren unverkennbar. Er schwebte auf dem Rücken und langte zu ihr hoch, die Augen weit aufgerissen und ein wildes, boshaftes Grinsen im Gesicht. Sie fluchte laut über ihn, aber es war bloß ein Strom Luftblasen, die sich um ihren Kopf sammelten. Instinktiv versuchte Carol, sich zu bedecken, und all ihre Schwimmerinnengrazie war verloren, weil sie sich mit einer Hand in den Schritt fasste und mit der anderen ihre Brüste hielt.

Aber dann verschwand Carols Empörung, als sie entsetzt begriff, dass er komplett angezogen war. Irgendetwas stimmte ganz und gar nicht. Sein Grinsen schien auch eher verzweifelte Panik zu zeigen, und aus seinem Mund kamen keine Luftblasen.

Jetzt schrie sie unter Wasser.

Ralph Shackleton war tot. Sie schwamm mit einer ertrunkenen Leiche.

10

Maiden war daran gewöhnt, dass das Telefon zu jeder Tages- und Nachtzeit klingelte. Das hieß dann immer eines: Es hatte sich etwas in einem seiner Fälle getan. Im Augenblick hatte er jede Menge am Hals – Gründe genug also, aus dem Schlaf gerissen zu werden. Es überraschte ihn daher nicht, als es diese Nacht so weit war. Eine Sache *konnte* er wenigstens eine Weile vergessen, wie es schien: Die Schuld für Janet Browns Flucht war Ackersly zugeschoben worden, der letztlich für die Sicherheit im Krematorium verantwortlich gewesen war. Maidens Rolle bei ihrem Entkommen war bekannt, doch er hatte ja auch nicht damit rechnen können, dass es ihr die Gelegenheit verschaffen würde, abzuhauen.

Das schrille Klingeln unterbrach seinen Schlaf und er überlegte, ob er einfach nicht rangehen sollte. Nach einem harten Tag war Maiden weniger als eine Stunde im Bett gewesen, lange genug nur, um Alkohol und Zigaretten in einen sauren Geschmack auf seiner Zunge zu verwandeln. Er brauchte mehr Schlaf. Als Nächstes würden sie es jedoch auf seinem Handy versuchen, und wenn er da nicht ranginge, würde es Ärger geben. Von einem erfahrenen Detective wie Maiden erwartete man schlicht und einfach, dass er stets erreichbar war. Longman würde ihm begeistert eine weitere Abmahnung schreiben, vor allem, wenn es so ernst war, dass man einen Streifenwagen losschicken musste, damit jemand bei ihm klingelte.

Mit einem resignierten Stöhnen griff Maiden nach dem Hörer, starrte die beleuchteten Tasten an und drückte auf die Annahmetaste. Er fluchte laut, als er bemerkte, dass er zu lange gebraucht hatte und der Anruf an die Voicemail weitergeschaltet worden war. Maiden legte auf und wartete ungeduldig, damit der Anrufer Zeit hatte, eine Nachricht zu hinterlassen. Eine Minute später war er gerade damit beschäftigt, seine Geheimzahl einzugeben, als er sein Handy vibrieren sah, bevor es zu klingeln begann. Genervt grummelte Maiden, griff mit der einen Hand nach dem Gerät und beendete mit der anderen den Anruf auf seinem Schnurlostelefon.

»Ja, Maiden«, schnauzte er und versuchte, den Schlaf abzuschütteln.

Ein Kollege aus der Zentrale, der Übung darin hatte, Leute mitten in der Nacht zu wecken, informierte Maiden mit ruhiger Stimme darüber, dass in Eden eine weitere Leiche aufgefunden worden war. Ein Streifenwagen war bereits unterwegs, um den Tatort abzusperren.

»Wissen wir, wer es ist?«, fragte Maiden, der jetzt schneller zu sich kam.

»Nein, Sir. Jemand im Schwimmbad, mehr weiß ich im Augenblick nicht.«

Er dachte augenblicklich an Carol Geyer. »Scheiße, ich bin schon unterwegs. Haben Sie Detective Constable Spencer bereits informiert?«

»Sie steht als Nächste auf meiner Liste, Sir.«

»Sagen Sie ihr, ich habe einen Dienstwagen hier. Ich fahre vorbei und hole sie an der Straße ab. Rufen Sie mich zurück, wenn Sie sie nicht erreichen können.« Maiden war in einem Zivilwagen direkt nach Hause gefahren und hatte seinen Ford auf dem Parkplatz der Wache stehen gelassen.

»Ich versuche es sofort, Sir.«

Als Erstes stellte Maiden den Wasserkocher an. An den Tatort zu gelangen war natürlich dringend, aber er brauchte auch etwas Koffein. *Eine Leiche im Pool kann noch ein paar Minuten warten,* dachte er, während er beim Anziehen Kaffee in sich hineinschüttete. Als Maiden rausging und in den Wagen stieg, fühlte er sich schon beinahe menschlich, wobei er nicht ganz sicher war, ob seine leichten Schwindelgefühle und die Doppelbilder das Ergebnis davon waren, zu schnell aufgestanden zu sein, oder ob es sich um die Nachwirkungen von Bier und Wein handelte. Allerdings dachte er über diese Frage auch lieber nicht genauer nach.

Er war noch nicht bei Spencer gewesen, aber es war nicht schwierig, die richtige Straße zu finden. Als er langsamer fuhr und versuchte, die Hausnummern zu erkennen, trat eine Gestalt aus dem Schatten und winkte ihn heran. Spencer fluchte über die Kälte; sie trug eine dicke Jacke und warf sich in den Wagen. Sie umklammerte einen Thermobecher, aus dem es nach Kaffee roch.

»Hatten Sie was Besseres vor?«, fragte Maiden, fuhr zurück auf die Hauptstraße und beschleunigte zügig.

»Nur in meinem netten, weichen, gemütlichen, *warmen* Bett zu liegen.«

»Ich auch. Es sollte verboten werden, nach Mitternacht Leichen in Schwimmbädern zu finden.«

»Es ist jemand im Pool?«, fragte sie. »Wissen wir, wer?«

»Nein, wissen wir nicht.«

»Ich hoffe, nicht Carol Geyer.«

»Ich auch«, sagte Maiden, dem sehr klar war, dass sie eigentlich keine Präferenz haben sollten, wer das Opfer wäre. Aber Spencer und er teilten denselben Gedanken.

»Wissen wir, ob es ein Unfall oder Selbstmord war? Vielleicht hat noch jemand Tabletten genommen und ist dann ertrunken?«

Maiden hatte daran nicht einmal gedacht. »Die haben mich hoffentlich nicht wegen eines verfluchten Unfalls aus dem Bett geholt oder wegen eines Selbstmords.«

Spencer nippte an ihrem Becher und hielt ihn dann Maiden hin. »Wollen Sie was?«

Er war gerührt. »Nein danke, ich habe einen reingeschüttet, als ich mich angezogen habe.«

Sie zuckte mit den Achseln.

Der Polizeifunk im Wagen war leise gedreht. Spencer runzelte die Stirn, sie hörte etwas, das ihre Aufmerksamkeit erregte, und drehte die Lautstärke hoch. Es ging um einen bewaffneten Raubüberfall in einem 24-Stunden-Minisupermarkt in der Nähe, der jetzt gerade stattfand. Ein versteckter Alarm war betätigt worden. Die Zentrale bat alle Einheiten, die in der Nähe waren, dorthin zu fahren.

»Verdammt«, sagte sie und schaute Maiden unsicher an.

Er war genauso unentschieden. »Haben Sie Ihre Waffe?«

»Natürlich – und Sie?«

»Allerdings.« Maiden schaute nach der Ampel, was ihm noch ein paar Sekunden des Nachdenkens erlaubte. »Scheiß drauf, wir fahren besser hin«, sagte er schließlich müde. »Wo sind an diesem verdammten Ding die Leuchten und die Sirene?«

Er entschied sich gegen die Sirene, weil er nicht ankündigen wollte, dass sie näherkamen. Es war nicht viel Verkehr, und die Blinklichter hinter dem Kühlergrill waren kaum nötig, außer um den anderen Autofahrern deutlich zu machen, dass er sehr wohl so fahren durfte, wie er es tat. Spencer informierte die Zentrale darüber, dass sie unterwegs waren. Sie wand sich auf ihrem Sitz und schlüpfte aus ihrem Mantel, damit sie an ihr Holster kam.

Sie fragte: »Sollen wir die Westen hinten rausholen?« In einem Polizeiwagen würde es mindestens zwei offizielle Westen mit der Aufschrift »Polizei« im Kofferraum geben.

»Wenn wir die Gelegenheit dazu haben. Entspannen Sie sich! Wahrscheinlich ist alles vorbei, wenn wir dort ankommen.«

»Ich *bin* entspannt«, sagte sie beißend.

Er widersprach nicht.

Zwei Minuten später deutete Spencer auf den Laden: »Der da – mit dem Coke-Schild.«

Es war kein großer Supermarkt. Die hell erleuchteten Fenster waren voller Aufkleber, und Regale mit Waren standen vor den Scheiben. Keine Autos auf dem Parkplatz. Auf dem Dach drehte sich ein kleines blaues Lämpchen. Als er vorfuhr und sie aus dem Wagen sprangen, konnten sie schon sehen, was los war.

Am Tresen hielt ein Mann in schwarzen Klamotten und mit einer Sturmhaube auf dem Kopf ein abgesägtes Gewehr in einer Hand und schrie den Mann an, der an der Kasse herumfummelte. Der Dieb wirbelte alarmiert herum, als er das Kreischen der Reifen des Polizeiwagens hörte. Er drehte sich zurück, prügelte den Verkäufer von der Kasse weg und riss eine Handvoll Scheine heraus, wobei die Hälfte herunterfiel. Dann verschwand er zwischen den Gängen in der Tiefe des Ladens.

Maiden rief Spencer zu: »Laufen Sie! Ich gehe nach hinten!« Er zog seine Waffe.

Spencer zog ihre eigene Waffe und rannte auf den Eingang zu.

Kaum hatte Maiden die Front des Ladens verlassen, befand er sich in einem dämmrigen Bereich mit öligem Zementboden. Er fürchtete, dass hier Flaschen und Müll herumlägen, über die er stürzen könnte. Als er das hintere Ende des Gebäudes erreichte, stoppte er einen Augenblick an der Ecke, sammelte sich, und trat dann mit erhobener Pistole und bereit zu einem Warnruf um die Ecke.

Maiden stand vor einem hohen Maschendrahtzaun, der den hinteren Bereich absperrte. Schnell darüberzuklettern war praktisch unmöglich. Der Bereich war komplett umschlossen und ausgesprochen schlecht beleuchtet. Während Maiden noch überlegte, was er als Nächstes tun sollte, schoss der Räuber aus einer Tür heraus und blieb dann mitten auf dem Hof stehen, weil er vor demselben Problem stand.

»Halt! Polizei!«, rief Maiden und zielte.

Der Mann zuckte überrascht zusammen, starrte verzweifelt in die Dunkelheit. Als er Maiden entdeckte, hob er sein Gewehr.

»Runter damit!«, rief Maiden ihm zu. »Werfen Sie die Waffe weg und legen Sie sich auf den Boden.«

Spencer erschien als Umriss in der offenen Tür. Sie erfasste die Situation sofort, zielte mit ihrer eigenen Waffe auf den Dieb und rief: »Tun Sie, was er sagt! Waffe hinlegen und auf den Boden!«

Mehrere endlose Sekunden lang rührte sich niemand.

Trotz der Schatten konnte Maiden genau sehen, was dem Mann durch den Kopf ging. Der Täter wollte auf keinen Fall gefasst werden und war daher willens, ein hohes Risiko einzugehen. Spencer war eine Frau und wahrscheinlich die leichtere Gegnerin. Außerdem war Spencer schlicht *innerhalb* der Umzäunung, Maiden aber ausgesperrt. Der Dieb konnte nicht über den Zaun klettern, sonst würden sie ihn schnappen. Sein einziger Fluchtweg verlief an Spencer vorbei und zurück durch das Gebäude. Und es gab nur eine Möglichkeit, das hinzubekommen.

Er drehte sich trotzig zurück zur Tür, das Gewehr immer noch erhoben. Alles an seiner Bewegung verriet, dass er gleich den Abzug drücken und Spencer aus dem Weg schießen würde.

Maiden feuerte zuerst, zwei schnelle Schüsse, die ohrenbetäubend von der Mauer direkt neben ihm widerhallten. Eine seiner Kugeln traf auf dem Weg den Maschendrahtzaun und schlug spektakuläre Funken. Das stoppte die Kugel aber nicht, sodass sie, wie der andere Schuss, den Körper des Diebes traf und ihn zu Boden sacken ließ. Das Gewehr ging ebenfalls los, der Schuss prallte von der Ziegelmauer ab und knallte gegen die Dachrinne.

»Mein Gott!«, rief Spencer. »Warum haben Sie das denn getan?«

»Was?«, fragte Maiden wie blöde durch den Zaun. Seine Ohren klingelten noch.

»Warum haben Sie geschossen?« Sie klang vollkommen entsetzt.

»Weil er *Sie* sonst erschossen hätte! Was glauben Sie denn, verdammt noch mal?«

»Ich wollte ihn noch einmal warnen – ihm noch eine Chance geben.« Sie eilte auf den am Boden liegenden Mann zu und tastete nach einem Puls.

»Noch eine *Chance* geben? Er wollte Ihnen den Kopf wegschießen ...«

Maiden wurde klar, wie sinnlos es war, sich durch den Zaun zu streiten. Er fluchte und eilte zurück zum Eingang. Als er an dem entsetzten Mitarbeiter vorbeilief, befahl er ihm: »Verständigen Sie die Polizei und sagen Sie ihnen, wir brauchen auch einen Krankenwagen – sofort, verdammt!«

Der Mann hastete zum Telefon. In der Ferne hörte man Polizeisirenen näher kommen.

Spencer kniete noch neben dem Mann.

Maiden trat näher. »Ist er tot?«

»Keine Lebenszeichen«, sagte sie und hob ihre blutigen Finger von seinem Hals.

»Der Krankenwagen ist unterwegs.«

Spencer zog die Sturmhaube ab. Der Tote war Mitte dreißig, sein Gesicht narbenbedeckt von einem Leben voller Wut.

Maiden sagte zu ihr: »Peta, er wollte sich den Weg freischießen und Sie standen ihm im Weg.«

»Glauben Sie? Wir haben ihm nicht viel Zeit gegeben, es sich zu überlegen ... der arme Hund«, sagte sie. »Gott, ich bin nicht sicher ...«

»Ich bin verdammt sicher. Es war alles in Ordnung.«

»Na ja, *ihn* können wir nicht mehr fragen, oder?« Ihre Stimme war eigenartig, ein wenig vorwurfsvoll. Sie sah Maiden nicht in die Augen.

»Glauben Sie mir, er wäre sowieso kein zuverlässiger Zeuge gewesen«, sagte Maiden, den ihr Ton verunsicherte. »Ich würde ihm kein gottverdammtes Wort glauben.«

*

Ein Schwarm Polizisten und Notfallsanitäter stürzte sich in den Laden. Maiden und Spencer wurden zur Seite geschoben. Nachdem ihre Aussagen aufgenommen worden waren, standen sie im Grunde nur noch im Weg. Maidens Handy klingelte und eine höfliche Stimme fragte ihn, wann er am Tatort in Eden eintreffen würde. Das hatte er beinahe vergessen.

»Wir wurden aufgehalten«, erklärte er. »Wir sind bald da.«

Er fand den leitenden Officer und sagte: »Wir müssen los. Wir müssen uns um unseren eigenen Tatort kümmern. Wir waren auf dem Weg dorthin, als wir auf diese Meldung reagiert haben.«

Der Polizist schüttelte ihm die Hand. »Bleib in der Stadt, okay?«

»Quatsch, ich nehm den nächsten Flieger raus aus diesem Loch.«

»Hey, John – so wie ich es sehe, war der Schuss total okay. Du musst dir keine Sorgen machen.«

»Ja, ich weiß. Trotzdem danke für die aufbauenden Worte.« Maiden winkte zum Abschied.

Spencer hatte es mitangehört, Maiden wusste es. Sie folgte ihm schweigend zum Wagen und sprach auch die ersten fünf Minuten der Fahrt nicht.

Dann sagte sie plötzlich: »Ich mache Ihnen keine Vorwürfe – ich will nicht sagen … dass Sie etwas falsch gemacht hätten. Ich glaube bloß, dass wir vielleicht ein besseres Ergebnis hätten erzielen können.«

»Um Gottes willen, sagen Sie jetzt bitte nicht: ›Es ist alles so schnell gegangen‹«, sagte Maiden kopfschüttelnd.

»Ist es aber.«

»Die Lektion müssen Sie dann wohl lernen. Manchmal *gehen* Sachen verdammt schnell und man muss wichtige Entscheidungen treffen auf der Basis von allem *außer* dem, was sie einem auf der Akademie beigebracht haben.«

»Wie bitte? Man soll einfach nur seinen Instinkten gehorchen?«

»Sie können es nennen, wie Sie wollen. Ist Ihnen klar, was als Nächstes passiert?« Er wechselte das Thema und ärgerte sich darüber, dass er das Gefühl hatte, sich verteidigen zu müssen.

»Natürlich. Nach jedem Schusswechsel erfolgt eine Ermittlung.«

Maiden hätte sie um alles Mögliche bitten können, zum Beispiel darum, seine Seite der Geschichte zu bestätigen oder einfach zu behaupten, dass sie gar nichts gesehen hätte. Auch nur die Andeutung, dass er den Abzug zu früh betätigt hätte, könnte eine Katastrophe für seine Karriere darstellen. Er konnte sogar, da möge Gott vor sein, im Knast enden. Es war eine fast undenkbare Vorstellung, die Maiden immens irritierte, die aber unglücklicherweise nicht ganz von der Hand zu weisen war. Dennoch gewann sein Stolz und er konnte sich einfach nicht überwinden, Spencer um irgendetwas zu bitten.

Deshalb sagte er: »Sie müssen einfach nur hundert Prozent sicher sein, was Sie sagen, wenn die anfangen, Ihnen Fragen zu stellen, in Ordnung?«

»Keine Sorge, ich kenne mich aus mit internen Ermittlungen.« Ihr Ton lud Maiden nicht gerade ein, nach einer Erklärung zu fragen. Und er sagte auch nicht, dass er wusste, wovon sie redete, weil Martin Creane es ihm erzählt hatte.

Nach einer Weile sagte Spencer zu ihm: »Wie auch immer, in meiner Aussage eben habe ich gesagt, dass ich überhaupt nichts sehen konnte. Meine Augen hatten sich nach dem hellen Licht im Laden noch nicht umgestellt. Sie andererseits waren draußen geblieben und konnten die Situation deutlich besser einschätzen.«

»Okay, das ist gut zu wissen«, sagte Maiden und unterdrückte einen kleinen, erleichterten Seufzer. Aber noch war nichts sicher. Derartige Ermittlungen konnten Wochen dauern. Und in der Zwischenzeit würde Spencer vielleicht einen Anfall übersteigerten Pflichtgefühls bekommen oder sich einfach entscheiden, dass sie die Sache doch anders gesehen hatte.

Es war eine neue und unerwünschte Wendung ihrer Beziehung.

»Was für ein Dreck«, sagte er laut, obwohl er das gar nicht gewollt hatte.

Spencer überraschte ihn, indem sie lauthals einstimmte: »Ja, da haben Sie allerdings recht, Sir.«

Es war das erste Mal seit einer Weile, dass sie ihn »Sir« nannte. Maiden war nicht sicher, ob das gut war oder nicht.

*

Die Situation in Eden wirkte seltsam bekannt, außer dass es diesmal Nacht war. Wieder bewachte ein uniformierter Polizist das Tor und ließ sie ein. Auf dem Gelände hatten sich wie zuvor Streifenwagen und Krankenwagen versammelt, in diesem Fall vor dem Gebäude, in dem sich das Schwimmbecken befand. Maiden parkte seinen Wagen und versuchte, sich zu konzentrieren. Sie hatten den Rest der Fahrt schweigend verbracht, allerdings nicht wegen irgendwelcher anhaltender Spannungen zwischen ihnen beiden. Maiden und Spencer waren beide erschöpft, weil es so spät war, und das Adrenalin des Raubüberfalls war verbraucht. Spencer stützte ihren Kopf in eine Hand, den Ellenbogen gegen das Fenster, und hatte die Augen geschlossen. Maiden wünschte, er könnte dasselbe tun.

»Sind Sie sicher, dass Sie das packen?«, fragte er.

Sie schob erkennbar ihre Müdigkeit beiseite und zuckte steif mit den Achseln. »Ja, alles bestens.«

»In Ordnung. Dann geht's los.«

Drinnen fanden sie die Spurensicherung in verschiedenen Stadien der Langeweile vor, weil sie so lange gewartet hatten.

Einige Blicke in Maidens und Spencers Richtung waren ein wenig gereizt. Auf einer Besucherbank saß Carol Geyer in ein dickes Handtuch gewickelt, ihre Augen waren gerötet. Maiden berührte Spencers Arm und wies sie auf Carol hin. Vor einer anderen Wand befanden sich ein weiteres halbes Dutzend Leute, die Maiden als Ratsmitglieder erkannte, unter ihnen Brent Sirroch. Sie saßen am Boden, einige von ihnen schliefen. Er brauchte einen Moment, um zu begreifen, dass sie Turnmatten aus dem Fitnessstudio hierher gebracht hatten. Sirroch wollte sich erheben, aber Maiden bedeutete ihm mit einem Winken, dass er genauso gut noch sitzen bleiben konnte.

Ein Nachwuchs-Detective namens Doravich von der nächstgelegenen Wache, ein Mitarbeiter Paul LeBlancs, der sich inzwischen in New York vergnügte, kam auf sie zu und begrüßte sie.

»Guten Morgen, Sir – Detective Spencer.«

Es mochte eine leichte Betonung des Wortes *Morgen* gegeben haben, aber Maiden entschied sich im Zweifelsfall dafür, sich nicht zu ärgern.

»Kein sonderlich guter Morgen, Tim. Wir wären alle lieber woanders. Was ist passiert?«

Doravich nickte in Richtung einer mit einem Laken bedeckten Leiche auf dem Zement. »Das ist Ralph Shackleton, eines der Mitglieder hier. Er wurde kurz nach zehn Uhr abends von der jungen Dame dort drüben am Boden des Pools aufgefunden, voll bekleidet. Ihr Name ist …«

»Carol Geyer, wir kennen sie«, unterbrach ihn Maiden. »Ich vermute, die Chance, dass er bloß eine Runde drehen wollte und dabei etwas Pech hatte, ist gering? Und er hat sich auch nicht besoffen, ist reingefallen, hat sich den Kopf angeschlagen oder so?«

»Nein, Sir.«

»Und woher wissen wir das?«

»Quetschungen des Opfers deuten darauf hin, dass es gewaltsam unter Wasser gedrückt wurde. Und es gibt eine Art Nachricht auf der Tafel im Fitnessstudio. Wie die, die wir nach Vitales Tod gefunden haben.«

»Eine *Art* Nachricht?«

»Nun ja, es ist eine Botschaft, aber sie ergibt nicht viel Sinn. Die Sprache erinnert jedoch an die letzte.«

Maiden wollte sie sich ansehen, aber das musste warten. Er ging zur Leiche, kauerte sich hin und zog das Laken beiseite. Shackletons blutleeres Gesicht starrte ihn mit offenen Augen an. Wasser sickerte ihm aus einem Ohr. Maiden spürte Spencer hinter sich.

»Es scheint kein besonderes Ritual zu sein, in einem Schwimmbecken ertränkt zu werden«, sagte er und ließ das Laken heruntersinken.

»Vielleicht hat Carol den Mörder gestört, bevor er etwas anderes tun konnte? Zum Beispiel *den* hier auch an den Boden nageln?« Spencer betrachtete zweifelnd den Betonboden.

»Fragen wir sie doch.«

Carol schaute müde und resigniert, als sie näher kamen. »Harte Nacht?«, fragte Maiden und setzte sich neben sie. Spencer nahm auf der anderen Seite Platz.

»Könnte man so sagen«, sagte Carol muffig. »Ich schätze, ich muss *Ihnen* jetzt auch alles erzählen?«

»Aber sicher.«

Sie klang erschöpft, denn sie hatte die Worte schon zigmal gesprochen. Sie deutete mit einer Hand auf die entsprechenden Stellen, während sie mit der anderen das Handtuch hielt. »Ich kam her, um ein paar Bahnen zu schwimmen und mir fiel auf, dass jemand anders kurz zuvor dagewesen sein musste, denn es war überall nass, also habe ich in der Umkleide nachgesehen, wer es ist. Aber dort war niemand, und als ich hierher zurückkam, hörte ich, wie die Eingangstür zufiel. Ich dachte, es wäre jemand gewesen, der wie ich schwimmen wollte, aber auch lieber seine Ruhe hatte.« Sie neigte ihr Gesicht dicht an Maidens und flüsterte melodramatisch: »Ich dachte, jemand tut etwas *Unerlaubtes.*« Sie zog sich mit einem Achselzucken zurück. »Mir war das scheißegal. Ich bin also reingesprungen, habe eine Runde gedreht, und dann wurde mir klar, dass ich Licht brauchte. Ich bin rausgestiegen, habe das Licht eingeschaltet und bin wieder in den Pool gesprungen. Und da habe ich ihn gesehen. Hat mir eine Heidenangst eingejagt.«

»Das kann ich mir vorstellen. Was für ein Licht?«, fragte Maiden.

»Die Unterwasserbeleuchtung, sonst ist das Becken pechschwarz. Ich konnte die Markierung der Bahnen nicht sehen.«

»Und Sie haben sonst niemanden bemerkt?«

»Glauben Sie, das hätte ich nicht mittlerweile erwähnt?«

Maiden zuckte mit den Achseln. »Wahrscheinlich schon.«

Carol kniff die Augen zusammen.

Spencer fragte: »Glauben Sie, derjenige wusste, dass Sie hier waren? Ist er gegangen, weil Sie kamen? Haben Sie ihn verjagt?«

»Ich weiß es nicht. Aber ich kann es mir vorstellen.«

»Okay, wenn Sie ihn verjagt haben, weiß er dann, wer Sie waren? Haben Sie gerufen, haben Sie gesagt, wer Sie sind? Hätte er Ihre Stimme erkennen können?«

Jetzt war Carol alarmiert. »Ich … ich habe gerufen, aber ich habe nicht gesagt, wer ich bin. Verdammt, glauben Sie, ich hätte das nicht machen sollen?«

Maiden sagte streng: »Möglicherweise hatten Sie wirklich großes Glück. Glauben Sie immer noch, dass Sie in Gefahr sind? Sind Sie sicher, dass Sie nicht in Schutzhaft wollen?«

»Ja, ich bin sicher«, blaffte Carol. Jetzt war sie wieder mutiger. »Hey, hören Sie auf, mir Angst einjagen zu wollen!«

Maiden erhob sich. »Vielleicht *sollten* Sie Angst haben. Schließen Sie Ihre Tür ab. Der Mörder weiß möglicherweise, wer Sie sind. Wenn Sie bisher noch nicht in Gefahr waren, dann könnten Sie es jetzt sein.«

Spencer berührte Carols Schulter mitfühlend, als sie sich erhob, um Maiden zurück zu Doravich zu folgen.

Maiden sagte zu ihm: »Sie können hier Schluss machen. Die Leute sollen ihre Arbeit beenden und nach Hause gehen. Sie haben alles?«

»Doppelt und dreifach, Sir.«

»Wunderbar. Tut mir leid, dass sie alle warten mussten. Wo ist die Nachricht?«

Doravich deutete auf das Fitnessstudio. »Auf einer Tafel dort. Wir haben Fotos gemacht und die Stifte auf Fingerabdrücke untersucht. Alles schon erledigt. Sie können damit machen, was Sie wollen.«

Maiden nickte und ging zu der Tür, Spencer hinter sich, aber Sirroch wollte nicht mehr länger warten und rief nach ihm, sodass Maiden innehielt.

Sirroch starrte Maiden aufgebracht an. »Wie konnten Sie das geschehen lassen, Detective Maiden?«

»Wie bitte?« Maiden starrte ihn an und war kurz vorm Explodieren.

»Ich hätte irgendeine Art von Schutz durch Ihre Leute erwartet. Hat Chris' Tod nicht ausgereicht, um Sie davon zu überzeugen, dass wir in Gefahr sind? Offensichtlich nicht, denn alles, was Sie getan haben, ist, uns Komplizenschaft zu unterstellen. Jetzt können Sie sehen, was uns das gebracht hat.« Er deutete mit einer Hand auf Shackletons Leiche.

»Ich habe Ihnen gar nichts unterstellt«, sagte Maiden.

»Wir sind nicht dumm, Detective.«

»Sie müssen sich jetzt beruhigen und zurück auf Ihr Zimmer gehen. Wir werden das später besprechen, wenn sich die Aufregung etwas gelegt hat.«

Sirroch sagte ärgerlich: »Ich möchte, dass Sie uns alle als Opfer behandeln, nicht als Verdächtige. Ist das wirklich zu viel verlangt? Man gilt als unschuldig bis zum Beweis des Gegenteils, nicht wahr?«

»Ich werde damit fortfahren, Sie als beides zu behandeln«,

sagte Maiden. »Und ich werde *später* mit Ihnen sprechen. Im Augenblick untersuche ich den Tatort.«

Spencer ergänzte sanfter: »Mr Sirroch, es ist sehr spät, und es war ein schrecklicher Tag für jeden von Ihnen. Alle müssen sich jetzt beruhigen, damit die Sache nicht noch schlimmer wird, als sie ohnehin schon ist. Ich kann Ihnen versichern, Sie werden noch ausreichend Gelegenheit haben, Ihre Bedenken zum Ausdruck zu bringen.«

Sirroch war hin- und hergerissen, ob er standhalten oder Spencers Ausweg akzeptieren sollte. Schließlich sagte er: »Ich danke Ihnen, Peta. Wenigstens ein bisschen Respekt. Vielleicht können Ihre Vorgesetzten von Ihnen lernen.«

»Das bezweifle ich«, sagte sie mit einem kleinen Lächeln und führte Sirroch zurück zu den anderen Mitgliedern. »Das Beste, was Sie jetzt tun können, ist, dafür zu sorgen, dass Ihre Freunde sicher in ihre Betten kommen und sich ausruhen. Wir werden Sie finden, wenn wir Sie brauchen.«

»Ich möchte vollständig informiert werden – *vollständig*, haben Sie verstanden? Ich kann unsere Mitglieder nicht beschützen, wenn ich nicht weiß, was los ist«, sagte Sirroch über die Schulter und ging zögernd zurück zu den Matten.

»Wir werden Ihnen alles sagen, was wir Ihnen sagen können.«

Spencer wandte sich ab, damit Sirroch nicht sehen konnte, wie sie erleichtert den Atem ausstieß. Sie ging neben Maiden her ins Fitnessstudio, wo sie außer Hörweite murmelte: »Glauben Sie, er meint das ernst?«

»Schauspielschule, Anfänger«, sagte Maiden. »Interessiert mich nicht im Geringsten.«

Sie gingen um eine Ecke und entdeckten die weiße Tafel. Sie war für einfache Ankündigungen gedacht, außerdem konnte man hier seinen Namen hinschreiben, wenn man auf ein bestimmtes Fitnessgerät wartete. Ein dicker Stift war mit einer Schnur daran befestigt. Ein trockener Schwamm hing auf der anderen Seite. Die gesamte Tafel war gewischt worden, bevor der Mörder seine Nachricht darauf hinterlassen hatte.

Gott verlangt zorn.
Er hat den krebs der Seele.
Aber ich habe ihn geheilt.
Er hat sein wunder bekommen.

Die Schrift wirkte zittrig und kindlich, die Buchstaben waren übergroß.

Maiden grunzte, während er las. Er sagte zu Spencer: »Sie haben einen Versuch.«

Sie antwortete augenblicklich. »Er hat mit der anderen Hand geschrieben, um sich nicht preiszugeben. Und da haben Sie auch Ihren Ritualmord.«

»Was? Wo?«

»In ›Gott verlangt Zorn‹. Das ist von Johannes dem Täufer.«

»Sie machen Witze. Gucken Sie Ostern eigentlich nur Fernsehen?«

»Ja, guten Stoff, Martin Scorseses *Die letzte Versuchung Christi.* Haben Sie den nicht gesehen?«

»Gibt's darin eine Auto-Verfolgungsjagd?«

»Nein, Sir.«

Maiden las die Nachricht noch einmal und gab zu: »Ich verstehe es noch immer nicht.«

»Johannes der Täufer, Sir. Das bekannteste Bild von ihm ist, wie er bis zur Hüfte im Fluss Jordan steht und Gläubige tauft, indem er sie komplett untertaucht. Er hat sogar Jesus getauft.« Spencer trat einen Schritt näher und legte den Kopf zur Seite, sie las die Nachricht noch einmal. Dann sah sie wieder Maiden an.

»Ich würde sagen, dass Shackleton nicht *ertränkt* wurde. Er wurde zu Tode getauft.«

11

Eine neue Mannschaft uniformierter Polizisten kam, um den Tatort weiter abzusperren. Und Maiden verzog sich, nachdem er ihnen Order erteilt hatte, das gesamte Gelände zu überwachen. Niemand durfte sich entfernen, ohne einen verdammt guten Grund anzugeben.

»Ihr könnt jeden *rein*lassen«, setzte er hinzu. »Nur für den Fall, dass unser Mörder zurückkehrt, um festzustellen, wie viel Aufhebens sie um ihn machen.«

Es dämmerte gerade, als Maiden Spencer vor ihrer Wohnung absetzte.

»Wir sehen uns um neun auf der Wache, okay?«, fragte er sie. Sie winkte erschöpft, als sie davonging.

Maiden fuhr nach Hause und überlegte, was er machen sollte. Für eine Stunde ins Bett zu gehen, kam nicht infrage. Das würde ihm eher schaden als nützen, obwohl seine Augen brannten und seine Knochen schmerzten. Stattdessen nahm er eine ausgiebige Dusche, zog sich saubere Kleidung an und fuhr in ein nahe gelegenes Café, um dort in Ruhe zu frühstücken. Er bestellte eine große Portion Würstchen, Bacon, Eier und alles, was sie dazu anboten, plus einen Becher Kaffee. Abgesehen davon, dass es ihm gut tat, vermutete Maiden auch, dass er den Rest des Tages nicht mehr viel Gelegenheit bekommen würde, ordentlich zu essen.

Er nahm sich eine der kostenlosen Zeitungen aus dem Ständer und suchte sich einen Ecktisch, wo er die Zeitung ausbreitete, um andere davon abzuhalten, ihm Gesellschaft zu leisten. Mittlerweile war die Tatsache, dass er kurz nach Mitternacht geweckt worden war, nur noch eine ferne Erinnerung für ihn, doch die Wirklichkeit holte Maiden ein, als er feststellte, dass der Überfall in allen Zeitungen auf der Titelseite stand.

Maiden war nicht erwähnt – das war so üblich bei derartigen Fällen. Der tote Räuber wurde ebenfalls nicht namentlich genannt, was aber nicht heißen musste, dass er noch nicht identifiziert worden war. Maiden wäre sehr überrascht gewesen, wenn er nicht schon aktenkundig war. Die Überschrift war groß, der Artikel aber klein. Es gab ja auch nicht viel zu berichten.

Maiden blätterte zügig weiter, fand aber nichts über Ralph Shackletons Tod. Das immerhin war ein kleiner Vorteil, den der Raubüberfall ihnen verschafft hatte. Die Verzögerung, mit der Maiden nach Eden aufgebrochen war, hatte auch alles andere verzögert, inklusive der Pressemitteilung über den Todesfall durch Ertrinken. Ganz sicher würde es in den Ausgaben von morgen stehen. Und es war bestimmt auch schon im Internet nachzulesen.

Sein Handy klingelte. Verärgert über die frühe Störung überprüfte Maiden die angezeigte Rufnummer. Es war die Wache. Zögernd meldete er sich und zuckte zusammen, als er hörte, dass Longman am anderen Ende der Leitung war. Er wollte wissen, wo Maiden war und was er tat.

»Ich frühstücke«, entgegnete Maiden störrisch. »Und wenn ich nicht umkippe, bin ich um neun da.«

»Uns fliegt die Scheiße um die Ohren, versuchen Sie, früher hier zu sein«, sagte Longman.

Maiden entgegnete: »Dann bestelle ich jetzt den doppelten Latte ab« und wollte aufhängen, dann setzte er hinzu: »Machen Sie sich nicht die Mühe, Peta Spencer anzurufen. Sie kommt auch um neun.«

»Wieso, ist sie bei Ihnen?«, fragte Longman. Es amüsierte Maiden, so etwas wie Eifersucht in seiner Stimme zu hören. Er fragte sich, ob Longman schon alles wusste – nämlich, dass sie die halbe Nacht gearbeitet hatten. Der Inspector hatte gerade lauter falsche Schlüsse gezogen.

»Nein, ich habe sie vor einer Ewigkeit zu Hause abgesetzt.«

»Aha«, sagte Longman immer noch misstrauisch.

Maiden wollte ihn gerade wieder beruhigen, entschied sich dann aber: *Zur Hölle mit ihm. Soll er doch glauben, was er will, wenn er die Hosen voll hat.* »Wir sehen uns um neun.« Er klappte das Handy zu.

Entschlossen, sich zu entspannen, schlug Maiden in der Zeitung die Sportseiten auf. Er war erst halb durch mit einem Artikel, als sein Handy schon wieder klingelte. Maiden fluchte leise und ging ran, ohne auf das Display zu sehen. Wenn es wieder Longman war, würde er sowieso durchdrehen.

»John Maiden.«

»Du *bist* also schon aufgestanden, alter Bulle?«, fragte eine Frau.

Die Stimme gehörte einer alten Freundin Maidens, einer freiberuflichen Journalistin. Niemand sonst nannte Maiden einen »alten Bullen«. Von Brenda Zerkowski zu hören freute Maiden. Sie sahen einander viel zu selten, weil sie ihren Storys hinterher um die Welt reiste. Irgendwann einmal hätte aus ihrer Freundschaft mehr werden können. Doch es schien, dass immer, wenn Brenda längere Zeit in Sydney war, einer von ihnen beiden entweder verheiratet oder jedenfalls mit jemandem liiert war.

»Warum um Himmels willen rufst du mich denn um diese Zeit an?«, fragte er. »Und wo bist du überhaupt?«

»Ich bin eine Weile in der Stadt. Ich möchte mal zur Ruhe kommen und habe sogar Arbeit. Wie wäre es mit Mittagessen?«

Maiden war enttäuscht. »Tut mir leid, ich versuche gerade, an drei verschiedenen Stellen die Welt zu retten. Ich glaube kaum, dass ich heute einen Lunchtermin einhalten kann.«

»Sag ihnen, es sei beruflich. Du triffst eine Informantin.«

»Das klingt verführerisch, Brenda, aber hier ist wirklich die Hölle los.«

»Komm schon, John. Sag mir, was du wissen willst, und ich erzähle dir etwas. Du *musst* dir die Zeit nehmen.«

»Alles über Chris Vitales Vergangenheit und seine aktuelle Anlage ›Eden‹ wäre eine Hilfe.« Maiden sagte es locker, halb im Scherz. Gleichzeitig ging ihm auf, dass Brenda möglicherweise Zugriff auf Informationen hatte, an die er nicht so leicht herankäme.

»Den Fall hast du? Das muss dir gefallen.«

»Na klar. Hast du irgendetwas darüber gehört?«

»Da hast du echt Glück. Jemand, den ich kenne, hat vor ein paar Wochen angefangen, für eines der Sonntagsmagazine ein Feature über Vitale zu schreiben. Er hat in einem Internetforum damit angegeben, dass der Mord den Wert seines Artikels über Nacht verdoppelt hätte. Ich kann ihn fragen, ob er etwas herausgefunden hat, was dir nützt. Natürlich schuldest du ihm dann etwas … Rechtfertigt das ein bescheidenes Mittagessen mit einer Informantin?«

Maiden war tatsächlich glücklich darüber. »Das ist ja verrückt, aber ich werde mich nicht beschweren. Ich nehme alles, was ich kriegen kann. Okay, kannst du dich noch erinnern, wo wir das letzte Mal zu Mittag gegessen haben?«

Sie neckte ihn. »Wohin sonst würden wir gehen? Du hast immer noch dieselbe Telefonnummer, und ich wette, du fährst noch denselben Wagen. Du trägst vermutlich auch noch denselben Anzug, oder?«

»Ist das etwa ein Verbrechen?«, knurrte er. »Um eins. Ich ruf dich an, wenn es eng wird und ich es nicht schaffe.«

Er legte auf und dann gelang es ihm sogar, sein Telefon dazu zu bewegen, Brendas neue Nummer zu speichern. Als er gerade die letzte Taste drückte, klingelte sein Handy schon wieder, und auch diesmal war ihm die angezeigte Rufnummer unbekannt. Maiden riet einfach.

»Also, Brenda, was hast du vergessen?«, sagte er ohne Begrüßung.

»Ich habe gar nichts vergessen, John. Deswegen rufe ich

dich an. Ich hoffe, dass du dich auch an alles erinnerst. An alles, was wir zusammen hatten.«

Maiden wurde eiskalt, als er Janet Browns Stimme hörte, und er richtete sich instinktiv auf.

»Wo bist du, Janet?«, fragte er vorsichtig.

»Oh, ich bin nicht weit weg.«

»Du hast ein Telefon.«

»Ich habe es gefunden – ich habe eine Menge Sachen gefunden.«

»Janet, das ist keine gute Idee. Du solltest dich wirklich stellen.«

»Meine Güte, warum um Himmels willen sollte ich das denn tun wollen?«

»Weil es besser für dich ist. Besser, als wenn sie dich wieder einkassieren – und das ist nur eine Frage der Zeit.«

Sie klang ehrlich erheitert. »Und wie sollte es dazu kommen?«

»Vielleicht erhöhen Sie deine Strafe nicht allzu sehr ...« Maiden schwieg.

Sie lachte, ein klares und herzliches Geräusch. *Ein erschreckend gesundes Geräusch,* dachte er. »Das ist keine große Verlockung, John! Also wirklich ...«

»Schon gut, aber sie werden dich dann auch nicht erschießen, wenn du zu fliehen versuchst. Geh einfach irgendwo auf eine Wache, sie werden dich gut behandeln.«

Sie gab einen abschätzigen Laut von sich. »John, ich habe nichts zu gewinnen, indem ich mich aufgebe, und du weißt das auch.«

»Warum bist du dann immer noch hier? Warum bist du nicht schon auf der anderen Seite der Welt? Du *bist* doch noch in Sydney, oder?«

»Vielleicht. Ich *wäre* gern auf der anderen Seite der Welt, aber ich will dort nicht allein sein. Ich will, dass du mitkommst. Wir können noch einmal von vorn anfangen. Die Vergangenheit vergessen.«

Maiden war entgeistert über den Wahnsinn dessen, was sie da sagte, und zugleich klang es so, als wäre es äußerst vernünftig. Er sagte vorsichtig: »Selbst wenn ich das könnte, wäre es ein bisschen schwierig zu arrangieren.«

Janet lachte wieder, sie durchschaute ihn sofort. »Nein, ich bin nicht verrückt geworden, John. Ich weiß genau, wie absurd dir mein Vorschlag erscheinen muss, aber das heißt ja nicht, dass du es dir nicht gründlich überlegen kannst. Ich meine, was hast du jetzt schon? Du lebst immer noch allein in diesem Haus? Bist immer noch mit dem Job verheiratet? Möchtest du nicht gern ausbrechen?«

»Ausbrechen ist eher dein Spezialgebiet, Janet.«

»Ja, das stimmt.« Sie wurde ernst. »John, ich möchte wirklich, dass du darüber nachdenkst. Wir beide könnten irgendwo hingehen, wo uns niemand kennt, und wir würden noch einmal von vorn anfangen. Du weißt, warum ich getan habe, was ich getan habe, und es ist vorbei. Ich bin … wieder gesund. Die Vergangenheit ist zu Ende.«

Maiden überlegte panisch. Wenn Janet wirklich glaubte, dass er *tatsächlich* diesen Wahnsinn mitmachte, dann würde sie den Kontakt zu ihm aufrechterhalten. Das vergrößerte die Chance, sie wieder zu verhaften. Aber sie war nicht dumm und würde jede Unsicherheit in seiner Stimme sofort wahrnehmen. Also sagte er besser gar nichts.

»Vielleicht denke ich mal darüber nach«, sagte er. »Es hat schon merkwürdigere Dinge gegeben. Was ist, wenn ich noch mal mit dir reden will? Wie können wir uns treffen?«

Jetzt wurde Janet abwehrend. »Eins nach dem anderen, mein Lieber. Du hast jetzt diese Handynummer. Jeden Tag werde ich es für ein paar Minuten einschalten. Du kannst mir eine SMS schicken. Überzeug mich, dass du es ehrlich meinst, und dann treffen wir uns vielleicht.«

»Ich bin nicht gut mit Worten.«

»Ich bin sicher, dir wird etwas einfallen. Übrigens, ich habe *dir* etwas geschickt, das zeigt, wie ernst ich es meine.«

»Wirklich?«

»Wirklich. Auf Wiederhören, John. Melde dich bald, okay?«

Die Verbindung wurde beendet und Maiden starrte das Handy verblüfft an. Was hatte sie ihm geschickt? *Eine Einladungskarte? Werbebroschüren für die verdammten Seychellen?* Wenn es an die Wache ging und jemand anders seine Post öffnete … es durfte keinen Hauch eines Verdachts geben, dass er ihr dabei Hilfe leistete, zu entkommen. *Als wäre dieser Tag nicht schon schwierig genug.*

Eine Kellnerin schreckte ihn auf, als sie neben seinem Ellenbogen auftauchte und ihm einen großen Frühstücksteller und einen Becher Kaffee hinstellte. Es roch großartig. Maiden bedankte sich bei ihr und zögerte lange. Er sollte den Kontakt zu Janet augenblicklich melden.

Langsam schaltete er sein Handy aus und griff nach Messer und Gabel. Er aß mit Genuss – wie ein zum Tode Verurteilter bei seinem letzten Mahl.

12

Walter Harris musste zurück an seinen Schreibtisch, doch wie schon beim letzten Mal war es nicht der richtige Moment, um an die Konten von Eden zu denken. Er sorgte sich, dass jemand, der ihn sah, misstrauisch werden würde. Sie würden glauben, dass nur ein schuldbeladener Mann nicht an den Tatort käme, dorthin, wo Shackleton gestorben war, um zu erfahren, was los wäre. Man könnte sich fragen, wieso er sich um Kreditoren und Debitoren kümmerte, um Dollars und Cents, wo ihr Anwesen doch schon wieder voller Polizisten und Mitarbeiter der Spurensicherung war. Wo einer ihrer Entscheidungsträger irgendwo in einem Leichenschauhaus lag.

Harris war nicht so gefühllos. Aber er erwartete einen wichtigen Anruf, und trotz der neuen Trauer und Angst, die Eden am Morgen erfasst hatten, wollte Harris diesen Anruf unbedingt entgegennehmen.

Er ging quer über den Rasen auf das Verwaltungszentrum zu. Er senkte den Kopf, damit niemand ihn ansprach, und versuchte auszusehen wie ein Mann, der innere Kämpfe durchzustehen hatte.

Es funktionierte nicht.

»Walter? Alles in Ordnung?«

Innerlich fluchte er, bevor er aufschaute und in das betroffene Gesicht Leanne Dorsetts blickte. Sie stand direkt vor ihm, ihr Atem dampfte in der morgendlichen Kälte. Sie trug einen dicken Mantel mit einer pelzbesetzten Kapuze. Harris fiel auf, wie eng sich ihre Jeans an ihre wohlgeformten Beine schmiegten.

»Ja, mir … es ist alles in Ordnung, Leanne. Jedenfalls geht es mir so wie den anderen.« Er lächelte sie halbherzig an.

»Es ist entsetzlich, absolut entsetzlich. Womit haben wir das verdient, Walter?« Sie kam näher und schien es auf eine beruhigende Umarmung abgesehen zu haben. Er tat ihr den Gefallen und war nicht gänzlich unzufrieden über die Gelegenheit, sich an sie zu schmiegen.

»Es ist nicht unsere Schuld, Leanne. Jemand Böses ist unter uns, und unsere Überzeugungen werden herausgefordert, doch wir dürfen das höhere Leben, das uns umgibt, nicht aus den Augen verlieren.«

Harris war nicht besonders stark in den Glaubenssätzen Edens, und da Leanne ihn nicht sehen konnte, schnitt er sich selbst eine Grimasse, weil er Sirrochs Art zu reden nachahmte. Er wusste, dass es genau das war, was sie hören wollte.

Sie sagte: »Ich weiß, aber es ist so schwer, einen … klaren Kopf zu bewahren.«

»Ich bin sicher, Brent wird uns bald zu einem Gebet zusammenrufen. Das wird uns allen wieder etwas Frieden bringen und wir werden spüren, dass wir diese Zeiten gemeinsam durchstehen.«

»Ja, das vermute ich auch.« Sie löste sich von ihm und riss sich zusammen. »Wo willst du hin? Noch etwas frühstücken? Ich muss zugeben, ich bin auch am Verhungern.«

»Nein, ich muss etwas im Büro überprüfen.« Er sah sie mit dem bedauernden Blick eines geschäftigen Mannes an, der unter keinen Umständen von seinen Verpflichtungen abgehalten werden darf.

»Oh, Walter. Heute? Wirklich?«

Er sagte sanft: »Heute ist für alle anderen in der Stadt ein ganz normaler Tag, Leanne. Für die Leute, mit denen wir außerhalb unserer Mauern zu tun haben. Ich erwarte in Kürze einen Anruf.«

Sie nickte. »Natürlich. Du hast recht.« Leanne setzte einen tapferen Blick auf und versuchte angesichts der entsetzlichen Ereignisse genauso entschlossen zu wirken wie Harris. »Ist irgendetwas daran interessant für den Newsletter?«

»Nein, bloß langweiliger Papierkram. Langweilig für alle außer mir, meine ich.«

»Ich sollte mitkommen und dir Gesellschaft leisten. Ich habe viel zu tun mit dem Newsletter und … jetzt noch mehr hinzuzufügen.«

Harris war alarmiert, nicht nur, weil sie mit ihm kommen wollte. Er runzelte die Stirn und sagte: »Du schreibst im Newsletter über die Morde? Glaubst du, das ist richtig?«

Leanne kannte kein Erbarmen. »Alle müssen die Tatsachen erfahren, Walter. Die *Wahrheit.* Nur so kann man Gerüchte und Tratsch stoppen. Es ist das Mindeste, was ich in dieser Situation tun muss.«

Harris fand, dass es eher nach den fünfzehn Minuten Ruhm klang, die Leanne sich ersehnte. Sie stand in dem Ruf, übermäßig neugierig zu sein und Geschichten auszuforschen, die es gar nicht gab, sich in Angelegenheiten einzumischen, die sie nichts angingen. Jetzt hatte sie tatsächlich einmal eine echte Story zu erzählen, wenn auch in einem vierseitigen Flugblatt, das nur wenige sich überhaupt länger ansahen als nötig war, um Leannes nicht allzu subtile Fragen zu beantworten, *ob* sie es gelesen hatten. Sie druckte viel zu viele Kopien und verschwendete Tinte und Papier, aber sie ließ sich einfach nicht von ihrer Rolle als Medienmogul Edens abbringen. Chris Vitale hatte einmal leise angeordnet, dass niemand Leanne auf die Erde zurückholen sollte. Ihre Fantasie sollte intakt bleiben.

»Dann solltest du – diskret sein«, sagte er.

»Ich werde gerecht und präzise sein«, erwiderte sie pikiert.

Er gab auf. »Ja, also – du hast gesagt, du wärst hungrig, und ich bin am Verhungern. Was hältst du von Folgendem? Warum gehst du nicht in die Küche und holst uns ein paar getoastete Sandwiches? Ich gehe ins Büro, schalte die Heizung ein und mache schon mal die Kaffeemaschine an. Dann haben wir es nett, wenn wir arbeiten.«

»Das ist eine gute Idee«, sagte sie lächelnd. Sie freute

sich, mitmachen zu dürfen. »Ich komme in zehn Minuten«, sagte sie.

Harris tat so, als guckte er streng. »Lass dir Zeit, man soll nie hastig getoastete Sandwiches machen!« Er klopfte sich auf den Bauch. »Das ist eine ganz ernste Sache.«

Er rechnete damit, dass Leanne eher eine Viertelstunde brauchen würde, sodass Harris mehr als genug Zeit hatte, seinem Anrufer zuvorzukommen und ihn seinerseits anzurufen. Es konnte einfach nicht warten, und immerhin war *er* der Kunde.

Diane, die Empfangsdame, saß auf ihrem Posten. Sie schaute unglücklich, ihre Augen waren gerötet, und sie begrüßte Harris mit dem unsicheren Versuch eines Lächelns.

Er hob augenblicklich die Hand. »Ja, es ist ein *entsetzlicher* Tag, Diane. Wir sind alle traurig wegen des armen Ralph. Aber leider gibt es ein paar Dinge, die nicht warten können. Wo ist Brent?«

Sein schroffes Verhalten ließ sie zusammenzucken. »Auf dem Gelände, er redet mit allen. Alle sind sehr …«

»Ja, ich weiß. Hat jemand für mich angerufen?«

Diane deutete hilflos auf die Telefonanlage. »Den ganzen Morgen rufen Journalisten und Fernsehreporter an … alle *möglichen* Leute. Ich weiß gar nicht, was ich ihnen sagen soll, und Brent hat gesagt, ich soll bloß Nachrichten entgegennehmen. Er würde sich später darum kümmern. Ich soll gar nichts sagen. Aber Walter, manche dieser Leute sind sehr hartnäckig. Sie akzeptieren einfach kein Nein. Ich musste zu einem von ihnen sehr unhöflich sein.« Sie hielt nervös eine Hand vor die Lippen.

»Wir müssen unbedingt tun, was Brent sagt«, entgegnete Harris streng. »Aber hat jemand für *mich* angerufen?«

»Für dich?« Es ärgerte Harris, dass Diane erst nachdenken musste. »Nein … ich glaube nicht … nein, ich bin sicher.«

»Danke. Ich bin in meinem Büro.«

Harris setzte sich an seinen Schreibtisch, fuhr seinen

Computer hoch und wartete darauf, dass das Startbild angezeigt wurde. Er dachte an Sirroch, der draußen die anderen Mitglieder beruhigte. Harris hatte keinen Zweifel daran, dass Sirroch die Gelegenheit nutzte, um seinen Anspruch auf die Führerschaft in Eden zu zementieren. Er würde alles daransetzen, bei allen im Geiste ganz vorn zu stehen, wenn es darum ging, die Rolle Chris Vitales neu zu besetzen. Harris wollte auch dort draußen sein und für sich werben. Aber das hier war wichtiger.

Er fand die Telefonnummer, die er benötigte, in der Signatur am Ende einer E-Mail.

Das folgende Gespräch versetzte Harris in maßlose Wut, denn seine Vermutungen wurden durch die aalglatte, professionelle Stimme am anderen Ende bestätigt. Er stellte ein paar Fragen, wusste die Antworten aber schon. Als er auflegte, musste Harris den Hörer mit äußerster Beherrschung auf die Gabel legen, um ihn nicht wütend aufzuknallen.

»Da bist du ja«, sagte Leanne fröhlich, trat neben ihn und stellte ein Sandwich auf einem Pappteller vor ihm ab. Da bemerkte sie seinen Gesichtsausdruck. »Oh, meine Güte, was ist passiert?«

Harris sah sie nicht an, er starrte bloß auf den Bildschirm, während er nachdachte. »Ich muss etwas mit jemandem besprechen«, sagte er geistesabwesend, dann erhob er sich und stieß Leanne beinahe zur Seite. Eilig ging er zur Tür.

»Aber was ist mit deinem Sandwich?«, rief sie ihm frustriert hinterher.

Seine unfreundliche Antwort hallte durch den Flur. »Ess' ich nachher.«

»Aber dann ist es kalt …« Sie unterbrach sich, weil er schon weg war.

Dann fiel ihr Blick auf den Computermonitor. Harris hatte sich nicht von seinem E-Mail-Konto abgemeldet.

*

Harris marschierte quer durch den Garten von Eden und er sprang in seiner Eile über Wege und Beete. Er erreichte die Tür zu Carol Geyers Zimmer und klopfte laut.

»Carol, bist du da?« Der Zorn war seiner Stimme deutlich anzuhören.

Ihre Antwort klang verängstigt und klein. »Wer ist da?«

»Hier ist Walter. Ich muss mit dir reden.«

»Nein, Walter. Ich rede mit niemandem. Es geht mir zu schlecht. Du musst später wiederkommen.«

»Carol, es ist sehr wichtig.«

Jetzt klang sie verärgert. »Ich habe Nein gesagt, Walter. Ich will niemanden sehen.«

Voller Frustration hämmerte er noch einmal heftig gegen die Tür. »Carol! Wir müssen jetzt sofort über etwas reden!«

Harris hörte Geräusche, ein Schloss wurde geöffnet, dann ging die Tür auf. Er wollte sich gerade hineindrängen, aber Stirling Moss stand ihm im Weg, der junge Anwalt Edens, und wie Harris einer der verbliebenen Entscheidungsträger.

Harris war einen Moment lang sprachlos, dann sagte er in ätzendem Tonfall: »Carol, ich dachte, du willst niemanden sehen?« Er schaute an Moss vorbei: Carol saß im Bett, sie hatte das Laken bis zur Brust hochgezogen. Ihre Schultern waren nackt.

Sie entgegnete beißend: »Ich wollte niemand *sonst* sehen.«

»Ich wusste nicht, dass Stirling und du sich so … nahestehen.«

»Zieh keine falschen Schlüsse, Walter. Ich wollte schlafen, als Stirling vorbeikam, das ist alles.«

Moss spreizte die Hände und lächelte unschuldig. »Es ist nicht, wie du denkst, Walter.«

Carol rief vom Bett aus: »Was wolltest du mir sagen?«

Harris überlegte es sich anders und sagte: »Es kann warten. Ich komme später wieder.«

Moss sagte mit einem freundlichen, aber doch misstrauischen Gesichtsausdruck: »Hey, komm schon, Walter. Es gibt doch keine Geheimnisse zwischen uns, vor allem nicht unter uns Entscheidungsträgern.«

»Es gibt einen Unterschied zwischen Privatsphäre und Geheimnissen«, beschied ihm Harris angespannt. »Wir sehen uns später, Carol.«

Er trat zur Seite und verschwand aus der Tür. Moss wartete ein paar Sekunden und steckte vorsichtshalber noch den Kopf nach draußen, aber Harris war schon in einiger Entfernung und ging schnell davon. Moss schloss die Tür und sah Carol an.

»Nicht schwer zu erraten, was er gerade herausbekommen hat«, sagte er grinsend.

»Irgendwann musste es so weit sein«, sagte sie, zuckte mit den Achseln und ließ das Laken los, sodass ihre Brüste zum Vorschein kamen. Carol hob eine Ecke des Lakens. »Komm schon, du lässt die ganze kalte Luft rein.«

*

Während er zügig voranschritt, bemühte sich Harris, die Situation zu durchdenken und die Erinnerung an Carols Nacktheit unter den Laken zu verdrängen – und den Stachel der Eifersucht, den sie mit sich gebracht hatte. Andererseits war er auch ganz froh, dass Moss dort gewesen war. So hatte Harris nicht übereilt gehandelt und in seinem Zorn zu viel gesagt. Und Moss' Anwesenheit verriet noch etwas, möglicherweise eine größere Verschwörung. Allerdings war es auch falsch, zu viel in die Dinge hineinzuinterpretieren. Das konnte ihn später dazu bringen, die falschen Entscheidungen zu treffen.

Er wusste nicht recht, wohin er ging, er wollte bloß in Bewegung bleiben, während er nachdachte. Er hielt sich fern vom Sportbereich, in dem mehrere Polizisten immer noch nach Hinweisen suchten, und ebenso von anderen Mitgliedern, um keine Gespräche führen zu müssen, die ihm nicht passten. Irgendwann war Harris so damit beschäftigt, Sirroch zu entgehen, dass er direkt in Evan und Muriel Grant hineinlief. Augenblicklich bereute er das. Ihre traurigen, ältlichen Gesichter waren am schwersten zu ignorieren.

»Oh, Walter, es ist schrecklich«, sagte Muriel augenblicklich. »Ist es nicht schrecklich?«

»Es könnte nicht schlimmer sein«, sagte Harris und schaute grimmig. Das fiel ihm nicht schwer.

»Was wird als nächstes geschehen?«, fragte sie besorgt.

Evan trat näher und starrte Harris an. »Ja, Walter – was wird als nächstes geschehen?«

»Nun ja, das ist … schwer zu sagen. Ich bin kein Polizist.«

Muriel sagte: »Wir können nirgendwo hin. Wir waren von Anfang an bei Chris, selbst bevor er herkam und mit Eden begann, und wir dachten, wir würden für immer hier bleiben, aber jetzt …«

Harris unterdrückte seine Irritation. Die Grants waren vor allem aufgrund ihres Alters und ihrer langen Beziehung zu Vitale Ratsmitglieder, leisteten ansonsten allerdings nur einen bescheidenen Beitrag, abgesehen davon, dass sie die ältere Generation repräsentierten, wenn das zur Akquisition neuer Mitglieder hilfreich war. Sie schienen sich dessen bewusst zu sein und erinnerten immer wieder an ihre enge Beziehung zu Vitale und wie sehr er sie brauchte. Harris vermutete, dass sie sich jetzt, wo Vitale tot war, verwundbar fühlten.

Erstaunt sagte er: »Entschuldigung, ›nirgendwo hin‹? Wie meint ihr das?«

Muriel sagte: »Werden die Behörden nicht versuchen, uns zu schließen?«

»Uns zu schließen? Warum um Himmels willen sollten sie das tun?«

Evan entgegnete: »Weil wir hier nicht mehr sicher sind.«

Harris seufzte und erklärte geduldig: »Ganz offensichtlich steht es im Augenblick nicht besonders gut. Ich kann verstehen, dass ihr euch nicht sicher fühlt. Aber die Polizei würde etwas sehr Dramatisches und Unkluges tun, wenn sie glaubt, es sei sinnvoll, Eden zu schließen. Ehrlich gesagt ist das Gegenteil der Fall. Sie werden uns wahrscheinlich helfen, es hier sicherer zu machen. Ihr werdet euch nichts anderes zum Leben suchen müssen, keine Sorge.« Harris warf einen Blick zu Sirroch in der Ferne, und ein gerissener Ausdruck huschte über sein Gesicht. »Aber ich sage euch eines, Brent hat hier nicht alle Fäden in der Hand. Einige von uns übernehmen im Hintergrund die Geschäfte. Wenn ihr irgendwelche Sorgen habt, dann gibt es noch andere Leute, an die ihr euch wenden könnt.« Er tippte sich auf die Brust. »Schließlich ist Brent nicht derjenige, der die Schecks unterzeichnet, wenn ihr versteht, was ich meine?«

Evan sagte dankbar: »Wir wissen sehr zu schätzen, was du für uns alle tust, Walter. Wirklich, obwohl wir das nicht oft sagen.«

»Danke.« Harris legte beiden die Hand auf die Schulter. »Es wird alles in Ordnung kommen.«

Muriel zögerte, lächelte entschuldigend und fragte dann: »Können wir dann trotzdem das neue Klavier für den Esssaal bekommen? Ich weiß, es ist viel Geld, aber Chris *hat* gesagt …« Sie warf ihrem Mann einen Blick zu, auf der Suche nach Unterstützung.

Wie so oft beendete er den Satz. Das irritierte Harris jedes Mal sehr. Evan fuhr fort: »Ja, das alte ist ein echter Schatz, aber es hat einen Holzrahmen und man kann es einfach nicht mehr stimmen. Es klingt sehr schlecht, und ich habe versucht, den Rahmen zu verstärken, aber da kann man nichts mehr machen, leider.«

Muriel berührte Harris' Arm. »Es ist so schön, dem Gesang beim Abendessen zu lauschen. Evan hat sogar eine Hymne geschrieben, und ich werde sie jeden Abend vor dem Abendgebet singen.« Sie lächelte unsicher in der Erwartung eines Kompliments, das aber nicht kam. »Ian hat gesagt, er bringt es vielleicht dem Chor bei, wenn …«

Harris bemühte sich, nicht völlig die Fassung zu verlieren, und hob die Hände, um ihr Einhalt zu gebieten. »Ich weiß, dass euch das sehr wichtig ist, aber eine so große Ausgabe wie diese könnte im Moment ein wenig … sagen wir mal, der Zeitpunkt ist nicht optimal.«

»Ja, das stimmt wohl.« Muriel senkte enttäuscht den Blick. »Es tut mir leid, ich hätte dich damit nicht belästigen sollen.«

Trotz allem sagte Harris: »Aber ich werde einmal sehen, was ich tun kann.«

Sie strahlten ihn sofort beide dankbar an.

Harris dachte: *Es wird nicht nur Geld kosten. Ihr schuldet mir dann etwas, das kann nicht schaden.* Er war gut darin, erteilte Gefälligkeiten zu horten.

Jetzt war ein geeigneter Augenblick zu gehen. Die Grants würden sonst ein ganz neues Thema anschneiden und Harris noch länger aufhalten. Er eilte davon, und sie schauten ihm lächelnd hinterher.

Harris wünschte, er wäre so zuversichtlich, wie er sich anhörte. Doch seit diesem Morgen hatte er die Dinge bei Weitem nicht so gut unter Kontrolle, wie er angenommen hatte.

13

Es ist ein Finger«, sagte Maiden mit schwerer Stimme und ließ ein Plastiktütchen auf Longmans Schreibtisch fallen. Spencer kam hinter ihm ins Büro.

Longman zuckte zurück. Das Blut war braun geronnen und das Fleisch farblos. »Was zum Teufel ist das?«, wollte er wissen.

»Habe ich doch grade gesagt, ein Finger.«

»Und wessen Finger ist es?«

»Ich habe nicht die geringste Ahnung.«

»Wo haben Sie ihn gefunden?«

»Ich habe ihn nicht gefunden. Er kam mit der Post.«

Longman schnitt eine Grimasse. »Jemand hat Ihnen einen Finger mit der Post geschickt … Oh mein Gott, Sie meinen, *sie* hat Ihnen einen Finger per Post geschickt. Es war Janet Brown.«

»Jetzt haben Sie's.«

»Glauben Sie, es ist einer von ihren?« Er korrigierte sich schnell. »Ach was, sie würde sich keinen ihrer *eigenen* Finger amputieren, nur um ihn Ihnen zu schicken …« Longman schwieg.

Maiden zuckte mit den Achseln. »Da haben Sie recht, das ist sehr unwahrscheinlich – und außerdem müsste sie dann Maurer oder so was geworden sein. Das ist ein Männerfinger, oder er kommt von einer verdammt beängstigenden Frau.«

»Es könnte auch der einer Frau sein, Sir«, sagte Spencer. »Nicht alle Frauen sind mit schmalen Knochen gesegnet.«

Longman erholte sich von dem Schock. »Können wir davon ausgehen, dass der Besitzer dieses Fingers tot ist?«

»Bei Janet Browns Vorgeschichte möchte ich darauf wetten.«

»Keine Meldungen?«

»Nein, aber wir geben besser eine Suchmitteilung heraus und erklären, dass wir uns besonders für eine fingerlose Leiche interessieren – noch mehr, als das ohnehin der Fall wäre«, setzte Maiden hinzu.

»Da war noch eine Nachricht, Sir«, sagte Spencer zu Longman, woraufhin der Maiden anschaute.

»Dazu wollte ich noch kommen«, sagte Maiden gereizt. »Sie besagt, wenn ich es mir nicht bald überlege, würde ich wohl wissen, was als Nächstes geschieht.«

»Und das heißt?«

»Nächstes Mal ist es eine Hand, so hat sie das zumindest bisher gemacht.«

»Um Gottes willen, schon wieder.« Longman wischte sich über das Gesicht. »Was will sie? Sichere Ausreise nach … was weiß ich wohin, nehme ich an.«

»Nein, nichts so Einfaches«, sagte Maiden zögernd. Dann berichtete er von Janets Anruf am Morgen.

»Das ist verrückt«, sagte Longman entsetzt.

»Es hat nie großen Zweifel an Janets Geisteszustand gegeben.«

»Sie ist bereit, unschuldige Menschen zu verstümmeln, um Sie zu einer Beziehung zu zwingen?«

Maiden wollte einen Scherz über seine sexuellen Fähigkeiten machen, aber er wusste, dass Longman keinen Humor hatte. Jedenfalls fand er seine Witze nicht spaßig. »Scheint so.«

Longman trommelte auf seinem Schreibtisch und dachte nach. Schließlich sagte er: »Ich halte ein volles Briefing oben ab in …« Er warf einen Blick auf seine Uhr. »Um zehn. In Ordnung? Können Sie beide kommen?« Die Frage war rein rhetorisch.

Maiden zuckte mit den Achseln und warf Spencer einen

Blick zu. »Wir haben bloß einen weiteren Mord in Eden und die Schießerei letzte Nacht, nichts Wichtiges.«

Longman entgegnete säuerlich: »Wir sind *alle* überlastet, John.«

Maiden antwortete nicht.

Eine Stunde später befanden sich Spencer und er in einem Konferenzraum mit mehreren erfahrenen Kollegen, einem Mitarbeiter der Spurensicherung und einem Psychologen. Das Meeting wurde von Inspector Bercoutte geleitet. In der Vergangenheit hatte der Maiden auserkoren, um Longmans Position zu übernehmen, und versucht, Longman mithilfe von Bürointrigen kaltzustellen, aber Maidens Affäre mit Janet Brown hatte dem ein Ende bereitet.

Nun fragte Bercoutte Maiden: »Haben wir schon einen Plan? Können wir das irgendwie zu unserem Vorteil nutzen und Brown wieder hinter Schloss und Riegel bringen?«

»Noch nicht, Sir. Wie Sie wissen, ist Janet Brown eine sehr intelligente Frau. Wenn wir uns etwas ausdenken, muss es verdammt gut sein, sonst wird sie es sofort durchschauen.«

»Und was tun wir jetzt?«

»Nun ja, wir wissen, wozu sie fähig ist.«

Bercoutte schüttelte ungläubig den Kopf und wandte sich an den Psychologen, einem Mann namens Gray. »Glauben Sie wirklich, dass sie das durchzieht? Dass sie weiter Leute umbringt, nur um John wieder in ihr verdammtes Bett zu kriegen? Sie kann doch nicht *so* verrückt sein!«

Gray schob seine Brille auf der Nase nach oben und beugte sich vor, um die ungeteilte Aufmerksamkeit zu erhalten. »Ein Mann klaut vielleicht Geld aus der Kasse seines Arbeitgebers, weil er eine Krankenhausrechnung begleichen muss, ja? Und kommt damit durch. Ein paar Monate später stiehlt er bereits Geld, um Zigaretten oder Bier zu kaufen. Zuerst bereitete ihm der Diebstahl Schuldgefühle und Angst, doch jetzt kann er es mühelos rechtfertigen, kein Problem mehr. Als Janet Brown mit dem Morden begann, wurde sie von einer persönlichen Vendetta getrieben, die ihr half, ihr Handeln zu rechtfertigen. Und je mehr sie mordete, desto einfacher wurde es.« Gray lehnte sich zurück und spreizte die Hände. »Jetzt wird sie von einer neuen Leidenschaft getrieben, einem neuen Ziel. Uns erscheint es absurd …« Er entschuldigte sich mit einer kleinen Geste bei Maiden. »Doch für sie ist es allumfassend, und sie empfindet den Mord an unschuldigen Menschen, um John zu erpressen, nicht als … nun ja, nicht als besonders schwerwiegend. Ihr fällt es leicht. Dass sie mit dem Verbrechen schon so gut vertraut ist, hat seine ernste Bedeutung gemindert. Das ist ihr Wahnsinn, wenn Sie so wollen. Zumindest ein Teil davon.«

Schweigen am Tisch, während sie versuchten, das zu verdauen.

Spencer fragte zögernd: »Und … sieht sie verrückt aus? Ich meine, fällt sie in der Menge auf?«

Gray lächelte betrübt. »Nein, überhaupt nicht, leider. Sie ist außerdem sehr raffiniert und wahrscheinlich härter im Nehmen durch ihren Aufenthalt im Gefängnis. Sie wird sogar noch besser dagegen gewappnet sein, ihre Emotionen zu zeigen.«

Bercoutte fragte: »Und was können wir tun? Vorschläge, meine Herren?«

Maiden sprach zuerst. »Ein paar Tage kann ich sie hoffentlich hinhalten. Ich kann ihr eine Nachricht schicken in der Art ›Gib mir noch etwas Zeit‹ oder so, aber ganz offensichtlich wird sie das nicht besonders lange hinnehmen.« Er beugte sich vor und tippte auf ein Foto des abgeschnittenen Fingers. »Wir nutzen die Zeit, um den Rest dieser armen Sau zu finden. Das ist vielleicht ein Anfang.«

Sie lösten das Meeting auf mit dem Beschluss, dass Maiden nicht an der Suche nach Janet Brown teilnehmen würde. Es würde der Vorspiegelung, dass er mit ihr fliehen wollte, widersprechen und jede Chance, ihr eine Falle zu stellen, wäre vertan. Ihm passte das gut. Er hatte genug zu tun.

Er ging mit Spencer zurück in den Wachraum. Sie griff nach einem Stapel Zettel und hielt sie hoch.

»Die habe ich vorhin durchgesehen. Hintergrundinformationen über die Entscheidungsträger von Eden.«

»Irgendetwas Spannendes?«

»Vielleicht. Alle außer einer bemerkenswerten Ausnahme sind aus Mittelstands-Vororten, mittleres Einkommen, alles ganz normal, Alltagsbürger, die gerade aufgrund ihres unfassbar langweiligen Daseins reif dafür waren auszusteigen. Aber unser schlimmer Finger ist natürlich derjenige, der aus dem Rahmen fällt.«

Maiden fragte interessiert: »Sirroch?«

Spencer las von dem Blatt ab. »In Wirklichkeit heißt er Calvin Squire. Er hat Vorstrafen in Queensland, aber das ist nicht schwer – ich meine, wer hat das nicht? Zucht von Cannabis mit der Absicht, es zu verkaufen. Es waren bloß ein paar Pflänzchen zu viel. Er muss irgendjemanden echt verärgert haben, damit die Sache überhaupt verfolgt wurde. Er hat sechs Monate auf Bewährung kassiert.«

»Nicht gerade ein großes Tier in der Drogenszene«, sagte Maiden unbeeindruckt.

»Ganz meine Meinung … Scheiße!« Spencer schlug sich vor die Stirn. »Wie blöd bin ich eigentlich?«

Vor den Augen eines überraschten Maiden begann sie nach einem Stift zu suchen, fand einen, und kritzelte dann eine Minute auf der Rückseite des Blattes herum. Spencer ließ das Blatt auf den Tisch fallen und deutete auf die Worte.

Sie sagte: »*Christ Reborn* – der wiedergeborene Christus! Warum um Himmels willen habe ich das nicht früher bemerkt?«

»Was?« Maiden starrte verständnislos den Zettel an. »Was bemerkt?«

»Chris Vitales Name ist ein Anagramm von *Christ Alive,* erinnern Sie sich? Brent Sirrochs Name ist ein Anagramm von *Christ Reborn.* Es ist verflucht offensichtlich, wenn man das ›ch‹ in seinem Namen sieht. Ich hätte gleich daran denken müssen.«

»Das ist doch albern, finde ich«, sagte Maiden. »Warum sollte man seinen Namen in etwas Sinnstiftendes ändern, nur um es dann in einem Anagramm wieder zu verstecken?«

Spencer zuckte mit den Achseln. »Vielleicht ist es ein persönliches Bekenntnis? Ein geheimer Schwur?«

»Es ist ein geheimer Schwachsinn, aber ansonsten hilft es uns nicht weiter. Er hat nicht mal versucht unterzutauchen. Aber behalten wir es für uns, okay? Wenn der wiedergeborene Brent Sirroch uns zu viel Ärger bereitet, können wir immer noch seine entsetzliche Drogenvergangenheit hervorkamen und ihm unter die Nase reiben. Vielleicht hält er dann die Schnauze.«

»Okay.«

Maiden seufzte und dachte nach. »Verflucht, wenn Vitale und Sirroch die Inspiration für ihre Anhänger sind, dann sollten wir wohl besser alle auf neue oder falsche Namen überprüfen. Man kann nie wissen.«

»Alle zweihundert?« Spencer schaute zweifelnd. »Das wird ein Weilchen dauern …«

»Fragen Sie Longman um Hilfe. Ein paar von den Nachwuchs-Uniformen können damit anfangen.«

»Oh, sollten Sie ihn nicht besser darum bitten?«

Maiden verzog das Gesicht. »Wollen Sie, dass er Ja sagt, oder nicht?« Er deutete auf einen Stuhl. »Aber später, jetzt haben wir Wichtigeres zu tun.«

Sie begannen, die Informationen der Spurensicherung über den Shackleton-Mord durchzusehen. Sie saßen sich an Maidens Schreibtisch gegenüber und blätterten über eine Stunde in Ausdrucken und verglichen die Abschriften der Aussagen. Maiden hatte seinen Computermonitor so gedreht, dass Spencer die Fotos sehen konnte. Wann immer sie ihre Köpfe zusammensteckten, um etwas anzuschauen, bemerkte Maiden ein Gefühl der Intimität, von dem er wusste, dass er es sich einbildete, aber das half ihm nicht. Spencer schien es nicht aufzufallen.

Er deutete auf ein Bild von Shackletons Leiche neben dem Pool. Sie betrachteten es nicht zum ersten Mal, aber Maiden kehrte immer wieder zu dem Foto zurück, als ob es sie auf eine Idee bringen würde. Er sagte: »Zwei Morde in sehr kurzer Zeit, in einer engen Gemeinschaft. Der Mörder ist entweder so überheblich anzunehmen, dass er sicher nicht erwischt wird, oder es ist ihm egal.«

»Warum war ausgerechnet Shackleton der Nächste auf der Liste?«, überlegte sie.

»Sind wir denn sicher, dass es eine Liste ist? Vielleicht war er auch nur zur falschen Zeit am falschen Ort?«

»Shackleton gehört zu den sogenannten Entscheidungsträgern. Vitale war ihr Oberboss. Und was hat Shackleton um diese Zeit am Pool getrieben, wenn er nicht dorthin gelockt wurde? Nein, ich glaube, die Führungsgruppe wird ins Visier genommen. Die Frage ist nur, wie viele von ihnen. Kann ich noch einmal die Nachricht sehen?«

»Augenblick …«

»Können Sie beide anzeigen? Damit wir sie vergleichen können.«

Maiden hantierte ungeschickt mit der Computermaus, während Spencer ungeduldig wartete. Sie sagte: »Öffnen Sie ein zweites Fenster und klicken Sie dann auf die Dateien in …«

»Ich weiß, ich weiß«, sagte er gereizt. »Ich kann das.«

Sie lächelte ihn an. »Sie sind ein ganz schön stolzer Kerl, was?«

Er zwang sich, sich nicht im Saal umzusehen, ob jemand zusah oder zuhörte. »Ich bezeichne es lieber als stur«, entgegnete er.

»Da haben Sie recht, das klingt viel besser.«

Er deutete auf den Bildschirm. »Arbeiten wir jetzt, oder was, Detective Spencer?«

»Selbstverständlich, Sir«, sagte sie, richtete sich auf und schaute wieder aufmerksam auf den Bildschirm.

Maiden gelang es schließlich, die Aufnahmen der beiden Nachrichten des Mörders nebeneinander auf dem Bildschirm anzuzeigen. Ein Scan des Computerausdrucks, ein Foto der Tafel.

»Zu Tode getauft«, murmelte er. »Das ist wirklich mal etwas Neues.«

»Der Symbolismus ist eindeutig wichtig.«

»Ach wirklich? Dieser Laden ist knallvoll mit verdammtem Symbolismus.«

»Ja, aber Vitales eigene Botschaften drehen sich vor allem um ihn selbst. Es ist, als wollte ihnen der Mörder das traditionelle Christentum reinwürgen.«

»Der Mörder ist eine Art Anti-Schwachkopf-Kreuzzügler? Das ist ja eine echt durchgeknallte Art, seine Meinung kundzutun. Warum können die nicht jemandem ganz normal die Reifen aufstechen oder was an die Wände schmieren?«

»Da haben Sie recht, es ist beinahe so verrückt, wie einen Mann zu töten und ihm den Finger abzuschneiden, um seine Liebe zum Ausdruck zu bringen, Sir.«

»Vielleicht bin ich es *wert?*«, sagte er gereizt.

»Vielleicht«, sagte Spencer und starrte auf den Bildschirm. »Wissen Sie, da sind noch andere religiöse Bezüge, über die wir noch nicht viel nachgedacht haben. Die Sache mit den Wundern. In der Nachricht für Vitale steht: ›Das Wunder wird nie geschehen‹, und auf der Tafel steht: ›Er hat sein Wunder bekommen‹. Und da ist auch noch …«, ihre Stimme verhallte unsicher.

»Da ist auch noch was?«

»Na ja, was assoziieren wir normalerweise mit Wundern?«

»Ich bin kein großer Bibelleser. Wasser in Wein zu verwandeln, übers Wasser zu laufen?« Maiden unterbrach sich. »Und Wunder*heilungen* natürlich.«

Sie sagte: »Genau. Das Wunder wird nie geschehen, und

dann hat *er* sein Wunder bekommen. Shackletons Krankheit war Krebs der Seele, nicht wahr? Wenn wir die Seele weglassen, dann haben wir ›Wunder‹ in beiden Nachrichten. Einen enttäuschenden *Mangel* an Wundern in Vitales Fall. Und es geht auch um ›Krebs‹. Ich glaube, das mit der Seele ist nicht so wörtlich zu nehmen. «

Maiden rätselte weiter. »Diese Sekten mit ihren charismatischen Führungspersönlichkeiten ziehen oft verzweifelte Menschen an, denen keine anderen Optionen mehr bleiben. Zum Beispiel todkranke Personen, die auf eine Wunderheilung hoffen.«

Spencer fuhr fort: »Vielleicht ist jemand sehr enttäuscht darüber, dass Vitale und sein Eden doch nicht über einen Zauberstab verfügte. Er ist sterbenskrank und tödlich sauer, dass Vitale ihm nicht helfen konnte. Vielleicht ist er sogar so mitgenommen durch die Krankheit oder die Medikamente, dass es ihm absolut sinnvoll erscheint, diejenigen, die verantwortlich für diese Enttäuschung sind, umzubringen.«

Maiden murmelte: »Wir dachten, dass er entweder arrogant ist oder ihm die Konsequenzen egal sind. Aber wenn er sowieso im Sterben liegt …«

»Aber wenn wir damit recht hätten, müsste es doch ziemlich einfach sein? Es kann doch nicht leicht sein, eine solche Krankheit zu verbergen? Wir müssen doch nur überprüfen, welche Mitglieder Edens tödliche Krankheiten haben. Wie viele können das schon sein?«

Maiden nickte, misstraute aber der Tatsache, dass plötzlich eine einfache Antwort möglich zu sein schien. »Vielleicht – vor allem, wenn man davon ausgeht, dass derjenige von unserem guten Doktor Richard Chore behandelt wird. Wir können ihn besuchen und ihn um die Bestätigung bitten, dass *überhaupt* irgendwer todkrank ist, wofür er nicht einmal die Schweigepflicht brechen muss. Und dann besorgen wir uns die ganzen notwendigen Papiere, um Zugriff auf seine Unterlagen zu erhalten. Mit ein bisschen Glück wird er uns Zeit sparen und die Privatsphäre seiner anderen Patienten schützen, indem er gleich die richtigen Unterlagen rausrückt.«

Spencer erhob sich aufgeregt. »Das könnte der Durchbruch sein. Sollen wir hinfahren?«

Maiden überraschte sie, indem er auf die Uhr schaute. »Sagen Sie, können Sie sich jemanden in Uniform schnappen, der Ihnen den Rücken freihält, und es selber machen? Ich habe eine Verabredung zum Mittagessen.«

Sie war wie vor den Kopf gestoßen. »Eine Verabredung zum *Mittagessen?* Wir stehen kurz vor einem …«

»Eine *wichtige* Verabredung, nicht bloß ein normales Mittagessen. Jemand mit Insiderinformationen über Vitale.«

Spencer starrte ihn einen Augenblick lang an; sie versuchte herauszubekommen, ob er noch ein anderes Motiv verfolgte. »Okay, aber brauchen wir die wirklich noch?«

»Wir brauchen immer noch alles, was wir kriegen können. Ihre Krebs-Theorie könnte in sich zusammenbrechen. Freuen Sie sich nicht zu früh.«

»Das tue ich nicht.« Aber ihr Gesicht verriet etwas anderes, und Maiden bezweifelte, dass er ihre Hoffnung dämpfen konnte. Sie sagte: »Sir, aber was ist, wenn in Eden etwas passiert?«

»Deswegen sollen Sie ja einen Kollegen in Uniform mitnehmen. Aber es wird nichts passieren. Im Augenblick holen Sie nur Informationen ein. Erzählen Sie Richard Chore nicht zu viel. Kommen Sie ihm mit irgendeinem Blödsinn darüber, dass Sie Verbindungen zu einem alten Fall überprüfen wollen oder irgendetwas anderes, damit er nicht aus Versehen mögliche Verdächtige informiert. Alles, was wir im Moment wissen müssen, ist, ob er überhaupt jemanden wegen einer tödlichen Krankheit behandelt.«

Spencer runzelte die Stirn. »Das durchschaut er doch sofort.«

»Nicht, wenn Sie es geschickt anfangen. Seien Sie cool und

erzählen Sie ihm irgendetwas. Führen Sie ihn auf eine falsche Fährte.«

Sie dachte darüber nach und griff nach ihren Sachen. »Kann ich Sie anrufen, wenn etwas schiefgeht?«

»Kein Problem. Seien Sie vorsichtig und *sorgen* Sie dafür, dass nichts schiefgeht.«

Sie wandte sich um und sah ihn mit einem Blick an, der sagte: *Wenn ich vorsichtig sein muss, wieso kommen Sie dann nicht mit?* »Ich suche mir einen Constable, den ich mitnehmen kann.«

»Gehen Sie nicht, wenn Sie keinen finden.«

»Nein, Sir.«

Maiden war hin und her gerissen, als er Spencer zur Tür hinausgehen sah. Sie hatte recht, vielleicht hatten sie eine wichtige Spur zum Mörder gefunden, er hätte mir ihr zu dem Treffen mit Richard Chore gehen sollen. Es war kaum nachvollziehbar, dass er das nicht tat. Im Vergleich dazu war Brendas Information möglicherweise nicht viel wert und konnte als das betrachtet werden, was sie war: eine dünne Entschuldigung dafür, das Mittagessen auf Spesen abzurechnen.

Er beruhigte sich damit, dass sich Chore wahrscheinlich Spencer eher anvertrauen würde, während er, Maiden, eine Art hatte, Leute in die Defensive zu treiben. Und es stimmte auch, dass Spencer heute kein SWAT-Team brauchte. Sie wollte bloß Informationen, die Chore ihr problemlos geben dürfte. Es war eine einfache Aufgabe, und er musste nicht dabei sein.

Trotzdem versuchte Maiden nicht aufzufallen, als er allein zur Tür hinausschlich.

*

»Kaum zu glauben, dass es schon wieder zwei Jahre her ist«, sagte Brenda und hob ihr Weinglas. Maiden stieß mit ihr an, doch das leise Klingeln verlor sich im Lärm des voll besetzten Restaurants.

»Fast drei«, gab er zu und entschuldigte sich. »Da haben wir uns ja wohl viel zu erzählen.«

»Das stimmt, und wenn du noch einmal auf deine verdammte Uhr guckst, dann nehme ich sie dir weg. Du hast dich doch gerade erst hingesetzt.«

Er lächelte verlegen. »Ich habe dich gewarnt, dass es kein guter Tag ist. Hey, du siehst toll aus.«

Das stimmte. Brenda war fit und braun gebrannt. Sie benötigte nicht viel Make-up und sah zehn Jahre jünger aus als ihre fast vierzig.

»Du auch.«

»Schönen Dank, obwohl es gelogen ist.«

»Nicht wirklich. Na ja, jedenfalls fehlt dir nichts, was ein paarmal ausschlafen nicht in Ordnung bringen könnte. Du siehst echt ganz schön übel aus.«

»Das kommt der Wahrheit schon näher.«

Maiden berichtete ihr von seiner schlaflosen Nacht. Er erzählte Brenda allerdings nichts, was sie nicht bereits aus den Nachrichten hätte wissen können.

Sie sagte: »Meine Güte, erst bist du hinter einem heimtückischen Mörder her, dann schießt du einen Dieb nieder. Dein Leben ist sicherlich nicht langweilig.«

»Langweilig wäre mir lieber, glaub mir.«

»Lügner. Und wie läuft es zu Hause? Hast du dir ein hübsches Nest mit einem netten Frauchen gebaut?«

Er entschied sich für seine Standardabwehr. »Nein. Meine Beziehungen enden normalerweise damit, dass jemand wegen Serienmordes im Gefängnis landet.« Brenda kannte den Spruch noch nicht und lachte.

»Oder auch nicht«, setzte sie hinzu. »Es war ziemlich nett von dir, dass du Janet Brown zur Freiheit verholfen hast. Sehr mitfühlend.«

»Hast du Erkundigungen über mich eingezogen?«, fragte

Maiden sie gutmütig. »Und fang ja nicht an mit solchem Unsinn. Es fragen sich schon mehr als genug Leute, ob ich ihr im richtigen Augenblick den Rücken zugewandt habe.«

»Und, hast du?«

»Das ignoriere ich jetzt einfach. Und wie geht es dir? Bist du immer noch zusammen mit …« Der Name fiel Maiden nicht ein, und er deutete auf ihren Ringfinger, an dem sich jedoch kein Ring befand.

»Nun komm schon, John. Du *warst* immerhin auf der Hochzeit.«

»Rob«, fiel ihm gerade noch rechtzeitig ein. »Wie läuft's mit euch?«

Brenda rieb sich die leichte Einbuchtung, wo sie den Ring getragen hatte. »Na ja, es ist die alte Geschichte von zwei Leuten, die lieber erfolgreich sein wollen als verheiratet. Und eines Tages hat Rob entschieden, dass ich besser zu Hause bleiben und die Frau sein sollte, die ihm in jeder weiblichen Hinsicht zu Diensten ist. Doch genau in diesem Augenblick hatte ich einen Flugschein in den Irak in der Tasche. Ich habe mich total darauf gefreut, ihm davon zu erzählen, aber er war zuerst dran.«

»Oh-oh, und wie ging es weiter?«

»Ich habe gesagt, ich würde über seinen Plan nachdenken, bin ohne es ihm zu sagen nach Bagdad geflogen und habe ihm dann aus der Grünen Zone eine E-Mail geschickt, in der stand, dass es wohl alles ein bisschen sinnlos wäre.«

»Du hast deine Ehe mit einer E-Mail aus einem Kriegsgebiet beendet?«

Sie lächelte. »Wenn man es so formuliert, klingt es ganz schön romantisch. Aber deswegen bin ich jetzt eine Weile in Sydney. Wir haben uns zu lange nicht um den juristischen Kram gekümmert. Das Haus, die CD-Sammlung …« Sie wedelte mit der Hand. »Nein, so ist es gar nicht. Wir verstehen uns ganz gut und gehen sehr erwachsen mit der Sache um. Aber wir werden sicher nicht wieder zusammenkommen.

Rob hat jemand anders. Jetzt muss nur noch der Papierkram erledigt werden.«

»Ich weiß schon, was du meinst«, sagte Maiden. »Und was ist mit dir? Hast du auch jemanden gefunden?«

»Würde ich mit einem alten Bullen Mittag essen, wenn ich frisch verliebt wäre?«

In diesem etwas peinlichen Augenblick kam die Kellnerin, um ihre Bestellung aufzunehmen. Danach hielten sie sich von den persönlicheren Themen fern. Brenda berichtete von einigen ihrer Aufträge in Übersee und Maiden hörte neidisch zu. Er erzählte ihr von den interessanteren Fällen, an denen er arbeitete, und hatte das Gefühl, im Vergleich ganz schön öde rüberzukommen. Das Essen wurde serviert und Maiden riskierte noch ein Glas Wein. Normalerweise hatte er keine Gewissensbisse, wenn er mittags Alkohol trank, aber er fürchtete, wenn er auf die Wache zurückkäme, würden noch wichtige Aufgaben auf ihn warten. Er war überrascht, dass sein Handy noch nicht geklingelt hatte.

Brenda sagte: »Was habe ich darüber gesagt, dass du ständig auf die Uhr guckst?«

Er zuckte mit den Achseln. »Was soll ich machen? Du weißt, wie es ist. Im Grunde erwarte ich, dass Longman jeden Augenblick hier reingestürmt kommt und mich zurück an meinen Schreibtisch zerrt.«

»Longman?«

»Mein Chef, wir verstehen uns nicht besonders. Haben wir noch nie – wahrscheinlich, weil er ein sarkastischer, zynischer Wichser ist.«

»Und willst du gar nichts über Chris Vitale wissen?«

»Hast du etwas Interessantes herausbekommen?«

Brenda wackelte mit den Fingern. »Wahrscheinlich nichts, was du nicht schon weißt oder worauf du bereits selbst gekommen bist. Letztlich verkauft er seine Ich-stehe-Gott-nahe-Geschichte seit ein paar Jahren. Er hat in Queensland angefangen, ganz primitiv im Regenwald, da waren noch jede Menge Hippies und Drogensüchtige dabei. Alles änderte sich, als er einen Bauträger namens Darrell Hahndorf überzeugte, sich ihm anzuschließen; der setzte Vitale sogar als seinen Erben ein für den Fall, dass er das Zeitliche segnen sollte. Und willst du raten, was als Nächstes geschah?«

»Sag nichts. Der Bauträger ist wenig später irgendwo runtergestürzt?«

»Bei einem Spaziergang von einer Klippe. Keiner weiß genau, wie es dazu kommen konnte, und der Leichenbeschauer hat als offizielle Todesursache einen Unfall angeben müssen. Chris Vitale hatte den Jackpot geknackt und war sehr zufrieden. Letztlich ist er dann nach Sydney gekommen und hat Eden gegründet.«

Maiden pfiff leise vor sich hin. »Wenn man den Laden sieht, dann merkt man gleich, dass da Geld im Spiel ist. So viel ist klar.«

»Ja, aber was du wahrscheinlich noch nicht weißt, ist, wie viel sie in den letzten Jahren aus dem Kapital gemacht haben. Sie sind jetzt Gott viel näher, einfach weil der Haufen Geld, auf dem sie sitzen, so groß ist.« Brenda beugte sich näher zu Maiden hinüber und senkte die Stimme. Um zu betonen, was sie zu sagen hatte, tippte sie mit der Fingerspitze leicht auf seinen Handrücken. »Wir reden über ein finanziell wirklich extrem gut ausgestattetes Unternehmen, John. Inzwischen stellt die Organisation ein hübsches schwarzes Loch dar, in das mehrere Investoren ihre Goldtöpfchen versenkt haben. Und dieser Typ in Queensland war auch nicht die letzte Erbschaft für Vitale.«

Maiden runzelte nachdenklich die Stirn und fragte: »Vielleicht hatte Vitale einmal Glück, aber woher hat ein Kiffer aus dem Regenwald plötzlich derartige buchhalterische Fähigkeiten?«

»Hat er nicht, und das ist eine der großen Fragen. War Chris Vitale überhaupt klar, wie viel Geld er eigentlich in Besitz hatte?«

»Gute Frage ...« Maiden schaute erneut auf die Uhr und nutzte das zugleich als Entschuldigung, um seine Hand wegzuziehen. »Ich muss los, tut mir leid.«

»Du bist länger geblieben, als ich erwartet hatte.«

»Ich wünschte, ich müsste nicht gehen.« Es war nur eine Floskel, Maiden dachte bereits über seine Arbeit nach und darüber, was ihn auf der Wache The Rocks erwartete.

»Wo wir schon dabei sind«, sagte Brenda und zog eine Visitenkarte und einen Stift aus ihrer Tasche. Sie begann zu schreiben. »Hier sind meine neuen Nummern. Warum treffen wir uns nicht mal abends? Ich verspreche, ich lasse mich auch nicht einladen.« Sie lächelte ihn an, als er die Karte nahm.

Eine weitere, unausgesprochene Frage hing in der Luft, die keiner von beiden beantworten wollte. Denn einerseits waren sie jetzt gerade beide ungebunden, andererseits bestand das Risiko, ihre Freundschaft zu ruinieren. Maiden sagte sich, dass er zu alt war für eine Romanze, selbst mit jemandem, der ihn schon gut kannte und dem er nichts beweisen musste. Aber vielleicht hatte er auch bloß Angst.

»Klingt wie ein Date«, sagte er und beugte sich vor, um Brenda auf die Wange zu küssen. Er hoffte, dass er einigermaßen interessiert klang.

Brendas Gesichtsausdruck war schwer zu deuten. Vielleicht war es Enttäuschung, dass er die Einladung nicht begeisterter angenommen hatte.

Es konnte aber auch Erleichterung sein. Er überlegte, ob er sie fragen sollte, entschied sich dann aber dagegen, und fragte sich anschließend, ob es wohl die richtige Entscheidung gewesen war.

Das war genau die Form von Verwirrung, die Maiden zu der Überzeugung brachte, dass er allein glücklicher war. Dann war das Leben bei Weitem nicht so kompliziert.

*

Spencer hatte das Leben für Richard Chore ebenfalls deutlich verkompliziert.

Sie hielt vor dem Verwaltungsgebäude Edens und fragte nach ihm, aber der Arzt war nicht aufzufinden. Man schickte eine SMS an sein Handy und er rief zurück und schlug vor, sich mit ihr vor der Kapelle zu treffen und dann in die Praxis zu gehen. Spencer kam vor ihm an und nutzte die Zeit, um sich umzusehen.

In Eden schien wieder einigermaßen Normalität zu herrschen oder zumindest das, wovon Spencer vermutete, dass es hier als Normalität durchging. Im schwachen Sonnenlicht hielten zwei Grüppchen von Leuten unterschiedliche Diskussionsrunden auf dem Rasen ab. Eine dritte Gruppe übte Yoga, sie streckten sich und balancierten ungeschickt auf Matten. Evan Grant überwachte das Anlegen eines neuen Rosengartens und seine Helfer pflanzten die eingetopften Büsche innerhalb der akkuraten Begrenzung aus Steinen mit einer Zärtlichkeit, wie Eltern sie ihrem Neugeborenen zuteilwerden ließen. Es sah alles sehr ruhig und gelassen aus. Sehr *spirituell,* dachte sie und stellte fest, dass sie persönlich hier wahrscheinlich nach wenigen Minuten an Langeweile zugrunde gehen würde.

Chore trat neben sie. »Tut mir leid, ich war bei einer Patientin. Ich habe den Besuch abgekürzt, als ich hörte, dass Sie nach mir suchen«, erklärte er, schüttelte Spencers Hand und strahlte sie an.

»Ich hätte auch vor Ihrer Praxis warten können«, sagte Spencer und schaffte es gerade noch, sich nicht die Handfläche an ihrem Jackett abzuwischen.

»Nein, ich war nicht in der Klinik, ich war in einem der Wohngebäude.«

»Verstehe. Nun ja, leider haben wir nicht so viel Zeit. Vielen Dank also, dass Sie gekommen sind.« Spencer musterte ihn einen Augenblick lang genau. Sie hatte den Eindruck, dass Chores Kleidung ein wenig zerknittert aussah.

Vielleicht wurde sie wirklich zu misstrauisch? Jedenfalls wäre Eden der ideale Ort für einen skrupellosen Arzt.

»Haben Sie einen Bodyguard?«, fragte Chore milde und neigte seinen Kopf in Richtung eines Constables namens Sharpe, der respektvoll in einigen Schritten Entfernung stand und ihnen dann zu folgen begann, als sie in Richtung Schwimmbad gingen.

»Vorschrift«, versicherte sie ihm leichthin. »Sie werden heutzutage kaum mehr Polizisten allein arbeiten sehen.«

»Wo ist Ihr Kollege, Detective Maiden?«

»Oh, der jagt irgendwo irgendjemand anders. Das kann er gut.« Spencer sagte es wie im Scherz, stellte aber interessiert fest, dass Chore für einen Moment besorgt dreinschaute.

»Und darf ich fragen, worum es geht?«

»Wir warten besser, bis wir in Ihrer Praxis sind«, sagte sie unpräzise genug, um ihn weiter zu beunruhigen.

»Nun gut, wenn Sie meinen.«

Sie betraten das Gebäude mit dem Schwimmbad, und Spencer wurde durch einen neuen Geruch überrascht, bevor sie bemerkte, dass man den Pool hatte leerlaufen lassen und ihn jetzt mit Desinfektionsmitteln behandelte. Chore deutete im Vorbeigehen darauf.

»Es scheint um gesundheitliche Vorschriften zu gehen, aber es ist wirklich eine entsetzliche Wasserverschwendung, wenn Sie mich fragen. Nichts, was man nicht auch mit ein paar Reinigungsmitteln und neuen Filtern hinbekommen hätte. In ein paar Tagen sollte alles wieder in Ordnung sein.«

Spencer fragte im Gehen: »Sie haben kein Problem damit, in Wasser zu schwimmen, in dem eine Leiche lag?«

»Er war doch nur ein paar Stunden drin.«

»War er? Woher wissen Sie das?«

Chore blieb stehen und schaute Spencer müde an. »Detective, wir *wissen,* dass er nicht sehr lange dort drin gewesen sein kann. Am Nachmittag hat noch jemand mit ihm gesprochen. Meine Güte, habe ich mich gerade in Verdacht gebracht?« Er legte theatralisch die Hand auf die Brust. »Ich glaube nicht.«

»Mochten Sie Ralph Shackleton, Mr Chore?«

Chore wandte sich ab und ging weiter. Über die Schulter sagte er: »Alle lieben alle hier in Eden, Detective Spencer.«

»Ich meine es ernst.«

»Ich auch. Wir akzeptieren einander vollständig so, wie wir sind. Wir tolerieren unsere Fehler und bemühen uns zugleich, unsere Gefährten von ihren größeren Schwächen wegzuführen.«

»Nun gut – haben sie viel Zeit mit Ralph Shackleton verbracht?«

»Wir hatten nicht viel gemeinsam.«

Sie erreichten die Tür zur Praxis. Es schien Chore einen Augenblick zu irritieren, dass die Tür nicht abgeschlossen war. Drinnen blieb er abrupt stehen, als ihm auffiel, dass auch der Arzneimittelraum offen stand.

Eine junge Frau trat in die Tür und erstarrte einen Moment, als sie Chore und Detective Constable Spencer entdeckte. Dann riss sie sich schnell zusammen. Sie drückte eine Reihe Tablettenflaschen an die Brust.

»Richard! Und … Sie sind die Polizistin, nicht wahr? Meine Güte, haben Sie mir einen Schrecken eingejagt. Ich dachte, ich wäre allein.«

Chore fand wieder zu sich, schaute aber etwas irritiert. »Detective Spencer, das ist meine Assistentin, Miss Sharmayne Kinman. Sharmayne ist eine zugelassene Krankenschwester und verfügt über die Berechtigung, den Arzneimittelraum aufzusuchen.«

Chore war offensichtlich überrascht, und Spencer fragte sich, wieso er das Bedürfnis empfand, das alles so schnell zu erklären. Spencer sagte: »Das höre ich gern. Haben Sie viele Patienten zu versorgen, Miss Kinman?«

Sharmayne sah sie fragend an, dann schaute sie hinunter auf die Arzneimittel, die sie an sich drückte. »Oh! Nun ja.

Ich fürchte, aufgrund all der traurigen Zwischenfälle in den letzten Tagen wurden einige unserer Mitglieder nicht so gut betreut, wie es nötig gewesen wäre. Ich versuche das nachzuholen.«

»Das klingt beinahe sträflich«, sagte Spencer lächelnd.

Chore mischte sich hastig ein: »Sharmayne, kannst du das woanders erledigen? Ich muss unter vier Augen mit der Ermittlerin sprechen.«

»Natürlich, nur einen Augenblick.« Sharmayne griff sich ungeschickt einige Unterlagen, eine Mappe und einen Stift, dann eilte sie aus dem Raum.

Chore schloss die Tür hinter ihr und bat Spencer in sein Büro, wo er ihr den Stuhl seinem Schreibtisch gegenüber anbot. Er setzte sich auf seinen eigenen Stuhl und wirkte jetzt wieder selbstsicherer.

»Also, Detective Spencer, wie kann ich Ihnen helfen?«

Spencer hatte die gerahmten Urkunden an den Wänden betrachtet. Sie schienen echt zu sein, man konnte die ganzen Schnörkelbuchstaben kaum entziffern. Sie brauchte einen Augenblick, bevor sie ihm antwortete, und der Arzt schien verärgert über die Verzögerung zu sein.

»Wir müssen wissen, ob Sie jemanden mit einer lebensbedrohlichen Krankheit behandeln«, sagte sie. »Einer tödlichen Krankheit.«

Sie bemerkte, wie er sich ein wenig entspannte, und konnte auch erraten, warum. Wenn das wirklich die Information war, auf die Spencer es abgesehen hatte, dann war Chore klar, dass er sich hinter einer Mauer aus Vertraulichkeit und professioneller Moral verstecken konnte.

Er sagte: »Ihnen sollte doch klar sein, dass ich Ihnen diese Information nicht geben kann.«

»Aufgrund der Tatsache, dass wir problemlos einen Durchsuchungsbefehl erhalten können und Sie mit uns kooperieren sollten, dachten wir, Sie hätten mehr Verständnis. Und würden sich nicht sperren.«

»Leider nicht, Detective.« Er war beinahe arrogant und setzte schnell hinzu: »Aber ich sperre mich nicht. Ich wahre nur die Privatsphäre meiner Patienten.«

»Und darf ich fragen, warum?«

»Der Großteil meiner Patienten würde von mir erwarten, dass ich sie so gut schütze, wie es mir möglich ist. Bitte missverstehen Sie das nicht als mangelnde Kooperation. Ich muss nur leider darauf bestehen, dass Sie alles juristisch korrekt abwickeln. Dann kann man mir nicht vorwerfen, mich unprofessionell verhalten zu haben.«

»Es könnte uns aber helfen, unsere Ermittlungen gegen Mr Vitales Mörder zu beschleunigen. Möchten Sie dazu nicht beitragen?«

»Natürlich, aber Sie müssen auch meine Lage sehen. Vor allem, da ich weiß, dass Sie das, was Sie benötigen, auch auf korrektem Wege erhalten können, und dann sind alle Verantwortlichkeiten ordnungsgemäß geklärt.«

»Obwohl das die Sache verzögert?«

Er spreizte die Hände und schaute mitleidig. »Machen Sie mir bitte keinen Vorwurf daraus, welche offiziellen Hürden Sie nehmen müssen. Ich habe diese Regeln nicht gemacht.«

»Sie sind wirklich nicht bereit, uns Informationen zur Verfügung zu stellen, die bei den Ermittlungen helfen?«

»Nicht, bis alles seine Ordnung hat.« Chore vollführte eine hilflose Geste. Spencer war davon überzeugt, dass er die Situation genoss.

»Sagen Sie, können Sie hier eigentlich Chemotherapien durchführen?«

»Wir haben die entsprechende Ausstattung, ja.«

»Und haben Sie es auch getan? In letzter Zeit?«

Chore zuckte mit den Achseln. »Hinten herum stellen Sie jetzt dieselbe Frage, und ich bin nicht sicher, ob ich Ihnen antworten kann oder sollte. Ehrlich gesagt möchte ich gerne anwaltlichen Rat einholen, bevor ich es tue.«

Die Bürotür öffnete sich und Sharmayne steckte den Kopf herein. »Tut mir leid, ich wollte nur sagen, dass ich fertig bin.«

Es war der offensichtliche Versuch mitzubekommen, was vor sich ging. Sowohl Chore als auch Spencer warfen ihr unmissverständliche Blicke zu, doch Sharmayne starrte einfach mit gespielter Unschuld zurück.

Chore sagte zu ihr: »Ich muss noch etwas mit dir besprechen, bevor du gehst, Sharmayne. Kannst du draußen warten?«

»Ja? Okay … ich warte einfach hier.« Sie wirkte wie die Überraschung in Person.

»Und mach die Tür zu, bitte.«

Sharmayne setzte ein kindliches Schmollen auf, als sie die Tür zuzog.

Chore lächelte angespannt. »Noch etwas, Detective Spencer?«

Sharmaynes Anblick hatte Spencer auf eine Idee gebracht. »Ja, wir benötigen den aktuellen Stand Ihrer Arzneimittel und eine Übersicht der, sagen wir – letzten zwölf Monate? Alle Einkäufe, wer Sie beliefert und wann … eine vollständige Übersicht.«

Chore erstarrte plötzlich und hörte auf zu lächeln. »Wozu um Himmels willen brauchen Sie das?«

Jetzt stellte Spencer sich stur. »Das kann ich Ihnen leider nicht sagen, aber es ist von entscheidender Wichtigkeit für unsere Ermittlungen.«

Er versuchte es mit: »Genauso, wie ich Ihnen keine Informationen über meine Patienten und ihre Behandlungen geben kann, kann ich Ihnen auch keine Unterlagen darüber zur Verfügung stellen, welche Medikamente wir verschreiben. Es ist unmöglich, das …«

»Ich will nichts über die Verschreibungen wissen. Es hat nichts damit zu tun, wer was verschrieben bekommen hat«, entgegnete Spencer ruhig. »Wir müssen nur wissen, welche

Arzneimittel Sie bestellen und ausgeben, und in welcher Menge. Wer sie bekommt, ist egal.«

Spencer war auf die Idee gekommen, dass in einer normalen Apotheke natürlich jeder seine Mittel gegen tödliche Krankheiten selbst abholen konnte. Doch man konnte unmöglich wissen, wer ein Medikament in Empfang genommen hatte, ohne die Rezepte in Augenschein zu nehmen. Aber Chore betreute nur die Mitglieder von Eden. Schon allein die Tatsache, dass er bestimmte Medikamente nachkaufen musste, würde klären, ob jemand in seiner Obhut todkrank wäre.

Er sagte: »Das könnte einige Zeit dauern.«

»Wir haben aber keine Zeit. Wenn Sie möchten, kann ich die Spurensicherung bitten, Sie zu unterstützen. Geben Sie uns einfach Ihre Unterlagen, Ihr Archiv … die kümmern sich dann schon darum …«

»Nein, ich kriege das hin.« Chore hatte jegliche Arroganz fallen lassen.

»Besten Dank. Morgen früh?« Als Chore blass wurde, setzte sie hinzu: »Es ist doch alles im Computer, oder? Das kann doch nicht so schwierig sein.«

»Nein … nein, ich kann das heute Abend erledigen.«

»Prima. Dann komme ich morgen und hole die Liste ab, oder ich schicke jemanden.« Spencer erhob sich, aber Chore machte keinerlei Anstalten, sie höflich zur Tür zu begleiten. Er schien zornigen Gedanken nachzuhängen. »Irgendwelche Schwierigkeiten, Doktor Chore?«

Er gab sich wieder höflich. »Nein, ich hatte heute Abend nur etwas anderes vor, das ist alles. Ich versuche mir zu überlegen, was ich tun kann. Meine Frau hatte etwas verabredet und wird sehr ärgerlich sein, wenn ich absage.«

»Und die Gattin sollte man lieber nicht verärgern«, nickte Spencer. »Ich finde allein raus. Und ich werde mir trotzdem einen Durchsuchungsbefehl für die Patientenakten besorgen. Vielleicht können Sie die auch gleich bereitlegen?«

Im Empfangsbereich traf Spencer auf Constable Sharpe, der mit Sharmayne plauderte. »Wir können«, sagte sie zu ihm und zog ihn hinter sich her.

Als sie gingen, war Spencer gleichzeitig frustriert und aufgeregt. Maiden hatte recht gehabt, es war nicht der große Durchbruch, auf den sie gehofft hatte, obwohl es nur eine Frage der Zeit war, bis sie den Gerichtsbeschluss bekämen. Und ihr Einfall, sich eine Liste von Chores Bestand geben zu lassen, hatte ihn ganz offensichtlich beunruhigt.

Spencer freute sich darauf, Maiden davon zu erzählen.

*

»Was zum Teufel hast du denn da gemacht?«, blaffte Chore Sharmayne an, als er sicher war, dass ihnen keiner mehr zuhörte.

»Was glaubst denn du?«, wehrte sie sich. »Mit der ganzen Polizei hier mussten wir ein wenig vorsichtig sein. Einige unserer Kunden sind ungeduldig geworden.«

»Einige *unserer* Kunden? Zu mir hat keiner etwas gesagt! Du machst doch wohl keine eigenen Geschäfte, oder?«

Statt sich geschlagen zu geben, wehrte sich Sharmayne. »Und wenn schon? Bei wem willst du dich denn beschweren?«

Chore stöhnte und drückte mit den Fingern gegen seinen Nasenrücken. »Du blöde, gierige Schlampe, wie viel?«

»Das ist doch egal, solange es deinen eigenen Deals nicht schadet.«

»Es ist überhaupt nicht egal, weil die Polizei unsere Bestandsliste haben will!«

Einen Augenblick lang fiel ihr nichts ein. Dann sagte sie: »Dann mach ihnen halt eine Extraliste. Wie sollen sie schon darauf kommen?«

»Das ist ihr *Job,* Sharmayne. Es fällt ihnen auf, wenn Dinge anders sind, als sie sein sollten.«

Sharmayne brauchte ein paar Sekunden, um das einzusehen, dann zuckte sie mit den Achseln. »Du bist derjenige, der etwas zu verlieren hat. Ich bin ihnen egal. Also lass dir etwas einfallen.« Sie trat dicht vor ihn und legte ihre Hand in seinen Schritt. »Wie war der Hausbesuch? Hat ihr die Behandlung gefallen?«

»Wir wurden unterbrochen«, sagte Chore, der nun seinerseits nicht zurückwich.

»Wie schade. Ist wohl nicht dein Tag, oder?«

Sharmayne stolzierte davon mit dem Bewusstsein, dass Chore sehr bald versuchen würde, sich bei ihr zu entschuldigen.

14

Janet Brown konnte die Verzweiflung beinahe riechen, als sie sich in den Nachtclub schlich, sich einen Bereich an der Bar suchte, der von einem aufgeblasenen Globus überschattet wurde, und sich einen Drink bestellte. Der Türsteher hatte behauptet, sie ausnahmsweise umsonst rein zu lassen. Aber vor Mitternacht nahmen sie sowieso keinen Eintritt. Die Musik des DJs war Rock'n'Roll der 80er- und 90er-Jahre, und der Mann an den CDs versuchte tatsächlich, sich enthusiastisch zu geben, obwohl völlig klar war, dass es niemanden interessierte. Es war kaum jemand da, aber das war nicht so schlimm. Später würde es besser werden. Wenn Leute, die keine Lust hatten, darauf zu warten, bis sie in die angesagteren Clubs kamen, eben hier noch etwas trinken gingen.

Es war ausgesprochen düster. Es gibt einen feinen Unterschied zwischen stimmungsvoller Beleuchtung und dem Versuch, die Schäbigkeit zu verbergen. In diesem Club ging es nur darum, die Flecken auf dem Boden und die Löcher in den Wänden nicht auffallen zu lassen. Das passte Janet bestens.

Sie sah einen Mann allein an einem Tisch sitzen und etwas trinken. Er hatte den Kopf gesenkt und nahm zu niemandem Blickkontakt auf. Selbst im Dämmerlicht war alles an ihm deutlich zu erkennen. Die Tragödie seines Lebens umgab ihn wie eine Aura. Der Mann war allein, verfügte über keinerlei soziale Fähigkeiten und kam jedes Wochenende in der Hoffnung hierher, dass sich ein Wunder ereignete.

Janet setzte sich auf den Platz neben ihn, bevor er protestieren konnte.

»Darf ich dir Gesellschaft leisten?«, fragte sie ihn.

Nachdem er sich von der Überraschung erholt hatte, sagte er: »Sicher, warum nicht?« Die Musik war so laut, dass sie sich zueinanderbeugen mussten, um zu reden. Er roch ihr Parfüm und spürte das Verlangen in sich.

»Ich … ich bin hoffentlich nicht zu aufdringlich. Ich bin nicht so gut darin, Menschen kennenzulernen. Deswegen versuche ich es einfach ganz direkt«, sagte Janet und senkte ihren Blick zum Tisch. »Ich gehe in ein paar Minuten wieder, wenn wir nicht klarkommen.«

»Ach was, sei nicht voreilig.« Er spürte ihre Verwundbarkeit. Das war gut, denn sonst wäre er zu nervös geworden. »Ich bin Eric.«

»Ich heiße Janet.«

Er lachte kurz auf.

»Was ist daran so lustig?«

Er sagte hastig: »Nichts, nur dass ich jemand namens Janet kenne. Was für ein Zufall.«

»Ist sie nett?«

»Sie … kann es sein.«

»Sieht sie aus wie ich?«

Er betrachtete sie, überlegte. Es war eine gute Entschuldigung, sie sich genauer anzusehen. Er lachte wieder. »Weißt du, jetzt wo ich darüber nachdenke, schon ein bisschen …«

»Glaubst du, ich bin so nett wie sie?«

Er wurde misstrauisch. »Wer hat denn gesagt, dass sie nett ist? Hey, du bist doch keine Nutte, oder? Willst du mich nur abkassieren?«

»Nein! Nein, ich wollte bloß … wie ich schon sagte, ich bin offen. Ich sitze nicht gern da und warte darauf, dass jemand auf mich zukommt.«

»Warum um Himmels willen würde jemand wie du allein bleiben?«

Sie lächelte ihn traurig an. »Ich scheine an den meisten

Abenden die falschen Typen anzuziehen. Die Welt ist ungerecht, oder?«

Das fand er auch, sodass er sich entspannte. »Mein Gott, da hast du recht.«

»Also ...«, sie lächelte ihn an und brach ihm fast das Herz, denn er wusste genau, was sie empfand. Nervosität, Angst und das Gefühl, keine Ahnung zu haben, wie man diese Paarungsspielchen spielte. »Worüber um Himmels willen können wir reden?«

Auch das fühlte sich richtig an. *Sie* fühlte sich richtig für ihn an.

Du musst nicht immer alles infrage stellen, oder? Du kannst doch auch mal Glück im Leben haben, nicht wahr?

Sie plauderten über eine Stunde miteinander, sie teilten das Geld für die Drinks, sie rutschten langsam immer näher aneinander heran und wagten schließlich sogar flüchtigen Körperkontakt, die Berührung eines Ellenbogens oder ihre Hand, die über seinen Arm fuhr, wenn sie ihn darauf aufmerksam machen wollte, dass sie etwas besonders Wichtiges sagte. Ihre Körpersprache machte klar, dass die Nische ihnen gehörte, und alle anderen ließen sie in Ruhe. Eric verfiel jedes Mal in Panik, wenn er sie allein ließ und zur Bar ging; er holte die Drinks in Janets Auftrag und mit ihrem Geld, wenn sie dran war. Doch das Glück blieb ihm treu. Er fand, dass Ehrlichkeit am längsten währte, und gab zu, dass er nicht gern tanzte. Er konnte es nicht richtig und sah bescheuert dabei aus. Das stimmte alles, aber Eric sorgte sich vor allem darum, die Nische zu verlieren, wenn sie sich hinauswagten auf die Tanzfläche, und damit die wachsende Nähe.

Als sie ihn vorsichtig auf die Wange küsste und ihm dafür dankte, so nett zu ihr zu sein, konnte Eric fast eine Minute lang kaum richtig atmen. Das Beste daran war, dass sie bereit zu sein schien, alles allein durchzuziehen. Er musste überhaupt nichts riskieren, bei dem er auf die Schnauze fliegen könnte. Er wurde mutiger, schob sich näher, ihre Schenkel drückten sich auf der Bank aneinander. Die Musik war jetzt viel lauter und er musste ihr direkt ins Ohr sprechen. Sie tat dasselbe – und ihr schlanker Hals war die reine Versuchung.

Schließlich fragte sie mit zögernder, ängstlicher Stimme: »Findest du, wir sollten uns einmal richtig küssen? Mal sehen, ob es sich … gut anfühlt?« Ihr Atem war heiß.

»Wir können es versuchen«, gelang es ihm herauszuwürgen.

Ihr Mund war warm, eine feuchte Grotte direkt aus seinen herrlichsten Fantasien. Ihre Zunge berührte seine Lippen, teilte sie, schob sich in seinen Mund, und er ließ sie, er hoffte, seine Erwiderung ihrer Leidenschaft war okay. Eric zog sich nicht zurück, er ließ den Kuss so lange dauern, wie es ihr gefiel. Vielleicht würde es nie wieder geschehen. Ihre Hand schob sich unter sein Jackett und legte sich auf seine Brust, eine liebende Geste auf der Suche nach seinem Herzschlag. Wie konnte ihr entgehen, dass es klopfte wie ein Presslufthammer? Die Hand sank herunter und Eric spürte das Versagen, die Furcht, dass etwas schiefgegangen war, aber dann landete sie auf seiner Hüfte, knapp oberhalb seiner Jeans. Sie veränderte erneut die Position, und wieder durchlitt Eric mehrere endlose Sekunden qualvollen Selbstzweifels, bevor sie mit aufreizender Ungeniertheit auf seinem Oberschenkel zur Ruhe kam. Die ganze Zeit presste er seine Lippen auf ihre, sie küssten sich innig und erforschten einander mit ihren Zungen. Er wollte bloß nicht aufhören und überlegen müssen, ob das jetzt das Richtige war. Janet bewegte ihre Hand erneut, und Eric bemühte sich, vor lauter Nervosität nicht den Atem anzuhalten, während er sich fragte, wo sie ihn als nächstes berühren würde. Was sie anfassen würde. Es schien eine Ewigkeit zu dauern.

Janet stieß ihm mit der geübten Kenntnis einer Ärztin, die genau wusste, wohin sie zielen musste, das schmale Fischfiletiermesser unter dem Brustkorb in die Haut und direkt bis ins Herz. Sie traf keinen Knochen und durchschnitt so schnell das weiche Gewebe, dass ihm kaum eine Sekunde blieb, um auf den rasenden Schmerz zu reagieren. Sein Herz stoppte augenblicklich und Eric zuckte nur noch ein paar Mal. Die Ecke der Bank hielt ihn aufrecht, als er langsam von Janets Gesicht wegrutschte. Eine verbraucht aussehende Frau, die an der Bar saß, war die Einzige, die es mitbekommen hatte. Sie hatte das Ganze mit einer Mischung aus Neugier und Eifersucht beobachtet. Sie ging davon aus, dass Eric abgewichst worden war. Seine Freundin war entweder verdammt gut oder er hatte keinerlei Selbstkontrolle. Vermutlich Letzteres.

Janet arbeitete zügig, sie musste sich auf ihren Tastsinn und die Erinnerungen aus einem vergangenen Leben verlassen. Zuerst band sie mit einem Stück Strick ein enges Tourniquet an seinen Unterarm und zog es mit einer Kraft zusammen, die einen Lebenden gequält hätte. Sein Herz schlug nicht mehr, aber sie wusste, dass die Glieder noch voll Blut waren. Sie drückte mit dem Daumen auf seinem Arm herum, bis sie Erics Handgelenk gefunden hatte. Dann trennte sie die Hand mit dem Messer ab, wobei sie darauf achtete, sowohl die Schnittrichtung als auch den Armstumpf von sich wegzurichten, damit sie kein Blut abbekam. Sie hielt eine Plastiktüte bereit, in die sie die amputierte Hand samt Messer fallen ließ. Anschließend drückte sie den Zip-Lock-Verschluss zu und schob die Tüte in ihre Schultertasche. Als Letztes zog sie Erics Hemd aus seiner Hose und wischte sich daran die Finger sauber.

Sie erhob sich, deutete schüchtern in Richtung der Toiletten und beugte sich vor, um Eric zärtlich auf die Stirn zu küssen. Sie bat ihn, Geduld zu haben. Sie würde in einer Minute zurückkommen.

Die Frau an der Bar fragte Janet im Vorbeigehen: »Gute Arbeit, Schwester. Aber musst du ihm jetzt auch noch das Klopapier holen?« Ihr harsches Lachen verwandelte sich in einen bellenden Raucherhusten, und Janet wartete nicht ab, dass er verging und sie antworten konnte.

Sie schlich sich durch den Nachtclub hindurch zum Ausgang und verschwand. Der Türsteher wandte ihr den Rücken zu, er rauchte gerade und interessierte sich sowieso nicht für Leute, die gingen.

*

Als Maidens Telefon mitten in der Nacht klingelte, nahm er benommen ab und erwartete, eine effiziente Stimme aus der Einsatzzentrale zu hören. Stattdessen war es Janet Brown. Zumindest erschrak er diesmal nicht ganz so sehr.

»Hast du über meinen Vorschlag nachgedacht, John?«, fragte sie.

»Meine Güte, Janet. Was denkst denn du?« Er klang bewusst empört.

»Und?«

»Und *was?* Glaubst du, das ist etwas, was ich mir über Nacht überlegen kann?«

»Denkst du ernsthaft darüber nach?«

Maiden wusste, dass er sehr, sehr vorsichtig sein musste. Janet war verrückt und ganz sicher auch instabil, aber nicht dumm.

»Nein, ich überlege es mir *nicht.* Es ist eine verrückte, völlig unmögliche Idee. Aber ich habe … sie auch nicht ganz ausgeschlossen.« Er setzte zögernd hinzu, als müsste er es sich abringen: »Da war etwas zwischen uns, und ich verstehe schon, dass man im Leben auch mal neu anfangen kann, wenn man will. Es war nicht alles deine Schuld. In der Vergangenheit, meine ich.«

Nach einer misstrauischen Pause fragte sie: »Wem hast du davon erzählt?«

Wieder entschied er sich dafür, sie nicht für dumm zu verkaufen. »Ich habe es allen erzählt, ich habe ihnen erzählt, dass du Kontakt zu mir aufgenommen hast und wir … reden. Aber ich habe nicht gesagt, worüber. Du weißt doch, wie es ist. Was sie von mir wollen. Ich soll versuchen, dich dazu zu bewegen, dich zu stellen.«

»Natürlich. Und ich gehe davon aus, dass diese Leitung angezapft ist.«

»Ist sie nicht. Sie trauen mir, und man muss keine Mannstunden und keine Technik dafür verschwenden, Gespräche aufzuzeichnen, von denen ich ihnen sowieso berichte. Wir sind nicht beim FBI, schon vergessen?«

Sie brauchte einen Augenblick für ihre Antwort. »Ich bin bloß überrascht, das ist alles. Ich habe eigentlich nicht damit gerechnet, dass du ernsthaft darüber nachdenkst.«

»Das tue ich auch nicht. Das habe ich doch gerade gesagt.«

»John, wenn wir *wirklich* abhauen, wohin würden wir gehen?« Plötzlich klang sie verlangend und aufgeregt wie ein junges Mädchen.

»Ich weiß es nicht, weil ich nicht darüber nachdenken kann. Spontan gesagt, sicher nirgends in diesem Land. Auf jeden Fall müssten wir nach Übersee.« Er seufzte hoffnungslos. »Aber das ist leicht gesagt … Hör mal, ist das der einzige Grund, warum du anrufst? Das hilft mir nämlich nicht.«

»Ich habe dir etwas auf der Wache hinterlassen. Ich habe dir einen Gefallen getan.«

Maiden wurde plötzlich eiskalt und der letzte Rest seiner Müdigkeit verschwand. »Was hast du mir hinterlassen?«

»Komm schon, ich werde dir doch nicht die Überraschung verderben. Aber es wird dir gefallen. Vielleicht liebst du mich dann auch wieder. Noch mehr, meine ich. Hey, und vergiss nicht, was wir vereinbart haben, wie du mich erreichen kannst.«

Maiden wollte Janet gerade daran erinnern, dass es keine Vereinbarung war, sondern ihre Bedingung, aber sie hatte schon aufgelegt. Maiden stöhnte über den ganzen Wahnsinn der Sache, dann rief er am Empfang der Wache The Rocks an und fragte, ob etwas für ihn abgegeben worden sei.

»Sind Sie sicher?«, fragte er, als die Antwort Nein lautete.

»Ja, Sir, hier ist nichts.«

»Okay, dann rufen Sie mich an, wenn doch noch etwas auftaucht. Sofort. Verstanden?«

»Augenblicklich, Sir.«

Maiden war erstaunt und besorgt. Das konnte irgendeine Art Test sein, durch den er gerade durchfiel. Janet war ihm gegenüber misstrauisch. Sie wusste ganz genau, dass er versuchen würde, sie in die Falle zu locken. Sie übertrumpfte seine Tricks mit ihren eigenen. Eine Möglichkeit bestünde darin, zur Arbeit zu fahren und abzuwarten, was immer Janet für ihn vorgesehen hatte. Aber vielleicht verschaffte ihm das auch nur eine weitere schlaflose Nacht.

Verärgert schaltete er das Licht aus und kniff die Augen zu. Er zwang den Schlaf zurückzukehren. Das Telefon würde klingeln, wenn irgendetwas vorfiele. Er lag lange in der Stille der Dunkelheit und wartete.

*

Als Maiden morgens zu seiner üblichen Zeit auf die Wache kam, fürchtete er, dass Janet Browns Anruf nur irgendein komischer Trick gewesen war. Es schien, als wäre nichts für ihn hinterlassen worden. Er hatte keine Ahnung, was für ein Spiel sie spielte.

Die Antwort kam schnell: Ein anderer Detective, der ebenfalls gerade seine Schicht begann, fand eine Sendung unter seinem Schreibtisch.

Es war leicht zu erklären. Janet hatte irgendjemanden dazu überredet oder dafür bezahlt, einen Luftpolsterumschlag vorbeizubringen. Doch derjenige musste ihn einfach in Richtung des unbesetzten Empfangstresens geworfen haben, als sich gerade die Gelegenheit bot. Der Umschlag flog zu weit, landete auf dem Boden und rutschte unter einen Tisch. Maiden hegte keine Zweifel daran, dass das Überwachungsvideo ihnen genau das und sonst wenig verraten würde. Irgendein Unbekannter, ein Drogensüchtiger oder Obdachloser, hatte den Umschlag nicht exakt so ausgeliefert, wie mit Janet vereinbart, sondern durchs Fenster gespäht und auf eine Gelegenheit gewartet.

Maiden legte den Umschlag vorsichtig vor sich auf den Tisch und starrte ihn an; er hatte nicht die geringste Lust, ihn zu öffnen.

»Worauf warten Sie? Wollen Sie ein Bombenkommando oder so?«, fragte Spencer von der anderen Seite des Schreibtischs aus.

»Sehr lustig. Herrje, sie will mich schließlich nicht umbringen.«

»Noch nicht.«

»Nein, noch nicht.«

Er nahm den Umschlag wieder hoch und wog ihn in der Hand. »Ganz schön schwer«.

»Ein Stück von Ihrem Hochzeitskuchen?«

»Ich hoffe nicht, ich hasse Süßigkeiten.« Maiden legte den Umschlag wieder hin und nahm dann eine Schere aus einer Schublade. »Ach Scheiße, wir wissen ja sowieso schon, was drin ist.«

Er schnitt das eine Ende des dicken Umschlags auf, drückte dann gegen die Seiten und schüttelte den Inhalt heraus. Obwohl sie es beide erwartet hatten, ließ der Anblick einer abgetrennten Hand in einer Plastiktüte sie beide zurückzucken und erschrocken aufschreien.

»Herrgott nochmal, und das vor dem Frühstück«, murrte Maiden.

»Janet Brown ist wirklich nicht der geduldige Typ«, sagte Spencer mit belegter Stimme. »Wie lange ist das letzte Opfer her, zwei Tage? Auf jeden Fall macht sie ganz schön Druck, dass Sie sich entscheiden.«

»Ach wirklich? Und wir müssen jetzt auch noch *zwei* verdammte Leichen finden«, sagte Maiden. »Longman wird entzückt sein. Irgendwie wird er es schon schaffen, mir die Schuld zu geben, als hätte ich der armen Sau die Hand selber abgesäbelt.«

»Er kann doch kaum Ihnen die Schuld geben, Sir.«

»Sie werden überrascht sein, was der Mann alles tun kann.« Maiden schaute in Richtung von Longmans Bürowürfel. »Wo zum Teufel steckt er eigentlich?«

»Vielleicht oben in einem Meeting?«

Maiden gab ein abschätziges Geräusch von sich und fragte dann: »Dabei fällt mir ein, worüber haben Sie beide eigentlich neulich diskutiert? Bevor ich zu Jeremy Browns Beerdigung gegangen bin? Das sah ganz schön heftig aus.«

Spencer zögerte und zuckte dann mit den Achseln. »Er hat mir angeboten, mich jemand anderem zuzuteilen, nicht Ihnen, wenn ich will. Genau genommen hat er sogar darauf bestanden, also musste ich laut werden. Ich habe ihm nachdrücklich gesagt, dass ich alles so lassen will, wie es ist.«

Das war das Gegenteil dessen, was Maiden erwartet hatte, und er wusste nicht recht, was er sagen sollte. Schließlich sagte er: »Sie sind ja ganz schön bescheuert. Sie hätten die Gelegenheit nutzen sollen.«

»Keine Sorge, ich bin sicher, er wird tun, was ich will, wann immer ich ihn darum bitte«, entgegnete sie kühl.

Maiden stimmte ihr zu, indem er sie finster anstarrte.

Er deutete auf die Hand. »Mal sehen, ob die Nachtschicht einen Toten gefunden hat, dem irgendwas fehlt.« Maiden holte eine Zeitung und faltete sie vorsichtig um die Hand herum.

Er ging nach draußen in eine Gasse, in der sich die Kollegen zum Rauchen trafen. Es war außerdem üblich, dass dort die Tag- und Nachtschichten Informationen austauschten und über gemeinsame Fälle plauderten. Heute Morgen war es ruhig dort.

»Viel los letzte Nacht?«, fragte Maiden in die Runde. Er suchte in seinen Taschen nach einer Zigarette.

»Wie soll man es sonst nennen?«, entgegnete jemand. Es war ein Senior Detective namens Mundine, der die Nachtschicht leitete. Maiden war überrascht, dass er noch hier war. Mundine hatte eine junge Familie und legte Wert darauf, sie am Morgen zu sehen, bevor die Kinder zur Schule gingen.

»Wieso, was ist passiert?«, fragte Maiden. Er fand seine Zigaretten.

»Hast du es nicht gehört?«

Maidens Instinkte erwachten zum Leben. »Offensichtlich nicht, sonst würde ich ja wohl nicht so blöd fragen, oder? Habe ich *was* nicht gehört?«

Es folgte eine kurze bedrückende Stille.

Mundine sagte: »Eric Longman ist tot. Er wurde letzte Nacht in einem Nachtclub erstochen. Und dann hat ihm jemand die Hand amputiert. Sie sagen, es muss …«

»Janet Brown«, unterbrach ihn Maiden, und seine Gedanken rasten. »Mein Gott!«

Sie hat gesagt, sie hätte mir einen Gefallen getan. Ich würde mich freuen.

Janet wusste, dass er sich nie mit Longman verstanden hatte und dass der Inspector sogar Maidens Karriere behinderte.

»Mein Gott«, flüsterte Maiden noch einmal.

»Du glaubst es also auch?«, fragte Mundine.

Spencer antwortete genauso erschüttert wie Maiden. »Oh, wir sind *sicher.*«

Maiden nahm die Kollegen mit und zeigte ihnen die Hand.

Wilde Spekulationen kursierten auf der Wache, als die Neuigkeiten sich verbreiteten, und jeder hatte seine eigene Meinung dazu, was Janet Brown antrieb. Vorerst würde Maiden niemanden darüber informieren, dass sie ihm einen »Gefallen« hatte tun wollen.

Nach einer Stunde rief Martin Creane an. »Herr im Himmel, John. Was ist los?«

»Du weißt es doch schon«, sagte Maiden mit leiser Stimme. Spencer saß auf ihrem angestammten Platz auf der anderen Seite des Schreibtischs. Sie führte ein Gespräch auf ihrem Handy.

Creane sagte: »Jetzt hat sie einen Polizisten auf dem Gewissen. Das ist keine gute Idee.«

»Wenn du hier wärst, würdest du das nicht sagen. Sie hat Longman umgelegt. Die meisten der Leute, die heute draußen zum Rauchen waren, haben versucht, betroffen auszusehen. Aber ich glaube, wenn einer für Janet Brown gesammelt hätte, hätte er genug für ein Dutzend rote Rosen und eine Flasche Dom Perignon zusammenbekommen. Niemand ist in Tränen ausgebrochen, so viel steht fest.«

»Scheiße, ich weiß, dass keiner ihn leiden konnte, aber einen *Polizisten* …«

»Longman war ja nicht auf Streife und wurde in Ausübung seiner Pflichten erstochen. Er saß mitten in der Nacht in einer traurigen Bar und hat in sein Bier geweint. Und offensichtlich war er dort auch noch Stammgast.«

Das kurze Schweigen Creanes verriet, dass er nicht überzeugt war, dass Maiden ganz ehrlich mit ihm war. Sicher würden die meisten Mitarbeiter nettere Worte über Longman finden. Er sagte: »Und was passiert jetzt?«

»Bercoutte wird irgendeinen anderen Inspector herschicken, bis wir die Sache im Griff haben. Und damit meine ich, dass wir den Eden-Mörder einbuchten und Janet wieder hinter Gitter kriegen. Der Ersatzmann könnte also eine Weile hier sein«, setzte Maiden verärgert hinzu.

»Was will sie eigentlich? Sich an denen rächen, die sie erwischt haben? Dann müsstest du doch ganz oben auf ihrer Liste stehen.«

»Ja, bloß will sie mit *mir* auf irgendeine tropische Insel fliehen und dann für immer glücklich sein.«

Creane nahm das gelassen hin. »Okay, sie will also alle *anderen* umlegen?«

Maiden sah sich um, weil er sicher sein wollte, dass niemand zuhörte. Spencer war immer noch am Telefon und diskutierte mit irgendjemandem, sie sprach immer lauter und hörte Maiden bestimmt nicht ab. Er sagte leise: »Behalt es für dich, aber Janet wollte mir einen Gefallen tun, zumindest hat sie das gesagt. Indem sie mir Longman vom Hals schafft, meine ich.«

»Sie wollte *was?*«

»Du hast mich doch gehört.«

»Mein Gott, und was halten die anderen davon?«

»Niemand sonst weiß es, und ich werde es ihnen auch nicht erzählen. Man muss die Dinge ja nicht noch komplizierter machen.«

»Aber sie müssen doch …«

»Nein, sie müssen *nicht,* Martin. Es macht nicht den geringsten Unterschied, und wenn alle Angst vor Janet Brown haben, weil sie glauben, dass sie hinter jedem her wäre, der mit ihrer Verurteilung zu tun hatte, dann bleiben sie wenigstens aufmerksam und schließen nachts die Türen ab.«

»Das ist gar nicht gut, John. Du versuchst, sie reinzulegen, und das ist auch okay. Aber gleichzeitig deine eigenen Kollegen im Dunkeln tappen zu lassen ist ein großes Risiko. Faktisch gesehen hältst du Beweise zurück, und das kann ganz schön nach hinten losgehen.«

Maiden sagte müde: »Ich lasse niemanden im Dunkeln tappen, Martin. Ich will es nur nicht schwieriger machen, als es ohnehin schon ist, indem ich irgendeinen Mist erzähle, den niemand zu wissen braucht. Janet hat irgendwie Longman ausfindig gemacht und umgebracht, das ist alles. Ich erzähle dir die ganze Geschichte, weil … irgendjemand es wissen sollte.«

»Und warum nicht Peta Spencer? Die ist doch dein Partner?«

Maiden schaute hinüber zu ihr, aber sie hörte immer noch nicht zu. »Der kann ich noch nicht mal meine Mittagsbestellung anvertrauen.« Er berichtete leise von der bevorstehenden Ermittlung wegen des nächtlichen Schusswechsels.

Creane drückte sein Mitgefühl aus und sagte: »Ich habe die Antwort auf all deine Probleme. Schick sie zu einer intensiven Grundausbildung zu uns.«

»Wie erbärmlich, Martin. Sie steht auf Männer mit Eiern und Charakter, nicht mit Designerfrisuren.«

»Willst du jetzt angeben, John?

»Verpiss dich, Martin. Pass auf dich auf.« Maiden musste grinsen, dann legte er auf und sah, dass Spencer ihn anstarrte.

Sie fragte: »Wer steht auf Männer mit Eiern und Charakter?«

»Janet Brown«, log er leichthin.

Ihr Blick blieb an ihm hängen und sie sagte: »Hmm … also, zwei Dinge, Sir. Erstens haben sie den Besitzer des amputierten Fingers gefunden. Er ist ein Vertreter, der regelmäßig ein Zimmer im selben Hotel anmietet. Das Personal kennt ihn gut, und er kümmert sich im Grunde um sich selbst. Sie sagen, er kennt sich mit allem aus. Niemand hat sich Sorgen gemacht, als er drei Tage lang nicht gesehen wurde und auch den Zimmerservice nicht in Anspruch genommen hat. Doch nach zweiundsiebzig Stunden greift eine Sicherheitsvorschrift. Sie haben ihn nackt auf dem Bett gefunden, tot und mit einem Finger weniger, abgesehen davon, dass er ein bisschen aufdringlich duftete.«

»Nackt?«

»Ich hätte gedacht, ›tot‹ und ›mit einem Finger weniger‹ wäre wichtiger, aber ja – nackt. Seien wir doch einmal ehrlich, Janet Brown war ein paar Jahre im Gefängnis, ohne dass jemand ihr regelmäßig Besuche abgestattet hätte. Sie *muss* ein bisschen geil sein und hat wahrscheinlich erst mal die unmittelbaren Bedürfnisse befriedigt, bevor sie ihn umgelegt hat. Stört Sie das?«

Maiden schaute missbilligend. »Nein, aber wenn sie Longman gevögelt hat, bevor sie ihn tötete, dann werde ich sauer. *Das* wäre das Verbrechen des Jahrhunderts.«

»Sir, ich muss Sie danach fragen: Empfinden Sie immer noch etwas für diese Frau?«

»Nein, aber ich empfinde ein starkes Bedürfnis nach einem Partner mit einem Sinn für Humor. Was war das zweite?«

»Das ist interessant. Eden hat die Erlaubnis erhalten, Chris Vitale auf dem eigenen Grund und Boden zu beerdigen.«

Maiden runzelte die Stirn. »Die haben einen Privatfriedhof? Den habe ich noch gar nicht gesehen.«

»Nein, hatten sie auch nicht. Erst seit jetzt. Das ist nicht leicht hinzukriegen. Ich meine, da braucht man wirklich großen Einfluss auf Politiker, Gerichte und Behörden. Es ist praktisch unmöglich, einen Toten außerhalb eines normalen Friedhofs beizusetzen. Die haben Freunde an hoher Stelle.«

»Gute Freunde an *sehr* hohen Stellen«, stimmte Maiden zu.

»Die Beerdigung ist übermorgen.«

»Ich bin sicher, Schwarz steht Ihnen gut.«

»Sie können einen Schirm mitbringen, Sir. Es wird nämlich regnen wie verrückt. Gutes Beerdigungswetter«, sagte sie mit einem dünnen Lächeln.

Maidens Handy klingelte, er klappte es auf und versuchte zugleich, dem Blickwechsel mit Spencer standzuhalten.

»Maiden.«

Janet Brown sagte: »Hast du mein Geschenk bekommen, John? Hat es dir gefallen?«

»Janet«, sagte Maiden deutlich, um Spencer aufmerksam zu machen. »Habe ich, aber ich kann mich dafür nun wirklich nicht bedanken. Sagen wir mal: Das hättest du nicht tun sollen. Es war viel zu viel.«

Janet kicherte, ein eigenartiges Geräusch. »Alles nur für dich, John.«

»Nein, wirklich. Du hättest das nicht tun sollen, und ich

würde es sehr begrüßen, wenn du es nicht wieder tun würdest.«

»Wo wir schon dabei sind, Sachen nicht zu tun, John: Die Frau in dem Restaurant gestern. *Das* hättest du nicht tun sollen. Ich kann ganz schön eifersüchtig werden. Du willst doch nicht, dass ihr etwas geschieht, oder? Geschiedene Frauen machen sowieso nur Ärger. Schick sie zurück in den Irak, wo sie sich mit vielen interessierten Soldaten in Uniform die Zeit vertreiben kann.«

Maiden saß benommen da und versuchte seinen Schrecken zu verdauen. »Private Gespräche zu belauschen ist sehr unhöflich, Janet. Ich bin überrascht. Woher wusstest du, dass ich dort bin?«

»Du bist *immer* dort, John. Irgendwann in der Woche. Du bist ein Gewohnheitstier, es war nur eine Frage der Zeit.«

»Warum bist du nicht zu uns an den Tisch gekommen und hast Hallo gesagt?«

»Es sah aus, als wären drei zu viel gewesen, John.«

»Sie ist nur eine alte Freundin. Du musst dir wegen ihr keine Sorgen machen.«

»Das hat ihr Mann wahrscheinlich auch gedacht, bevor sie ihm die E-Mail geschickt hat.«

Maidens Gedanken rasten. Janet war nicht nur zeitgleich mit ihm im Restaurant gewesen, *sie hatte nahe genug gesessen, um jedes Wort seines Gespräches mit Brenda mitzuhören.* Er hatte Janet vielleicht sogar angesehen und nicht erkannt.

Er sagte: »Mach dir keine Sorgen deswegen. Wir kennen einander schon lange, aber zwischen uns hat es nie … gefunkt.«

Janet entgegnete eisig: »Wir werden ja sehen. Kriegst du jetzt Longmans Job?«

Der abrupte Themenwechsel überrumpelte Maiden. »Nein, es … so funktioniert das nicht. Vielleicht irgendwann.« *Wenn ich dich erwische, beispielsweise.*

»Ich finde, das sollten sie machen. Sag deinem Chef oder

wer immer dafür zuständig ist, dass ich finde, sie sollten das machen.«

»Okay.«

»Ich meine es ernst, John. Sag es ihnen.«

»Klar, wenn es dich glücklich macht. Ich bezweifle aber, dass es sie interessiert.«

»Du bist der Einzige, der mir eine Freude machen kann, John«, blaffte sie und hängte auf.

Spencer betrachtete ihn gelangweilt. Sie ahmte ihn nach: »Sicher, wenn es dich glücklich macht? Also, wenn Sie mich fragen, müssen Sie anfangen, diese Frau härter in die Mangel zu nehmen, mal eine deutliche Ansage machen. Vielleicht reagiert sie darauf.«

»Das ist nicht mein Stil«, entgegnete Maiden benommen, versuchte aber, es nicht zu zeigen. »Zweimal geschieden, schon vergessen? Außerdem reagiert sie möglicherweise damit, dass sie irgendeinem armen Kerl den Arm abhackt. Das kommt normalerweise als nächstes.«

»Vielleicht auch nicht. Das Porto würde ein Vermögen kosten«, sagte Spencer, ließ ihn dann aber in Ruhe. »Werden Sie irgendwem von dem Anruf berichten?«

»Das sollte ich natürlich, aber wem? Bercoutte ist praktisch nutzlos, was richtige Arbeit angeht, und wird sowieso nichts Konstruktives zu sagen haben. Longman ist tot und der Neue, der ihn ersetzen soll, ist noch nicht hier.« Maiden zuckte mit den Achseln.

Spencer sagte nach einem Augenblick: »Sie können ja versuchen, über Sirroch und Vitale mit ihm Kontakt im Jenseits aufzunehmen.«

Trotz allem mussten sie beide darüber lachen.

15

Andrew Mackay, Leiter der Sicherheitsabteilung in Eden und zugleich nun Manager der IT-Ausstattung, hatte allen Grund zur Freude. Er hatte einen Volltreffer gelandet.

Die Umkleideräume, Toiletten und das halbe Dutzend Duschen im Fitnessbereich waren für beide Geschlechter zugänglich, sodass verheiratete Paare sie gemeinsam benutzen konnten. Für die Alleinstehenden war das kein Problem, denn die Duschen waren groß genug, um als Einzelumkleide mit abschließbaren Türen zu fungieren. Durch aufmerksame Beobachtungen hatte Mackay festgestellt, dass einige von ihnen beliebter waren als andere. Er hatte keine Ahnung warum, vielleicht waren die Duschköpfe weniger verkalkt und das heiße Wasser floss besser. Es war eben einfach so. Es bedeutete aber vor allem, dass die Kamera, die er in einer der beliebten Kabinen versteckt hatte, immer gut zu tun hatte.

Eine weitere Kamera zeigte die Fitnessgeräte. Aber die Bilder von dort waren erbärmlich im Vergleich zum Umkleideraum; nur wenn in den Duschen gar nichts los war, schaute sich Mackay ein paar pralle Trainingsanzüge oder extrakurze Shorts an.

Mackay überwachte seine Bildschirme in einem engen, unordentlichen Zimmerchen. An diesem Nachmittag waren viele Mitglieder von Eden schwimmen gegangen. Sirroch hatte kundtun lassen, dass er nicht wollte, dass die Mitglieder sich durch die Morde oder die Polizei einschüchtern ließen. Alles sollte ganz normal weitergehen. Er hatte nachdrücklich betont, dass keine Überreste von Ralph Shackleton mehr im Pool zu finden waren und alles absolut in Ordnung wäre. Es war wie ein Erlass an alle, sich hineinzustürzen. Mackay hatte schon eine Reihe Männer und Frauen in der Dusche beobachtet. Die Männer interessierten ihn nicht, obwohl sein Blick trotzdem schon aufgrund der Nacktheit immer wieder zurück zum Schirm wanderte. Manche Frauen waren durchaus sehenswert, andere fand Mackay eher zum Abgewöhnen. Außerdem zogen nicht alle ihre Badeanzüge aus. Bei manchen Besuchern, wie Evan und Muriel Grant, wandte sich Mackay sogar angeekelt von den schrumpeligen Körpern ab. Sie besuchten regelmäßig den Pool, sie zogen widerwärtig brav ihre Bahnen, um fit zu bleiben, und gehörten natürlich zu den Ersten, die Sirrochs Anweisung Folge leisteten.

Dann sah er Carol Geyer hereinkommen und auf die Umkleiden zugehen. Mackay hielt den Atem an. Ihr Haar war nass, sie war im Pool gewesen. Ein großes Badetuch, das sie umgelegt hatte, verbarg, was sie anhatte, und sie hielt eine Strandtasche in der Hand. Sie schien vor der Tür zu zögern und schaute sich nach jemandem um, den Mackay nicht auf dem Bildschirm sehen konnte. Dann betrat sie die Umkleide. Er wünschte sich sehnlichst, sie würde die rechte Dusche benutzen, die gerade frei war. Mackay stieß sogar ein leises Gebet aus und tippte mit dem Finger auf seinen Bildschirm, als könnte er ihr den Weg weisen.

Die Tür zur Dusche öffnete sich und Mackay stieß einen kleinen, triumphierenden Laut aus, als er Carol hereinkommen sah. Sie hängte das Handtuch an einen Haken und enthüllte einen Bikini, dann drehte sie das Wasser an, überprüfte die Temperatur mit der Hand und trat in den Strahl. Mackay war zutiefst enttäuscht, dass sie sich nicht auszog, bis er begriff, dass sie nur die Chemikalien aus ihrem Bikini spülen wollte. Er jauchzte begeistert, als sie lässig ihr Oberteil und das Höschen auszog, mit den Händen auswrang und dann in Richtung des Kleiderhakens warf, bevor sie wieder unter das warme Wasser trat.

Für Mackay war gerade ein Traum wahr geworden: Carol Geyer nackt. Es war kein perfektes Bild, aber später würde er mehr sehen können, wenn er die Aufnahmen durch seine Computersoftware jagte. Vielleicht konnte er sie sogar auf einer der Internetseiten, die er kannte, zum Verkauf anbieten.

Mackay war überrascht, als er sah, dass die Tür zur Dusche sich noch einmal öffnete. Und er wartete grinsend darauf, Carol erschrecken zu sehen, wenn ihr klar wurde, dass sie nicht abgeschlossen hatte. Stattdessen aber versuchte sie nicht einmal, sich zu bedecken, und lächelte sogar den Eindringling an – sie lächelte auf eine Art, von der Mackay nur träumen konnte.

»Dreck«, knurrte er und ahnte schon, was los war. Er verspürte eine Mischung aus Erregung und entsetzlicher Eifersucht.

Wer auch immer zu Carol in die Duschkabine getreten war, blieb unterhalb des Blickwinkels der Kamera und hielt sich aus dem Strahl der Dusche heraus. Sie redete mit ihm und spritzte spielerisch ein paar Tropfen.

Dann trat Stirling Moss ins Bild. Er war nackt, und als er unter den Strahl der Dusche trat, schlang Carol ihre Arme in einer erotischen Umarmung um ihn und hob gleichzeitig ihr Bein um seine Hüfte, während er ihr Gewicht hielt. Sekunden später drückte Moss Carol an die Wand der Dusche und stieß in sie hinein. Carols Gesichtsausdruck, ihr Kopf an seiner Schulter, zeigte größtes Vergnügen.

Mackay sagte heiser: »Du Drecksack. Du gieriger, widerlicher kleiner Drecksack. *Was glaubst du eigentlich, wer du bist?*« Obwohl die Wut ihn übermannte, hatte Mackay unbewusst eine Hand in seinen Schritt sinken lassen.

Das Liebespaar war äußerst erregt, versuchte aber, still und unbemerkt zu bleiben. Die Gefahr, entdeckt zu werden, stellte einen Teil ihres Vergnügens dar. Es dauerte nicht lange, bevor sie sich voneinander lösten und sich nur noch liebkosten, woraufhin Mackay einen verächtlichen Kommentar über Moss' sexuelle Ausdauer von sich gab. Schließlich drehte

Carol den Wasserhahn zu und sie trockneten einander mit den Handtüchern ab. Dabei war Carols Körper Mackays gierigem Blick weitgehend verborgen, sodass sein Ärger weiter zunahm. Mit gerunzelter Stirn beobachtete er, wie das Pärchen sorgsam darauf achtete, dass niemand mitbekam, was gerade geschehen war. Moss ging zuerst und Carol blieb noch ein paar Minuten. Sie zog einen Trainingsanzug über, den sie aus ihrer Tasche nahm. Wenigstens konnte Mackay sie noch einmal richtig nackt sehen.

Als Carol aus dem Blickfeld der Kamera verschwand, schaute Mackay auf den Monitor, der das Fitnessstudio zeigte, um zu erfahren, was sie als Nächstes tat, und ob sie Moss draußen überhaupt beachten würde. Er war erstaunt und fasziniert, als er sah, wie Carol von Walter Harris abgefangen wurde. Sie wirkte genervt und stieß ihn nach einem kurzen Wortwechsel zur Seite, dann schritt sie eilig davon. Walter versuchte nicht, ihr zu folgen, starrte ihr jedoch ärgerlich hinterher.

Mackay sagte zu den Monitoren: »Du fickst alle außer mir. Was spielst du bloß für dreckige kleine Spielchen, du Hure? Die will ich auch spielen.« Seine Gedanken wandten sich Moss zu. »Und du hast eine Tracht Prügel verdient, du Drecksack. Und ich werde mich darum kümmern, dass du kriegst, was du verdienst.«

Es half nicht wirklich. Die Eifersucht brannte weiter in Mackays Mitte.

*

Carol Geyer war wütend, dass sich das angenehme Kribbeln vom Sex in der Dusche erledigt hatte, nachdem Harris ihr aufgelauert und verlangt hatte, mit ihr zu reden. Sie ahnte schon, was Harris wollte, oder zumindest, warum er mit ihr allein sprechen wollte. Aber der Mann machte ihr Angst, und was Carol anging, hatte er auch nichts zu bieten. Es war lustiger, ihn immer weiter hinzuhalten und zuzusehen, wie er sich vor lauter Frustration drehte und wand. Aber man konnte nie wissen, wie weit Harris gehen würde, und deshalb entschied sich Carol, Sirroch zu sagen, dass er sie belästigte; sie würde keine Einzelheiten angeben müssen. Es würde reichen, wenn Sirroch Harris verwarnte, damit der es sich zweimal überlegte, bevor er sich ihr wieder näherte.

Carol ging ins Verwaltungsgebäude, und die Empfangsdame Diane sagte ihr, dass Sirroch Kopfschmerzen hatte und auf sein Zimmer gegangen sei, um sich kurz auszuruhen. »Es war ein harter Vormittag«, bemerkte sie mitfühlend.

»Dann weiß ich, was ihm helfen kann – ich«, sagte Carol und wandte sich von Dianes missbilligendem Blick ab.

Carol musste an Sirrochs Tür nicht klopfen. Einen Moment blieb sie davor stehen und suchte Sirroch zuliebe nach ein wenig Libido. Carol war nackt unter ihrem Trainingsanzug, und nachdem sie überprüft hatte, dass niemand sie beobachtete, zog sie den Reißverschluss ihrer Jacke bis zum Nabel herunter. Die Tür schwang auf und sie stahl sich hinein.

Auf Zehenspitzen wie ein Kind schlich sich Carol in Sirrochs Behausung. Die Wohnung war weit größer und besser möbliert als die normalen Einheiten. Im Gehen zog Carol ihre Jacke von einer Schulter, sodass ihre Brüste frei lagen.

»Brent?«, flüsterte sie und kicherte leise. »Bist du da? Ich habe etwas gegen deine Kopfschmerzen.«

Wohnzimmer und Küche waren leer, und Carol vermutete, dass Sirroch sich im Schlafzimmer hingelegt hatte. Sie ging zu seiner Tür, die ein wenig offen stand, und stieß sie ganz auf, wobei sie sich zugleich nach vorne beugte, sodass sie sich entblößt und als willig offenbarte.

Carol erblickte ein Gewirr aus nackten Armen und Beinen auf dem Bett. Sie musste ein überraschtes Lachen unterdrücken, als sie Faye Morcombes entgeistertes Gesicht über

Sirrochs blassen Rücken hinweg in ihre Richtung starren sah. Sein Körper drückte sie aufs Bett und sie hatte die Beine weit gespreizt, während Sirroch immer weiter pumpte, weil er noch nicht bemerkt hatte, dass ein weiterer Gast eingetroffen war.

Carol sagte mit einem breiten Grinsen: »Oh, mein lieber Brent. Das ist ja wirklich ein bisschen *peinlich,* findest du nicht?«

Sirroch wirbelte erschrocken herum, das Gesicht verzerrt. Faye suchte ärgerlich nach Worten, ihr Mund bewegte sich bereits. Carol hob eine Hand.

Sie sagte seelenruhig: »Keine Sorge, ich habe nichts gesehen und werde kein Wort sagen. Ihr zwei macht einfach weiter wie bisher und tut so, als wäre ich nie hier gewesen.«

Carol zog ihre Jacke wieder über ihre Schultern und schloss langsam den Reißverschluss. Wie sie das tat, war geradezu beleidigend – eine Botschaft an Faye, dass sie jünger, hübscher und vollkommen unbeeindruckt von einer möglichen Konkurrentin war.

»Bin schon weg«, setzte sie hinzu und verschwand aus ihrem Blickfeld. Aber dann musste Carol ihre Beine in die Hand nehmen, damit sie außer Hörweite war, bevor sie in schallendes Gelächter ausbrach.

*

Im Schlafzimmer schlug und stieß Faye Sirroch von sich, wobei sie eine erstaunliche Kraft an den Tag legte. Verwundert über den plötzlichen Sinneswandel kletterte er von ihr herunter, dabei kümmerte es ihn wenig, wie Faye sich fühlte. Die Alarmanlagen in seinem Kopf klingelten nur, weil er befürchtete, dass der Zwischenfall negative Folgen für ihn haben könnte.

»Was zum Teufel wollte sie hier?« Faye zeigte mit der Hand auf die Tür. »Und dann *so?* Sie hat ihre Titten raushängen lassen wie eine Hure!« Ihr Gesicht war rot angelaufen und sie zitterte, sie stand kurz vor einem hysterischen Ausbruch.

Sirroch schlüpfte in seine Kleidung und knurrte: »Ich habe keine Ahnung, was sie hier wollte. Woher zum Teufel soll ich das wissen? Carol ist ja nicht lange genug geblieben, um es zu *sagen.*« Das Ausmaß von Fayes Wut versetzte ihn in Angst, doch er versuchte, sich das nicht anmerken zu lassen. Sie war so außer sich, dass es ihr vollkommen egal zu sein schien, dass sie noch nackt war – oder sie hatte es einfach vergessen. Sie war völlig durchgedreht.

Sie ätzte: »Du bumst sie etwa *auch?*«

Sirroch kam langsam zu sich und wollte seine Autorität zurückgewinnen. Er sah Faye an und sagte: »Faye, ich habe nie behauptet, dass unsere Beziehung exklusiven Status hätte. Genau genommen weiß ich nicht, wie du darauf gekommen sein könntest. Ich habe nie versprochen …«

»Nicht *ich*«, unterbrach sie ihn beißend. »Ich meine Chris. Sie hat mit *ihm* geschlafen und gleichzeitig mit dir? Es war schlimm genug, das über Chris zu erfahren, und jetzt …« Faye musste innehalten und rang mühsam nach Atem.

»Beruhige dich, Faye. Du bist viel zu aufgeregt.«

»Ach wirklich? Und *wie* aufgeregt dürfte ich wohl sein?«

»Vielleicht sollte besser ich das entscheiden. Reiß dich zusammen!«

Sirroch hatte es gewagt, näher zu kommen, und legte nun beruhigend je eine Hand auf ihre Schultern. Sie ging augenblicklich auf ihn los und schlug ihm heftig ins Gesicht. Er erstarrte, dann betastete er seine aufgesprungene Lippe, gab aber keinen Laut von sich. Faye schlug ihn erneut, eine weitere schmerzhafte Ohrfeige. Sirroch fiel ein wenig in sich zusammen, dann aber richtete er sich auf und starrte sie an, in seinem Blick lag reiner Hass. In ihrer Wut stürzte sie sich vornüber und begann mit den Fingern sein Gesicht zu zerkratzen. Sirroch wurde rückwärts gegen die Wand gedrängt, er verteidigte sich gegen ihren Versuch, ihm die Augen auszukratzen. Plötzlich hatte er die Gelegenheit, ihr einen kräftigen Schlag in den Magen zu verpassen, und Faye sackte außer Atem zurück, all ihre Energie war dem Schmerz gewichen. Sirroch war es egal, er schlug ihr noch einmal gegen die Schläfe, oberhalb des Haaransatzes, sodass sie mit dem Gesicht nach unten wieder auf dem Bett landete.

Sirroch atmete schwer, aber als er ihre Nacktheit wahrnahm, zog er seinen Gürtel aus der Jeans und schlug ohne Zögern zu, sodass rote Striemen auf ihrem Fleisch entstanden. Faye schrie ins Kopfkissen. Er schlug noch dreimal mit all seiner Kraft nach ihr, er zielte auf ihre Schenkel und Pobacken. Sie zitterte vor Schmerz und schrie weiter, wobei sie die Laute mit dem Laken dämpfte.

Er warf den Gürtel zur Seite, zog seine Jeans wieder herunter und vergewaltigte sie von hinten.

Sie rührte sich weder, noch protestierte sie.

Als er fertig war, beugte Sirroch sich vor, packte Faye an den Haaren, um ihren Kopf von der Matratze hochzuziehen, und legte seine Lippen an ihr Ohr.

Er flüsterte heiser: »Sprich nie wieder so mit mir, hast du verstanden? Du erweist mir ab jetzt Respekt.«

Das Gesicht nass vor Rotz und Tränen, nickte sie schwach in seinem Griff.

»Liebst du mich?«, fragte er fordernd.

»Ja … ja … ich liebe dich.«

»Gut.« Er stieß ihren Kopf zurück. »Wir werden nie wieder über heute reden, verstanden? Es ist nie passiert. Ich werde auch mit Carol sprechen. Es ist *nie* passiert.«

Faye nickte, sie konnte nichts sagen. Er stieg von ihr herunter.

»Faye, ich gehe jetzt duschen. Wenn ich fertig bin, solltest du verschwunden sein. Ist das ein Problem?«

»Nein … nein …«

»Bleib dabei.«

Sie hörte ihn die Tür zum Bad zuschlagen, dann begann

das Wasser zu laufen. Faye wollte sich nicht rühren, wusste aber, dass sie es tun musste. Sie glitt vom Bett und stand wackelig auf ihren Füßen, dann taumelte sie in die Küche und zog ein Messer aus einem hölzernen Block. Sie schwankte ein wenig, starrte fasziniert die silberne Klinge an und überlegte, was sie tun sollte.

Schließlich steckte sie das Messer ganz vorsichtig wieder zurück, spritzte sich an der Küchenspüle Wasser ins Gesicht, suchte ihre Kleidung und zog sich an, wobei sie zusammenzuckte, wenn es an den Rippen und auf der Rückseite ihrer Schenkel schmerzte.

Es fiel ihr schwer, normal zu gehen, aber es gelang ihr, die Wohnung zu verlassen und das Zimmer zu erreichen, welches sie nutzte, wenn sie nicht nach Hause zu ihrem Mann fuhr. Und heute würde Faye ganz sicher nirgendwohin mehr fahren.

*

Walter Harris musste zugeben, wenn Carol nicht so verdammt attraktiv gewesen wäre, hätte er sich vielleicht deutlicher gegen ihre Weigerung, mit ihm zu reden, zur Wehr gesetzt. Er wusste, dass Carol bestimmt nicht dumm war und ihn vermutlich ohnehin durchschaute. Aber im Moment sahen seine Pläne – die immer verzweifelter und komplizierter wurden – nun einmal vor, eng mit ihr zusammenzuarbeiten. Das konnte durchaus zu einer Reihe von interessanten Möglichkeiten führen, wenn es Harris nur jemals gelänge, ihr Vertrauen zu gewinnen. Die Fantasie war weit hergeholt, aber es war nicht unmöglich. Sie komplett zu verprellen, indem er garstig wurde, würde vermutlich Türen zuschlagen, die er lieber offen lassen wollte, ganz egal, wie unwahrscheinlich oder absurd es war, je hindurchzugehen.

Aber dass er mit Carol nicht weiterkam, vergrößerte seine aktuellen Probleme. Kurzfristig gab es immerhin andere Möglichkeiten, den Schaden einigermaßen zu begrenzen. Zuerst einmal musste er sich an mehreren Stellen Unterstützung besorgen.

Abgesehen von der Trauer und Angst aufgrund der Todesfälle innerhalb und außerhalb Edens hatten sich auch andere Gefühle unter den Sektenmitgliedern ausgebreitet. Gefühle, die Brent Sirroch voll ausnutzte. Sirroch war ein Meister darin, das Vertrauen von Menschen zu gewinnen. Er konnte jedem suggerieren, er sei sein bester Freund und die Interessen des anderen lägen ihm sehr am Herzen. Die generelle Akzeptanz, dass Sirroch der nächste, wahre Führer von Eden würde, wuchs. Harris hatte überhaupt nichts dagegen, dass Sirroch der spirituelle Leiter würde, denn die Organisation brauchte so jemanden. Das war entscheidend dafür, wie gut alles lief. Aber Harris hasste die Vorstellung, dass Sirroch vielleicht eine allumfassende Macht erlangen könnte, dass seine Beliebtheit ihm sozusagen automatisch ein Vetorecht in allen Angelegenheiten bescherte, die Eden betrafen. Bei Chris Vitale war es so gewesen, aber er hatte nie davon Gebrauch gemacht, sondern Leuten wie Harris reichlich Freiraum gelassen. Ein Mann wie Sirroch jedoch, der die Vorteile eines starken Mandats erkannte, konnte einen verheerenden Schaden anrichten und alles kaputt machen.

Die Entscheidungsträger waren ein mögliches Hindernis auf dem Weg Sirrochs an die Spitze. Gemeinsam konnten sie sich gegen ihn stellen und eine neue Ordnung durchsetzen, bevor es zu spät war. Dann hätte auch Harris mehr Raum zu agieren. Aber Sirroch war nicht leicht im Zaum zu halten, vor allem in den Meetings, wo er seine politische Geschicklichkeit hervorragend einsetzen konnte. Harris selbst konnte durchaus mit ihm mithalten. Er hatte vor, schnellstmöglich Lobbyarbeit zu leisten, um eine vereinte Front unter den übrigen Entscheidungsträgern aufzubauen, bevor sie auch nur an einem Verhandlungstisch Platz nahmen.

Harris hatte bereits einen Plan erarbeitet.

Der Stuhl, der durch Shackletons Tod frei geworden war, musste besetzt werden, und Harris hatte schon eine Idee. Mit Vitale und Shackleton waren tragischerweise gleich zwei Entscheidungsträger ausgefallen. Und obwohl es in Eden nie strikte Vorschriften gegeben hatte und keine Mindestzahl von Entscheidungsträgern verlangt wurde, konnte Harris dafür plädieren, die Zahl der Entscheidungsträger wieder aufzustocken, damit alle Themen in einem angemessenen Rahmen diskutiert und geregelt werden konnten. Aber das allein stellte noch nicht Harris' gerissene Lösung dar. Er wusste, es konnte lange dauern, die Entscheidungsträger zu ersetzen, und Sirroch würde in der Zwischenzeit klammheimlich machen, was er wollte. Deswegen würde Harris darauf bestehen, dass alle niederen Mitglieder des Großen Rates zeitweilig volles Stimmrecht erhielten, um die Zahl der Entscheidungsträger auf diese Weise zu erweitern.

Harris verließ sich darauf, dass ihm eine plötzliche ungesteuerte Flut frischer Ambitionen und Persönlichkeiten auch neue Verbündete verschaffen würde. Eileen Bower war immer schon scharf auf einen Platz unter den Entscheidungsträgern gewesen, und Richard Chore hatte oft angedeutet, dass seine Intelligenz nicht ausreichend zum Einsatz käme. Leanne Dorsett würde sicher nicht dem Zugriff auf saftige, interne Informationen für ihren Newsletter widerstehen können, selbst wenn sie sie letztlich nicht verwenden dürfte. Wenn sie aufgrund von Harris' Vorschlag eine Chance auf eine Mitgliedschaft bei den Entscheidungsträgern bekämen, würden diese drei sich im Gegenzug stets auf Harris' Seite stellen. Dann blieben nur noch Ian Panner, der Chorleiter von Eden, dem im Grunde alle Probleme egal zu sein schienen, und das Hausmeisterpaar Evan und Muriel Grant, die Schwierigkeiten haben dürften mit der Verantwortung. Sie stellten letztlich sogar zwei Stimmen, die niemals miteinander in Konflikt treten würden, und Harris überlegte, sie irgendwie von seinem Plan auszuschließen, denn sie erschienen ihm unzuverlässig und unberechenbar. Gleichzeitig widersprach das aber seiner ganzen Theorie, den Großen Rat zu fördern, und auf diesen Widerspruch könnte Sirroch sich stürzen.

Vielleicht kann ich sie überzeugen, freiwillig abzulehnen? Harris überlegte. Dann hatte er eine fantastische Idee. *Das Klavier! Ich kaufe ihnen ihr blödes Klavier und lasse meinetwegen auch noch ihren Namen drauf malen, wenn es sein muss.*

Lustig, wie manche Dinge sich ganz von alleine klärten.

Diese Gedanken huschten durch Harris' Hirn, während er zur Kapelle ging, wo Ian Panner, der Chor und die Band für Vitales Beerdigung probten. Er blieb vor der geschlossenen Tür zur Kapelle stehen. Denn ihm war klar, dass Panner allen gesagt hatte, dass er einige wichtige neue Werke, die er noch geheim halten wollte, für die Gedenkfeier einstudierte.

Würde Panner sich ärgern, wenn er etwas hörte? Harris zuckte innerlich mit den Achseln und öffnete die Tür. Vor Jahren war Harris Chorknabe und Messdiener gewesen. Er erkannte viele von Panners Kompositionen als Plagiate traditioneller Gospelsongs. *Geheime Proben hin oder her, er musste sich um wichtigere Dinge kümmern.*

Drinnen studierte Panner mit dem Chor – einem Dutzend Männer und Frauen – harmonische Dreiklänge ein. Die Musiker saßen auf ihren Plätzen und versuchten, nicht allzu gelangweilt zu wirken. Auf Panners Bitte hin lieferte der Keyboarder, Xavier Tarrant, einen einzelnen Ton, indem er immer wieder mit dem Finger auf die entsprechende Taste drückte – und dem Bassisten eine Grimasse schnitt. Panner drehte sich um, als er hörte, wie sich die Tür schloss, runzelte leicht die Stirn und wandte dann seine Aufmerksamkeit wieder den Sängern zu.

»Okay, versuchen wir es noch einmal«, sagte er zu ihnen und demonstrierte Harris damit, dass er sich nicht stören lassen würde. Harris nahm Platz, um klarzustellen, dass er nicht die Absicht hatte zu gehen. Mehrfach ließ Panner den

Abschnitt singen, wobei sie die letzte Note lange halten mussten. Schließlich war er zufrieden und verkündete: »Jetzt noch einmal vom Anfang des letzten Refrains an.«

Auf sein Zeichen hin spielte die Band eine Melodie, acht Takte lang, und dann setzte der Chor mit der Harmonie ein, die sie geübt hatten. Als sie die letzte Note erreicht hatten und die Musik in einem leisen Harfenklang verebbte, trat eine der Frauen vor und lieferte einen kurzen Monolog. Es war kein Liedtext, sondern eher eine Art Gedicht. Dann trat sie behutsam zurück an ihren Platz und der Chor vollendete den Refrain, mit dem das Lied schloss.

Harris war entgeistert. Der Monolog, den die Frau aufgesagt hatte, bestand aus der Nachricht, die Ralph Shackletons Mörder auf der Tafel im Fitnessstudio hinterlassen hatte.

Gott verlangt Zorn. Er hat den Krebs der Seele. Aber ich habe ihn geheilt. Er hat sein Wunder bekommen.

In der folgenden Stille senkte Panner nachdenklich den Kopf, um sich ein Urteil über die Performance zu bilden. Band und Sänger warteten nervös. Harris erhob sich lautstark.

»Ian! Äh … hast du einen Augenblick Zeit?«

Panner warf ihm einen verärgerten Blick zu. »Ich habe allen gesagt, dass wir in Ruhe proben wollen. Du solltest nicht hier sein, und ich habe nicht vor, irgendetwas mit dir zu besprechen.« Ungesagt stand im Raum: *Mir ist egal, was du von dem hältst, was du gerade gehört hast.*

Panner war selten derart drastisch, es sei denn, es ging um seine Musik, die er vehement verteidigte.

Harris erklärte hastig: »Nein, es geht um etwas anderes. Etwas Wichtiges.«

Panner holte durch die Nase tief Atem und schien schon ablehnen zu wollen. Dann jedoch erklärte er laut: »Zehn Minuten Pause für alle, aber nicht länger.«

Dankbar flohen die Musiker und Sänger zum Ausgang.

Panner kam zu Harris und setzte sich neben ihn. Aus reiner Höflichkeit fragte er: »Wie kann ich dir helfen, Walter?«

Harris goss erst einmal Öl ins Feuer: »Ich muss dich das fragen, Ian: Glaubst du, der Monolog ist das Richtige?«

Panner köchelte und begann sich zu erheben. »Ich habe dir doch schon gesagt, ich werde mit dir nicht über unseren Auftritt diskutieren.«

Harris sagte sanft: »Beruhige dich, Ian. Ich frage nur, was eine Menge anderer Leute auch fragen werden.«

»Natürlich ist es das Richtige. Die Nachricht wurde uns allen hinterlassen, sie ist ein integraler Teil der Tragödie, unter der wir jetzt leiden. Sie sollte in die Botschaft der Zeremonie eingeschlossen sein.«

Es war eine eigenartige Logik, und Harris vermutete, dass es die beste Ausrede war, die Panner einfiel, um zu rechtfertigen, was vermutlich nichts anderes als eine groteske Inspiration gewesen war. Er sagte: »Aber das stammt aus dem Schwimmbad. Wo wir Ralph gefunden haben, nicht Chris …«

»Ich weiß nicht, was der Mörder über Chris' Tod geschrieben hat«, erklärte Panner mit sturem Blick. »Die Polizei will es mir nicht sagen.«

»Wie auch immer, manche Leute könnten empört sein, es in diesem Zusammenhang zu hören. Brent wird sicher etwas dazu zu sagen haben. Hast du schon über deine Antwort nachgedacht?«

»Das hat nichts mit Brent zu tun. Chris hat mir die alleinige Leitung unserer musikalischen Programme übertragen.«

Damit war Panner genau da, wo Harris ihn haben wollte. »Genau darüber wollte ich mit dir sprechen, denn ich vermute, dass Brent *versuchen* wird, alles hier zur Chefsache zu machen, wenn wir ihn lassen.«

Harris fuhr damit fort, seinen Plan zu erläutern, den Großen Rat zu den Entscheidungsträgern hinzuzubitten. Und er endete mit: »Ich fürchte, dass Brent viele gute Ideen einfach vom Tisch fegt – nur weil sie ihm nicht gefallen. Ich möchte nichts *Schlechtes* über Brent sagen. Ich liebe ihn wie einen Bruder, das tun wir alle. Wir sind alle im Geiste eng verbunden. Ich möchte nur eine einhellige, angemessene Reaktion auf all die Probleme erreichen, die nun vor uns liegen. Brent hat die Neigung … Angelegenheiten in die eigenen Hände zu nehmen. Wenn wir mehr Meinungen an den Konferenztisch holen, kann das nur die Entscheidungsfindung verbessern. Chris hätte das auch gewollt.«

Panner runzelte die Stirn über die Mischung aus nacktem Machtkalkül und der beruhigenden Doktrin von Eden, nickte aber bereits. Er sagte langsam: »Brent *hat* manchmal eine lautere Stimme als wir anderen.«

»Genau das wollte ich sagen. Wir müssen dafür sorgen, dass auch die anderen Stimmen gehört werden. Andere *Meinungen* respektiert werden.«

»Nun ja, ich verstehe, was du meinst, Walter«, sagte Panner und erhob sich.

Harris schaute überrascht. »Ich kann mich also darauf verlassen, dass du mich unterstützt?«

»Das weiß ich noch nicht, ich werde darüber nachdenken. Das kann ich nicht einfach so entscheiden.«

Harris versuchte, seine Frustration zu verbergen und sagte: »Natürlich würde ich dann alles unterstützen, was du hier …« Er deutete in Richtung der Chorbühne.

Mit vollkommen neutralem Gesichtsausdruck entgegnete Panner: »Ich würde erwarten, dass du nur das unterstützt, was du für richtig hältst. Ist das nicht genau der Sinn dessen, was du vorschlägst?«

»Nun ja …«

»Wie gesagt, ich muss darüber nachdenken, Walter.«

Harris schluckte seinen Ärger herunter und sagte: »Okay, aber ich würde dich bitten, es für dich zu behalten. Es könnte sonst sehr problematisch werden, wenn es nicht richtig eingefädelt wird.«

»Natürlich. Wir treffen uns bald noch einmal und besprechen das in aller Ruhe. Aber jetzt muss ich weiterarbeiten.«

»Und das ist auch wirklich wichtig«, sagte Harris, wobei ihm klar war, dass es lächerlich klang. Aber er konnte den Satz jetzt auch nicht mehr zurücknehmen.

Sie umarmten sich, wie es in Eden üblich war, und als sie sich voneinander lösten, setzte Harris hinzu: »Bitte entschuldige, dass ich dich bei der Arbeit gestört habe, mein Bruder. Bitte vergib mir.«

»Ich vergebe dir, Bruder«, entgegnete Panner förmlich. »Und es tut mir leid, dass ich ein wenig angespannt war. Es ist eine schwierige Zeit. Bitte vergib mir.«

»Das tue ich, Ian. Ich verstehe das voll und ganz.«

Harris ging nach draußen und entfernte sich von der Kapelle, wobei er leise vor sich hin fluchte.

Eine Stimme aus dem Hintergrund riss ihn aus seinen Gedanken. »Meine Güte! Du murmelst und grummelst vor dich hin wie ein alter Troll!«

Harris sah sich um und entdeckte Leanne Dorsett. Er bemühte sich, sie anzustrahlen. »Leanne! Ich habe dich gar nicht bemerkt. Oh! Übrigens … kann ich einmal unter vier Augen mit dir reden?«

Sie riss in gespielter Erregung die Augen auf. »Wittere ich da etwa eine Story, Walter?«

»Vor dir ist aber auch nichts sicher – oder, Leanne?«, sagte er, hakte sich bei ihr ein und ging dicht neben ihr her.

16

Es gab keinen Zweifel daran, wer Longman ins Herz gestochen hatte, aber deswegen war die Polizei nicht näher dran, Janet Brown wieder in Gewahrsam nehmen zu können. Alle Zeugen waren schnell verschwunden, als Longman tot aufgefunden worden war. Nur der Barkeeper hatte keine andere Wahl gehabt, als sich vernehmen zu lassen. Seine Erinnerung an eine attraktive Frau mit kurzem, blondem Haar, die an jenem Abend bei Longman gesessen hatte, war die einzige neue Information, die sich ergab. Janet Brown hatte eine neue Frisur. Und wahrscheinlich mittlerweile wieder eine neue.

Obwohl diesmal einer ihrer eigenen Leute getötet worden war, konnten sie keine zusätzlichen Maßnahmen ergreifen.

Es blieb also an Maiden hängen, zu versuchen, Janet in die Falle zu locken. Sie hatten keinen anderen Plan. Allerdings musste er sich gleichzeitig auch noch um seinen eigenen Fall kümmern.

Spencer brütete über der Bestandsliste der Arzneimittelausgabe in Eden und einem großen Stapel medizinischer Unterlagen in braunen Umschlägen. Elektronische Versionen derselben Daten befanden sich auf einem Laptop, der auf einer Ecke ihres Schreibtisches stand, den sie mittlerweile hierhergezogen hatte; er grenzte jetzt L-förmig an Maidens und die Kollegen beschwerten sich, dass sie den Durchgang blockierte. Sie ignorierte sie oder lächelte, je nachdem, wer es war. Aber ihren Schreibtisch ließ sie stehen.

Ein Mitglied der Spurensicherung hatte Spencer eine Liste der häufigsten Arzneimittel und den entsprechenden Indikationen gegeben. Sie verglich sie mit den Informationen vor sich; die langen offiziellen Namen auf den Rezepten hatten bei ihr mittlerweile zu heftigen Kopfschmerzen geführt. Maiden erledigte Anrufe wegen des Tatortes im Nachtclub und versuchte, weitere Zeugenaussagen zu erhalten.

Dann bekam er einen Anruf, dass ein Termin für die Anhörung wegen des Supermarkt-Schusswechsels festgesetzt worden sei. Er sagte es Spencer und riss sie aus ihrer Konzentration.

»Was?«, sagte sie und schaute auf.

»Die Ermittlungen wegen des Schusswechsels im Hinterhof, schon vergessen?«

»Allerdings«, sagte Spencer und war selbst überrascht.

»Na toll. Ich hoffe, Ihre Vergesslichkeit killt nicht meine Karriere und lässt mich im Kittchen landen. Da werde ich nicht viele Freunde haben.«

»Ich werde denen genau das sagen, was ich in der Nacht dem Officer vor Ort gesagt habe«, bemerkte sie geistesabwesend und kehrte zu ihren medizinischen Unterlagen zurück. »Das sollte kein Problem darstellen.«

Maiden nahm es nicht ganz so leicht. Bei offiziellen Ermittlungen konnten merkwürdige Dinge geschehen.

Ohne weiter darüber nachzudenken sagte er: »Und was war das Problem mit Reg Smith?«

Spencer schaute ihn kühl an. »Ich habe darauf gewartet, dass Sie danach fragen. Sie haben sich ganz schön Zeit gelassen.«

»Es hat mich nicht weiter gekümmert. Für mich klingt das nach einer uralten Geschichte, aber vielleicht sollte ich mir das anders überlegen.«

Sie zögerte, dann entschied sie sich. »Reg Smith war ein altmodischer Detective, direkt aus einem Gangsterfilm – oder jedenfalls hielt er sich dafür. Er war Kettenraucher, trank zu viel und lebte seinen Job Tag und Nacht, sieben Tage in der Woche.« Der Ausdruck in Spencers Blick verriet: *So ähnlich wie Sie.* Sie fuhr fort: »Und er *hat* sich bestechen lassen.

Nichts Großes, nicht viel Geld. Nur hundert Mäuse hier für eine Auskunft oder dort eine Flasche teuren Scotch für eine Beratung … er hielt das alles für einen Teil seiner Bezüge. Reg hat nicht begriffen, dass es nicht darum ging, wie viel er sich zustecken ließ. Es ist ganz egal, ob es zehn Dollar sind oder zehn Millionen. Er hat sich bestechen lassen, und im Gegenzug dafür ist irgendwelcher Kleinkram in irgendeiner dunklen Gasse über die Bühne gegangen, während er wegschaute.« Sie zuckte mit den Achseln. »Das konnte er gut. Selbst ich bin nicht dahintergekommen, ob er absichtlich irgendwo nicht auftauchte, oder ob er wirklich nicht wusste, dass etwas lief, und ich habe direkt mit ihm zusammengearbeitet.«

»Und was ist mit Ihnen? Haben Sie auch Geschenke genommen?«

»Verdammt noch mal, natürlich nicht! *Das* konnte Reg auch nicht verstehen. Er fand, ich sei zu anständig und wollte mich immer an die Vorschriften halten. Er hat gesagt: ›Es ist doch nur eine kostenlose Mahlzeit‹ oder ›Es ist doch nur eine Flasche Schnaps, was ist denn das Problem?‹ Und ich war nicht unbedingt wild darauf, einem Senior Detective mit mehreren Jahrzehnten Dienst auf dem Buckel zu erklären, dass er genau genommen bestechlich war.«

»Was haben Sie stattdessen getan?«

»Gar nichts. Aber als die Ermittler anfingen, sich Reg ganz genau anzusehen, hat er sich fast in die Hosen gemacht und plötzlich ganz schnell begriffen, was er in all den Jahren verbockt hatte. Die Wahrscheinlichkeit war nicht gering, dass er hinter Gittern enden würde, und genau wie Sie würde auch er dort nur wenige Freunde vorfinden. Wenn ich den Leuten von der Dienstaufsichtsbehörde auch nur die Hälfte dessen erzählt hätte, was ich gesehen habe, hätte Reg Smith dran glauben müssen. Aber das wollte eigentlich niemand und Reg hat es auch nicht verdient. Letztlich ging es darum, ob man Dinosaurier wie Reg Smith umerziehen kann oder sie aus dem Verkehr zieht. Am Ende siegte sein Stolz und er setzte sich zur Wehr, bis es dann doch in seinen dicken Schädel drang, dass er besser abtreten sollte, solange es noch ging. Reg hatte Glück, er kriegte eine goldene Uhr und eine Betriebsrente, statt die nächsten zehn Jahre gestreifte Pyjamas zu tragen. Und all das, weil ich meinen Mund gehalten habe.«

Maiden sagte vorsichtig: »Manche Leute sehen das anders. Sie sagen, Sie hätten zu ihm stehen und seinen Job retten können.«

»Er wollte gar nicht gerettet werden. Und wen kümmert das auch? Manche Leute sagen auch, dass ich die Typen im Ausnüchterungsbus ficke, wenn er hinten rumsteht. Was soll's.«

Maiden erwiderte ernsthaft: »Das hatte ich noch nicht gehört. Machen Sie doch auch nicht, oder?« Sie starrte ihn finster an und er nickte in Richtung der Stapel vor ihr. »Und, irgendwas Brauchbares in diesem Scheißhaufen?«

Spencers Version der Angelegenheit hatte Maidens Sorge über die bevorstehende Ermittlung nur leicht gemildert. Bestenfalls ließ ihr Vorgehen im Fall Reg Smith vermuten, dass sie doch ein wenig mehr Loyalität empfand, als er bisher vermutet hatte. Aber so viele Vorteile es auch haben mochte, den Mund zu halten, es würde ihm vielleicht trotzdem das Genick brechen.

Mein Gott, es war ein sauberer Schuss. Das steht im Bericht.

Spencer konzentrierte sich wieder auf die Arztberichte. »Ich fange schon an zu schielen bei dem ganzen Mist, aber ich glaube, ich habe etwas gefunden. Es wird niemand wegen irgendwelcher ernst zu nehmenden Krankheiten behandelt, auf alle Fälle nicht wegen einer Krebserkrankung. Vielleicht wird Doktor Farrer eine verborgene Verbindung ausmachen, aber es sieht nicht danach aus. Die Bestandslisten sind hingegen eine ganz andere Geschichte. Für eine Privatklinik, die zweihundert Mitglieder versorgt, verbrauchen sie wirklich einen riesen Haufen verschreibungspflichtiger Aufputsch-

und Beruhigungsmittel. Entweder sind alle Einwohner von Eden manisch-depressiv oder jemand betreibt noch einen kleinen Drogenkaufladen nebenbei. Es ist alles ganz offiziell und die Zahlen stimmen, aber da gehen wirklich eine Menge Pillen über den Tresen.«

Maiden überlegte: »Der gute Doktor Chore verkauft verschreibungspflichtige Arzneimittel unter der Hand? So blöd kann er doch nicht sein?«

»Entweder er oder seine Assistentin …« Spencer suchte den Namen. »Sharmayne Kinman, oder vielleicht auch beide zusammen«, setzte sie hinzu, als sie sich an die Chemie zwischen den beiden erinnerte. »Es ist der perfekte Ort, um damit durchzukommen, wenn man einmal überlegt. Eine Privatpraxis mit einem exklusiven Patientenstamm. Wer könnte schon dahinterkommen?«

»Vielleicht wusste Chris Vitale nichts davon, hat es aber herausgekriegt? Und sie haben ihn umgebracht, weil Vitale ihren Nebenjob unterbinden wollte?«

Spencer schaute auf ihre Notizen. »Na ja, es sind eine Menge Tabletten, aber noch nicht genug, um dafür jemand auf den Boden zu nageln. So gut können die Geschäfte auch wieder nicht gelaufen sein.«

»Richard Chore war es vielleicht nicht, aber was ist, wenn sie die Pillen an jemand außerhalb Edens verscherbelt haben? Jemand, der nicht ganz denselben hohen moralischen Werten anhängt wie unser feiner Arzt?«

»Damit entfernen wir uns endgültig von unserer Theorie, dass der Mörder eine tödliche Krankheit hat. Jetzt reden wir über einen Drogendealer, der zu Schlimmerem fähig ist. Was ist mit Ralph Shackleton? Und den Nachrichten auf dem Computer und im Fitnessstudio?«

»Ein Drogendealer mit Krebs?«, fragte Maiden und vollführte zugleich eine Geste, die zeigte, dass er wusste, dass es immer lächerlicher wurde.

Spencer rieb sich müde die Augen. »Vielleicht sollten wir

Chore noch ein wenig bedrängen. Mal sehen, wann ihm der Schweiß auf der Stirn steht.«

Maiden klang nicht besonders begeistert. »Wir könnten ihm mal mit dem Arzneimittelbetrug kommen.«

»Tja, das wird nicht ganz einfach sein, denn im Moment können wir nur vermuten, dass er die Bücher manipuliert. Es gibt Namen für alle aufgeführten Rezepte, auch wenn manche dieser Leute wahrscheinlich nur noch zitternd in der Ecke säßen, wenn sie das Zeug tatsächlich nähmen. Wir müssten aber erst mal ein Mitglied in Eden finden, das bereit ist zuzugeben, dass es die Arzneimittel gar nicht bekommen hat. Und wir wissen schon, dass sie alle ganz prima den Mund halten können. Wie groß ist dann die Chance, einen von ihnen dazu zu bringen, den guten Doktor zu verpetzen?«

»Wir brauchen einen Informanten, einen Abtrünnigen«, sagte Maiden. »Was ist nur aus den guten alten Tagen geworden, in denen man jemandem fünfzig Mäuse in die Hand drückte und er gar nicht mehr aufhörte zu quatschen?« Es war ein halbherziger Scherz, der auf Spencers Geschichte von Reg Smith abzielte.

»Wahnsinnig komisch!« Spencer heuchelte ein Lächeln. »Aber wissen Sie was, in dieser Richtung haben wir noch gar keine Überlegungen angestellt. Die können in Eden unmöglich alle Mitglieder hundertprozentig bei der Stange halten. *Irgendwer* muss doch mal stinksauer geworden oder völlig desillusioniert abgehauen sein. Wenn wir mit so jemandem wie einem verärgerten Ex-Anhänger reden könnten, dann würden wir vielleicht ganz andere Dinge erfahren.«

»Gute Idee, aber wie finden wir die? Sie müssen doch Mitgliederlisten haben …«

Spencer verzog das Gesicht. »Ja, aber wenn wir auftauchen und die haben wollen, kann Sirroch sich wahrscheinlich denken, worauf wir aus sind. Ich weiß nicht, ob wir es nicht geschickter anfangen können.«

»Okay, was sollen wir sonst machen?«, fragte Maiden.

Sie starrte auf die Zettel vor sich. Dann sagte sie gedankenverloren: »Vielleicht haben wir die Antwort bereits. Wir verfügen über eine Liste aller aktuellen Mitglieder. Die haben wir uns besorgt, damit wir nach Vitales Tod alle vernehmen konnten. In *diesen* Akten stehen die Namen aller Personen, die Chore in den letzten paar Jahren entweder behandelt oder denen er Arzneimittel verschrieben hat. Selbst wenn seine Unterlagen getürkt sind und er die Tabletten jemand anderem andreht, sind die Namen der Leute echt. Er ist klug genug, sich keine Patienten auszudenken. Auf jeden Fall besteht die Chance, dass die Namen auf den ärztlichen Listen, die *nicht* auf unserer Mitgliederliste auftauchen, zu jemandem gehören, der in letzter Zeit Eden verlassen hat. Und genau der könnte unser verärgertes Ex-Mitglied sein.« Spencer nickte zufrieden vor sich hin.

»Da könnten Sie recht haben«, sagte Maiden. »Starten Sie den Vergleich. Mal sehen, was Sie finden.« Er stand auf und streckte sich.

»Helfen Sie nicht dabei?«

»Doch, natürlich. Ich bin in ein paar Minuten zurück.« Maiden griff nach seinen Zigaretten.

»Ein paar Minuten?«

»Fünf Minuten höchstens. Fangen Sie schon mal ohne mich an.« Er marschierte in Richtung der Rauchergasse davon. Spencer sah ihn noch einen Umweg zur Kaffeemaschine machen. Er hatte es überhaupt nicht eilig und wollte die mühselige Suche in den Akten ganz offensichtlich so lange wie möglich hinauszögern.

»Fauler Sack«, sagte sie gutmütig und begann die Unterlagen systematisch auf dem Schreibtisch auszubreiten.

*

Eine Stunde später machte sich Spencer auf die Suche nach Maiden und fand ihn immer noch draußen in der Gasse. Er rauchte. Mundine war auch noch dort, erkennbar frustriert darüber, dass er noch nicht hatte nach Hause gehen können. Sie waren in ein Gespräch vertieft. Maiden schenkte ihr einen schuldbewussten Blick, dann schaute er wieder wie ihr Vorgesetzter.

»Ich komme, Peta«, sagte er und warf Mundine einen Blick zu, der ihm sagen sollte, dass sie ihr Gespräch später beenden würden.

»Sie müssen nicht, es ist schon alles erledigt … Sir«, setzte Spencer Mundines wegen hinzu. »Ich habe drei mögliche Namen gefunden.« Sie hielt ihm ein Blatt Papier hin.

Maiden nahm es und las. »Aber Sie haben nur einen nachverfolgen können?«

»Nun ja, die Gilmours sind Mann und Frau, also sind sie schon mal zwei. Aber: Ja, die Steuernummern stimmen und die Adresse war zumindest vor drei Monaten noch gültig.« Sie deutete auf die anderen Namen auf dem Zettel. »Der hier ist wahrscheinlich in Übersee, und dieser Typ scheint in Westaustralien zu sein.«

»Und die Gilmours sind in Queensland«, knurrte Maiden. »Verdammte Goldküste, natürlich. Drei verschiedene Möglichkeiten, über das ganze Land verteilt. Warum konnten die nicht einfach alle nach Bondi ziehen?«

»Bondi ist genauso wie Übersee. Da spricht auch keiner mehr Englisch«, sagte Mundine und schaute enttäuscht, als keiner lachte.

Spencer sagte: »In den Steuerunterlagen steht, dass Gilmour eine Finanzberatung führt und zu Hause ein Büro unterhält. Seine Frau ist seine Partnerin, aber das kann auch Steuergründe haben. Was wollen wir unternehmen, Sir? Soll ich versuchen, die Gilmours anzurufen? Oder müssen wir uns an die Polizei in Queensland wenden?«

Mundine schlug vor: »Wenn man niemandem auf die Zehen treten will, dann vielleicht auch an die Australian Federal Police.«

Durch eines der Fenster hatte Maiden aus dem Augenwinkel gesehen, wie Inspector Bercoutte einen Senior Detective namens Lynch in Longmans gläsernes Büro führte. Maiden sagte: »Sieht aus, als hätten wir einen neuen Chef. Gehen wir und schieben ihm den Schwarzen Peter zu, soll er's herausbekommen.«

Maiden kannte Lynch gut. Sie waren befreundet. Aber sie schüttelten einander förmlich die Hände, als Maiden und Spencer in sein Büro kamen, um Lynch in seiner neuen Position zu begrüßen. Bercoutte ging. Lynch war ein wenig unsicher.

»Es kommt mir vor, als würde ich deinen Job übernehmen, John«, sagte er und setzte sich.

»Ich habe im Moment sowieso zu viel zu tun, du kannst ihn gerne haben. Halt einfach den Sitz warm«, sagte Maiden entspannt. »Wir haben ein Problem.«

Maiden und Spencer gaben Lynch eine kurze Zusammenfassung ihrer Fortschritte bei den Ermittlungen in Eden, inklusive der Entdeckung der Gilmours in Queensland.

Maiden sagte schließlich: »Ich will sie nicht unbedingt anrufen, falls sie irgendeinen Grund haben, unterzutauchen. Also muss sie jemand von der Polizei dort besuchen oder vielleicht muss es auch die AFP sein?«

Lynch blies die Wangen auf und entschied schnell, was Maiden gefiel. »Bis ihr jemanden gefunden habt, der das hinbekommt, ihm erklärt habt, was ihr wollt, und die Unterlagen übermittelt habt, könnt ihr genauso gut selbst ins Flugzeug springen und die Gilmours vernehmen. Ihr schafft es hin und zurück an einem Tag, und wir müssen bloß einen Anstandsanruf bei den Kollegen in Queensland tätigen, um ihnen zu sagen, dass ihr kommt.«

»Wir beide?«, fragte Maiden überrascht.

»Natürlich, ist das ein Problem?«

Spencer und Maiden sahen einander an, dann entgegneten sie gleichzeitig: »Nein.«

»Bucht eure Flüge und gebt mir die Flugzeiten durch. Bis dahin habe ich wahrscheinlich auch gefunden, was auch immer ich unterschreiben muss, um das zu genehmigen.«

*

Spencer buchte einen Flug um sieben Uhr morgens am nächsten Tag, Rückflug um vier Uhr nachmittags. Sie konnten direkt an die Goldküste fliegen. Sie reservierte außerdem einen Mietwagen am Flughafen.

»Soll ich ein Strandtuch einpacken?«, fragte sie Maiden.

»Sie träumen wohl«, sagte der säuerlich.

»Was ist?«

»Nichts, außer dass ich vor Tagesanbruch aufstehen muss, um an die Goldküste zu fliegen, die genau wie Kings Cross voll mit Drogensüchtigen und Kriminellen ist, aber zwanzig Kilometer länger, und dann werden wir ohne Vorwarnung bei den Gilmours an die Tür klopfen und hoffen, dass sie zu Hause sind. Wenn sie auch nur im Supermarkt an der Ecke Toast kaufen, sind wir am Arsch. Dann ist alles umsonst.«

Maiden war gar nicht so genervt, wie er tat, aber er hatte das Gefühl, dass der Flug nach Queensland bei allem anderen, mit dem er zu tun hatte, unglücklich geplant war. Zum Beispiel könnte Janet Brown irgendwann anrufen, und wenn er weg war, konnte er nicht viel unternehmen. Doch Lynch hatte recht, es war vermutlich die schnellste Möglichkeit, Informationen von den Gilmours zu bekommen, und sie würden es außerdem aus erster Hand hören. Das war immer besser.

Spencer sagte: »Es ist nur ein Tagesausflug. Es wird bestimmt lustig, es ist mal was anderes. Ich habe noch etwas recherchiert; die Gilmours haben eine eingetragene Firma. Sie haben beide Handynummern und sogar eine Website. Wenn wir sie nicht zu Hause überraschen können, werden wir sie anders erreichen.«

»Ihr Optimismus ist erfrischend. Und was ist, wenn sie beide gerade zu Besuch in Sydney sind, wo sie mit Champagner und Schokolade feiern, dass sie Chris Vitale auf die Bühne genagelt haben?«

Daran hatte Spencer nicht gedacht. »Sie glauben, sie könnten Verdächtige sein?«

»Warum nicht? Wenn sie sauer auf Eden sind, vielleicht«, sagte Maiden. »Vergessen Sie Ihr Strandtuch, nehmen Sie lieber Ihre Waffe mit.«

17

Sie trafen sich am nächsten Morgen am Flughafen. Das schlechte Wetter, der für Vitales Beerdigung am nächsten Tag angedrohte Regen, deutete sich bereits mit plötzlichen Schauern an, begleitet von einem kalten Wind, der wie aus dem Nichts kam.

»Jetzt sieht die Goldküste doch schon viel besser aus, oder, Sir?«, sagte Spencer, als sie sich neben Maiden an einen Tisch in einem Café setzte. Sie stellte ihren Kaffeebecher ab.

»Nein«, sagte er. »Vergessen Sie nicht, wir müssen durch diesen Scheiß fliegen, und wenn wir zurückkommen, ist es noch schlimmer.«

»Morgens sprühen Sie ja geradezu vor guter Laune.«

»Nein, und Sie können das auch nicht ändern, also gewöhnen Sie sich dran.«

»Fliegen Sie nicht gern?«

»Stört mich nicht.«

»Das ist doch prima, Sir.«

Maiden bemerkte zufrieden, wie Spencers fröhliches Gesicht sich veränderte, als sie ihren ersten Schluck Kaffee nahm. »Gut, oder?«, fragte er.

»Schlechter Kaffee wird *mir* die Stimmung nicht verderben.«

»Es ist ein Anfang.«

Wenig später zeigten sie den Flughafenangestellten ihre Ausweise, und nachdem sie umfangreiche Formulare unterschrieben hatten, durften sie durch einen VIP-Eingang an Bord gehen, sodass ihre Handfeuerwaffen die Metalldetektoren nicht zum Piepen brachten. Sie wurden außerdem der Kabinenbesatzung vorgestellt, damit die Bescheid wussten, dass sie bewaffnet waren, falls irgendein Passagier sich deshalb beunruhigt fühlen sollte. Eine der Stewardessen sah gut aus, und Maiden schien ihr zu gefallen. Ihre Körpersprache war kaum zu übersehen, er flirtete ein wenig zurück.

»Meine Güte«, murmelte Spencer, als sie sich setzten. Sie hatten zwei Sitze an einem Fenster bekommen. Sie fühlte sich ziemlich eingequetscht neben Maiden.

»Was?«, fragte er, während er versuchte, so zu tun, als bemerkte er gar nicht, dass seine Schulter sich an Spencers rieb.

»Ach, nichts.«

Er erriet es. »Jetzt wissen Sie, was ich jeden Tag durchmache – mit Ihnen, meine ich.«

Spencer antwortete nicht. Sie suchte ihren Sicherheitsgurt, den sie unter Maidens Oberschenkel hervorziehen musste, und schloss ihn. Dann lächelte sie starr. »Wir sollten frühstücken, Sir.«

»Haben Sie denn *gar nichts* aus dem Kaffee gelernt?«

Sie hatten keine Gelegenheit, auf dem Flug ihre Vorgehensweise zu besprechen. Die Reise dauerte unter neunzig Minuten und die Kabinenbesatzung musste sich ganz schön anstrengen, um alles zeitgerecht hinzubekommen. Immer wieder unterbrach jemand die beiden Detectives und bot Frühstück, Kaffee und Tee oder ein Erfrischungsgetränk an.

Leise unterhielten sie sich über Janet Brown.

»Haben Sie seit gestern etwas von Janet gehört?«, fragte Spencer, als sie sicher war, dass niemand zuhörte.

»Nein, nicht wieder.«

»Ist das schlecht, was glauben Sie?«

»Ehrlich gesagt habe ich keine Ahnung. Ich weiß gar nicht, was zum Teufel sie eigentlich wirklich will.«

»Wo könnte sie sich versteckt haben?«, überlegte Spencer.

»Soweit ich weiß, könnte sie hier an Bord sein und uns folgen.«

Spencer lachte. »Aber Sie würden sie doch bestimmt erkennen, oder?«

Er lächelte Spencer angespannt an.

Sie sagte: »Ach, kommen Sie! Außerdem kann sie gar nicht wissen, wo wir sind oder wohin wir wollen. *Wir* wussten es bis gestern Abend selbst nicht.«

»Was Janet Brown anbetrifft, kann man von gar nichts ausgehen«, sagte Maiden. »Ich tue das jedenfalls nicht mehr.«

Spencer drehte sich in ihrem Sitz herum, um die anderen Passagiere hinter sich zu mustern. Mehrere neugierige Augenpaare starrten zurück. Die Tatsache, dass Maiden und Spencer bereits an Bord gewesen waren, als die übrigen Passagiere kamen, war durchaus aufgefallen. Sie lehnte sich wieder zurück.

»Nein, so gerissen ist sie nicht«, sagte Spencer.

»Erzählen Sie das Eric Longman.«

*

Als das Flugzeug zur Landung ansetzte, drückte Spencer ihr Gesicht an die Fensterscheibe und starrte hinunter. Die berühmten weißen Strände erstreckten sich samt der zahllosen Resorts und Hotels am Wasser entlang und lockten mit dem Versprechen von Entspannung, Zwanglosigkeit und Urlaub. Wie knallblaue Farbtupfen befleckten Swimmingpools zu Tausenden das Land. In den Häfen an der Küste ankerten unvorstellbare Mengen von Booten, die aus dieser Höhe wie ein weißes Fischgrätmuster auf dem makellosen Ozean erschienen und Wohlstand erkennen ließen. Im Binnenland sorgte das subtropische Klima für ein sattes Grün der Rasenflächen und des Buschlandes.

Es war ein Bild vom Paradies und zog jedes Jahr unglaubliche Mengen Touristen an. Hier waren die Reichen reich und die Armen hofften ständig auf den großen Durchbruch. Es gab zahllose Menschen, die sich an beiden Gruppen bereicherten, sodass immer größere Vororte mit mittlerweile einer halben Million Leute entstanden waren, die wahrscheinlich niemals einen Strand oder das Innere eines Hotels betreten hatten, wo endlose Reihen Glücksspielautomaten darauf warteten, sie in Versuchung zu führen.

Der Sonnenschein flutete in die Fenster des Coolangatta Airport. Spencer schaute zufrieden und blieb hinter einer Scheibe stehen, um ihr Gesicht zu wärmen. Am Tresen der Mietwagenfirma fragte Maiden den jungen Mann, der sie bediente: »Ist eine Karte im Wagen? Von der ganzen Gegend?«

»Der Wagen ist mit einem Navigationssystem ausgestattet, Sir«, erklärte der Mann und erwartete, dass Maiden beeindruckt wäre.

»Okay, aber gibt es auch eine *richtige* Karte?«

»Es ist ganz leicht zu bedienen, Sir. Wie ein Computer oder ein Mobil…«

»Wir brauchen eine Karte«, unterbrach ihn Spencer.

»In Ordnung, ich werde sehen, was wir haben.« Er konnte seine Irritation kaum verbergen, wandte sich aber ab und begann in einem Regal herumzusuchen. Er kehrte mit einer zerfledderten Straßenkarte zurück. »Sie ist leider etwas veraltet.«

»Kein Problem, das bin ich auch«, sagte Maiden und stapfte davon, um draußen eine Zigarette zu rauchen, während sich Spencer um den Papierkram kümmerte.

Der Autovermieter bat um ihren Führerschein und Spencer hielt ihm stattdessen ihren Polizeiausweis hin. Das ließ ihn deutlich freundlicher werden.

»Ich kann Ihnen möglicherweise ein kostenloses Upgrade anbieten … mal sehen – ja, das geht.«

»Wunderbar, vielen Dank«, sagte Spencer mit einem wissenden Lächeln.

»Wird Ihr Partner auch fahren? Wenn ja, benötige ich auch seinen Führerschein.«

»Nein, er wird nicht fahren. Er sitzt bloß da und …«

Spencer hätte beinahe »raucht« gesagt, unterbrach sich aber gerade noch rechtzeitig. »Döst«, sagte sie.

Sie bekam die Schlüssel, eine Wegbeschreibung zum Wagen und eine Anleitung, wie sie ihn zurückgeben sollte. Spencer ging nach draußen und suchte Maiden. Die milde, tropische Feuchtigkeit und Wärme traf sie, als sie durch die Türen kam. Spencer griff in die Tasche ihres Jacketts, das ihr plötzlich zu warm erschien, und zog eine Sonnenbrille heraus. Sie zwinkerte und entdeckte Maiden in einiger Entfernung am Ende des Gebäudes.

Er erklärte ihr, als sie ihn erreicht hatte: »Irgendeine bescheuerte neue Regel, dass man erst zehn Meter vor der Tür rauchen darf. Ist das zu glauben?«

»Daran glauben? Ich würde sogar dafür stimmen. Zum Wagen geht es dort entlang, Sir.«

Während Maiden auf dem Beifahrersitz die Karte anstarrte, programmierte Spencer trotz allem das Navigationsgerät.

Erst als sie schon fuhren, fragte sie: »Wir wollen doch direkt dorthin?«

»Warum nicht? Mit ein bisschen Glück können wir mit den Gilmours plaudern und dann noch irgendwo anständig zu Mittag essen.«

»Klingt gut. Etwas Leichtes und Gesundes.«

»Kommen Sie mir nicht so.«

Sie brauchten zwanzig Minuten für die Fahrt auf die Hügel im Westen. Es war eine Gegend, die nur so mit Geld prahlte. Die Gärten waren makellos gepflegt, ein Vorgarten sah aus wie der andere – mit perfekt geschnittenem Rasen und durch asphaltierte Auffahrten voneinander getrennt. Die Häuser waren modern und präsentierten sich mit Panoramafenstern aus getöntem Glas.

Maiden sagte: »Gott schütze den Nachbarn, der das Gras zu lang werden lässt oder Unkraut übersieht. Dann lynchen ihn die anderen.«

Spencer sagte: »Ach was, ich glaube nicht, dass hier irgendwer seinen Rasen selbst mäht.«

Maiden war nicht weiter beeindruckt. Er fand es allerhöchstens amüsant, wie viele Leute in diesen Teil des Landes flohen, um dem gnadenlosen Konkurrenzkampf der Städte im Süden zu entgehen, und jetzt waren sie eingekeilt zwischen Millionen anderen, die genau dasselbe taten.

»Hier, auf der linken Seite«, sagte Spencer und fuhr an dem Haus vorbei, ohne zu verlangsamen. »Sieht aus, als wäre jemand da.« Ein großer Wagen mit Allradantrieb stand vor einer Doppelgarage.

»Wenden Sie und stellen Sie sich dahinter«, sagte Maiden. »Parken Sie ihn ein.«

Sie hielten und stiegen aus dem Wagen. Irgendwo hinter einem Zaun im rückwärtigen Garten bellte ein Hund. Als sie die Haustür erreichten, öffnete ihnen eine attraktive Blondine Mitte vierzig und sah sie an.

»Ja?«, fragte sie vorsichtig. »Kann ich Ihnen helfen?«

Maiden sagte: »Wir möchten mit Peter und Giselle Gilmour sprechen.«

»Das sind wir. Worum geht es?«

Sie zeigten beide ihre Ausweise und Spencer sagte: »Wir sind von der New South Wales Police. Wir sind hergekommen, um mit Ihnen wegen einer unserer Ermittlungen zu sprechen. Können wir reinkommen?«

Giselle Gilmour überraschte sie damit, sich bei dieser Nachricht eher zu entspannen. Sie öffnete die Tür. »Oh? Natürlich, bitte treten Sie ein.«

Als sie ihnen den Rücken zuwandte, um vorauszugehen, warf Spencer Maiden einen Blick zu, der sagen sollte, dass Giselle ihr nicht vorkam wie jemand, der jemanden auf den Boden einer Kirche nagelte. Er zuckte leicht mit den Achseln. Man würde sehen.

Das Haus war ein Bungalow, geräumig und modern eingerichtet, glänzende Oberflächen und Böden mit teuren weißen

Fliesen aus Italien. Wenn Vitale es geschafft hatte, das Geld der Gilmours in die Finger zu bekommen, dann jedenfalls nicht alles.

Giselle führte sie ins Wohnzimmer und rief: »Peter, wir haben Besuch. Zwei Detectives aus Sydney. Versteck alle Beweise und komm raus.« Sie entschuldigte sich mit einem Blick, wahrscheinlich war es ein alter Witz. »Ich hoffe, es ist nichts Schlimmes passiert. Einige von Peters Verwandten leben noch in Sydney …«

»Es hat nichts mit Ihrer Familie zu tun«, versicherte Spencer ihr. »Wir möchten mit Ihnen über Chris Vitale und sein Eden sprechen. Sie waren doch Mitglied dort, nicht wahr?«

Ihr Ausdruck verdüsterte sich. »Wir haben in den Nachrichten gesehen, was Chris zugestoßen ist. Es war schrecklich.«

Eine Stimme hallte durch die Tür.

»Mehr als schrecklich. Wir sind nicht im Guten geschieden, aber das hat er nicht verdient.«

Peter Gilmour kam aus dem Büro, hinter ihm waren ein großer Schreibtisch und ein Computer zu sehen. Er ging mit ausgestreckter Hand auf die Detectives zu und stellte sich vor. Gilmour war etwa im selben Alter wie seine Frau und wirkte freundlich, gesund und selbstsicher.

Er sagte: »Sie sind weit gereist, um über Chris Vitale zu sprechen. Warum haben Sie nicht einfach angerufen?«

Spencer sagte: »Das ist nichts, worüber man am Telefon spricht.«

Gilmour lächelte auf eine Art, die zeigte, dass er verstand, was sie meinte. »Okay, was wollen Sie wissen?«

Giselle unterbrach, um Kaffee anzubieten, was alle gerne annahmen, und Gilmour führte sie hinüber zum Esstisch.

Spencer begann: »Wir wüssten gern, warum Sie Eden verlassen haben. Das tun nicht viele Leute. Sie gehören zu den wenigen.«

»Zu den sehr wenigen«, stimmte Gilmour zu. »Das ist eine Tatsache, die ich umso überraschender finde, als die Antwort auf Ihre Frage relativ einfach ist: Wir wollten unser Geld behalten.«

Maiden sagte: »Sie haben Sie betrogen? Sie haben Ihr Geld gestohlen?«

Gilmour schnitt eine Grimasse und wedelte mit der Hand. »Man kann nicht sagen, dass sie gestohlen haben, denn der Trick bestand darin, dass man zustimmte, ihnen in einem gewissen Rahmen die Kontrolle über die eigenen Konten einzuräumen. Erst ist es so, als würde man ihnen eine Art Vollmacht erteilen oder sie als Testamentsvollstrecker bestimmen, und falls einem etwas zustoßen sollte, würde Eden Haupterbe, wenn man stirbt … Wenig später ziehen sie Gelder vom Konto ab und investieren sie angeblich in unserem Sinne – tatsächlich aber für Eden –, und plötzlich kommt man an das Geld nicht mehr ran. Um es zurückzubekommen, muss man die Entscheidungsträger bitten, es wieder auf die Konten zu überweisen. Alle sind sehr höflich und lächeln die ganze Zeit, aber sie machen es einem nicht leicht. Natürlich ist die erste Frage, die sie stellen: Wofür brauchst du es? In Eden bekommst du doch alles, was du brauchst, nicht wahr? Wieso willst du also das Geld zurückhaben?«

»Es ist Betrug?«

»Das hängt davon ab, wie man es sieht, aber sie tun nichts Verbotenes.«

»Und Sie haben trotzdem Ihr Geld zurückverlangt?«, fragte Maiden.

»Augenblicklich. Anfangs nehmen sie nicht viel. Aber als ich das erste Mal sah, dass Gelder verschoben wurden, ohne dass Giselle oder ich gefragt worden sind, habe ich sofort selbst entsprechende Überweisungen getätigt. Ich habe im Grunde unsere Konten geleert und vor *ihrem Zugriff* gesichert.« Gilmour deutete mit dem Daumen auf die Tür seines Büros. »Das ist mein Job. Investieren, finanzieren, auf den Geldmärkten spielen … die Alarmglocken schrillten. Wahrscheinlich ist vielen anderen Mitgliedern in Eden gar nicht klar, was läuft, bis es zu spät ist. Walter Harris hat es nicht gepasst, aber ich habe mich einfach höflich geweigert, das Geld wieder auf die Konten einzuzahlen. Und ich habe darauf bestanden, dass die von ihm entnommenen Gelder wieder an uns zurücküberwiesen werden. Man muss nicht betonen, dass die Beziehung danach ein wenig angespannt war, und bald darauf sind wir ausgestiegen. Niemand hat ernsthaft versucht, uns aufzuhalten, abgesehen von einem halbherzigen ›Bitte, bleibt doch‹. Ich vermute, wir waren für niemanden mehr von Interesse.«

Spencer fragte: »Das klingt für mich trotz allem so, als würden Sie sagen, dass es Chris Vitale und Eden vor allem darum geht, die Mitglieder um ihr Vermögen zu erleichtern.«

Gilmour schüttelte den Kopf. »Meiner Meinung nach hätte Chris Vitale es nicht einmal begriffen, wenn Al Capone sein Geld bei ihm gewaschen hätte, ganz zu schweigen von den geschickten Manipulationen, die Walter Harris' Stärke sind. Chris glaubt wirklich – also jetzt wohl *glaubte* –, eine spirituelle Figur zu sein, die etwas Spirituelles zu bieten hat. Es war beinahe naiv, wie er nie infrage stellte, was um ihn herum geschah. Vielleicht wollte er sich damit auch nicht beschäftigen, könnte ja sein, dass ihm nicht gefiele, was er dann sähe.«

Spencer hatte ihren Notizblock herausgezogen und schrieb etwas auf. Maiden war überrascht, wie ruhig Gilmour schilderte, was geschehen war. Das schienen vernünftige Leute zu sein, sie kamen ihm gar nicht vor wie der Typ Mensch, der sich einem Kult anschloss. Giselle fragte aus der Küche, ob sie Milch oder Zucker wollten. Sie warteten, bis sie den Kaffee gebracht hatte und sich zu ihnen setzte.

Maiden fragte: »Sie kommen mir nicht vor wie die Art Menschen, die nach Eden wollen. Sie sind erfolgreich, glücklich, *gesund* …« Er betonte das letzte Wort. »Sind Sie religiös? Sind Sie besonders gläubig?« Er wartete ab, ob sie beleidigt wären, aber die beiden Gilmours lächelten nur wissend.

Giselle erläuterte geduldig: »Oberflächlich betrachtet scheint Eden ein extremer Ort zu sein, doch es bietet durchaus eine Menge Dinge auf verschiedenen Ebenen. Es *ist* ein Rückzugsort, eine Zufluchtsstätte für Leute, die irgendeiner Situation entkommen wollen, ohne allzu viele Fragen beantworten zu müssen. Sie bieten auch ein ziemlich hartes religiöses Dogma, dem man sich anschließen kann, wenn man einen solchen Einfluss auf sein Leben braucht.« Sie zögerte und suchte nach den richtigen Worten. »Und in bestimmten Kreisen ist auch bekannt, dass man dort sein Geld vergraben kann, obwohl wir mittlerweile vermuten, dass es sich dabei genau um die Art Falschinformation handelt, die Walter Harris gezielt streut, um neue Mitglieder zu werben. Wie auch immer, ich will damit sagen, dass nicht alle dort hingehen, weil Chris Vitale behauptet, dass Gott ihm ins Ohr flüstert.«

Gilmour setzte hinzu: »Aber *wenn* man erst mal dabei ist, dann sind eigentlich alle bereit, voll mitzumachen, das Spiel zu spielen, den Schein zu wahren und Chris die Füße zu küssen, wenn's gewünscht wird. Es kostet einen schließlich nichts. Das Lustige ist, dass es einen sozusagen auffrisst. Einige seiner treusten Anhänger sind Leute, die aus ganz anderen Gründen gekommen sind. Chris hat eine starke Ausstrahlung. Er ist sehr charismatisch, sehr überzeugend in seinem Auftreten, und irgendwann fängt man an, sich zu sagen: ›Hey, der Typ hat recht, das ergibt wirklich Sinn.‹ Man wird einfach eingesogen.« Gilmour zuckte mit den Achseln.

»Das ist eine klassische Methode, Leute für Sekten zu rekrutieren«, sagte Spencer vor allem Maiden zuliebe. »Sie sind sicher nicht die Ersten.«

»Aber wieso sind Sie nicht vollkommen aufgefressen worden?«, fragte Maiden.

»Wir waren kurz davor, aber die Geldschiebereien haben uns die Augen geöffnet.«

»Warum haben Sie nicht mit Vitale darüber gesprochen? Ich denke, er war so offen?«

Die Gilmours sahen einander an und schauten etwas unglücklich.

Spencer fragte nach: »War da noch etwas?«

Mit einem gepressten, beinahe herausfordernden Lächeln sagte Giselle: »In den Schlafzimmern lief irgendwas Komisches. Anders kann ich es nicht bezeichnen. Niemand schien sich sonderlich um monogame Beziehungen zu scheren, und einige der Entscheidungsträger legten es durchaus darauf an, ihr Glück mit allen zu teilen. Sie konnten sich immer auf den harmonischen Standpunkt von Frieden und Liebe zurückziehen, wenn es jemanden störte. *Das* schien auch Chris zu machen. Deswegen dachten wir uns, wenn er bereit ist, in einer Hinsicht wegzusehen und die Regel zu missachten, dass man seinem Ehegatten treu bleiben soll, dann ...« Sie führte den Satz nicht zu Ende.

Gilmour tat es für sie. »Wir entschieden uns, unseren Verlust zu begrenzen und auszusteigen. Es war keinen weiteren Ärger mehr wert.«

»Hat Vitale Sie gefragt, ob Sie mit ihm schlafen?«, fragte Spencer Giselle.

»Nein, ich glaube nicht, dass er jemals jemanden direkt gefragt hat. Er hat einfach nur deutlich gemacht, dass er zur Verfügung stünde, wenn man denn wollte, und dass es in Ordnung wäre. Einige seiner Anhänger haben sogar ihre Frauen oder Lebensgefährtinnen mit ihm schlafen lassen, als würden sie dadurch in der Organisation eine bessere Position erlangen. Manche Sachen, die wir gehört haben, waren ziemlich durchgeknallt.« Giselle errötete ein wenig, und Maiden fragte sich, ob das an den Geschichten oder an persönlichen Schuldgefühlen lag. Vielleicht war Giselle ihrem Mann doch nicht so treu ergeben gewesen, wie sie behauptete.

»Okay«, sagte Spencer, während sie geschäftig Notizen machte. »Sie beide waren wie lange Mitglied?«

»Etwa sechs Monate«, sagte Gilmour.

»Und vor wie langer Zeit sind Sie ausgestiegen?«

»Etwa genauso lange.«

»Und dann haben Sie sich entschieden, an die Goldküste zu ziehen? Um möglichst weit weg von Eden zu kommen?«

»Nein, wir sind *nach Hause* nach Queensland gezogen. Hier haben wir auch vorher gelebt. Wir haben Chris kennengelernt und uns ihm angeschlossen, als er noch das Gelände oben im Tafelland hatte. Sie nennen es ›Die Farm‹, noch immer. Es war ein wenig so, als wären der Umzug nach Sydney und die Gründung von Eden der Auslöser für all das gewesen, was uns nicht gefiel: die geschäftliche Struktur und die Kontrolle über die persönlichen Finanzen – Sachen, die Leute wie Walter Harris übernehmen. Vorher ging es Chris eher um inneren Frieden und einen Ort, um auszusteigen, eine Art spirituellen Frieden eben. Wir haben tatsächlich überlegt, ob wir zurück auf die Farm gehen, aber ohne Chris, und weil wir uns schon einmal die Finger verbrannt hatten, erschien es uns ...«

»Augenblick, Moment mal«, sagte Maiden und hob eine Hand. »Wir dachten, Chris Vitale hätte seine Operationen komplett nach Sydney verlagert, als irgendein reicher Kerl draufging und ihn zum Erben einsetzte?«

Gilmour schüttelte wieder den Kopf. »Das war Darrell Hahndorf, ein Multimillionär. Nein, Chris hat sich von der Kommune auf der Farm gelöst und eine Menge Mitglieder mitgenommen, aber es sind auch etliche dort geblieben. Als auf einmal so viel Geld zur Verfügung stand, hat das für eine Menge Probleme gesorgt. Letztendlich konnten wir die verschiedenen Ansichten nicht in Einklang bringen und die Gruppe hat sich geteilt. Wir sind mit Chris und der einen Hälfte der Gruppe nach Sydney gegangen. Diejenigen, die hiergeblieben sind, leben immer noch auf der Farm und machen wahrscheinlich immer noch dasselbe wie immer.«

Maiden fragte: »Ich verstehe einfach nicht, wie jemand, der klug genug ist, Millionär zu werden, dermaßen den Verstand verlieren kann, dass er sein ganzes Vermögen an jemanden vererbt, der letztlich ein vollkommen Fremder ist. Wie kann so etwas passieren?«

Gilmour lächelte schief. »Er hat nicht den Verstand verloren, sondern sein *Herz.* Darrell war homosexuell und hat sich hoffnungslos in Chris verliebt. Und je länger Chris höflich Darrells Avancen ablehnte, desto intensiver bemühte sich Darrell. Manchmal war es ziemlich schrecklich, das mit anzusehen.«

»Vitale hat ihm also nie nachgegeben?«

»Nicht, soweit wir wissen, obwohl wir an manchen Abenden ziemlich hysterische Streitigkeiten gehört haben. Wer weiß, wie Chris Darrell beruhigt hat?«

Maiden sagte: »Überlassen wir das unserer Vorstellungskraft. Wo befindet sich diese Farm?«

»Im Tafelland, in den Bergen westlich der Sonnenküste. Vielleicht zwei Stunden mit dem Auto von hier«, sagte Gilmour.

»Mist«, sagte Maiden und warf Spencer einen Blick zu. Sie dachten beide dasselbe. Die Farm war einen Besuch wert. *Aber zwei Stunden Fahrt hin und dieselbe Fahrtzeit zurück, plus die Zeit, die sie tatsächlich auf der Farm verbrachten … es würde knapp werden, ihren Heimflug zu kriegen. Fast unmöglich.*

»Wir sollten es uns ansehen, wo wir schon in der Nähe sind«, sagte Spencer. »Vielleicht haben sie uns etwas Interessantes zu erzählen.«

»Gibt es dort Telefon?«, fragte Maiden Gilmour.

Er verzog das Gesicht. »Es gab eine Festnetzleitung. Ich weiß nicht, ob Handys mittlerweile dort funktionieren, aber als wir dort waren, gab es keine Verbindung. Außerdem wollen Sie sie vermutlich nicht vorwarnen, dass Sie kommen. Ich will nicht sagen, dass diese Leute ausschließlich Drogensüchtige sind. Aber unter den Matratzen werden sich schon ein paar Joints finden und hinter den Hütten wachsen ein paar Pflanzen. Sie werden Sie bloß ins Unterholz treiben, und zwar vielleicht ausgerechnet diejenigen, mit denen Sie reden wollen.«

»Mit wem *wollen* wir denn reden?«, fragte Spencer.

»Ivan Hattor ist jetzt wieder der Anführer. Wir haben ihn hinter seinem Rücken ›Mad Hatter‹ genannt, nach der Figur des verrückten Hutmachers aus *Alice im Wunderland.* Er ist okay, wenn man auf seiner Seite steht.«

»Und wenn nicht?«

»Er kann … schwierig sein. Er ist bekannt für seine militanten Ansichten zum Umweltschutz, er kettet sich eben auch mal an einen Bulldozer, solche Sachen.«

»Aha, und was für spirituelle Einsichten verkauft er?«, fragte Maiden.

Giselle sagte: »Friede, Liebe, und sagt dem Rest der Welt, dass sie sich ins Knie ficken soll.« Maiden zwinkerte bei ihren vulgären Worten.

Er sagte: »Damit komme ich gut klar. Peta, wenn wir hinwollen, sollten wir jetzt fahren.«

Gilmour sagte: »Augenblick, ich habe etwas, das Ihnen helfen wird.« Er verschwand in seinem Büro und sie hörten ihn darin herumwühlen. Als er zurückkehrte, reichte er Spencer eine Broschüre über die Farm. Er sagte: »Die haben sie verteilt, als Chris noch dort war. Ich dachte, die Karte auf der Rückseite nützt Ihnen vielleicht.«

Spencer erhob sich und trank ihren Kaffee aus. »Sie haben uns sehr geholfen. Ich bin froh, dass wir gekommen sind.«

Maiden tat es ihr gleich. Dann fragte er, wobei er so tat, als hätte er bis jetzt gar nicht daran gedacht: »Entschuldigen Sie, aber *warum* haben Sie sich damals eigentlich Eden angeschlossen?«

Nach einer Pause entgegnete Giselle: »Das haben wir nicht, haben Sie das vergessen? Wir waren erst auf der Farm, dann sind wir Chris nach Sydney gefolgt. Ehrlich gesagt haben wir auf ein Wunder gewartet oder zumindest auf eine alternative Behandlungsmethode. Ich ... ich hatte Brustkrebs.« Sie schaute peinlich berührt. Maiden reagierte auf ihre Worte förmlich elektrisiert.

Spencer fragte mitfühlend: »Konventionelle Behandlungsmethoden haben nicht geholfen?«

Giselle lachte kläglich und deutete auf ihre Brust. »Doch, das ist ja der Witz an der Sache. Konventionelle Behandlungsmethoden *haben* geholfen, als ich endlich den Mut hatte, mich dem zu stellen.« Sie bemerkte, wie Spencer versuchte, nicht ihr Haar anzustarren. Sie berührte es mit der Hand. »Eine Perücke – eine verdammt teure. Mein eigenes Haar wächst darunter ziemlich zügig nach«, setzte sie mit etwas verwundetem Stolz hinzu.

Maiden fragte: »Hat Richard Chore Sie wegen Krebs behandelt?«

»Nein. Unser Hauptanliegen an Chris war eine Heilung durch den Glauben und Kräutermedizin. Es klingt verrückt, ich weiß, aber wenn man mit so etwas konfrontiert wird, dann klammert man sich an alles, was helfen könnte. Zuerst wollte ich die Chemotherapie vermeiden. Das ist auch etwas, woran man anfängt zu glauben – dass man es ganz allein schaffen kann, wenn man es nur intensiv genug will. Wir haben es uns anders überlegt, als die Testergebnisse keine Besserung zeigten. Der Umzug nach Sydney sorgte für bessere Behandlungsmöglichkeiten, bessere Ärzte, wenn es nötig gewesen wäre. Das war einer der Gründe, aus denen wir uns entschieden haben, mit Chris zu gehen, statt zurückzubleiben. Ich meine, bessere Ärzte außerhalb von Eden, nicht Richard. Ich glaube nicht, dass er mehr ist als ein … Hausarzt, schätze ich.«

»Deswegen habe ich auch unser Geld so im Auge behalten«, sagte Gilmour. »Wir brauchten es für die Spezialisten.«

Die Gilmours hatten offensichtlich keine Ahnung, was das für ihre Ermittlungen bedeutete. Entweder das, oder sie waren sehr geschickt darin, den Verdacht von sich abzulenken.

Maiden fragte sie: »Wissen Sie von irgendjemand anderem, der aus denselben Gründen in Eden ist? In der Hoffnung auf die Heilung von einer tödlichen Krankheit?«

Beide Gilmours schüttelten den Kopf. Sie sagte: »Nein, wir haben diskret herumgefragt, wir waren auf der Suche nach gleichgesinnter Unterstützung, aber niemand hat etwas gesagt. Was nicht heißen muss, dass ich die Einzige war. Manchmal schämt man sich sehr, dass man nach jedem Strohhalm greift, um wieder gesund zu werden. Es kann durchaus sein, dass es einfach niemand zugeben wollte.«

Maiden sagte vorsichtig: »Ich muss sagen, Sie sehen sehr gut aus, Mrs Gilmour. Am Ende muss Ihre Behandlung die beste gewesen sein, die sie bekommen konnten.«

Sie lächelte nachsichtig. »Es ist die *Behandlung,* die einen so schrecklich aussehen lässt, Detective Maiden. Die Nebeneffekte der Chemotherapie. Sie können schlimm genug sein, einen davonzujagen, so wie es bei mir eine Weile war. Glücklicherweise hat mein Tumor schnell angesprochen und nicht viel Bestrahlung benötigt. Eine Menge anderer Leute haben nicht so viel Glück.« In Giselles Augen zeigte sich jetzt ein Hauch ewiger Sorge, die permanente Furcht, dass die Krankheit zurückkehren könnte.

Bis zu diesem Augenblick hatte sie sie ausgezeichnet verborgen.

*

Im Wagen wartete Maiden, bis er sicher sein konnte, dass sie aus dem Haus niemand mehr beobachtete. Dann blies er erschöpft die Wangen auf. Er fragte Spencer: »Wie lange fährt man von hier nach Sydney?«

»Was? Wir wollen *jetzt* nach Sydney fahren? Wozu? Wir haben einen Flug in …«

»Nicht wir, ich meine die«, sagte Maiden und deutete auf den Geländewagen. »Wie lange dauert es, nach Sydney und zurück zu fahren?«

»Oh.« Sie schwieg, dachte nach. »Zehn bis zwölf Stunden je Strecke, mit zwei Fahrern. Sie glauben doch nicht wirklich, dass sie irgendwen in Eden getötet haben?«

»Sie hat das entscheidende Motiv – sie stirbt.«

»Nicht mehr.«

»Noch nicht wieder.«

»Vielleicht, aber ich glaube es trotzdem nicht.«

»Nein, ich auch nicht, denke ich«, sagte Maiden seufzend. »Aber dass sie Krebs hat, macht sie zur Verdächtigen, das können wir nicht einfach ignorieren. Zumindest müssen wir die Passagierlisten der Fluglinien in den letzten Wochen überprüfen. Mal sehen, ob auch nur einer der Gilmours in letzter Zeit nach Sydney geflogen ist. Wenn sie mit dem Auto gefahren sind, dann können wir ihnen nicht ernsthaft auf die Spur kommen. Deswegen vermute ich, dass sie das getan *hätten,* statt eine Spur aus Flugscheinen zu hinterlassen.«

»Wo wir über Flugscheine sprechen …«

Maiden deutete auf die Windschutzscheibe. »Fahren Sie gen Norden. Ich rufe bei der Fluggesellschaft an und sage ihnen, dass wir möglicherweise den Flug nicht schaffen.«

Die Autobahn war breit und neu. Sie fuhren durch Brisbane, dann weiter nach Norden. Der Tourismus war gnadenlos. Am Straßenrand fand sich eine endlose Parade von Werbeschildern für Fastfood, Hotels, Vergnügungsparks, zoologische Gärten und Aussichtsplattformen. Sie hielten an einem Burgerladen und kauften sich etwas zum Mitnehmen, aber Maiden bestand darauf, dass sie unter einem Baum hielten und dort aßen.

»Sie müssen mal eine Fahrpause machen«, sagte Maiden. »Vorschrift.« Er zog seine Zigaretten heraus.

Etliche Kilometer weiter lagen Buschlandschaften und kleinere Wäldchen zwischen den Ortschaften, die irgendwie dem Wuchern der Stadt entkommen waren. Als Spencer von der Küste weg in die niedrigen Berge abbog, wurden die Hügel so malerisch, wie es auf den immer noch zahlreichen Werbeschildern angepriesen wurde. Erst als sie die ganzen Aussichtsplätze und bezaubernden Täler hinter sich gelassen hatten, wurde die Straße schmaler und unbefestigt – die Gegend wurde ländlicher. Die gierigen Hände des Tourismus reichten nicht so weit.

Hoch hängende Wolken verdeckten die Sonne und färbten den Tag grau, in zunehmender Höhe war die Luft kühl. Maiden starrte düster in den vorbeiziehenden Regenwald mit seinem abweisenden, dunklen Unterholz.

»Da möchte ich wirklich nicht verloren gehen«, sagte er. »Verdammt kalt und nass. Bestenfalls. Und voller weiß der Teufel was für Tiere, die einen umbringen wollen.«

»Sie sind wohl nicht der Typ Abenteurer?«, fragte Spencer leichthin.

»Ich würde nirgendwo übernachten, was nicht wenigstens ein Fünf-Sterne-Motel ist.«

Sie lachte. »Sie sind also kein Indiana Jones. Die Abzweigung kann nicht mehr weit sein. Sie kommt auf Ihrer Seite.«

Wenig später entdeckten sie das Schild, wenn auch nicht rechtzeitig, sodass sie vorbeifuhren. Spencer wendete zügig und fuhr zurück. Auf dem Schild stand »Die Farm«, und darunter: »Besuche nur nach Voranmeldung.«

»Freundliche Leute«, sagte Maiden.

»Offenbar nicht.«

Ein gewundener Waldweg führte sie zu einem Tor, an dem ein weiteres Schild darauf verwies, dass ungeladene Gäste nicht willkommen seien. Maiden stieg aus, in der Hoffnung, dass das Tor nicht mit einer Kette gesichert wäre. Er hatte keine Lust, darüberklettern zu müssen, und man konnte nicht einmal erahnen, wie weit es noch bis zur Farm selbst wäre. Ein leises Ticken ließ ihn die Stirn runzeln, dann betrachtete Maiden den Zaun auf beiden Seiten des Tors genauer, und tatsächlich verlief einer der Drähte über isolierte Abstandhalter. Es war ein Niedervolt-Elektrozaun, um Tiere fernzuhalten, aber er wirkte natürlich auch bei Menschen. Maiden entdeckte ein Vorhängeschloss, das aber nicht geschlossen war. Er schwang das Tor weit auf, winkte Spencer hindurch und schloss es wieder.

Im Wagen sagte er: »Sieht so aus, als würden diese Leute sich nachts einschließen.«

»Was ist daran so ungewöhnlich?«, fragte Spencer und fuhr weiter. »Sie schließen doch auch nachts die Türe ab, nicht wahr?«

»Mein nächster Nachbar ist ja auch nicht zwanzig Kilometer weit weg.«

Spencer winkte ab. »Kinder in den Ferien, Camper auf der Suche nach einem kostenlosen Zeltplatz ... ich kann das schon verstehen. In dieser Ecke von Queensland gehen alle davon aus, dass man eine Touristenattraktion ist, bis man das Gegenteil beweist. Wenn man hier seine Ruhe haben will, muss man kompromisslos vorgehen.«

»Mit einem Elektrozaun!?«

»Es ist ja nicht Guantanamo Bay.«

Der Weg endete urplötzlich. Sie hatten eine große Lichtung erreicht, auf der sich das Farmgebäude, Lagerhallen, eingezäunte Gemüsegärten und an einem steilen Hang ein großes Gebäude auf Stelzen befanden. Andere hüttenartige Bauten waren ebenfalls zu sehen. Dahinter hatte man Felder gerodet, auf denen nun Ochsen und Schafe weideten. An einer Seite wucherte der Regenwald bis dicht an die Wirtschaftsgebäude. Maiden vermutete, dass die Farm hier schon lange stand, vielleicht fünfzig oder sechzig Jahre, und die ursprünglichen Besitzer so viel Weitsicht besessen hatten, den Wald quasi als Abstandhalter zwischen sich und der Straße zu nutzen. Es war ein ruhiger, abgeschiedener und wundervoller Ort. Nur heute, bei zunehmender Bewölkung, erschien er kalt und winterlich.

Mehrere Leute betrachteten den näher kommenden Wagen mit unverhohlener Neugier. Maiden wies Spencer an, in der Nähe eines großen Hauses zu halten. Ein Mann trat aus der Tür und kam eine Holztreppe herunter, als sie vorfuhren. Er sah verärgert aus. Sie stiegen aus und Maiden bemerkte, dass dem Mann jeglicher Protest auf den Lippen erstarb, als er ihre Kleidung sah. Dass sie ihre Ausweise hervorzogen, war nur eine Formalität, er hatte längst begriffen, dass sie zur Polizei gehörten.

Der Mann war groß gewachsen, schlank und grobknochig. Mit strengem Blick musterte er sie misstrauisch. Sein glatt rasiertes Gesicht war wettergegerbt, obwohl er nicht älter als fünfzig Jahre sein konnte. Seine großen Hände mit den arthritischen Knöcheln blieben eng an seinem Körper; er hatte nicht vor, ihnen die Hand zu schütteln. Sein dichtes Haar war von grauen Strähnen durchzogen.

»Kann ich Ihnen helfen?« dröhnte seine Stimme sonor. Er klang nicht, als hätte er irgendein Interesse daran, ihnen tatsächlich zu helfen.

»Ivan Hattor?«, fragte Spencer.

»Das bin ich.«

Sie hielten ihre Ausweise so hin, dass er sie lesen konnte, und stellten sich vor. »Wir sind aus Sydney gekommen, um Sie zu befragen …«

»Es geht um Chris«, unterbrach er sie mit schwerer Stimme.

»Ja, und um Ralph Shackleton.«

»Wen?«

»Einen Mann namens Ralph Shackleton, der ebenfalls in Eden getötet wurde. Er wurde im Pool ertränkt.«

»Sie haben einen Pool!?« Hattor klang amüsiert. »Ich habe noch nie von ihm gehört.«

»Ralph Shackleton war hier nicht Mitglied?«

»Nein.«

Hattor stand einfach nur da und wartete auf die nächste Frage.

Spencer sagte: »Mr Hattor, Sie scheinen nicht sonderlich erfreut darüber zu sein, dass wir hier sind. Wenn Sie uns bei unseren Ermittlungen unterstützen, kommen wir schneller weiter und umso schneller sind wir auch wieder verschwunden.«

»Das letzte Mal, als ich eine Ermittlung unterstützt habe, hat man mir im Grunde Mord vorgeworfen. An Darrell Hahndorf.«

»Aber Darrell Hahndorfs Tod war ein Unfall. Sie haben nicht einmal einen Vorteil aus seinem Tod gezogen. Chris Vitale hat sein Vermögen geerbt.«

»Wenn so viel Geld auf dem Spiel steht, sind alle schuldig bis zum Beweis des Gegenteils.«

»Nun, wir sind nicht gekommen, um Ihnen etwas vorzuwerfen, Mr Hattor. Wir wollen nur Hintergrundinformationen über Chris Vitale einholen.«

Hattor grunzte und ließ sich Zeit mit seiner Entscheidung, bis er schließlich sagte: »Nun gut, kommen Sie rein. Wir können drinnen reden.«

Als er ihnen bedeutete, die Treppe hochzugehen, erblickte er plötzlich einen leuchtend roten Traktor, der um ein Gebäude herum kurvte und auf sie zukam. Ein großer, kreisrunder Heuballen steckte auf der Gabel und der Fahrer schaute darüber hinweg und versuchte, Hattor auf sich aufmerksam zu machen. Sie warteten, während der Traktor lautstark neben ihnen zum Stehen kam.

»Wo soll das hin, Ivan?«, rief der Fahrer und musterte die Besucher.

»Auf die hintere Weide, Pete. Weit genug weg vom Zaun, sodass die Schafe nicht versuchen, dranzukommen.«

»Alles klar.«

Mit dröhnendem Dieselmotor rumpelte der Traktor davon. Als sie wieder sprechen konnten, fragte Maiden Hattor: »Ihr alternativer Lebensstil muss ja ganz gut laufen, wenn Sie sich davon einen funkelnagelneuen Traktor leisten können.«

Wiederum gereizt sagte Hattor: »Man muss gut planen und lange sparen, um eine derartige Investition vorzunehmen, Detective … Maiden, nicht wahr? Glauben Sie mir, das war keine einfache Entscheidung für mich, und ich frage mich immer noch, ob sie richtig war.«

»Aha, und wovon leben Sie hier?«, fragte Maiden, als sie hinter ihm her ins Haus gingen.

»Wir sind ein eigenständiger Bauernhof und verkaufen Milch, Fleisch und Gemüse in den Nachbarstädten. Im Gegenzug für ihre Arbeitskraft und ihre Kenntnisse erhalten die Familien, die hier leben, ein Heim und ein sicheres, friedvolles Umfeld.«

Hattor führte sie in ein Büro mit einem großen Eichenholztisch, beeindruckend in seiner Größe und Solidität, aber grob und rau wie selbst gezimmert. Er bedeutete ihnen, in zwei durchgesessenen Ledersesseln Platz zu nehmen und ging zu seinem eigenen Stuhl. An den Wänden standen Bücherregale, alte und neue Buchrücken drängten sich aneinander. In einer Ecke leckte eine kleine orange Flamme langsam hinter einer Glastür eines Dauerbrandofens an einem Holzscheit. Es roch nach Rauch und altem Papier.

»Das ist allerdings friedvoll«, bemerkte Spencer und streckte ihre Hände der Wärme entgegen.

Hattor erklärte ihnen: »Bei uns gibt es keine Verbrechen, der Fernseher läuft nicht jede Nacht, es gibt kein Internet, und zwischen den Menschen, die sich entscheiden, hier zu leben, herrschen strenge Regeln. Wir haben uns für eine Rückkehr zu traditionellen Werten entschieden.«

»Aber nicht mit traditionellen Methoden«, wandte Maiden ein. »Siehe den glänzenden neuen Traktor.«

»Effizienz und Produktivität sind kein Verbrechen, Detective Maiden. Bescheidene Profite erlauben es uns weiterzumachen.«

»Haben Sie eine Kirche hier?«

»Eine kleine Kapelle, ja.«

»Und versammeln sich dort alle, um Sie zu verehren? Können Sie Gott auch ins Ohr flüstern?«

Statt sich weiter zu ärgern, überraschte Hattor sie mit einem schmalen, müden Lächeln. »Jeder kann anbeten, wen oder was er will. Es ist ein nicht-konfessioneller Versammlungsort, und ich bin genauso wenig anbetungswürdig wie Sie, Detective. Religionen sind hier willkommen als Ausdruck der Wahlfreiheit, nicht als Voraussetzung, um auf der Farm zu leben.«

Maiden runzelte die Stirn. »Warum war Chris Vitale dann hier? Er vertrat das genaue Gegenteil.«

»Er *wurde* zum genauen Gegenteil. Chris kam her auf der Flucht vor einer schrecklichen Vergangenheit – grausame Eltern, die ihn misshandelt hatten, alle beide. Ein gewalttätiges Elternteil kann schlimm genug sein, aber in diesem Fall hatten sein Vater *und* seine Mutter nichts dagegen, ihm Schmerz zuzufügen. Selbst als Erwachsener litt Chris noch unter den entsetzlichen Erinnerungen daran und unter großen Schuldgefühlen.« Hattor spreizte die Hände, wobei sich zwischen seinen verkrümmten Fingern ungleichmäßige Abstände bildeten. »So jemanden kann man doch nicht abweisen. Obwohl das Einzige, was wir anbieten können, eine Zuflucht ist und einen Sinn darin zu finden, das Land zu bearbeiten. Das kann vielleicht dazu beitragen, zu vergessen. Niemand hier behauptet, irgendwelche Antworten zu haben, Detectives. Es ist bloß ein Neuanfang – ganz einfach.«

»Wieso Schuldgefühle?«, fragte Spencer.

»Menschen, die misshandelt wurden, empfinden oft Schuld, weil man ihnen eingeredet hat, dass sie die Bestrafung verdient haben.« Hattor machte eine Pause, er wollte nicht zu viel sagen. »Soweit ich weiß, verbringen sie manchmal ihr ganzes Leben damit zu versuchen, ausgerechnet diejenigen zufriedenzustellen, die ihnen Schmerzen zufügen.«

»Wo sind seine Eltern? Sind sie noch am Leben?«

»Chris hat sie nie erwähnt, außer um zu erklären, woher sein Schmerz stammte, als er zu uns kam. Später habe ich nicht gefragt, denn ich wollte keine alten Wunden aufreißen. Ich persönlich glaube, dass sie tot sind. Ein Teil seiner Schuldgefühle gründete sich darauf, dass er keine Gelegenheit mehr hatte, die Dinge zurechtzurücken.«

Maiden runzelte die Stirn. »Sind Sie Psychiater?«

»Nein, aber ich beschäftige mich mit diesen Dingen«, sagte Hattor mit ernstem Gesicht.

Maiden sage leise zu Spencer: »Wenn Vitale von Anfang an ein Irrer war, vielleicht wurde er dann irgendwann mal irgendwo behandelt? Wie viele andere durchgeknallte Freunde hat er in der Vergangenheit gefunden? Gewalttätige Freunde, die vielleicht zu ihm kommen, wenn er plötzlich eine Menge Geld hat ...«

Spencer antwortete mit einem kaum merklichen Schulterzucken.

»Möchten Sie, dass ich mein eigenes Büro verlasse?«, fragte Hattor bissig.

Maiden ignorierte die Bemerkung. Er fragte: »Was ist zwischen Ihnen und Vitale vorgefallen? Was ist schiefgegangen? Wir haben erfahren, dass er sich von hier verabschiedet und die halbe Gemeinschaft mitgenommen hat.«

Hattors Gesicht blieb düster. »Eines Tages hat Chris Gott gehört. Im Wald.«

»Er hat Gott tatsächlich *gehört?*«, fragte Maiden für sie beide.

»Er hat behauptet, dass Gott im Wald mit ihm gesprochen hat. Es ist nicht allzu überraschend, dass dieses Ereignis Chris' Leben verändert hat.«

»Um es vorsichtig zu formulieren: Haben Sie ihm geglaubt?«

»Es ist unwichtig, ob ich ihm geglaubt habe oder nicht. Das Problem entstand, weil es viele andere taten, und somit nahm eine Reihe von Ereignissen ihren Lauf, die letztlich zu unterschiedlichen Auffassungen über die Zukunft der Farm führten.«

Sie sahen, wie tiefe Bitterkeit über Hattors Gesicht zog. Draußen vor dem Fenster quietschte ein Kind vor Freude, ein Hund bellte, und eine Erwachsenenstimme hob sich zu mildem Schelten. Spencer fragte: »Chris Vitale hatte große Pläne, aber Sie wollten nicht mehr als das hier?«

»Das hier ist alles, was ich jemals wollte. Es ist das, was ich *hatte,* bevor Chris eine Stimme in den Bäumen hörte und plötzlich alle an seiner Seite sein wollten.«

»Warum haben Sie ihm nicht gesagt, dass er seine Erscheinungen woanders haben soll?«

»Es ging alles sehr schnell, und anfangs hatte es durchaus seinen Reiz«, gab Hattor zögernd zu. »Es kostet viel Geld, einen solchen Ort zu unterhalten und die Extraeinnahmen haben uns manches erleichtert. Ich war in Versuchung.«

»Sie meinen das Geld von Darrell Hahndorf?«

»Er war sehr großzügig, ja. Sein Scheckbuch hatte durchaus einen Nutzen.« Hattor schaute unangenehm berührt und war wütend darüber, dass er sich gezwungen sah, diese Geständnisse abzulegen.

Maiden war überrascht. Er sagte: »Sie haben also das Geld genommen, obwohl Ihnen die zusätzliche Aufmerksamkeit und der Verlust Ihrer Privatsphäre nicht passten? Wie lange wollten Sie durchhalten?«

»Alles spitzte sich zu, als Darrell den Unfall hatte.«

»Wie praktisch«, sagte Maiden.

»Genau das hat auch die Polizei gesagt. Sie alle stürzen sich gleich auf die offensichtlichste Lösung.«

Spencer fragte: »Wenn Sie nicht die Gelegenheit hatten, sich mit ihren Bedenken an Vitale zu wenden, bevor Hahndorf zu Tode kam, wieso waren Sie dann nicht Miterbe? Dies ist doch Ihre Farm, und Vitale war nicht das Oberhaupt, im Gegensatz zu Ihnen. Sicherlich hat Hahndorf doch wenigstens mit Ihnen darüber gesprochen?«

Hattor sah sie mit ironischer Miene an. »Ich habe ja nicht mit Gott geplaudert.«

Spencer brauchte einen Augenblick, um ihren Notizblock zu finden und entschuldigte sich mit einem Blick bei Hattor. Sie las etwas nach, blätterte laut. Maiden war beeindruckt, er ging davon aus, dass es alles nur dazu diente, um Hattor weiter zu verunsichern, und es schien zu funktionieren. Schließlich sagte sie: »Okay – hören Sie, es tut mir leid, Mr Hattor. Aber unter diesen Umständen – ich meine, wir wussten bis heute noch nicht einmal, dass es Sie gibt – müssen wir Sie natürlich in Betracht ziehen als jemanden, der einen Vorteil hat oder zumindest glaubte, einen Vorteil zu haben durch Vitales Tod. Sie könnten *jetzt* der Nächste sein, an den Hahndorfs Vermögen fällt, haben Sie daran schon gedacht?«

»Nein, darauf bin ich nicht gekommen«, sagte Hattor angespannt und erblasste ein wenig. »Das ist allerdings verdammt unwahrscheinlich.«

»Oh, Sie wären überrascht. Wir haben feststellen müssen, dass in diesem Fall gar nichts unwahrscheinlich ist, stimmt's, Sir?«

»Alles ist möglich«, übernahm Maiden.

Hattor wandte sich an ihn. »Was meint sie mit: ›in Betracht ziehen‹? Wollen Sie eine Ermittlung einleiten?«

»Ist das ein Problem für Sie?«

»Ja! Wir wollen einfach nur in Ruhe gelassen werden! Ich will nicht, dass dieser Blödsinn schon wieder losgeht.«

Maiden bedeutete Spencer, dass sie antworten sollte, und sie sagte wegwerfend, womit sie die Daumenschrauben weiter anzog: »Keine Sorge, Mr Hattor. Ich wollte nur sagen, dass Sie darauf vorbereitet sein sollten, dass Ihre finanziellen Angelegenheiten überprüft werden. Wenn Sie nichts zu verbergen haben, müssen Sie auch nichts befürchten. Wenn feststeht, dass Sie keinen Anteil an Chris Vitales Erbe haben, dann werden wir schnell wieder das Interesse an Ihnen verlieren. Wir müssen möglicherweise noch nicht einmal eine weitere Vernehmung durchführen. Geben Sie uns einfach die Bankunterlagen. Vielleicht Ihre Buchhaltung. Alles bleibt natürlich streng vertraulich.«

»Unfug«, knurrte Hattor leise. »Das ist doch lächerlich.«

»Wir wollen Sie nur als Verdächtigen ausschließen, Mr Hattor. Wir werden wirklich versuchen, alles zügig zu erledigen und Sie so schnell wie möglich wieder in Frieden zu lassen.«

Hattor grunzte nur ungläubig.

»Vorhin haben Sie gesagt«, fragte Maiden und versuchte, sich korrekt zu erinnern, »dass wir uns auf die offensichtlichste Lösung stürzen … gibt es denn eine *weniger* offensichtliche Erklärung, die wir übersehen haben?«

Es folgte ein Schweigen und Hattor starrte auf seinen Schreibtisch. Spencer fürchtete, dass er kurz davor stand, sie rauszuwerfen. Es reichte ihm.

Dann sagte Hattor leise: »Ich hatte allerdings einen Verdacht.«

Maiden beugte sich neugierig vor. Hattor hatte immer noch nicht aufgeschaut, und die Detectives sahen einander zufrieden an. Trotz all seiner Muffigkeit und seiner unkooperativen Einstellung war es relativ leicht gewesen, Hattors Nerv zu treffen. Der Mann war völlig harmlos im Vergleich zu einigen der Kleinkriminellen auf Sydneys Straßen, die Maiden sonst verhörte.

Maiden sagte: »Was für einen Verdacht?«

Spencer setzte hinzu: »Warum haben Sie das nicht schon früher erwähnt?«

Hattor beantwortete voller Ärger ihre Frage zuerst. »Damit man mir die Worte im Mund herumdreht und sie gegen mich verwendet? Glauben Sie, ich bin verrückt?«

Maiden fand, dass das noch völlig offen wäre, sagte aber: »Wir sind hier wegen des Mordes an Chris Vitale, nicht um uns mit Darrell Hahndorf zu beschäftigen. Wenn Sie etwas wissen, das uns bei den Morden in Sydney helfen kann, interessiert uns das sehr. Sie können es ja nicht gewesen sein, oder? Es wäre ziemlich leicht, das zu überprüfen ... Flugscheine, Reisepläne, so dumm sind Sie nicht.«

Hattor murmelte: »Nein, es ist zu schwer zu erklären. Sie werden es nicht verstehen.«

»Versuchen Sie es«, drängte ihn Spencer. »Vielleicht können wir der Sache gemeinschaftlich auf den Grund gehen.«

Nach einem weiteren langen Schweigen, das Maiden ganz schön auf die Nerven ging, sagte Hattor: »Vielleicht kann ich es Ihnen zeigen.«

»Zeigen? Uns was zeigen?«, fragte Maiden.

»Warum ich davon ausgehe, dass es nicht ganz so abgelaufen ist, wie es angeblich war. Draußen an dem Abhang, wo Hahndorf zu Tode stürzte.«

Das war das Letzte, womit Maiden und Spencer gerechnet hatten. Beide dachten sofort dasselbe. Es war höchst unwahrscheinlich, dass ein Tatort nach über einem Jahr noch etwas zu bieten hatte, vor allem wenn der Todesfall als Unfall deklariert worden war. »Haben Sie die Polizei damals auch darauf hingewiesen?«

»Was habe ich gerade gesagt?«, sagte Hattor schneidend. »Ich wollte ihnen nicht auch noch das Seil geben, mit dem sie mich hängen.«

»Schon gut.« Maiden hob beruhigend eine Hand. Er sah Spencer an und sie zuckte mit den Achseln: *Warum nicht?* Wo sie schon den langen Weg hierher gemacht hatten. Er fragte: »Wie lange brauchen wir dorthin?«

Hattor erklärte mit einem Gesichtsausdruck, als würde er es sich gerade anders überlegen: »Sie haben eine Wanderung durch den Wald gemacht und einen langen Rundweg begutachtet, aus dem sie eine verdammte spirituelle Touristenattraktion machen wollten, ›mit Gott unter den Bäumen‹ oder so. Sie waren schon eine ganze Strecke gegangen und Hahndorf war müde. Er konzentrierte sich nicht darauf, wo er hintrat …«

»Sie haben doch gesagt, es sei nicht weit«, unterbrach ihn Spencer.

»Ich *sagte* Ihnen, dass es ein großer Kreis ist. Der Weg beginnt und endet hier. Wenn man umgekehrt geht, ist es nicht weit. Ich möchte bloß, dass Sie begreifen, dass diese Leute ganz schön weit gelaufen waren.«

Hattor erhob sich ein wenig und sah auf ihre Füße. »Ihre Schuhe werden hinüber sein. Vielleicht ist es das nicht wert …«

»Wir können uns neue Schuhe kaufen«, unterbrach ihn Maiden.

Hattor knurrte. »Dann suche ich Ihnen besser eine Jacke. Es kann um diese Zeit am Nachmittag schon ganz schön kalt werden unter den Bäumen. Warten Sie.«

»Wir warten auf der Veranda«, sagte Maiden und erhob sich eilig, um ihm zu folgen.

»Wie Sie wollen.«

Sie lehnten am Geländer und sahen zu, wie Hattor auf einen Schuppen zuging. Auf dem Weg rief er einen Jungen zu sich und sprach ernst mit ihm, bevor sie gemeinsam weitergingen und durch die Tür verschwanden.

»Wissen Sie, was er dem Jungen gerade gesagt hat?«, fragte Spencer.

»Was meinen Sie?«

»Ruf die Anwälte an, sie sollen sofort kommen, während

ich Zeit schinde, indem ich mit den blöden Detectives einen völlig sinnlosen Spaziergang unternehme.«

»Ich bezweifle es, Hattor ist nicht sonderlich spitzfindig. Er würde direkt vor uns zum Hörer greifen. Dem wäre egal, was wir denken.« Maiden zog seine Zigaretten heraus.

»Zu welchem Hörer? Vielleicht muss der Junge auf einem Pferd zu den Nachbarn reiten oder so? Übrigens glaube ich, dass dies ein Nichtraucherparadies ist.«

»Ich habe meinen Mitgliedsbeitrag noch nicht gezahlt«, entgegnete Maiden und zündete sich eine an.

Spencer grummelte und sah auf die Uhr. »Es ist erst drei, aber es fühlt sich später an.«

»Es wird früh dunkel.« Maiden nickte in Richtung des Himmels. »Bei diesen Wolken, dem Wald und den Bergen im Westen kann es plötzlich stockfinster sein. Aber unser Mad Hatter hat ja gesagt, es sei nicht weit.«

»Wir haben ihn aus dem Konzept gebracht«, sagte Spencer zufrieden. »Jetzt will er wieder Punkte machen, so sehr es ihm widerstrebt, uns einen Gefallen zu tun. Aber ich erhoffe mir nicht allzu viel davon.«

»Nein«, stimmte Maiden zu. »Aber ich habe schon merkwürdigere Dinge erlebt. Vielleicht zeigt er uns etwas, was die ganze Sache in einem neuen Licht erscheinen lässt. Vielleicht will er auch nur raus aus dem Büro und in Ruhe mit uns reden.«

»Es muss schon etwas Ernstes sein, wenn er so paranoid reagiert.«

»Oh, paranoid ist der Kerl auf jeden Fall. Warum sonst würde er hier mitten im Regenwald leben? Ohne Fernseher?«

»Ruhe und Frieden? Beschaulichkeit? Frische Luft?«

»Habe ich alles zu Hause«, sagte Maiden und zog an seiner Zigarette.

Hattor erschien mit zwei großen Jacken über dem Arm und hatte selbst auch eine angezogen. Während er zurück zur

Veranda kam, rauchte Maiden zu Ende und schnipste die Kippe in den Garten. Sie gingen die Stufen hinunter.

»Die sind beide groß, zu groß für Sie«, sagte Hattor zu Spencer. »Wir haben es hier nicht so mit der neuesten Mode.«

Spencer war froh, die dicke Jacke anziehen zu können. Maiden tat es ihr gleich, wobei er an seinen Manschetten ziehen musste, um sie durch die Ärmel zu kriegen. Hattor marschierte einfach los und rief ihnen zu, dass sie nachkommen sollten.

Sie durchquerten das Gelände der Farm und gingen dann durch ein Tor, das sich am Rande des Regenwaldes befand. Es war genauso, wie Maiden es schon vom Wagen aus vermutet hatte: Der Wald war düster und ein wenig bedrohlich mit seinen dunklen Schatten. Das Ende des Weges, der hineinführte, wurde durch dichte Ranken verborgen. Hattor schob sie beiseite und ging einfach weiter; er erwartete, dass die Detectives alleine klarkamen. Maiden ging als Nächster und hielt einen Ast für Spencer hoch, aber sie winkte ihm, weiterzugehen.

»Geht schon.«

Nach nur zehn Metern hatte sie der Wald komplett verschlungen, das Sonnenlicht konnte die Blätter über ihnen kaum durchdringen. Viele überhängende Blätter sorgten dafür, dass Hattor immer wieder aus ihrem Blickfeld verschwand. Es dauerte nicht lange, bis Maiden die Entscheidung bereute.

»Wo gehen wir hin?«, rief er Hattor hinterher, der antwortete, ohne über die Schulter zu schauen.

»Zu einem Wasserloch, wo sich der Fluss ein wenig verbreitert hat. Manchmal können wir dort ein paar Forellen fangen. Und die älteren Kinder schwimmen dort an heißen Tagen, aber das befürworte ich nicht.«

»Oh? Warum nicht?«

»Man kommt schlecht dorthin, wenn etwas schiefgeht,

wie unser Freund Mr Hahndorf bemerkt hätte, wenn er je wieder zu sich gekommen wäre. Die Steine sind das ganze Jahr über glitschig, und außerdem gibt es natürlich Schlangen.«

»Giftschlangen?«, fragte Spencer hinter Maiden hervor.

»In dieser Gegend des Landes gibt es keine anderen, Miss«, entgegnete Hattor.

Maiden blieb stehen und schnitt Spencer eine Grimasse. Er war sicher, dass Hattor ihnen bloß Angst einjagen wollte. Aber dann bemerkte er in der Ferne zwischen den Schatten eine Bewegung. Spencer folgte seinem Blick.

»Was ist?«, fragte sie.

»Nichts«, entgegnete Maiden nach einem Augenblick. »Oder vielleicht ein Känguru oder so.«

»Sind Sie sicher?«

»Nein.«

Spencer schaute den Weg zurück, den sie gekommen waren und versuchte in dem grünen Dämmerlicht etwas zu erkennen. »Ich kann gar nichts sehen«, gab sie schließlich zu.

Hattors Stimme hallte von vorn zu ihnen her. »Nehmen Sie die rechte Abzweigung!«

»Was?«, fragte Spencer.

Maiden sagte zu ihr: »Er hat gesagt, wir sollen die rechte Abzweigung nehmen. Es muss eine Weggabelung kommen. Los, wir müssen ihn einholen.«

»Sagen Sie ihm, er soll langsamer gehen.«

»Dann freut er sich nur. Wir können ihn einholen.«

Sie eilten weiter und fluchten über die Blätter, die ihnen ins Gesicht klatschten. Sie erreichten eine Weggabelung, und Maiden folgte ihr, wie Hattor ihn angewiesen hatte. Die nächsten zehn Minuten konzentrierten sich die Detectives nur darauf, vorwärts zu kommen; der Urwald schien nach ihnen zu greifen, und sie hörten Hattors Anweisungen durch die knackenden Zweige hindurch. Dann begann der Pfad steiler abwärts zu führen und sie hörten leise Wasser rauschen. Vor ihnen hatte Hattor angehalten, ein ferner Umriss, verloren zwischen den Bäumen. Doch er wartete nur, bis Maiden ihn gesehen hatte, bevor er sich umdrehte und weiterging. Für einen groß gewachsenen Mann war er ausgesprochen gelenkig, aber er kannte sich auch aus und trug ordentliche Stiefel.

Maidens Schuhe boten keinen vernünftigen Halt auf dem steilen Weg. Runde, halb im Dreck verborgene Steine drohten immer wieder, ihn zu Fall zu bringen. Der Weg war nur noch eine Art Schlammspur, und Maiden musste bei jedem Schritt höllisch aufpassen. Er hatte keine Ahnung, ob Spencer genauso viele Probleme hatte wie er, oder ob er sie im Grunde nur behinderte.

»Jetzt links!«, rief Hattor zu ihnen hin. »Alles in Ordnung?« Es war das erste Mal, dass er gefragt hatte.

»Ja, bestens«, rief Maiden zurück, wobei er sich bemühte, nicht außer Atem zu klingen. Er murmelte in Spencers Richtung: »Ich würde ihn erschießen, wenn wir da sind, aber dann müssten wir den Blödmann zurücktragen.«

Sie erreichten die nächste Gabelung und sahen sich um, um sicher zu sein, dass es die richtige war. Sie standen still und konnten den Fluss jetzt besser hören.

»Wir können ihn nicht verlieren«, sagte Spencer. »Folgen Sie einfach dem Wasserrauschen.«

»Toll«, brummelte Maiden.

Hattor rief von weiter weg: »Hier unten.«

Sie trampelten abwärts, der Pfad wurde immer schwieriger, bis sie plötzlich eine Lichtung neben einem kleinen Bach erreichten. Das Wasser wirkte schwarz, aber nur, weil hier kein Sonnenstrahl das Dickicht durchdrang. Die Lücke zwischen den Baumwipfeln hoch über dem Strom war schmal. Fünfzig Meter rechts von ihnen kauerte Hattor auf einem einzeln stehenden Felsen neben einem Wasserfall, der eindrucksvoll von einer Klippe in die Tiefe stürzte. Er wartete schweigend, bis Maiden und Spencer es an das Ufer des Flusses geschafft hatten und zu ihm kamen. Die Steine an der Wasserlinie waren nass und glitschig von dem feinen Nebel, der in der Luft hing.

»Was für ein wundervoller Ort«, sagte Spencer, die das Rauschen des Wasserfalls übertönen musste. »Damit habe ich nicht gerechnet!«

»Es ist unser Geheimnis«, sagte Hattor. »Und so wollen wir es auch belassen. Deswegen war ich nicht glücklich damit, dass Chris und Hahndorf eine Touristenattraktion daraus machen wollten – ob nun spirituell oder nicht.«

Maiden war das inzwischen alles egal. »Machen Sie sich keine Sorgen, ich komme nie wieder her. Was wollten Sie uns nun zeigen? Ich hoffe bloß, das ist es wert, verdammt noch mal.« Er versuchte, Schlamm von seinem Schuh zu kratzen.

Hattor ignorierte das Misstrauen in Maidens Stimme. Er zeigte auf eine Stelle und sagte: »Hahndorf ist von dort oben gestürzt, neben dem Wasserfall. Er ist kopfüber auf diesen Steinen gelandet und hat sich den Schädel eingeschlagen.«

Maiden verfolgte vor seinem innern Auge Hahndorfs Fall und zuckte zusammen, als er sich das Auftreffen vorstellte. »Okay, aber auch solche Dinge passieren. Wo waren Sie?«

Hattor lächelte mit einer Spur von Verachtung, als hätte Maiden versucht, ihn reinzulegen. »In meinem Büro, das habe ich auch zu Protokoll gegeben. Aber ich bin natürlich mit den Sanitätern hierhergekommen.«

Maiden sagte: »Dann verstehe ich das alles nicht. Wenn Sie noch nicht einmal hier waren, wie können Sie dann irgendetwas Nützliches wissen?«

»Ich kenne jeden Zentimeter dieses Waldes. Dort oben gibt es zwei oder drei Felsvorsprünge, Detective Maiden. Alle ganz schön breit. Wenn Hahndorf das Gleichgewicht verloren hat und gestürzt ist, dann hätte einer dieser Vorsprünge seinen Sturz aufgehalten. Die Tatsache, dass er an *allen* vorbeigefallen ist, und das auch noch mit dem Kopf voran, als wollte er tauchen, deutet für mich darauf hin, dass er keine andere Wahl hatte. Er wurde entweder sehr kräftig gestoßen oder vielleicht sogar geworfen.«

Spencer sagte: »Vielleicht wollte er ins Wasser springen?«

»An jenem Tag war niemand schwimmen«, sagte Hattor. »Kommen Sie, sehen Sie es sich an. Machen Sie sich Ihr eigenes Bild.«

Er wandte sich ab und verschwand wieder im Unterholz. Maiden wollte ihn gerade aufhalten, er hatte schon eine Hand gehoben, aber dann fluchte er nur leise. Hattors Stimme kam gedämpft aus dem Wald.

»Sie müssen nicht viel klettern, Detectives. Der Weg ist die einfachste Möglichkeit dort hoch. Sie werden das Gefühl haben, in die falsche Richtung zu gehen, aber es ist wirklich der beste Weg.« Seine letzten Worte waren durch das Rauschen des Wasserfalls, das von den Felsen widerhallte, kaum mehr zu hören.

»Verdammt«, sagte Maiden und starrte unglücklich die Klippen an.

Nicht nur, dass er sich den Aufstieg ersparen wollte, es kam ihm auch vollkommen sinnlos vor, Hattor zu folgen. »Wieso konnte er uns das nicht in seinem Büro erklären?«, fragte er Spencer ärgerlich.

»Dort oben muss irgendetwas sein, das sich zu sehen lohnt«, bemerkte sie zweifelnd. »Ich kann gehen, wenn Sie hier unten bleiben wollen.«

»Vielleicht können Sie mich auch huckepack tragen?«, fragte er sarkastisch.

»Ich wollte damit nicht sagen, dass Sie es nicht schaffen. Nur, dass es vielleicht schneller wäre, wenn …«

»Ich gehe zuerst«, unterbrach Maiden sie. »Bleiben Sie dicht hinter mir.«

»Okay, aber ich wollte wirklich nur nett sein.« Spencer bedeutete Maiden, dass er vorangehen sollte. Sie lächelte, als er sie nicht mehr sehen konnte.

Dieser Pfad war nicht so häufig benutzt worden. Manchmal musste Maiden innehalten, um sicherzugehen, dass er *überhaupt* noch auf dem richtigen Weg war. Manchmal ließ sich nicht einmal das sicher klären, bis sie durch eine Blätterwand brachen und der Weg wieder deutlicher zu sehen war. An mehreren Gabelungen rief ihnen Hattor Anweisungen zu, bevor sie sie erreicht hatten. Doch er schien immer weiter vorauszugehen, und Maiden überlegte, ob er ihn zurückrufen sollte. Was ihn daran hinderte, war die Tatsache, dass der Weg trotz Hattors gegenteiliger Behauptung an einigen Stellen *durchaus* steil war, sodass er nach dem nächsten Busch greifen musste, um sicheren Halt zu finden. Maidens sturer Stolz wollte nicht, dass Hattor sein schleppendes Vorankommen an diesen Stellen zu sehen bekam. Es war schlimm genug, dass Spencer, die nicht einmal schwer atmete, kaum halb so viele Probleme zu haben schien wie er. Maiden schaute zurück und sah, dass ihr Gesicht mit Schlammspritzern von seinen Schuhen bedeckt war. Er bezweifelte, selbst besser auszusehen. Seine Hosen waren von den nassen Blättern durchfeuchtet und die Füße in seinen klammen Schuhen waren eisig.

Endlich wurde es ein wenig flacher. Dann blieb Maiden stehen, als der Weg sich in drei Richtungen aufgabelte. Hattor hatte ihnen nichts darüber zugerufen.

»Mr *Hattor!* Wo geht es lang?«, rief Maiden ärgerlich. Seine Geduld war zu Ende. Es kam keine Antwort und Maiden rief noch einmal, woraufhin in der Ferne einige Vögel aufflogen. Davon abgesehen, blieb der Wald still. Sie waren so weit gekommen, dass das Rauschen des Wasserfalls kaum noch vernehmbar war bei dem ständigen Quaken und Surren von Fröschen und Insekten.

»Was für eine Scheiße«, sagte er zu Spencer.

»Er muss dichter am Wasserfall sein, deswegen kann er Sie nicht hören«, sagte sie, klang aber auch nicht überzeugend.

»Ach ja? Und warum habe ich dann plötzlich dieses komische Gefühl?«, fragte Maiden.

»Das habe ich auch, aber ich werde im Zweifelsfall noch ein paar Minuten länger zu Hattor halten«, entgegnete Spencer. Sie schob sich an Maiden vorbei und untersuchte den Boden vor ihnen. »Er hat gesagt, es würde uns vorkommen, als wenn wir in die falsche Richtung gehen. Was heißt, hier entlang.«

»Noch weiter weg vom Fluss? Wir müssen doch jetzt auch mal wieder in die andere Richtung gehen. Ich bin für da entlang.«

Spencer ging einen der Wege ein paar Meter weit und betrachtete den Boden. »Das hier sieht aus wie ein frischer Fußabdruck. Er ist hier lang gegangen.«

»Sind Sie jetzt auch noch Fährtenleserin?«

»Es ist ein *Fußabdruck,* Sir. Haben Sie irgendwelche besseren Vorschläge?«

»Nein, gehen Sie ruhig vor. Aber wehe, Sie hängen mich ab.«

Sie marschierten also weiter. Maiden wurde es plötzlich bewusst, wie dunkel es geworden war, die Sonne sank zügig. Es wurde auch kälter. Eine weitere Weggabelung ließ sie erneut anhalten.

Ohne zu zögern bellte Maiden in die Bäume: »Mr Hattor, wo zum Teufel stecken Sie?«

Wieder nur Stille, und Maiden verschwendete keinen weiteren Atem auf einen dritten Versuch. Spencer sagte leise: »Wenn er *das* nicht gehört hat, dann wollte er es nicht hören.«

Maiden lachte leise in sich hinein und lehnte sich müde gegen einen moosbewachsenen Baumstumpf. »Er hat uns einfach richtig ordentlich reingelegt, Peta. Er hatte die ganze

Zeit vor, uns in den gottverfluchten Dschungel zu locken und dort zurückzulassen.«

»Aber warum?«

Sie sah sich um. Die Dämmerung schien sie immer schneller zu umschließen. »Wir können doch einfach zurück zur Farm gehen.«

»Sind Sie sicher?«

»Bestimmt können wir …« Sie unterbrach sich, sie dachte zurück an die zahlreichen Weggabelungen, an denen sie blind Hattors Anweisungen gefolgt waren, ohne zu versuchen, sich den Weg einzuprägen. »Bergabwärts kommen wir jedenfalls zurück zum Fluss, und dann folgen wir dem einfach bis zur Farm.«

Maiden schaute zweifelnd, aber es klang durchaus sinnvoll. »Hattor muss einfach eine Abkürzung zurück genommen haben. Das ist das Einzige, was es ihm bringen könnte, ein bisschen Zeit, um sich aus dem Staub zu machen.«

»Er kann ja wohl kaum glauben, dass wir für immer hier bleiben?«, sagte Spencer und schaute besorgt zum dunklen Himmel hoch. »Allerdings weiß niemand außer den Gilmours, dass wir überhaupt hier sind. Wovor läuft Hattor bloß weg?«

»Keine Ahnung, aber ich glaube schon, dass wir ihn gehörig aus dem Gleichgewicht gebracht haben. Offensichtlich mehr, als uns bewusst war.« Maidens Stimme war leiser geworden, als er in der Ferne wieder eine Bewegung wahrgenommen hatte. »Vielleicht hat unser Mad Hatter noch etwas ganz anderes mit uns vor?«, setzte er hinzu und öffnete langsam seine Jacke, um an seine Waffe zu gelangen. Maiden zog sie vorsichtig heraus.

»Machen Sie Witze?«, fragte Spencer leise.

Maiden flüsterte mittlerweile. »Nein, wir sind nicht allein. Aber wenn er zurückkommt, dann versucht Hattor sicher, sich anzuschleichen.«

»Scheiße.« Spencer zog ebenfalls ihre Pistole, entsicherte sie und schaute in dieselbe Richtung wie Maiden. »Was können wir machen? Wir wissen, dass er nicht bewaffnet ist.«

»Jedenfalls nicht mit einem Gewehr«, wandte Maiden ein. »Aber unter der dicken Jacke könnte er eine Bazooka verstecken. Viel wahrscheinlicher ist aber eine Handfeuerwaffe. Hattor meint vielleicht, er könnte sich in diesem gottverfluchten Urwald an uns anschleichen und uns dann den Lauf ins Ohr drücken. Er kennt sich jedenfalls aus hier.«

Spencer durchsuchte gezielt das Unterholz in einem vollen Kreis um sie herum. Plötzlich wirkte jeder Schatten wie ein Mensch, jeder Laut schien ein Atemzug zu sein. »Was machen wir jetzt?«, fragte sie. »Glauben Sie, Sie finden den Weg zurück?«

»Ich denke schon. Haben wir denn eine Wahl? Wir können doch nicht einfach hier bleiben.«

»Genau.«

Irgendwo knackte ein Ast. Maiden wirbelte herum und glaubte, etwas gesehen zu haben, was sich bewegte. Halbherzig hob er seine Waffe, aber die Gelegenheit war vorüber – falls es überhaupt ein Ziel gegeben hatte.

Spencer sagte: »Wenn Sie ihn erschießen, wird er uns ganz sicher nicht sagen, wie wir zurückfinden.«

»Meinetwegen.«

»Und Sie müssen ihn außerdem noch tragen, schon vergessen?«

»Nicht, wenn ich gut ziele. Ich werde mir nicht die Mühe machen, eine Leiche zurückzuschleppen.«

Sie seufzte und verfolgte das Thema nicht weiter. »Ich gehe voran. Ich suche nach dem richtigen Weg, Sie behalten den Wald im Auge.«

Maiden nickte.

Innerlich kochte Maiden vor Wut darüber, dass er sich so leicht an der Nase hatte herumführen lassen. Und er wusste, dass es Spencer genauso ging. Es war schwierig, nach möglichen Verfolgern Ausschau zu halten und zugleich darauf zu achten, nicht auszurutschen. Maiden ärgerte sich darüber, wie oft er zu Boden sehen musste, um zu überprüfen, wo er hintrat, statt den Wald im Auge zu behalten. Vielleicht war es nur Einbildung, aber es kam ihm zu allem Überfluss noch so vor, als würde es immer schneller dunkel. Er wies Spencer darauf hin und sie sah auf die Uhr, dann antwortete sie, während sie weiterging: »Wir waren nur ein wenig mehr als eine halbe Stunde unterwegs. Wenn wir uns nicht verlaufen, wird der Rückweg ein bisschen kürzer sein, weil wir nicht am Wasserfall stehen bleiben. Dann sollten wir vor Einbruch der Dämmerung den Regenwald verlassen haben.«

»Es ist der Mangel an Sonnenlicht *in* dem verdammten Dschungel, der mir Kopfzerbrechen macht«, sagte er.

»Es ist ein Regenwald, John. Kein Dschungel. Wenn wir nicht rausfinden, dann müssen wir uns eben in der Nacht aneinander kuscheln, damit wir warm bleiben.« Sie sagte das leichthin, nur im Spaß.

Einen kurzen Augenblick überlegte Maiden, ob die Erfahrung es wert sein könnte, eine Nacht hier draußen zu verbringen, bevor er ärgerlich über sich selbst den Kopf schüttelte. Er sagte: »Sie haben nicht genug Fett auf den Rippen, um irgendjemanden zu wärmen.«

»Das betrachte ich jetzt mal als Kompliment«, bemerkte sie trocken.

An einer Weggabelung wandte sich Spencer zuversichtlich nach rechts, an der nächsten zögerte sie nur einen Augenblick, bevor sie ihre Entscheidung traf. An der dritten blieb sie schließlich stehen.

»Verdammt«, sagte sie leise.

»Verdammt?«, fragte Maiden, obwohl er dasselbe empfand. »Jetzt schon?«

»Das hier sieht nicht richtig aus. Und wir sollten mittlerweile auf dem Abhang in Richtung Fluss sein.«

»Elende Scheiße.«

»Tut mir leid. Ich dachte, ich kriege das hin, aber aus der anderen Richtung sieht es alles ...«

»Schon okay, Peta. Machen Sie sich keine Sorgen. Ich hätte es nicht besser hinbekommen.« Es war beängstigend, wie schnell man sich verlaufen konnte, aber Maiden machte ihr keinen Vorwurf. Es war genauso sehr seine Schuld, dass sie sich von Hattor hierher hatten schleppen lassen.

Weitere Geräusche aus dem Unterholz ließen sie wieder ihre Waffen heben. Sie erstarrten, die Knöchel weiß auf dem Abzug, und warteten auf das erste Lebenszeichen eines Angreifers. Es war schwer auszumachen, woher die Geräusche genau kamen. Maiden vermutete, dass Hattor hinter einem Baum hervortreten und einen von ihnen abknallen würde, bevor sie die Gelegenheit hätten, überhaupt die Situation zu erfassen. Eine Ewigkeit verging, nichts war mehr zu hören. Selbst die Tiere waren leiser, sie beruhigten sich in der Dämmerung.

Spencer zischte: »Wie zum Teufel kann er mit uns Schritt halten?«

»Er läuft wahrscheinlich im Kreis um uns herum«, flüsterte Maiden zurück. »Vergessen Sie nicht, er kennt sich hier aus wie in seiner Westentasche.«

»Also, wir können entweder zurückgehen und es noch einmal versuchen. Vielleicht kriegen wir ja raus, wo ich den Fehler gemacht habe. Oder wir können in diese Richtung weitergehen und hoffen, dass es uns irgendwo hinführt.«

Maiden wollte es riskieren. Er hoffte, dass sie Glück hätten und irgendwie aus dem Regenwald rauskämen, selbst wenn es nicht in der Nähe der Farm wäre. Aber entgegen seines eigenen Wunsches knurrte er: »Wir gehen zurück. Dann fühle ich mich nur halb so verloren.«

Spencer schien ihm widersprechen zu wollen, aber dann sagte sie nur müde: »Ja, wahrscheinlich haben Sie recht.«

»Alles in Ordnung?«

»Ganz toll. Ich bin bloß ein bisschen müde.«

Sie klang eher vollkommen erschöpft und Maiden fühlte sich genauso. Es hatte ihre Zuversicht, sich nicht zu verlaufen, kräftig ins Wanken gebracht. Er sagte: »Kommen Sie, ich bin sicher, Sie finden den Weg. Und ich lade Sie dann zum Abendessen ein.«

»Vielleicht können wir uns ja was jagen«, sagte sie, schüttelte sich dann aber einmal, als könne sie so die Enttäuschung loswerden, und marschierte weiter.

Zurück an der vorigen Weggabelung versuchte Spencer, diese genau zu untersuchen, sie hielt Ausschau nach etwas Bekanntem. Maiden hielt sich zurück und sah sich um. Es machte ihm immer größere Sorgen, wie schwer es war, auch nur sie in der Düsternis auszumachen.

»Ich kann den Wasserfall nicht mehr hören«, sagte sie. »Ich muss an der *ersten* Gabelung falsch abgebogen …« Plötzlich stieß sie einen Schrei aus und wich rückwärts vor einem Umriss zurück, der aus dem Unterholz brach. Spencer landete auf dem Rücken und purzelte zwischen die Büsche.

Maiden sprang vor, stieß einen Warnruf aus und zielte mit der Pistole auf den Schatten. Er stand nur ganz kurz davor, zu schießen. Was ihn davon abhielt, war die Größe des Umrisses. Er war zu klein für Hattor. Ein weißer Kreis wandte sich ihm zu, darin die weit aufgerissenen Augen eines Jungen.

»Ich bin's«, sagte der Junge hastig. »Ich bin's bloß!« Er hob unsicher die Hände.

»Wer zum Teufel ist *ich?*«, blaffte Maiden und ließ die Pistole nicht einen Millimeter sinken.

»Jake. Von der Farm.«

Maiden trat näher, ohne den Blick von ihm zu lösen. Er hörte, wie Spencer um sich schlug, während sie versuchte, sich aus den Büschen zu befreien. Jetzt erkannte Maiden ihn. Es war der Junge, mit dem Hattor gesprochen hatte, als er ihre Jacken holen gegangen war.

Jake erklärte mit überraschend ruhiger Stimme: »Mr Hattor hat gesagt, ich soll eine halbe Stunde warten und Sie dann zurückbringen.«

»Ach wirklich? Wie reizend von Mr Hattor! Bist du uns die ganze Zeit gefolgt?«

»Ja, wissen Sie, man kann sich hier draußen wirklich leicht verlaufen …«

»Was du nicht sagst, Jake. Da wären wir nie drauf gekommen.« Maiden bemerkte, dass er seine Pistole immer noch auf den Jungen gerichtet hatte und ließ sie sinken, obwohl es ihn Überwindung kostete. Spencer trat neben ihn. Er fragte: »Sind Sie verletzt?«

»Nur mein Stolz – und mein Arsch.«

»Daran hat Jake, das Dschungelkind, schuld«, sagte Maiden. »Okay, Jake, wo zum Teufel ist Mr Hattor?«

»Er ist schon lange zurück zur Farm gegangen.«

»Na klar. Und du bist nicht darauf gekommen, dich uns ein bisschen früher zu zeigen, da wir offensichtlich nicht wussten, wo wir hinmüssen?«

»Mr Hattor hat gesagt …«

»Ja, du hast mir schon erzählt, was der verfluchte Mr Hattor gesagt hat.«

Spencer unterbrach sanft: »Jake, wie weit ist es zurück zur Farm?«

»Zehn Minuten, da lang.« Peinlicherweise zeigte er auch noch genau in die Richtung, aus der sie gerade gekommen waren. »Das ist kürzer. Sie haben es beinahe selbst gefunden.«

Maiden fragte genervt: »Und du hast uns trotzdem nicht aufgehalten, als wir hierher zurückgegangen sind?«

»Mr Hattor hat gesagt …«

»Okay, okay, ich habe dir doch schon erklärt, dass ich das gehört habe, Jake.«

Als Jake sie aus dem Wald heraus und zum Tor der Farm führte, empfand Maiden trotz allem große Erleichterung. Eine Weile hatte es wirklich so ausgesehen, als müssten sie die

Nacht im Regenwald verbringen, und aller gespielten Tapferkeit zum Trotz wäre das sehr unerfreulich und gefährlich gewesen. Jetzt erschien es ihm, als träte er aus der Nacht in den Tag, obwohl das Licht des späten Nachmittags verwässert war und tiefe Schatten warf. Maiden marschierte direkt auf das Büro zu, er rannte beinahe, und Spencer blieb dicht hinter ihm. Einige der Bewohner der Farm sahen ihn kommen und verdrückten sich eilig, als Maiden auf der Treppe seine Waffe zog. Irgendwo stieß ein Mädchen einen verängstigten Schrei aus, aber das kümmerte ihn nicht.

Das Büro war leer. Gefolgt von Spencer riss Maiden eine weitere Tür zum Haupthaus auf. Sie durchsuchten mehrere Zimmer, fanden aber niemanden, bis sich ihnen eine Frau in der Küche im hinteren Bereich des Hauses entschlossen, aber mit traurigem Gesicht, in den Weg stellte. Sie hatte auf sie gewartet, sie hatte sie durch das Haus kommen hören.

»Wo ist er?«, fragte Maiden so barsch, dass sie zusammenzuckte.

»Weg. Er hat ein paar Sachen mitgenommen und ist weg.«

»Wo ist er hin?

»Hat er nicht gesagt. Er hat den Van genommen.«

»Den Van? Was soll das heißen?«

»Ich *weiß* es nicht.« Sie sah aus, als würde sie gleich weinen.

Spencer konnte sehen, dass die Frau in ihrem Herzen wusste, dass Hattor für immer verschwunden war. Plötzlich und ohne Vorwarnung, in nur einer halben Stunde, hatte ihr Leben sich vollkommen verändert. Vielleicht war sie Hattors Lebenspartnerin oder Frau. Sie trug keinen Ehering.

Sie fragte sanft: »Haben Sie irgendeine Vorstellung davon, wo er hinfahren würde? An welchen anderen Ort?«

Die Frau wandte sich ihr zu. »Ich wüsste nicht, dass es für ihn etwas anderes gibt als genau diesen Ort hier.«

Schnaubend drehte sich Maiden um und stapfte zurück durch das Büro auf die vordere Veranda. Dort traf er den Mann namens Pete, der den Traktor gefahren hatte, und der sich furchtbar erschreckte, als Maiden ihn ans Geländer drängte.

»Du da! Weißt du, wo Ivan Hattor hin ist?« Maiden steckte seine Pistole ins Holster, aber der Mann sah ihn voller Entsetzen an.

»Er … äh, er ist vor einer Weile mit dem Van losgefahren. Ich weiß nicht, wohin er will. Er hat mit niemandem gesprochen.«

»Verdammt!« Maiden starrte wütend die Straße entlang. Pete versuchte, sich wegzuschleichen, doch Maiden stoppte ihn mit einer Handbewegung. »Wer ist sein Stellvertreter?«

»Stellvertreter?«

Maiden sprach langsam, damit der Mann begriff. »Wer trifft die Entscheidungen, wenn Ivan Hattor nicht hier ist?«

»Nicht hier ist? Er ist *immer* hier. Ich meine, er fährt ins Dorf und manchmal sogar in die Stadt, aber er ist immer hier. Ivan ist nie weg. Wir brauchen keinen Stellvertreter.« Das Konzept erschien Pete ganz offensichtlich unsinnig. Als er versuchte, es sich vorzustellen, runzelte er die Stirn.

Maiden trat dicht an ihn heran und sagte: »Dann sollten Sie wohl besser anfangen, Neuwahlen zu organisieren.«

Maiden wandte sich ab, er war stinkwütend über alles, als Spencer aus dem Haus kam. Wortlos gingen sie zum Wagen. Sie wühlte in ihren Taschen nach den Wagenschlüsseln, als Pete ihnen nachrief.

»Ich glaube … äh, ich glaube, das sind unsere Jacken?«

Maiden erstarrte, dann zog er die Jacke aus, knüllte sie zu einem Ball zusammen und warf sie in Petes Richtung. Sie öffnete sich wie ein Fallschirm und segelte harmlos zu Boden. Spencer nahm sie auf und legte sie zusammen mit ihrer Jacke auf die unterste Stufe.

»Hey, danke«, sagte Pete, ehrlich erfreut darüber, dass sie sie zurückgegeben hatten.

*

»Und jetzt?«, fragte Spencer, als sie den Wagen auf die Autobahn lenkte. Die vollkommene Erschöpfung war ihrer Stimme deutlich anzuhören. Kaum war der Motor warmgelaufen, drehte sie die Heizung voll auf und richtete das Gebläse auf ihre Füße. Der warme Luftstrom trocknete ihre Hose. Es wurde stickig und sie öffnete die Fenster ein wenig. Spencer beschwerte sich nicht einmal, als Maiden sich eine Zigarette anzündete. Ein bisschen Ärger würde sie wenigstens am Steuer wach halten, vor allem, wenn die Heizungsluft sie noch müder werden ließ.

Bei Maiden war jede Anspannung versiegt. »Hatten Sie noch nicht genug?«

»Doch, selbst mir reicht es für einen Tag. Meine Güte, es kommt mir vor, als seien hundert Jahre vergangen, seit wir heute Morgen ins Flugzeug gestiegen sind.«

Maiden sagte: »In der ersten Stadt, die groß genug ist, suchen wir uns Zimmer in einem Motel. Wir können uns waschen – haben Sie übrigens mal einen Blick auf Ihr Gesicht geworfen? Und duschen. Und bevor es zu spät wird, kann ich mich ans Telefon hängen und Lynch sagen, was passiert ist. Mal sehen, ob er die Kollegen hier dazu bringen kann, Hattor zu suchen. Was meinen Sie?«

Spencer betrachtete ihr schlammverspritztes Gesicht im Rückspiegel und war bestürzt über ihren Anblick. »Wir müssen uns darum kümmern, dass wir morgen einen frühen Flug bekommen, sonst verpassen wir Vitales Beerdigung. Sie wollen da doch immer noch hin, oder? Sollten wir nicht besser zurück an die Goldküste fahren? Wir wären näher am Flughafen.«

»Ich will heute keinen Kilometer weiter, als ich muss. Lieber fahren wir morgen ganz früh. Außerdem brauche ich so schnell wie möglich ein richtiges Telefon. Ich glaube nicht, dass der Akku meines Handys reicht.«

Das genügte, um Spencer zu überzeugen.

Maiden lehnte das erste neonbeleuchtete Motel ab, weil

es nicht so aussah, als hätte es ein Restaurant. Das nächste warb damit, einen Barbereich und einen Grill zu haben, was ihm absolut reichte. Sie buchten zwei Zimmer direkt nebeneinander. Spencer fragte, ob es eine Waschmaschine und Bademäntel gäbe. Sie wollte versuchen, ihre Kleidung zu reinigen. Der Hotelmitarbeiter reichte ihr einen dicken Bademantel in einer Tüte aus der Reinigung, und Maiden musste widerwillig zugeben, dass die Idee gar nicht so übel war, und ließ sich ebenfalls einen geben.

Kurz vor sechs Uhr standen sie beide vor ihren Zimmertüren.

Spencer fragte: »Soll ich dabei sein, wenn Sie mit Lynch reden?«

»Ist nicht nötig, es sei denn, Sie wollen selber mit ihm sprechen.«

»Okay, dann geben Sie mir Ihre Klamotten.«

»Was?«

»Geben Sie mir Ihre Klamotten – also, ziehen Sie sich erst mal drinnen aus, ziehen Sie den Bademantel an, und geben Sie mir dann Ihre Sachen. Ich versuche, sie sauber zu kriegen.«

»Das müssen Sie nicht machen.«

»Kommen Sie jetzt nicht auf dumme Ideen, ich glaube nicht an ›Ich wasche, weil ich eine Frau bin‹. Ich denke nur, wenn Sie die nächste Stunde mit Lynch am Telefon verbringen und die Kollegen vor Ort dazu bewegen wollen, Hattor aufzuspüren, dann tue ich meinen Teil und versuche, den Dreck von unseren Klamotten runterzukriegen. Ich kann auch gleich alles zusammen waschen. Das dauert höchstens eine Stunde.« Als Maiden sie zweifelnd ansah, setzte sie hinzu: »Wir sehen beide scheiße aus, John. Wollen Sie wirklich morgen so in den Flieger steigen?«

»In Ordnung, Augenblick«, sagte er knurrig.

Während Spencer ungeduldig vor der Tür wartete, warf Maiden seine lederne Aktentasche aufs Bett, dann zog er sich aus. Er zögerte einen Augenblick, bevor er sich gänzlich entkleidete, und fragte sich, ob Spencers Angebot sich auch auf Unterwäsche und Socken erstreckte. Dann dachte er sich aber: *Zum Teufel noch mal,* weil alles feucht und dreckig vom Wald war, und knüllte es mit allem anderen zusammen. Er fühlte sich ein wenig unsicher, als er nur mit einem Bademantel bekleidet die Tür wieder öffnete und ihr seine Sachen reichte.

»Niedlich«, grinste Spencer, woraufhin er sie böse anstarrte.

»Wann wollen Sie essen?«, fragte er.

»Im Restaurant? Zusammen?«

»Wie sonst? Ich dachte, ich kann Ihnen dann gleich erzählen, was Lynch gesagt hat.«

»Okay. Sagen wir um acht?«

»Wirklich? Warum so spät?«

»Weil ich eine ordentliche Badewanne habe und darin bestimmt eine Stunde liegen werde. Und Sie sollten dasselbe tun.«

»Ist sie denn groß genug für zwei?« Es war ein Scherz, aber Maiden bereute ihn in dem Augenblick, in dem er ihn ausgesprochen hatte, weil er befürchtete, dass sie es falsch verstehen könnte.

»Nicht nötig, Sie haben Ihre eigene«, sagte sie locker. Maiden war nicht sicher, ob das eine sehr routinierte Zurückweisung war oder ob sie bemerkt hatte, dass er versucht hatte, einen Witz zu machen.

»Bis acht Uhr bin ich verhungert«, grummelte er.

»Dann rufen Sie mich um halb acht an. Vielleicht bin ich schon fertig.«

Maiden schloss die Tür und setzte sich aufs Bett. Er überlegte einen Augenblick, wie er die zwei Stunden rumkriegen sollte – so lange würde das Gespräch mit Lynch auch wieder nicht dauern –, dann griff er zum Telefon und bestellte ein Sixpack Bier beim Zimmerservice. Er konnte ein paar kippen und ein bisschen Sport im Fernsehen schauen, obwohl der Bildschirm im Vergleich zu seinem eigenen daheim lächerlich klein war.

Maiden fiel ein, dass er Spencer hätte *befehlen* können, um halb acht fertig zu sein. Er war schließlich der ältere Officer und hatte das Sagen. Aber er besänftigte sich mit dem Gedanken, dass er einer Partnerin gegenüber, die bereit war, seine Unterwäsche zu waschen, nicht übermäßig autoritär auftreten sollte.

Eine Stunde später war Maiden heiser davon, erst Lynch und dann Bercoutte die Ereignisse des Tages zu berichten. Anschließend hatte er viel mehr Zeit als nötig damit verbracht, einem Polizeiinspector in Queensland absolut alles über Eden zu berichten, um ihn davon zu überzeugen, dass es tatsächlich wichtig wäre, Ivan Hattor ausfindig zu machen. Als Maiden schließlich auflegte, presste er eines der kalten Biere an seine Stirn und versuchte, das Schnattern in seinem Kopf zum Schweigen zu bringen. Es klopfte leise an der Tür und als Maiden öffnete, war niemand mehr da, aber seine Sachen hingen ordentlich auf einem Bügel am Türknauf. Er streckte den Kopf weiter vor, um sich zu bedanken. Aber Spencers Tür war schon wieder zu.

*

»Haben Sie gebadet?«, fragte er Spencer, als sie im Restaurant saßen.

»Allerdings. Und Sie?«

»Nein, ich nicht – aber ich habe natürlich geduscht«, setzte er schnell hinzu.

Das Restaurant war klein, es war nur darauf ausgelegt, die Hotelgäste zu bewirten. Ein halbes Dutzend Tische waren besetzt, alle von Männern, die aussahen wie Handlungsreisende. Ein paar von ihnen schauten mit einem Anflug von Neid hinüber zu Spencer.

Sie bestellten beide Steaks. Maiden zog die Augenbrauen hoch und Spencer sagte: »Rotes Fleisch ist dann und wann sogar *gesund.* Und nach allem, was wir heute erlebt haben, könnte ich ein ganzes Pferd verschlingen. Wie ist es mit Lynch gelaufen?«

Er berichtete ihr von dem schier endlosen Telefonat, unterbrach sich allerdings, um eine Flasche Rotwein für sie beide zu bestellen, nachdem Spencer auf einen Jahrgang auf der Weinkarte getippt hatte, um ihre Präferenz anzuzeigen. »Gute Wahl«, sagte er und fuhr dann fort mit der Saga von der Queensland Police.

»Warum zum Teufel ist er bloß abgehauen?«, überlegte Spencer und nippte an ihrem Wein.

»Hattor? Wir haben ihm Angst eingejagt.«

»Aber warum wir? Die Kollegen vor Ort müssen ihn doch nach Hahndorfs Tod auch durchleuchtet haben?«

»Auf jeden Fall hat es etwas mit dem Geld zu tun. Ist Ihnen aufgefallen, wie er plötzlich ganz unruhig wurde, als Sie sagten, dass wir seine Finanzen überprüfen würden? Und dabei war es sogar deutlich zu sehen.«

»Was?«

»Dieser verdammte neue Traktor muss mehr als hundert Riesen gekostet haben. Das sind eine Menge Milch und Eier für die Dorfläden. Hattor hat eine andere Geldquelle aufgetan.«

»Vielleicht Drogen? Er könnte eine ganze Plantage in diesen Bergen verstecken.«

»Kann ich mir nicht vorstellen. Nein, ich vermute, es hat irgendetwas mit Eden zu tun.«

Spencer dachte darüber nach und sagte: »Ich wollte ihn ein bisschen in die Enge treiben. Ich hatte das Gefühl, er würde aufgeben, wenn ich es nur richtig anstelle. Aber ich habe mir niemals vorstellen können, dass er in der Lage wäre, uns in diesen verfluchten Wald zu locken und dann dort erfrieren zu lassen.«

Die Steaks kamen und Maiden wartete, bis die Kellnerin wieder fort war. »Am Ende wird Hattor gar nicht so schlecht dastehen. Er *hat* uns die Jacken geholt, bevor wir losgingen, das hätte er nicht machen müssen. Und er hat auch dafür gesorgt, dass der Junge uns nach einiger Zeit wieder rausholt. Erzählen Sie das einem Richter, dann stehen wir da wie verdammte Vollidioten.«

»Wen kümmert es, was ein Richter sagt«, erklärte Spencer und zuckte genervt mit den Achseln. »Wissen Sie was? Ich muss das Thema wechseln. Ich habe für heute genug davon, Detective zu sein.«

Maiden riss theatralisch die Augen auf und legte einen Finger auf die Lippen. Dann sah er sich um. »Meine Güte, wollen Sie, dass sie uns rausschmeißen?«

»Okay, dann wechseln Sie das Thema.« Ungefragt leerte Spencer den Rest der Weinflasche in ihre Gläser, schaute auf die Karte und sagte: »Wir müssen den Mad Fish Merlot probieren. Er soll ausgezeichnet sein.«

»Meinetwegen«, sagte Maiden vorsichtig. Er winkte den Kellner heran und erklärte, was sie wollten. Dann sagte er: »Also, worüber wollen Sie stattdessen reden?«

»Janet Brown?«, fragte sie.

»Von wegen, das ist auch Arbeit.«

»In Ordnung, dann Football.«

»Jetzt sind Sie albern.«

Aufgrund seiner Leidenschaft für Sportübertragungen hielt Maiden seine Football-Kenntnisse für nahezu enzyklopädisch. Er konnte sich nicht einen Augenblick lang vorstellen, dass Spencer es ernst meinte.

Sie kniff die Augen zusammen und deutete mit ihrer Gabel auf ihn. »Glauben Sie? Meine Mutter war eine Football-*Expertin,* und ich habe viel von ihr gelernt. Ich weiß mehr darüber, als Sie je wissen werden.«

Maiden stöhnte. »Als Nächstes behaupten Sie noch, dass die Tigers eine Chance haben.«

Sie begannen ein lebhaftes Gespräch über die neue Saison. Sie stritten gut gelaunt und Spencer tat so, als würde sie sich ärgern über Maidens Behauptung, dass sie in Wirklichkeit keine Ahnung hätte. Später bestellte sie noch Apfelkuchen mit Sahne, sodass sie noch eine Weile länger am Tisch saßen. Dann nahm sie mit einem zufriedenen Seufzer ihren letzten Schluck Wein.

»Gehen wir?«, fragte Maiden.

Sie nickte. »Nach dem Steak und dem Wein werde ich schlafen wie eine Tote, was genau der Sinn der Sache war. Ich kann es gar nicht erwarten, ins Bett zu gehen.«

Aber vor ihren Zimmern schlug Maiden spontan vor: »Ich habe noch zwei Bier übrig. Die kann ich nicht mit nach Hause nehmen. Wollen Sie mir helfen, sie um die Ecke zu bringen?«

Sie dachte darüber nach. »Klar, aber nicht lange. Können Sie sie rüberbringen?«

»Wenn Sie wollen.«

»Nur einen Augenblick.«

Maiden ging auf sein Zimmer und entschied sich, ihre Anweisung wörtlich zu nehmen. Er hatte keine Lust herumzutigern und zu versuchen herauszukriegen, was genau ein Augenblick sein mochte. Er hatte mit seiner zweiten Zimmerschlüsselkarte die Klimaanlage angelassen und es war ordentlich warm, also zog er sein Jackett aus. Nachdem er einen Weckruf beim Empfang beantragt hatte, klopfte er bei Spencer an die Tür. Sie öffnete in ihrem Bademantel, und soweit er sehen konnte, trug sie sonst nichts.

»Tut mir leid … haben Sie es sich anders überlegt?«, fragte er verunsichert.

»Nein, ich habe es mir bloß gemütlich gemacht.«

Spencer bat ihn herein, sie nahm ihm eines der Biere aus der Hand. Sie setzte sich aufs Bett, schlug die Füße unter und überließ Maiden den einzigen Sessel. Als er es sich bequem gemacht hatte, prostete sie ihm zu.

Sie sagte: »Ich dachte, es wäre ganz nett, noch das Bier zu trinken, weil ich dann die Gelegenheit habe, Ihnen zu sagen, dass ich finde, wir haben das heute ganz gut hinbekommen, oder?«

Maiden prostete zurück und sagte unzufrieden: »Wahrscheinlich schon, obwohl wir Hattor haben entkommen lassen.«

»Wir haben ihn nicht *entkommen* lassen, weil wir gar nicht wussten, dass er entkommen wollte. Aber davon abgesehen hat es sich angefühlt, als würden wir ganz gut zusammenarbeiten, wie echte Partner.«

Er vermutete, dass sie ein bisschen betrunken war, vielleicht sogar ein bisschen mehr, aber er war auch nicht allzu nüchtern, und er hatte nichts dagegen. Außerdem musste Maiden zugeben, dass es heute durchaus Augenblicke gegeben hatte, in denen sie gut zusammengearbeitet hatten. »Sie haben recht«, sagte er, und nur damit sie nicht dachte, dass er sich über sie lustig machte, setzte er hinzu: »Wirklich.«

»Wir sind nicht in Panik verfallen, als wir uns im Wald verirrt haben.«

»Ich stand kurz davor«, sagte er lächelnd.

»Wie nah waren Sie daran, den Jungen zu erschießen?«

Sein Lächeln verschwand und er verspürte Enttäuschung und Wut. »Hey, fangen Sie jetzt nicht an mit …«

»Kommen Sie, werden Sie jetzt nicht sauer, erzählen Sie's mir einfach«, sie winkte, um ihn zum Schweigen zu bringen und schaute ebenfalls beleidigt.

Maiden nahm einen tiefen Atemzug, um sich zu beruhigen. Außerdem war es schwer, wütend zu sein auf eine attraktive Frau, die bloß einen Bademantel trug. Um sich zu sammeln, sagte er: »Sie zuerst. Wie war's für Sie?«

»Ich? Er hat mir eine Wahnsinnsangst eingejagt – da bin ich gestolpert und auf den Arsch gefallen. Aber ich wusste, dass es nicht Hattor war. Ich hätte nicht geschossen.«

Maiden lachte auf, als er daran zurückdachte, wie Spencer

in die Büsche gesegelt war. »Na ja, ich hätte auch nicht abgedrückt. Ich war *kurz* davor, aber es passte alles nicht. Er war zu klein, zu … es stimmte einfach nicht«, sagte er und zuckte mit den Achseln. Maiden schwieg, und nach einem Augenblick sagte er: »Ich habe schon mal versucht, Ihnen das zu erklären. Manchmal muss man einfach darauf vertrauen, dass man instinktiv den entscheidenden Unterschied wahrnimmt – den Unterschied *sieht.* Und beten, dass der Instinkt jedes Mal richtig liegt, ein ganzes Berufsleben lang. Aber man hat nicht lange Zeit, es hinzukriegen, das ist das Problem. Manchmal nur einen Sekundenbruchteil.«

Sie sagte: »Hey, ich weiß, dass Sie ihn nicht erschossen hätten. Ich wollte bloß wissen, warum, *woher* Sie es wussten. Sie sind einer von den Besten, John. Ehrlich.«

Er murmelte: »Ja, klar.«

»Nein, ehrlich. Ich lerne die ganze Zeit von Ihnen.«

»Das freut mich zu hören.« Er trank noch etwas Bier, um seine Gedanken zu verbergen.

Spencer spielte mit ihrer Flasche. »Ich … ich werde nichts Schlechtes bei den Ermittlungen wegen des Schusswechsels neulich sagen, das wissen Sie, oder?«

»Nein, da waren Sie nicht allzu eindeutig.« Maiden hoffte, dass seine Erleichterung sich nicht allzu deutlich zeigte.

»Ich habe eine Weile gebraucht, um dahinterzukommen. Ich habe mich gefragt, wie ich reagiert hätte, welche Entscheidung ich getroffen hätte. Und dann sieht plötzlich alles ganz anders aus, nicht wahr?«

»Sie sind gut, Peta. Sie hätten das Richtige getan«, sagte Maiden ein wenig benommen. Der Wein machte es ihm nicht leichter.

»Danke, aber die Frage ist: Muss ich so sein wie Sie, um so *gut* zu sein wie Sie?«

»Was zum Teufel soll das jetzt wieder heißen?«

»Werden Sie nicht wieder sauer, aber denken Sie mal darüber nach.« Sie deutete mit der Bierflasche auf ihn. »Sie haben zwei Ehen hinter sich, Sie sind jetzt ganz allein, sie *leben* Ihren Job und Sie sind bestenfalls ein mürrischer Sack. Muss ich auch so sein, um so gut zu werden wie Sie? Denn das ist mein Ziel, so gut zu sein. Oder besser.« In ihrer Stimme lag ein Hauch Sorge.

»Mir war nicht klar, dass ich so schrecklich bin.«

»Beantworten Sie doch einfach mal die Frage.«

»Ist das wirklich so eine beängstigende Aussicht? So zu sein wie ich?«

»Vielleicht.«

Maiden zuckte mit den Achseln. »Tja, schade, denn ich weiß es nicht.«

Sie schaute plötzlich gerissen. »Okay, ich glaube, eine andere Art, das Gleiche zu fragen, wäre: Müssen *Sie* so sein, wie Sie sind, um so gut zu sein, wie Sie sind? Das müssen Sie doch wissen.«

»Jetzt wird es aber tiefenpsychologisch«, murmelte Maiden. »Lassen wir das für heute, in Ordnung?«

Spencer strahlte plötzlich breit. »Ja, da haben Sie recht. Viel zu tief und bedeutsam.« Sie stellte ihre leere Flasche auf den Nachttisch. »Allmählich ist es Zeit, ins Bett zu gehen.«

»Da haben Sie recht«, sagte Maiden, trank seine eigene Flasche leer und mied ihren Blick, weil seine Nerven plötzlich komisch kribbelten.

»Können Sie die Tür richtig abschließen, wenn Sie gehen?«

»Ja, klar.« Er stand auf und schüttelte sich innerlich. *Ich war kurz davor, etwas ganz Dummes zu denken.*

»Es macht Ihnen doch nichts aus, oder? Ich kann kaum noch meine Augen aufhalten.«

»Natürlich nicht. Wir müssen morgen früh raus, schon vergessen?« Sie hatte die Flüge umgebucht.

Maiden war vor allem erleichtert, dass Spencer die Situation geklärt hatte, bevor er etwas Dummes getan hatte. Einige Teile seines Körpers – die Teile, die auf zu viel Bier und Wein reagierten – waren zugegebenermaßen enttäuscht. Aber die Teile seines Körpers, in denen gesunder Menschenverstand und seine Restintelligenz saßen, bestanden darauf, dass es genauso laufen musste. Alles andere wäre ein Desaster, eine absolute Tragödie, da war er sicher. Jedenfalls fast sicher. Einigermaßen.

»Gute Nacht, John«, rief sie, als er die Tür öffnete.

»Gute Nacht, Peta. Schlafen Sie gut.«

Draußen zögerte Maiden, dann ging er zurück in ihr Zimmer.

Spencer sah ihn und auf ihrem Gesicht konnte man alles Mögliche erkennen, aber er war nicht sicher, was es war.

Er sagte: »Ehrlich, Peta, ich glaube, heute haben wir es gut hinbekommen. Wirklich.«

»Es bedeutet mir viel, dass Sie das sagen«, sagte sie mit einem wehmütigen Lächeln.

Maiden schloss leise die Tür.

Zurück in seinem eigenen Zimmer stand er neben dem Bett und versuchte sich noch einmal davon zu überzeugen, dass er im richtigen Raum war und das Richtige tat.

»Sei kein Idiot«, sagte er laut. »Natürlich ist das so.«

Und trotzdem war etwas Gutes zwischen ihnen geschehen. Sie hatten ihre Verbindung gefestigt und gleichzeitig war Maiden sicher, dass Peta Spencer wusste, wie sie damit umgehen sollte. Sie würde ihn respektvoll als ihren Chef behandeln, wenn es darauf ankam, sie würde ihn »Sir« nennen, wenn es nötig war, und »John«, wenn es passte. Wahrscheinlich hatte sie die ganze Situation besser im Griff als er.

Er nahm sein Jackett vom Bett und zog aus reiner Gewohnheit sein Handy aus der Tasche, um es zu überprüfen. Das Telefon stand seit dem Restaurant auf Stumm, also war er nicht überrascht, dass er einen Anruf verpasst hatte. Wahrscheinlich, als er nebenan gewesen war. Er stammte von einem anderen Handy.

Janet Brown, begriff er entsetzt. *Er hatte einen Anruf von Janet verpasst.*

Das war übel – vielleicht sehr übel.

Es war das Letzte, wonach ihm war, aber er drückte den Knopf, um ihren Anruf zu erwidern. Er hörte sofort eine Nachricht, die ihm verkündete, das Telefon, das er zu erreichen versuchte, sei ausgeschaltet. Es gab keine Voice-mail.

Damit war das *Vielleicht* geklärt. Es *war* wirklich übel. Was würde Janet tun, wenn sie glaubte, dass er ihre Anrufe nicht entgegennahm?

Die Antwort war klar.

18

Brenda Zerkowski fühlte sich in Sydney zu sicher. Nach einer Weile wurde ihr immer wieder klar, dass es dumm war, sich in Sicherheit zu wiegen, und dass es auch hier eine Menge übler Typen gab, die nur darauf warteten, ihre kriminellen Machenschaften durchzuziehen. Doch in den ersten Monaten, die sie an einem der Brennpunkte der Welt verbracht hatte, wo sie ihr Leben riskiert hatte, um Storys über Aufständische, Rebellen und Fanatiker zu recherchieren, die alle AK47-Maschinengewehre um den Hals hängen hatten, fiel es ihr manchmal schwer, Sydney ernst zu nehmen.

Ihr eigenes Haus war ihr fremd. Es war leer und unbelebt. Rob, ihr Ex-Mann, war ausgezogen, als klar war, dass sie zurückkehrte. Er hatte ein muffiges Haus hinterlassen, mit eigenartigen Umrissen im Staub an den Stellen, wo er etwas weggenommen hatte. Brenda hatte nicht viel dagegen unternommen. Sie war keine sonderlich ambitionierte Hausfrau. Für sie war es nur ein Ort, wo sie aß, schlief und nicht zu weit vorausplante. Sie wusste, dass es lasch war. Doch es lag nicht nur daran, dass sie nach Hause gekommen war, um sich endgültig mit den Überresten einer zerbrochenen Ehe auseinanderzusetzen. Brenda fühlte sich immer so, wenn sie von der Hektik eines Auftrags in Übersee zurückkehrte. Sie brauchte dann einige Zeit, um sich umzugewöhnen, bis ihr Körper und Geist wieder zurück in Australien waren, und in dieser Zeit entgingen ihr eine Menge Kleinigkeiten. Essen zu kaufen war nur eine Last, und sie öffnete keine Briefe, weil ihr das nicht wichtig vorkam. Manchmal vergaß sie sogar, den Müll rechtzeitig rauszustellen.

Deswegen kam Brenda auch nicht auf den Gedanken, abends zu überprüfen, ob die Fenster geschlossen waren. Die Tür – ja, aber Fenster kümmerten sie nicht wirklich.

Sie trug einen Pyjama und lag gemütlich im Dunkeln in ihrem Bett. Sie starrte an die Decke und lauschte dem Wind, der in den Bäumen raschelte, und dem Regen, der auf das Blechdach des Carports trommelte. Der Inhalt einer Flasche Wein kreiste angenehm durch ihre Venen und ließ den Raum ein wenig schwanken, was ganz in Ordnung war. Brenda lächelte und musste beinahe kichern. Sie wusste, dass das letzte Glas eines zu viel gewesen war, aber auch das kümmerte sie nicht weiter. Keine der schwachsinnigen Fernsehsendungen interessierte sie, und sie hatte keine Lust zu arbeiten. Auch die Möglichkeit, an dem unfertigen Roman weiterzuschreiben, der einfach nur Platz auf der Festplatte ihres Laptops belegte, war schnell verworfen. Das war immer zu schwierig, dafür musste sie in der richtigen Stimmung sein.

Aber eigentlich war alles prima. Brenda war sich der lustlosen Phase, die sie durchlief, sehr wohl bewusst. Es machte ihr keine Sorgen. Es würde vorübergehen.

Ein eigenartiges Geräusch von irgendwo außerhalb des Schlafzimmers fiel ihr auf. Brenda runzelte die Stirn, es war nah am Haus. *Vielleicht auch drinnen?* Nein, das war paranoid. *Vielleicht versuchte jemand, einzubrechen, in dem Glauben, das Haus stünde noch leer?* Möglich, aber viel unwahrscheinlicher als eine streunende Katze oder ein Hund, die sich durch den Zaun quetschten, oder eine Ratte irgendwo in den Dachbalken – ein weiteres Nebenprodukt von Robs frühem Auszug. Vielleicht war auch ein Ast abgebrochen und schlug auf die Dachziegel.

Sie überlegte, ob sie aufstehen und nachsehen sollte. Aber im Bett war es so gemütlich. Sie hatte keine Lust, aufzustehen.

Plötzlich aber bekam sie Angst, als sie sah, wie das blasse

Rechteck ihrer Schlafzimmertür langsam aufschwang. Sie spürte den feuchten Atem der Nachtluft hereindringen. Brenda fluchte und tastete nach ihrer Nachttischlampe, die sie beinahe umstieß, bevor sie den Schalter gefunden hatte. Der Schein blendete sie, sie kniff die Augen zusammen und alles außerhalb ihres Schlafzimmers wurde zu einem schwarzen, undurchdringlichen Tunnel.

»Okay, immer mit der Ruhe«, murmelte Brenda vor sich hin. Sie versuchte ihren Herzschlag im Zaum zu halten, indem sie sich zu erklären versuchte, was los war. So etwas war schon öfter vorgekommen.

Der Wind hatte wahrscheinlich eines der älteren Flügelfenster aufgerissen. Sie hatte es kommen sehen. Die verdammten Dinger hingen nur noch lose in den Angeln, und es war klar, dass sie eines Tages einfach rausfallen würden. Und der Wind, der jetzt durchs Haus blies, hatte ihre Schlafzimmertür aufgedrückt. Brenda konnte sogar schon den Regen riechen. *Der blöde Rob.* Handwerklich war er immer eine Null gewesen.

Brenda stieg aus dem Bett, wartete einen Augenblick, bis die Welt aufhörte, sich zu drehen, und ging dann zur Tür. Sie streckte den Arm vor und tastete nach dem Lichtschalter im Flur. Sie verfehlte ihn und trat einen unsicheren Schritt zurück ins Zimmer.

»Oh je«, murmelte sie. »Konzentrier dich.« Sie war nicht *so* betrunken, sie war bloß nicht darauf vorbereitet, welche Wirkung der Wein haben würde. Beim nächsten Versuch traf Brenda den Lichtschalter problemlos.

Ihr ganzes Leben lang war Brenda, dank zahlreicher Horrorfilme, nie in ein dunkles Zimmer gegangen, ohne vorher das Licht einzuschalten. Sie konnte gar nicht begreifen, wie jemand das tun konnte. Also schaltete sie jetzt eine Leuchte nach der anderen ein, als sie durchs Haus ging. Sie näherte sich dem Fenster im Gästezimmer, das vermutlich den Durchzug verursacht hatte. Und tatsächlich stand es weit offen und schlug gegen die Wand. Die Schrauben der Scharniere waren bereits locker. Sie kämpfte gegen einen sich blähenden Vorhang und knallte den Fensterflügel zu, wobei ihr ein Schwall kalter Regen ins Gesicht schlug, der sie doch deutlich ernüchterte.

»Scheiße«, keuchte sie und wischte sich über die Augen. »Blödes Ding.«

Sie ging wieder zurück, bog aber in die Küche ab, um ein großes Glas Wasser zu trinken, weil sie wusste, dass es ihr dann morgen besser gehen würde. Außerdem wollte sie den sauren Nachgeschmack des Weins aus ihrem Mund spülen.

Als Brenda das Licht in der Küche einschaltete und wegen des kalten Linoleumbodens unter ihren nackten Füßen fluchte, bemerkte sie plötzlich, dass jemand an der Wand stand – jemand, der bereits nach ihrem Kopf schlug. Ein überraschender Gedanke huschte durch ihren Schädel, bevor die Welle der Angst sie erreichte. Der Angreifer ging mit Brendas eigenem Nudelholz auf sie los, einem schweren Gerät, das sonst nie zum Einsatz kam, weil Brenda niemals backte.

Sie bekam den Arm zur Abwehr kaum halb hoch, die schmerzhafte Explosion in ihrem Schädel ließ Brenda augenblicklich zu Boden gehen.

*

Als sie wieder zu sich kam, empfand sie Schmerz an den eigenartigsten Stellen ihres Körpers. Das konnte nicht ihr Bett sein, soviel war Brenda schnell klar. Die Zimmerdecke stimmte gar nicht. Und die harte Unterlage, auf der sie sich befand, war zu kalt und unbequem. Ihr Kopf schmerzte entsetzlich, und die Muskeln in ihren Schultern wurden unangenehm überstreckt.

Brenda lag mit dem Bauch nach oben auf ihrem eigenen Küchentisch, ihre Handgelenke und Knöchel waren irgendwie an die Tischbeine gefesselt worden. Sie konnte sich ein wenig bewegen, es gab ein bisschen Spielraum, aber befreien konnte sie sich nicht.

Die Angst, vergewaltigt zu werden, tauchte in ihrem Geist auf, und sie stemmte sich gegen die Fesseln, aber dann bemerkte Brenda, dass sie immer noch angezogen war. Das hieß nicht viel, aber es war immerhin besser als nichts.

Jemand sagte freundlich: »Da sind Sie ja. Ich habe auf Sie gewartet.«

Es war eine Frauenstimme, dann trat sie in ihr Blickfeld. Brenda sah eine attraktive Blondine, vielleicht Ende Dreißig, mit kurzem Haar und intelligenten Augen. Sie betrachtete Brenda mit beinahe klinischer Aufmerksamkeit, sie wollte offenbar wissen, wie es ihr ging. Die Frau war weit entfernt von dem, was Brenda erwartet hatte. Allein die Tatsache, dass es sich um eine Frau handelte, war eigenartig genug. Doch einen völlig normalen Menschen zu erblicken, keine verrückte Drogensüchtige, ergab überhaupt keinen Sinn. Allerdings konnte Brenda auch noch nicht besonders klar denken.

Es gelang ihr zu krächzen: »Was zum Teufel machen Sie da? Was wollen Sie?«.

»Nein, die wirkliche Frage ist, was wollen *Sie?*«, entgegnete die Frau sanft. Sie hielt immer noch das Nudelholz und ließ es in ihre Handfläche klatschen.

»Was will ich? Was zum Teufel meinen Sie damit?«

»Wollen Sie *wirklich* John? Ich glaube, das wollen Sie.«

»John? Was für einen John ...« Plötzlich begriff Brenda. Ohne die Kopfschmerzen wäre es ihr schneller klar geworden. Aber selbst so war es ganz eindeutig. Alle Puzzleteile passten plötzlich zusammen und ihre Angst vergrößerte sich. »Oh Gott, Sie sind Janet Brown.«

»Gut gemacht, Brenda. Sie sind nicht dumm.«

Brenda kämpfte gegen ihre Angst und versuchte sich einen Ausweg zu überlegen. *Was wollte Janet? Was trieb sie?*

Sie versuchte es mit: »Sie … Sie haben das missverstanden. Wir sind bloß gute Freunde. Sie müssen sich keine Sorgen machen.«

Janet lächelte mitfühlend. »Ich habe Sie im Restaurant gesehen. Ich habe gesehen, wie Sie versuchten, seine Hände zu berühren. Ich fand es ziemlich offensichtlich, was Sie vorhatten.«

»Freunde tun so etwas, Janet. Glauben Sie mir. Sie interpretieren zu viel da rein.« Brenda war nur einen Augenblick lang entsetzt, dass Janet im Restaurant gewesen war. Dann kam ihr eine verzweifelte Idee: »Warum fragen Sie John nicht selbst? Er wird es Ihnen sagen. Seine Nummer ist in meinem Telefon.«

Brenda hoffte, wenn Janet ihn anriefe, hätte sie die Gelegenheit, um Hilfe zu rufen.

»Ich habe seine Nummer auch, Brenda. *Natürlich* habe ich seine Nummer. Das Problem ist, dass er meine Anrufe nicht mehr annimmt, und das ärgert mich wirklich. Ich fürchte, dass John nicht verstanden hat, was auf dem Spiel steht. Entweder das, oder er versucht irgendwelche Tricks, was gar keine gute Idee wäre. Das muss ihm klar werden.« Janets Lächeln wurde trauriger. »Und an dieser Stelle kommen Sie ins Spiel.«

»Ich kann es ihm sagen … Ich kann ihm alles sagen, was Sie wollen.«

Janet beugte sich vor, ihre Lippen dicht an Brendas Ohr, und flüsterte: »Ich will, dass er aufhört, mich zu verarschen und etwas *unternimmt.* Ich verliere die Geduld.«

»Das kann ich ihm sagen.« Brenda konnte ihre Angst nicht länger verbergen.

»Ja, das können Sie«, sagte Janet rätselhaft. Sie griff nach einem Geschirrhandtuch, faltete es sorgfältig zusammen, und stopfte es Brenda mit einer plötzlichen Bewegung in den Mund. Die schüttelte panisch den Kopf und versuchte es wieder auszuspucken.

Sie sah daher nicht, wie Janet das Nudelholz hob und ihr auf den Brustkorb schlug. Brenda spürte jedoch den entsetzlichen Schmerz und kreischte in das Handtuch.

Janet fragte neugierig: »Habe ich etwas gebrochen? Lassen Sie mich mal sehen. Ich bin Ärztin, wussten Sie das? Ich kann es Ihnen genau sagen.« Sie klemmte das Nudelholz einen Augenblick unter Brendas Rücken, drückte mit einer Hand das Geschirrhandtuch zurück in ihren Mund und betastete mit der anderen die Verletzung. Es schmerzte entsetzlich. »Ich glaube schon, Brenda. Versuchen wir es mal auf der anderen Seite, oder?«

Brenda schrie bereits vor Angst, aber als das Nudelholz auf der gegenüberliegenden Seite ihre Brust traf, nahm es ihr den Atem. Dann erhielt sie einen Schlag auf den Oberarm und Brenda konnte das Knacken hören, mit dem der Knochen brach. Zwei Schläge auf ihren Oberschenkel waren nötig, bevor etwas nachgab. Mittlerweile rollten schwarze Wellen über Brenda hinweg, die versuchten, den Schrecken und Schmerz auszuschalten.

In den letzten Sekunden, die sie bei Bewusstsein war, hörte sie Janet leise sagen: »Mal sehen, wo noch ...«

*

Als Maiden morgens aus dem Flugzeug stieg, wartete er ungeduldig, bis er sich im Terminal befand, wo er sein Handy wieder einschalten konnte. Er war nicht überrascht, Nachrichten erhalten zu haben, und gab die entsprechende Nummer ein. Spencer beobachtete ihn, sie warteten auf Neuigkeiten. Überrascht sah sie Maiden erblassen. Wortlos drückte er einen Knopf, um die Nachricht zu wiederholen, dann schaltete er den Lautsprecher ein und streckte Spencer das Handy entgegen.

Janet Browns entspannte Stimme sagte: »Du nimmst meine Anrufe nicht entgegen, John. Das ist nicht sehr nett, und ich empfinde ein bisschen Unsicherheit über unsere Beziehung. Ich erwarte, bald von dir zu hören. Aber du wirst dich freuen, zu hören, dass ich, um zu beweisen, dass ich jetzt ein viel besserer Mensch bin, deine Freundin nicht umgebracht habe. Mir war danach, aber ich habe es nicht getan. Siehst du? Ich *bin* die Frau, in die du dich verliebt hast.« Als Nachsatz, voll echter Sorge, fügte Janet hinzu: »Ich hoffe, du hörst das früh genug, um einen Krankenwagen zu rufen.«

19

Als Maiden und Spencer Brendas Haus erreichten, waren der Krankenwagen und zwei Streifenwagen bereits dort. Der Krankenwagen stand rückwärts vor der Haustür und die Sanitäter holten gerade eine Rollbahre heraus. Maiden eilte hinüber, Brendas weißes Gesicht war oberhalb des Lakens zu sehen. Ihre Augen waren glasig und sie bemerkte nicht, dass er sie ansah.

»Wie geht es ihr?«, Maiden schnappte sich einen der Notärzte.

»Schlecht. Gehen Sie aus dem Weg«, entgegnete der ungeduldig und manövrierte die Bahre an die richtige Stelle.

»Ist ihr … fehlt ihr irgendetwas?«

»Fehlt ihr etwas?« Der Notarzt starrte ihn an.

»Ja, *fehlt* ihr verdammt noch mal etwas! Zum Beispiel Finger oder Zehen oder ein verdammter *Arm!*«

Sein Blick wanderte an Maiden vorbei. Spencer war hinter ihn getreten und hielt ihre Polizeimarke hoch, sie nickte in Maidens Richtung, um klarzumachen, dass auch er zur Polizei gehörte. »Nein, sie wurde geschlagen – *schlimm* geschlagen. Gebrochene Knochen im ganzen Körper. Irgendein kranker Drecksack hat richtig losgelegt, ihr Zustand ist kritisch.« Der Notarzt schaute hinüber zu seinem Kollegen und gemeinsam hoben sie die Bahre hinten in den Wagen. Die metallenen Rollen falteten sich klackend ein. Er griff nach den Türen und setzte hinzu: »Wenn Sie ihn kriegen, erschießen Sie ihn.«

»Es war eine Frau«, sagte Maiden, während er die Neuigkeiten verdaute.

»Soll das ein Witz sein? Mein Gott! Vielleicht hat sie deswegen das Gesicht ausgelassen.« Der Notarzt wartete nicht mehr länger, sondern eilte nach vorn zur Fahrerkabine.

Maiden starrte dem Krankenwagen hinterher, und Spencer sagte leise: »Sie hat sie nicht ins Gesicht geschlagen, damit Brenda noch sprechen kann. Sie soll Ihnen etwas sagen.«

Maiden entgegnete grimmig: »Ich glaube, ich habe es auch so verstanden.«

*

Sie fuhren zum Krankenhaus, aber es war Zeitverschwendung. Man hatte Brenda in den OP gebracht und niemand konnte Maiden irgendetwas sagen, egal wie oft er seine Marke zeigte. Spencer folgte ihm schweigend, weil sie wusste, dass er nicht anders konnte. Schließlich blieb Maiden im Empfangsbereich stehen.

»Wollen Sie warten?«, fragte sie sanft.

»Ich weiß nicht«, sagte er. »Ich fühle mich … verantwortlich. Ich bin richtig, richtig sauer und ich will sie umbringen – und ich fühle mich verantwortlich.«

Spencer schluckte gerade noch herunter: *Es ist nicht Ihre Schuld,* stattdessen sagte sie: »Wir könnten trotz allem zu Vitales Beerdigung gehen. Wenn sie vorüber ist und wir dort alles erledigt haben, weiß man hier vielleicht auch mehr. Und Sie können ja Ihre Telefonnummer hinterlassen.«

Maiden nickte. »Ja, ich kann sowieso nicht einfach hier rumsitzen. Dann drehe ich durch. Wie viel Zeit haben wir noch?«

Spencer schaute auf die Uhr. »Reichlich. Wenn wir jetzt fahren, dann haben wir noch die Gelegenheit, uns umzusehen, bevor das offizielle Programm losgeht. Außerdem sind wir dann vor den anderen Schaulustigen da und finden noch einen Parkplatz.«

Irgendetwas in ihrer Stimme ließ Maiden aufstöhnen: »Schaulustige? Wie meinen Sie das?«

Sie hielt eine Boulevardzeitung, die sie am Kiosk im Krankenhaus gekauft hatte, hoch. »Die Seite-Drei-Leute haben endlich mitgekriegt, dass die Eden-Morde auch diesen speziellen Wahnsinnsfaktor haben, für den Sie so berühmt sind. Sie haben aus der Beerdigung heute möglicherweise einen Riesenzirkus gemacht. Es ist ihnen sogar gelungen, Chris Vitale, Charles Manson und das Jonestown-Massaker in einem Absatz zu erwähnen. Das ist nicht ganz einfach.«

Sie schlug die Zeitung auf und zeigte Maiden eine Reihe Fotos, vor allem grobkörnige Teleaufnahmen vom Inneren der Anlage. Er vermutete, dass mal wieder jemand auf die Mauer geklettert war.

»Und hier«, sagte sie und tippte auf ein Bild unten auf der Seite. »Sie sind eine der Hauptattraktionen.«

Es war ein altes Bild von Maiden, wahrscheinlich aufgenommen bei dem ganzen Medienzirkus, der Janet Browns Morden gefolgt war. Im Text stand sogar, dass der Senior Detective Sergeant John Maiden, bekannt dafür, die Serienmörderin Janet Brown festgenommen zu haben (die vor Kurzem entkommen war, was eine große Gefahr für die Öffentlichkeit darstellte) die Ermittlungen in Eden leitete. Ein Kasten enthielt einige Hintergrundinformationen über Eden und den Glauben seiner Anhänger.

»Scheiße, es war wirklich zu schön, dass diese Wichser es nicht so aufgeblasen hatten«, sagte Maiden.

»Es war wohl unausweichlich. Falls irgendein Sender dachte, die Beerdigung wäre es nicht wert, klatschnass zu werden, werden sie sich das jetzt anders überlegen und bei dem Medienspektakel mitmischen. Alle werden dort sein wollen.«

»Fahren wir. Und wenn irgendein Schwachkopf etwas von Ihnen wissen will, sagen Sie kein verdammtes Wort, verstanden?«

»Aber sicher, Sir«, sagte Spencer und ihre Miene zeigte, dass sie es empörend fand, dass er glaubte, ihr das sagen zu müssen.

Im Wagen hing Maiden immer noch seinen Gedanken nach. Es hatte begonnen zu regnen und er konnte nicht einmal das Fenster herunterkurbeln, um eine zu rauchen. Er nahm kaum die Scheibenwischer wahr, die direkt vor ihm quietschend die Windschutzscheibe bearbeiteten. Spencer versuchte zu erraten, über was er nachdachte.

Sie fragte: »Werden Sie sie zurückrufen?«

Maiden brauchte einen Augenblick für die Antwort, Spencer hatte also richtig gelegen. »Was meinen Sie?«, fragte er dann zu ihrer Überraschung.

»Ich glaube, Sie können damit nichts mehr erreichen. Janet Brown ist offensichtlich viel verrückter, als alle dachten, und nichts, was Sie sagen oder tun, wird sie aufhalten. Sie wird sich nicht vormachen lassen, dass es ein Happy End geben wird, also können Sie sie auch nirgends hinlocken, wo man sie festnehmen könnte.«

»Niemand hat je behauptet, dass sie dumm wäre. Ich hatte gehofft, ich könnte Janet dazu bringen, einen Fehler zu machen, das war alles. Dann hätten wir eine Chance gehabt. Wir kriegen höchstens *eine*«, setzte er hinzu, »wenn wir die vergeigen und sie wieder abhaut, dann wird sie ganz gewaltig sauer sein.«

»Und wir wissen, was dann als Nächstes passiert«, sagte Spencer. »Jemand wird verletzt oder ermordet, nur um Ihnen eine Art Lektion zu erteilen.«

»Als hätte ich das nicht auch schon mitbekommen«, murmelte Maiden.

»Was wäre, wenn Sie Schluss machen? Und ihr das sagen?«

»Wie: Schluss machen? Ich soll nicht mehr versuchen, sie zu finden?«

Spencer deutete in die Luft. »Nein, mit dieser ganzen Romanze, die sie sich einbildet – dass Sie beide auf eine einsame Insel fliehen.«

»Dann dreht sie durch«, sagte Maiden. »Das ist nicht gut.«

»Hören Sie mal, sie hat diesen ersten Kerl nur umgebracht,

um einen Finger zu kriegen, den sie Ihnen schicken konnte, nicht wahr? Um zu beweisen, dass sie es ernst meinte. Dann hat sie Longman letztlich umgelegt, um Ihnen beruflich zu helfen. Und seine Hand hat sie amputiert, damit wir wussten, dass sie es war. Gestern Nacht hat sie Brenda Zerkowski praktisch totgeprügelt, nur weil sie eifersüchtig war. Janet Brown ist besessen von Ihnen, und sie ist *eifersüchtig.* Aber was wäre, wenn Sie ihr nichts mehr geben, worauf sie eifersüchtig sein kann? Ich meine, sie macht das alles jetzt, weil sie glaubt, dass sie tatsächlich eine Chance hätte. Eine winzige Chance, dass ihr abgedrehter Traum wahr werden könnte. Wenn Sie ihr sagen, dass das auf keinen Fall passieren wird, dann hört sie vielleicht wenigstens auf, Leute umzubringen? Ich meine, sie flippt vielleicht aus, aber wenn sie kein Ziel mehr für ihren Zorn hat, weil es sinnlos wäre … dann ist vielleicht Schluss mit den Morden.«

»Kein Ziel außer mir, meinen Sie?«

»Sie wissen, was ich meine. Es ist kein perfekter Plan.«

Maiden blies die Wangen auf. »Ja, oder sie schickt mir jede Woche einen neuen Kopf, bis ich es mir anders überlege. Es ist nicht so, als hätte sie das nicht früher schon gemacht, wissen Sie noch?«

Spencer hatte die Akte von Janet Brown gelesen. Janet hatte einmal den abgetrennten Kopf eines ihrer Opfer in einem Fahrstuhl hinterlassen, damit ihn jemand fand.

Sie zuckte mit den Achseln. »Janet ist verrückt, aber nicht dumm. Darin sind wir uns alle einig. Ich kann mir nicht vorstellen, dass sie sich zu irgendetwas verleiten lässt, bei dem sie trotz allem verhaftet werden könnte. Warum sollten Sie sich also die Mühe machen? Mein Vorschlag hat wenigstens eine eigenwillige Art von Logik.«

Maiden sagte: »Ich glaube, das ist keine Entscheidung, die ich ohne Bercoutte treffen kann. Aber wo wir schon von eigenwillig reden, wir sind da.« Er deutete auf die vor ihnen aufragenden Mauern von Eden.

20

Das schlechte Wetter hatte die Pläne der Entscheidungsträger zunichte gemacht, eine grandiose Zeremonie für Chris Vitale abzuhalten, doch gleichzeitig dabei geholfen, mit dem unerwarteten Interesse der Zeitungen und Fernsehsender klarzukommen. Sie hatten durchaus mit Medienvertretern gerechnet, aber die lange Reihe der mit Satellitenschüsseln bestückten Übertragungswagen und die Zahl der Fotografen mit riesigen Teleobjektiven hatte sie dann doch überrascht. Nur Andrew Mackay war begeistert davon, dass seine Rolle als Leiter der Sicherheitsabteilung plötzlich größte Wichtigkeit erhielt. Er stapfte über das Gelände und stauchte jeden zusammen, der aussah, als sollte er nicht hier sein.

Es *gab* unbekannte Gesichter im Inneren der Anlage, weil man eine riesige Überdachung mit Seitenteilen angemietet hatte, um sowohl die Gemeindemitglieder als auch das Grab selbst vor Regen zu schützen, ebenso wie eine kleine Bühne und die Verstärkeranlage, die man gleich mitbestellt hatte. Die Entscheidungsträger hatten auf einen fantastischen Tag gehofft, um Vitale unter blauem Himmel zu verabschieden. Das hätte der Vorstellung, dass sein Geist über ihnen aufstiege, um sich zu seinem Gott zu begeben, einen wirkungsvollen Rahmen gegeben. Immerhin verbarg das Zelt die Gedenkfeier vor den neugierigen Blicken der Presse.

Ian Panner war in seinem Element. Orchester und Chor hatten ihre eigenen Podeste, und gerade wurden Mikrofone für sie aufgestellt. Panner versuchte zwar, dem Anlass angemessen traurig dreinzuschauen, genoss aber im Grunde die Dimension der Veranstaltung.

Man hatte die Gemeinde angewiesen, frühzeitig zu kommen. Die Mitglieder begannen hereinzuströmen und suchten sich Plätze in den zahlreichen Reihen weißer Plastikstühle. Im Augenblick spielte eine CD mit getragener Musik. In der Mitte hatte man einen breiten Gang freigelassen, um den Sarg zum Podium tragen zu können. Carol Geyer kam allein, suchte sich einen Platz etwa in der Mitte und setzte sich. Panner hatte Liederblätter und das Programm der Gedenkfeier verteilt. Sie betrachtete es, um Blickkontakt mit den anderen Mitgliedern zu vermeiden, die sich um sie herum niederließen. Carol hatte nie viel mit dem religiösen Dogma von Eden anfangen können und gab sich in dieser Hinsicht nur Mühe, wenn sie es für notwendig hielt, um die anderen friedlich zu stimmen. Heute sah es so aus, als würde es eine umfangreiche spirituelle Feier werden, die all die Male ausgleichen würde, denen sie in der Vergangenheit aus dem Weg gegangen war. Sie erlaubte sich insgeheim ein Lächeln, als sie daran zurückdachte, wie leicht Vitale von seinen eigenen Glaubenssätzen abzubringen gewesen war. Carol hatte dazu ganz einfach nur einige Kleidungsstücke ablegen müssen.

Sie hörte, wie jemand drängend ihren Namen zischte und schaute auf. Stirling Moss winkte ihr aus der ersten Reihe zu, wo der Große Rat einschließlich der Entscheidungsträger Sitze belegt hatte. Moss machte Carol Zeichen, zu ihm nach vorne zu kommen, und sie schüttelte den Kopf. Doch als er sie strenger anstarrte, gab sie nach und erhob sich. Störrisch schob sich Carol nun in die vierte Reihe, näher wollte sie nicht kommen. Moss eilte um die Stühle herum und setzte sich neben sie.

Sie sagte schnell: »Ich setze mich nicht nach vorne zu dir. Ich bin sowieso kein Mitglied eures blöden Rates. Sie würden mich auch gar nicht lassen.«

Moss sagte leise: »Ich dachte, es wäre ein guter Moment, die anderen … uns sehen zu lassen.«

»Uns? Was soll das heißen, uns?«

»Du weißt, was ich meine.«

»Stirling, ich sage dir doch die ganze Zeit schon, dass du *uns* nicht zu ernst nehmen solltest. Wir haben bloß Spaß, wir verbringen Zeit miteinander. Und …« Carol zuckte mit den Achseln, um anzudeuten, dass sie mehr jetzt nicht laut aussprechen konnte.

Er sagte unglücklich: »Ich habe gedacht, es wäre mehr als das. Nach allem, was wir getan haben.«

»Nach allem, was *ich* getan habe, bin ich überrascht, dass du so … etwas annehmen konntest.« Sie suchte nach dem richtigen Wort. Carol setzte nicht hinzu, dass sie Moss für einen Schwächling hielt, der Carol einfach tun ließ, was sie wollte.

»Du weißt, dass ich bereit bin, offen an die Sache heranzugehen. Es war schließlich meine eigene Idee.«

»Eine Idee zu haben ist das einfachste«, sagte sie. Carol wies Moss immer gern darauf hin, wer die Oberhand hatte.

»Ja, ich weiß, das sagst du mir immer …«

Sie wurden unterbrochen durch Walter Harris, der sich auf der anderen Seite von Carol hinsetzte, sodass sie zwischen den beiden Männern eingeklemmt war.

»Da bist du ja«, sagte Walter mit gekünstelter Freude. »Ich habe versucht, dich zu finden, um mit dir zu reden. Genau genommen mit euch beiden.«

Carol sagte müde: »Nicht jetzt, Walter. Um Gottes willen, das ist doch nun wirklich nicht der richtige Augenblick.«

Sie sprachen immer noch leise. Harris hätte bei der blasphemischen Äußerung zurückschrecken sollen, doch im Augenblick dachte er nicht einmal mehr daran, die Ideologie von Eden hochzuhalten. »Genau genommen ist es ein ausgezeichneter Augenblick, denn du wirst wahrscheinlich keine Szene machen, um ein Gespräch zu meiden. Überall sonst ignorierst du mich wirklich schon in unhöflichster Weise.«

»Es ist Chris' *Beerdigung.*«

Harris sagte ungerührt: »Ja, es ist die Zeit, zu feiern, was er war, was er geschaffen hat. Findest du, Brent sollte in seiner

Trauerrede erwähnen, wer bald den Großteil von Chris' Lebenswerk *kontrollieren* wird?«

Carol und Moss warfen einander einen Blick zu und Moss flüsterte: »Ich habe dir doch gesagt, er weiß Bescheid.«

Harris konnte seine Bitterkeit kaum verbergen und sagte: »Ja, ich weiß genau, was du getan hast, Carol. Erst habe ich es nicht für möglich gehalten, aber du hast es geschafft. Chris hat dich zu seiner Haupterbin eingesetzt, und damit besitzt du zugleich den Großteil der Anlage selbst. Du hast dich in Chris' letzten Willen gefickt, und du, Stirling, musst im Hintergrund geholfen haben, das zu arrangieren.«

»Es war das, was Chris wollte«, sagte Moss unschuldig.

»Wirklich? Wusste Chris, dass du auch mit Carol schläfst? Für wen hast du eigentlich *nicht* die Beine breit gemacht, Carol?«

»Für dich, Walter. Würde das helfen?«, fragte sie süßlich. Einen Augenblick lang erschien Harris das Angebot entsetzlich verlockend, und Carol sah das auch. Sie stieß ein abfälliges Schnaufen aus und sagte: »Chris wollte, dass jemand voller Leidenschaft sein Erbe antritt, wenn es je zum Schlimmsten kommen sollte. Nicht irgendein Komitee aus gierigen Blutsaugern.«

»Besser ein paar gierige, verlogene Heuchler?«, fragte Harris. »Wie geht euer Plan weiter? Wolltest du Geld auf dein eigenes Konto überweisen? Hättest du vielleicht gern ein Scheckbuch? Mal davon ausgehend, dass du Chris nicht gleich selbst umgebracht hast, um alles auf einmal zu kassieren.«

»Das ist doch lächerlich!«, warf Moss ängstlich dazwischen. »Und sprich gefälligst leiser.«

Carol zischte: »Du musst große Töne spucken, Walter. Wer hat denn hier das Geld von Eden auf seinen privaten Konten? Wie willst du das erklären? Ist Chris dir auf die Schliche gekommen?«

Harris starrte sie an, er hatte einen Gutteil seines Schwungs verloren. Er sagte: »Wir müssen uns irgendwie einigen.« Carol lachte leise darüber, und er kniff die Augen zusammen. »Was ist daran so lustig?«

Sie sagte: »Mir war schon klar, dass du irgendwas am Laufen hast, so verzweifelt, wie du mit mir allein reden wolltest, statt mich direkt vor die Entscheidungsträger zu zerren. Aber ich war nicht sicher, ob du im Dienste von Eden stiehlst oder für dich selbst. Jetzt weiß ich es.«

»Du bist wirklich nicht dumm. Aber das ändert nichts. Wir müssen uns trotzdem etwas einfallen lassen.«

Carol sagte zuversichtlich: »Ich weiß nicht, wieso *wir* uns etwas einfallen lassen müssten, Walter. Du hast überhaupt nichts anzubieten, außer auszusteigen, solange es noch geht.«

»Wenn die Wahrheit rauskommt, wird die Hölle losbrechen. Brent wird durchdrehen und die anderen werden sich ihm anschließen. Du bist auf mich angewiesen, damit alles einigermaßen vernünftig läuft. Du musst darauf bestehen – juristisch, meine ich – und darauf achten, dass keine anderen Wirtschaftsprüfer zugelassen werden. Das ist das Risiko, das mir am meisten Sorgen macht.« Harris' Ruhe verriet nicht, wie sehr ihn das alles belastete. Andere Leute würden in die Angelegenheit eingebunden, und *andere Leute* brachten gerne ihre eigenen Anwälte und Buchprüfer mit.

Einige Mitglieder gingen vorbei, grüßten voller Trauer, und die drei setzten für einen Augenblick eine angemessene Miene auf, antworteten mit ebenfalls betrübten Worten und warteten, bis die Leute außer Hörweite waren.

»Ich sehe immer noch nicht den Vorteil für mich«, sagte Carol frech.

»Du willst doch bloß das Geld, oder? Du willst einfach nur so viel Kohle, wie du in deine gierigen Finger kriegen kannst, und dann abhauen. Damit wirst du zur bestbezahlten Hure aller Zeiten.« Als Carol sich empört zur Wehr setzen wollte, stoppte Harris sie, indem er mit dem Zeigefinger auf sie deutete. »Hör mir genau zu! Ich werde dafür sorgen, dass Chaos und Verwirrung eine Auszahlung der Gelder auf Jahre hinaus verhindern, wenn es sein muss. Wie lange willst du warten? Und wenn meine persönlichen Investitionen auffliegen, hat es genau denselben Effekt. Also glaub ja nicht, dass du damit zur Polizei gehen kannst. Die einzige Möglichkeit, das Beste für dich rauszuholen, und zwar *schnell,* ist, dich auf meine Seite zu stellen. Verstanden?«

»Was? Damit du ein kleines Vermögen abzweigen und selber untertauchen kannst?«

»Nein, ich will nur ... die Sache konsolidieren. Ich will nirgends hin. Wenn wir das ordentlich abwickeln, kann ich dir versichern, dass du am Ende sogar sauber und ehrbar dastehst.«

»Wir *waren* sauber und ehrbar«, sagte Carol ärgerlich.

»Das hängt wohl sehr vom Blickwinkel ab, findest du nicht?«

Es wurde immer schwieriger, miteinander zu reden, ohne dass jemand mithörte. Carol sah sich um und bemerkte, dass alle Plätze in der Nähe besetzt waren. In der ersten Reihe saßen inzwischen auch die meisten Mitglieder des Großen Rates auf ihren Plätzen. Sie entdeckte die Grants, die vor allen anderen gekommen waren. Muriel hatte den Kopf bereits gesenkt, sie schluchzte und ihre Schultern zuckten, während ihr Mann ihr vergeblich auf den Rücken klopfte. Evan schaute nach hinten und sah Carol einen Augenblick an. Sein Blick zeigte Mutlosigkeit oder jedenfalls resignierte Ergebenheit. Carol fragte sich, ob sie einen Teil ihres Gesprächs mitgehört hatten und sich ärgerten. Aber dann wurde ihr klar, dass es praktisch unmöglich war, weil die Musik noch lief. Viel wahrscheinlicher war, dass sie höchstens mitbekommen hatten, dass Harris, Carol und Moss über etwas stritten, und das konnte problematisch genug für sie sein. Die Grants betrachteten alle Ereignisse der vergangenen Wochen als Vorboten des Untergangs, als Nächstes käme das

Ende von Eden und damit das Ende ihres Lebens. Es war nicht schwer, Muriel zum Weinen zu bringen. Die meisten Mitglieder versuchten, ihr aus dem Weg zu gehen.

Carol fiel etwas ein und sie sagte zu Harris, während sie zu den Grants hinübernickte: »Du hältst ihre ganzen Ersparnisse in Händen und bestiehlst sie dreist. Warum zum Teufel sollten wir dir trauen?«

Harris dachte wieder daran, dass er auch die Grants überreden musste, ihn zu unterstützen, wenn es ihm gelänge, das Wahlrecht auf den Großen Rat auszuweiten. Er könnte ihnen berichten, dass die Entscheidung für das neue Klavier im Esssaal positiv ausgefallen war. »Ich versuche sicherzustellen, dass Eden Bestand hat; das ist alles, was sie sich vom Leben wünschen. Im Gegensatz zu euch.« Er starrte Moss an. »Ich werde den Entscheidungsträgern vorschlagen, dass alle Mitglieder des Großen Rates in allen Angelegenheiten mitstimmen können, zumindest bis die freien Plätze unter den Entscheidungsträgern wieder besetzt sind. Ian hat sich schon bereiterklärt, bald mit mir darüber zu reden. Aber ich weiß, dass er auf meiner Seite sein wird. Ich erwarte auch von dir Unterstützung für diese Vorgehensweise.«

Moss war überrascht und wusste nicht, was er erwidern sollte. Also sagte er bloß: »In Ordnung.«

»Carol?«, fragte Harris. »Sind wir uns einig?«

Sie runzelte die Stirn, als er sie erneut nötigte. »Ich werde darüber nachdenken.«

»Wir haben nicht die Zeit, um …«

»Ich habe *gesagt:* Ich werde darüber nachdenken.« Carol starrte ihn an. »Solltest du nicht nach vorne gehen?«

Harris antwortete nicht, sondern erhob sich bloß und drängelte sich an den anderen Mitgliedern vorbei, die mittlerweile die Plätze bis zum Gang besetzt hatten.

Carol wandte sich an Moss: »Du warst ja wirklich ganz großartig eben.«

Er entgegnete wenig überzeugend: »Manchmal ist das

Beste, einfach dazusitzen und zuzuhören. Ich gehe jetzt auch auf meinen Platz. Es geht bestimmt bald los.«

»Lass dich von mir nicht aufhalten, Stirling.«

Moss schien auf ein Zeichen der Zuneigung zu warten, einen Kuss oder wenigstens eine Berührung, aber Carol hielt Abstand. Er ging, ohne noch etwas gesagt zu haben.

Andrew Mackay hatte den Wortwechsel zwischen Carol, Moss und Harris beobachtet. Nachdem er auf seiner versteckten Kamera gesehen hatte, was in der Dusche im Umkleideraum geschehen war, verfolgte Mackay alle Begegnungen dieser Personen aufmerksam – er konnte einfach nicht anders. Er beobachtete interessiert, wie Carol zuerst Harris und dann Moss wegzuschicken schien.

Er murmelte: »Diese Blödmänner hast du um den Finger gewickelt, aber mich nicht, Mädchen. Mich wirst du nicht so leicht loswerden, wenn die Zeit gekommen ist.«

Er hatte am Eingang des Zeltes gewartet und zugesehen, wie zwei Techniker Mikrofonkabel verlegten, als ihm aufgefallen war, dass Carol sich weiter nach vorne gesetzt hatte. Jetzt konzentrierte sich Mackay wieder auf die Arbeiter. Die Männer trugen schwarz und sahen aus wie typische Roadies. In Mackays Welt bedeutete das, dass sie wahrscheinlich Drogen nahmen, zu viel Alkohol tranken und ein Rock'n' Roller-Leben führten. Er hatte das selbst getan, er wusste, wie es war, aber nach seiner Bekehrung war Mackay selbstgerecht und intolerant geworden. Er war sicher, dass sie Ärger machen würden, wenn sie die Gelegenheit bekämen. Mackay konzentrierte sich dermaßen darauf, sie böse anzustarren, um diese Leute wissen zu lassen, dass er sie im Auge behielt, dass er gar nicht mitbekam, wie jemand hinter ihn trat.

»Nehmen Sie heute alles auf, Mr Mackay?«

Mackay wandte sich mit dem geübten Ausdruck eines sehr beschäftigten Mannes ungeduldig um und stand Maiden und Spencer gegenüber. Er fand, dass Maiden müde aussah und offensichtlich keine Lust hatte, sich irgendetwas bieten zu lassen. Spencer wirkte nicht viel besser. Er begrüßte sie mit einem Nicken.

»Ja, selbstverständlich, Detectives. Für alle, die nicht kommen können und die Zeremonie vielleicht später sehen wollen.«

»Wie?«, fragte Maiden.

»Wie?«

Spencer sagte: »Wie viele Kameras?«

Mackay fürchtete, dass sie bereits irgendwoher wussten, was er trieb, wobei es ja eigentlich nicht um Sicherheitsmaßnahmen ging. »Ich habe eine auf die Bühne gerichtet ...«, begann er. Spencer würde sich nicht an der Nase herumführen lassen, sie fixierte ihn misstrauisch und Mackay setzte hinzu: »Und ich habe noch eine PZT, falls etwas vorfällt.« Als Maiden finster guckte, erklärte er: »Das steht für pan, zoom und tilt. Ich kann sie drehen, heranzoomen ...«

»In die Menge?«, unterbrach Spencer.

»Wenn ich will, vielleicht ein paar Aufnahmen, wie die Leute auf die Trauerrede reagieren.«

Mackay war immer noch nicht sicher, ob sie versuchten, ihn reinzulegen, ob sie ihn dazu bringen wollten, versehentlich etwas zuzugeben, was er gar nicht eingestehen musste. Er mochte Gelegenheiten, bei denen er die attraktiveren Frauen nah heranzoomen konnte – sehr nah. Meist gab es nicht viel zu sehen, aber der Voyeurismus an sich bereitete Mackay Freude. Und bei Vitales leidenschaftlichen Zeremonien waren die Frauen manchmal durchaus erregt. Mackay konnte dann eine steife Brustwarze oder auch ein eng sitzendes Höschen ausmachen.

»Gut, das wollen wir«, sagte Maiden.

Mackay brauchte einen Augenblick, um zu begreifen. »Wie bitte?«

Maiden sagte streng: »Wir wollen Kopien all Ihrer Aufnahmen, vor allem vom Publikum. Wir nehmen sie direkt nach der Trauerfeier mit.«

Mackay setzte sich empört zur Wehr. »Hey, ich tue das doch nicht Ihnen zuliebe! Es ist eine wichtige Dokumentation von Chris' Beerdigung für die historischen Archive von Eden. Das sind keine Überwachungsaufnahmen, die Sie später durchsehen können. Haben Sie denn keinerlei Respekt vor der Privatsphäre der Menschen an einem solchen Tag?«

»Wollen Sie uns die vollständige Kooperation verweigern, die Brent Sirroch uns versprochen hat?«

»Nein, natürlich nicht. Wir wollen alle den Mörder gefasst wissen.«

»Weswegen sollten Sie uns dann Ihre Aufnahmen nicht zur Verfügung stellen?«

Mackay presste die Lippen aufeinander, gab nach und sagte: »Doch, das tue ich natürlich – aber wie ich Ihnen schon letztes Mal sagte, ich kann sie nicht direkt kopieren. Das geht nur in Echtzeit, und das heißt ...«

»Wie haben Sie das letztes Mal gelöst?«, fragte Maiden Spencer.

»Er hat uns die originale Festplatte gegeben, Sir.«

Maiden strahlte Mackay an. »Dann machen wir es doch heute wieder so, in Ordnung? Wir geben Sie gleich zurück, nachdem wir den Inhalt kopiert haben.«

Sie entfernten sich von Mackay, und Spencer sagte leise zu Maiden: »Wir suchen uns besser einen Platz, Sir. Es müsste bald losgehen. Ich schätze, das sind wir.« Sie deutete auf die letzte Reihe Stühle, an denen ein Schild hing: nur Besucher. Dort saß niemand sonst.

Sie verschwanden zwischen den Stühlen und ließen Mackay vor sich hin köcheln.

*

In seiner Privatunterkunft betrachtete Brent Sirroch noch einmal seine Kleidung. Er trug unter anderem eine weite Robe mit Symbolen, die Vitale selbst entworfen hatte. Auf dem Bett lag Faye Morcombe, die Beine gespreizt, nackt. Ihm gefiel der Ausdruck auf ihrem Gesicht gar nicht. Sie schien zu glauben, dass mit ihm zu schlafen ihr das Recht gab, ihre Meinung zu sagen.

Sie schlug heiser vor: »Wir sollten es nach der Zeremonie allen sagen. Dann ist es ein Teil des Neuanfangs unseres Lebens nach Chris.«

»Ihnen was sagen?« Sirroch tat so, als hätte er keine Ahnung.

»Dass *wir* zusammen sind, Brent, was könnte ich denn sonst meinen?«

Er seufzte. »Ich weiß nicht, wie oft wir noch darüber sprechen sollen, Faye. Ich möchte nicht, dass jemand von unserer Beziehung weiß. Noch nicht«, setzte er unehrlich hinzu. »Zieh dich besser an. Wir haben nicht mehr viel Zeit.«

Sie ignorierte ihn und rührte sich nicht. »Das konnte ich bisher glauben, aber jetzt nicht mehr. Diese blöde Hure Carol wird es allen erzählt haben, ganz egal, was sie sagt. Es ist kein Geheimnis mehr, Brent. Es ist fast schon peinlich, wie sehr du willst, dass alles unverändert bleibt, als sei nichts vorgefallen. Ist es so schrecklich, zuzugeben, dass wir zusammen sind?«

Er wählte seine Worte sorgsam. »Faye, wir sind nicht zusammen. So ist es einfach nicht. Wir haben keine exklusive Bindung. Ich dachte, darauf wärst du mittlerweile auch schon gekommen.«

Wut flammte in Fayes Blick auf. »Das habe ich mir schon vor langer Zeit gedacht, aber ich habe nicht damit gerechnet, dass es mir so unter die Nase gerieben würde. Es heißt aber vor allem nicht, dass du nicht jetzt daran etwas ändern könntest.« Faye entschied sich, an Sirrochs Ehrgeiz zu appellieren. »Außerdem willst du an die Spitze. Du willst alles leiten, nicht wahr? Das heißt, dass du mehr Verantwortung zeigen musst.«

Sirroch sah es genau andersherum. Wenn er tatsächlich die

Kontrolle über Eden erlangen konnte, dann stand der Nutzen der damit einhergehenden Vorteile ganz oben auf seiner Prioritätenliste. Bisher hatten beispielsweise einige der jüngeren Frauen seinen Avancen widerstanden. Er sagte: »Wenn es mir gelingt, alles so zu regeln, wie ich es will, wird sich viel verändern.« Sirroch schaute in den Spiegel und sah Faye hinter sich an. Er setzte etwas hinzu, worüber er schon eine Weile nachgedacht hatte. »Ist dir klar, dass das heißen könnte, dass wir uns deutlich *weniger* sehen? Darauf solltest du vorbereitet sein.«

Jetzt war Faye ernsthaft besorgt. Sie erhob sich vom Bett und Sirroch bereute seine Worte augenblicklich. Sie sagte: »Deutlich weniger? Wie meinst du das?«

»Ich will damit sagen, dass meine Zeit viel gefragter sein wird – weitaus gefragter. Von anderen Menschen, Faye.«

»Von anderen Frauen, meinst du?« Plötzlich klang sie zerbrechlich.

Sirrochs Handy klingelte und erleichtert ging er dran. Er hörte kurz zu, legte dann auf und sah Faye an. Seine Stimme klang jetzt strenger. Sirroch hatte ihre Stimmungsschwankungen und ihre besitzergreifende Art ohnehin satt. »Der Leichenwagen ist nur noch ein paar Minuten vom Tor entfernt. Wir müssen los. Zieh dich an.«

Einen Augenblick sah es aus, als würde Faye weiter mit ihm streiten, dann aber glitt sie schmollend vom Bett und griff nach einem weißen Mantel. Sie würde Sirroch während der Trauerfeier auf der Bühne assistieren. »Wartest du nicht auf mich?«, fragte sie verärgert darüber, dass Sirroch bereits zur Tür ging.

»Nein, bleib noch ein paar Minuten hier. Dann sieht es nicht so aus, als wären wir zusammen gewesen. Wir gehen natürlich gemeinsam auf die Bühne.«

»Natürlich«, höhnte sie, aber Sirroch war schon durch die Tür hinausgegangen und zog sie hinter sich zu.

Faye starrte die Tür lange an. Ihr fiel auf, dass ihre Hände zitterten, sie zitterte am ganzen Körper, schwarze Pünktchen tanzten vor ihren Augen und in ihrem Kopf pochte es schmerzhaft. Sie kämpfte dagegen an, zog den Mantel über und fand ihre Tasche, in der sie immer einige einfache Schminksachen bei sich trug. Faye versuchte, die dunklen Ringe unter ihren Augen zu überdecken, aber dann fiel ihr ein, dass sie gerade in diesem Augenblick niemanden stören würden.

Als nächstes ging sie zum Messerblock in der Küche.

Es war nicht leicht, eine Klinge zu finden, die groß genug war für diese Aufgabe, die sie aber auch problemlos unter ihrer Kleidung verstecken konnte. Am Ende war sie nicht ganz zufrieden, aber es würde reichen müssen.

*

Als Sirroch durch einen Hintereingang ins Zelt trat, sah es für ihn so aus, als wäre die gesamte Gemeinde bereits gekommen. Bei seiner Ankunft ging ein Murmeln durch die Menge, doch dies sollte noch nicht sein großer Auftritt sein und so lächelte er nur milde und bedeutete denen, die ihm am nächsten waren, ruhig zu bleiben. Sirroch ging in die vorderste Reihe und setzte sich zu den übrigen Ratsmitgliedern, er begrüßte sie mit einem angemessen traurigen Ausdruck angesichts der Umstände, die sie hergeführt hatten. Sirroch schien den überraschten Ausdruck, mit dem die anderen ihn anschauten, nicht zu bemerken. Eileen Bower war die Erste, die es aussprach.

Sie zischte beinahe: »Du trägt eine von Chris' Roben? Hältst du das für angemessen?«

Sirroch schaute sie an und tat so, als wäre er völlig erstaunt über ihre Reaktion. »Natürlich ist das angemessen. Mir fällt kein angemessener Augenblick ein.«

Harris auf seiner anderen Seite war genauso empört. Er sagte streng: »Wir haben nicht einmal darüber gesprochen!«

Sirroch wandte sich ihm zu. »Seit Ralphs Dahinscheiden haben wir kein Forum mehr, um etwas zu besprechen. Ich habe diese Entscheidung allein getroffen und bin davon ausgegangen, dass ihr alle einverstanden seid. Faye ist auch der Meinung, dass es das Richtige ist.«

Eileen meckerte: »Faye wird allem zustimmen, was du sagst. Das hat nun wirklich nichts zu bedeuten.«

»Beruhigt euch, alle *beide*. Dies ist ein ganz besonderer Tag, und ich bin sicher, Chris würde wollen, dass er in jeder Hinsicht gewürdigt wird. *Er* wäre damit einverstanden, dass ich seine Robe trage.«

Harris sagte: »Es ist wohl sowieso zu spät, dass du dich noch umziehst. Alle haben dich gesehen.« Er warf Eileen einen Blick zu und nutzte ihren gemeinsamen Ärger, um einen weiteren kleinen Bund für seinen Plan zu schmieden, Sirroch die allumfassende Kontrolle vorzuenthalten.

Muriel Grant überraschte alle, indem sie sich vorbeugte und zu Tränen gerührt sagte: »Du siehst wundervoll aus, Brent. Ich glaube, es ist eine gute Idee, dass du sie trägst. Ich habe das Gefühl, dass es weitergehen wird, dass es mit Chris' Tod nicht endet.«

»Ich danke dir, Muriel. Ich bin froh, dass jemand die Gründe für meine Entscheidung zu schätzen weiß.«

»Das werden viele unserer Mitglieder tun«, sagte Muriel. Harris konnte kaum seinen Ärger über sie verbergen.

Sirrochs Handy klingelte erneut und er meldete sich augenblicklich. Dann sagte er getragen zu den anderen: »Chris ist wieder heimgekehrt. Sie warten vor dem Tor. Es ist Zeit, mit der Zeremonie zu beginnen.«

Ian Panner stand hinter der Bühne und hatte Sirroch im Auge behalten, der seinerseits wusste, dass Panner ihn beobachten würde.

Auf ein Signal Sirrochs traten Chor und Orchester still auf ihre Positionen, sie warteten darauf, dass Panner seinen Platz am Dirigentenpult einnahm. Dann begannen sie mit einer leisen Hymne. Ihr Auftreten reichte, um das Publikum davon in Kenntnis zu setzen, dass die Zeremonie nun begann, und bei den ersten Tönen der Musik verfielen alle Anwesenden im Zelt in Schweigen.

Mackay hatte darauf gewartet, dass die Menge zur Ruhe kam. Er trat nach draußen, hob eine Hand in Richtung des Tors und nickte den sechs wartenden Sargträgern zu. Es waren Mitglieder von Eden, die dieses Privileg zugelost bekommen hatten; sie würden den Sarg bis auf die Bühne tragen.

Mackay war überrascht, als er sah, dass sich der Leichenwagen bereits auf dem Gelände befand, doch dann bemerkte er die Blitzlichter der Kameras, als der Wagen sich erneut in Bewegung setzte. Das Personal am Tor hatte den Leichenwagen ohne Rücksprache gleich eingelassen, damit die Reporter nicht ihre Linsen an die Fenster drückten. Mackay war verärgert darüber, dass er selbst nicht daran gedacht hatte, vermutete aber, dass er hinterher problemlos behaupten könnte, er habe dies veranlasst.

Sirroch ging mit schweren Schritten zur Bühne, seine Schultern hingen herunter, als er die wenigen Stufen emporstieg. Sie hatten die ganze Zeit behauptet, dass es eine Feier von Vitales Leben wäre, doch Sirroch hatte die Dramaturgie sorgfältig geplant. Er wollte an einem Tiefpunkt beginnen und langsam eine Euphorie aufbauen. Am Ende sollten sich alle viel besser fühlen – und das verdankten sie dann allein Sirroch. Drei Kränze für Shackleton, Edward Cooper und Geoff Carter waren ebenfalls zu sehen, allerdings am hinteren Ende der Bühne. Shackletons Kranz war ein wenig größer als die beiden anderen.

Faye trat am Rednerpult zu ihm, sie trug ein wallendes Gewand. Vor ihnen standen Blumen und Dutzende von Kerzen, die sie eine nach der anderen entzündete, während Sirroch ihr mit einem traurigen, dankbaren Lächeln zusah. Das Zelt war nicht ganz luftdicht und der Wind drang durch die Schlitze und drohte manchmal, die Flämmchen gleich wieder auszublasen. Verborgen unter seinem Lächeln ärgerte Sirroch sich darüber, dass, wer auch immer auf den Kerzen bestanden hatte, nicht zu Ende gedacht hatte. Faye sah ihm nicht in die Augen und er fragte sich, ob sie immer noch wütend war oder einfach nur das Richtige tat und sich nicht anmerken ließ, dass sie gerade noch miteinander geschlafen hatten. Das Orchester spielte weiter und als alle Kerzen brannten, breitete Sirroch die Arme weit aus. Das war das Zeichen für Panner, zum Ende zu kommen, und in der folgenden Stille beugte er sich vor zum Mikrofon.

Er sagte leise: »Willkommen zu Hause, Chris.«

Der Sarg erschien im Eingang, er ruhte auf den Schultern der Sargträger. Bei seinem Anblick erhoben sich alle und einige Anwesende stießen traurige Rufe aus, manche schluchzten. Das Orchester begann mit einem weiteren Lied und die Sargträger gingen im langsamen Rhythmus der Musik voran. Es dauerte ewig, bis der Sarg die Bühne erreicht hatte und auf einer Konstruktion abgestellt wurde, die sich über dem Grab selbst befand. Später würde der Sarg durch eine Öffnung in der Bühne in die Grube hinein gesenkt werden. Die Sargträger hatten ihre Funktion erfüllt und traten zur Seite. Sirroch gab ein Zeichen, sich wieder zu setzen.

Er trat an den Sarg, legte seine Hand darauf und senkte lange den Kopf, bevor er wieder an sein Rednerpult zurückkehrte.

Er holte tief Atem und verkündete: »Alles, was wir um uns herum sehen, deutet darauf hin, dass dies ein Anlass ist, bei dem ich immer erwartet hätte, das Rampenlicht mit unserem großen spirituellen Führer Chris Vitale zu teilen. Mein Platz war lange Zeit an seiner Seite. Und tatsächlich befinden wir uns auch heute wieder auf derselben Bühne und im Angesicht seiner ihm am nächsten stehenden Brüder und Schwestern. Doch die tatsächlichen Umstände dieser

Zusammenkunft sind schwer zu akzeptieren. Es ist unfassbar, dass Chris uns wirklich verlassen hat.«

Noch mehr Weinen im Publikum und Sirroch ließ es einen Augenblick zu, bevor er wieder um Stille bat.

»Heute, bei dieser Gedenkfeier, werden wir lernen, in unseren Herzen anzunehmen, dass Chris sich aus unserer *irdischen* Reichweite begeben hat.« Sirroch hob die Hände und streckte sie in die Luft. »Aber ich kann euch versichern, dass Chris Vitale, unser Licht im Dunkel – unser wahrer Glaube – nicht weit ist. Genau genommen ist er uns allen in vielerlei Hinsicht jetzt näher, als er es jemals war, und dies zu jeder Zeit. Wir müssen nur liebevoll seinen Namen sprechen, dann hört er uns zu. Er kann immer noch all eure Fragen hören, all eure Fehler verstehen, all eure Zweifel vergeben, euer Zögern, euch zu öffnen. Er kann euch besser hören als je zuvor.«

Sirroch ließ die Botschaft wirken, legte eine Hand auf sein Herz und blickte in die Ferne. Die Stille dauerte an und er wartete bis zum letzten nur möglichen Augenblick.

Dann fragte er die Menge: »Aber wie können wir seine Antworten hören?« Sirroch machte wieder eine Pause, bevor er ihnen sagte: »Ich glaube, dass ich mich immer noch den ganzen Tag über an Chris' Seite befinde und er mir die Aufgabe anvertraut, seine Antworten in Worte zu fassen. Auch im Tode ist Chris immer noch unsere lebendige Verbindung zum nächsten *Leben,* das er uns versprochen hat, und ich werde das neue Bindeglied in der spirituellen Kette sein. Ich habe vielleicht nicht Chris' Gnade erlebt, unseren Gott zu hören, aber ich glaube wahrhaftig, dass ich Chris hören werde, wenn nicht mit meinen Ohren, dann stets in meiner Seele. Mir ist jetzt klar, dass dies die Aufgabe ist, die mich von Anfang an nach Eden geführt hat …« Er unterbrach sich, als müsste er erst einmal Herr seiner Gefühle werden. »Wer konnte ahnen, dass Chris uns so früh entrissen würde und dass ich seine Aufgabe übernehmen müsste? Wer hätte sich das vorstellen können?«

Plötzlich sprang eine junge Frau auf, ihr Gesicht war tränenüberströmt und sie rief: »Kannst du mich hören, Chris? Wir *lieben* dich, Chris! Du weißt, dass wir dich *lieben!*«

Hinten im Zelt murmelte Maiden in Spencers Richtung: »Oh Scheiße, jetzt geht's los.«

Jemand anders stand ebenfalls auf und begann dasselbe zu rufen, sodass eine Kettenreaktion in Gang gesetzt wurde, bis alle aufstanden und riefen. Die Menge stand am Rande einer Hysterie. Sirroch wartete einige Zeit, bevor er beide Hände hob und rief: »Er *kann* euch hören. Ich bin *überzeugt,* dass er euch hören kann. Bitte! Bitte hört jetzt *mir* zu.«

Langsam beruhigten sich die Leute und ließen sich wieder auf ihre Sitze fallen. Sirroch wagte einen Blick in die erste Reihe und sah wie erwartet, dass einige der Entscheidungsträger und Angehörigen des Großen Rates ihn mit kaum verborgenem Unglauben und Zorn anstarrten.

Spencer beugte sich zu Maiden hinüber und flüsterte ihm ins Ohr: »Und da ist auch gleich der politische Coup, Kandidatenaufstellung und kometenhafter Sieg mit einer Klappe.«

»Heil dem neuen Führer«, nickte Maiden. »Ich wette, die anderen sind stinksauer.«

»Vielleicht war es ihre Idee?«

»Machen Sie Witze? Sehen Sie sie sich doch an. Alle schreien Halleluja und reißen sich ekstatisch die Klamotten vom Leibe. Nur die Anführer in der ersten Reihe sitzen da wie versteinert. Die sind *gar nicht* glücklich.«

»Das macht es wahrscheinlicher, dass Sirroch hinter den Morden steckt. War es vielleicht nur die Gier nach Macht?«

»Es wäre jedenfalls klüger, wenn er ein bisschen zurückhaltender vorgehen würde.«

Spencer dachte darüber nach. »Was genau haben Sie sich eigentlich von der Sache erhofft? Warum sind wir hier?«

Maiden zuckte mit den Achseln. »Es scheint einerseits eine verdammte Zeitverschwendung zu sein und wir haben eigentlich Wichtigeres zu tun, doch andererseits mussten wir eben herkommen. Vielleicht gibt es hinterher was Anständiges zu essen.«

»Aber keinen Schnaps – das ist vielleicht ein Jonestown-Mix.«

Maiden musste sich beherrschen, nicht laut zu lachen. Sirroch hatte wieder zu sprechen angefangen.

Er verwandelte sich jetzt in den freundlichen Lehrer, der mit seinem Auditorium plauderte und seine Erinnerungen nutzte, um ihnen eine Botschaft einzuhämmern. Er sagte: »Ich hatte einmal ein wirklich tiefgehendes Gespräch mit Chris, das bis heute vertraulich geblieben ist. Er war mit vielen Dingen einverstanden, die ich zu sagen hatte. Es wird niemanden hier überraschen, dass wir uns oft einig waren.« Sirroch beschrieb im Folgenden die Begegnung. Die ganze Geschichte stank nach Vitales Dogma, seiner persönlichen Religion, die ihn auf ein Podest aus falschen Wundern und Mystizismus hob.

Spencer flüsterte Maiden zu: »Oh, der Kerl ist gut. Wirklich gut. Er war der *Vertraute* Vitales, Vitale war *einverstanden* mit seinen Ansichten, sie waren einer Meinung – er drückt genau die richtigen Knöpfe bei all diesen Leuten.«

»Was für ein Blödsinn«, entgegnete Maiden.

»Man nennt das Kommunikationstalent. Sie könnten durchaus etwas von ihm lernen.«

Sirroch begann mit einer weiteren langen, bedeutungsvollen Anekdote eines Zusammentreffens mit Vitale. Es wurde zu einer Art Evangelium, bei dem das Publikum mit lauten Rufen auf Sirroch reagierte. Dann und wann trommelte der Regen heftig gegen die Zeltwände und übertönte Sirroch beinahe. Ein Hubschrauber flog niedrig über sie hinweg, sodass viele der Anwesenden zur Decke hochschauten und Sirroch kurz unterbrechen musste. Doch die Geschichte endete letztlich in Beifall und strahlendem Lächeln seiner Anhänger.

Maiden murmelte: »Das reicht jetzt. Runter mit der verdammten Kiste.«

Sirroch teilte offenbar Maidens Zeitgefühl, aber statt den Sarg einfach in der Grube zu versenken, deutete er mit großer Geste auf den Chor. »Unser Meistermusiker *und* Chormeister Ian Panner erweist Chris seinen Tribut mit einer eigenen Komposition. Bitte, Ian, erfülle unsere Herzen mit Freude.«

Panner bedankte sich für das Kompliment mit einem Nicken und tippte völlig unnötigerweise gegen seinen Notenständer, um alle auf sich aufmerksam zu machen. Dann gab er den Auftakt zu dem Stück, das Harris in der Kapelle gehört hatte. Als die Solistin vortrat und begann, den Abschnitt vorzutragen, in dem die Nachricht des Mörders von der weißen Tafel im Fitnessstudio vorkam, schien der Text niemandem aufzufallen. Er war halb begraben unter dem Klang der Instrumente und wurde zusätzlich gedämpft durch die schlechte Akustik im Zelt und das miserable Lautsprechersystem. Nur Spencer zuckte auf ihrem Sitz zusammen, als sie es bemerkte.

Sie sagte: »Mein Gott, haben Sie das gehört?«

»Was gehört?« Maiden hatte sein Telefon auf Nachrichten aus dem Krankenhaus überprüft, obwohl es nicht geklingelt hatte. Spencer erklärte es ihm und er schaute interessiert auf. »Sind Sie sicher?«

»Absolut.«

»Und Panner hat das Lied geschrieben?«

»Das hat Sirroch gesagt.«

»Hat sie auch Text aus der anderen Nachricht gesungen? Die sonst niemand gesehen hat?«

»Verdammt, nein. Ich glaube nicht.« Spencer war enttäuscht, als ihr klar wurde, dass es in der verdrehten Welt in Eden nicht sonderlich überraschend war, zu glauben, dass die Nachricht des Mörders in dieses Lied gehörte. Man konnte Panner schlechten Geschmack vorwerfen, aber sonst nicht viel. Nur wenn der Textteil aus der ersten Nachricht gewesen wäre, deren Inhalt nur der Mörder und die Polizei kannten, hätte es einen Verdachtsmoment gegeben.

Maiden schaute die Zuschauer an. »Sonst scheint niemand darüber empört zu sein.«

»Nein, aber ...« Spencer beobachtete die Bühne genau. »Schauen Sie sich einmal Faye Morcombe an.«

Während alle anderen die musikalische Unterbrechung nutzten, um einander zu umarmen und Händchen zu halten – sie schwankten im Takt der Melodie –, wirkte die Stimmung auf der Bühne ganz anders. Vielleicht hatte Sirroch Faye angewiesen, keinen Vorteil aus ihrer Aufgabe zu ziehen und ihr Leid nicht mit ihm zu teilen, weil auch niemand anders das konnte. Oder sie versuchte aus irgendeinem anderen Grund einen gewissen Abstand zwischen ihm und sich zu halten. Sie kamen Spencer vor wie ein zerstrittenes Liebespaar, das versuchte, den Besuchern etwas vorzumachen, so unwahrscheinlich das unter den gegebenen Umständen auch war. Sie sagte es Maiden.

»Nein«, sagte er, war aber nicht sicher. »Sie spielt einfach nur die treue Helferin. Hält sich an ihr Drehbuch.«

»Ich habe das Gefühl, dass sie über irgendetwas wütend ist. Fuchsteufelswild sogar.«

Maiden betrachtete Faye gedankenverloren, konnte sich aber nicht entscheiden.

Am Ende des Liedes klatschte Sirroch am längsten, bevor er dem Publikum bedeutete, sich wieder auf ihn zu konzentrieren.

Er begann: »Chris und ich sind oft lange aufgeblieben und haben ausführlich über Musik diskutiert. Die Musik unserer Herzen ...« Er schlug sich an die Brust.

Maiden stöhnte »Um Gottes willen« und sackte auf seinem Stuhl weiter herunter.

Spencer fragte: »Was hatten Sie erwartet? Fünf Minuten Diashow und dann Erde drauf?«

»Fänd' ich in Ordnung.«

Es folgte eine weitere überlange Saga, die das Gefühl zementieren sollte, dass Sirroch Vitales wahrer Bruder war, der mit ihm seine persönlichsten Gedanken geteilt hatte. Er versuchte jeden Zweifel auszulöschen, dass er nicht der natürliche Nachfolger Vitales wäre, der ganz selbstverständlich alle Bereiche übernehmen sollte. Als Sirroch die Geschichte beendete, stellte Maiden erleichtert fest, dass er wohl auch die Gedenkfeier zum Ende führen wollte.

Sirroch kehrte nun zu seiner früheren Traurigkeit zurück. »Meine Brüder und Schwestern, wir sind hergekommen, um Chris zu Hause willkommen zu heißen. Und jetzt ist die Zeit gekommen, sich von seinen weltlichen Überresten zu verabschieden, um seinen Geist vollkommen freizugeben. Findet Trost darin, dass er nicht weit von uns seinen Frieden findet. Er wird uns nicht wieder verlassen. Wie ihr sehen könnt, wird Chris direkt hier unter unseren Füßen zur Ruhe gebettet. Sobald es uns möglich ist, wird ein passendes Monument auf seinem Grab errichtet werden. Bevor wir ihn nun der Erde übergeben, habt ihr alle die Gelegenheit, euch ein letztes Mal von Chris zu verabschieden.« Sirroch deutete mit den Händen auf die Treppe, die zur Bühne hochführte. »Während Ian, das Orchester und unser wundervoller Chor ein weiteres Lied darbieten, lade ich euch alle ein, hier hoch zu kommen und Chris noch einmal nahe zu sein.«

Alle erhoben sich augenblicklich und Sirroch setzte eilig hinzu: »Bitte drängelt nicht und bleibt nicht zu lange neben dem Sarg. Andere wollen auch drankommen. Können die Entscheidungsträger und die Mitglieder des Großen Rates bitte bis zum Schluss auf ihren Plätzen bleiben?«

Maiden schaut auf. »Jetzt schaue ich genau hin«, sagte er.

»Warum?«, fragte Spencer. »Wer nicht hochgeht, wandert dafür auf unserer Liste ganz nach oben?«

»So in der Art. Warten wir's ab.«

»Gehen wir?«

»Seien Sie nicht albern.«

Die Mitglieder von Eden gingen nach vorn und drängten sich am Fuß der Treppe. Die ersten fuhren mit einer Hand über die Oberseite des polierten Sarges, während sie vorbeigingen. Also taten es die Folgenden ihnen gleich. Viele von ihnen sagten etwas, oft unter Tränen. Faye begleitete die Trauernden freundlich zu einer zweiten Treppe, die von der Bühne hinunterführte, sodass eine Art Kreislauf entstand. Viele der Mitglieder kehrten nicht sofort zu ihren Plätzen zurück, sondern blieben stehen und umarmten einander. Bald schon waren Maiden und Spencer die Einzigen, die überhaupt noch saßen.

Spencer beobachtete die langsame Prozession und bemerkte trocken: »Natürlich gehen sie *alle.*«

»Klar, aber passen wir trotzdem auf«, sagte Maiden.

Als der Weg frei war, kamen die verbliebenen Mitglieder der Entscheidungsträger und des Großen Rates dran. Die Grants gingen zuerst und blieben zu lange neben dem Sarg stehen, sodass Sirroch gezwungen war, sie beim Arm zu nehmen und weiterzuschieben. Aber er brachte sie nur an eine Stelle am Rand der Bühne, sodass sich langsam ein Halbkreis um den Sarg bildete. Die Mitglieder der Führungsgruppe hatten offenbar doch noch das Recht, für die letzten paar Minuten das Rampenlicht mit Sirroch zu teilen.

Richard Chore, Leanne Dorsett und Eileen Bower blieben alle einen nachdenklichen Augenblick lang neben dem Sarg stehen. Sie sahen unglücklich aus und schienen dankbar zu sein, anschließend eine kurze Umarmung mit Sirroch auszutauschen, bevor sie ihren Platz suchten. Nur Harris nutzte die Gelegenheit, etwas zu Sirroch zu sagen.

Mit zusammengebissenen Zähnen und kurz davor, jedes zivilisierte Benehmen zu vergessen, flüsterte er: »Wir brauchen eine *Voll*versammlung direkt nach der Gedenkfeier, Brent. Alle, nicht nur die Entscheidungsträger – oder was von ihnen übrig ist.«

Sirroch legte ihm beruhigend die Hand auf die Schulter

und sagte milde: »Für all das ist morgen früh noch Zeit, Walter. Mach dir keine Sorgen.«

»Ich meine es ernst, Brent.«

»Ich auch, Walter.« Sirroch sah Harris streng an, in seinem Blick lag eine Warnung. »Heute Abend muss ich das Wohlbefinden unserer Familien berücksichtigen. Ich werde mich um sie kümmern, nicht um deine Paranoia. Wir können morgen eine Vollversammlung einberufen, wenn dies hier hinter uns liegt und wir weitermachen.« Mit einer Handbewegung bezeichnete er die gesamte Beerdigung.

Harris stellte fest, dass Sirroch ihn nebenbei zu den anderen geführt hatte. Er trat einen Schritt zur Seite, sodass Sirrochs Arm herunterfiel. Harris wusste nicht recht, was er sagen sollte, also schwieg er. Sirroch kehrte zurück ans Pult. Er breitete erneut die Arme aus.

»Ich bitte jetzt um tiefes Schweigen, während wir Chris' Körper der Erde übergeben.«

Sirroch betätigte einen Hebel und nach einem beängstigenden Augenblick, in dem gar nichts zu geschehen schien, verschwand der Sarg langsam durch die Öffnung im Bühnenboden. Die Gruppe, die um das Loch herumstand, schaute pflichtbewusst dem Sarg hinterher. Im Publikum begannen wieder einige zu weinen. Mit einem leisen Ruck erreichte der Sarg den Boden, der surrende Elektromotor und die quietschenden Seilwinden schwiegen.

Sirroch hatte sich nicht gerührt, aber die Arme sinken lassen. Nun legte er seine Hände auf sein Herz. »Brüder und Schwestern, ihr könnt jederzeit zu mir kommen. Was immer ihr braucht, was immer ihr wollt … kommt zu mir. Spirituelle Auskünfte, Lebenshilfe und Ratschläge oder auch nur Liebe oder eine zärtliche Berührung, dafür bin ich hier.«

Man konnte die Ernsthaftigkeit in Sirrochs Stimme nicht anzweifeln, aber zugleich war es ein Augenblick, in dem er nicht verhindern konnte, dass sich auch seine weitergehenden

Ambitionen zeigten. Sein suchender Blick blieb an einigen Frauen ein wenig zu lang hängen, sein Lächeln fiel ein bisschen zu einladend aus.

Die Spannung wurde durchbrochen von einem Schrei, den jemand hinter ihm ausstieß. Sirroch wandte sich vom Rednerpult ab, um herauszufinden, was geschehen war. Eileen Bower zog sich von Faye zurück, die ein glänzendes Messer hoch in die Luft streckte und mit unsicheren Schritten auf Sirroch zu taumelte, als könnte ihr eigener Körper nicht glauben, was sie da tat. Es war diese Unsicherheit, ihr Zweifel und ihr inneres Entsetzen darüber, was sie trotz ihrer übergroßen Wut anstellte, die Moss und Harris Zeit gaben, zu handeln. Ungeschickt warfen sie sich auf Faye, sie pressten sie auf den Bühnenboden und das Messer flog ihr aus den Händen.

Das Publikum begann augenblicklich laut zu schreien und zu rufen. Einige liefen nach vorne, um zu helfen, sodass die Menschenmasse in Richtung Bühne schwappte. Maiden und Spencer versuchten ebenfalls dorthin zu gelangen. Sie fluchten über die Leute, die ihnen im Weg standen. Schlagartig verwandelte sich die friedfertige und liebevolle Stimmung in Angst und Chaos.

Der Lärm war über das Zelt und die Mauern von Eden hinaus zu hören, wo die Medienvertreter warteten. Einige der Vans und Autos standen dicht an der Mauer, damit die Reporter hinüberschauen konnten. Als die Schreie zu hören waren, warfen einige besonders wagemutige Fotografen jede Vorsicht über Bord, hechteten über die Mauer und rannten auf das Zelt zu. Andere machten es ihnen nach. Das Wachpersonal am Tor war völlig überrascht und wusste nicht, was zu tun war. In der Verwirrung gelang es jemandem, das Tor zu öffnen und die ersten Fahrzeuge sausten herein. Die Wachleute konnten sie weder aufhalten noch das Tor wieder schließen.

Im Inneren des Zeltes war Mackay viel zu beschäftigt mit

dem Tumult ringsherum, um zu begreifen, dass die verzerrten Geräusche aus seinem Funkgerät eine ganz andere Ursache hatten. Er bemerkte die Eindringlinge erst, als er, wie Maiden und Spencer, versuchte, sich zur Bühne durchzukämpfen und plötzlich Blitzlichter die Wände des Zeltes erhellten. Das war so ungewöhnlich für Eden, dass Mackay sich umwandte, um zu sehen, wer Fotos machte. Fremde quollen durch den Eingang.

Sirroch versuchte, sich Gehör zu verschaffen und bat alle, sich zu beruhigen. Sein Ausdruck zeigte eine amüsierte Gleichgültigkeit – derartige Herausforderungen verstand er als Test. Sirroch musste nur Herr über die dramatischen Ereignisse werden und die Kontrolle wieder an sich bringen. Nur seine Augen verrieten, dass Sirroch unter seiner ruhigen Maske vor Wut kochte.

Mehr als das. Er war entsetzt, dass alles so schiefgegangen war.

*

»Ich will keine Anzeige gegen Faye erstatten, Detective Maiden«, sagte Sirroch leise. »Ich glaube nicht, dass es unter den gegebenen Umständen das Richtige wäre. Sie wusste gar nicht, was sie tut, das ist alles.«

»Wir sind nicht in Amerika, Mr Sirroch«, entgegnete Maiden kühl. »Sie sind nicht derjenige, der entscheidet, gegen wen Anzeige erstattet wird. Das ist unsere Aufgabe.«

»Dann werde ich einfach nicht aussagen. Ich habe ihr immerhin den Rücken zugewandt. Ich konnte ja gar nichts sehen.«

»Ich nehme an, Detective Spencer und ich qualifizieren uns im Notfall als zuverlässige Zeugen«, entgegnete Maiden kurz angebunden.

Letztlich war die Ordnung wiederhergestellt. Es hatte fast eine Stunde gedauert, die Mitglieder von Eden zurück auf ihre Plätze zu beordern, die unerwünschten Journalisten und Fernsehleute rauszuwerfen und damit fortzufahren, Vitales Sarg der Erde zu übergeben – ein dramaturgisch enttäuschender Moment nach der Aufregung über Fayes Angriff. Man hatte Faye erlaubt, den Rest der Trauerfeier aus der letzten Reihe mit anzusehen, sie saß zwischen Maiden und Spencer. Sie war vollkommen erschöpft und schien keine Bedrohung mehr darzustellen. Sie hielt den Kopf gesenkt und schaute praktisch nicht zur Bühne.

Jetzt befand sie sich in einem der Zimmer und wurde von zwei uniformierten Polizisten bewacht. Maiden hatte die Kollegen angewiesen, insbesondere darauf zu achten, dass Faye sich nicht umbrachte, obwohl die einfach nur dasaß und an überhaupt nichts um sie herum Interesse zeigte. Sie schien nicht mehr die Kraft zu haben, irgendetwas zu tun.

Maiden hatte auch darauf bestanden, mit allen Personen zu reden, die zu der Zeit, als Faye das Messer hervorgezogen hatte, auf der Bühne waren, also mit sämtlichen Ratsmitgliedern. Sirroch hatte sich darüber beschwert, weil er den Abbau der Bühne und des Zeltes sowie das ordnungsgemäße Aufschütten des Grabes überwachen wollte. Maiden war das vollkommen gleichgültig gewesen. Und am Ende führte Sirroch sie in den Konferenzraum, wo sie ihre Ruhe hatten und dem Strom der Mitglieder, die sich nach Sirrochs Wohlbefinden erkundigen wollten, ausweichen konnten. Maiden und Spencer blieben stehen, alle anderen setzten sich mürrisch und schweigend. Nur Mackay war aufgeregt, er runzelte die Stirn und kritzelte aufgewühlt auf einem Schreibblock vor sich hin, sein Stift grub sich tief in die Seiten.

Sirroch sagte leise zu Maiden: »Die Sache ist die, dass Faye schon seit einiger Zeit Medikamente nimmt. Sie hat ein ... Problem, und die Arzneimittel sollen sie beruhigen, wenn sie unter Druck steht. Das ist einer der Gründe, aus denen sie ursprünglich nach Eden kam. Ich vermute, dass

Faye die Tabletten abgesetzt hat, ohne mit jemandem darüber zu sprechen.«

Spencer fragte Richard Chore: »Sind Sie ihr Arzt? Haben Sie die Medikamente verschrieben?«

Er schien irritiert darüber, befragt zu werden, erholte sich aber schnell. »Nein, ich … also, ja, ich verschreibe Faye Medikamente, aber ich erneuere dabei immer nur das Rezept ihres vorigen Arztes.«

»Haben Sie die Dosis verringert?«

»Nein, wenn sie weniger nimmt, dann war das ihre eigene Entscheidung. Sie hätte natürlich vorher mit mir darüber sprechen sollen.«

Sirroch sagte: »Ob Sie es glauben oder nicht, vielleicht ist das alles gar nicht schlecht gewesen, Detectives. Es hätte eine Tragödie werden können, aber letztlich war es keine. Stattdessen kann es Faye als Mahnung dienen, die Behandlung wieder aufzunehmen.« Er schaute immer wieder zum Fenster hinaus, um zu sehen, wie weit der Abbau des Zeltes vorangeschritten war. Im Augenblick kämpften die Arbeiter damit, dass sich die losen Zeltwände im Wind blähten. Ein kleiner Bagger stand bereit und wartete nur darauf, dass der Platz neben dem Grab frei würde.

Es ärgerte Maiden, dass Sirroch ihm nicht zuhörte. »Ihr Angriff auf sie war also einzig die Folge davon, dass sie ihre Medikamente nicht eingenommen hat?«

»Im Grunde ja. Wenn wir Faye wieder auf die Beine bringen, sollte alles in Ordnung sein.« Sirroch streckte die Hände aus. »Es ist die einfachste und schnellste Lösung, Detective Maiden. Viel besser, als das Justizsystem mit einer so belanglosen Angelegenheit zu belasten.«

»Jemanden mit einer verborgenen Waffe erstechen zu wollen ist nicht belanglos.«

»Sie wissen, was ich sagen will, Detective.«

»Mich interessiert eigentlich eher, was Sie *nicht* sagen wollen, Mr Sirroch. Sie haben mir nämlich nicht erklärt, wieso Miss Morcombe überhaupt auf die Idee kommen konnte – ob nun mit ausreichender Medikation oder nicht –, Sie persönlich anzugreifen.«

Sirroch schaute einen Augenblick verärgert, dann zuckte er die Achseln. »Okay, wir hatten einen … wir haben einen kleinen Streit. Faye hat unglücklicherweise einen *aufgeblähten* Anspruch an unsere Beziehung. Sie versteht nicht, dass ich alle hier gleichermaßen liebe, und dass die Aufmerksamkeit, die ich ihr zuteilwerden lasse, nicht so individuell ist, wie sie glaubt. Heute hat sie mir angeboten, ihren Mann zu verlassen, um hierher zu ziehen und hier bei mir zu leben, und ich musste ihr erklären, wie es wirklich steht. Das hat sie nicht gut aufgenommen«, setzte Sirroch beiläufig hinzu.

Maiden und Spencer waren überrascht. Spencer fragte: »Sie ist verheiratet und lebt bei ihrem Mann?«

»Ja, ich dachte, das wüssten Sie.« Als Sirroch ihren Gesichtsausdruck sah, fuhr er fort: »Sie verhören unsere Mitglieder nun schon seit Tagen, oft mehrfach. Bitte sagen Sie mir jetzt nicht, dass Sie nicht wussten, dass Faye verheiratet ist.«

Maiden war sicher, dass sie über diese Informationen bereits verfügten. Vielleicht hatte man sie ihm sogar hingelegt. Aber er hatte nicht darauf geachtet, und derweil hatten sowohl Spencer als auch er Fayes Ergebenheit Eden und Sirroch gegenüber als die Engstirnigkeit eines Menschen angesehen, der sonst nicht viel im Leben hatte. Maiden verbarg seine Gereiztheit und sagte: »Wo ist ihr Mann jetzt?«

»Zu Hause, denke ich. Er ist keiner von uns«, sagte Sirroch in Vorausahnung der nächsten Frage.

Maiden warf Spencer einen Blick zu. Sie verließ den Raum, dann hörten sie sie telefonieren. Maiden wartete, ging zum Fenster und schaute durch die Regentropfen den Männern beim Zeltabbau zu. Sirroch schwieg, doch seine Ungeduld hing in der Luft.

Spencer brauchte nicht lange. Kaum war sie zurückgekehrt,

fragte Maiden Doktor Chore: »Wenn Mrs Morcombe tatsächlich ihre Tabletten nicht genommen hat, könnte das einen derartigen Wutanfall auslösen, dass sie Mr Sirroch angreift?«

»Wenn Wut eines ihrer Symptome ist, dann ja«, entgegnete Chore, für den sich die Gelegenheit bot, Sirroch zu unterstützen. »Wenn sie die Tabletten nimmt, geht es Faye prima. Ohne kann sie möglicherweise an unkontrollierbaren Wutausbrüchen leiden und hat dabei keine Ahnung, was sie tut. Wenn ich darauf achte, dass sie wieder die richtige Dosis nimmt, bin ich sicher, dass Faye bald …«

»Könnte sie so sehr durchdrehen, dass sie auch Chris Vitale und Ralph Shackleton umgebracht hat?«, unterbrach ihn Maiden.

Chore schaute entgeistert und andere am Tisch waren aufgebracht und flüsterten entsetzt miteinander. Muriel Grant stieß ein leises Stöhnen aus und hob die Hände vors Gesicht. Chore sagte: »Hören Sie, ich … ich bezweifle, dass das möglich ist. Faye ist eine recht kleine Frau und ich kann mir kaum vorstellen, dass sie körperlich dazu in der Lage wäre, selbst wenn sie einen Anfall hätte. Und auch einen Mann wie Ralph zu ertränken …«

Spencer sagte: »Menschen, die wütend oder völlig verängstigt sind, zeigen manchmal übermenschliche Kräfte.«

Nun mischte sich Harris ein. »Davon haben wir heute jedenfalls nichts gesehen. Faye hat sich nicht einmal gewehrt, als wir sie niedergeworfen haben.«

Diese Bemerkung wiederum brachte nun auch Moss dazu, etwas zu sagen. »Sagen Sie, Detectives: Gibt es irgendwelche Erkenntnisse der Spurensicherung, die Ihre Theorie stützen?«

Maiden verfügte über einen Gesichtsausdruck speziell für Anwälte, die ihn ankotzten, und den setzte er jetzt auf. »Ich kann bloß sagen, dass wir unglaublich viele Erkenntnisse der Spurensicherung in Bezug auf im Grunde alles und jeden haben.«

Daraufhin schauten einige von ihnen besorgt, aber Moss lächelte. »Was heißt, dass Sie im Grunde nichts damit anfangen können?«

»Was heißt, dass wir noch an der Arbeit sind, aber voller Zuversicht, dass dabei etwas herauskommen wird.«

Maiden war davon nicht wirklich überzeugt. Spencer nutzte den Augenblick, um alle genau zu beobachten. Mal sehen, ob jemand erleichtert wirkte, dass die Spurensicherung sie noch nicht weitergebracht hatte. Doch die meisten Mitglieder des Rates schienen einfach nur froh darüber zu sein, dass Maiden zur Abwechslung einmal ein wenig kleinlauter wirkte. Er hatte sich im Laufe der Ermittlungen nicht allzu viele Freunde im Rat gemacht. Er gab Spencer ein Zeichen, dass er unter vier Augen mit ihr reden wollte. Sie folgte ihm in den Flur und sie zogen die Tür zu.

Er fragte sie: »Erinnern Sie sich an Faye Morcombes Namen auf der Liste der Patienten, die Medikamente erhielten?«

Spencer runzelte die Stirn und versuchte sich zu erinnern. »Ja, aber ihr waren keine der Medikamente verschrieben, nach denen ich suchen sollte, also habe ich mich nicht weiter darum gekümmert. Vor allem stehen eigentlich alle Namen auf der Liste. Die Frage ist, in welchen Fällen die Verschreibungen echt sind und welche fingiert waren.«

Maiden nickte. »Okay – hören Sie, ich glaube, ich möchte sie hier lassen. Wir werden Faye Morcombe nicht anklagen. Noch nicht, jedenfalls.«

»Wieso?«

»Einerseits weil Sirroch recht hat. Ich habe keine Lust, sie für nichts und wieder nichts in die Mangel zu nehmen. Sie hat es nicht einmal geschafft, irgendjemand zu verletzen. Mich interessiert mehr, warum sie Sirroch umbringen wollte. Und ich glaube nicht, dass wir irgendetwas herausbekommen werden, wenn wir sie aus dem Spiel nehmen.«

Spencer war unsicher. »Und wenn sie es wieder versucht

und diesmal schafft? Ich meine – sie könnte doch tatsächlich unsere Mörderin sein, oder? Ganz zu schweigen von dem, was wir vielleicht herausbekommen, wenn wir sie allein vernehmen.«

Maiden schüttelte den Kopf. »Da bin ich anderer Meinung. Ich glaube, sie wird uns gar nichts sagen, wenn wir sie mit auf die Wache nehmen. Diese Leute sind Experten darin, Geheimnisse zu bewahren, und Fayes Aussetzer ist vorbei. Ich bin dafür, dass wir sie noch eine Weile hier lassen. Mal sehen, was als Nächstes passiert.« Er deutete zur Tür. »Da drinnen haben alle ihre eigenen Pläne. Sirroch will an die Macht, der Buchhalter will ihn aufhalten, der Arzt dealt mit Pillen und der Anwalt hat auch irgendetwas vor, da bin ich ziemlich sicher. Die haben alle Schiss, dass irgendjemand rauskriegt, was sie vorhaben. Jetzt können sie auch noch aufpassen, ob die verrückte Faye Morcombe nicht mit einem Messer hinter ihnen herrennt.« Maiden grinste. »Ist doch ganz interessant.«

»Aber Sie *könnte* die Mörderin sein««

»Könnte sie.« Maiden zuckte mit den Achseln, er dachte darüber nach. »Ja, könnte sie. Wär' doch echt ein Ding, oder?«

21

Später in jener Nacht wartete Walter Harris im Garten von Eden, er drückte sich an die Außenmauer, um dem Nieselregen zu entgehen. Er hatte den Großteil der Zeit nach der Trauerfeier damit verbracht, Sirroch in einigem Abstand zu folgen und mit denselben Leuten zu sprechen wie er, in der Hoffnung, den Eindruck zerstreuen zu können, Sirroch sei der unangefochtene Nachfolger Chris Vitales. Es war ein frustrierendes Unterfangen gewesen, denn Harris konnte in den Augen der Sektenmitglieder bereits Erleichterung und Akzeptanz erkennen. Diese Leute brauchten blinden Glauben und jemanden, zu dem sie aufschauen konnten, und Sirroch wollte nur zu gern die Lücke füllen, die Vitales Tod hinterlassen hatte. Harris blieb nichts anderes, als sich an seinen ursprünglichen Plan zu halten: Er würde Sirrochs Ambitionen auf Managementebene torpedieren und wankelmütige Mitglieder des Großen Rates rekrutieren, um eine einheitliche Front gegen Sirrochs Griff nach der Macht zu schaffen.

Deshalb war Harris recht erfreut, als er einen Zettel von Ian Panner fand, der ihn bat, sich mit ihm hier an der Mauer zu treffen. Die geheimnisvollen Vorkehrungen überraschten Harris nicht. Panner konnte unglaublich theatralisch sein und dachte wahrscheinlich – nicht ganz zu unrecht –, dass es geschickter wäre, sich an einem Ort zu treffen, wo Sirroch sie nicht überraschen würde. Ganz sicher war es Sirroch bewusst, dass er bei einigen Mitgliedern des Großen Rates nicht allzu gut dastand, und er würde ein Auge auf heimliche Begegnungen und hinter seinem Rücken geführte Gespräche haben. Selbst etwas vollkommen Unproblematisches wie ein Besuch von Harris in Panners Zimmer konnte schon verdächtig wirken. Aber egal, Harris hatte überhaupt nichts dagegen, sich auf Panners Eigenarten einzulassen, wenn er dafür kriegte, was er wollte.

Nicht weit entfernt strahlte ein Flutscheinwerfer auf Vitales zugeschaufeltes Grab. Der Nieselregen glänzte im Lichtschein. Allerdings stand der Strahler hier nicht, weil es so schön aussah. Harris fand es reichlich absurd, dass sie nach all den Emotionen und der Spiritualität des Begräbnisses durch etwas so Profanes wie die Gesundheits- und Sicherheitsvorschriften gezwungen waren, über dem Erdhaufen eine Beleuchtung zu installieren. Der Grabhügel sollte angeblich eine Stolperfalle darstellen, bis der Marmorgrabstein mitsamt Inschrift aufgelegt worden war. Eden hatte außerdem eine Statue von Vitale auf einem Sockel bestellt, doch die würde erst in einigen Wochen fertiggestellt sein. Harris musste sich daher hinter die etwas höheren Hecken verziehen, damit das Flutlicht ihn nicht ebenfalls anstrahlte.

Sonst war niemand zu sehen und Harris ging davon aus, dass Panner ihn genau deshalb hier und jetzt treffen wollte; er hatte schlicht einen Zeitpunkt gewählt, an dem alle anderen sich bereits zum Schlafen zurückgezogen hatten. In letzter Zeit bekam kaum jemand mehr nach Einbruch der Dunkelheit Besuch. Und nach dem ganzen Drama und der Anspannung des Begräbnisses heute bezweifelte Harris, dass überhaupt noch mehr als eine Handvoll Leute wach war.

Er dachte an Fayes Angriff auf Sirroch und fragte sich, ob die Detectives gesehen hatten, was Harris offensichtlich erschien. Es handelte sich um eine verschmähte, eifersüchtige Frau, die unter dem Druck zusammengebrochen war. Das war alles. Harris beneidete Sirroch um die sexuellen Gefälligkeiten, die ihm die weiblichen Mitglieder von Eden entgegenbrachten, und war sicher, dass eine ganze Menge Frauen durch Sirrochs Tür wandelten.

Auch dagegen wollte Harris etwas unternehmen. Für

Gerechtigkeit sorgen. Er ging davon aus, dass Macht ein starkes Aphrodisiakum war.

Harris zog seine Schultern hoch, als er plötzlich eine Gänsehaut bekam, und schaute auf seine Uhr. Panner war bereits fünf Minuten zu spät, ein schlechtes Zeichen. Vielleicht kam er letztendlich gar nicht. Harris musste sich jedenfalls entscheiden, wie lange er hier draußen im Kalten und Nassen warten würde, bevor er aufgab. Schlimmer noch: Warum kam Panner nicht? Hatte Sirroch ihn abgefangen?

Als jemand Harris' Namen zischte, wirbelte er überrascht herum und schaute in die Schatten. »Ian, bist du das? Um Gottes willen, ich kann deine Vorsichtsmaßnahmen ja verstehen, aber das ist doch lächerlich.« Harris bereute sofort, was er gesagt hatte und setzte eilig hinzu: »Ich meine, es kann uns hier wirklich niemand sehen. Wir müssen uns doch nicht auch noch in den Büschen verkriechen. Die sind klatschnass und …«

Eine lockende Hand, blass in den Schatten, ließ Harris unhörbar seufzen, dann stapfte er näher; er zuckte zusammen, als kalte Regentropfen von den Zweigen auf ihn fielen. Harris hatte einen überraschenden Gedanken – war Ian so vorsichtig, weil Brent ihnen auf der Spur war?

Harris fragte: »Hast du Brent in den letzten paar Minuten gesehen? Glaubst du, er beobachtet uns?«

Ein Schlag auf den Kopf ließ Harris in die Knie gehen und die Welt begann sich um ihn herum zu drehen. Er gab dem Schwindel nach, er knickte seitlich weg und fiel auf den Rücken. Unscharf sah er jemanden über sich aufragen, bloß ein Umriss vor dem Flutlicht, das durch die Blätter schien. Die Person beugte sich vor und grub neben Harris' Kopf in der Erde. Er lag neben einem dekorativen Gartenbeet, das mit großen Flusssteinen eingefasst war. Harris konnte die feuchte Erde riechen, als einer dieser Steine angehoben wurde.

Sein Angreifer stemmte den Stein hoch über den Kopf und hielt einen Augenblick inne. Harris konnte weder vor Schrecken schreien, noch um Gnade betteln. Er konnte nur ein leises Winseln der Angst von sich geben.

Der Stein krachte auf Harris' Brust und trieb ihm den restlichen Atem aus. Ein eigenartiges, schweres Gefühl überflutete ihn, und über den Schmerz hinweg realisierte er, dass seine Lungen sich augenblicklich mit Blut füllten. Der Stein wurde wieder angehoben, was keinerlei Erleichterung brachte, und dann auf eines seiner Beine fallen gelassen, sodass Knochen knackten. Als nächstes traf er in Harris' Schritt, aber Harris konnte den Schmerz seiner zerschmetterten Genitalien nicht mehr unterscheiden von den Qualen, die seinen ganzen Körper durchfluteten. Ein weiterer Treffer auf die Brust erzeugte ein Schmatzen, als bereits zerbrochene Rippen und zerfetztes Fleisch noch kleiner gemahlen wurden.

Das Letzte, was Harris hörte, bevor er in die Dunkelheit stürzte, war das Keuchen seines Mörders. Es war schwere Arbeit, den Stein immer und immer wieder aufzunehmen und wieder hinabzuschleudern.

22

Maiden schleppte sich ins Haus und schloss die Tür. Die Erschöpfung, die er empfand, wog noch viel schwerer, als er endlich allein war. Es war das Ende eines langen Tages, dazu kam der anstrengende Ausflug an die Goldküste am Tag zuvor. Auf viele Stunden Meetings und Konferenzen auf der Wache war noch ein Besuch bei Brenda im Krankenhaus gefolgt. Sie sah schlimm aus, aber die Ärzte hofften auf eine vollkommene, wenn auch sehr langwierige Genesung.

Er wusste, dass er einen Punkt erreicht hatte, an dem es entscheidend war, einmal ordentlich auszuschlafen. Obwohl die ganzen Informationen und Personen dieses Falles in seinem Kopf herumtobten, musste Maiden sie irgendwie zum Schweigen bringen und zur Ruhe kommen. Vorher aber musste er etwas gegen seinen knurrenden Magen unternehmen.

Der Blick in den Kühlschrank war traurig. Maiden musste einkaufen gehen, hatte aber seine Haushälterin, Mrs Belgrave, nicht um Hilfe gebeten. Er fluchte müde, schaute in die Tiefkühltruhe und fand einige kleine Fleischpasteten. Er befand, dass sie gut genug wären – Hauptsache, sie halfen gegen den Hunger.

Maiden stellte zwei in die Mikrowelle, wählte die entsprechende Einstellung, goss sich dann ein Glas Wein ein, von dem er bereits zu viel trank, während er zusah, wie sich der Teller in der Mikrowelle drehte, doch das war ihm jetzt egal. Maiden wollte etwas essen, möglichst schnell ein bisschen betrunken werden und dann in tiefen Schlummer fallen.

Die aufgewärmten Pasteten boten einen armseligen Anblick, als er sie zusammen mit einem zweiten Glas Wein mit ins Wohnzimmer trug. Er balancierte den Teller auf seinem Schoß und schaltete den Fernseher ein, er wählte sofort einen Sportsender. Im Augenblick interessierte sich Maiden nicht im Geringsten für Nachrichten. Er wusste alles aus erster Hand.

Es dauerte nicht lange, bis die Erschöpfung ihn einholte und Maiden Mühe hatte, auch nur die Augen offen zu halten. Einmal hätte er beinahe sein halb volles Weinglas auf seine Brust gekippt, und daher trank er den Rest, um das Problem zu lösen. Er hatte kaum noch die Energie, aufzustehen und ins Bett zu gehen. Maiden zwang sich dennoch dazu, wobei jeder Muskel seines Körpers sich beklagte, als er sich auch nur vornüber beugte, um den Fernseher auszuschalten. Er musste sich mit einer Hand an der Wand abstützen, als er ins Schlafzimmer taumelte. Das Zimmer drehte sich ein wenig, als er das Licht einschaltete, und zum ersten Mal meldete sich eine leise besorgte Stimme in seinem Kopf. *So* müde war Maiden nun auch wieder nicht gewesen, der Wein wirkte wirklich außergewöhnlich schnell.

Irgendetwas fühlte sich komisch an. Er versuchte noch, dem Gedanken zu folgen, als er ins Bett kippte.

Maiden hatte einen erotischen Traum. Peta Spencer zog ihn langsam aus, ihre Hände liebkosten seine Haut, während sie ihn auszog. Dann stieg sie nackt zu ihm ins Bett, sie zog die Laken über sie beide, bevor sie sich an ihn kuschelte.

*

Er erwachte verwirrt und mit einem eigenartigen Geschmack im Mund. Jemand schüttelte ihn. Erst dachte er, es wäre vollkommen finster im Zimmer, bis ihm klar wurde, dass er eine Binde vor den Augen trug.

Und eine nackte Frau lag neben ihm.

Das wusste er, weil ihr warmer Oberschenkel auf seinen Beinen ruhte und ihre Brüste sich an seine Seite drückten. Sie bewegte sich und sagte etwas.

»Hallo, John«, murmelte sie verschlafen und löste sich von ihm. »Ich konnte nicht anders. Ist nicht ein Traum wahr geworden? Eine Fantasie? Alles ist so, wie es einmal war.«

Maiden kämpfte gegen das Entsetzen an. Er musste ganz ruhig bleiben.

»Hallo, Janet«, gelang es ihm beiläufig zu sagen, als wäre es die normalste Sache der Welt, neben ihr aufzuwachen. »Was für eine nette Überraschung.« Maidens Hände waren aneinander gefesselt und über seinem Kopf irgendwie ans Bett gebunden. Er musste sich ungeheuer zusammenreißen, um nicht mit aller Kraft an den Fesseln zu reißen. Auch seine Fußknöchel waren fixiert. »Du hast mir Schlafmittel gegeben«, sagte er.

»Nur ein bisschen«, entgegnete sie amüsiert. »Damit wir es uns ein wenig gemütlicher machen können. Ein Glas Wein oder zwei, du bist so vorhersehbar.«

»Darüber werde ich nachdenken«, sagte er. »Müssen wir denn so bleiben?«, fragte er.

»Oh, ich denke, das ist das Beste, findest du nicht?«

»Es ist nicht mein Stil.«

»Erinnerst du dich an das letzte Mal, als wir miteinander geschlafen haben?«

Das war ein gefährliches Thema und Maiden versuchte, sich nicht zu verkrampfen. Janet und er hatten miteinander geschlafen, nachdem sie ihn in falscher Sicherheit gewiegt hatte, damit Jeremy ihn angreifen konnte. Er entgegnete vorsichtig: »Wie könnte ich das vergessen?«

Sie lachte. Maiden hatte keine Ahnung, ob sie absichtlich versuchte, ihm das Gespräch besonders schwer zu machen, oder ob Janet in ihrem Wahnsinn wirklich alle problematischen Teile der Vergangenheit ausgeblendet hatte. »Wir sind ein hübsches Paar«, kicherte sie und verfiel dann in Schweigen. Sie streichelte seinen Arm.

»Janet, was … was tun wir hier? Warum bist du hier?«

»Nun, wir mussten reden. Du hast meine Anrufe nicht

angenommen. Du hast mich *gemieden,* John. Ich glaube, du brauchst mich gar nicht mehr.«

Maiden empfand urplötzlich Angst.

Was taten Serienmörderinnen mit Männern, die sie nicht mehr brauchten? Er sagte: »So ist es nicht. Ich war unterwegs und das Telefon hat nicht funktioniert. Ich habe mich im Regenwald verlaufen.«

»Das klingt etwas unwahrscheinlich, John.« Sie klang ein wenig spöttisch.

»Es stimmt aber. Du musstest nicht … du musstest Brenda das nicht antun.«

»Ich hätte es wahrscheinlich sowieso getan. Ich brauchte keine großartige Entschuldigung.« Janet fuhr mit ihren Fingern durch sein Brusthaar und zupfte zärtlich daran. »Brauchst du mich, John?«

»Ich bin nicht sicher, was du damit meinst. Wir haben einander lange nicht gesehen.« Jede ihrer Fragen war wie ein Minenfeld, das er zu durchqueren hatte.

»Bist du *fertig* mit mir?«

»Janet, es ist hart für mich, zu sagen…«

»Wo wir schon bei *hart* sind, lass mal sehen«, flüsterte sie plötzlich und ließ ihre Hand heruntergleiten. Sie fuhr mit den Fingernägeln leicht durch sein Schamhaar.

»Ich bin nicht sicher, ob das eine gute Idee ist«, sagte er, während sich sein Hals zuschnürte.

»Sagen wir, es ist ein Test.«

»Ein Test?«

»Ein *Test,* John.« Ihre Hand schloss sich um den Schaft seines Penis und begann ihn zärtlich zu streicheln, bis er eine Erektion bekam. Ein warmer Mund legte sich über eine seiner Brustwarzen und ihre Zunge strich darüber hinweg.

Er sagte heiser: »Was muss ich tun, um durchzukommen?«

Sie murmelte mit den Lippen an seiner Brust: »Das ist das Problem, John. Du solltest es eigentlich wissen.«

»So festgebunden kann ich nicht viel machen.«

»Netter Versuch, aber der Teil, der mich interessiert, ist überhaupt nicht festgebunden.«

»Das ist eine Vergewaltigung, weißt du? Ich kann das nicht mit dir … du weißt, dass ich das nicht kann.« Er ging davon aus, dass *Vergewaltigung* ein schreckliches Wort für eine Frau war. Vielleicht würde sie das wieder zur Vernunft bringen.

Ihr Mund löste sich von ihm. Sie fragte mit einer merkwürdigen Stimme: »Soll ich aufhören?«

Maiden wünschte, er könnte ihre Augen sehen. Dann hätte er es leichter, ihre Stimmung einzuschätzen, ihr wahres Ziel. »Ich dachte, du willst reden? Vielleicht sollten wir das zuerst machen?«

»Was ist denn so falsch an ein bisschen Bettgeflüster hinterher?« Ihre Hand ruckte wieder auf und ab.

»Das ist doch nie ehrlich, oder?«

»Guter Einwand. Vielleicht bringt es gar nichts, dass wir überhaupt reden?«

Das Bett schwankte, als sie ihr Gewicht verlagerte, und Maiden bekam einen Schreck; er erwartete, dass ein Messer zwischen seine Rippen stäche. Stattdessen setzte sie sich rittlings auf seine Hüften und er glitt mühelos in sie hinein. Er spürte, wie Janet vor und zurück zu wippen begann.

Sie fragte, während sie leise stöhnte: »Was passiert, wenn du mit mir fertig bist, John?«

Die ganze Situation war undurchschaubar und Maiden hatte gerade einen neuen Plan entwickelt: schnell zum Orgasmus zu kommen und den Sex hinter sich zu bringen. Dann kam ihm jedoch der Gedanke, dass es vielleicht eine gewisse Doppeldeutigkeit ihrer Aussage gäbe, und daraufhin versuchte er, sich etwas mehr Selbstkontrolle aufzuerlegen. Es war wie früher. *Wenn er fertig mit ihr war, brauchte er Janet nicht mehr, und was würde sie dann tun?* Sie wäre die abgewiesene Liebhaberin, die ihre Opfer verstümmelte. Plötzlich erschien es entscheidend, nicht zum Höhepunkt zu kommen, und er kämpfte gegen das körperliche Vergnügen an, das er empfand. Janet schien seinen inneren Kampf zu spüren und zu genießen. Sie wand sich auf ihm und streichelte ihn zugleich.

Dann beugte sie sich vor, behielt ihn aber gerade noch in sich, und flüsterte ihm heiser ins Ohr: »Bist du fertig mit mir, John?«

Janet griff hinter sich und tat irgendetwas mit den Fingern, das ihn dazu brachte, in einem Orgasmus zu explodieren. Maiden stöhnte mit zusammengebissenen Zähnen. Sie kicherte laut, als sie seine Wärme hervorspritzen spürte, und rieb sich dann an ihm, bis Maiden gar nicht mehr konnte. Schließlich sagte sie leise: »Ich glaube, du bist fertig, John.« Unerwartet, bevor er etwas erwidern konnte, löste sie sich von ihm. Und dann hörte er Janet hinausgehen, doch wenig später kehrte sie zurück.

Er sagte schnell: »Ich weiß es nicht.«

»Oh? Du weißt was nicht?«

»Ich weiß nicht, was ich tun kann. Es tut mir wirklich leid, dass du mich nicht anrufen konntest, aber es war nicht meine Schuld. Und ich weiß nicht, was ich tun kann, um dafür zu sorgen, dass das nicht wieder vorkommt.« Etwas Besseres war Maiden nicht eingefallen. Er zuckte zusammen, als er flachen, kalten Stahl an seinem Bauch spürte. Er versuchte, sich zur Ruhe zu zwingen. Es war ein gutes Zeichen, dass sie ihn nicht gleich erstach, sondern die Klinge nur drohend über seine Haut zog.

Wenn du das glauben willst ...

Sie sagte: »Was redest du da? Ich weiß genau, dass du dich entschieden hast, John. Du hättest nie etwas anderes getan, aber es hat trotzdem Spaß gemacht, dich zu fragen.« Dann wurde sie ernst. »Und es gab immerhin eine *winzig* kleine Chance ...«

Er sagte drängend: »Janet, ich komme zu überhaupt nichts wegen dieser Morde in Eden. Das frisst jede verdammte

Sekunde meines Lebens – du *weißt* doch, wie das ist. Wenn ich den Fall lösen kann, dann werden die anderen mich wieder in Frieden lassen. Ich kann dir keine Versprechen machen, aber dann kann ich wenigstens darüber nachdenken. Mir überlegen, was wir tun können.«

»Ich habe schon durch die Zeitungen und Fernsehprogramme mitbekommen, dass du wieder berühmt bist. Genau wie früher bei mir.«

»Den ganzen Tag will irgendjemand was von mir und wir arbeiten mit voller Kraft. Wenn ich den Mörder gefunden habe, werden sie mich in Frieden lassen, da bin ich sicher.«

Er erwartete nicht wirklich, dass sie ihm zuhörte. Maiden versuchte bloß, das sterbende Pflänzchen der winzigen Chance, an die Janet bislang geglaubt hatte, am Leben zu erhalten.

Die Messerklinge bewegte sich, sie schabte wie eine Rasierklinge über sein Fleisch. Ein langes Schweigen.

Sie fragte vorsichtig: »Hast du einen Verdächtigen?«

»Wir sind dicht dran.«

»Dicht dran?« Sie glaubte ihm nicht.

»Nein, bestimmt. Jemand wird reden.«

»Du hast also überhaupt nicht an mich gedacht?«

Wieder eine gefährliche Frage und Maiden vergegenwärtigte sich, dass Janet nicht dumm war. »Nicht so, wie du möchtest, dass ich über dich und mich nachdenke, nein. Ich hatte keine Gelegenheit dazu. Dafür braucht man Zeit.«

Er hörte sie weggehen, irgendetwas tun. Schwer zu sagen, was.

»Janet? Verstehst du, was ich dir zu sagen versuche?« Maiden verdrehte den Kopf, er versuchte an der Augenbinde vorbei zu schielen und den Geräuschen zu entnehmen, wo im Zimmer sie sich befand. Plötzlich tauchte sie wieder neben ihm auf und nahm das Messer von seinem Bauch.

Sie sagte tonlos: »Ich tue das nur, weil du mir keine Wahl lässt. Ich kann nicht anders.«

»Nein, Janet, warte …« Maiden wappnete sich gegen die erste Welle des Schmerzes.

Er konnte die Klinge beinahe durch die Luft sausen hören. Seine Handgelenke zuckten, als sie seine Fesseln durchschnitt.

Er konnte ihre Tränen hören, als Janet zu ihm sagte: »Ich liebe dich immer noch und ich habe trotz allem Hoffnung. Du hast also den Test wohl bestanden … diesmal.«

Maiden war so erleichtert, dass er zu lange brauchte, um mit seiner freien Hand nach der Augenbinde zu greifen. Janet war bereits verschwunden, sie eilte durch das Haus davon. Die Haustür öffnete sich und sie rief zu ihm zurück: »Lass mich nicht hängen, John. Du weißt, dass ich gar nicht gern enttäuscht werde.«

Es war eine andere Tonlage. Es war ihre Mörderinnenstimme. Und diesmal richtete sie sich an Maiden.

23

Sie sehen aus, als hätten Sie eine schlimme Nacht hinter sich – Sir«, sagte Spencer zu Maiden, als er in den Kreis der Polizisten und Mitglieder der Spurensicherung trat, die um die Leiche herum standen. Die Meldung des neuesten Mordes in Eden war früh am Morgen reingekommen und Spencer hatte sich von einem Streifenwagen zum Tatort mitnehmen lassen. Maiden hatte sich auf der Wache gemeldet und dort ein Fahrzeug angefordert. Wieder einmal standen überall Wagen mit blinkenden Warnlichtern herum und Polizisten in Einweg-Overalls suchten nach Beweisen. Von den Bewohnern und den Mitgliedern des Großen Rates war weit und breit nichts zu sehen, was Maiden einigermaßen verwunderte – speziell was letztere betraf.

»Nicht so schlimm wie manche andere, Detective Constable Spencer«, entgegnete Maiden und nickte allen zum Gruß zu. Spencer schaute ihn eigenartig an, sie spürte, dass etwas nicht stimmte, sagte aber nichts.

Maiden hatte Kopfschmerzen als Nachwirkung von Janets Drogen, und er hatte auch nicht mehr viel geschlafen, nachdem sie gegangen war; er warf sich hin und her, unentschieden, ob er ihren Besuch melden sollte oder nicht. Abgesehen von der Peinlichkeit war Maiden auch nicht klar, was es nutzen sollte, davon zu berichten. Er würde allerhöchstens alle durcheinanderbringen und höchstwahrscheinlich würde die Spurensicherung grundlos sein ganzes Haus auseinandernehmen. Andererseits war ihm klar, dass es nur an seinem Stolz lag, dass er Schwierigkeiten hatte, eine an sich eindeutige Entscheidung zu treffen. Im Geiste schob er sie erneut beiseite. »Was haben wir hier?«, fragte er und konzentrierte sich auf die Leiche. Maiden zuckte zusammen und trat einen Schritt zurück. Dann zwang er sich, genauer hinzusehen. »Mein Gott, was ist dem denn passiert?«

Spencer erklärte: »Neben ihm liegt ein großer Stein voller Blut. Normalerweise würde man sagen, an der Einwirkung von Schlägen verstorben. Aber nach dem, was wir hier bereits erlebt haben, vermute ich, dass der Sinn der Sache darin bestand, ihn zu Tode zu steinigen. Das war in biblischen Zeiten eine weitverbreitete Strafe, Sir.«

»Mein Gott, *gesteinigt?*«

Spencer zuckte mit den Achseln. »Bei Steinigungen denkt man immer nur an Leute, die im Kreis stehen und faustgroße Steine schmeißen, aber die tödlichen Treffer waren in Wirklichkeit wohl eher wie diese. Leute haben mit großen Steinen dem Opfer Schädel und Körper zerschmettert.«

»Wie reizend. Fingerabdrücke?«

»Er hat definitiv Handschuhe getragen, Sir.«

»Wissen wir, wer das ist?« Maiden hatte eine Vermutung, aber die Schwellungen des geschundenen Gesichts erschwerten eine sichere Identifikation.

»Es ist Walter Harris, der Buchhalter.«

»Das habe ich mir gedacht. Gibt es eine Nachricht?«

Spencer deutete auf die Mauer hinter ihnen. »Dort drüben, hinter den Büschen. Nur eine einzige Zeile.«

Maiden ging sie sich ansehen. Er fluchte, als die Zweige an seiner Kleidung hängen blieben, während er sich durch das Unterholz schob. Obwohl es hell und klar war, schien die Sonne nur schwach, und hier auf dem Beton und im Schatten war es kalt und wenig einladend. Die Nachricht war mit einem dicken Marker auf die Mauer geschrieben worden, was auf der rauen Fläche nicht besonders gut funktioniert hatte.

Sein Krebs war die Gier

Maiden trat aus den Büschen heraus und wischte ärgerlich einige Tautropfen von seinem Mantel. »Das sagt uns leider nicht viel.«

»Vielleicht doch«, sagte Spencer. »Der Bezug auf eine Krebserkrankung ist nicht mehr so unklar. Vielleicht weiß der Mörder inzwischen, dass wir die Verbindung hergestellt haben, und macht sich nicht mehr die Mühe, so kryptisch daherzukommen?«

»Irgendwelche Überwachungsaufnahmen von unserem Überwachungsfanatiker Andrew Mackay?«

»Nein, er sagt, sein System hätte nicht funktioniert, weil es in eine Million Teile zerlegt wäre, nachdem er uns die Festplatten mit den Aufnahmen der Beerdigung gegeben hat.«

»Toll, wir haben uns selbst in den Fuß geschossen.«

»Ich bezweifle, dass er etwas Brauchbares gehabt hätte. Das war noch nie so.«

Maiden zog seine Zigaretten heraus und führte Spencer ein wenig abseits, damit sie unter vier Augen miteinander sprechen konnten. »Okay, Peta, die Krebs-Katze ist aus dem Sack. Wer war's also?«

»Es kann immer noch jeder sein, fürchte ich«, sagte Spencer. »Der Arzt kann darauf gekommen sein und vielleicht hat er seiner Krankenschwester etwas gesagt. Und jeder von beiden könnte mit jedem anderen gesprochen haben. Wir haben sie letztlich nicht zum Schweigen verpflichtet. Hier müssen Gerüchte und Tratsch nur so grassieren.«

»Ich hätte eher gedacht, dass Richard Chore versuchen wird, seinen Mund zu halten. Er will sicher nicht allzu viel Aufmerksamkeit auf sich ziehen, bis er eine Erklärung für die Massen an Medikamenten gefunden hat.«

Spencer sagte: »Aber von sich abzulenken könnte ihm auch helfen, vor allem wenn er vorhat zu verschwinden.«

»Aber muss er verschwinden? Das hängt davon ab, ob der Rest dieser Clownstruppe etwas von seinen Einnahmen abbekommt und bereit ist, ihm zu helfen, oder ob sie sauer sind und ihn uns auf einem Silbertablett servieren würden. Sirroch zumindest könnte durchaus mit abkassieren. Und wo wir schon von ihm sprechen, wo steckt er? Ich kann gar nicht glauben, dass er uns nicht im Nacken sitzt und sich beschwert, dass wir unseren Job nicht ordentlich machen. Wo zum Teufel sind die alle? Weggesperrt wie letztes Mal?«

Spencer deutete in Richtung der Kapelle. »Ja, dem Fußvolk hat man gesagt, dass sie wieder auf ihren Zimmern bleiben sollen, während ein paar Auserwählte zusammen mit dem Überrest des Großen Rates da drin sind, sie beten. Sie rufen Chris Vitales Geist um Rat an und wollen Harris' Seele helfen, das Licht zu sehen … oder was weiß ich.«

Maiden lachte. »Warum klopfen sie nicht einfach an seinem Sargdeckel?«

»Das Grab ist schon zugeschaufelt.«

»Das war ein *Scherz,* Peta.« Maiden schaute gedankenverloren zu Harris' Leiche zurück, dann schätzte er die Entfernung zu Vitales Grab, über dem die große Flutlichtanlage aufragte. »Es ist jetzt ein bisschen spät, Harris zu sagen, er sollte sich im Licht aufhalten. Aber wieso ist er hier im Schatten rumgeschlichen?«

»Vielleicht hat er jemandem hinterherspioniert?«

»Oder sich mit jemandem getroffen?«, konterte Maiden.

»Mit dem Mörder?«

»So ist es wohl letztlich gewesen.« Maiden sah sich um, um herauszufinden, ob ihnen jemand zuhörte. Dann winkte er Spencer mit einem Finger herbei, um sich mit ihr noch weiter von den anderen zu entfernen. Neugierig folgte sie ihm und sie schlenderten gemächlich durch den Garten.

»Haben Sie irgendeine Vorstellung, was als Nächstes passiert?«, fragte er sie.

»Das Übliche wahrscheinlich. Wir hatten das doch alles schon öfter«, entgegnete sie trocken.

»Genau, und deswegen wird es diesmal anders laufen.«

»Wie meinen Sie das?«

»Ich will Sie bloß warnen, das ist alles. Es ist der dritte Mord hier und die Medien scharren schon mit den Hufen nach dem Debakel bei Vitales Beerdigung. Man kann durchaus nachvollziehen, dass der Mord an Shackleton uns überrascht hat, aber der hier ist praktisch vor unserer Nase begangen worden. Wir waren hier, um zwei Morde aufzuklären, und dann geschieht noch ein dritter.« Maiden ließ sie einen Augenblick darüber nachdenken. »Ich kann Ihnen also garantieren, dass gerade jetzt eine Konferenz hochrangiger Polizeibeamter stattfindet, Leute mit einer Menge goldener Streifen auf den Ärmeln und Eichenblättern an den Mützen, die über *Schadensbegrenzung* sprechen und eine *Sondereinsatztruppe* mit einem tollen Namen zusammenstellen wollen. Und vor allem möchten sie natürlich wissen, wie zum Teufel das passieren konnte und wer dafür verantwortlich ist. Das bin übrigens ich, aber die Gefahr besteht, dass die Scheiße bis zu Ihnen rüber spritzt. Vielleicht wollen Sie sich ein bisschen von mir absetzen, wenn Sie können.«

Spencer schien den letzten Satz nicht gehört zu haben. »Und wo sind die jetzt? Warum sind sie nicht hier und kümmern sich um alles?«

»Oh, keine Sorge. Sie sind darauf vorbereitet, mit dem gesamten Personal und den Ressourcen, die wir von Anfang an gebraucht hätten, hier einzumarschieren und der Öffentlichkeit zu zeigen, wie ernst wir es meinen. Aber sie tun es noch nicht. Keiner der hochdekorierten Herren will mit *schlechten* Nachrichten in Zusammenhang gebracht werden. Sie warten ab, bis die Vormittagsprogramme ihre Drehs beenden und die Schreiberlinge ihre Geschichten abschicken, bevor sie auftauchen. Sie wollen, dass der Staub sich legt.«

Bei seiner Ankunft hatte Maiden bereits eine neue Meute von Medienleuten vor dem Tor gesehen, die nur auf eine Gelegenheit wartete hineinzugelangen. Doch er wusste auch, dass viele von ihnen davon ausgingen, dass sie bereits das Beste hatten, was im Augenblick zu kriegen war, und dass das in Druck gehen würde. Bald schon würde ihre Zahl abnehmen.

Spencer sagte: »Das ist wirklich sehr zynisch von Ihnen, Sir. Ich finde es entsetzlich, dass Sie andeuten, die Ermittlungsabläufe könnten durch politische und persönliche Motive des höheren Managements beeinflusst sein.«

Maiden zog die Augenbrauen hoch. »Das ist gut – sehr gut.«

»Ich lerne von dem Besten, schon vergessen? Also, was passiert mit uns?«, fragte Spencer.

»Wir kennen den Fall zu gut, als dass man uns gleich rauswerfen wird, doch ich vermute, dass wir ziemlich schnell nicht mehr als Laufburschen sein werden.«

»Aber das ist doch unfair! Sie sollten *Ihnen* Extraleute geben! Und außerdem stehen Sie unter großem Druck. Meine Güte, es würde uns durchaus helfen, wenn irgendwer mal Janet Brown einfinge und sie Ihnen vom Leibe hielte.«

Maiden murmelte: »Das können Sie laut sagen.«

»Wirklich, warum? Was ist passiert?«

»Nichts, ich schlafe bloß zu wenig, weil ich über sie nachdenke, das ist alles. Über ihre *Flucht* nachdenke, meine ich«, setzte er hastig hinzu.

»Hat sie noch einmal bei Ihnen angerufen, seit wir aus Queensland zurück sind?«

»Nein«, sagte Maiden, und es war noch nicht mal eine Lüge. Janet hatte nicht *angerufen.*

Spencer sah ihn an, wusste aber, dass sie lieber nicht weiter bohren sollte. »Und was machen wir jetzt? Gehen wir und befragen den Großen Rat? Die sitzen alle beisammen.«

»Nein, nutzen wir das zu unserem Vorteil. Wir sollten die *anderen* Sektenmitglieder von so vielen Kollegen wie möglich befragen lassen. Sie sollen bei allen anklopfen und Aussagen aufnehmen, bevor Sirroch es bemerkt und die Gespräche überwacht, die wir mit seinen Gefolgsleuten führen …« Er starrte in Richtung der Kapelle. »Es macht mich wirklich misstrauisch, dass er sich gar keine Sorgen zu machen scheint, was los ist. Es passt gar nicht zu ihm, *nicht* alles zu überwachen, was wir tun.«

»Sollten wir nach ihm sehen?«

»Nein«, entschied Maiden eindeutig. »Wir sollten sie nicht auf uns aufmerksam machen oder noch mehr Zeit vergehen lassen. Ich will so viele Informationen wie möglich zusammentragen, bevor die Sondereinsatzgruppe auftaucht.«

»Okay, wo fangen wir an?«

Maiden sah sich um und seufzte. Es gab so viele Leute und so viele Türen, an die man klopfen musste. »Ich habe nicht die geringste Ahnung«, sagte er, ging aber entschlossen auf das nächstgelegene Wohngebäude zu.

*

Sie arbeiteten die ganze Mittagszeit durch, führten Gespräche und koordinierten die uniformierten Kollegen für diese Aufgabe. Maiden war überrascht, Carol Geyer auf ihrem Zimmer vorzufinden, bis ihm wieder einfiel, dass sie trotz ihres Einflusses auf Sirroch und vielleicht auch auf andere Mitglieder nicht zum Großen Rat gehörte. Spencer und er nahmen sie in die Mangel, weil ihnen die Spannung zwischen ihr und Harris bei der Beerdigung nicht entgangen war, doch Carol blieb dabei, dass sie die ganze Nacht allein auf ihrem Zimmer verbracht hatte.

Spencer fragte sie: »Aber sie beide haben sich nicht gut verstanden, oder? Wir haben Sie auf der Beerdigung miteinander sprechen sehen. Das wirkte nicht sonderlich liebevoll und friedfertig.«

Carol zeigte einen Gesichtsausdruck, der verriet, dass sie wusste, wie ernst es stand. »Hören Sie, es ist so, dass er schon seit Wochen mit mir schlafen wollte und es ihm gar nicht gefiel, abgewiesen zu werden«, sagte sie mit einer wegwerfenden Handbewegung. »Walter betonte immer wieder seine Zugehörigkeit zu den Entscheidungsträgern, als wäre das ein Freibrief für Sex. Er wollte nicht aufgeben und es wurde immer unangenehmer.«

»Warum haben Sie uns das nicht schon früher gesagt?«

»Es war eine sehr persönliche Angelegenheit zwischen Walter und mir. Das ging niemand sonst etwas an.«

Maiden sagte zu ihr: »Uns geht jetzt alles etwas an. Schon die ganze Zeit.«

»Meinetwegen.«

»Wie unangenehm wurde es?«, fragte Spencer.

Carol sah sie an. »Nicht so schlimm, dass ich ihm den Schädel mit einem Stein einschlagen würde.«

Spencer wollte Carol schon fragen, woher sie wusste, wie Harris zu Tode gekommen war, aber dann kam sie darauf, dass das wahrscheinlich die Art Neuigkeit war, die sich in Eden sehr schnell herumsprach. Es hatte also nichts zu bedeuten. Sie sagte: »Fühlen Sie sich immer noch gefährdet, Carol? Glauben Sie, dass jemand Sie töten will?«

»Wer tut das nicht, inzwischen?«

»Aber speziell Sie?«

»Ich meine es genau so, wie ich es sagte. Ich glaube, niemand ist mehr sicher.«

Die Detectives waren überzeugt, dass Carol ihnen immer noch etwas verschwieg, aber sie konnten nichts dagegen tun. Sie war zu stur.

Maiden zuckte mit den Achseln und sie gingen, nachdem sie Carol angewiesen hatten, das Gelände von Eden nicht zu verlassen.

Sie sprachen auch mit anderen. Die ganze Zeit behielt Maiden die Kapelle im Auge; er erwartete, dass Sirroch und die Ratsmitglieder irgendwann herausströmten und versuchten, sich in alles einzumischen. Je länger das ausblieb, desto stärker befürchtete Maiden, dass Sirroch etwas vorhatte, und er fragte sich, ob es die richtige Entscheidung gewesen war, ihn in Ruhe zu lassen. Andererseits hatten einige der Fragen bei den übrigen Sektenmitgliedern zu deutlich ausführlicheren Informationen geführt, obwohl es schwer zu sagen war, ob es daran lag, dass keine Großräte anwesend waren, oder dass dieser neueste Mord endlich allen klar gemacht hatte, dass blinder Gehorsam nicht weiterhalf. Maiden hatte einen Constable in der Nähe der Kirche postiert, der ihn sofort informieren sollte, wenn sich die Türen öffneten. Irgendwann schlich Maiden dicht an eines der Fenster heran und lauschte. Er hörte gedämpfte, aber angespannte Stimmen, konnte jedoch nicht verstehen, was sie sagten.

»Immerhin sind sie noch am Leben«, sagte er zu Spencer. »Wir würden ziemlich dumm dastehen, wenn sie sich alle in ihre Schwerter gestürzt hätten, während wir gerade nicht aufgepasst haben.«

»Wollen Sie jetzt reingehen?«

Maiden war durchaus in Versuchung. »Noch nicht, wir sind mit den anderen fast fertig. Warten wir, bis das erledigt ist.«

Sein Telefon lief ebenfalls heiß. Vorgesetzte, von denen er oft nur die Namen kannte, wollten aktuelle Lageberichte. Maiden ging mittlerweile davon aus, dass ihn die Axt erst auf der Wache in den Rücken treffen würde, wenn er irgendwann zurückkehrte, um alle zu informieren. Maiden würde aus einer dieser Konferenzen kommen und die längste Zeit die Ermittlungen geleitet haben.

Am späten Nachmittag war Harris' Leiche abtransportiert worden und ein Großteil der Mitglieder der Spurensicherung war ebenfalls verschwunden. Man hatte die üblichen Absperrbänder um den Tatort gezogen. Verwirrt durch das lange Schweigen ihrer Anführer und vielleicht auch, weil sie hungrig wurden, verließen einige Mitglieder von Eden vorsichtig ihre Behausungen. Die meisten gingen in den Esssaal. Maiden und Spencer blieben in Sichtweite der Kapelle, damit sie es mitbekamen, wenn die Türen sich öffneten. Maidens frühere

Befriedigung darüber, dass Sirroch sich aus der Sache heraushielt, war mittlerweile von Ungeduld und zunehmender Irritation abgelöst worden.

»Was zur Hölle kann er da drin treiben?«, knurrte er in Spencers Richtung.

»Nichts hindert uns daran, es herauszufinden«, erinnerte sie ihn.

»Ich habe die Schnauze voll vom Warten.«

Als hätte Sirroch ihn gehört, öffneten sich die Türen der Kapelle und Sirroch trat heraus, gefolgt von den verbliebenen Mitgliedern des Großen Rates. Sie wirkten alle erschöpft und müde. Selbst Andrew Mackay, der versuchte, seinen üblichen bösen Blick aufzusetzen, wirkte bloß missmutig und etwas zerschlagen. Als Sirroch Maiden und Spencer warten sah, drückte er das Rückgrat durch und baute sich trotzig vor Maiden auf.

Ohne Begrüßung fragte er: »Detective Maiden, haben Sie Ihre Ermittlungen abgeschlossen?«

»Sicherlich, Mr Sirroch. Wir müssen Ihnen und den anderen noch einige …«

Sirroch ließ ihn nicht ausreden. »Was ich meine, ist: Sind Sie mit dem Bereich, in dem Walter gefunden wurde, fertig? Die Spurensicherung, nicht wahr?«

Sirrochs Augen funkelten und in seinem Blick lag eine Entschlossenheit, die Maiden verriet, dass er etwas anderes wissen wollte, als nur, wie sie mit der Arbeit am Tatort vorangekommen waren.

Maiden sagte zögernd: »Für den Augenblick. Ich bezweifle, dass noch etwas nachkommt. Aber zur Sicherheit lassen wir den Bereich abgesperrt, bis ich die Freigabe bekomme.«

»Seine Leiche wurde entfernt?«

»Ja …«

»Und Sie haben mit allen in Eden gesprochen, die Sie vernehmen wollten?«

»Ja, abgesehen von Ihnen und den anderen, die den ganzen

Tag in der Kirche waren. Wollen Sie auf etwas Bestimmtes hinaus, Mr Sirroch?«

Sirroch nickte voll innerer Zufriedenheit. »Ich gestehe Ihnen Zeit zu, uns alle zu befragen, aber nicht viel. Ich kann Ihnen versichern, dass wir Ihnen nichts Relevantes mitzuteilen haben, und ich möchte nicht, dass jemand unnötigerweise belästigt wird. Die ganze Angelegenheit ist unangenehm genug.«

»Wirklich? Das haben Sie nicht zu entscheiden.«

»Ganz im Gegenteil, Detective Maiden, wir haben etliche Entscheidungen getroffen, und wir werden *fortfahren,* Entscheidungen zu treffen, die die Sicherheit und das Wohlbefinden unserer Mitglieder endlich wieder garantieren. Die erste besteht darin, Sie darüber zu informieren, dass wir die Präsenz der Polizei auf unserem Gelände nicht länger wünschen. Genau genommen wollen wir *niemanden* hier haben. Wir wollen in Ruhe gelassen werden.«

Maiden war so überrascht, dass er keine schnelle Antwort parat hatte. Spencer hatte die übrigen Mitglieder des Rates beobachtet. Keiner von ihnen widersprach Sirroch. Er konnte sich auf ihre Unterstützung verlassen, selbst wenn die in einigen Fällen eher widerwillig erfolgen mochte. Sie vermutete, jetzt wo Walter Harris keinen Widerstand mehr leistete, verfügte sonst keiner über die Kraft, sich Sirroch entgegenzustellen. Spencers Blick fiel auf Eileen Bower und das veranlasste diese dazu, etwas zu sagen.

»Ja, wir wollen in Ruhe gelassen werden«, erklärte Eileen kraftlos.

Maiden sammelte sich und fragte Eileen, weil sie verwundbar schien: »Helfen Sie mir, das zu verstehen – Sie wollen mit einem Mörder in Ihrer Mitte allein gelassen werden?«

Sirroch antwortete an ihrer Stelle. »Aber genau darum geht es uns doch, Detective. Wir glauben nicht, dass der Mörder einer von *uns* ist. Wir glauben, dass jemand in unsere Mitte eindringt, um diese entsetzlichen Taten zu vollbringen, und sich dann wieder davonstiehlt, bevor jemand ihn zu Gesicht bekommt. Deswegen besteht die einfachste Lösung, bis Sie die Identität des Täters ermittelt haben, darin, niemanden mehr in unsere Enklave hineinzulassen. Niemand kommt oder geht, bis der Mörder gefasst ist. Wir haben uns entschieden, Eden komplett abzuriegeln, und das betrifft alle. Absolut alle. Selbst die Polizei«, setzte er bedeutungsvoll hinzu.

Maiden konnte kaum ein müdes Stöhnen über so viel Dämlichkeit unterdrücken und sagte: »Sie können die Polizei nicht daran hindern, herzukommen und einen Mord zu untersuchen – drei Morde, genau genommen. Vor allem, wenn der Mörder Leute wie *Sie* im Auge zu haben scheint. Sie können versuchen, uns dazu zu zwingen, uns Gerichtsbeschlüsse zu beschaffen und was wir sonst noch brauchen. Aber damit hindern Sie uns nur daran, unsere Arbeit zu machen, was als solches ja schon ein Vergehen darstellt, und Sie gewinnen überhaupt nichts. Es ist bloß Zeitverschwendung und vergiftet die Atmosphäre.«

Sirroch hatte höflich abgewartet. Er sagte: »Es tut mir leid, aber wir haben uns entschieden, Detective.«

»Haben Sie überhaupt gehört, was ich gerade gesagt habe?«

»Natürlich, Detective Maiden. Jedes Wort. *Sie* sind derjenige, der *mir* nicht zuzuhören scheint.«

Maiden konnte nicht anders. »Sagen Sie mal, haben Sie ein paar Pflanzen zu viel angebaut? Ein paar Joints zu viel geraucht? Was Sie da sagen, ergibt nicht viel Sinn.«

Sirrochs Körper versteifte sich. Bis auf ein Blinzeln gelang es ihm, seine Reaktion zu verbergen und er sagte: »Das war in einem vergangenen Leben, Detective. Ich war ein anderer Mensch. Es hat keinerlei Auswirkungen auf die Lage heute.«

Maiden freute sich, dass er ihn wenigstens getroffen hatte. Er suchte unter den Ratsmitgliedern nach Stirling Moss. »Sie sollen doch Anwalt sein. Sagen Sie ihm, dass es lächerlich ist und sich gar nicht umsetzen lässt.«

Moss schüttelte den Kopf, ohne Maiden in die Augen zu sehen. »Das kann ich nicht. Es hängt mehr daran, als Sie denken.«

Spencer sagte laut: »Sie brauchen wirklich einen neuen Anwalt. Mr Moss gibt Ihnen schlechte Ratschläge. Er hat keine Ahnung, was er da redet.«

Keiner antwortete und Maiden verlor die Geduld. Er hob die Hände. »Also gut, lassen Sie uns etwas Nützlicheres unternehmen. Wie Sie sehr wohl wissen, wurde Walter Harris letzte Nacht getötet, er wurde gesteinigt, und wir sind der Überzeugung, dass er sich entweder heimlich mit jemandem treffen wollte oder dass er vielleicht jemand anderem hinterherspionierte. Weiß irgendjemand hier *irgendetwas* darüber? Was könnte er vorgehabt haben?«

Es war weit hergeholt und ziemlich offensichtlich, doch Maiden bezweifelte ohnehin, dass er von diesen Leuten auch nur das kleinste bisschen Information bekommen würde, vor allem, solange Sirroch dabei war. Und natürlich schwiegen alle.

Sirroch sagte leise zu Maiden und Spencer: »Detectives, können Sie bitte mitkommen? Ich möchte Sie jemandem vorstellen.« Ohne auf eine Antwort zu warten, begann er zur Kapellentür zu gehen.

Maiden runzelte die Stirn und folgte ihm, Spencer dicht hinter sich. Der Rest des Großen Rates kam hinter ihnen her.

In der Kirche befand sich ein junger Mann, der im Schneidersitz auf einem Kissen vor der Kanzel saß. Er hatte die Augen geschlossen und rührte sich nicht, als alle hereinströmten und sich in einem Halbkreis um ihn aufbauten.

Sirroch sagte ehrfürchtig: »John und Peta, das ist Joshua.«

Joshua kümmerte sich nicht weiter um sie. Seine Augen blieben geschlossen.

Maiden stieß ein genervtes Geräusch aus.

Spencer sagte freundlich: »Hallo, Joshua. Was kannst du

uns sagen? Weißt du etwas darüber, was letzte Nacht vorgefallen ist?«

Er antwortete nicht.

Sirroch sagte ihnen: »Nein, Joshua hat nichts gesehen, und er *weiß* auch nichts. Er ist aus einem anderen Grunde hier.«

Spencer witterte Ärger und fragte langsam: »Okay, und wollen Sie vielleicht auch uns erklären, worin der besteht?«

»Selbstverständlich. Deswegen habe ich Sie hergebeten.« Sirroch deutete auf ein Glas mit einer Flüssigkeit, das vor Joshuas überkreuzten Beinen stand. »Sehen Sie Joshuas Getränk? Es ist ein starkes Gift, das Joshua innerhalb weniger Minuten umbringen wird, wenn er es zu sich nimmt. Richard hat uns versichert, dass es für Joshua praktisch schmerzlos sein wird, aber ganz sicher tödlich. Joshua hat sich bereiterklärt, einer der Wächter von Eden zu sein. Er weiß darum, dass wir von allen in Ruhe gelassen werden müssen, wenn wir es fordern. Wenn unsere Forderungen nicht respektiert werden, trinkt Joshua das Gift. Mit anderen Worten: Wer immer unsere Forderung verweigert, wird seinen Tod für immer auf dem Gewissen haben. Es ist seine Verantwortung.« Sirroch bedachte Maiden mit einem herausfordernden Lächeln. »Haben Sie verstanden? Das ist die Lage, in der Sie sich im Augenblick befinden, John. Nur falls Ihnen das nicht klar war.«

Maiden und Spencer starrten ihn entgeistert an.

»Seien Sie doch nicht albern«, sagte Maiden dann und trat vor, um nach dem Glas zu greifen. Er bezweifelte, dass es überhaupt Gift war.

Sirroch stoppte ihn, indem er scharf sagte: »Ernsthaft, tun Sie das *nicht,* John! Glauben Sie, dass wir darauf nicht vorbereitet sind?«

Maiden zog sich langsam zurück und sagte: »Aha, ich bin sicher, Sie haben noch ein Ass im Ärmel. Ich hoffe, es ist nicht so verrückt wie *das hier.*«

Sirroch sagte: »Wir haben mehrere Wächter ernannt, John. Andere Leute wie Joshua, und es sind zu jeder Zeit zwei im Einsatz. Den zweiten können Sie nicht sehen, aber er kann uns sehen, und er wird sein Glas voll Gift trinken, wenn Sie Joshua angreifen. Wir haben eine Sicherheitsmaßnahme ergriffen.«

Maiden hatte Schwierigkeiten, ruhig zu bleiben, fuhr sich mit einer Hand über das Gesicht und sagte: »Sie sind doch verrückt. Sie haben zwei Leute, die bereit sind, sich umzubringen, nur um uns loszuwerden? Die Polizei, die versucht, Ihnen zu helfen? Sind Sie denn vollkommen durchgedreht?«

»Wir wollen nicht nur die Polizei loswerden, John. Sondern die ganze Welt außerhalb unserer Mauern, und damit auch den Mörder. Ist das wirklich so verrückt? Kennen Sie das Konzept eines Panikraums?«

»Selbstverständlich.«

»Dann können Sie sicher nachvollziehen, dass wir Eden insgesamt in einen einzigen großen Panikraum verwandeln, um alle Anwesenden zu schützen. Wir schließen alle Türen und Fenster, bis die Bedrohung unseres Lebens für immer verschwunden ist. Dieser Ort wird zu einem echten Eden werden.«

Vom hinteren Ende der Gruppe verkündete Mackay herausfordernd: »Im Inneren wird es ein Paradies sein, von draußen Fort Knox. Dafür werde ich sorgen. Niemand wird an uns herankommen können.«

Sirroch zwinkerte einmal ob der Unterbrechung und sagte: »Andrew hat uns versichert, dass er uns alle in Sicherheit bringen kann.«

Maiden sagte: »Und wer schützt alle vor Andrew?«

Sirroch lächelte erneut.

Spencer hatte Joshua genau beobachtet, um zu sehen, ob er irgendwelche Gefühle zeigte, aber nichts bemerkt. Sie sagte beiläufig, um das Entsetzen in ihrem Kopf zu überspielen:

»Was passiert, wenn er hungrig oder durstig wird? Wenn er auf die Toilette muss?«

»Das wird nicht geschehen«, sagte Sirroch geschmeidig. »Wir haben über ein Dutzend Wächter, die sich schichtweise ablösen. Joshua hier wird die Abgeschiedenheit von Eden etwa zwei Stunden lang mit seinem Leben schützen, bevor jemand anders freiwillig seinen Platz einnimmt. Das macht es den Wächtern noch viel leichter, ihre Last zu tragen. Sie stellen sich dem Schrecken jeden Tag nur für kurze Zeit in den Weg, das ist alles. Und zudem wissen wir, dass Chris, sollte etwas Unvorhergesehenes geschehen, darauf wartet, dass ihre Seelen sich erheben und an seine Seite gelangen. Aber das Wundervolle an unserem Plan ist, dass alle, inklusive Joshua, in Sicherheit sein werden, wenn alle unsere Wünsche respektieren. Halten Sie sich an unsere Wünsche, und niemandem stößt etwas zu.«

Maiden schaute sich diskret nach dem zweiten Wächter um, um herauszufinden, ob es irgendeine Möglichkeit gäbe, diesen Wahnsinn zu stoppen. Sirroch beobachtete ihn unbesorgt und sagte schließlich amüsiert: »Vergessen Sie es, Detective. Wir haben das alles sehr gründlich durchdacht.«

»Und Sie halten das wirklich für eine gute Idee?«, blaffte Maiden ihn an. Er wandte sich an den Rest des Rates. »Sie alle? Sie halten das für das Richtige?«

Einige murmelten ihre Zustimmung, aber keiner schien wirklich überzeugt.

Maiden wechselte die Taktik und sagte: »Das Problem besteht doch darin, dass Sie Ihre Zeit mit mir verschwenden, Mr Sirroch. Ich kann die Lage nicht ändern. Ich rechne damit, dass innerhalb der nächsten Stunde eine Sondereinsatzgruppe die Ermittlungen übernimmt. Selbst wenn ich mich Ihren Forderungen füge, werden sich die Bedingungen demnächst dramatisch verändern. Deswegen schlage ich vor, dass Sie all ihre *Pläne* überdenken und wenigstens aussetzen, bis die Sondereinsatztruppe kommt.«

Sirroch blieb ungerührt. »Und ich schlage vor, dass Sie anfangen, Telefongespräche zu führen, John. Oder Joshua wird am Ende des Tages tot sein, nur weil einer Ihrer Vorgesetzten durch das Tor marschiert ist.«

»Um Gottes willen! Nehmen Sie doch Vernunft an!«

»Wir brauchen Gott nicht, John. Wir haben Chris' Geist, der über uns wacht, und wir glauben, dass er uns die Antworten gegeben hat.«

Es war eine Pattsituation zwischen den beiden Männern und Maiden fiel es schwer, seine Wut im Zaum zu halten.

Spencer überraschte ihn, indem sie sagte: »Ich glaube, ich habe eine Idee, wie wir es hinbekommen können.«

Alle starrten sie an. Sie fuhr fort: »Sie könnten es Detective Maiden und mir erlauben, hier in Eden zu bleiben und unsere Ermittlungen fortzuführen. Sperren Sie uns mit allen anderen hier ein, und falls wir uns entscheiden zu gehen, können wir nicht wieder zurück.«

Sirroch machte ein enttäuschtes Gesicht. »Ich hätte wenigstens von Ihnen erwartet, dass Sie es verstehen, Peta. Wir wollen in Ruhe gelassen werden. Der Mörder ist Teil Ihrer Welt, Ihrer Gesellschaft. Sie können sich ihm außerhalb unserer Mauern widmen.«

»Okay, Brent, aber was ist, wenn Sie unrecht haben? Wenn noch jemand ums Leben kommt, nur weil Sie das Tor verschlossen haben? Wie wollen Sie das Ihren Mitgliedern erklären? Dann schaffen Sie es nie an die Spitze. Und überhaupt, woher wollen Sie wissen, dass Ihnen alle in dieser Sache zustimmen? Wie viele Mitglieder werden insgeheim glauben, dass Sie das Falsche tun und sie möglicherweise mit einem gemeingefährlichen Mörder einsperren? Sie würden zu deren Seelenruhe beitragen, wenn Sie ihnen sagen könnten, dass zwei Detectives hier bei ihnen bleiben und im Inneren der Anlage nach dem Mörder suchen – für so unwahrscheinlich Sie dessen Existenz auch halten mögen.«

Sirroch dachte lange darüber nach und nickte schließlich

langsam, wobei sein Gesichtsausdruck zeigte, dass ihm klar war, dass es ein Deal war, aber ein Deal, der für beide Seiten funktionieren konnte.

Er sagte zögernd: »Für den Augenblick ist das möglicherweise eine Lösung. Was denken Sie, John?«

Maiden entgegnete: »Ich denke, dass Sie ein gefährlicher Idiot sind, der keine Ahnung hat, was er tut. Aber wenn ich verhindern kann, dass dieser Wahnsinn weitergeht, dann werde ich jetzt ein paar Anrufe tätigen. Detective Spencer? Kommen Sie mit.«

Maiden stürmte aus der Kapelle und Spencer eilte hinter ihm her. Er ging schnell in eine Ecke des Gartens, wo sie keiner hören konnte, und zündete sich dabei eine Zigarette an. Er blieb stehen und klappte sein Handy auf. Spencer erreichte ihn.

»Gute Arbeit«, sagte Maiden leise und konzentrierte sich auf den Wählvorgang.

»Was? Sie sind nicht sauer?«

»Warum? Die Situation hat durchaus Vorteile.« Maiden zog an seiner Zigarette und schaute seine Kollegin mit zusammengekniffenen Augen an. »Ob Sirroch blufft oder nicht, es wird diesen schwachköpfigen Wächter daran hindern, das Gift zu trinken, *falls* es überhaupt Gift ist. Außerdem tut er uns einen Gefallen, indem er diese ganzen Irren hier einsperrt, wo wir sie im Auge behalten können. Ich werde Lynch bitten, dass er draußen alles abriegelt, dann sollten wir unseren Mörder eigentlich ziemlich in die Enge getrieben haben. Wir müssen nur noch darauf kommen, wer es ist.«

»Natürlich, klingt ganz einfach«, sagte Spencer frech. »Und wenn Sirroch recht hat und wir den Mörder aussperren? Dann gibt er vielleicht auf, taucht unter und wir erwischen ihn nie.«

»Glauben Sie das wirklich?« Maiden hatte schon das Handy am Ohr. »Dass es jemand ist, der sich nach Eden schleicht, jemanden umbringt und dann wieder verschwindet?«

Mit einem Achselzucken gab Spencer nach. »Nein, es ist bestimmt eines der Mitglieder. Aber ich schätze, wir können Sirroch von unserer Liste streichen.«

»Unsinn. Vielleicht hat er sich diesen ganzen Scheiß extra ausgedacht, damit er noch eine Gelegenheit hat, seinen Plan zu beenden. Keiner wird von der Liste gestrichen.« Maiden hob einen Finger, um Spencer deutlich zu machen, dass jemand ans Telefon gegangen war. Dann sprach er eilig in den Hörer.

Zehn Minuten später war Maiden damit dran, sich Sirroch vorzuknöpfen, der immer noch in der Kapelle mit den anderen auf ihn wartete.

Maiden sagte: »Keiner ist im Mindesten glücklich über die Sache, und vor Ihrem Tor wird es ziemlich wild zugehen. Nur damit Sie Bescheid wissen: *Wir* sehen das Ganze als eine Geiselnahme an, bei der Joshua hier die Geisel ist und Sie der Typ, der ihm die Waffe an den Kopf drückt.«

»Sie sind der Einzige, der eine Waffe trägt, John«, sagte Sirroch ruhig.

»Ja, ich und hundert Polizisten draußen, plus ein SWAT-Team und vielleicht noch Scharfschützen auf den Dächern, was weiß ich. Sagen Sie Ihren Mitgliedern, dass sie nichts Dummes tun sollen. Nichts, was man missverstehen könnte. In Ordnung? Da draußen sind ein paar sehr nervöse Leute und sie werden beim geringsten Anlass das Gelände stürmen.«

»Das wäre unglücklich«, sagte Sirroch.

»Das wäre es allerdings.«

»John, wir sind davon ausgegangen, dass die erste Reaktion der Amtsgewalt ziemlich heftig sein würde, doch wir sind überzeugt, dass bald Ruhe einkehren wird. Wenn allen klar wird, dass wir nur Frieden und Liebe in unser Zuhause holen wollen, wird die Spannung nachlassen. Joshua und die anderen Wächter sind sicher, wenn man unsere Privatsphäre respektiert. So einfach ist es.« Sirroch schaute auf die Uhr. »Wir werden uns mit möglichst vielen unserer Mitglieder, die außerhalb von Eden leben, in Verbindung setzen. Ihnen bleibt bis fünf Uhr heute Nachmittag Zeit, um hierherzukommen, sonst werden wir sie leider auch ausschließen müssen. Wenn Sie möchten, können Sie diese Zeit nutzen, um nach Hause zu fahren und persönliche Gegenstände für die Zeit Ihres Aufenthalts packen. Ich garantiere Ihnen, dass Sie wieder hineindürfen, solange Sie vor fünf kommen.«

Als Maiden misstrauisch schaute, hob Sirroch ergeben die Hände.

Er sagte: »Sie haben mein Wort, John und Peta. Wir werden Sie wieder hereinlassen. Es wird uns eine Freude sein, Sie als Gäste zu beherbergen. Vielleicht bietet sich sogar die Gelegenheit, einander besser kennenzulernen?« Sirrochs Blick wanderte zu Spencer hinüber.

Sie sagte: »Ich glaube eher nicht.«

24

Maiden und Spencer hatten sich für kurz vor fünf vor dem Tor zur Anlage verabredet. Maiden kam in seinem eigenen Wagen und parkte an der Straße. Dann wartete er. Er war froh festzustellen, dass die Medienleute ausnahmslos verschwunden waren. Offenbar hatten sie von Sirrochs bizarren Forderungen und seinen selbstmörderischen Wächtern keinen Wind bekommen. Maiden vermutete jedoch, dass es letztlich irgendwann an die Presse durchsickern würde. Es gab immer jemanden unter den Kollegen, der der Versuchung nicht widerstehen konnte, eine derart spannende Information weiterzugeben oder vielleicht auch ein kleines Trinkgeld dafür einzustreichen, einen der Lokalreporter auf die richtige Fährte zu bringen.

Die Polizeipräsenz war auf einige wenige Streifenwagen reduziert worden, die so positioniert waren, dass alle Grundstücksbegrenzungen überwacht werden konnten. Außerdem gab es einen Van mit einem SPG-Team, der Polizeiausgabe einer SWAT-Truppe, das bereit war, innerhalb von Sekunden über die Mauer zu steigen, obwohl unklar war, was sie tun sollten, wenn Joshua oder ein anderer Wächter den Befehl bekam, Gift zu trinken. Alles wäre vorüber, bevor sie reagieren könnten. Sie trugen die volle Ausrüstung: schwarze Overalls, Kampfstiefel, Handschuhe und Helme; Waffen und kugelsichere Westen lagen bereit. Sie saßen auf Leinenstühlen und im Van, rauchten und ließen die Zeit vergehen.

Maiden bemerkte, dass der Leiter der SPG-Mannschaft ein alter Bekannter war. Also ging er hinüber, um zu sagen, dass er da wäre und in Kürze hineingehen würde.

Er fragte: »Ist irgendetwas Interessantes passiert?«

Der SPG-Chef hieß Cook.

»Eine komische Sache«, sagte Cook beiläufig. »Die Jungs auf der Ostseite haben einen Wagen angehalten, der ihnen auffiel. Sie haben drei Typen festgenommen, die mehr verschreibungspflichtige Medikamente bei sich hatten, als man in Michael Jacksons Badezimmer jemals gefunden hat. Aber wem zum Teufel wollen sie das Zeug hier verkaufen? Deinen Freunden auf der anderen Seite der Mauer?«

Die verkaufen nicht, die kaufen, dachte Maiden. Doktor Chore, Ihre Zeit läuft ab.

»Du wärst überrascht«, sagte er mit einem wissenden Lächeln zu Cook.

»Ach ja?« Cook zuckte mit den Achseln. »Du ziehst also zu den Spinnern?«

»Das ist der Plan«, nickte Maiden und zündete sich eine Zigarette an, nachdem er Cook ebenfalls eine angeboten hatte.

»Dein Plan?«

»Nicht allein, aber er ist nicht schlecht. Wir sind sicher, dass der Mörder immer noch irgendwo dort drinnen ist. Eines der Sektenmitglieder.«

»Ja …«, sagt Cook zweifelnd. »Müsst ihr mit ihnen in die Kirche gehen? Mit ihnen beten und alles?«

»Unsinn. Sie verehren einen Toten, den sie in ihrem Garten begraben haben.«

Cook dachte darüber nach und schaute verwirrt. »Das ist doch nichts Neues.«

»Du weißt schon, was ich meine, Cooky. Diese Typen glauben vielleicht auch noch an Feen.«

»Was ist mit Essen? Müsst ihr essen, was sie euch geben?«

Maiden runzelte die Stirn. »Warum nicht?«

»Na ja, essen sie nicht komische Sachen? Ich weiß auch nicht … *Sekten*-Essen? Ich persönlich hätte mir selber was mitgebracht.«

»Ich weiß nicht, was sie essen«, gab Maiden verärgert zu.

Daran hatte er gar nicht gedacht. »Normale Sachen, vermute ich.«

»Ich würde nichts davon essen«, befand Cook. »Man kann nie wissen, wann einer dieser Knallköpfe sich entscheidet, alle ins Nirwana zu schicken und eine Schachtel Rattengift in die Suppe schüttet. Erinnerst du dich noch an das Jonestown-Massaker?««

»Seit Tagen reden alle nur darüber«, entgegnete Maiden trocken.

Maiden sah sich um und bemerkte, dass sich alle SPG-Mitglieder bemühten, einen unbeteiligten Gesichtsausdruck aufzusetzen. »Müsst ihr Penner nicht eure Waffen polieren oder so?«

Ein Taxi fuhr vor und Spencer stieg mit einem großen Rucksack aus. Sie sah Maiden, winkte und steckte dann den Kopf zurück ins Taxi, um zu bezahlen.

»Kommt sie mit dir mit?«, fragte Cook. Plötzlich waren alle interessiert.

»Ja, sie ist mein Partner«, seufzte Maiden.

»Teilt ihr euch ein Zimmer?«

»Im Augenblick habe ich nicht die geringste Ahnung. Das werden wir sehen, wenn wir drinnen sind.«

»*Guter* Plan.«

»Es wird gar nichts passieren, wir haben eine sehr professionelle Beziehung.«

»Klar«, sagte Cook wieder und verdrehte die Augen in Richtung der anderen.

Spencer kam auf sie zu, begrüßte alle mit einem Blick. »Gehen wir?«, fragte sie Maiden.

»Tun wir. Haben Sie alles?«

»Genug für ein paar Tage.« Sie hob den Rucksack.

»Sieht so aus.«

Cook sagte: »Augenblick, John.« Er ging in den Van und zog ein kleines Funkgerät hervor, dann warf er es Maiden zu. »Kanal fünf ist für uns. Den hören wir die ganze Zeit.

Die Batterien sollten wenigstens vierundzwanzig Stunden reichen, wenn du nicht zu viel sendest. Wenn sie leer sind, schmeiß es über die Mauer, dann werfen wir dir einen Ersatz zurück.«

»Besten Dank«, sagte Maiden. »Vielleicht könnt ihr auch noch einen Eimer panierte Hähnchenkeulen rüberschmeißen?«

Maiden und Spencer stiegen in seinen Wagen und fuhren zum Tor, das sich wie von Zauberhand für sie öffnete. Auf der anderen Seite stand einige Mitglieder von Eden, die ganz und gar nicht zufrieden mit ihrer Rolle als Wachleute zu sein schienen. Einer von ihnen sprach in ein Funkgerät, als der Wagen vorbeifuhr. Maiden sah auf die Uhr.

»Das war's, fünf Uhr«, sagte er.

»Es ist nicht so schlimm. Vergessen Sie nicht, Sirroch hat gesagt, wir könnten jederzeit gehen. Wir dürfen bloß nicht wieder rein.«

»Er hat *gesagt,* wir dürfen jederzeit gehen ...«

Maiden parkte neben dem Verwaltungsgebäude. Mackay tauchte auf, als sie aus dem Wagen stiegen.

Mackay schaute entschlossen und sagte: »Wir haben entschieden, dass es das Beste wäre, wenn Sie Ihre Waffen abgeben würden. In Eden ist kein Platz für Schusswaffen. Wir mögen sie nicht.«

Maiden erstarrte. »Wessen Idee war denn das?«

»Wen kümmert das? Die Entscheidung ist getroffen.«

»Es ist eine schlechte Idee und eine schlechte Entscheidung«, entgegnete Maiden nachdrücklich. »Es ist nicht nur lächerlich zu glauben, dass wir irgendwem unsere Dienstwaffen aushändigen würden, Sie müssen auch verrückt geworden sein, wenn Sie glauben, wir würden sie ausgerechnet *Ihnen* geben. Also vergessen Sie's. Wo schlafen wir?«

Wie Maiden beabsichtigt hatte, reagierte Mackay beleidigt und wütend, war aber immerhin klug genug, nicht weiter zu insistieren. Er nickte mit dem Kopf in Richtung Büro.

»Nicht mein Problem. Gehen Sie drinnen fragen.« Er stapfte davon.

Spencer wartete, bis er außer Hörweite war. »Interessant«, sagte sie. »Ich vermute mal, dass es *seine* Idee war und keiner sonst davon wusste, sonst hätte er gesagt: ›Ich werde Brent sagen, dass Sie sich weigern‹ oder so.«

»Ich denke, da haben Sie recht.« Maiden sah Mackay hinterher.

»Warum will er uns entwaffnen?«

»Vielleicht will er sich wie der Oberboss fühlen? Wenn wir keine Waffen haben, stehen wir mit ihm auf einer Stufe. Es könnte so ein alberner Mist sein.«

»Vielleicht. In dem Fall hoffe ich, dass er keine Schusswaffe in die Hände kriegt, die ihn auf unsere Höhe *auf*steigen lässt. Unter den Typen, die aussehen und sich benehmen, als könnten sie unser Mörder sein, steht der Kerl für mich ganz oben.« Spencer zuckte mit den Achseln und versuchte das unangenehme Gefühl abzuschütteln, das die Begegnung mit Mackay hinterlassen hatte.

Die Empfangsdame Diane schien sie zu erwarten. Sie kam hinter ihrem Tisch hervor und führte sie direkt zur Hintertür hinaus. Sie sagte: »Wir haben zwei Einzelzimmer nebeneinander für Sie vorbereitet. Ich fürchte, dass sie nicht ganz dem Standard entsprechen, den Sie gewöhnt sind, doch in jedem gibt es ein Bett und ein Bad, und sogar eine einfache Küche.« Diane hielt inne und sah sie an. »Sie wollten doch kein gemeinsames Zimmer, oder?«

»Nein«, sagte Spencer schnell und Maiden setzte hinzu: »Das wäre nicht richtig.«

»Genau. Das habe ich mir gedacht.« Diane ging weiter und sagte über die Schulter: »Sie werden auf Ihren Zimmern ein Informationsblatt finden mit allen Essenszeiten, Gebetszeiten und den Regeln hier in Eden. Wir wissen alle, warum Sie hier sind, Detectives, und alle sind Ihnen dankbar und haben größtes Verständnis, aber Brent lässt Sie bitten, wenigstens zu *versuchen,* sich an unsere Regeln zu halten. Sie basieren auf gesundem Menschenverstand und Respekt voreinander.«

»Wir geben unser Bestes«, murmelte Maiden, obwohl er kaum zugehört hatte.

Diane brachte sie in einen Gang mit vielen Türen, blieb vor den letzten beiden stehen und reichte Maiden und Spencer je einen Schlüssel. »Da sind wir, sie sind beide genau gleich. Suchen Sie es sich aus.«

»Danke«, sagte Maiden, machte aber keine Anstalten, hineinzugehen. Dianes routiniertes Lächeln verblasste ein wenig, während sie versuchte zu begreifen, was los war, bis sie schließlich darauf kam, dass er darauf wartete, dass sie verschwand.

»Lassen Sie es mich wissen, wenn Sie etwas benötigen«, sagte sie viel zu fröhlich und verließ sie, den Rücken angespannt vor Groll.

Spencer sah ihr nach und fragte: »Warum ärgern Sie sie?«

»Weil sie ganz sicher eine von denen ist, die ihr Ohr an Ihre Wand und ihr Auge an Ihr Schlüsselloch drücken, wenn sie auch nur die kleinste Chance bekommt.«

»Welches Zimmer wollen Sie?« Spencer schaute auf den Schlüssel in ihrer Hand.

»Mackay wird Sie in dem mit der versteckten Kamera wollen. Mein nackter Arsch interessiert den bestimmt nicht.«

»Sehr lustig – und jetzt haben Sie mich dazu gebracht, dass ich jeden Quadratzentimeter Wand nach einer Miniaturlinse absuchen werde.«

»Ich bezweifle, dass er so gut ausgerüstet ist.« Maiden steckte einen Schlüssel ins Schloss und die Tür schwang auf. »Ich will mich duschen und umziehen. Im Moment können wir nicht viel tun, aber wie wäre es, wenn wir uns in einer halben Stunde zusammensetzen und versuchen, uns einen Schlachtplan zu überlegen?«

»Klingt gut. Bei Ihnen oder bei mir?«

»Was für Alkohol haben Sie mit?«

Spencer schien es abstreiten zu wollen, dann sagte sie jedoch: »Ein paar Flaschen Rotwein, und Sie?«

»Johnny Walker Black.«

»Das schlägt meine zwei Cabernet Merlots vom Discounter um Längen.«

»Dann bei mir.«

Maiden ging nach drinnen und zog die Tür zu. Er überprüfte, dass sie nicht verriegelt war, damit Spencer hereinkommen könnte. Das Zimmer war einfach eingerichtet, etwa so, wie er Carol Geyers Apartment in Erinnerung hatte, jedoch ohne jede persönliche Note. Es wirkte dennoch nicht unbewohnt und Maiden vermutete, dass irgendjemand ausquartiert worden war, um Platz für die Detectives zu schaffen. Er warf seine Reisetasche auf das Einzelbett, öffnete sie, nahm seine Waschsachen und ein Handtuch heraus, dann legte er eine Jeans, ein frisches Hemd und einen dicken Wollpullover zurecht. Lässiger ging es bei ihm nicht. Vor allem verbarg der weite, schwere Pullover ausgezeichnet sein Schulterholster.

Die Duschkabine war ein bisschen eng für einen Mann von Maidens Statur, aber er genoss das heiße Wasser, das ihm den Nacken wärmte, und blieb lange darunter stehen. Schließlich musste Brent Sirroch die verdammte Stromrechnung zahlen. Außerdem fühlte sich Maiden unbehaglich und die lange Dusche half ihm, sich zu beruhigen. Obwohl er schon oft bei Ermittlungen in Mordfällen in Motels übernachtet hatte, war diese Situation für seinen Geschmack außerhalb seiner Wohlfühlgrenzen. Eigentlich *war* er ja gar nicht in Eden gefangen, trotzdem blieb der Eindruck. Er war froh, nicht allein zu sein – Spencer war nebenan.

Nachdem er sich abgetrocknet und sich ein Handtuch um die Hüfte gewickelt hatte, ging Maiden zurück in den Wohnraum, um sich anzuziehen.

Er erschrak, als er eine Frau auf seinem Bett liegen sah.

Es war Leanne Dorsett, und sie reagierte auf Maidens Überraschung mit einem breiten Strahlen.

Er sagte: »Ich glaube, Sie sind im falschen Zimmer … Miss Dorsett«. Es gelang ihm gerade noch rechtzeitig, ihren Namen aus seiner Erinnerung hervorzukramen.

»Nein, bin ich nicht«, entgegnete sie amüsiert. Ihr Blick wanderte über seine nackte Brust.

»Tja, es tut mir leid, vielleicht hat man Ihnen nicht gesagt, dass ich eine Weile dieses Zimmer nutzen soll. Detective Spencer ist nebenan«, hatte er noch das Gefühl, hinzusetzen zu müssen. »Ich würde mich dann gern anziehen.«

»Ich weiß, dass es Ihr Zimmer ist. Ich bin hergekommen, um Sie in Eden willkommen zu heißen. Bitte nennen Sie mich Leanne.«

Sie trug einen langen, roten Mantel, eine Wahl, die Maiden ziemlich eigenartig erschien, doch es war ihm viel zu peinlich, dass er selbst praktisch nichts anhatte, um weiter darüber nachzudenken. Er sagte: »Ich habe Sie gar nicht anklopfen hören.«

»Ich habe nicht geklopft. In Eden stehen jedem von uns alle Türen offen. Das fördert Freundschaft, Harmonie und Liebe.«

»Meine Tür normalerweise nicht.«

»Was habe ich für ein Glück. Sie können jetzt gern das Handtuch abnehmen.«

»Entschuldigung?« Maiden war erneut wie vor den Kopf geschlagen und zugleich wurde ihm immer klarer, dass er wie ein dummer Junge dastand und sich laufend entschuldigte. Das passte so gar nicht zu einem Mann, der die Lage unter Kontrolle hatte.

»Hier, vielleicht hilft Ihnen das.« Dorsett setzte sich auf, knöpfte schnell ihren Mantel auf und streifte ihn von den Schultern. Sie trug nichts darunter und Maiden hatte einen Knoten im Hals, als er sie ansah. In dem kleinen Zimmer gab es wenig Platz zum Ausweichen und er konnte sich nicht weit von ihr entfernen. Er zuckte aber zurück, als sie nach seinem Handtuch langte.

Er sagte hastig: »Ich glaube, das ist ein Missverständnis. Das wäre wirklich nicht richtig … ich wäre Ihnen sehr dankbar, wenn Sie sich wieder anziehen würden. Wirklich, ich meine es ernst«, setzte er streng hinzu, als sie über ihn lachte und weiterhin versuchte, sein Handtuch zu erhaschen.

»Seien Sie nicht so schüchtern«, sagte sie. »Es ist vollkommen in Ordnung.«

»Es ist *überhaupt* nicht in Ordnung«, sagte er. Maiden wollte nicht zu abweisend sein. Er ging davon aus, dass Leanne auf Anregung von irgendjemandem hergekommen war. Sie war bloß ein Spielstein in der Strategie von irgendwem, und er wollte es sich durch seine Ablehnung nicht vollkommen mit ihr verscherzen. Er musste noch mit ihr reden.

Unversehens schob sie eine Hand unter das Handtuch und packte seinen Penis, der trotz Maidens bester Absicht, die Berührung zu ignorieren, zu reagieren begann. Eine höhnische Stimme in seinem Kopf erinnerte Maiden daran, dass dies nun schon das zweite Mal in kürzester Zeit war, dass er von einer Frau sexuell belästigt wurde.

Das wird ja schon zur Gewohnheit.

»Hier fühlt sich alles bestens an«, sagte sie mit einem durchtriebenen Grinsen.

»Bitte, Leanne, nicht. Ihnen ist nicht klar, in was für eine schwierige Position Sie mich bringen.«

»Wir können jede Position wählen, die Sie wünschen.«

»Okay, das reicht«, sagte er mit wütendem Blick. Und diesmal begriff sie es dann doch und ließ die Hand sinken. Leanne schmollte und griff nach ihrem Mantel.

Freundlicher sagte er zu ihr: »Ärgern Sie sich nicht, Leanne. Lassen Sie es mich erklären. Ziehen Sie sich an und lassen Sie es mich erklären?«

Nach einer Pause nickte sie, ohne ihn anzusehen, erhob sich und begann, in ihren Mantel zu schlüpfen. Maiden wollte am liebsten seine Sachen vom Bett mit ins Bad nehmen und sich dort ankleiden. Aber er fürchtete, dass sie die Gelegenheit nutzen würde, das Weite zu suchen. Also wandte er ihr seinen Rücken zu, ließ das Handtuch fallen und zog eilig Jeans und Hemd über. Dabei blockierte Maiden den Weg zur Tür. Als er sich umdrehte, saß Leanne auf der Bettkante.

»Es ist mir so peinlich«, sagte sie mit leiser Stimme.

»Das muss es nicht, es ist nicht Ihre Schuld, dass ich … das nicht zu schätzen weiß. Sie sind eine sehr attraktive Frau, nur damit das klar ist«, sagte er. »Ich wünschte, die Lage wäre anders.«

Sie lächelte ihn schwach an, und er konnte sehen, dass sie glaubte, dass er sich über sie lustig machte. Maiden setzte sich neben sie.

Er sagte sanft: »Also, wer hat sie darum gebeten?«

»Was?«

»Kommen Sie, Leanne. Wer hat Ihnen vorgeschlagen, zu mir zu kommen und das zu tun?«

»*Niemand* hat mir irgendetwas vorgeschlagen. Ich habe mich ganz allein dazu entschieden.« Leanne schien ernsthaft beleidigt zu sein, dass er das dachte.

Maiden runzelte die Stirn. »Aber warum? Machen Sie das *immer?* Ist das Ihre … *normale* Art, jemanden willkommen zu heißen?«

»Wohl kaum, John.« Sie starrte ihn an. »Ich schlafe doch nicht mit jedem Mann, der durch das Tor spaziert kommt, oder?« Maiden beschwerte sich nicht darüber, dass sie seinen Vornamen verwendete. Das war nützlich, wahrscheinlich senkte es die Hemmschwelle zwischen ihnen. Er war keineswegs überzeugt, dass Leanne *nicht* für jeden anderen Mann auf dem Gelände den Mantel und sonst nichts anzog, ließ es jedoch auf sich beruhen.

»Und warum ich? Ich meine, ich bin geschmeichelt, aber …«

»Ich dachte, es wäre eine Gelegenheit, Informationen auszutauschen, wenn wir uns erst näher kennengelernt haben«, sagte sie.

»Ah, ich verstehe.« Maiden fühlte sich bestätigt in seiner Annahme, dass sie für jemand anderen tätig *war.* »Und mit wem würden *Sie* diese Informationen dann teilen?«

Leanne schaute überrascht. »Mit niemandem. Ich halte meine Quellen streng geheim.«

Maiden brauchte einen Augenblick, um die Mediensprache zu erkennen. »Sie meinen, Sie wollten Informationen für Ihren *Newsletter* haben?«

»Für Sie ist das vielleicht nur ein Newsletter, John. Aber es ist die einzige Möglichkeit, dass alle die Tatsachen erstmals erfahren. Die Mitglieder von Eden haben die Erfahrung gemacht, dass meine Artikel der Wahrheit entsprechen. Der Newsletter ist ein wichtiger Teil unseres Alltags, und ich nehme ihn sehr ernst.«

Maiden konnte es kaum glauben. Andererseits vergegenwärtigte er sich wieder einmal, dass er schon längst bemerkt hatte, dass dieses Eden ein Nest mit höchst eigenartigen Leuten war, die alle auf ihre Weise Macht ausüben wollten. Es war absolut nicht unmöglich, dass Leanne tatsächlich ausschließlich aufgrund ihrer eigenen übersteigerten Ambitionen agierte.

Es würde sich lohnen, ihr Selbstgefühl anzustacheln und zu sehen, was als Nächstes passiert. Es fiel ihm schwer, das Gespräch nicht zu beschleunigen, denn Spencer könnte jeden Moment hereinkommen und Leanne einen Vorwand liefern zu gehen.

»Ihr Engagement ist wirklich bewundernswert«, sagte er mit einem großzügigen Lächeln. »Aber ich glaube nicht, dass wir Ihnen etwas Nützliches mitteilen können, Leanne. Es wäre bloß eine Einbahnstraße, und das ist doch nicht sonderlich fair, oder?«

Sie lächelte über die unausgesprochene Herausforderung. »Wirklich? Versuchen Sie es doch einmal. Was wollen Sie wissen? Vielleicht kann ich Sie überraschen.«

»Nun gut, wer hat Chris Vitale auf dem Gewissen?«

»Seien Sie nicht albern. Wer ist Ihr Hauptverdächtiger?«

»Jetzt sind *Sie* albern«, schalt Maiden sie und hatte nun doch das Gefühl, seine Zeit zu verschwenden.

»Wissen Sie von Carol Geyer?«

»Wir haben uns mehrmals ausführlich mit Carol unterhalten.«

»Aber wissen Sie, was ich weiß?«

Maiden unterdrückte einen Seufzer. »Das hängt ganz eindeutig davon ab, *was* Sie wissen.«

»Und was habe ich davon?«

Ich verhafte Sie nicht wegen Behinderung der Justiz, und Sie landen nicht im Kittchen. Maiden riss sich zusammen und sagte: »Ich habe eine gute Freundin mit exzellenten Kontakten in der Presse. Vergessen Sie Ihren Newsletter, Leanne. Wenn Sie mir helfen, dann kann ich mal fragen, ob Sie für eines der großen Magazine schreiben können. Einen Exklusivbericht über die Ereignisse hier in Eden.« Er erwähnte nicht, dass Brenda immer noch im Krankenhaus um ihr Leben rang.

Er beobachtete die widerstreitenden Emotionen auf Leannes Gesicht und wusste, dass sie zumindest in Versuchung war.

»Das könnten Sie tun?«, fragte sie und dachte angestrengt nach. Er vermutete, dass ihre Loyalität Eden gegenüber herausgefordert war.

»Ich kann fragen, mehr nicht. Aber wie gesagt, sie ist eine gute Freundin von mir.«

Leanne traf eine Entscheidung und sagte zögernd: »Okay … hören Sie, ich kann Ihnen jedenfalls sagen, dass Chris Carol als die Haupterbin seiner weltlichen Güter eingesetzt hat. Wenn alles vorüber ist, gehört Carol der größte Teil von Eden. Ich vermute, das heißt, dass sie es auch leiten wird. Wussten Sie das?«

Maiden verbarg seine Überraschung und log. »Wir vermuteten etwas in dieser Art. Aber woher wissen Sie das?«

»Walter war misstrauisch geworden und hatte einige Erkundigungen eingezogen. Eines Abends habe ich ihn im Bürogebäude getroffen und eine E-Mail eines Anwalts an Walter gesehen. Er weiß nicht, dass ich sie gelesen habe – wusste es nicht«, korrigierte sie sich unglücklich.

»Wem haben Sie sonst noch davon erzählt?«

»Niemandem. Das wollte ich für mich behalten, bis ich herausgefunden hatte, wie alles zusammenhängt. Man weiß nie, was passiert, wenn man zu indiskret ist.«

Leanne klang dabei ganz unschuldig, doch Maiden hatte das Gefühl, dass sie einen messerscharfen Verstand hatte und ganz genau wusste, was sie wann und wo sagte – und welches gefährliche Informationshäppchen sie besser für den richtigen Moment aufbewahrte.

Er sagte: »Was ist mit Andrew Mackay? Zensiert er nicht alle E-Mails, die ein- und ausgehen?«

Leanne schnaufte leise.

»Meine Güte, nein. Nur die E-Mails der Mitglieder, nichts aus dem Büro. Das ist ein anderer Server. Könnten Sie sich vorstellen, dass Brent es Andrew erlauben würde, seine privaten E-Mails zu lesen?«

»Nein, natürlich nicht«, sagte Maiden und fragte sich, ob Mackay mehr von Computern verstand als die anderen vermuteten.

»Außerdem ist Andrew viel zu beschäftigt mit seinen Überwachungskameras«, sagte Leanne mit leichter Empörung, sodass Maiden aufmerksam wurde.

»Wie meinen Sie das?«

Sie schaute ihn selbstzufrieden an, sie freute sich, dass Maiden auch das noch nicht wusste. »Andrew stellt überall Kameras auf, und an vielen Stellen sollte er das nicht tun. Zum Beispiel in der Umkleide des Fitnesscenters.« Sie senkte die Stimme. »Sagen wir einmal so: Richten Sie doch Detective Spencer aus, dass sie sich besser nur in ihrem eigenen Zimmer an- und auszieht.«

Das klang eher wie bösartiger Tratsch. Maiden sagte: »Sie machen Witze. Woher wissen Sie *das?*«

»Ich habe es einmal gesehen. Ich habe Andrew dabei erwischt, wie er etwas angeschaut hat, als ich in seine kleine Kontrollkammer kam. Er hat es ganz schnell abgeschaltet und war wütend, dass ich nicht geklopft habe, aber ich konnte sehen, was es war.«

»Hat er versucht, es zu erklären?«

»Ich habe ihn nicht gefragt. Er hätte mir sowieso nicht die Wahrheit gesagt, oder? Ich habe einfach so getan, als hätte ich es nicht bemerkt.«

Wieder dieser scharfe Verstand, dachte Maiden. »Da haben Sie recht«, sagte er. Jetzt überlegte er, welche hilfreichen Videoaufnahmen Mackay haben könnte, von denen er ihnen nichts sagte – und warum er ihnen nichts sagte.

»*Sie* sagen mir doch die Wahrheit, John, oder? Das ist unsere Vereinbarung.«

»Ich sage Ihnen alles, was ich kann, wenn es so weit ist«, versprach er ihr, ohne recht zuzuhören.

»Und Sie sprechen mit Ihrer Freundin? Wegen der Veröffentlichung?«

»Das kann ich Ihnen versprechen. Hören Sie … Peta wird gleich kommen – Detective Spencer. Es wäre vielleicht besser, wenn Sie Ihnen nicht begegnet.«

Leanne erhob sich und blieb dicht vor Maiden stehen, sie öffnete ihren Mantel ein ganz klein wenig. »Soll ich später noch einmal wiederkommen? Ganz spät, damit niemand es bemerkt?«

Maiden setzte einen Ausdruck auf, von dem er hoffte, dass es die richtige Mischung aus Entschlossenheit und einem Hauch Reue wäre. »Nein, wir müssen uns professionell verhalten, Leanne. Sie dürfen Ihre Glaubwürdigkeit nicht kompromittieren. Außerdem will ich *niemanden* nach Einbruch der Dunkelheit auf dem Gelände herumwandern sehen, vor allem keine junge, attraktive Frau.«

Leanne errötete und schien sich über das Kompliment zu freuen. Sie wandte sich ab. »Wenn ich noch etwas erfahre, dann sage ich es Ihnen.«

»Das weiß ich zu schätzen.« Maiden winkte ihr nach, ohne sich vom Bett zu erheben. Er fürchtete, dass sie sonst eine Umarmung oder einen Kuss einfordern würde. Vielleicht die übliche Verabschiedung in Eden.

Leanne öffnete die Tür und starrte erschrocken Spencer an, die ihr gegenüberstand und gerade im Begriff war zu klopfen. Leanne sagte fröhlich: »Hallo, Peta! Ich wollte gerade gehen.«

Spencer trat wortlos zur Seite und ließ Leanne heraus, die ihr zum Abschied mit einer kleinen Bewegung zuwinkte. Dann kam sie herein und schloss die Tür hinter sich. Spencer trug eine große Tasche über die Schulter geworfen. Verwirrt fragte sie Maiden: »Sie trägt nichts unter dem Mantel, oder?« Es war eher eine Feststellung.

»Woher wissen Sie das denn?«

»Das sieht doch jeder.«

»Hmm … na ja, Sie haben recht. Leanne Dorsett ist hergekommen, um mich auf ihre ganz eigene Art offiziell willkommen zu heißen. Dabei ging es ihr allerdings nur darum, mir Informationen für ihren verdammten Newsletter abzuluchsen. Man könnte glauben, es wäre die *New York Times.*«

»Und Sie haben ihre Begrüßung akzeptiert? Sie wirkte sehr zufrieden mit sich.«

»Natürlich nicht, aber wir haben eine Vereinbarung getroffen, in deren Rahmen sie mir ein paar verdammt interessante Informationen gegeben hat – wirklich äußerst interessant, und sie kriegt sogar etwas im Gegenzug, vielleicht jedenfalls. Was ist in der Tasche?«, setzte er neugierig hinzu, während Spencer einen kleinen Tisch frei räumte. Er wollte möglichst wenige Feinheiten von Leannes Besuch berichten, vor allem nicht, dass er die meiste Zeit äußerst dürftig bekleidet war.

»Während Sie zu Hause Socken und Boxershorts eingepackt haben, war ich auf der Wache und habe mir das hier geholt. Ein Laptop mit einer schnurlosen Internetverbindung. Sie haben mir ein verschlüsseltes Passwort und eine Login-Adresse gegeben, damit ich von hier auf unsere Datenbank zugreifen kann. Das ist, als säßen wir an unserem Schreibtisch.«

»Wirklich?«, fragte Maiden und war durchaus beeindruckt von ihrer Weitsicht. »Und was ist mit den Donuts und dem bitteren Kaffee?«

»Ich dachte, Sie hätten Scotch?« Spencer zog ihr Handy heraus und fuhr fort: »Ich bekomme eine SMS, wenn jemand Informationen hochlädt, von denen er glaubt, dass sie für uns interessant sind. Es hat vor fünf Minuten gepiept, aber ich dachte, ich warte, bis ich bei Ihnen bin.« Sie stöpselte den Computer ein und schaltete ihn an. »Was hat Dorsett Ihnen so Wichtiges erzählt?«

Maiden berichtete, während er in seiner Reisetasche nach der Flasche suchte. Dann holte er zwei Gläser aus einem Schrank. Bevor er seine Geschichte beendet hatte, war Spencer bereits erstarrt.

Sie sagte: »Mein Gott, das ist ja Wahnsinn. Carol bekommt alles?«

»Das weiß ich nicht, aber jedenfalls genug, um Walter Harris zu verärgern, nicht wahr? Es muss eine ganze Menge sein. Dorsett hat jedenfalls gesagt, Carol wäre jetzt an der Macht.«

»Kein Wunder, dass sie um ihr Leben bangt. Die Hälfte der Mitglieder hier würde sie wahrscheinlich umbringen wollen, wenn sie wüssten, dass sie alles übernimmt. Wann wollte sie es ihnen sagen? Wenn die Sache erledigt ist, vermute ich.«

»Wahrscheinlich erst, wenn sie die Kohle auf dem Konto hat«, stimmte Maiden zu und reichte Spencer ein Glas.

Sie deutete um sich herum. »Aber das ist doch verrückt.

Immerhin hat Vitale es weit gebracht und hier eine riesige Organisation aufgebaut. Wieso sollte er das alles einem Teenager vermachen? *So* gut kann sie im Bett doch auch nicht sein. Mein Gott.«

»Männer tun die merkwürdigsten Sachen, wenn sie einem hübschen jungen Mädchen verfallen – oder auch einem Mann. Vergessen Sie nicht, Darrell Hahndorf hat sich ganz ähnlich verhalten, als er versuchte, in Vitales Bett zu gelangen. Und außerdem hört sich das an, als ob Sie davon ausgehen, dass Vitale damit gerechnet hat zu sterben und wusste, dass Carol tatsächlich alles *bekommen würde*«, sagte Maiden. »Wenn Vitale jedoch vorhatte, noch ein langes, glückliches Leben zu führen, wäre es keine große Sache für ihn gewesen, Carol als Haupterbin einzusetzen und dafür ihre sexuellen Dienste in Anspruch zu nehmen, solange es eben ging. Manche Leute überarbeiten ihren letzten Willen jedes Jahr, je nachdem, wer ihnen gerade auf die Nerven gegangen ist. Wer hat wen manipuliert? Carol hat vielleicht gedacht, sie hätte das Vermögen praktisch schon in Händen; Vitale hatte jedenfalls seine Pfoten an einem Mädchen, das halb so alt war wie er, ohne dafür allzu viel zu riskieren.«

»Sie hätte ihn umbringen müssen, um tatsächlich zu erben. Das traue ich Carol wirklich nicht zu.«

»Schwer vorstellbar«, nickte Maiden.

»Und Mackay steckt den Mädchen seine Kameras unter den Rock, um sich einen runterzuholen. Das überrascht mich nicht, der Kerl ist ein Schleimscheißer. Aber hat er etwas gesehen, wovon er uns nichts erzählt?«

Maiden grunzte. »Das habe ich mich auch gefragt. Oder nutzt er seine Kameras vielleicht, um genau im richtigen Augenblick aufzutauchen und jemanden umzulegen? Gott, vielleicht filmt er sogar seine eigenen Morde, um sie dann im Internet zu verkaufen oder so.«

»Aber damit entfernen wir uns immer weiter von der Krebs-Theorie.«

Er zuckte mit den Achseln. »Die könnte zu jeder dieser Möglichkeiten passen, also vielleicht auch nicht.«

»Und was haben Sie jetzt vor?«

»Ich wollte ein bisschen herumschnüffeln, um diesen zweiten Wächter zu finden. Wenn wir wenigstens wüssten, wo der steckt … aber jetzt will ich auf jeden Fall auch noch einmal mit Carol Geyer sprechen. Als allererstes.«

»Soll ich vorher noch die Datenbank überprüfen?«

Maiden hob sein Glas, um zu zeigen, dass er noch reichlich Scotch hatte. »So viel Zeit bleibt Ihnen.«

Spencer konzentrierte sich auf den Computer und nippte an ihrem eigenen Drink, während Maiden wartete. Sie las, was angezeigt wurde, und sagte plötzlich aufgeregt zu ihm: »Hey, die Jungs in Queensland haben Ivan Hattor geschnappt. Er wird gerade jetzt vernommen und sie haben versprochen, nachher ein vollständiges Protokoll des Verhörs zu schicken. Das könnte jederzeit kommen.«

Maiden trat hinter sie und schaute ihr über die Schulter. »Hat er ihnen schon irgendetwas erzählt?«

»Hier sind überhaupt keine Informationen. Das kommt alles mit dem Protokoll.«

Maiden war zufrieden und enttäuscht zugleich. Er trank sein Glas mit einem Schluck leer. »Okay, schreiben Sie denen, dass wir uns sehr darauf freuen, die Niederschrift so schnell wie möglich zu erhalten. Und dann gehen wir eine Weile mit Carol plaudern. Vielleicht haben sie es geschickt, wenn wir mit ihr fertig sind.«

Draußen wurde es dunkel, die Sonne verschwand hinter der Silhouette der Stadt. Der Sonnenuntergang spendete kaum noch Licht und warf düstere Schatten auf den Boden. Es waren nur sehr wenige Menschen zu sehen und Maiden vermutete, dass Essenszeit war. Spencer erinnerte sich, in welcher Einheit Carol wohnte, und führte sie direkt dorthin. Maiden nickte und sie klopfte an. Die Tür öffnete sich halb und Carol schaute nervös heraus.

»Oh, Sie sind's«, sagte sie und entspannte sich. »Ich habe gehört, dass Sie in Eden bleiben. Heißt das, Sie werden uns alle die ganze Nacht wachhalten?«

»Wir müssen reden«, sagte Maiden. »Jetzt.«

Carol schaute wegen seines Tonfalls verunsichert, öffnete aber die Tür. »Kein Problem.«

Drinnen ließ Carol sich auf den Boden sinken, sodass sie zwischen Bett und Stuhl wählen konnten.

»Was ist das Problem?«, fragte sie.

»Es gibt da ein paar Dinge, die Sie versäumt haben, uns zu erzählen«, sagte Spencer.

»Was denn? Ich habe Ihnen alles gesagt, was ich weiß. Mehr als ich musste sogar.«

»Wirklich? Und was ist damit, dass Sie regelmäßig mit Chris Vitale geschlafen haben?«

Carol zuckte mit den Achseln. »Und? *Alle* haben mit Chris geschlafen. Ich habe auch Brent und ein paar andere gevögelt. Das ist hier keine große Sache. Einige Frauen werfen sich jedem an den Hals, von dem sie glauben, dass er ihr Leben besser macht. Vor Brents Tür steht eine Schlange, die mittlerweile um den ganzen Block geht. Sex ist hier eine Ersatzwährung. Ich habe einfach bloß mehr auszugeben als die anderen«, sagte sie mit einem schiefen Lächeln.

»Ja, aber wo wir schon beim Geld sind, Sie haben es geschafft, Vitales Erbin zu werden.« Spencer neigte den Kopf zur Seite und erwartete eine Erklärung.

Carol zögerte. »Darum habe ich nicht gebeten. Ich weiß nicht, warum Chris dachte, es würde einen Unterschied darstellen.«

Maiden sagte: »Auf jeden Fall stellt es jetzt, wo er tot ist, einen Unterschied dar. Einen Unterschied auf Ihrem Konto.«

Carol starrte ihn an und er bemerkte einen Anflug von Panik. »Hey, Augenblick mal ... Sie können doch wohl nicht glauben, dass ich Chris wegen des Geldes getötet hätte! Das war *niemals* ...« Sie unterbrach sich. »Ich soll ihn also umgebracht und auf den Boden genagelt haben? Wegen des Erbes?«

»Es wäre keine Weltpremiere«, sagte Maiden.

Carol stieß ein hartes Lachen aus. »Und Ralph habe ich ebenfalls auf dem Gewissen?«

»Sie waren mit ihm im Pool«, erinnerte Spencer sie. »Sie haben gesagt, Sie hätten ihn *gefunden,* aber letztlich ist vor allem klar, dass Sie mit ihm zusammen im Wasser waren.«

»Um Gottes willen! Ralph war kein Mr Universum, aber wie sollte ich einen Mann wie ihn so lange unter Wasser drücken? … Und was ist mit Walter? Habe ich den auch umgebracht?«

»Vergessen Sie nicht, wir haben gesehen, wie Sie bei der Beerdigung mit Harris gestritten haben. Uns kam das ganz schön ernsthaft vor«, sagte Maiden und fragte sich insgeheim, ob plötzlich alle Puzzleteile an die richtige Stelle passten. »Es ging nicht um Sex, oder?«

Carol war blass geworden, weil sie die Verbindungen selbst erkannt hatte.

»Es war, weil er von Chris' Testament erfahren hatte, und das passte ihm überhaupt nicht. Walter wollte ein …« Sie unterbrach sich wieder, holte tief Atem und begann dann langsam noch einmal von vorn.

»Okay, hören Sie. Walter hat von den Konten wahrscheinlich von Anfang an etwas abgezweigt. Er fürchtete, wenn Chris' Erbe aufgeteilt würde, würden ihm unabhängige Buchprüfer auf die Schliche kommen. Walter wollte mich dazu drängen, dass er zum offiziellen Nachlassverwalter oder so ernannt würde … was genau, weiß ich nicht. So hätte er jedenfalls seine Gaunereien tarnen können.«

»Und was hätten Sie davon gehabt?«

»Was mir zustand. Wenn ich mich *nicht* einverstanden erklärte, wollte Walter das gesamte Geld ins juristische Niemandsland befördern und keiner bekäme irgendetwas.«

»Also haben Sie Ja gesagt?«, fragte Spencer.

»Ich habe gesagt, ich würde darüber nachdenken. Dann ging die Beerdigung los und ich hatte einen Vorwand, ihn zum Teufel zu schicken. Aber *wenn* ich Ja gesagt hätte, hätte ich immer noch meinen Teil bekommen, nicht wahr? Es hätte mir also nichts gebracht, Walter zu töten.«

Maiden sagte: »Ich bin immer noch der Meinung, Sie hätten zumindest einen großen Vorteil davon gehabt, Vitale umzubringen. Das mit den anderen können wir uns später überlegen.«

Carol hatte die Knie angezogen und legte jetzt ihr Gesicht in die Hände. Spencer fürchtete, dass Carol zu weinen anfangen würde. Nach einem langen Schweigen drang ihre Stimme klein und wehrlos durch ihre Finger.

»Es war alles Stirlings Idee.«

Maiden und Spencer warteten, aber mehr sagte sie nicht. »*Was* war alles seine Idee?«, fragte Maiden daher.

Sie antwortete durch ihre Hände hindurch und die Detectives mussten genau hinhören.

»Ich sollte nicht in Chris' Testament erscheinen. Darauf wäre ich nie gekommen. Am Anfang sollte ich bloß versuchen, irgendwie Zugriff auf seine persönlichen Konten zu erhalten, ein Scheckbuch für ein Konto von Eden oder eine Kreditkarte … irgendetwas in der Art. Ich sollte so viel wie möglich ausgeben und dabei ein bisschen Geld abzweigen, und gleichzeitig sollte ich eine Beziehung aufbauen, die mir einen Rechtsanspruch auf einen Teil von Chris' Vermögen sichern würde, wenn die Dinge schief gingen. Stirling hatte die betrieblichen Strukturen selbst angelegt und Hintertürchen offen gelassen. Er wusste genau, was ich zu tun hatte, um später einen ordentlichen Anspruch geltend zu machen. Wir wollten eine kurze Ehe, die scheiterte, sodass ich den Anspruch auf die Hälfte von allem erheben konnte oder zumindest eine anständige Abfindung bekäme, damit ich verschwinde. Ich wollte mich von ihm *scheiden* lassen, nicht ihn umbringen.«

Maiden sagte: »Und Chris Vitale hat Ihnen nie misstraut? Er hat geglaubt, Sie wären ehrlich in ihn verliebt?«

Carol überraschte sie, indem sie die Hände sinken ließ und laut lachte. »Dahinter seid ihr immer noch nicht gekommen? Chris war der einzige in diesem Scheißladen, der es ehrlich meinte! Er glaubte an sich, er war ehrlich und *intensiv* – er glaubte wirklich, dass er irgendeine heilige, spirituelle Verbindung nach oben darstellte, obwohl Gott allein weiß, wieso. Wahrscheinlich weil er in diesem verdammten Queensland zu viel gekifft hat. Sein unschuldiger, naiver Glaube an sich selbst zog alle diese sogenannten Anhänger in den Bann. Und Chris hat nie bemerkt, dass Leute wie Walter und Brent ihn hinter seinem Rücken dreist bestohlen haben.«

Sie lehnte ihren Kopf erschöpft zurück an die Wand.

Spencer sagte leise: »Und was Sie getan haben, war etwas anderes?«

Carol starrte sie voller Hass an, aber es war nicht klar, gegen wen er sich richtete. Vielleicht gegen sie selbst. »Stirling und ich haben uns bloß gedacht, dass wir dann als erstes an der Reihe sind, das ist alles. Wenn *wir* Chris nicht bestehlen, würde es nur allzu bald jemand anders tun.«

»Vitale wusste nie, was Sie vorhatten? Er ist nicht darauf gekommen?«

Carol senkte den Blick. »Nein, ist er nicht. Er *war* in mich verliebt – mehr als in all die anderen jedenfalls. Ich glaube, er wollte mich in irgendeiner komischen Art von Zeremonie heiraten, die er sich selbst ausgedacht hatte. Es offiziell machen. Er wollte … eine verbindliche Vereinbarung. Es musste keine richtige Hochzeit sein.«

Spencer sagte zu Maiden: »Vielleicht hat es Moss nicht gefallen, wie nah die beiden sich standen? Oder vielleicht hat er diese Testamentsgeschichte als Schnellzugang zur goldenen Gans gesehen?«

Carol blaffte: »Nein! Seien sie nicht albern!«

Während Carol zusah, beugte sich Maiden zu Spencer

hinüber und flüsterte: »Ich will möglichst schnell mit Moss reden, bevor die beiden sich absprechen können.«

Spencer nickte.

Maiden sagte zu Carol, wobei er darauf achtete, dass die es auch wirklich begriff: »Carol, wir werden jetzt mit einigen der anderen sprechen und Sie bleiben bitte hier. Der *Grund* dafür, dass Sie hierbleiben und nicht abhauen sollen, ist, dass die halbe Polizei Sydneys vor den Mauern steht und das Ganze als Geiselnahme betrachtet wird. Wenn Sie versuchen zu entkommen, werden Sie geschnappt, was heißt, dass Sie auf meinen Befehl hin eine sehr unangenehme Nacht, oder vielleicht auch mehrere, in einem stinkigen Gefängnis voller Prostituierter und Junkies verbringen, während wir diesen Scheiß hier klären. Und das haben Sie bis jetzt nicht verdient. Alles, was man Ihnen bisher vorwerfen kann, ist, dass Sie einem armen Idioten das Hirn aus dem Kopf gevögelt haben, bis er Ihnen sein ganzes Geld in die Hand gedrückt hat. Das ist nicht verboten, sonst könnte ich auch meine beiden Ex-Frauen verhaften. Am besten ist es also, genau das zu tun, was ich Ihnen sage. Bleiben Sie hier, verstanden? Und nehmen Sie keinen Kontakt zu Moss auf.«

Carol nickte mit geschlossenen Augen.

Während Maiden mit Carol sprach, piepste Spencers Handy, weil sie eine Nachricht erhalten hatte. Sie sagte leise: »Noch mehr Infos für uns. Vielleicht ist es Hattors Aussage, sie haben es jedenfalls als dringend bezeichnet.«

»In Ordnung. Das sehen wir uns zuerst an.«

Ohne ein weiteres Wort zu Carol gingen sie nach draußen und zogen die Tür hinter sich zu.

Spencer sagte sofort: »Ist das klug? Sollten wir ihr nicht Handschellen anlegen oder so? Sie den Kollegen draußen überstellen? Ich finde ihr Motiv schon ziemlich stark. Wissen Sie, je mehr wir ihr vorhielten, desto überzeugender fand ich es.«

»Ja – ich auch. Aber wenn sie tatsächlich die Schuldige ist, war sie es nicht allein. Carol hat recht, sie verfügt ganz einfach nicht über die Kraft, Vitale auf den Boden zu nageln oder Shackleton zu ersäufen. Irgendjemand anders hier ist deutlich gefährlicher als sie es sein könnte, ob Carol nun da mit drin hängt oder nicht. Und wenn sie es nicht tut, würden wir sie, wenn wir sie an die Möbel ketten, nur wie eine Ziege dem Löwen zum Fraße vorwerfen. Gehen wir lieber vorsichtig vor.«

»Wir besuchen Moss, nachdem wir beim Computer waren? Vielleicht ruft sie ihn gerade an und warnt ihn.«

»Ich glaube, im Augenblick hat sie genug Angst, um eine Weile zu tun, was wir ihr gesagt haben. Wir müssen trotz allem noch mit Moss reden oder Sirroch finden, egal in welcher Reihenfolge. Ich will wissen, ob Sirroch über Walter Harris' kreative Buchhaltung informiert war.«

In Maidens Zimmer startete Spencer den Laptop erneut und loggte sich auf der sicheren Website ein. Ein großes Dokument wartete auf sie. »Da muss ein Foto dabei sein«, sagte sie zu Maiden.

Es war das Protokoll von Hattors Zeugenaussage und dazu ein Bild. Es war viel Text und Maiden warf einen Blick auf das Dokument und sagte zu Spencer: »Lesen Sie das und geben Sie mir die Kurzversion.« Er öffnete die Tür einen Spalt und zündete eine Zigarette an; er blies den Rauch nach draußen.

Spencer überflog den Bericht, fluchte ein paarmal und sagte dann: »Das wird Ihnen gefallen.«

»Das möchte ich hoffen.«

Eine Minute später löste sich Spencer vom Bildschirm, blies die Wangen auf und versuchte sich zu entscheiden, wo sie anfangen sollte.

»Hattor nimmt kein Blatt vor den Mund. Er hat die weiße Fahne gehisst und ihnen alles gesagt, was er weiß. Es scheint, als wir erwähnten, dass wir seine Geldangelegenheiten unter die Lupe nehmen lassen können, hat er sich in die Hose gemacht und befürchtet, dass alles in sich zusammenbrechen würde. Deswegen ist er abgehauen, und deswegen redet er jetzt – er will seine Version als erster zu Protokoll geben. Es ist alles ein bisschen wirr und komisch, doch nachdem wir ihn getroffen haben und wenn wir uns daran erinnern, was Hattor mit *uns* angestellt hat, ist das keine Überraschung.«

»Nichts, was diese Leute tun, überrascht mich noch«, sagte Maiden. »Und warum glauben eigentlich immer alle, wir würden ihnen eher glauben, wenn sie zuerst gestehen? Sie müssen nicht antworten, es ist mir egal. Was erzählt er?«

»Okay, der reiche Kerl, der dann ermordet wurde – Darrell Hahndorf – war so begeistert darüber, dass Chris Vitale Gott oder sonstwen gehört hatte, dass er wirklich voll darauf angesprungen ist. Er wurde spirituell, er ernährte sich vegetarisch und begann wahrscheinlich auch noch, Ufos zu sehen. Hahndorf wollte seine neugefundene Erleuchtung mit der gesamten Welt teilen und die Farm in eine Art New-Age-Freizeitcamp umwandeln – mit Chris Vitale als Hauptattraktion. Er war bereit, endlos viel Geld in die Sache zu pumpen, richtig? Wie wir wissen, mit der Hemmungslosigkeit eines Mannes, der hoffnungslos verliebt war. Die Sache ist die, damals hatte Ivan Hattor genauso viel Anspruch auf Ruhm und Glück wie Vitale. Vitale war immerhin einer *seiner* Leute, und das magische Ereignis hatte sich auf der Farm zugetragen, die Hattor gehörte. Obwohl Hattor durchaus das Geld gefiel, wollte er sich sein kleines Privatparadies nicht von Tausenden ungewaschener Hippies kaputt machen lassen. Hahndorf hingegen wäre nie bereit gewesen, eine ähnliche Organisation anderswo zu gründen. Vitale hatte die Stimme schließlich in *diesem* Wald gehört, deshalb war er für Hahndorf wie ein heiliger Ort. Außerdem war er wohl höchst sentimental, unerwiderte Liebe und so.«

Maiden sagte: »Und ein Mann, der mit dem Geld um sich wirft, würde auf jeden Fall alle Stimmen dafür kriegen, einen Chris-Vitale-Vergnügungspark zu errichten, anders als

Hattor, der einfach nur ein bisschen gruselig ist und Veränderungen hasst.«

»Genau, und als bekannt wurde, dass Hahndorf Vitale zu *seinem* Haupterben eingesetzt hatte«, Spencer verdrehte die Augen angesichts der Parallelen zwischen damals und der Situation heute, »entwickelte Hattor einen Plan. Hattor ging davon aus, dass er ebenfalls ein Anrecht auf das Erbe hätte, wenn Hahndorf stürbe, und er ging weiterhin davon aus, dass er *bestimmt* wenigstens ein bisschen Geld bekäme – und er außerdem wieder bestimmen könnte, was mit seiner großartigen Farm passierte. Er konnte ihre Pläne gründlich durchkreuzen. Also machte er einen Deal mit einem der Leute dort – einem weiteren treuen Anhänger Vitales. Sie vereinbarten, wenn dieser *Freund* Vitales den armen Hahndorf versehentlich bei der nächstbesten Gelegenheit von der Klippe kippte und *dann noch* Vitale mit seinem ganzen Geld dazu überredete, seine spirituelle Erleuchtung an einen Ort mit höherer Ausbeute – wie etwa Sydney – zu verlegen, würde Hattor seinen Anteil nicht einfordern, abgesehen von einem ordentlichen Scheck per Post dann und wann.«

Maiden schnitt eine Grimasse und versuchte der Sache zu folgen. »Also … Hattor hat zu irgendwem gesagt: ›Lass den ganzen Scheiß verschwinden, indem du Hahndorf umlegst und Vitale dazu bringst, mit seinen ganzen verrückten Freunden und seinem spirituellen Müll wegzuziehen, dann mache ich nicht alles kaputt, indem wir über das Geld streiten? Zahl einfach meine hohe Traktorrechnung?‹ Habe ich das richtig verstanden?«

Spencer sagte: »Genau. Hinzu kommt als weiterer Nutzen für Hahnsdorfs Mörder, dass er in Hattors Abwesenheit Vitales neuer, allerbester Freund werden kann.«

»Und wer war das … als könnte ich es nicht erraten?«

»Hattor nennt ihn Calvin Squire. Die Polizei in Queensland hat uns ein hübsches Bild geschickt, obwohl wir das nicht brauchen.« Spencer deutete auf den Bildschirm.

»Ich *habe* richtig geraten. Calvin Squire, auch bekannt als unser Freund Brent Sirroch.« Maiden warf seine Zigarette zur Tür hinaus, bevor er hinüberging und über ihre Schulter schaute. Sirroch wirkte jünger und hatte keinen Bart, aber er war es eindeutig. »Verdammt! Hattor hat also eine eidesstattliche Erklärung abgegeben, dass Sirroch Darrell Hahndorf ermordet hat?«

»Ja, und wenn wir ihm glauben, dann heißt das, dass Sirroch ein Mörder ist. Woher will man wissen, dass er damit aufgehört hat, nachdem er Hahndorf von der Klippe gestürzt hat?«

Maiden hob eine Hand. »Nun mal langsam, das ist ja genau der Punkt. Es besteht ein großer Unterschied darin, hinter irgendeinen armen Trottel zu schleichen, der eh schon am Abgrund steht, oder seinen besten Freund auf den Boden zu nageln. Wir können keine voreiligen Schlüsse ziehen. Außerdem können wir Sirroch nicht verhaften, weil wir von zweihundert Leuten umgeben sind, die ihn heiß und innig lieben und glauben, dass ihm die Sonne noch aus dem Arsch scheint. Die drehen dann durch, und was machen diese bescheuerten Wächter, wenn wir Sirroch Handschellen anlegen und ihn rausschleppen? Schlürfen sie ihr Gläschen mit Doktor Chores magischem Todessaft?«

»Wir können ihn aber auch nicht ignorieren. Zumindest ist er ein Verdächtiger in einer wiederaufgenommenen Mordermittlung.«

Maiden drückte sich mit den Fingern auf die Augen, weil er Kopfschmerzen bekam. Dann sagte er: »Gehen wir vorsichtig vor. Wir bestellen besser ein paar Krankenwagen, bevor wir uns Sirroch vorknöpfen – in aller Stille. Zwei oder drei Wagen, sicherheitshalber.«

»Es wird eine Weile dauern, so viele hierher zu kriegen.«

»Sie können den ganzen Weg mit Blaulicht fahren, solange sie es die letzten paar Straßen abschalten. Ich möchte nicht, dass Sirroch irgendetwas auffällt, was außerhalb dieser

Mauern geschieht.« Maiden klappte sein Handy auf und wählte eine Nummer. Während er auf eine Antwort wartete, fragte er Spencer: »Ist das alles, was sie geschickt haben?«

»Eine Menge neuer Erkenntnisse aus den Überprüfungen; wer auch immer daran arbeitet, fügt konstant weiter Namen hinzu, sobald Informationen eingehen.«

»Irgendetwas, das wir wissen sollten? Können Sie einmal nachsehen?«

»Ich werde es überfliegen«, sagte Spencer zweifelnd.

Es dauerte fast fünfundzwanzig Minuten, bis über das SPG-Funkgerät die Mitteilung kam, dass drei Krankenwagen vorgefahren waren. In der Wartezeit plagte sich Maiden mit Anrufen von hochrangigen Beamten, die Erklärungen verlangten. Sie wollten wissen, was er vorhatte. Er antwortete zivilisiert. Die steile Zornesfalte auf seiner Stirn und das nervöse Trommeln seiner Finger konnten sie natürlich nicht sehen. Spencer murrte darüber, dass er sich eine Zigarette nach der nächsten ansteckte.

Schließlich sagte er: »Okay, die Krankenwagen sind da. Knöpfen wir uns Sirroch vor, bevor wieder jemand dazwischen kommt.«

Genau in diesem Augenblick entdeckte Spencer etwas in den Hintergrundinformationen, das sie ungläubig innehalten ließ, und obwohl sie sich halb von ihrem Stuhl erhoben hatte, erstarrte sie. »Moment mal, das kann nicht stimmen … also, es *muss* wohl. Das ist doch ein viel zu großer Zufall?«

Maidens Geduld war am Ende. Nach der Verzögerung durch die Anrufe lagen seine Nerven blank. »Was ist denn?«

»Hier steht, dass Evan und Muriel Grant ihre Namen geändert haben, kurz bevor sie aus Großbritannien wegzogen. Es hat so lange gedauert, die Informationen von den Behörden in London zu erhalten. Sie hießen Evan und Muriel Taylor!« Sie starrte Maiden konsterniert an. »Sie sind Chris Vitales *Mutter und Vater.* Die Eltern, die ihn als Kind misshandelt haben.«

Diesmal war Maiden sprachlos, es gelang ihm, hilflos die Hände zu heben. »Um Gottes willen! Wie soll *das* denn funktionieren?«

Spencer zuckte ratlos die Achseln. »Ich weiß es nicht! Vielleicht … Leute, die erleuchtet werden, versuchen doch, ihre schlimmsten Dämonen zuerst zu besiegen? Vielleicht hat Vitale sie hierher *gebeten* in der Hoffnung zu … mein Gott, sie vielleicht zu bessern oder so?«

Maiden knurrte: »Man muss sich ja langsam fragen, ob irgendjemand hier *keine* gewalttätige Vergangenheit hat.«

Bevor Spencer antworten konnte, hallte ein hoher, zitternder Schrei des Entsetzens von draußen herein.

*

Sie hatten ihre Waffen. Maiden packte das Funkgerät und befestigte es an seinem Gürtel, während sie bereits aus dem Zimmer in die Nacht hinaus rannten.

Weitere Schreie, oder eher ein hysterisches Schluchzen, lockten sie durch den Garten in Richtung von Vitales Grab. Ein Umriss war im Flutlicht zu sehen, eine Frau, die die Hände vor das Gesicht geschlagen hatte, ihre Schultern zuckten, sie starrte auf den Grabhügel. Andere Menschen kamen vorsichtig näher, verschreckt durch das Kreischen. Maiden und Spencer rannten und erreichten sie als Erste.

Sie sahen, warum sie schrie.

Ein abgetrennter Kopf lag auf dem Grab. Der Kopf von Leanne Dorsett.

»Oh mein Gott!«, rief Maiden, packte die Frau und drehte sie weg. Sie vergrub ihr Gesicht an seiner Schulter. Spencer starrte erschüttert den Kopf an und Maiden befahl: »Besorgen Sie irgendwo eine Decke – ein Laken, irgendetwas. Decken Sie ihn ab!«

Spencer eilte zur nächsten offenen Tür, ein Lichtrechteck in der Nacht.

Maiden schaute hinunter auf Leannes Kopf und verspürte eine ungeheure Trauer, Wut und Verantwortlichkeit. *Wäre das geschehen, wenn er sie nicht weggeschickt hätte?* Er schüttelte sich innerlich, verdrängte den Gedanken. Das half jetzt auch nichts. Jemand in der Nähe gab ein Würgegeräusch von sich und er wandte sich um und entdeckte ein weiteres Sektenmitglied. Der Mann gab sich alle Mühe, nicht auf das Grab zu schauen und zog die Frau sanft aus Maidens Griff. Er ließ sie gehen.

Maiden beugte sich vor, um den Kopf zu untersuchen. Das Flutlicht macht das entsetzlich einfach.

Er war fein säuberlich am Hals amputiert worden und lag auf dem Belag aus Kunstrasen, als wäre Leanne stehend in dem Grab begraben worden und nur ihr Kopf ragte heraus. Maiden konnte keine weiteren Verletzungen sehen, keine blauen Flecken im Gesicht, kein Blut im Haar. Vorsichtig berührte er mit einer Fingerspitze das Fleisch ihrer Wange. Es war noch relativ warm. Der Kopf lag noch nicht lange hier.

Wo war der Rest von ihr?

»John?«, fragte Spencer von hinten.

Maiden schaute über die Schulter, Spencer stand da mit einem Bettlaken, das sie zwischen den Händen hielt. Er erhob sich und nickte ihr zu. »Decken Sie sie zu.«

Spencer ließ das Laken sinken und verzog das Gesicht, als sie sich deshalb für einen Augenblick dem Kopf nähern musste. Sie sagte leise: »Ein weiterer biblischer Mord, denke ich.«

»Was?« Maiden schaute in die umliegende Dunkelheit.

»Christus wurde gekreuzigt, aber Leute zu köpfen war weit üblicher, schneller und einfacher. Salome beispielsweise verlangte den Kopf von Johannes dem Täufer auf einem Tablett.«

»Toll. Unser Mörder hält sich also an sein Motiv, macht es aber nicht mehr so kompliziert?«

»Vielleicht steht er unter Druck, weil wir hier sind.«

Spencer wiederholte die Frage, die sich auch Maiden schon gestellt hatte: »Und wo ist der Rest von ihr?«

»Verdammt gute Frage …« Ein Quaken erinnerte ihn an das SPG-Funkgerät, und Maiden griff danach in der Befürchtung, dass Cook und seine Männer, durch die Schreie beunruhigt, bereits einen Einsatz vorbereiteten. Maiden wies sie schnell an, in Bereitschaft zu bleiben und auf weitere Informationen zu warten.

Er sagte zu Spencer: »Wir müssen dafür sorgen, dass Sirroch erfährt, was geschehen ist, sonst veranlasst er vielleicht die verdammten Selbstmorde, bevor er die Sachlage kennt. Das hier ist nicht unsere Schuld.«

»Sirroch weiß es vielleicht schon. Wissen Sie noch, wir wollten ihn doch gerade wegen Mordes an Hahndorf verhaften. Vielleicht steckt er auch hier dahinter.«

»Dann *will* er möglicherweise, dass diese Leute das Gift nehmen? Er will, dass die SWAT-Typen über die Mauern klettern und die Selbstmorde auslösen?«

Mittlerweile hatte sich eine kleine Gruppe versammelt, aber sie hielten Abstand und drückten sich nervös am äußeren Rand des Flutlichtkegels herum. Maiden rief den Umrissen im Schatten zu:

»Hat jemand etwas gesehen? Es ist Leanne Dorsett. Hatte sie Besuch oder hat sie sich mit jemandem gestritten? Haben Sie irgendetwas gehört? Kommt schon, Leute! Der Mörder ist einer von euch. Wir haben keine Zeit mehr, uns an eure verdammten Regeln zu halten.«

Niemand antwortete und einige Mitglieder spazierten einfach davon. Maiden knurrte verärgert und rief: »Na gut, wo wohnt sie? Welches Zimmer hat sie?«

Eine leise Antwort aus der Menge: »Nummer achtzehn. Dort links.« Jemand begann zu weinen.

»Hier entlang«, sagte Spencer und zog an Maidens Ärmel. Überall in Eden begannen sich klagende Stimmen zu erheben und die Lichter gingen an, während sich die Neuigkeit von dem neusten Mord rasend schnell herumsprach. Spencer führte Maiden durch den Garten vor die Tür von Leannes Zimmer. Sie zögerten nicht, sondern stürmten mit gezogenen Waffen hinein.

Leannes Leiche lag auf dem Bett. Eine große Menge Blut war aus dem Stumpf ihres Halses herausgelaufen und hatte das Bettzeug durchweicht. Sie trug immer noch ihren Mantel. Sie brauchten nur einen Augenblick, um alles in sich aufzunehmen.

»Keine Nachricht«, sagte Spencer.

Maiden sah sich um. »Vielleicht beim Kopf? Irgendwo auf Vitales Grab, und wir haben sie im Dunkeln nur nicht gesehen? Wir müssen die Spurensicherung herholen, und das heißt, dass wir Sirroch finden müssen, damit er seine Leute davon abhält, ihre Scheißpillen zu nehmen.«

»Bei all dem Lärm wird er doch wohl dort sein? In der Kapelle, mit der Hand auf dem großen roten Nehmt-die-Pillen-Knopf.«

»Denke ich auch«, sagte Maiden.

Als sie hinausgingen und Spencer schnell nachsah, ob sie die Tür abschließen konnten, trat ihnen jemand in den Weg.

Ein Mann, den Maiden nicht kannte, sagte mit leiser Stimme, weil er fürchtete, belauscht zu werden: »Andrew war hier. Ich habe ihn gesehen. Ich dachte, das sollte ich Ihnen sagen.«

»Andrew Mackay?«, fragte Maiden. »Sind Sie sicher? *Absolut* sicher?«

»Wie könnte man ihn verwechseln? Aber das ist alles, was ich Ihnen sagen kann. Ich … ich habe ihn nicht gehen sehen.« Der Mann wandte sich ab und eilte davon.

Spencer sagte drängend: »Mackay? Scheiße, ich *wusste* es! Zur Hölle, er muss gesehen haben, wie Dorsett Ihr Zimmer verlassen hat, und dann wollte er wissen, was gelaufen ist. Sie muss ihm gesagt haben, dass sie über die Kameras Bescheid wusste.«

»Vielleicht hat sie ihm auch von Carol Geyer erzählt«, sagte Maiden. »Nach *der* sollten wir jetzt mal sehen.«

»Soll ich direkt in die Kapelle gehen?«

Nach einem kurzen Moment der Unentschlossenheit sagte Maiden: »Nein, wir trennen uns nicht. Wir müssen *zusammen* bleiben. Carols Zimmer liegt auf dem Weg.« Spencer schien widersprechen zu wollen und er setzte hinzu: »Peta, wir bleiben zusammen, verstanden? Wir passen aufeinander auf. Anders geht es nicht. Mackay ist ein großer, widerlicher Kerl.«

Sie nickte und lief los. Maiden fluchte, als er versuchte, mit ihr Schritt zu halten.

Carol Geyers Tür stand weit offen, das Licht schien heraus. Maiden stürmte als Erster hinein, er fürchtete bereits den ihm bevorstehenden Anblick. Aber statt einer weiteren kopflosen Leiche entdeckte er Xavier Tarrant am Fuße der Zimmerwand, das Gesicht blutig und schmerzverzerrt. Carol beugte sich über ihn und schrie, dann wirbelte sie herum, als sie Maiden hereinkommen hörte.

»Scheiße, *Sie* sind's«, keuchte sie zitternd.

»Was ist denn hier passiert?«, wollte Maiden wissen, als Spencer hinter ihr ins Zimmer trat. Sein Blick huschte zur geschlossenen Badezimmertür, dann kickte er sie auf, aber der Raum war leer.

Carol sagte zu ihnen: »Der beschissene Andrew Mackay war hier. Das Schwein hat die Tür eingetreten und herumgeschrien. Er hat gesagt, er müsste alles kaputtmachen und ich würde sowieso alles zerstören. Und dann ist er total durchgeknallt. Er hat wohl gedacht, er könnte noch ein bisschen Spaß haben, bevor alles in die Luft geht. Er wollte mich vergewaltigen«, setzte sie verbittert hinzu.

»Was haben Sie getan?«

»Bevor ich irgendetwas tun konnte, kam Xavier und hat mich gerettet, er hat Andrew mit einem Messer bedroht. Sie haben sich geprügelt und Xavier wurde verletzt, aber dann hatte Xavier einen ziemlich schlimmen Anfall und Andrew hat Angst bekommen. Ich habe mir das Messer gegriffen und Andrew hat aufgegeben. Er hat sich auf die Suche nach Brent gemacht, um ihm von mir zu berichten.«

»Wie lange ist das her?«, fragte Spencer.

Carol betrachtete Xaviers geschlossene Augen und sein blasses Gesicht. »Ich weiß nicht – zehn … fünfzehn Minuten vielleicht. Draußen ist irgendetwas los und niemand hat darauf geachtet, dass ich hier um Hilfe rufe.«

»In Ordnung, wir wollen sowieso in die Kapelle, um Sirroch zu finden. Suchen Sie sich ein anderes Zimmer mit einer heilen Tür und schließen Sie sich ein.«

Carol nahm etwas in Spencers Tonfall wahr. »Brent? Was wollen Sie von ihm?«

»Bringen Sie sich einfach in Sicherheit, Carol. Vielleicht wird gleich alles noch ein bisschen schlimmer«, sagte Spencer und folgte Maiden zur Tür hinaus.

*

Die Kapelle schien insgesamt zu flackern, helle Lichter schimmerten hinter den Buntglasfenstern. Einige der Sektenmitglieder standen davor, verängstigt und verwirrt, zogen sich jedoch zurück, als sie Maiden und Spencer mit gezogenen Waffen näherkommen sahen. Einer von ihnen winkte.

»Stopp, Sie dürfen da nicht rein! Das ist nicht erlaubt.«

»Ist abgeschlossen?«, fragte Maiden barsch. Was erlaubt war, kümmerte ihn nicht im Geringsten.

»Nein, aber Sie dürfen da nicht rein. Wir haben es versucht … wir haben geklopft und gefragt, aber sie sagen Nein. Bitte zeigen Sie etwas Respekt.«

»Unsinn«, sagte Maiden und packte die reich verzierte Klinke.

Spencer stoppte ihn und hob einen Finger. Sie flüsterte: »*Wer* sagt Nein?«

Maiden beruhigte sich und nickte. »Das ist eine gute Frage,

es lohnt sich, das zu klären.« Mit dem Griff seiner Pistole klopfte er zweimal gegen das Holz und rief: »Hier sind Detective Maiden und Spencer! Wir müssen reinkommen und etwas Dringendes mit Ihnen besprechen!«

Es folgte ein langes Schweigen, und gerade als Maiden dachte, dass ihnen niemand antworten würde und wieder seine Waffe hob, hörte er ein Schlurfen von der anderen Seite der Tür, und jemand fragte vorsichtig: »Nur Sie beide?«

»Ja, wie wir es vereinbart haben. Niemand sonst ist auf das Gelände gekommen. Keine weitere Polizei – niemand, ich verspreche es Ihnen.«

»Dann können Sie hereinkommen. Aber Sie dürfen nichts tun.«

»*Nichts tun?*«, wiederholte Spencer tonlos und sah Maiden an. Er zuckte mit den Achseln und öffnete langsam die Tür.

Drinnen sahen sie ein bizarres und beängstigendes Szenario.

Die Bühne wurde durch zahllose Kerzen in der ganzen Kapelle erhellt, sodass man Sirroch auf der einen Seite sehen konnte. Er stand auf dem Kopf und lehnte sich offenbar gegen die Wand.

Spencer erinnerte sich an ihre Kindheit und die Freundinnen, die keinen Kopfstand machen konnten und auf diese Weise übten. Die Wand hinderte sie daran, umzukippen. Dann sah sie das Blut an Sirrochs Beinen herunterlaufen, über seine Unterhose und auf seine nackte Brust. Kleine rote Lachen hatten sich auf dem Boden unter seinen ausgestreckten Händen gebildet.

Er war kopfüber an der Bühnenseite gekreuzigt worden.

Neben ihm stand Andrew Mackay. Er hielt ein Messer und drückte es gegen Sirrochs Bauch. Mackay starrte die Detectives an wie ein Wahnsinniger, Blut lief ihm durch die Finger und über seine Arme, sein blasses Gesicht zuckte.

Auf der Bühne zu seinen Füßen saßen neun Personen im Schneidersitz, sie trugen zeremonielle Roben und ihre Gesichter waren meistenteils durch Kapuzen verdeckt, doch

Maiden und Spencer konnten ihre entsetzten Augen aus den Falten der Kleidung hervorstarren sehen. Es war schwierig, jemanden zu erkennen, doch Maiden vermutete, dass es sich um die verbliebenen Mitglieder des Großen Rates handelte, vielleicht noch ein paar andere. Ein schmales Wesen war ganz sicher Faye Morcombe, ein anderes Eileen Bower. Eine blonde Strähne verriet die Krankenschwester Sharmayne Kidman, sie saß neben Richard Chore.

Hinten befand sich eine kräftige, zitternde Gestalt – Muriel Grant. Sie schluchzte lautlos. Einer von ihnen musste der Wächter sein; ein Glas mit Gift war nicht zu sehen, was nicht hieß, dass es keines gab.

Maiden hob langsam die Pistole und zielte auf Mackay. Spencer tat dasselbe. Sie traten näher, blieben aber stehen, als Mackay nervös zuckte. Maiden rief: »Treten Sie zur Seite und lassen Sie das Messer fallen, Andrew. Lassen Sie uns ihn abnehmen, bevor er stirbt und alles noch schlimmer wird.«

Mackay schüttelte den Kopf, eine hastige und verängstigte Bewegung. »Ich … ich kann nicht«, sagte er heiser.

»Doch, Sie können. Es gibt keinen Grund mehr weiterzumachen.«

»Ich habe nichts getan. *Sie* haben mich dazu gezwungen.« Mackays Blick huschte über die Leute, die reglos auf der Bühne saßen. »Sie haben mich zum Helfen gezwungen. Sie sagten, sonst würden sie anfangen, alle anderen zu töten.«

Spencer warf Maiden einen Blick zu, dann sagte sie geschmeidig: »Okay, aber jetzt sind wir hier und haben alles unter Kontrolle. Sie können jetzt aufhören, nicht wahr?«

Mackays Augen weiteten sich. »Nein … nein, Sie verstehen nicht! Wir müssen warten, bis Brent tot ist. Wenn Sie versuchen, ihn zu retten, *muss* ich ihn vorher töten. Wenn Sie versuchen, mich aufzuhalten, werden sie anfangen, die anderen umzubringen!« Seine Stimme klang schneidend und Schweiß lief ihm über das Gesicht.

Ein Zweifel keimte in Maidens Wahrnehmung. Ein Blick

zu Spencer verriet ihm, dass sie dasselbe dachte. Er fragte: »*Wer* wird anfangen, die anderen zu töten?«

Unschlüssig, ob er noch mehr sagen konnte, würgte Mackay hervor: »Sie hat eine Pistole.«

Maiden fluchte und sah die Gruppe an. Niemand rührte sich. *Sie* konnte immer noch die Hälfte der Leute dort sein.

»Wer, Andrew? Es ist doch egal, ob wir wissen, wer es ist, nicht wahr?«

»Natürlich nicht! Bitte, lassen Sie Brent einfach sterben, dann können wir alle gehen. Sie haben es versprochen.«

Jemand anders auf der Bühne sprach. Es war Stirling Moss. Er hob nicht den Kopf, und seine Stimme war erstickt und verängstigt. »Nein, können wir nicht. Sie werden die Pillen nehmen, die für die Wächter gedacht waren, wenn sie mit uns fertig sind. Sie wollen sich sowieso umbringen, warum sollten sie uns also gehen lassen?«

Wütend rief Maiden: »Hey! Zum Teufel noch mal … wer sind *sie? Wer* will sich sowieso umbringen?«

Spencer sprach ruhiger, sie beobachtete genau, wer am aufmerksamsten zuhörte. Ihr Ziel wanderte ein wenig weg von Mackay. »Bitte, wer auch immer für all das verantwortlich ist, genug ist genug. Chris Vitale, Shackleton, Harris … Leanne Dorsett wurde heute Nacht umgebracht. Hören Sie jetzt damit auf. Sie haben Ihr Ziel erreicht.«

Ein Zittern schien die Leute auf dem Boden zu durchlaufen, als sie Leannes Tod erwähnte.

Mackay stöhnte und sagte: »Leanne? Sie haben auch Leanne getötet?«

»Jemand hat ihr den Kopf abgeschnitten, wie Johannes dem Täufer«, sagte Spencer zu ihm und konzentrierte sich mit aller Kraft auf die zusammengekauerten Personen. Für einen von ihnen konnte das keine Überraschung sein. »Wir haben es *begriffen,* verstanden? Sie haben Ihre Botschaft deutlich genug gemacht! Sie sterben an Krebs und Chris' spiritueller Glaube hat versagt, hat Sie im Stich gelassen. Es gibt keine

Wunderheilung, und Sie haben Ihr halbes Leben, Ihre Zeit und Ihr Geld für eine wertlose Pseudo-Religion verschwendet. Aber *so* lehren Sie niemanden etwas über Gott. Er ist sehr wohl in der Lage, das selbst zu tun, wenn er denn will. Er braucht Sie nicht.«

In diesem Augenblick flog die Tür zur Kapelle auf. Maiden schaute über seine Schulter, behielt aber Mackay im Visier. Maiden war mittlerweile von Zweifeln erfüllt, aber Mackay hielt immer noch ein Messer vor Sirrochs Bauch und stellte eine Bedrohung dar, die er nicht ignorieren konnte. Es war Carol Geyer, die in die Kirche eingedrungen war, Xavier Tarrant taumelte hinter ihr her. Carol blieb stocksteif stehen, als sie sah, was vorging, und wurde kreidebleich. Hinter ihr sah er Evan Grants Schatten neben der Tür. Seine Rolle bestand offenbar darin, die anderen daran zu hindern, hereinzukommen. Er sah fassungslos aus, weil Carol und Tarrant an ihm vorbeigelangt waren.

Carol schrie: »Mein Gott, was *tut* ihr denn da?« Sie rannte auf Sirroch und die Bühne zu.

Mackay schrie Carol an: »Nein, du blöde Kuh! Bleib weg!«

Der Bann der Angst im Raum zerbrach.

Die Ratsmitglieder auf der Bühne verfielen in Panik und rollten sich in allen möglichen Richtungen davon, sie versuchten panisch, der Waffe in ihrer eigenen Mitte zu entkommen.

Spencer korrigierte ihre Position, wartete auf die richtige Gelegenheit und schoss Muriel Grant in den Kopf.

»*Hinter dir, John!*«, rief Spencer und stürzte sich auf die Bühne, um Mackay niederzuwerfen, der in einem Taumel aus Wahnsinn und verwirrter Sorge um sich selbst aussah, als würde er Sirroch erstechen – in der Hoffnung, dass ihm blinder Gehorsam das Leben retten könnte.

Maiden hatte Carol an sich vorbeirennen sehen und überlegt, ob er sie aufhalten könnte. Deswegen hatte er nicht mitbekommen, wen Spencer erschossen hatte. Jetzt drehte er sich um in Richtung der Tür, ihm war wieder eingefallen, dass Xavier Tarrant Carol vor Mackay mit einem Messer beschützt hatte. Maiden ging davon aus, dass Tarrant jetzt vorhatte, ihn anzugreifen. Das Letzte, womit er rechnete, war, dass Evan Grants mächtiger Körper gegen seinen prallte und ihn zu Boden warf.

Maidens rechte Schulter sprang schmerzhaft aus dem Gelenk und seine Waffe flog ihm aus der Hand. Grant schlug auf ihn ein und zerkratzte Maidens Gesicht, doch sein Blick suchte bereits nach der Pistole. Er wollte die Waffe.

Eine der in Roben gehüllten Figuren auf der Bühne, eine Frau, sprang herunter und rannte auf ihn zu. Eine Klinge blitzte auf und einen Augenblick lang glaubte Maiden, Faye Morcombe vollkommen falsch eingeschätzt zu haben. Sie würde ihn umbringen. Faye war eben doch extrem gefährlich.

Das Messer drang in Evan Grants Rücken ein.

Grant schrie und brach schmerzerfüllt zusammen. Das Messer stieß wieder und wieder zu, bis Grant sich in gequälten Zuckungen von Maiden löste, auf den Boden sackte und sich in einem immer größer werdenden See aus Blut zusammenkrümmte. Die Frau griff nach der Pistole, zielte damit auf Maiden, und streifte mit der freien Hand die Kapuze ab.

Atemlos, aber vollkommen ruhig, sagte Janet Brown zu ihm: »Was für ein Glück, dass ich hergekommen bin, um dich im Auge zu behalten, John.«

Maiden traute seinen Augen kaum. Erschöpft und voller Schmerzen brauchte er eine Ewigkeit für seine Antwort. Er sagte: »Janet, du bist *hier?* Was zum Teufel willst du hier?«

»Fällt dir ein besserer Platz für mich ein? Ein Zufluchtsort für die Verlorenen und Einsamen? Ich bin letzte Nacht gekommen. Brent hat mich mit offenen Armen und ohne eine Frage zu stellen willkommen geheißen, und ich habe ihm meine Freude darüber mit offenen Beinen kundgetan.« Janet lächelte eigenartig. »So konnte ich dir nahe sein, während du arbeitest. Doch es scheint, du brauchst mich nicht so sehr wie ich dachte. Diese Nutte heute Nachmittag in ihrem roten Mantel war der Tropfen, der das Fass zum Überlaufen brachte, John. Das hat mir das Herz gebrochen.«

Maiden begriff das Entsetzliche und ließ den Kopf zurück auf den Boden sinken. »*Du* hast Leanne getötet?«

»Sie hatte ihre Strafe verdient, John. Ich kann sehr eifersüchtig sein, das habe ich dir gesagt. Das wusstest du.«

Spencer rief von der Bühne herunter. Sie zielte mit ihrer Pistole auf Janet. Neben Spencer lag Sirroch, von der Wand gelöst und in sich zusammengesackt. Weit und breit kein Anzeichen von Mackay.

»Lassen Sie die Waffe fallen, Janet! Ich kann Sie von hier aus erschießen, glauben Sie mir.«

Janet sah auf und entgegnete: »Und ich kann John von *hier* aus erschießen, glauben Sie mir. Und ich werde es tun.« Als Spencer nichts entgegnete, weil sie noch nach der richtigen Antwort suchte, ergänzte Janet: »Ich bin nicht wie diese selbstmörderischen Idioten. Ich will bloß raus hier. Werfen Sie Ihre Waffe weg. Lassen Sie mich gehen. Ich verspreche Ihnen, ich werde einfach gehen.«

»Auf keinen Fall. Ich glaube Ihnen nicht. Unter keinen Umständen!«

Janet lächelte sie an. »Aber ich *liebe* ihn, Detective Spencer. Bitte bringen Sie mich nicht dazu, John zu erschießen. Das wäre schrecklich.«

Durch seinen Schmerz hindurch beobachtete Maiden Janet. Er rief geschwächt: »Lass sie gehen, Peta. Lass sie gehen, bevor die SWAT-Typen hier auflaufen und wir am Ende alle ihre gottverdammten Geiseln werden.«

»Hey, da hat John recht«, sagte Janet. »Überlegen Sie es sich besser schnell.«

Nach einer paar elend langen Sekunden gab Spencer ein unzufriedenes Geräusch von sich und ließ ihre Pistole über die Bühne schliddern.

Janet beugte sich vor zu Maiden und sagte: »Ich liebe dich immer noch von ganzem Herzen, John, und ich glaube *immer* noch, dass du auch mich liebst. Aber gerade jetzt kann ich es gar nicht gebrauchen, dass du an mich denkst. Nur, damit du eine Weile beschäftigt bist …«

Sie presste die Pistole auf seinen Oberschenkel und drückte den Abzug. Die Kugel durchschlug die Muskeln.

Der Knall hallte durch die Kapelle. Spencer war wütend auf Janet, wagte aber nicht, sich zu bewegen, um keinen weiteren Schuss zu provozieren. Janet ging rückwärts und eilte mit fast tänzerischen Schritten zur Tür. Bevor sie hinaushuschte, zog sie die Kapuze wieder über ihren Kopf, dann war sie weg.

Spencer sprang von der Bühne und lief zu Maiden. Der rollte auf dem Boden herum, versuchte gleichzeitig sein Bein und seine Schulter zu umklammern, eine Karikatur des Leidens.

»Bleiben Sie ruhig liegen, um Gottes willen«, sagte sie zu ihm und drückte Maiden auf den Boden. Spencer fand die Wunde, presste ihre Hand fest darauf und rief: »Jemand soll mir etwas zum Verbinden bringen.« Sie hob ihre Hand kurz und sah, dass er nicht zu stark blutete. »Es ist nicht so schlimm, keine Arterie verletzt«, sagte sie ruhig zu ihm.

Durch seine zusammengebissenen Zähne stieß Maiden ein bellendes Lachen aus und sagte: »Oh, keine Sorge, die verdammte Janet weiß ganz genau, wohin sie schießen muss, um mich aufzuhalten.«

»Sie scheinen immer noch sehr beeindruckt von ihr zu sein.«

»Sind alle in Sicherheit?«

»Es ist jedenfalls vorbei.«

»Woher zum Teufel wussten Sie, dass sie Muriel Grant erschießen mussten? Es hätte jede der Frauen sein können.«

»Ich habe auf meine Instinkte gehört, wie Sie es gesagt haben. Es ist mir plötzlich alles klar geworden.«

»Kommen Sie mir nicht mit so einem Scheiß, ich bin nicht am Verrecken.« Er keuchte, als sie ihren Griff ein wenig veränderte.

»Okay, eine Liebhaberin würde ihr Opfer vielleicht zum Abschied auf die Lippen küssen. Aber ich dachte mir, nur eine *Mutter* würde ihren toten Sohn zum Abschied auf die Stirn küssen. Muriel war diejenige, die den verkehrten Lippenabdruck auf Vitales Stirn hinterlassen hat. Sie *musste* eine von Vitales Mördern sein. Und dann habe ich ihren Mann hinter uns gesehen. Also musste *sie* die Pistole haben.«

Maiden versuchte zu nicken, um zu zeigen, dass er verstand, doch ein stechender Schmerz durchfuhr seinen Hals. Immerhin konnte er erkennen, dass Spencer sehr zufrieden mit sich war.

Sie fragte ihn fröhlich: »Na, habe ich das gut gemacht?«

25

Spencer betrat das Krankenzimmer und setzte sich ungebeten auf den Rand von Maidens Bett. Sie betrachtete seinen Arm, der in einer Schlinge lag.

»Gebrochen?«

Maiden war genervt. Jedesmal, wenn er rauchen wollte, musste er eine kleine Ewigkeit auf Krücken in den Raucherbereich humpeln. »Nein, die Schulter war ausgekugelt. Sie haben die Bänder ruhiggestellt.«

»Und das Bein?«

»Nur 'ne Fleischwunde. Verdammt schmerzhaft, aber nicht schlimm. Vermutlich werde ich ziemlich schnell wieder der Alte sein.«

»Und ich habe gehört, Sie kriegen dann Longmans Schreibtisch. Gratuliere. Wahrscheinlich sind Sie eine Weile auch zu nichts anderem zu gebrauchen.«

»Ist auch höchste Zeit, finde ich.«

»Hmm, selbst wenn Sie Janet Brown haben entwischen lassen – schon wieder. Ein paar Leute fangen schon an, sich zu wundern.«

Es war das Erste, was er an Neuigkeiten über das Ende des Falles hörte. Maiden hatte vierundzwanzig Stunden unter Betäubungsmitteln gestanden. Er ließ sich nicht anmerken, dass er froh war, Spencer zu sehen.

»Keine Spur von ihr?«

»Nicht die geringste, wirklich ganz schön gerissen: Hat gewartet, bis die Kavallerie hereinstürmt und ist in dem Chaos einfach abgehauen.«

»Verdammt. Und der Rest dieser Clowns?«

»Leichenschauhaus oder verhaftet, je nachdem.« Spencer

wurde ernst. »Sirroch ist gestorben. Innere Verletzungen, heißt es.«

»Das wundert mich nicht. Er hat Evan Grant bestimmt nicht einfach so gestattet, ihn an die Wand zu nageln.«

»Sie *alle* mussten helfen. Muriel hat sie dazu gezwungen. Sie hat ein geheimes Treffen in der Kapelle anberaumt und einen nach dem anderen als Geisel genommen, dann hat sie sie dazu gebracht, ihnen zu helfen, Sirroch zu kreuzigen.«

»Und dann auch noch *verkehrt herum.*«

»Vor ein paar tausend Jahren war das noch ganz gängig. Für ein paar durchgeknallte Religionsfanatiker fortgeschrittenen Alters kennen die sich erstaunlich gut aus in biblischer Geschichte. Aber Sie verstehen nicht das Geringste von Computern. Wissen Sie noch, dass wir dachten, wie genial es war, die Nachricht auf dem PC zu hinterlassen, ohne einen Hinweis darauf, wer sie verfasst hat? Es war das genaue Gegenteil, sie hatten einfach keine Ahnung, was sie taten.« Spencer lachte über die Ironie des Schicksals.

Maiden vermutete, dass es ihm nicht viel besser ergangen wäre, und so sagte er lieber nichts.

Er fragte: »Wer von ihnen hatte Krebs?«

»Muriel. Und als sie von Vitale ein Wunderheilmittel haben wollte, hat er zugegeben, dass alles nur Hokuspokus war. Und schlimmer noch: Er konnte es ihr nicht erlauben, sich nach neusten Methoden behandeln zu lassen, denn dann wäre alles aufgeflogen. Sie war seine eigene Mutter, und Vitale hat sich trotzdem kategorisch geweigert. Vielleicht war das seine stille Rache. Evan Grant ist zu seinem alten, brutalen Selbst zurückgekehrt und hat Vitale eine etwas zu ambitionierte Ohrfeige gegeben, die ihn das Leben kostete. Und dann beschlossen sie, den anderen auch gleich eine Lektion zu erteilen.«

»Und bis dahin hatte Vitale sogar seine eigenen Eltern an der Nase herumgeführt?«

»Sie wollten wohl tatsächlich neu anfangen und so, aber es

ist nicht ungewöhnlich, dass Gewalt eskaliert, wenn sie zurückkehrt. Sie haben ihre Rache und Enttäuschung an allen ausgelassen. Shackleton war dafür verantwortlich, die Lügen zu verkaufen, Harris kontrollierte das Geld und gab ihnen keines … sie hätten sich durch den ganzen Großen Rat gearbeitet, wenn ihnen genug Zeit geblieben wäre. Aber Sirrochs völlige Abriegelung zwang sie zum Schnelldurchlauf. Er war ihnen eine Extrabehandlung wert, weil er alles an sich reißen wollte. Gott allein weiß, was sie getan hätten, nachdem er tot war. Die Zeit lief ab. Vielleicht hätten sie die anderen einfach einen nach dem anderen in den Kopf geschossen.«

Sie dachten beide einen Augenblick darüber nach. Es war fast zu schrecklich, um es sich vorzustellen.

Sie sagte: »Evan Grant hat versucht, uns davon zu überzeugen, dass alles seine Idee war, dass er alles allein getan hat und Muriel unschuldig ist.«

»Glauben wir ihm?«

»Egal. Morgen werden die lebenserhaltenden Maßnahmen abgeschaltet. Infektionen und die Blutvergiftung durch die Messerstiche werden zu Ende führen, was Janet Brown begonnen hat. Er hatte einfach Pech. Wenn Grant nicht mit *Ihnen* rumgerangelt hätte, hätte Janet Brown vermutlich einen tödlichen Treffer landen können und ihm einen langsamen, schmerzlichen Tod erspart. Oder vielleicht hat sie auch absichtlich ein dreckiges Messer verwendet? Farrer von der Spurensicherung wird sich die Klinge ansehen und versuchen herauszufinden, wo das Messer herkam. Mal sehen, was uns das bringt.«

Aus meiner Küche, dachte Maiden und erinnerte sich an das Gefühl von kaltem Stahl auf seinem nackten Bauch. Er musste Farrer anrufen und um einen Gefallen bitten.

Dann besserte sich Maidens Laune wieder und er sagte: »Aber Carol Geyer muss doch zufrieden sein. Nichts an der Sache wird ihr Erbe beeinträchtigen.«

»Leider nein. Es heißt bereits, dass die verbliebenen Mitglieder eine Sammelklage einreichen wollen, um ihr Geld zurückzuerhalten. Genau wie Harris ihr angedroht hat, könnte das Geld einfach für lange Zeit vom Gericht gesperrt werden.«

Maiden fragte sie: »Und was machen Sie jetzt?

»Ich mache zwei Wochen frei. Ich komme wahrscheinlich gleichzeitig mit Ihnen zurück. Dann ist es *Ihr* Problem, was Sie mit mir anfangen.«

»Ich geb Ihnen einen totalen Idioten als Partner, nur zum Spaß.« Maiden begann aufzustehen.

»Besten Dank. Wo wollen Sie eigentlich hin? Doch nicht schon wieder eine rauchen?«

»Nein, aber Sie können mir helfen, den Korridor hinunter zu kommen. Brenda liegt ein paar Stationen weiter und ich habe Blumen für sie besorgt. Die können Sie für mich halten. Ich wollte sie besuchen und mal fragen, ob sie sich mit mir verabredet.«

Spencer zog die Augenbrauen hoch. »Wirklich? Das alte Raubein John Maiden versucht's noch mal?«

»Interpretieren Sie nicht zu viel hinein. Es wird Monate dauern, bevor sie auch nur das Bett verlassen kann. Da habe ich noch viel Zeit, es mir anders zu überlegen.«

»Kommen Sie, überlegen Sie es sich nicht anders, John«, sagte Spencer mit einem Lächeln und bot ihm ihre Schulter als Stütze an. »Sie können auch ein glücklicher, *zufriedener* Detective sein und trotzdem Ganoven zur Strecke bringen.«

»Jetzt reicht's. Ich werde Sie *definitiv* mit einem Vollidioten zum Dienst einteilen.«

»Mir egal, solange er nicht raucht.«

»Gute Idee, lassen Sie mich erst eine qualmen. Hier links.«

»Nein, jetzt nicht. Sie haben wohl vergessen, wer die Blumen hält.«

Sie stritten sich weiter, während sie langsam den Flur entlangschlurften.